中国少数民族设计全集

The Design Collection of Chinese Ethnic Minorities

哈尼族

中国少数民族设计全集编纂委员会 编

山西人民出版社　人民美术出版社

图书在版编目（CIP）数据

中国少数民族设计全集.哈尼族/中国少数民族设计全集编纂委员会编；王强等著.—太原：山西人民出版社，2019.10
ISBN 978-7-203-11013-2

Ⅰ.①中… Ⅱ.①中… ②王… Ⅲ.①哈尼族-民族文化-研究-中国 Ⅳ.① K28

中国版本图书馆 CIP 数据核字（2019）第 192533 号

中国少数民族设计全集.哈尼族

编　者：	中国少数民族设计全集编纂委员会
著　者：	王　强　等
责任编辑：	孙　琳
复　　审：	吕绘元
终　　审：	阎卫斌
装帧设计：	谢　成

出 版 者：	山西人民出版社　人民美术出版社
地　　址：	太原市建设南路 21 号
邮　　编：	030012
发行营销：	0351－4922220　4955996　4956039　4922127（传真）
天猫官网：	https://sxrmcbs.tmall.com　电话：0351－4922159
E — mail：	sxskcb@163.com　发行部
	sxskcb@126.com　总编室
网　　址：	www.sxskcb.com

经 销 者：	山西出版传媒集团·山西人民出版社
承 印 者：	山西出版传媒集团·山西新华印业有限公司

开　　本：	889mm×1194mm　　1/16
印　　张：	32
字　　数：	470 千字
印　　数：	1—1 000 册
版　　次：	2019 年 10 月　第 1 版
印　　次：	2019 年 10 月　第 1 次印刷
书　　号：	ISBN 978-7-203-11013-2
定　　价：	480.00 元

如有印装质量问题请与本社联系调换

中国少数民族设计全集编纂委员会

总 主 编 （按年龄排序）
　　　　　张夫也　王立端　戴晋明　廖军　王琥　李豫闽　过伟敏　顾平
　　　　　王强　李岗
执行主编　王琥
编务统筹　张明山

中国少数民族设计全集编辑工作委员会

主　　任　刘伟冬
编　　委　（排名不分先后）
　　　　　王琥　　王峰　　王强　　王立端　王浩滢　白波　　过伟敏　许星
　　　　　许边疆　李岗　　李丽　　李豫闽　成光虎　肖飞　　余强　　汪传跃
　　　　　罗力　　杨明朗　陈述　　陈见东　邱珂　　胡万明　顾平　　郑静
　　　　　郭立忠　姬莹　　张夫也　张泽国　张明山　张秋平　张耀引　梁盛平
　　　　　樊进　　谢玮　　熊伟　　熊微　　熊建新　蔡克中　葛芳　　鞠斐
　　　　　魏洁　　廖军　　戴晋明

中国少数民族设计全集出版工作委员会

主　　任　胡彦威　周伟
执行主任　姚军　　欧京海
编务统筹　阎卫斌　周小龙
编　　辑　（排名不分先后）
　　　　　王新斐　史美珍　冯昭　　冯灵芝　吉昊　　吕绘元　刘小玲　任秀芳
　　　　　孙琳　　孙宇欣　李广洁　李建业　李靖　　员荣亮　张小芳　张志杰
　　　　　张书剑　何赵云　陈俞江　吴春华　武静　　周小龙　柳承旭　郝文霞
　　　　　赵玉　　赵晓丽　席青　　秦继华　高雷　　郭向南　阎卫斌　崔人杰
　　　　　傅晓红　蔡咏卉　翟丽娟　樊中　　薛正存　魏红　　魏美荣
整体设计　谢成

中国少数民族设计全集·哈尼族

本册著者	王　强	华建业	朱光耀	潘春宇	承　恺
	赵娅清	宋春会			
参与撰写	温清格	李安娜	顾怀灏	林艳艳	樊振杰
	何卓嫔	张亚堃	赵思颖	潘丽兰	李嘉华
	白建雄	萧　倩	胡梦璟	王澍晨	黄心怡
	梁一铭	赵斯凡	孙　寒	王　英	熊　婷
	刘杰欣	战怡菲	高　瞻	李淑梅	井欣萌
	殷　悦				

求同存异 和合共荣

刘伟冬

中华民族，是一个由56个民族组成的大家庭。在漫长的文明发展史中，汉族和各少数民族都为中华文明的繁荣发展贡献了自己的聪明才智。纵观中华文明史，其实就是一部各族群之间"求同存异，和合共荣"的文化演进史。

从根子上讲，4000年前的"中国"，仅指北方中原地区，居住在这里的相传是上古时期黄帝部落和炎帝部落的后裔，故而自称"炎黄子孙"。其时的"中国"，不过是黄河中下游（西起陇山，东至泰山）区域。在千年发展与民族融合之后，尤其是晋末"衣冠南渡"，南迁的中原汉族与南方百越民族彻底融合，来自北方的鲜卑等民族融入汉族，使汉族前所未有地壮大发展，逐渐形成后来疆域辽阔、人口众多、物产繁盛、文化昌明的中华民族的主体族群。特别值得强调的是，自从作为一个民族整体之后，中华民族就从未中断过自己的民族发展史——这在世界历史上是硕果仅存、独一无二的。

中华民族具备兼容并蓄、虚心好学的民族天性。仅以设计学范畴的事例讲：在数千年文明发展历史中，中华民族在不断向外输出优秀的文明成果（如烧造之陶瓷砖瓦、营造之榫卯斗拱、织造之丝绸刺绣、锻造之"失蜡"分模等），影响全人类的日

常生活与生产方式的同时，也不断地吸纳域外各民族的优秀文明成果，如汉魏之印度佛教和西域音乐、隋唐之西亚服饰和家具、宋元之东洋印染和漆艺、明清之西洋机器与建筑……在中华民族内部，这样的文化交流更是从未停止过，而且是风生水起、枝繁叶茂，愈发流畅、深入，中华民族各族群之间"求同存异，和合共荣"的文化大演进，共同创造了中华民族极为灿烂辉煌的造物文明历史。仍以设计学范畴为例：原本是匈奴人发明的单足绳圈，被晋代的汉族人设计成铁质双镫；最早是鲜卑人原创的毡毯卷边，被晋代的汉族人改造成"高桥马鞍"，这宗中国式马具设计案例，被誉为"13世纪中国传入欧洲的最重要文化成果"（李约瑟语）。再如，西域（今新疆地区）是全世界最早的皮靴生产地，哈尼族为主的红河地区出现了全世界最早的梯田。再如，全世界最早的"干栏式建筑"和全世界最早的稻米人工育种、栽培，均起源于长江中下游的百越地区；全世界最早的竹藤编结器物起源于闽越地区……由中华民族共同创造、发明，后来又影响了全人类文明进程的优秀造物设计案例很多，不胜枚举。几千年中华民族的文明史，就是各种文化多元融合、共同发展的最好例证。不了解中华民族内部各族群的文明交流史，就无法真正理解中国文化史，也不能理解为什么中华民族总是能在逆境中成长强大。甚至可以说，能否完整地理解中华民族的文化史，是检验每一个当代中国知识分子（特别是文史哲专业的学者）文化立场的"试金石"。

随着改革开放的逐渐深入，各民族地区的经济与社会状态已发生了天翻地覆的变化。令人遗憾和担心的是，由于各地区政策执行力度不平衡，保护措施不得力，少数民族的文化特性正在逐步衰退，有些地区的少数民族文化特征甚至已经消失殆尽，仅仅

存在于徒具形式，充满口号、标语的民族文化村旅游景点中。有学者预言，再不加快整理抢救工作，中国的少数民族可能在物质形态和文化内涵的特征上，若干年后将不复存在。

从少数民族地区反映古代中国社会某些面貌的文化遗存看，这些少数民族之所以一直与汉族地区差距巨大，存在多方面的原因，其中历代汉族统治者对少数民族的歧视政策是主要原因。此外这些地区本身就处于偏僻荒地，不是沙漠就是山区，自然条件远不及汉族聚集地区，社会发展水平滞后。20世纪50年代，有相当比例的少数民族在当时仍处于原始农耕社会或奴隶制社会，不要说通电、通水、通汽车，不少人一辈子连铁器长什么样都没见过。部分少数民族聚集地的各种自然条件也较差，缺肥少水，基本生活来源，一靠老天爷恩赐的"望天收"农作物；二靠家庭手工作坊制作些竹藤编结物和土织、土陶等土特产来换取粮食；三靠养猪、兔、羊和鸡、鸭、鹅等家禽来换取日用品，如灯油、农具、衣物和油盐酱醋等；四靠为土司、头人和大户们出卖劳力（社会底层奴隶身份），年老即被抛弃。中华人民共和国成立后，党和政府在这些地区实行社会主义改造，打倒以土司、巫师和头人为首的剥削阶级，将土地和生产资料一律收归集体所有，解放了全体少数民族民众，使他们历史上第一次有了自由劳作和生活的权利。

中华人民共和国成立之初，党和政府就高度关注民族事务问题，为如何保护、关心各少数民族制定了一系列方针、政策，也为当代中国社会处理民族问题、保护民族文化树立了光辉典范。中央人民政府政务院于20世纪50年代初发布了《关于民族事务的几项决定》，为新中国民族政策奠定了最初的思想基础，其主要内容是：一、各大行政区军政委员会（人民政府）须指导各有关

省、市、行署人民政府认真推行民族区域自治及民族民主联合政府的政策和制度，并随时向政务院报告推行经验，请示者须事前向政务院请示。二、各大行政区军政委员会（人民政府）须指导各有关省、市、行署人民政府认真并有计划地实行政务院在1950年颁发的《培养少数民族干部试行方案》，并将该项工作进行情况定期加以检查，每半年向政务院报告一次。中央民族学院及西北、西南、中南各军政委员会和新疆省人民政府的民族学院，必须依计划实行，并向政务院报告。三、政务院于1951年下半年适当时间将同时召开有关少数民族的卫生、教育及贸易三个专业会议，责成政务院文教委员会、中财委指导中央卫生部、教育部、贸易部开始筹备，并责成中央民族事务委员会协助进行。有关部门如农业部、文化部也须派人参加。四、责成中央人民政府各委、部、会、院、署、行注意建立有关民族事务的业务。五、在政务院文教委员会内设民族语言文字研究指导委员会，指导和组织少数民族语言文字的研究工作，帮助尚无文字的民族创立文字，帮助文字不完备的民族逐渐充实其文字。六、扩大中央民族事务委员会委员名额，责成中央民族事务委员会提出补充名单的建议，并于1951年下半年召开中央民族事务委员会扩大会议，检查与总结关于推行民族区域自治及民族民主联合政府的经验。

20世纪50年代，中央人民政府和政务院，曾多次组织"中央慰问团""土改工作队"和"普查工作队"等，花费大量人力和物力，深入各少数民族地区，进行了大量较为翔实的社会历史调查。50年代这轮由政府统筹、由中央民委组织行政领导和人类学、社会学专家学者以及民族同志组成工作队与考察队的少数民族大考察活动，1953年正式启动，1956年结束（个别地区延期至1958年才结束）。直接成果之一，就是为1956年国务院公布的55

个少数民族的正式定名和划分，提供了可靠的依据。

从当时考察的资料看，各少数民族的社会发展水平参差不齐，不少民族呈现类似汉族曾经历过的各种历史发展状况，为我们今天考察、了解并研究过去的历史以及各学术分支问题，提供了绝好的活体范本。比如以"设计发生学"研究为例，以山寨（村落）为主的初级社会组织形态，原始手工业在农耕环境中的地位，原始造物的手工技艺与设备、工具等，都是我们极感兴趣的研究对象。

在西北、西南和东北各少数民族聚集地区，有些古时流传下来的本民族手工造物技术，迄今仍保存良好。其吸收了汉族和其他兄弟民族的技术长处之后演变出来的各时段手工造物技术，则印证了各民族互相融合、取长补短的史实。更有些原始手工艺，特别具有艺术和历史研究价值。以维吾尔族人为例，本世纪初，笔者在新疆喀什城艾格孜艾日克老街看到几样手工艺绝活：其一是整条街的维吾尔族乐器店，除了热瓦普、曼陀林和冬不拉等少数维吾尔族知名乐器外，全是些笔者叫不上名来却似曾相识的弹拨乐器和拉弦乐器，于是从心里认可了"西域古乐成就了中国传统民乐"这句话所言不谬。其二是亲眼所见一个拖着鼻涕的不到10岁的维吾尔族小男孩，拿着电砂轮在铜壶上信手飞快地刻着精美细腻的图案，一不要底稿，二没有图纸，真是佩服得五体投地，也相信了"汉族人长于热铸，西域人长于冷锻"这个说法。其三是在喀什近郊著名的大巴扎"金器一条街"上看见近百家金店生意红火，家家门前毡毯上都围坐着一群金店伙计和顾客，正在热烈讨论、共同设计着花样繁多的未来金饰嫁妆，感受到了"中国传统样式的金银首饰工艺，最富有创意的设计和最先进的工艺制作，原来在维吾尔族人手里"这句大实话。还有，笔者

求同存异　和合共荣

在云南景洪县城集市上，曾亲眼见过景颇族老乡用古老的"焖烧法"烧出的红彤彤的土陶——跟笔者一知半解的仰韶彩陶的烧制工艺几乎一模一样。还有，笔者在大西北甘陕宁各省亲眼所见的回族、保安族、裕固族和东乡族老乡巧手做出的那些花样繁多、样式复杂的面塑造型，真是个个精妙绝伦。这方面的事例实在太多了。

50年代的少数民族地区社会大普查，以及半个多世纪以来社会各界对其丰富而珍贵的考察、研究，意义深远，价值极为重大。这些地区客观上保存的较为完整的、与数千年前中国原始社会最初形态近似的许多社会特征，为我们研究社会的最初形态形成和当时的经济、文化、政治的基本状况以及"设计发生学"的相关课题，提供了珍贵的类型学"活化石"范本，价值非凡。改革开放以来，这些少数民族地区也获得了前所未有的巨大发展，人民生活日新月异；但与此同时，少数民族地区的民族性在不可避免地愈发衰减、退化，甚至消失。如果我们再不采取保护措施，若干年后，各少数民族的许多宝贵民族文化遗产将无法挽救地彻底消亡，这部分同属于全人类精神财富和中华民族集体智慧的宝藏，我们将再也看不到了。

在"设计发生学"问题上，我们一向秉持文化多元论的观点，认为人类文明是全世界人民共同创造的，各国家、地区、民族均做出过大小不一、形态各异的贡献；同理，中华民族的灿烂文明是中国的各族人民共同创造的，每个民族都对中华传统文化做出过贡献，也都应当得到尊敬和肯定。中国的各少数民族在中华文明漫长的演化过程中，都曾经以自己独特而充满智慧的文明成果，补充、完善甚至改良着中华文明。比如，古代西域的龟兹古国各民族创造或引自西亚的弹拨乐器和拉弦乐器以及音律、曲

式，彻底改造了中国古代音乐，新创作出代表中国古乐精髓的江南丝竹；南疆的维吾尔族和北疆的哈萨克、塔塔尔、塔吉克等族首创了制革术，并引进古波斯革皮书籍装帧术和制靴术、制毡术、毛衣编结术；海南岛的黎族率先种植棉花并纺织棉布，传入内地后棉织业逐渐形成中国古代手工行业的"天下第一营生"……保护少数民族的民族文化特性，就是保护我们的历史遗产，就是传承我们的文明。我们应进一步发扬文化兼容的优良传统，把振兴中华的百年民族复兴梦，逐步落实为将大中华建设成为中国各民族共同拥有的美好家园。

由上千名来自全国各高等艺术院校的教授、研究生组成的55支团队参与编撰的《中国少数民族设计全集》（55卷），正是有识之士基于对各少数民族的民族文化特性正在快速衰减、消亡的严重现实问题的深切忧虑而进行的抢救、发掘、整理中国少数民族文化遗产的重要文化工程。经过两年精心筹划，六年努力写作，在国家出版基金管理部门的支持下，在山西人民出版社和人民美术出版社的策划和组织下，目前《中国少数民族设计全集》的书稿编撰工作已基本完成，即将付梓。在长达八年的漫长过程中，全国兄弟院校各团队涌现出的各种可歌可泣的事迹经常感动着笔者，并不时鞭策着全体作者克服千难万险，一路向前。有的分卷作者身患绝症仍不眠不休地忘我工作，有的分卷作者遭遇各种意外仍坚持工作。特别是，很多民族同志公而忘私、不计较个人得失，有人不惜将自己赚钱的企业关张歇业，全身心地投入各自所负责分卷的繁重编撰工作中；有人义无反顾地将自己珍藏多年的本民族实物、资料和研究成果无偿提供给相关分卷作者。大家万众一心，克服各种复杂得难以想象的困难，以确保这部凝聚了众人八年心血的巨著，能按计划如期完成。借此机会，笔者谨

代表本丛书编委会全体成员，向领导、编辑和作者们表示衷心的感谢！

作为一项文化创举，笔者深信《中国少数民族设计全集》必将在未来岁月的长期检验中，愈发显现其非凡的、独特的文化价值。

2017年夏季于南京

前言

哈尼族的传统造物作为滇南少数民族之典范，涵盖了该民族的建筑、服饰、饮食、风俗礼仪、宗教信仰等方面。这些传统造物一方面体现了哈尼族人的生产与生活方式；另一方面也体现了其民族传统造物的精神与文化。哈尼族的传统造物在呈现多样化的同时，从侧面反映了该民族的造物设计思想与审美意识。这些传统造物是在古代工匠的设计实践中不断积淀并经时间淘洗而逐渐稳定。通过对哈尼族的研究，可以了解哈尼族的民族文化，继承和弘扬民族造物具有一定的借鉴意义。

一、哈尼族民族志

（一）哈尼族族源

哈尼族具有悠久的历史，与彝族，拉祜族等同源于古氐羌族。该族群原游牧于青、甘、藏高原，公元前3世纪，随着秦朝势力的不断扩张[1]，使氐羌族部落受到战乱及灾荒的双重影响后，逐渐分散至大渡河畔。最早记载哈尼族的《尚书·禹贡》中提到："华阳黑水惟梁州，岷、嶓既艺，沱、潜既道，蔡、蒙旅平，和夷底绩。[2]"可以看出哈尼族先人"和夷"从青藏高原逐渐南迁至"黑水"，即今四川大渡河、雅砻江地区。随后于唐朝时期进入云南省，并出现在"昆明"部族中。在频繁的战乱下，哈尼族人离开滇中腹地，不断南迁并分散于滇南各地区。

---

[1] 罗淳、晋群：哈尼族[M]，中国人口出版社，2014，第10页。

[2] 〔春秋〕孔子，周秉钧译：《尚书》岳麓书社，2001，第41页。

历史上"哈尼族"的称谓繁多，诸如明代时"和泥""窝泥""倭泥"；清代时"黑铺""卡隋""糯比""阿卡"等均被认为是哈尼族的先民。目前，哈尼族支系主要以"哈尼""卡多""雅尼""豪尼""碧约""白宏"等六个支系为主，另外还有"锅锉""哦怒""阿木""多泥""卡别""海尼"等支系[①]。

（二）哈尼族分布格局的形成

哈尼族作为迁徙民族，其聚居地在不断变换的过程中形成了较为分散的分布格局。哈尼族没有文字，因此其文化的传承方式主要通过代际之间的口耳相传。其中哈尼族口传史诗《哈尼阿培聪坡坡》《哈尼族古歌》中对哈尼族自北向南的迁徙路线进行了印证，并做出详细的介绍。《哈尼阿培聪坡坡》中提到哈尼族的发源地为"虎尼虎那"，先后迁徙至"什虽湖""嘎鲁嘎则""惹罗普楚""诺马阿美""色厄作娘""谷哈密查"等地区，最终迁徙至红河州内。哈尼族学者史军超在长期的调查研究中对其地名进行考证得出："虎尼虎那"位于今青藏高原巴颜喀拉山口两麓之黄河、长江源出地区，"什虽湖""嘎鲁嘎则""惹罗普楚"在今四川盆地与川西高原交界处，"诺马阿美"在今大渡河南岸的雅砻江、安宁河流域，"色厄作娘"在今大理洱海之滨，"谷哈密查"在今昆明地区[②]，与汉文古籍中的相关记载相吻合。

（三）今天的哈尼族

据第六次人口普查，中国境内哈尼族人口共计163万余人[③]，至

---

① 哈尼族简史编写组：《哈尼族简史》，民族出版社，2008，第3页。

② 史军超：哈尼族文学史[M]，云南人民出版社，2015，第309页。

③ 黄绍文、廖国强等：《云南哈尼族传统生态文化研究》，中国社会科学出版社，2013，第35页。

2010年11月，红河哈尼族彝族自治州内哈尼族人口78.97万人，普洱市为3.02万人，西双版纳傣族自治州为1.54万人，其他地区为2.01万人。

哈尼族早期生活以采集狩猎为主，在不断地迁徙过程中，历经游猎游耕、坝区定耕和梯田稻作等阶段，其发展演变的民族历程蕴含了哈尼族人千百年来的生存智慧。哈尼族人使用哈尼语，属汉藏语系藏缅语族彝语支。分哈雅、碧卡和豪白三个方言[①]。通过各种方言的交流，哈尼族人在生产、生活等方面相互协调，各方面展现出勃勃生机。

目前，哈尼族不仅创造出科学、完备的梯田耕作体系，还大量种植茶叶、烤烟、甘蔗、棉花、蓝靛、花生等经济作物。同时，伴随着该民族林业、畜牧业、渔业、工业等的发展，使得哈尼族人的生活水平得到充分的提高，彰显出滇南的区域优势与民族特色。

二、哈尼族文化生态

（一）哈尼族的生产生活形态

哈尼族一般定居于海拔800~2000米的半山腰，长期从事梯田稻作农耕。该山区气候温和、雨量充沛，土壤肥沃，适宜种植多种农作物。贯穿滇中南的哀牢山，覆盖浓密的原始森林，因此生长出繁茂的植被、栖息着多样的珍禽、孕育出珍稀的中药材。

哈尼族村寨以平缓的山梁为寨址，其民居建筑以土木为主，其形式主要以土掌房、石灰房、茅草房、瓦房及干栏式草房为主。其中蘑菇房作为哈尼族最古老最普遍的民居建筑形式，具有独特的民族内涵。

---

① 王尔松：《哈尼族文化研究》，中央民族大学出版社，1994，第12页。

（二）哈尼族宗教与民俗

哈尼族有着信仰万物有灵的原始宗教观念，其核心为神、魂、鬼，用以求神保佑、招魂求安、驱鬼除邪，保障哈尼族人的健康与发展。因此哈尼族人信奉天神、地神、山神、树神、水神及各类鬼怪和魂灵。其宗教观念集中地反映在自然崇拜、祖先崇拜、生殖崇拜、图腾崇拜等方面。

哈尼族的宗教活动大多与该民族的农业生产有关，并集中体现在节日、婚丧、驱邪等民俗活动的祭祀中。莫批，亦称贝玛，主要负责主持哈尼族各类民间宗教活动，同时也继承与传播了该民族的历史与文化。不同的宗教活动与宗教观念在一定程度上反映了哈尼族先人在面对严峻的自然环境或无法通过科学认知的前提下，依赖于自然界而产生的人格化表现。

哈尼族传统民俗具有地域与民族特色，主要表现在节庆、婚俗、食俗、艺术以及其他生活的各个方面。哈尼族的民族节日众多，其中"十月年""苦扎扎""昂玛突"是一年当中最为盛大的三个节日，节日期间要进行隆重的公祭活动，分布于不同地区的各支系选择其中一个节日，均通过长街宴的形式以示庆祝。"十月年"又称"扎特勒"，因哈尼族以农历十月为岁首，适逢秋收，故而在此期间大贺新年。"苦扎扎"又称"六月年"，活动时最具特色的活动是举办各种秋千运动。"昂玛突"为哈尼族祭祀寨神的节日，杀猪宰牛，祈求村寨的人畜平安、五谷丰登。此外，"尝新节""黄饭节""姑娘节"等节日也同样受到了哈尼族的重视和喜爱。

哈尼族的基本婚姻制度为一夫一妻制。男女青年在婚前享有充分的社交自由，通过集体社交、阿茨古（唱情歌）、送信物等方式培养感情，双方确认恋爱关系后，通常为男方主动提亲。此外，哈

尼族婚礼仪式花样繁多，包括吃分别饭、哭嫁、躲婚、戏弄新郎新娘等阶段，每个阶段各具特色。

哈尼族传统的饮食也独具民族特色，哈尼族人以食稻米为主，常吃糯米饭、糯米粑粑。烹调方式为水煮、素炒等。哈尼族人用餐较为简朴，用餐习惯为三餐制，其中午餐一般为冷餐。哈尼族男子喜欢喝酒，凡婚丧嫁娶均备酒畅饮。长街宴作为哈尼族节日集体就餐的习俗，饮食的场面也极为热闹、壮观。

此外，哈尼族还拥有丰富的民族舞蹈和口头文学。该民族常通过歌曲与舞蹈来反映真切的社会生活，节日庆典期间举行唱山歌、跳白鹇舞等活动，人们沉浸在热闹欢乐的氛围之中，充分体现了哈尼族对美好生活的向往与热爱。此外，在众多祭祀活动中，节奏沉稳缓慢的铓鼓舞、木雀舞以及棕扇舞的综合表演，营造出庄重肃穆的活动氛围。口头文学如《窝果策尼果》《十二奴局》《哈尼祖先过江来》等作品，均从不同侧面反映出哈尼族在不同历史时期的社会生活和民族心理。

哈尼族的民俗同样还表现在生产生活的诸多方面，如哈尼族女子服饰的形式多样，建筑物结构巧妙独特，耕作的习俗与祭祀活动等均具有自己独特的文化意蕴。

三、本卷选编的内容

本卷选取哈尼族传统造物150个案例，从设计学的角度展开深入的解析。这些案例涉及哈尼族生产生活的各个方面，主要包括传统建筑、传统服饰、传统餐饮、传统生活用具、传统生产工具、传统手工艺、传统民俗和宗教造像等七大部分的内容。

"哈尼族传统建筑"部分，选取了红星村李宅、普永贵宅、倮马队白欧野宅、大兴乡白宅、马宅、钱有志兄弟宅、段色黑宅、李

惹牛宅、李松荣宅、帕宅正房、帕宅粮仓、帕宅东侧附房、李倮沙宅封火楼、孙中孔土司署、磨秋房、水碾房、村寨寨门、寨神林、梯田、梯田水系与交通系统20个案例。

这些案例均具有一定的代表性，具体可以分为村寨公共建筑、居民建筑、农田与林地三个方面。哈尼族村寨公共建筑主要包括孙中孔土司署、磨秋房、水碾房、村寨寨门4个案例，公共建筑在村寨的农业生产、宗教祭祀等公共活动中占有非常重要的地位。水碾房是安置水碾的建筑，是村寨的粮食加工的重要场所。由于水碾的主要驱动力为水，因此水碾房要建在主水渠落差较大的区域，这样才能通过水流获得足够的动力来驱动水碾，也因此采用石墙来减弱水对建筑墙壁的侵蚀。哈尼族居民建筑有三代共居、上人下畜的特点，晒台、火塘、粮仓等功能格局的设计，体现了哈尼族农耕文化与住宅的融合。哈尼族居民建筑具体可分为：其一，草顶蘑菇房住宅，该类型建筑主要使用木、土、石等材料，屋顶为四面坡草顶，因其形似蘑菇而得名蘑菇房，以普永贵宅、倮马队白欧野宅、李倮沙宅封火楼为代表。其二，砖石瓦顶、土掌房住宅，该类型建筑的主房通常为双面坡瓦顶，耳房与门廊采用土掌房形式，空间较草顶蘑菇房大，是哈尼族与周边民族文化融合的体现，以红星村李宅、大兴乡白宅、钱有志兄弟宅、段色黑宅、李松荣宅、李惹牛宅为代表。其三，竹木干栏式住宅，主要由作为主体的主房以及围绕主房四周的干栏式住房构成，主房分两层，上层供人居住以及日常活动，下层用于储藏柴火、饲养牲畜以及放置脚碓等农具。由于建筑开间相对较大，需要数量较多的立柱支撑建筑体，形成干栏式建筑特有的柱排列方式，故此类建筑又被称为"千脚落地"，以帕宅正房、帕宅粮仓、帕宅东侧附房为代表。普永贵宅为典型的哈尼族传统

草顶蘑菇房住宅，坐南朝北，由正房、门廊与耳房构成，正房平面近似正方形，面阔四间，进深三架。建筑使用木石材料，顶为草顶四面坡。家禽牲畜以及储藏空间居于一层，二层为居住空间，长辈居于正房，晚辈居于耳房，形成人畜分离、长幼有序的布局方式。哈尼族农田与林地主要包括寨神林、梯田、梯田水系与交通系统3个案例，森林—村寨—梯田—水系四素同构，形成了哈尼族农耕生态系统。哈尼族人在长期的迁徙与农耕活动中逐渐体会到森林的意义，将森林神圣化，对寨神林崇敬。梯田是哈尼族进行农业生产的主要场所，位于村寨之下，依山势而建，海拔约1500~1800米，梯田上下大约有3000级，规模浩大。哈尼族人通过历史的传承、文化的借鉴以及理念的创新，逐渐造就了哈尼族建筑的丰富历史文脉、多元文化传统以及创新设计理念的特点。

"哈尼族传统服饰"部分，选取了奕车支系龟式服、糯比支系偏襟女上衣、族腊咪支系女马甲、阿甲支系妇女偏襟上衣、腊哈支系妇女偏襟上衣、糯比支系妇女上衣、糯比支系女青年上衣、糯美支系女上衣、梭比支系女披肩、多塔支系新娘披甲、奕车支系男银扣坎肩、奕车支系男对襟上衣、白宏支系男上衣、本那支系男银扣马甲、奕车支系女青色短裤、糯比支系女裤子、白宏支系男长裤、奕车支系帕常、糯比支系女包头、糯比支系少女银泡帽、哈尼支系少女银泡公鸡帽、多塔支系新娘帽子配饰、糯比支系腰带、白宏支系女绑腿、竹屐25个案例。主要分为传统服装、传统饰品两个方面，其中以服装为主，饰品为辅。哈尼族传统服饰与饰品在不同地区与支系之间有着明显的差异性，但都体现出实用性与美感相结合的服饰特色，并在一定程度上适应山地生产生活的需要，成为该民族物质文化的重要组成部分。哈尼族传统服装分为传统男装、与传

统女装。哈尼族男子服装较为朴素，没有过多装饰，基本以深蓝、黑色等深色为主。哈尼族传统服装以女性着装最具民族特色，不仅依据不同的地区和支系，同时在不同年龄阶段也不尽相同。其服装用料均来自自纺的靛染土布，装饰图案包括几何纹样、动植物纹样等，纹路整齐，色彩以黑色、深蓝色系为主，灰色、蓝色、白色为辅，并点缀黄色、绿色、紫色、红色等。阿甲支系妇女偏襟上衣是典型的哈尼族传统女装，整体为冷色系，大面积深黑、蓝靛色为底色，沿服装轮廓辅以小面积白色，并以玫红、绿色等颜色刺绣点缀，色彩搭配协调，点线面元素丰富，线条流畅优美，具有装饰美感。哈尼族传统饰品主要包括帽子及头饰、腰带、绑腿、鞋履四个方面，其中以帽子及头饰种类最为丰富，如银泡鸡冠帽，大小相同的银泡布满整个帽面，曲线处有银梅花装饰，具有青春活力之感。哈尼族服饰造型和色彩的呈现不仅体现了哈尼族崇尚自然的审美意识，同样也蕴含了哈尼族人对自己美好生活的描绘，凝聚着对自己民族历史文化的理解，成为哈尼族人面对特殊生活环境的艺术体现。

"哈尼族传统餐饮"部分，选取了白旺、稻田鱼、豆豉、火烧鳝鱼、鸡汤稀饭、凉拌蜂蛹、焖锅酒、魔芋、泥鳅钻豆腐、牛干巴、糯米粑粑、烧豆腐、生蒸饭、酸笋煮螺蛳、蟹肉圆子、炸竹虫、蘸水、竹筒茶、竹筒鸡、竹碗20个案例。哈尼族的饮食分为传统经典菜式和传统饮食器具设计两个方面。哈尼族传统经典菜式由食物和饮品两部分组成，其主食以稻谷、荞麦、高粱等为主，副食以肉食和蔬菜构成，其中糯米在哈尼族主食中占有重要地位，如糯米粑粑等常在节庆、婚宴等喜庆场合中进行馈赠。哈尼族菜肴烹制方式以蒸、煮、炒、烤等为主要方式，常配合盐、辣椒、花椒、草果、豆豉等调料进行调味，使得哈尼族菜品的风味呈现出清淡、酸咸、麻

辣等多重层次的口感。其中泥鳅钻豆腐是哈尼族人家中经常烹饪的美味，在烹饪过程中由于不断的加热使泥鳅钻进豆腐避热而得名，是一道非常可口的下饭菜，是只有在哈尼族村寨才能吃到的独有美味。此外，哈尼族有腌制菜、肉的习惯，腌制品在经过风干一至两年后，香中带酸，可配合各类菜肴进行搭配烹调。哈尼族传统饮品主要为酒和茶，焖锅酒是哈尼族最具特色的饮品，其酿造技术历史久远，且传承至今。焖锅酒采用铜锅内流式的提取蒸馏法，并有专门的酿造工具。哈尼族传统饮食营养搭配均衡，体现了云南当地独有的饮食风尚。哈尼族传统饮食器具以竹碗为主要案例，碗身采用宽约0.5厘米的竹条，以"压二挑二"的"人字"编法编织。碗底采用宽约1厘米的竹条，以"压一挑一"的"十字"编法编织，用竹碗盛饭透气性好且不易变味。

"哈尼族传统生活用具"部分23个案例。主要包括"哈尼族传统乐器""哈尼族传统烟具""哈尼族传统日常用具"三大类型。"哈尼族传统乐器"主要选取了小三弦、巴乌、竹脚铃、单管草秆、牛腿琴、地鼓、六孔破口直箫、牛角号、竹口弦、气哩、稻秆哨、铓锣、竹筒、扎比14个案例。哈尼族作为以音乐歌舞为伴的滇南少数民族，在该民族传统乐器上也呈现出种类多样、个性鲜明的民族色彩，涵盖了弦鸣乐器、气鸣乐器、膜鸣乐器、体鸣乐器四个种类。哈尼族传统乐器取材天然，竹材、木材、牛皮牛角等均可作为原材料。哈尼族乐器常用于宗教祭祀、婚丧嫁娶、社交活动等方面，表演形式多样。小三弦是哈尼族流行最为广泛的乐器之一，不同支系的小三弦形制有所不同，但均由琴头、琴轴、琴杆、琴鼓、琴码、琴弦等部分组成。虽然是由中原地区传入云南，但受云南特殊地理环境的影响，在形制、材质、制作工艺及演奏方法上都被赋予了独特的民族特色。哈尼族传统乐器造型独特质朴、制作工艺

精细、演奏形式淳朴，不仅寄托了哈尼族人美好的生活愿望，同样也展现了热情开朗的民族性格。"哈尼族传统烟具"部分包括竹烟锅和水烟筒2个案例。烟锅为旱烟烟具，材料一般多为竹质，制作简单、价格低廉；水烟筒广泛流行于西双版纳、红河等地，选用竹子作为材料，其造型简洁、尺寸考究，结构符合人体工学及审美需求，制作工艺彰显地域与民族特征，成为哈尼族广为使用的烟具。

"哈尼族传统日常用具"选取了方形竹桌、圆形竹桌、竹碗架、竹篾凳、竹质黄鳝笼、木质轧花机、竹质捕鼠夹7个案例。该类器具的选材多以竹子为主，采用巧妙的结构构架，具有一定的科学性，同时也满足了该民族建筑环境的需求。

"哈尼族传统生产工具"部分22个案例，主要包括"哈尼族传统农具""哈尼族传统工具"两部分内容。"哈尼族传统农具"包括木架铁铧曲辕犁、木耖、木制粗齿方耙、四齿钉耙、芟刀、无齿镰刀、直颈手锄、大方锄、木柄砍刀、竹渡水槽、背锁、捕鸟脖扣、牛拉架、打谷船、风扇车、手推石磨、脚碓、水碓、水磨19个案例。其中木架铁铧曲辕犁、木耖主要为平整土地、破碎土垡的农具；直颈手锄、木柄砍刀等为中耕管理工具，常用于除草、间苗、培土作业，保证农田庄稼的丰收。竹渡水槽为水力管理农具，用于保水蓄田；无齿镰刀为收获农具；背锁为运输农具；风扇车、脚碓、水碓、水磨等为脱粒清选及粮食加工农具。哈尼族传统农具符合人体工程学与力学原则，并以多元的驱动力极大的提高了工作效率。木架铁铧曲辕犁，整体造型以曲线为主，犁梢以人的身高尺寸作为度量标准，其高度减少了耕作者在耕地时过度弯腰所产生的疲劳。犁铧较大，极大地满足了整地需求，犁辕较短，犁的整体体量减小，使用更灵活，犁槃可转动，牵引时可灵活转变方向。哈尼族木架铁铧曲辕犁的结构特征，符合地形狭窄且复杂的梯田地貌。

"哈尼族传统工具"包括弩、锯、弓3个案例，其中弩和弓为狩猎用具，其材料分别为木制与竹制，形态上集直线与曲线的统一，张弛有度、赋予变化的视觉效果。前者的操作较为简单，制作也较为容易，后者增加了弩机的重要附件，最大特点是突破了拉弓者的体力限制，保证了射程与射击的精准度。锯采用金属锯齿、木质框架、软棕绳调节线于一体，在操作时具有力少而功多的特点。

"哈尼族传统手工艺"部分，选取了僾尼支系树皮衣、手摇纺车、木质斜织机、架批、缨穗挎包、银泡坎肩、白宏支系女上衣银挂饰、阿甲支系珐琅银挂饰、本那支系银质男腰饰、白宏支系银鱼耳坠、多塔支系缨穗银项圈、奕车支系银手镯、阿卡支系竹编篾刀、竹筛子、竹背篓、竹鸡笼、竹鸡蛋笼、捕鸟扑笼、僾尼支系驱鸟竹筒、竹勺、竹编储种筒、鳝鱼夹22个传统手工艺案例，总体可分为制作工艺与制作工具两方面。哈尼族制作工艺主要分为织造工艺、竹制工艺与银饰制作工艺三个方面，其中竹制工艺是哈尼族最典型的制作工艺。哈尼族常在寨边寨角、山腰、河畔、田边地脚都栽种竹子，其聚居区周边有数十种竹类之多，由此给哈尼族竹制工艺提供了丰富的的原材料。竹制工艺中又以竹编器具最为精美。以竹筛子为例，其形制虽不复杂，但却采用了三种竹编工艺：首先，运用回字法编竹筛内层，用较窄的竹篾以经纬方式编织筛网，经、纬线之间的竹篾留有一定间距，以便筛选谷物。其次，采用较宽竹条在竹筛底部以三个方向交错编织，整体成三角形，内部呈六边形，增加竹筛的稳定性。最后，运用人字口收边，将编好的内层安装到外层的竹兜中，使得竹编的截面排列和走向不仅平行而且平整，纹理统一而美观。哈尼族织造工艺主要为手摇纺车与木质斜织机。哈尼族木质斜织机结构紧凑、机型独特、外形小巧，采用脚踏提综的开口方式，用双脚代替了手提综的繁重工作，这种手脚分工

的工作方式，大大提高了生产力。哈尼族各类传统手工艺是我国文化艺术宝库中的一颗明珠，散发着独特的魅力。

"哈尼族传统民俗和宗教造像"部分，选取了爬封火楼、婚礼习俗、莫搓搓葬礼、十月年、黄饭节、奕车支系仰阿娜、苦扎扎、新米节、昂玛突、老人节、奕车支系阿巴多、转秋、磨秋、棕扇舞、昂倮支系吴芭、木雀、村寨守护神、十二龙泉18个案例，包含了"传统民俗行序"与"传统宗教造像"两个方面。哈尼族传统民俗行序的最大特点就是宗教祭祀、集会宴饮。哈尼族一年当中的祭祀活动繁多，所有传统节日都有同一个共同的祭祀主题：即围绕"人、粮、畜"，祈求风调雨顺、作物丰收、禽畜兴旺、人丁兴旺、村寨平安。长街宴是哈尼族一年中最隆重、最特别的集会宴饮活动，有着1400多年的历史，因此对哈尼族具有重要的意义。长街宴在不同地区举办时间不同，主要分为"苦扎扎"长街宴、"十月年"长街宴、"昂玛突"长街宴三种类型，本书以红河县甲寅乡的"十月年"长街宴为例。红河县甲寅乡"十月年"期间每天早、晚饭前都要用小簸箕装上一杯酒以及三个饭团到村口祭祀先祖宗以及鬼神。"十月年"长街宴需由寨子里德高望重的长老们坐在龙头宴席上，对远道而来的朋友举行隆重的欢迎仪式，并献上一杯"拦路酒"。吴芭是传统宗教行序用具设计中的典型案例，为元江县哈尼族特色的送葬头饰，一般为高寿且正常死亡的女性，方能为其佩戴。哈尼族人认为，亡灵通过吴芭的指引才能回到哈尼族人的祖地，与祖先团聚。吴芭由厚布织底，丝线缠边，且有精美图案拼嵌。其用色考究，以黑色为底，并配以白色，红色和蓝色布满周身。吴芭的装饰图案与色彩象征寓意深刻，记录了哈尼族祖先迁徙的漫长历史过程，反应了哈尼族人民对社会和历史的民族认同。传统宗教造像部分主要包括木雀、村寨守护神、十二龙泉共3个案例。其中哈尼族木雀属于丧葬中的祭祀用品，常配合舞蹈，意为死者开路，送死者的灵魂回祖先所在的地方，同时保佑子孙后代兴旺发达，充分反映出哈尼族人的祖先崇拜。村寨守护神为一对赤裸男女木雕，男女形象各一，常置于哈尼族宅门两侧，集中体现了哈尼族生殖崇拜。十二龙泉中的龙头表现的是水神形象，而水是神灵给予的生命血液，水神保佑着水井与水源的洁净，认为水井能带给人好运气，哈尼族人在长期的劳动实践中，学会了如何适应自然环境，并在此基础上充分运用水资源的独特条件，创造出独具民族特色的哈尼族农业生态系统。

四、本卷编辑思路

哈尼族卷的编写工作于2013年1月开始，前期的准备工作主要通过田野考察与网络资源搜集相结合的方式，对该民族的相关案例信息、图片进行整合。在田野考察方面，编写团队多次前往云南省红河哈尼族彝族自治州、西双版纳傣族自治州、玉溪市等地进行实地的考察、拍摄，尤其在云南省博物馆、红河州博物馆、红河县博物馆、红河县文化馆、绿春县哈尼文化传承馆等单位与场所，获得了珍贵且丰富的第一手资料，实地考察路线详见图一。为了更加真实地反映哈尼族传统饮食、手工艺的制作过程，编写小组深入哈尼族人的生活当中，与哈尼族人同吃同住，通过大量的影像、图片，手工艺人的访谈，真实地记录了该民族餐饮、手工艺等制作的信息。同时，编写小组还前往中国国家博物馆、上海博物馆少数民族工艺馆等单位对该民族相关案例资料进行了进一步补充性采集。在网络资源搜集方面，主要通过编委会提供的几家大型正规图片供应商的网络平台，进行相关案例图片及使用场景图片等信息的收集工作。收集过程中特别注意图片的出处，较多地选择了博物馆与民族展厅等权威机构的影像资料；同时，编写团队还购买了大量参考画册

与书籍，如《中国少数民族哲学史》《哈尼族》《哈尼梯田村寨》《哈尼族传统宗教文化研究》《梯田文化论——哈尼族生态农业》《云南哈尼族传统生态文化研究》《云南少数民族传统乐舞》《云岭飞歌——云南少数民族文物辑萃》《农耕文化——云南农具的源流及多样性研究》《中国少数民族服饰图典》《中国少数民族服饰》《云南少数民族服饰》等。此外，还通过中国知网、万方数据知识服务平台、维普期刊资源整合服务平台、超星数字图书馆等学术资源库对案例的文字资料进行了收集整理工作，这些材料为项目的开展提供了必要的支持。

经过前期调研，编写团队共收集案例180余项，根据编写章节的安排以及案例的实际采集情况，通过层层筛选，最终敲定编撰案

例150项,结合编委会的要求,分七章节进行编撰。所分七章节分别为:第一章,哈尼族传统建筑;第二章,哈尼族传统服饰;第三章,哈尼族传统餐饮;第四章,哈尼族传统生活用具;第五章,哈尼族传统生产工具;第六章,哈尼族传统手工艺;第七章,哈尼族传统民俗和宗教造像。

为了能够全面的反应哈尼族造物思想与设计思维,在案例的编撰过程中,编写团队主要围绕设计学本体进行内括与外延,通过对案例外观、功能、色彩、材质、工艺等几大方面的研究,归纳整理出能够较为全面反映案例设计特征的图例与文字。具体到每个章节,案例的制图类型与分析短文内容可能略有不同。

制图方面。建筑图例的编撰主要围绕建筑学相关制图规范展开,主要包括反映建筑外观全貌的案例主图,反映建筑整体规划水平的平面图,反映建筑施工方法的立面图,反映建筑自身结构的剖面图,反映建筑结构和空间的结构图、分解图以及其他一些反映建筑物外观、内饰等细节的图例。服饰的制图主要依托服装设计相关专业制图手法,除了反映服装整体效果的主图外,还涉及服装设计专业领域内的开片图、尺寸图、效果示意图的制作等。在表现手法上,充分借鉴服装设计的专业表现技法,增加了制图的专业性。饮食器具与食材造型的编撰,内容涉及两个方面,一是具体的饮食;二是制作饮食的器具,对两者的制图略有不同。饮食方面,主要围绕制作流程展开,重点展示食材原料、加工工具、制作过程和最终展示效果等;饮食器具方面,与生活用具、生产工具制图类型相同,主要围绕产品设计的相关规范展开,除了案例主图,还包括反映案例各部分名称的结构图,反映案例大小的尺寸图,反映案例制作方式的工艺分析图,反映案例如何使用的操作分析图等。传统手工艺主要以哈尼族传统竹器编织等为载体进行编撰,制图包括结构

图、色彩分析图、尺寸图、工艺分析图、操作分析图与使用情境图等。宗教礼俗行序与用器中除案例主图外，利用礼俗服饰分析图、礼俗用具分析图、现场效果图来还原节庆、婚嫁等哈尼族传统礼俗。宗教造像部分，通过尺寸图、结构图、解构图、效果图等来展示哈尼族的精神面貌。

分析短文方面。除了介绍案例的基本情况外（年代、背景），主要立足于设计学本体展开，从案例的外观特色、设计风格、尺寸、各部分名称、结构、材料与制作工艺、使用环境等方面入手，并结合制图内容来反映案例的特色。同制图一样，由于各个章节所涉及的内容存在差异，分析短文的内容也因案例而略有不同。

本卷的编写工作得到了王琥教授的悉心指导，从案例采选、格式、行文、注释等诸多方面提供了纲领性的建议。诸多同仁对本卷的撰写工作提出了许多中肯的建议。在实地考察过程中，玉溪市元江县文化旅游广电和体育局局长李劼、玉溪市元江县那诺文化事务中心群众文化副研究员白建雄、红河州红河县文化馆副馆长李嘉华、红河州红河县博物馆馆长潘丽兰以及沿途各地博物馆工作人员、民间学者、手工艺人、乡民对于案例的采选和编写给予了诸多帮助，为案例的进一步完善提出了宝贵意见和建议，在此，一并表示最真挚的感谢。本卷的撰写是建立在前人研究的基础上，他们的研究成果廓清了本卷诸多案例的研究思路，在此向本卷所引用参考文献的作者表示深深的谢意。

在哈尼族卷编写完成后，编撰团队严格按照编撰委员会的要求进行了细致的自查自纠工作，排除潜在的知识产权隐患，提升制图的质量，规范文字的内容与格式。历时近四年半的编撰工作于2017年9月基本结束，编撰团队自始至终全情投入，以极大的热情与责任心对待这份史无前例的重任。尽管编撰团队查阅了大量的文献资料，

进行了多次的实地考察，通过不同渠道获取了大量的一手资料，但终因学识水平有限，再加上受到案例体量与篇幅等方面的制约，无论是在案例选择的典型性方面，还是具体案例分析的全面性方面均存在诸多不足之处，难免出现疏漏与以偏概全等情况，恳请广大读者批评指正。

编者
2017年9月

目录

第一章　哈尼族传统建筑

哈尼族红星村李宅　002
哈尼族普永贵宅　006
哈尼族俅马队白欧野宅　010
哈尼族大兴乡白宅　014
哈尼族马宅　018
哈尼族钱有志兄弟宅　022
哈尼族段色黑宅　026
哈尼族李惹牛宅　030
哈尼族李松荣宅　034
哈尼族帕宅正房　038
哈尼族帕宅粮仓　041
哈尼族帕宅东侧附房　045
哈尼族李俅沙宅封火楼　049
哈尼族孙中孔土司署　052
哈尼族磨秋房　055
哈尼族水碾房　058
哈尼族村寨寨门　062
哈尼族寨神林　065
哈尼族梯田　068
哈尼族梯田水系与交通系统　071

第二章　哈尼族传统服饰

哈尼族奕车支系龟式服　076
哈尼族糯比支系偏襟女上衣　081
哈尼族腊咪支系女马甲　083
哈尼族阿甲支系妇女偏襟上衣　085

哈尼族腊哈支系妇女偏襟上衣　088
哈尼族糯比支系妇女上衣　091
哈尼族糯比支系女青年上衣　095
哈尼族糯美支系女上衣　098
哈尼族梭比支系女披肩　100
哈尼族多塔支系新娘披甲　102
哈尼族奕车支系男银扣坎肩　106
哈尼族奕车支系男对襟上衣　109
哈尼族白宏支系男上衣　112
哈尼族本那支系男银扣马甲　116
哈尼族奕车支系女青色短裤　119
哈尼族糯比支系女裤子　122
哈尼族白宏支系男长裤　125
哈尼族奕车支系帕常　128
哈尼族糯比支系女包头　131
哈尼族糯比支系少女银泡帽　134
哈尼族哈尼支系少女银泡公鸡帽　138
哈尼族多塔支系新娘帽子配饰　141
哈尼族糯比支系腰带　144
哈尼族白宏支系女绑腿　146
哈尼族竹屐　148

第三章　哈尼族传统餐饮

哈尼族白旺　152
哈尼族稻田鱼　155
哈尼族豆豉　158
哈尼族火烧鳝鱼　160

哈尼族鸡汤稀饭　163
哈尼族凉拌蜂蛹　165
哈尼族焖锅酒　169
哈尼族魔芋　172
哈尼族泥鳅钻豆腐　174
哈尼族牛干巴　177
哈尼族糯米粑粑　179
哈尼族烧豆腐　182
哈尼族生蒸饭　185
哈尼族酸笋煮螺蛳　188
哈尼族蟹肉圆子　190
哈尼族炸竹虫　192
哈尼族蘸水　194
哈尼族竹筒茶　196
哈尼族竹筒鸡　198
哈尼族竹碗　200

第四章　哈尼族传统生活用具

哈尼族小三弦　204
哈尼族巴乌　208
哈尼族竹脚铃　211
哈尼族单管草秆　214
哈尼族牛腿琴　217
哈尼族地鼓　220
哈尼族六孔破口直箫　224
哈尼族牛角号　227
哈尼族竹口弦　230

　　哈尼族气哩　233
　　哈尼族稻秆哨　236
　　哈尼族铓锣　239
　　哈尼族竹筒　242
　　哈尼族扎比　244
　　哈尼族水烟筒　247
　　哈尼族竹烟锅　250
　　哈尼族方形竹桌　253
　　哈尼族圆形竹桌　255
　　哈尼族竹碗架　259
　　哈尼族竹篾凳　262
　　哈尼族竹质黄鳝笼　265
　　哈尼族木质轧花机　268
　　哈尼族竹质捕鼠夹　271

第五章　哈尼族传统生产工具

　　哈尼族木架铁铧曲辕犁　276
　　哈尼族木耖　280
　　哈尼族木制粗齿方耙　284
　　哈尼族四齿钉耙　288
　　哈尼族苃刀　292
　　哈尼族无齿镰刀　295
　　哈尼族直颈手锄　298
　　哈尼族大方锄　301
　　哈尼族木柄砍刀　303
　　哈尼族竹渡水槽　306
　　哈尼族弩　309
　　哈尼族背锁　312

哈尼族捕鸟脖扣 315
哈尼族牛拉架 318
哈尼族打谷船 321
哈尼族风扇车 324
哈尼族手推石磨 329
哈尼族脚碓 333
哈尼族水碓 337
哈尼族水磨 340
哈尼族锯 343
哈尼族弓 346

第六章　哈尼族传统手工艺

哈尼族僾尼支系树皮衣 350
哈尼族传统手摇纺车 352
哈尼族木质斜织机 355
哈尼族架批 359
哈尼族缨穗挎包 362
哈尼族银泡坎肩 366
哈尼族白宏支系女上衣银挂饰 370
哈尼族阿甲支系珐琅银挂饰 373
哈尼族本那支系银质男腰饰 376
哈尼族白宏支系银鱼耳坠 378
哈尼族多塔支系缨穗银项圈 381
哈尼族奕车支系银手镯 383
哈尼族阿卡支系竹编篾刀 386
哈尼族竹筛子 389
哈尼族竹背篓 392

哈尼族竹鸡笼　395
哈尼族竹鸡蛋笼　398
哈尼族捕鸟扑笼　401
哈尼族僾尼支系驱鸟竹筒　404
哈尼族竹勺　407
哈尼族竹编储种筒　410
哈尼族鳝鱼夹413

第七章　哈尼族民俗与宗教造像

哈尼族爬封火楼　418
哈尼族婚礼习俗　421
哈尼族莫搓搓葬礼　425
哈尼族十月年　429
哈尼族黄饭节　433
哈尼族奕车支系仰阿娜　436
哈尼族苦扎扎　439
哈尼族新米节　442
哈尼族昂玛突　445
哈尼族老人节　449
哈尼族奕车支系阿巴多　451
哈尼族转秋　454
哈尼族磨秋　457
哈尼族棕扇舞　459
哈尼族昂倮支系吴芭　462
哈尼族木雀　465
哈尼族村寨守护神　469
哈尼族十二龙泉　472

第一章 哈尼族传统建筑

哈尼族红星村李宅

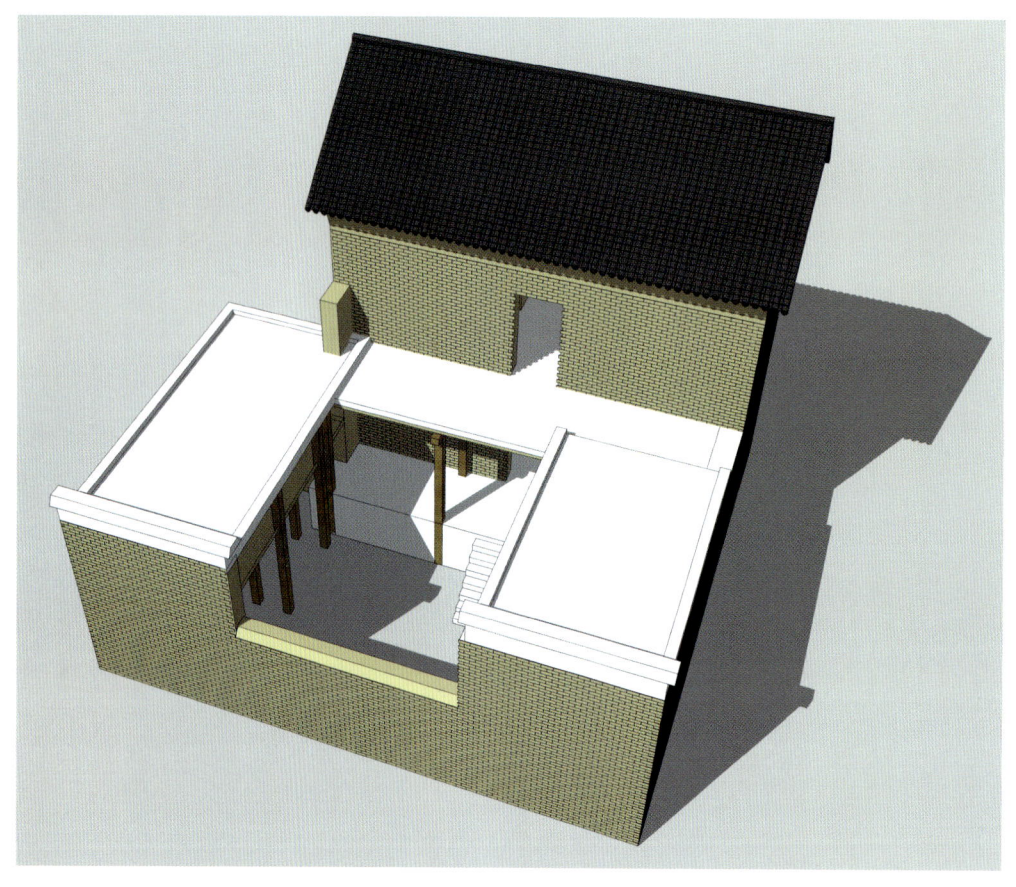

图一　哈尼族红星村李宅主图

本案例为云南红河州红河县红星村李宅。李宅是瓦房三合院形式，屋顶以瓦取代传统的茅草，在布局上，包括位于两边的耳房以及位于中轴的正房，其形式呈现正房与耳房三面围合的状态。

李宅有一个正房、两个耳房、耳房下和正房前的廊、晒台及院落等结构，包含廊、厅堂、卧室、厨房、畜棚、粮仓、储物间、晒台等主要功能区。两个耳房位于两侧，一层空间架空形成廊，其顶面与正房一层地面高度接近，用于饲养牲畜，西侧耳房北面设置住宅的主入口。耳房的二层均为两开间，用于储藏杂物，或作为卧室供晚辈居住。院落为下沉式，且落差较大，围合呈天井形式。正房一层为三开间，明间为客厅，稍间为厨房与卧室，正房卧室为长者的住所。正房二层为粮仓，用于临时存放粮食，与一层地面隔离，去除湿气达到优化储藏的作用。粮仓外为晒台，用于晾晒粮食，耳房顶为土掌房形式，增大晾晒面积，提升晾晒效率。

正房三层采用阁楼形式，当地人称封火顶，该空间的环境干燥，用于储藏粮食。正房屋顶为两面坡的瓦顶，其倾斜角度接近45度，利于导流雨水。建筑体材料主要有土、砖石以及竹木材等，以粗大木材构成主要承重框架，土石、竹木板材构成内外墙体分割空间。

李宅居住空间离地较高，畜棚、杂物储藏等空间位于底层，形成下畜上人的布局方式，提高了人的居住舒适度。粮仓、晒台、封火顶构成粮食晾晒与储藏系统，体现了哈尼族农耕文明与住宅设计的融合。

图片来源
图一至图六　张金威　制图

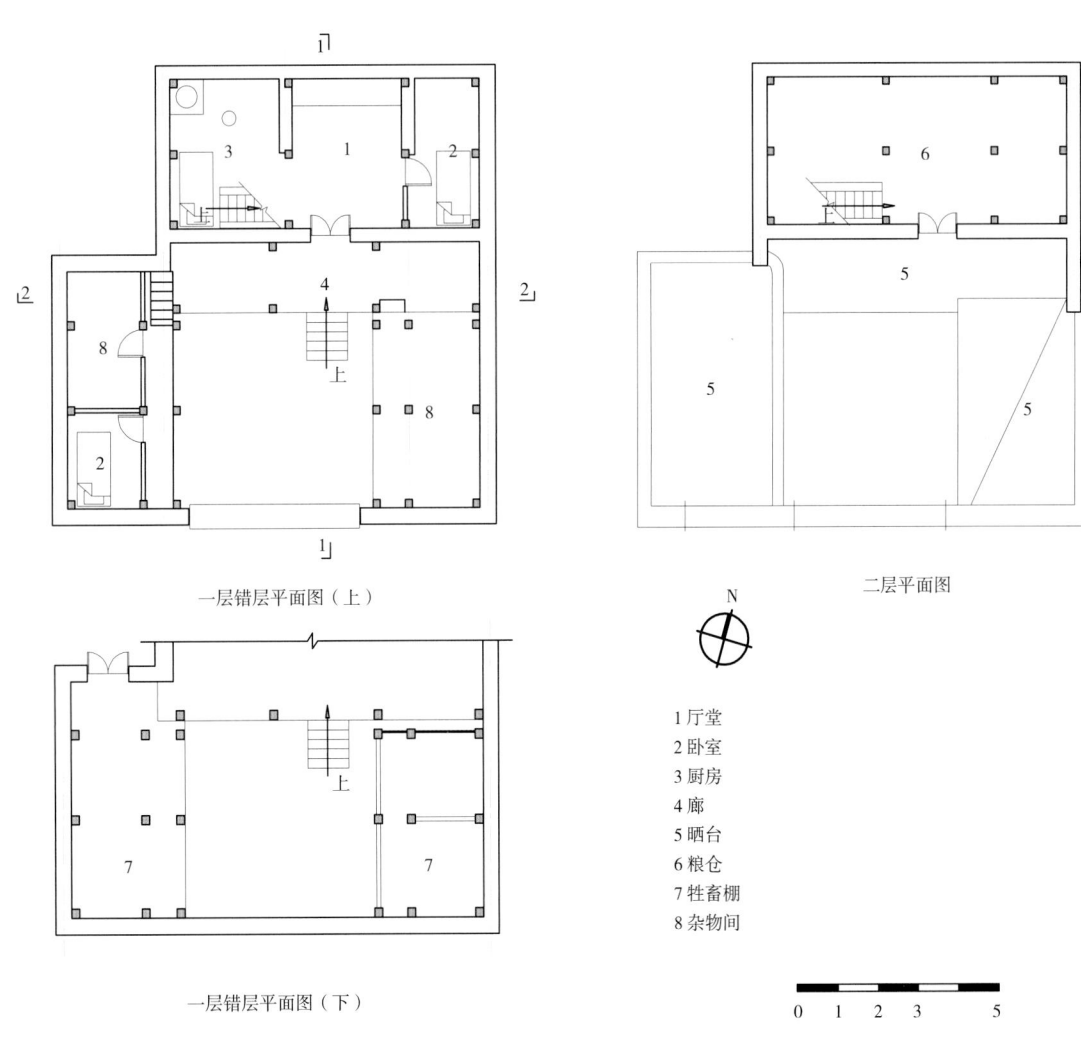

一层错层平面图（上）

二层平面图

一层错层平面图（下）

1 厅堂
2 卧室
3 厨房
4 廊
5 晒台
6 粮仓
7 牲畜棚
8 杂物间

图二　哈尼族红星村李宅平面尺寸图（单位：m）

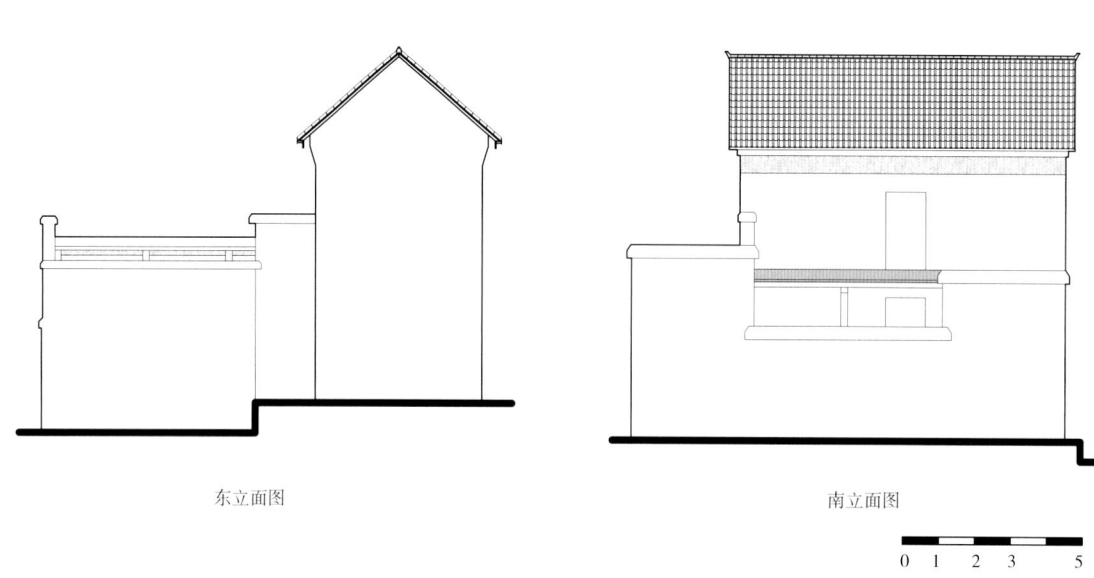

图三　哈尼族红星村李宅立面图（单位：m）

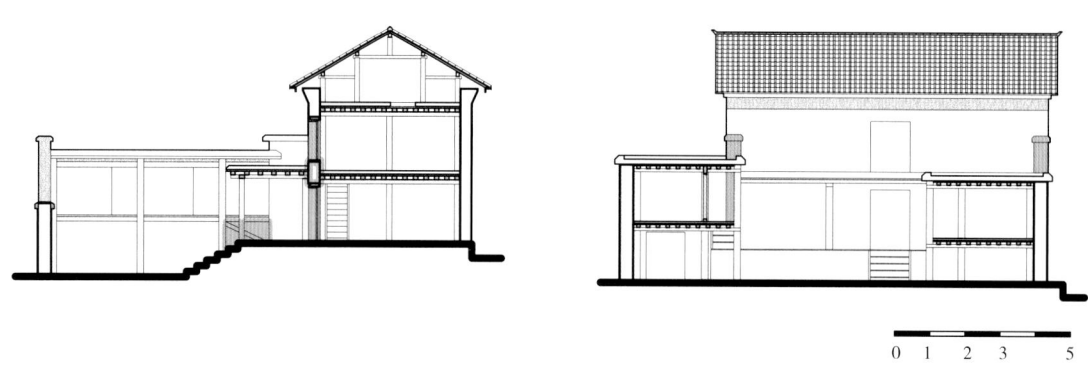

图四　哈尼族红星村李宅剖面图

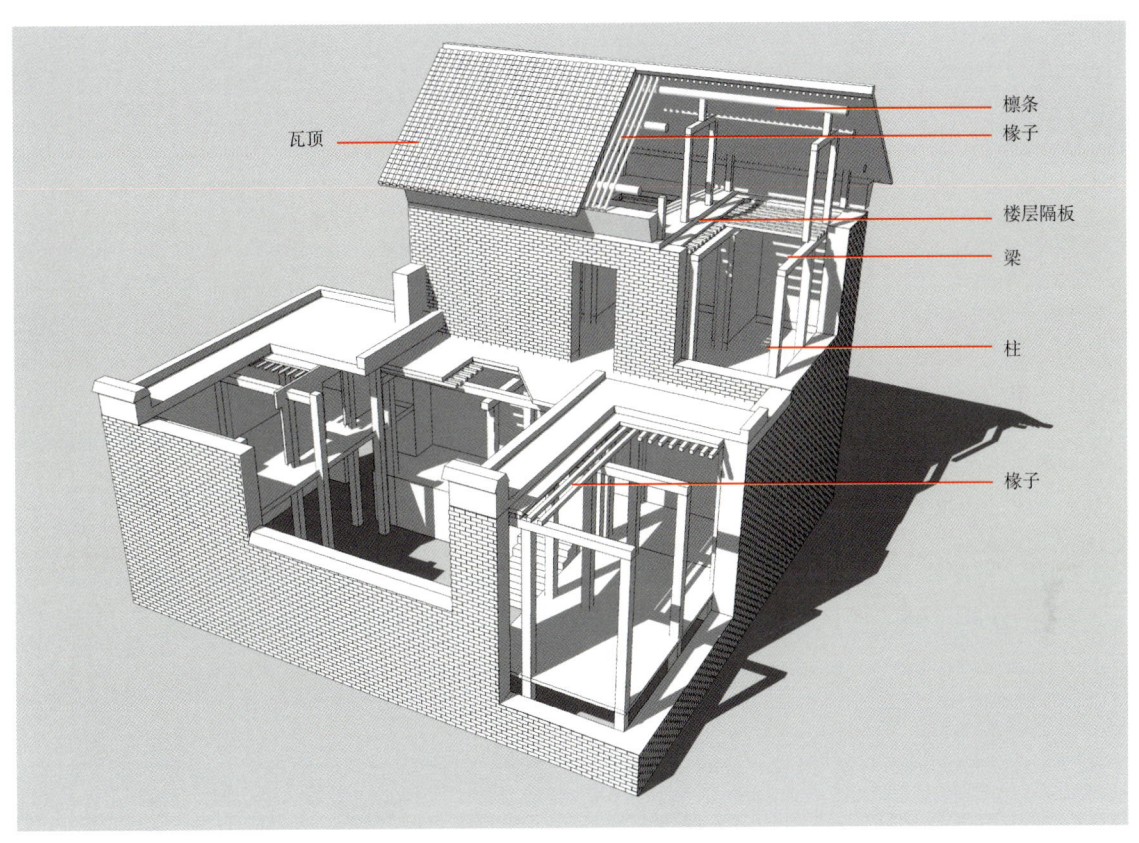

图五　哈尼族红星村李宅结构名称图

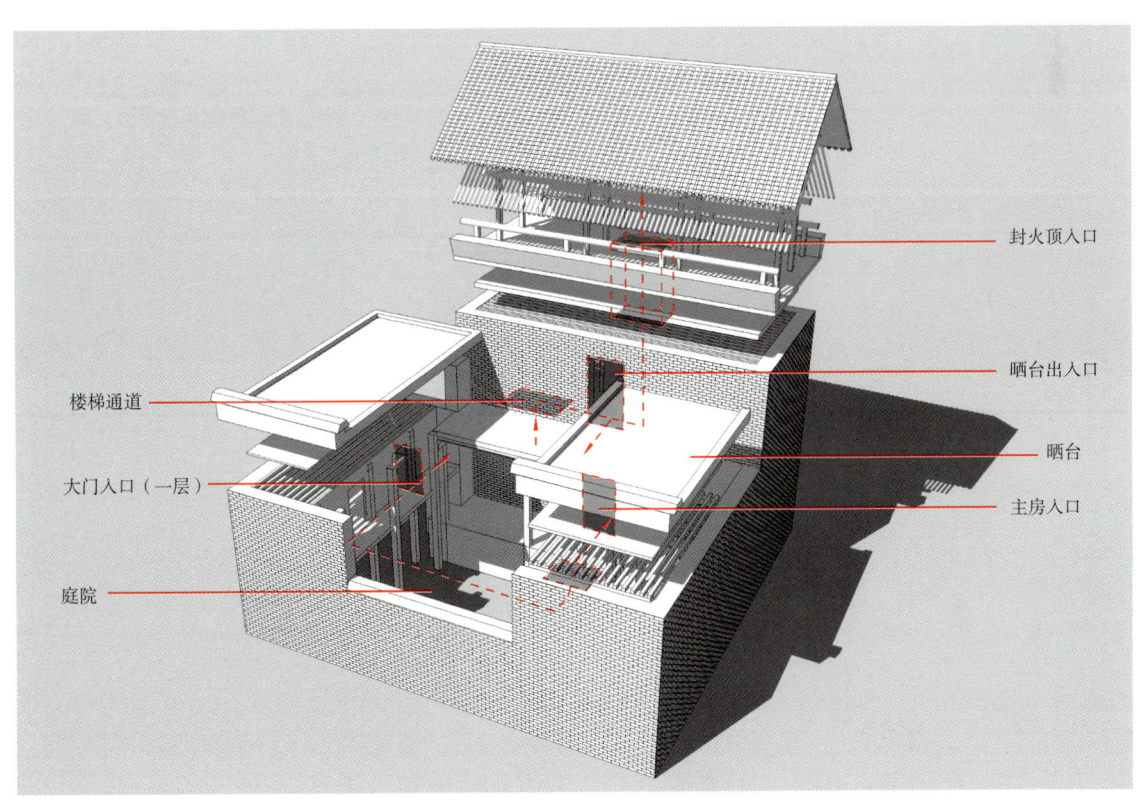

图六　哈尼族红星村李宅解析图

哈尼族普永贵宅

图一　哈尼族普永贵宅主图

　　本案例为云南省元阳县阿者科村哈尼族普永贵住宅。为普永贵住宅，位于村寨南端，坐南朝北，由于山区地势所限，与相邻住宅的间距较小，形成宅间小巷的布局方式。住宅由正房、门廊与耳房构成，正房平面近似正方形，面阔四间，进深三架。建筑使用木石材料，顶为草顶四面坡，其建造年代较早，是阿者科村寨最早的蘑菇房形式。

　　住宅正房的底层有猪圈与肥塘，正房入口位于东侧山墙，进门的左手边是一二层楼梯，肥塘位于两次间的南侧，紧邻楼梯。二层大门位于东山墙中间，四面均有窗，二层大门旁有梯子通向三层，宽度较窄。二层东北侧是老人床，现由普永贵妻子住。男主人床位于北侧窗户前，旁边放置有火塘，为增大空间利用率，将火塘旁边的两个柱子撤掉，成为起居空间。西稍间存放杂物，作储物间，火塘正南侧为灶台，灶台上的墙壁开有小窗，用以排烟。三层是粮仓与晒台，粮仓为阁楼形式，中间有约10平方米的楼板用竹篾阻隔，其上铺有一层泥土，利于驱散二层火塘、灶台烟气，加速烘干三层粮仓内的粮食与草顶，三层其余空间为粮食存储区域，当地人称该粮仓为封火顶。晒台是耳房与门廊的屋顶，可晾晒粮食。门廊与耳房均为两层，一层耳房用于关养牲畜，二层耳房建有晚辈卧室。一层门廊位于正房入口外围，是住宅出入的主要通道，二层门廊位于二层入口外围，东南侧墙面开有小门与外侧楼梯相接，交通较灵活。

普永贵宅的空间布局体现了哈尼族三代同堂的居住方式，居住空间位于二层，长辈居于正房，晚辈居于耳房，家禽牲畜以及储藏空间居于一层，形成人畜分离、长幼有序的布局方式。另一方面，晒台、火塘、粮仓共同形成晾晒、烘干、储藏的功能格局，体现了哈尼族农耕文化与住宅的融合。

图片来源

图一 罗德胤，孙娜等. 哈尼梯田村寨. 北京：中国建筑工业出版社，2013年：25.

图二至图六 张金威 制图

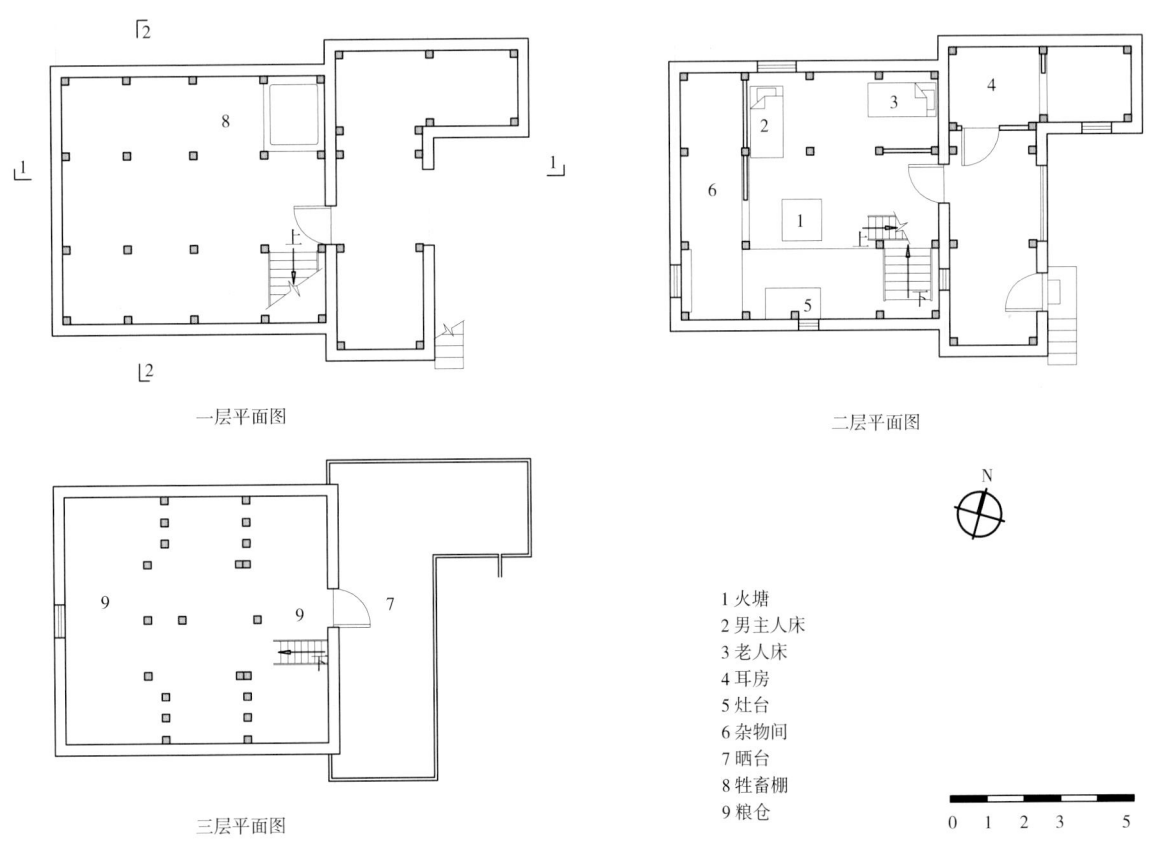

图二 哈尼族普永贵宅平面尺寸图（单位：m）

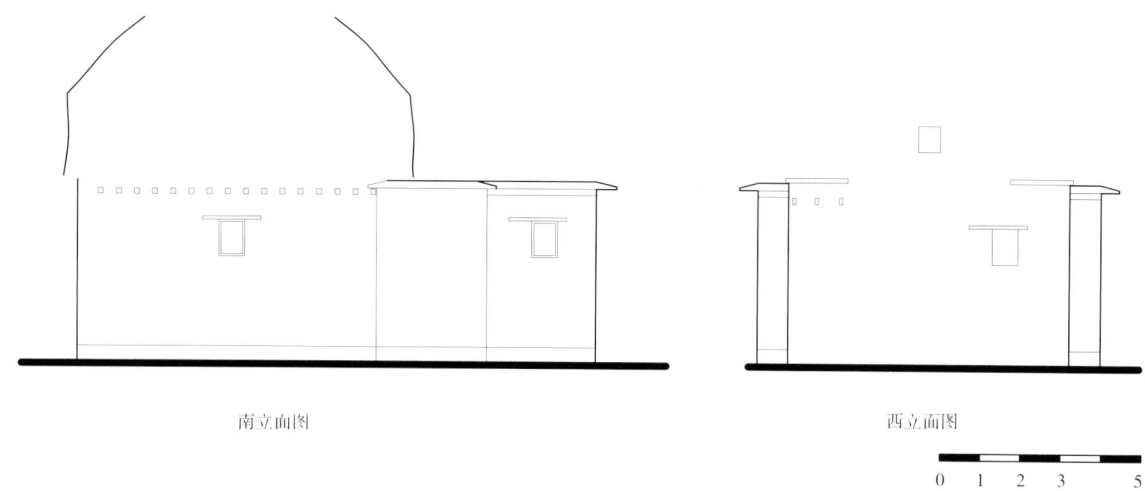

图三　哈尼族普永贵宅立面图（单位：m）

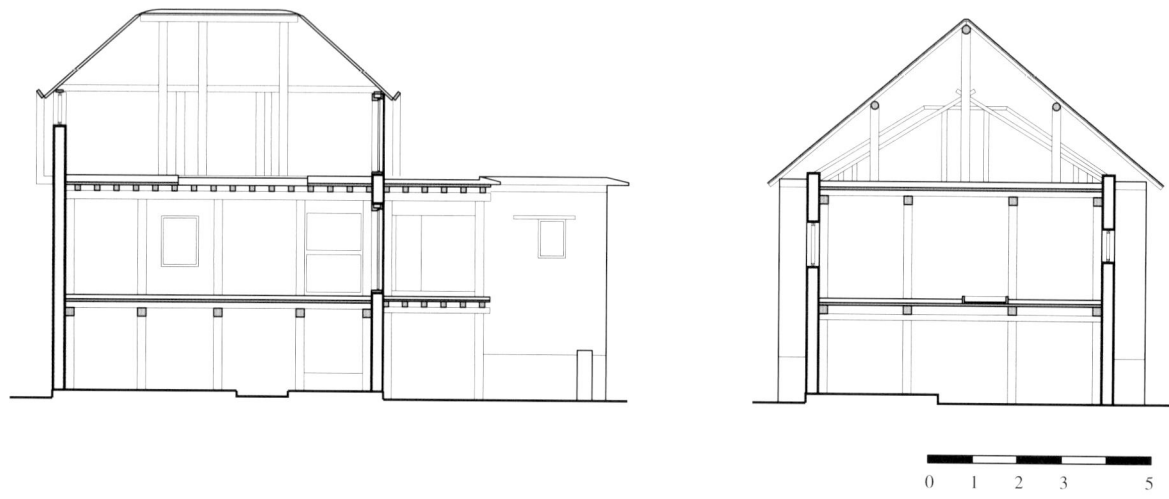

图四　哈尼族普永贵宅剖面图（单位：m）

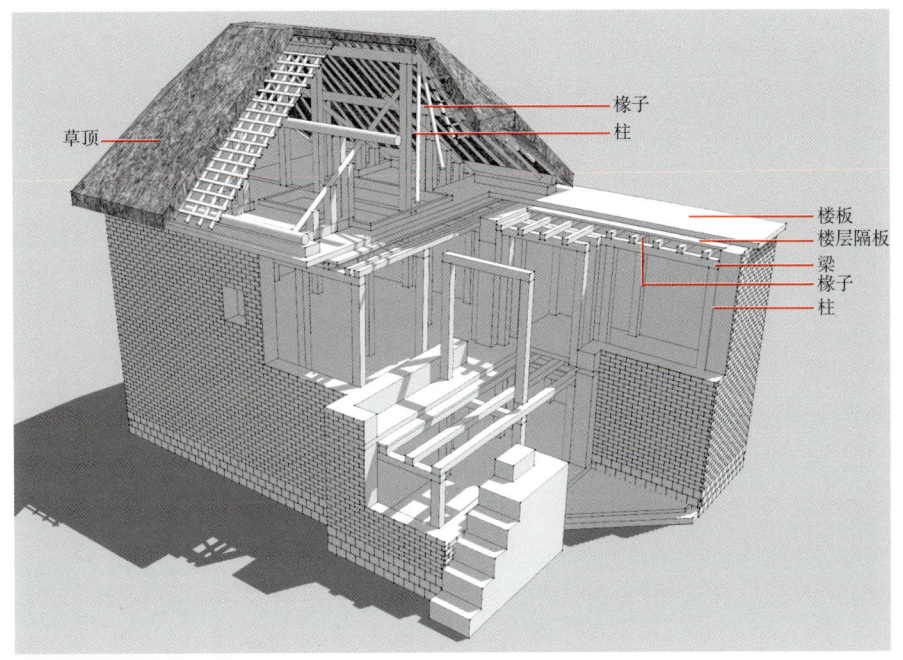

图五 哈尼族普永贵宅结构名称图

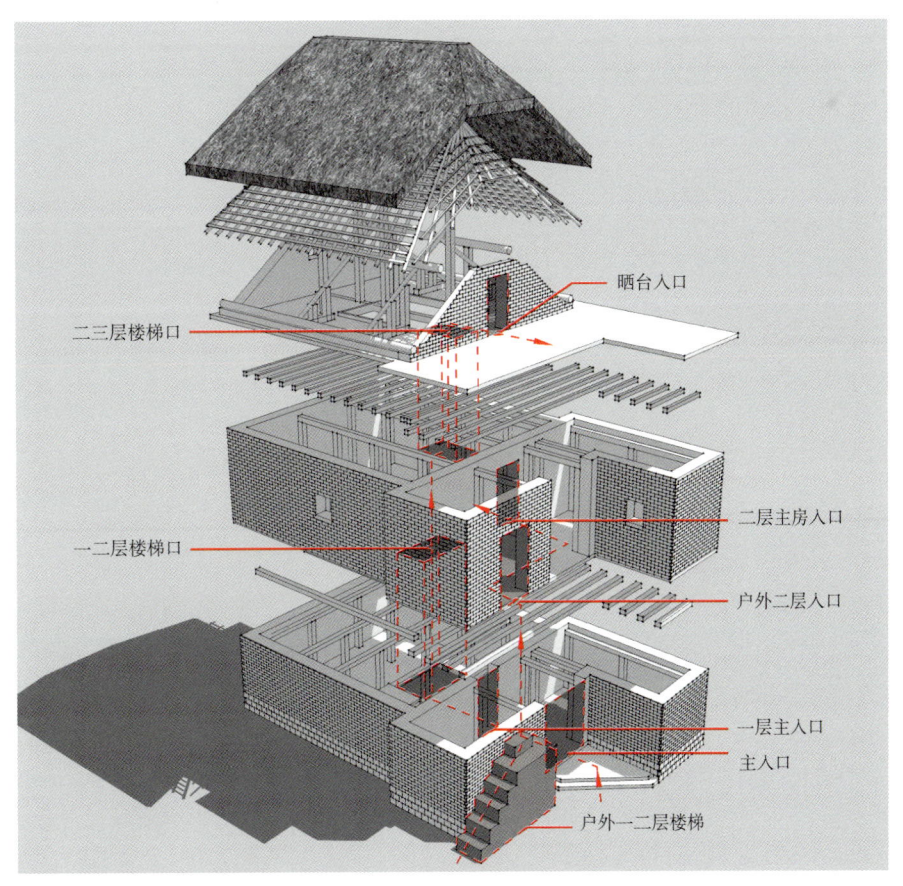

图六 哈尼族普永贵宅解析图

哈尼族俫马队白欧野宅

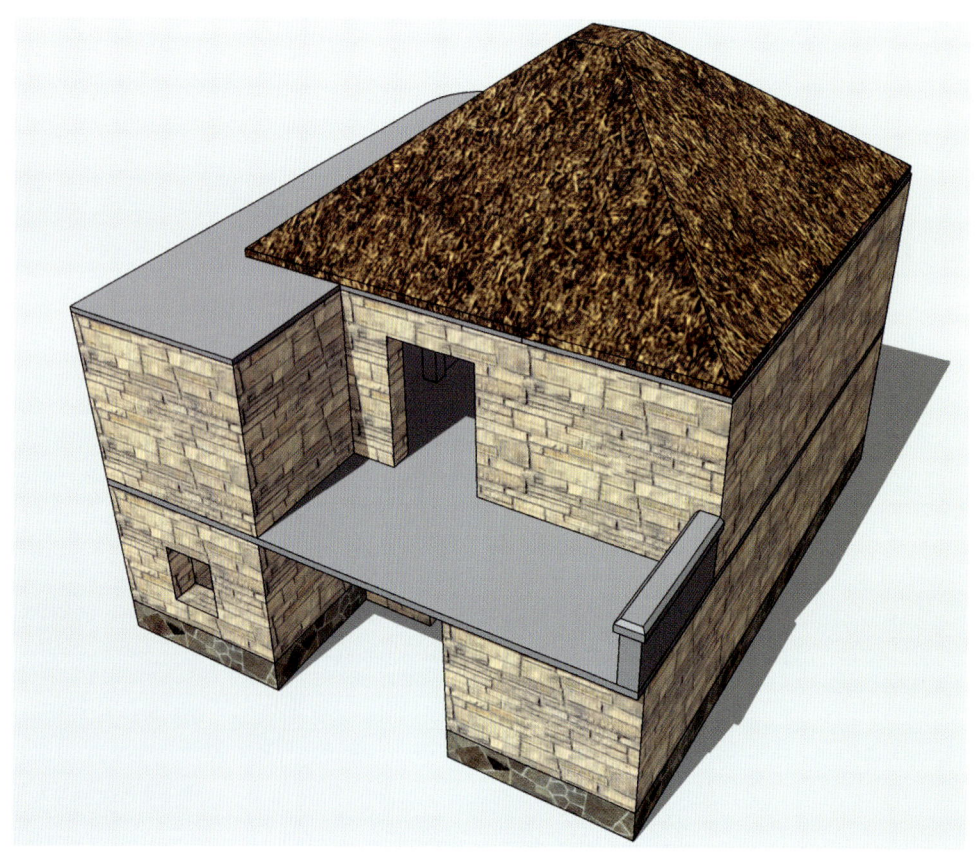

图一　哈尼族俫马队白欧野宅主图

本案例为云南省红河州元阳县俫马队白欧野住宅。白欧野宅从布局上看属于一字形蘑菇房，结构相对简单，平面呈长方形，一层高度较二层低，建筑空间相对较小，以此降低建造的成本。

白宅主要包括：正房、耳房、廊以及晒台。主要功能分区包括：厅堂、卧室、厨房、畜棚、粮仓以及晒台等。住宅主体为正房，耳房是正房前只有6平方米左右的狭小空间，作为杂物间，农忙时为临时卧室供人休息。耳房旁有门廊，位于正房南面耳房西面，空间相对较小。正房分上下两层，下层为畜棚及储物间，南面开有大门，是住宅的主入口，进门的右手边设有通向二层的楼梯。住宅二层包括卧室、厅堂以及厨房，卧室位于西北角，东面为厨房，厨房旁设有火塘，卧室旁的顶部楼板设有粮仓入口，通向三层。二层向南开有小门，由此门向外为晒台，位于门廊与耳房之上，用于晾晒粮草。三层粮仓为阁楼形式，在二层火塘的作用下，环境干燥且透气，适合储藏粮草，当地人称封火顶。住宅屋顶为四面坡，其倾斜角度接近45度，便于导流雨水。地基较浅且高度较低，对地面潮气的阻隔效果较差。建筑体材料主要由土、砖石以及竹木材构成，依靠竹木立柱以及砖石墙体混合承重。

白欧野宅的布局遵守下畜上人的方式，晒台与封火顶构成住宅的晾晒与储藏系统，是哈尼族农耕文化的体现。但白欧野宅的居住空间较拥挤，晒台面积较小，不利于快速地完成粮食的晾晒，且居住区域与厨房相接，空间狭小，使其卫生条件较差。

图片来源

图一至图六　张金威　制图

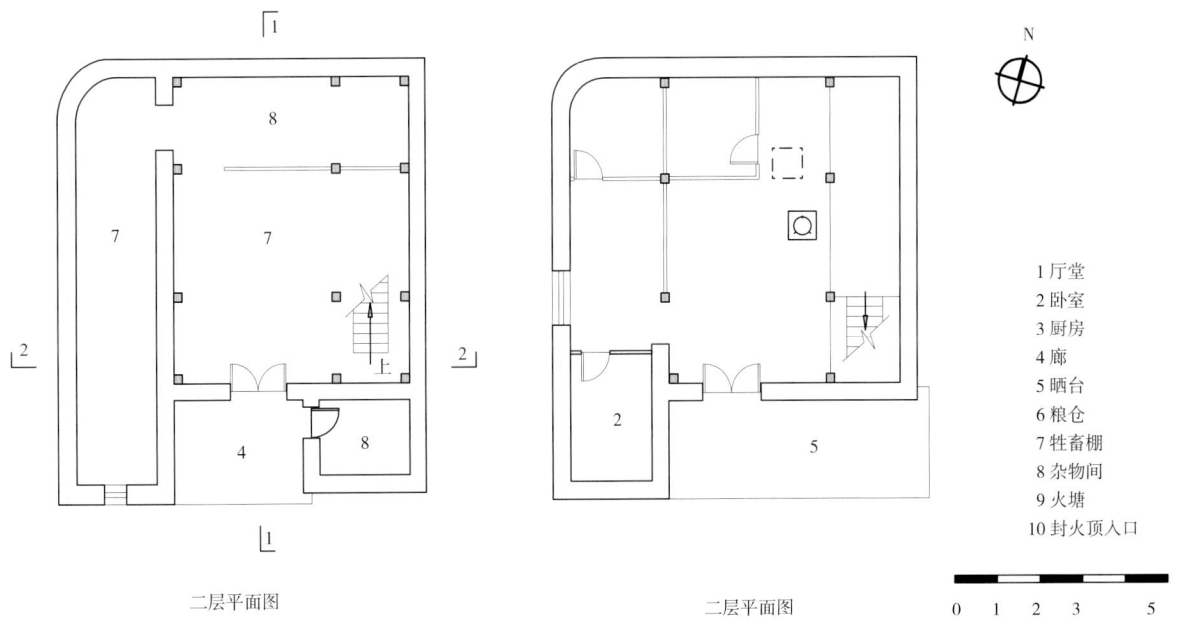

图二　哈尼族倮马队白欧野宅平面尺寸图（单位：m）

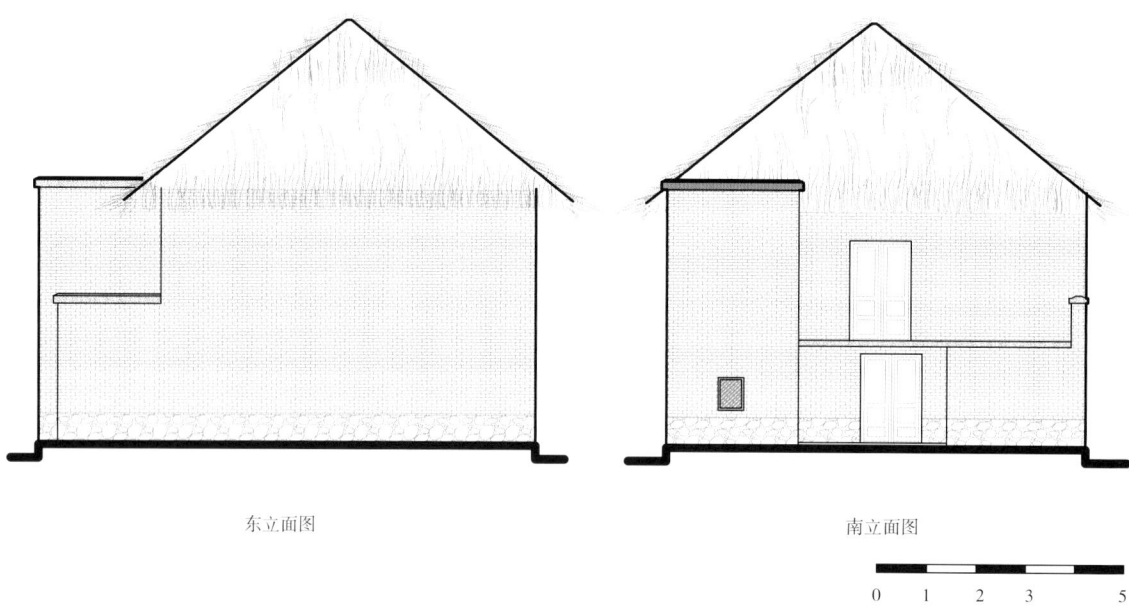

东立面图   南立面图

图三　哈尼族倮马队白欧野宅立面图（单位：m）

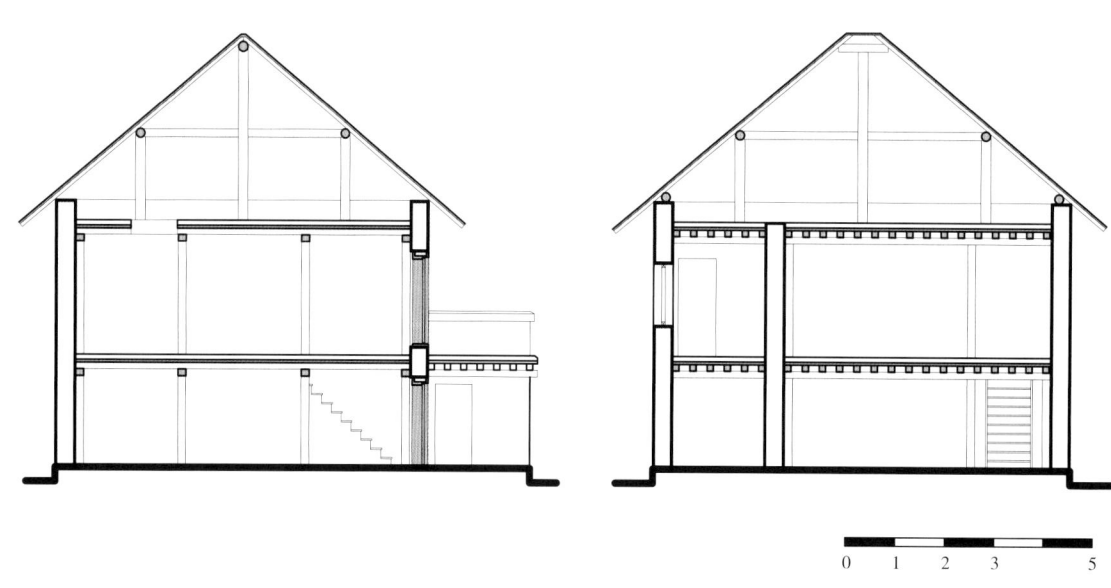

图四　哈尼族倮马队白欧野宅剖面图

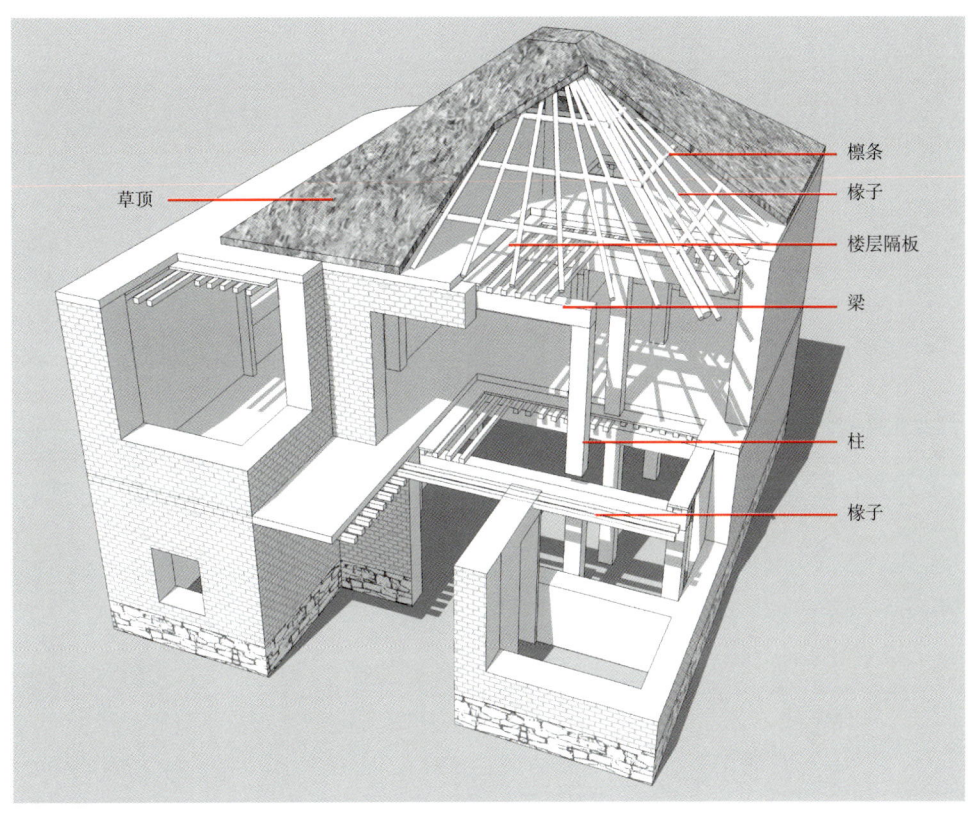

图五　哈尼族傈马队白欧野宅结构名称图

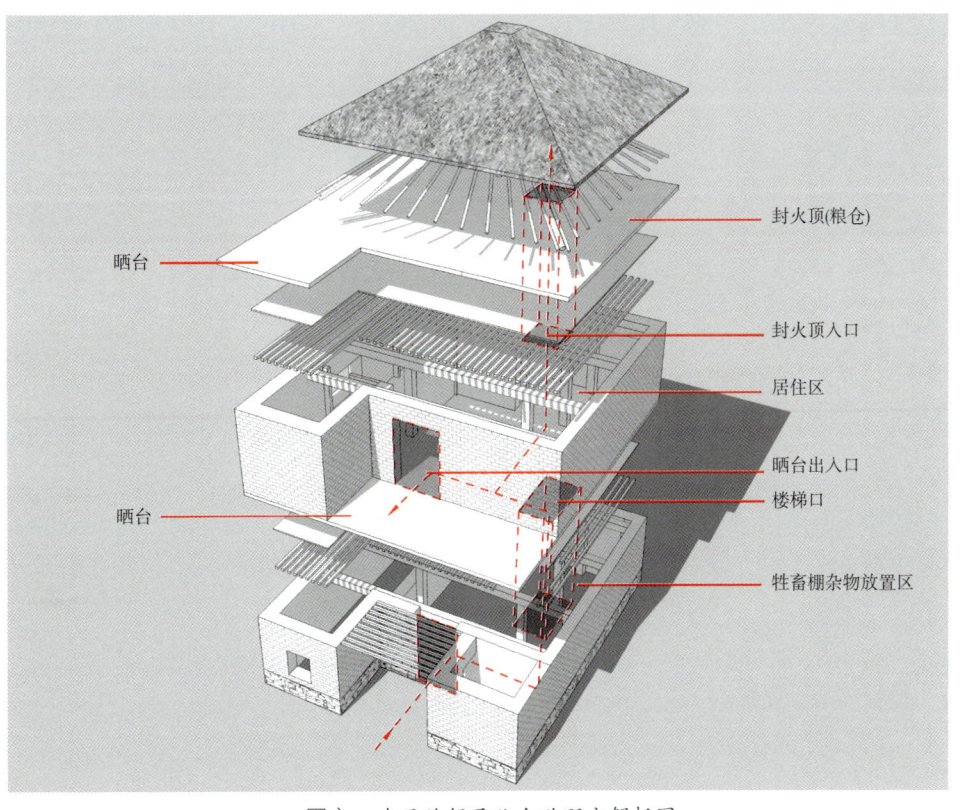

图六　哈尼族傈马队白欧野宅解析图

哈尼族大兴乡白宅

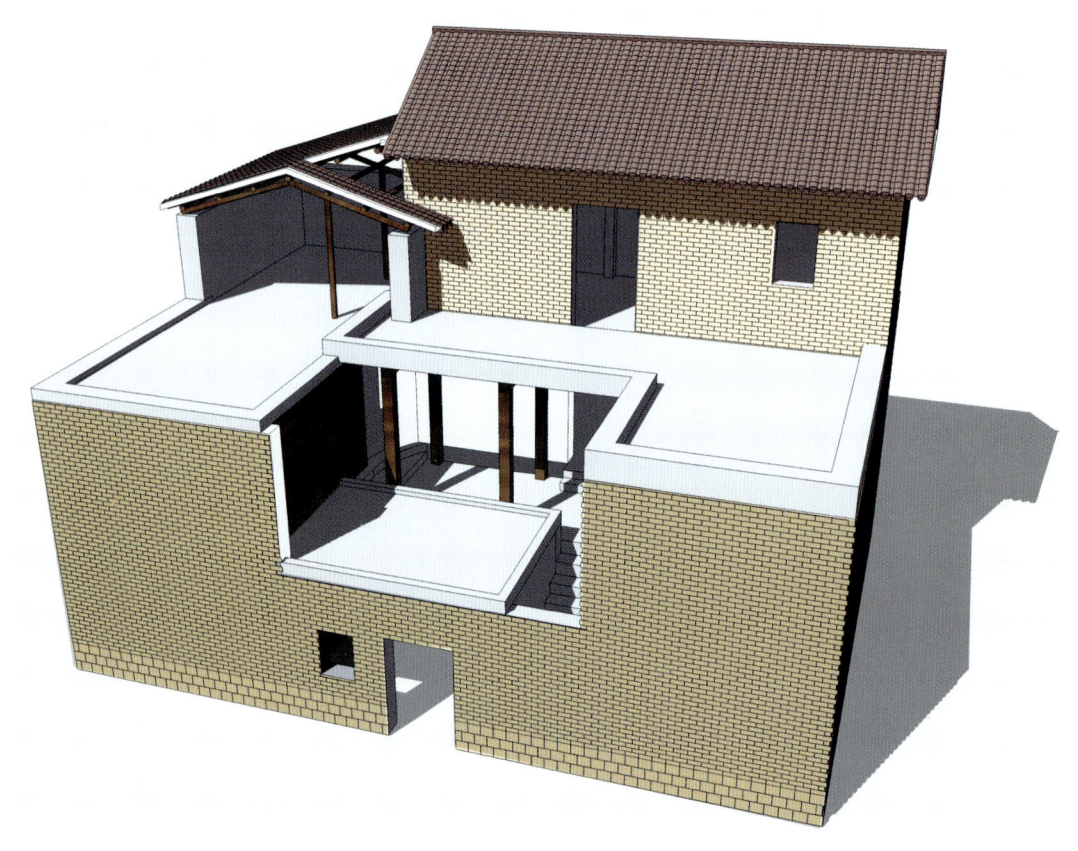

图一 哈尼族大兴乡白宅主图

本案例为云南省红河州绿春县大兴乡白宅。白宅是四合院住宅，正房的屋顶是瓦顶，耳房是土掌形式，土掌是以夯土或水泥等材料搭建平台状的屋顶，作为晒台用于晾晒粮食。白宅开间进深较大，有面积宽阔的晒台，布局上包括大门入口处的门廊、两边的耳房以及正房，呈现四面围合状。

白宅的主要功能分区包括：厅堂、卧室、厨房、畜棚、粮仓储物间、晒台、杂物间等。住宅中门廊位置较低，通过台阶连接院落天井，耳房位于正房东西两侧，西侧耳房共两层，上层连接院落，作为厨房，下层为畜棚及杂物间，东侧耳房仅一层，连通院落，是晚辈卧室，耳房与门廊顶是平台形式，提供晾晒粮食空间。院落较正房一层地面偏低，房屋围合呈现天井形式，正房面阔三间，明间为客厅，置火塘，两侧稍间为厨房和长辈卧室。正房二楼为粮仓，用于短期储存粮食与杂物，其顶设置有楼梯口通向三层阁楼。阁楼主要用于长期储藏粮食，远离潮湿地面，当地人称封火顶。正屋屋顶是两面坡的瓦顶，其倾斜角度接近45度，利于导流雨水。建筑体材料主要有夯土、砖石以及竹木材等，以粗大木材构成主要承重框架，土石、竹木板材构成内外墙体分割空间。

白宅空间较大，增加了晒台面积与居住面积，实现高效晾晒并增加活动空间。畜棚、厨房、储藏等空间与人居空间分离，改善了人居空间的卫生条件。住宅增加了窗户数量，注重采光，利于通风，体现了传统蘑菇房布局与现代建造技术的融合。

图片来源
图一至图六　张金威　制图

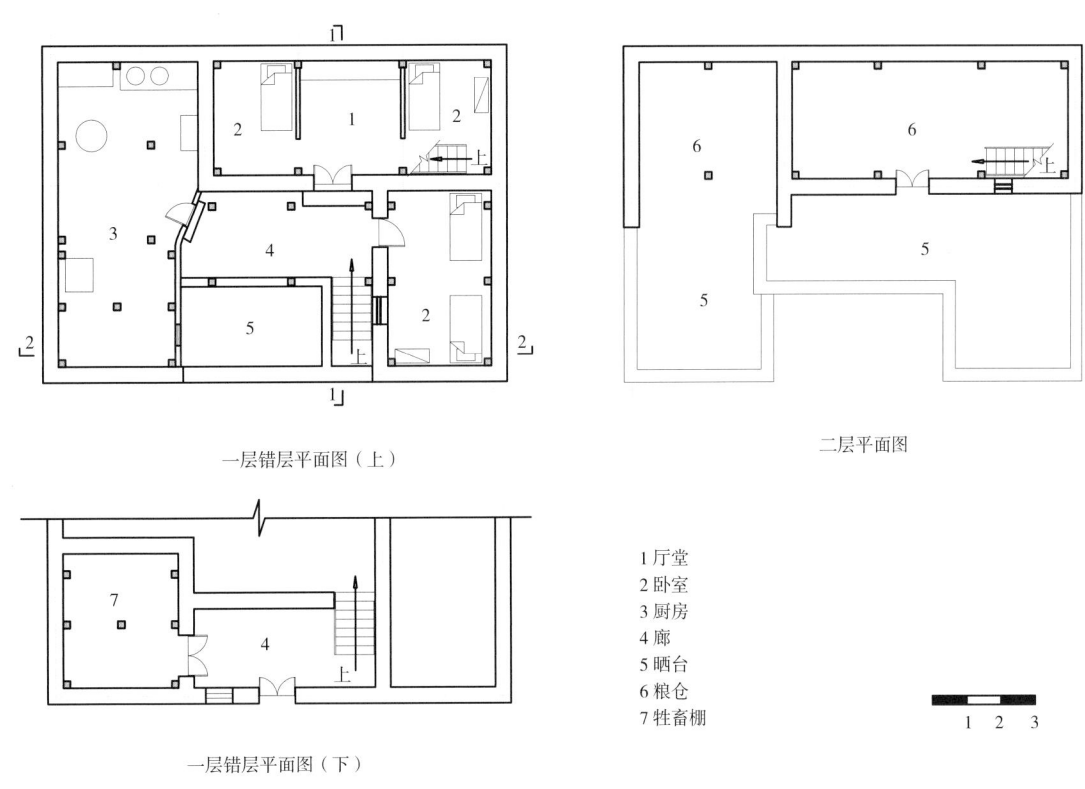

一层错层平面图（上）

二层平面图

一层错层平面图（下）

1 厅堂
2 卧室
3 厨房
4 廊
5 晒台
6 粮仓
7 牲畜棚

图二　哈尼族大兴乡白宅平面尺寸图（单位：m）

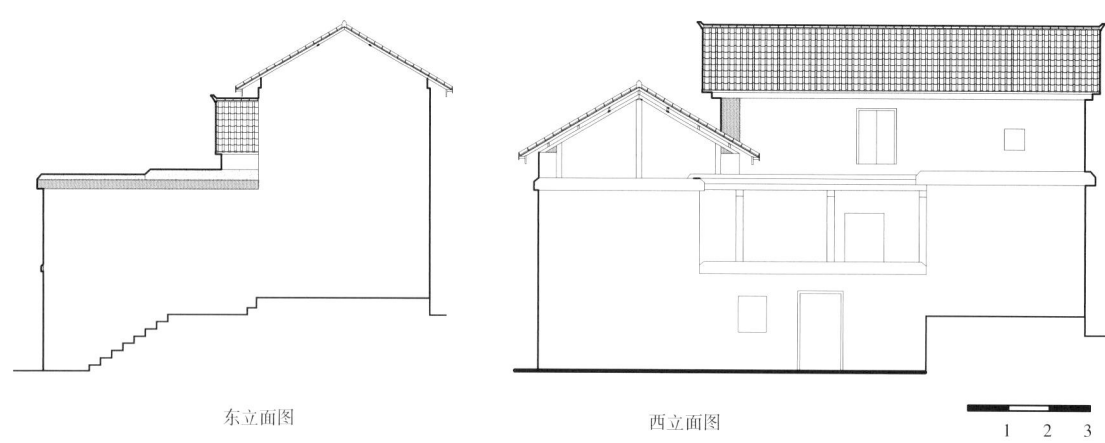

东立面图　　　　　　　　西立面图

图三　哈尼族大兴乡白宅立面图

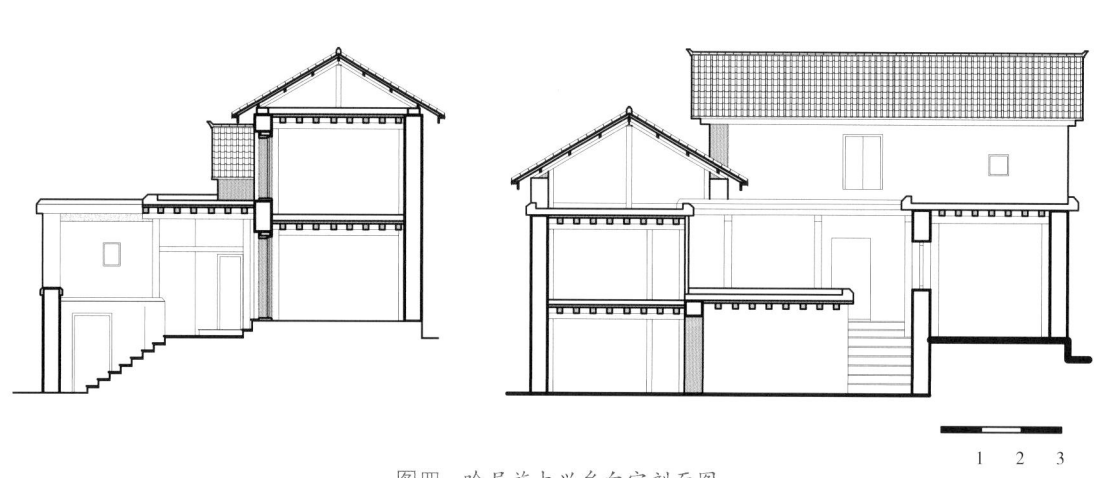

图四　哈尼族大兴乡白宅剖面图

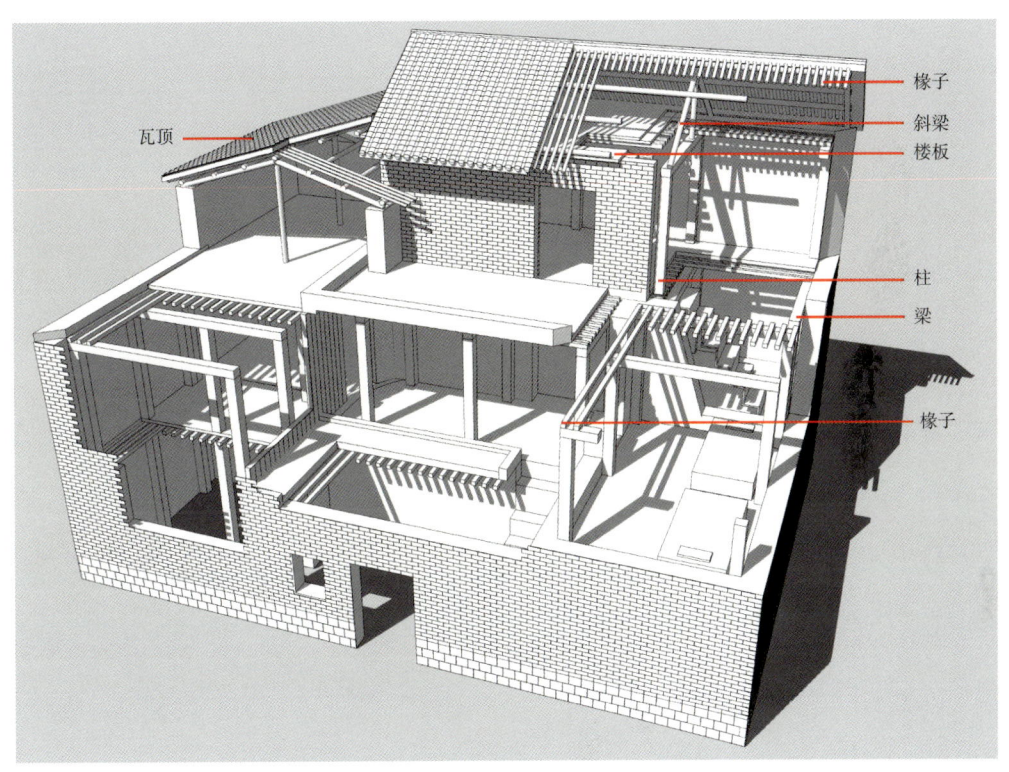

图五 哈尼族大兴乡白宅结构名称图

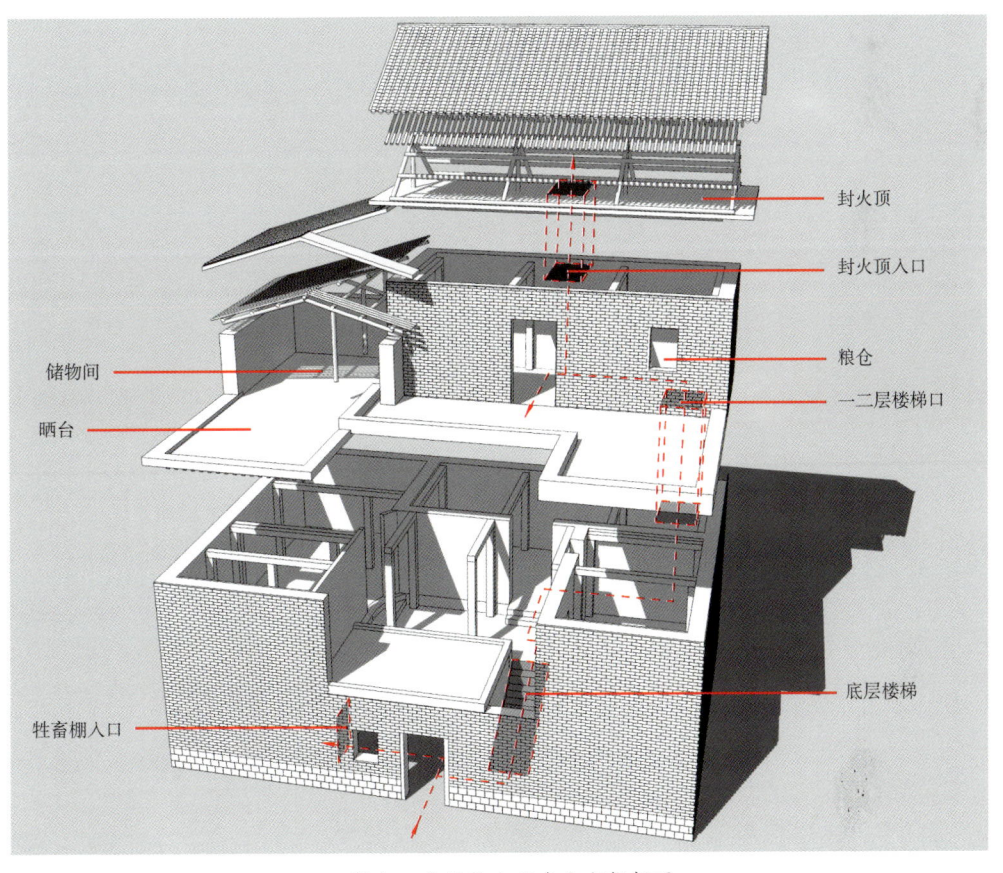

图六 哈尼族大兴乡白宅解析图

哈尼族马宅

图一 哈尼族马宅主图

本案例为云南省红河州红河县甲寅乡甲寅村哈尼族马宅。马宅从布局上看是曲尺形住宅，正房坐山朝阳，耳房建于正房东南侧，与正房垂直，布局类似曲尺。马宅耳房在正房的基础上增加了储藏与卧室空间，优化人居环境，是对一字形住宅形式的优化。

马宅包括：院落、廊、晒台、耳房以及正房，主要功能分区包括卧室、厨房、客厅、畜棚、粮仓、储物间以及晒台等。庭院比正房一层地面低1.5米左右，供主人日常的活动、休憩、放置杂物。院落西侧是农具、薪柴、饲料等的临时安置区，正房底层建有一间畜棚与院落相连，满足下畜上人的空间布局。正房一层东侧稍间是厨房，明间为客厅，西侧稍间为卧室，是一家人居住与生活的主要场所。正房二层是粮仓，储藏粮草，粮仓以南建有晒台，位于廊之上，用于晾晒不易干的粮食或秸秆等物。耳房位于正房东南侧，相对三合、四合布局，其空间较小，作为卧室供晚辈居住。建筑材料主要有土、砖石、茅草以及竹木材，以柱与砖石墙体混合承重，墙壁厚度较大，增强承载力并隔潮隔热。屋顶采用两面坡的草顶，其倾斜角度接近45度，便于导流雨水。

马宅的居住空间离地较高，隔离湿气并分割人畜空间，形成下畜上人的分布方式，改善了人的居住环境。晒台与粮仓的布置提供了粮食的晾晒与储藏空间，与哈尼族梯田一起构成了哈尼族住宅中独特的耕作、晾晒、储藏体系。

图片来源

图一至图六　张金威　制图

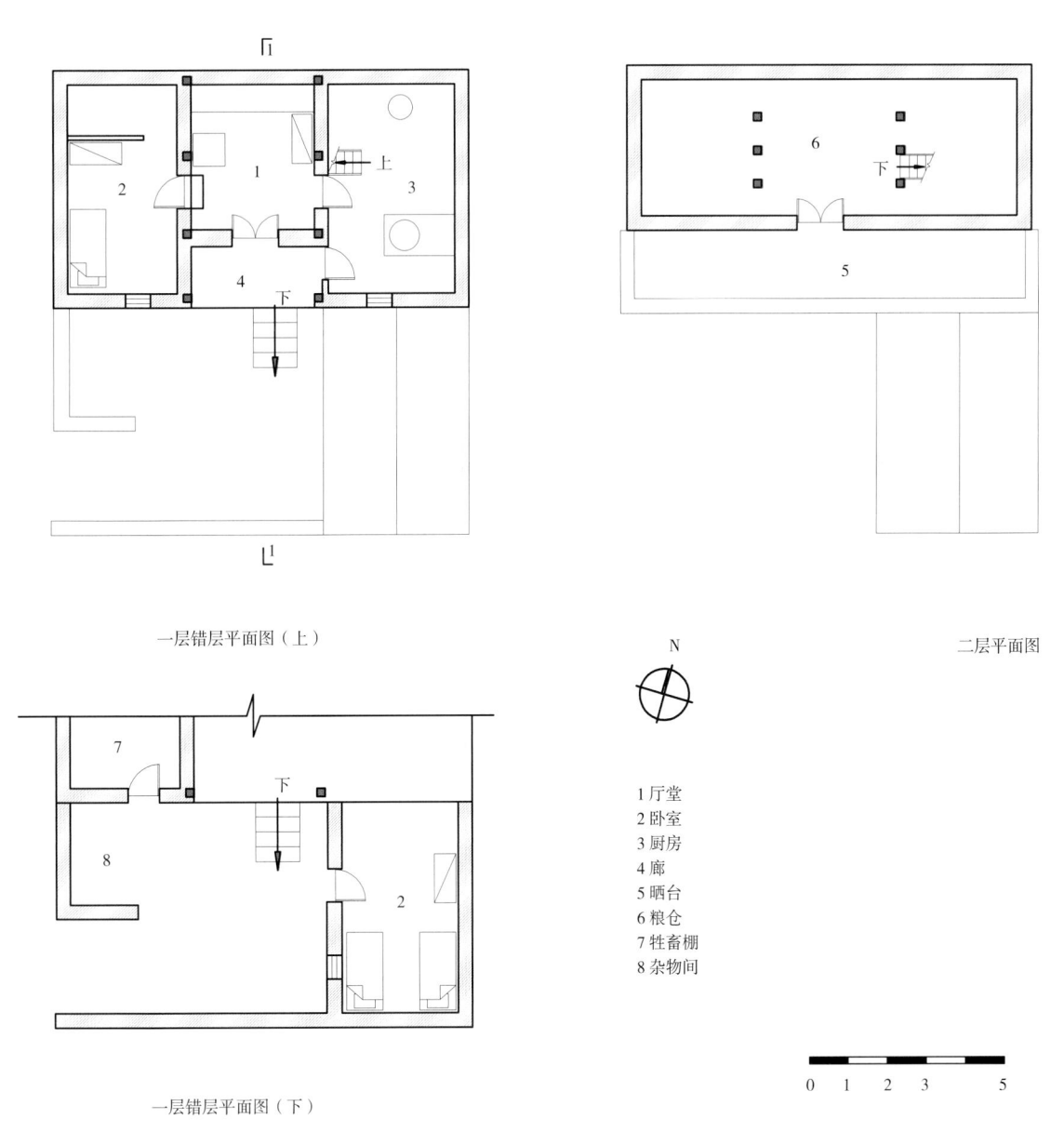

图二　哈尼族马宅平面尺寸图（单位：m）

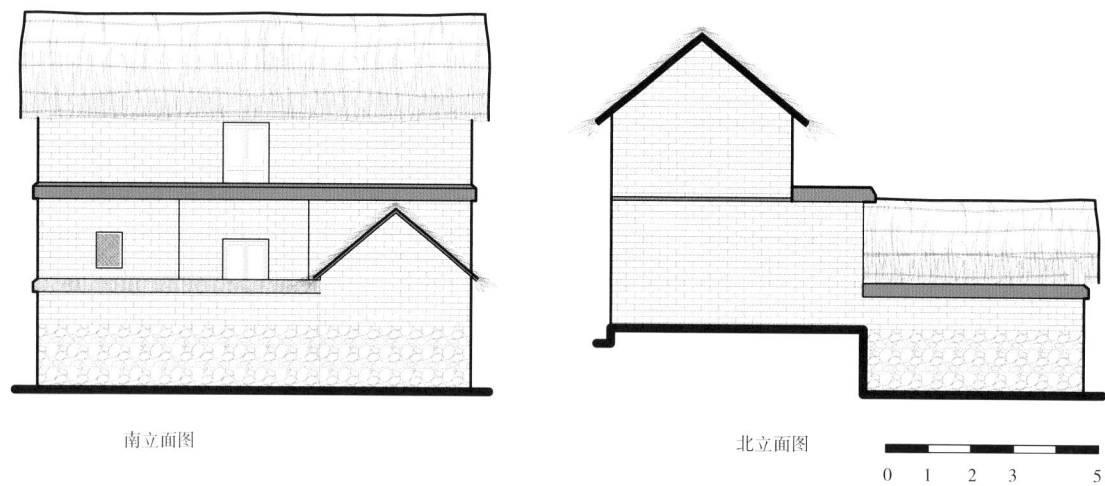

南立面图　　　　　　　　　　北立面图

图三　哈尼族马宅立面图（单位：m）

图四　哈尼族马宅剖面图（单位：m）

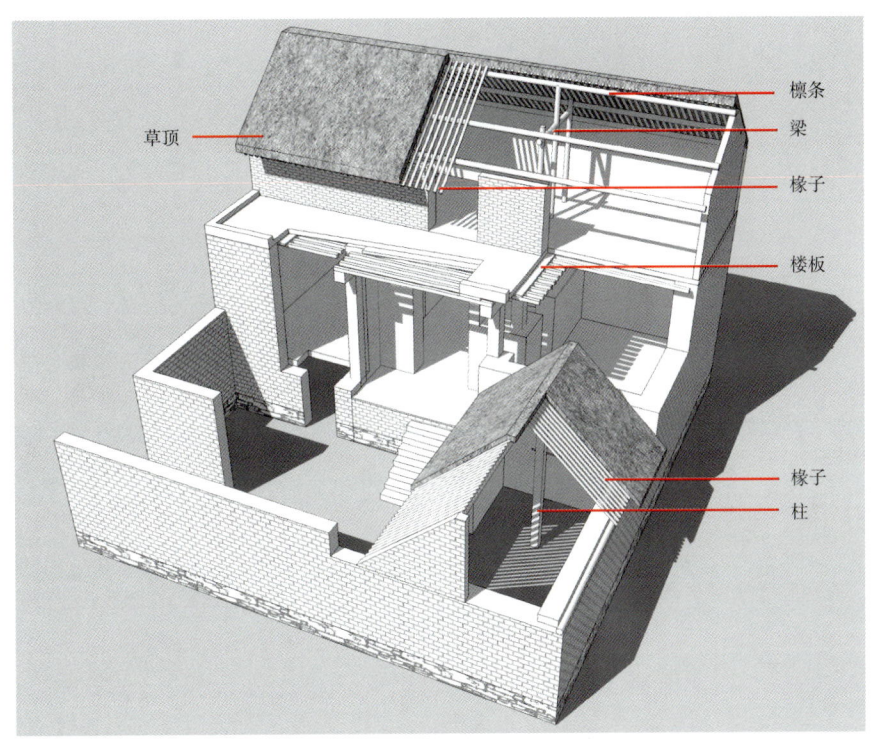

图五　哈尼族马宅结构名称图

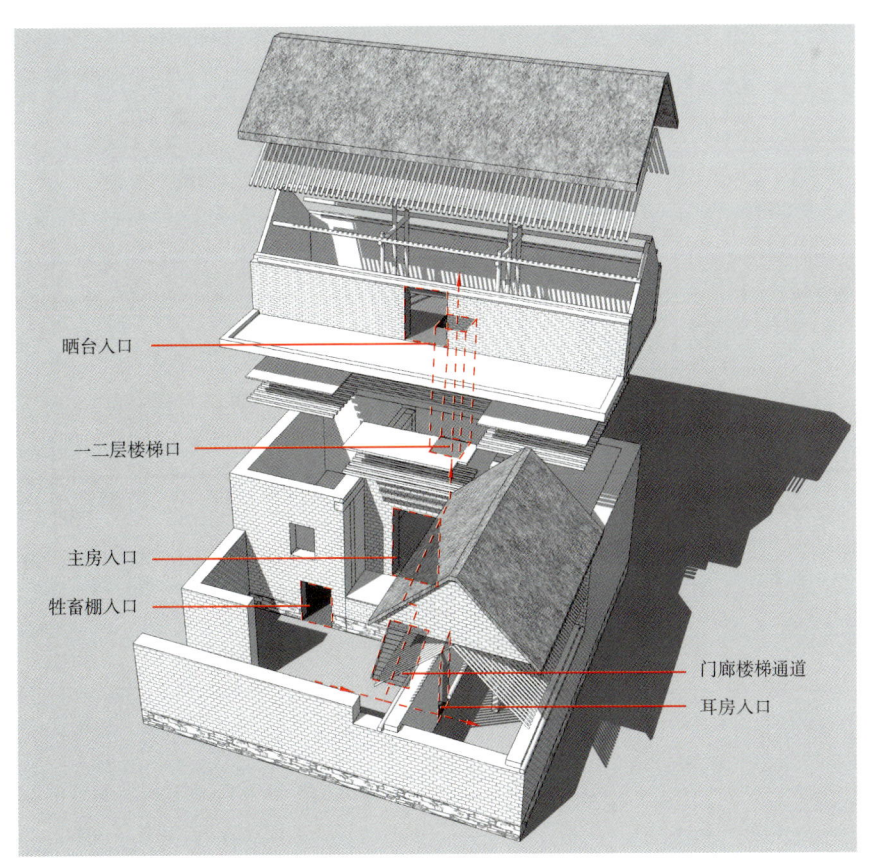

图六　哈尼族马宅解析图

哈尼族钱有志兄弟宅

图一　哈尼族钱有志兄弟宅主图

近年红河地区的经济不断发展，为当地建筑引入了新的技术手段与材料，改变了传统住宅的布局与用材，使居住更加人性化，结构更加稳定。钱有志兄弟宅是融合了混凝土等现代建造技术的新式哈尼族住宅。

钱有志兄弟宅包括院落、廊、晒台、耳房以及正房，主要功能分区包括卧室、厨房、客厅、粮仓及其他储物间、晒台等。住宅是两家兄弟各自住宅的合一，两家共享一座庭院，住宅正房共三层，一层为主要活动空间，包括厅堂、厨房、主卧室，两家厨房均位于正房西侧稍间，客厅位于正房明间，其余房间均为卧室。二层为晚辈卧室、客房与储藏空间，拓展住宅的人居空间。住宅三层是粮仓及晒台，供晾晒与储藏粮食。住宅各房间均由廊连通，楼梯位于廊的尽头，连接上下层的廊，形成相对紧凑的交通方式。住宅耳房位于东南侧，共两层，体量较正房小，上下层各设有一间卧室，一层向东的墙面上设有住宅的主入口，连通内外。住宅庭院下沉，空间较大，是两家人共有的休闲、活动、杂物空间。在材料上，晒台顶以混凝土代土顶，以石墙代土墙，屋顶以瓦顶代草顶。

住宅材料的进步使住宅的安全性能得到保障，使住宅空间加大，增大居住面积、储藏面积。同时，住宅区与牲畜棚分离，改善了人们居住空间的卫生条件。住宅开窗更多，面积更大，注重采光与通风，体现现代哈尼族住宅在融合传统基础上的开拓创新。

图片来源
图一至图六　张金威　制图

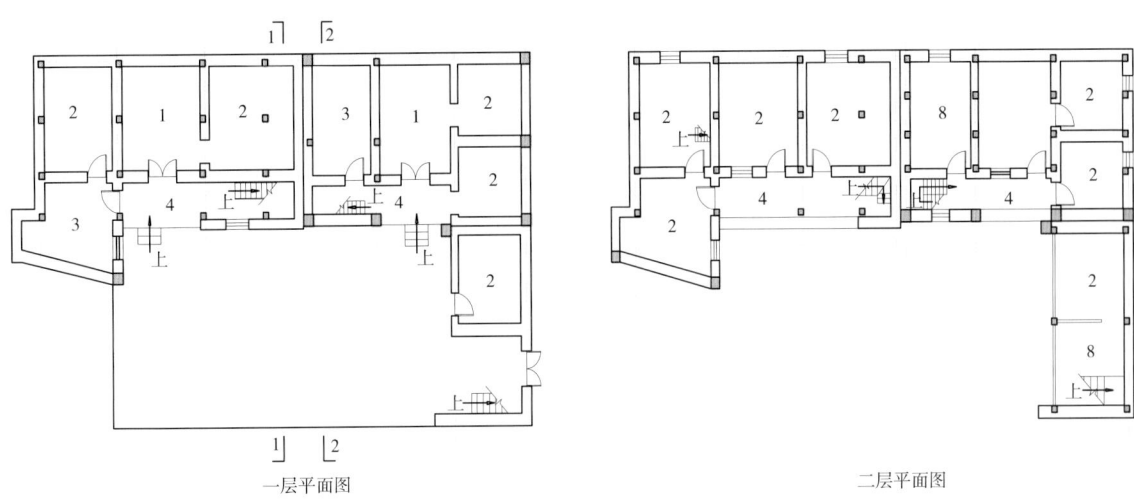

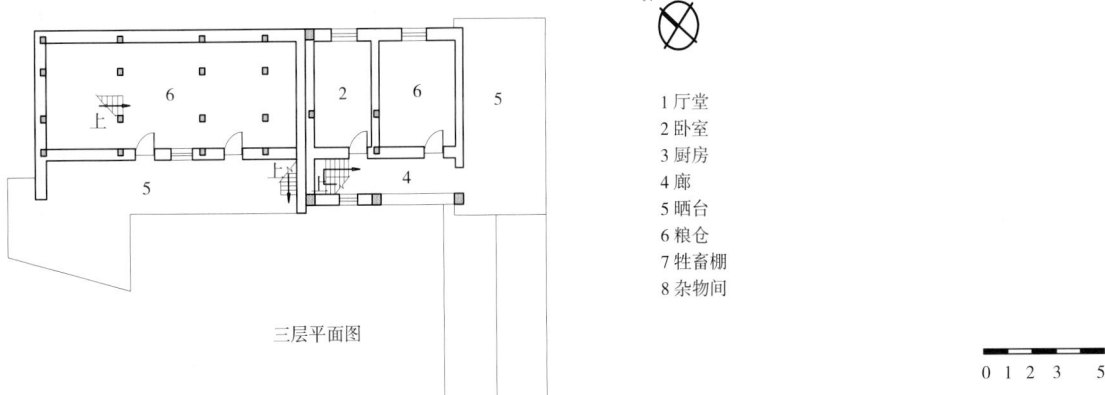

1 厅堂
2 卧室
3 厨房
4 廊
5 晒台
6 粮仓
7 牲畜棚
8 杂物间

图二 哈尼族钱有志兄弟宅平面尺寸图（单位：m）

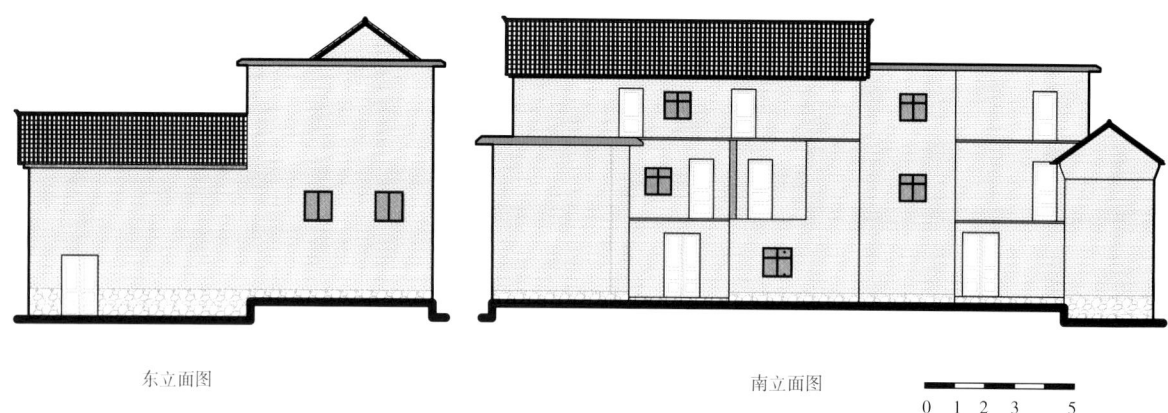

东立面图　　　　　　　　　　　南立面图

图三　哈尼族钱有志兄弟宅立面图（单位：m）

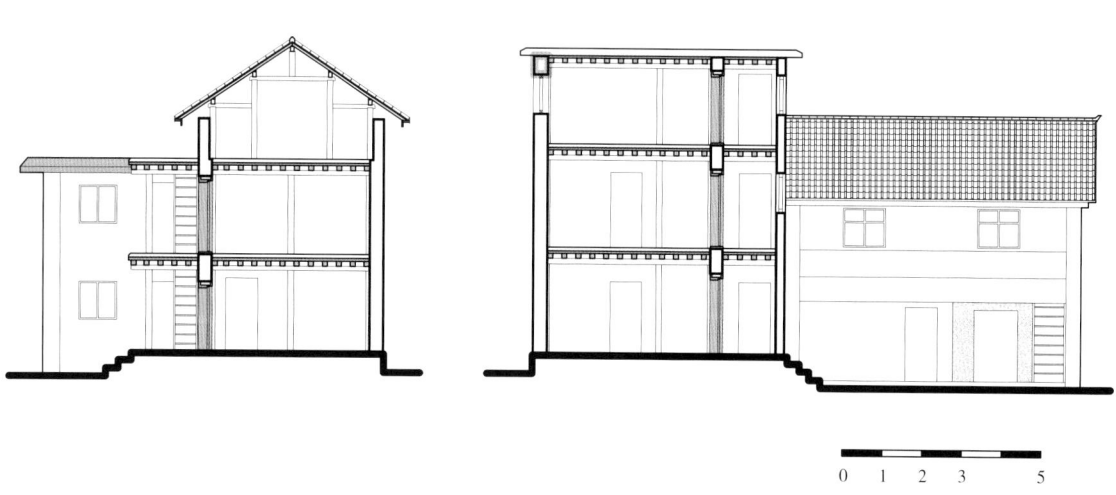

图四　哈尼族钱有志兄弟宅剖面图（单位：m）

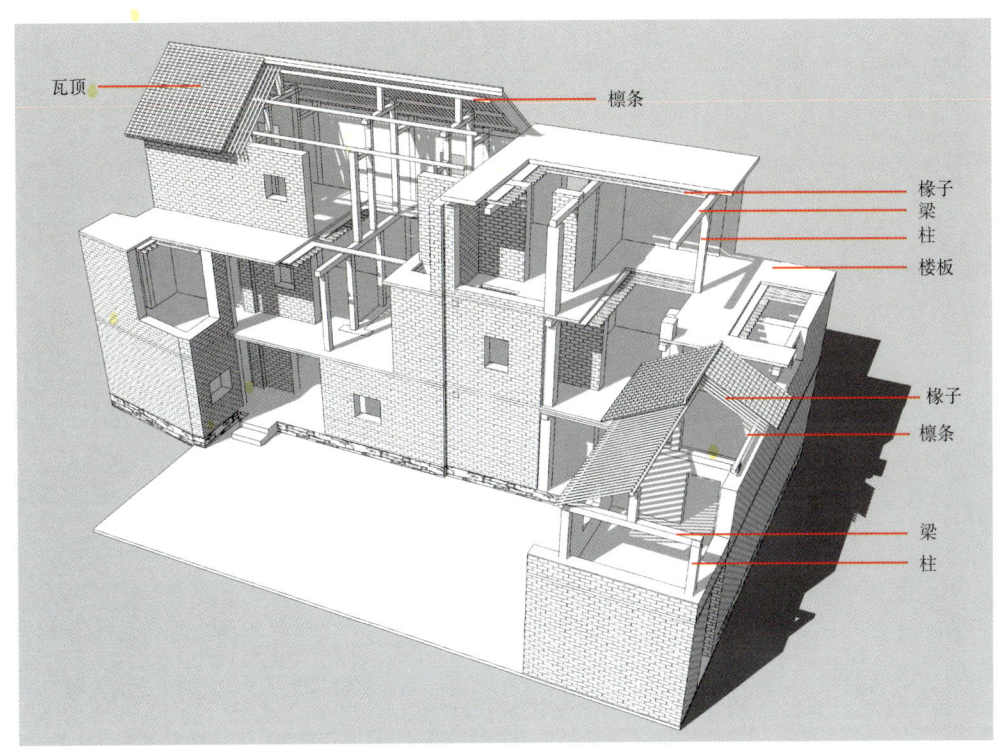

图五 哈尼族钱有志兄弟宅结构名称图

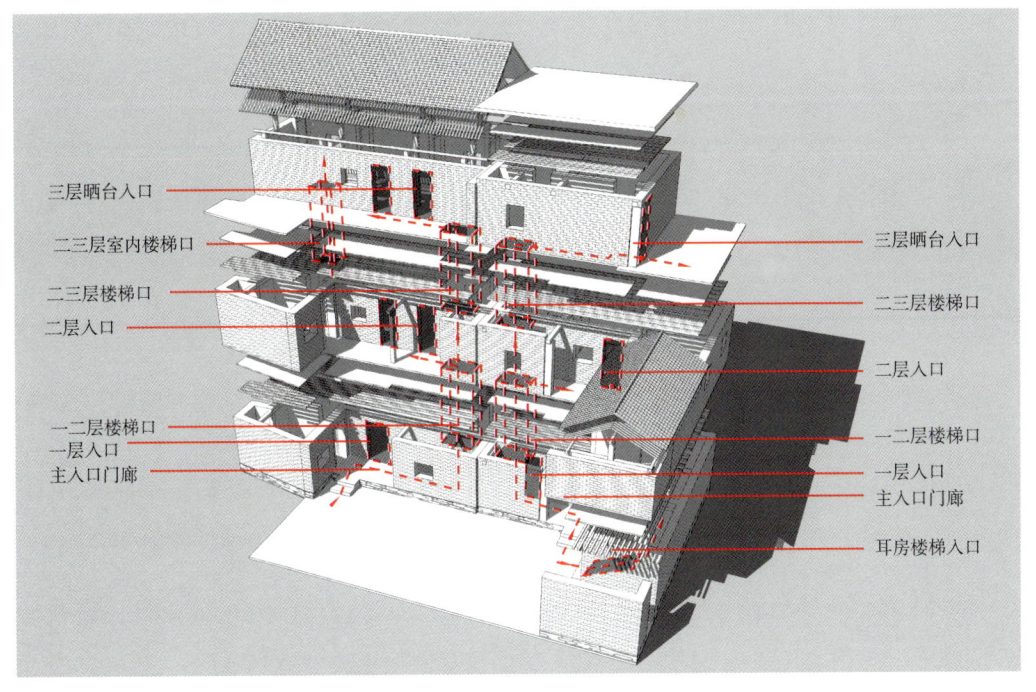

图六 哈尼族钱有志兄弟宅解析图

哈尼族段色黑宅

图一　哈尼族段色黑宅主图

　　本案例为云南省玉溪市元江县那诺乡塔朗村哈尼族段色黑住宅。段宅依山而建，坐西朝东，主要由院落、正房、耳房以及门廊构成，住宅布局呈梯形，正房、耳房与门廊位于西侧，院落居于东侧，院落大门开于北侧，是住宅的主要出入口。段宅建筑结构为抬梁穿斗混合式，以木柱为主承重，墙体辅助，是较为传统的哈尼族民居形式。

　　段宅正房是由两个山墙相连的单体建筑组成，其主出入口位于北侧山墙，与门廊相接，入室第一间为堂屋，内置一个竹编沙发，一个几案与两个矮柜，是迎客、洽谈的主要场所。堂屋南侧为厨房，是全家烹煮食材的场所，中间设置有火塘，火塘常年不熄以保持室内干燥，并喻义家族兴旺。厨房南侧为主卧室，是家族长者的居所，主卧室西北角的顶部开有1米长宽的楼梯口，以较狭窄的楼梯通向二层。正房二层南侧为储物间，在面西的墙体上设置出入口，通向室外高地，二层北侧为粮仓，粮仓外依托门廊与耳房顶部设置晒台，可用于晾晒粮食。段宅耳房共两座，分别位于正房北侧与东侧，北侧耳房面西设置出入口，作为储物间，空间较小，东侧耳房面北设置出入口，空间稍大，作为客房或晚辈居所。段宅住宅地面较院落抬高约1米，分割住宅与院落空间，院落种有石榴等树木，主要用于休憩、纳凉、饲养牲畜等。

段宅采用地面抬高的方式阻隔湿气，形成较为舒适的人居环境，是该建筑类型对当地湿润气候的适应性改变。粮仓、晒台、火塘等区域的出现，满足了哈尼族人对粮食储藏、晾晒、保持干燥等功能的要求，体现了哈尼族农耕文明对住宅空间布局的影响。

图片来源

图一　刘翔宇　摄影

图二至图七　张金威　制图

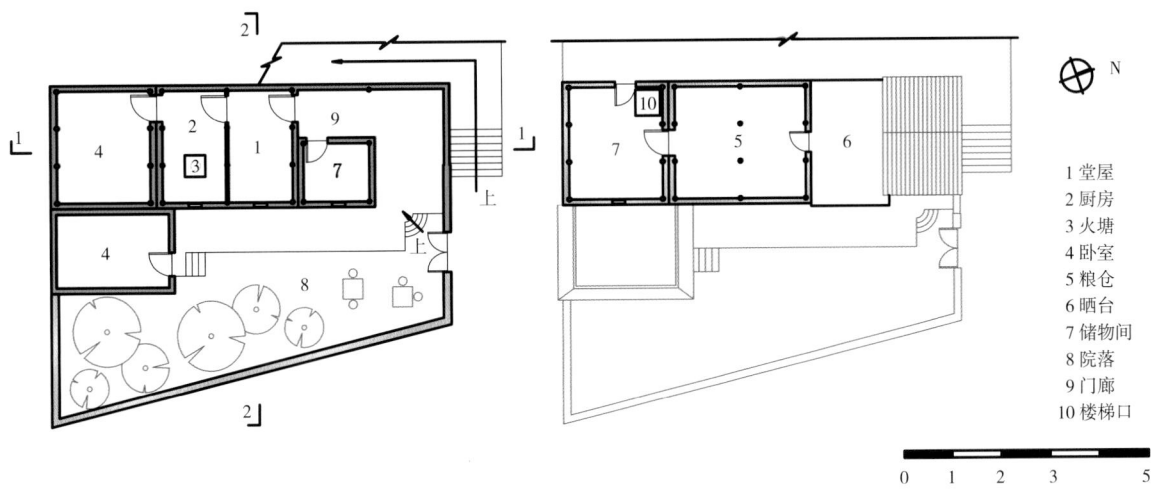

图二　哈尼族段色黑宅平面尺寸图（单位：m）

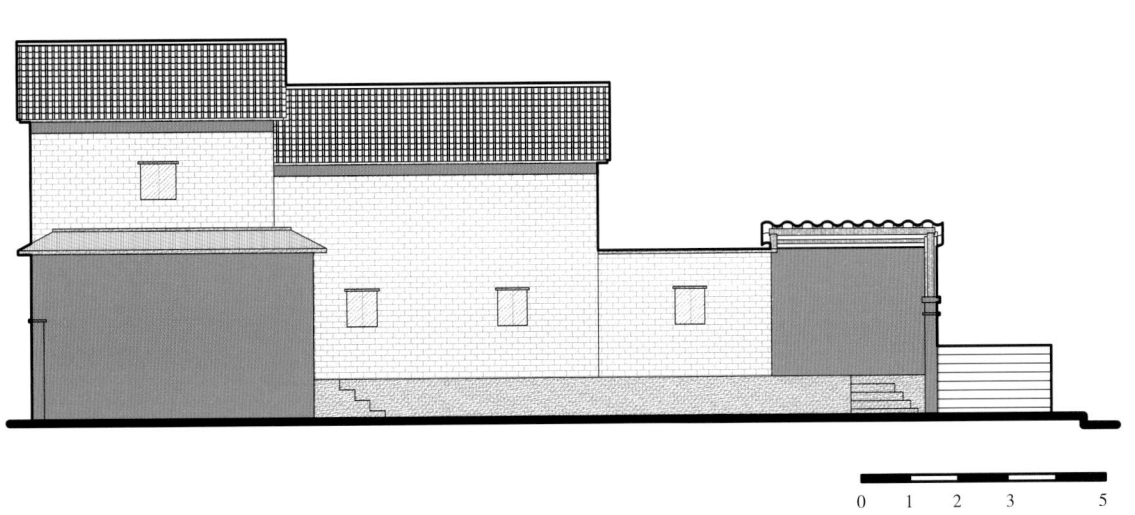

图三　哈尼族段色黑宅东立面图（单位：m）

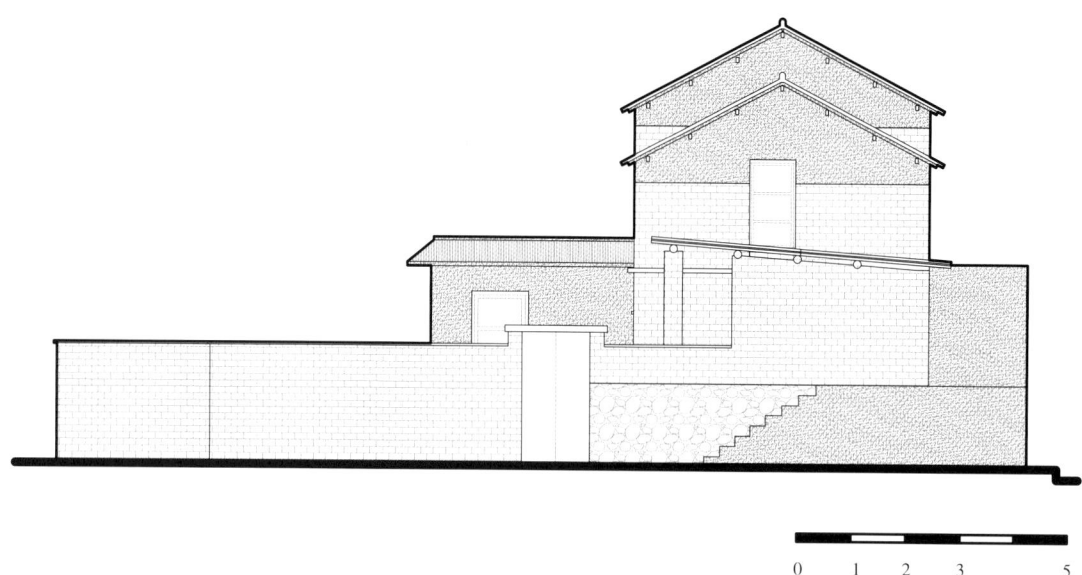

图四 哈尼族段色黑宅北立面图（单位：m）

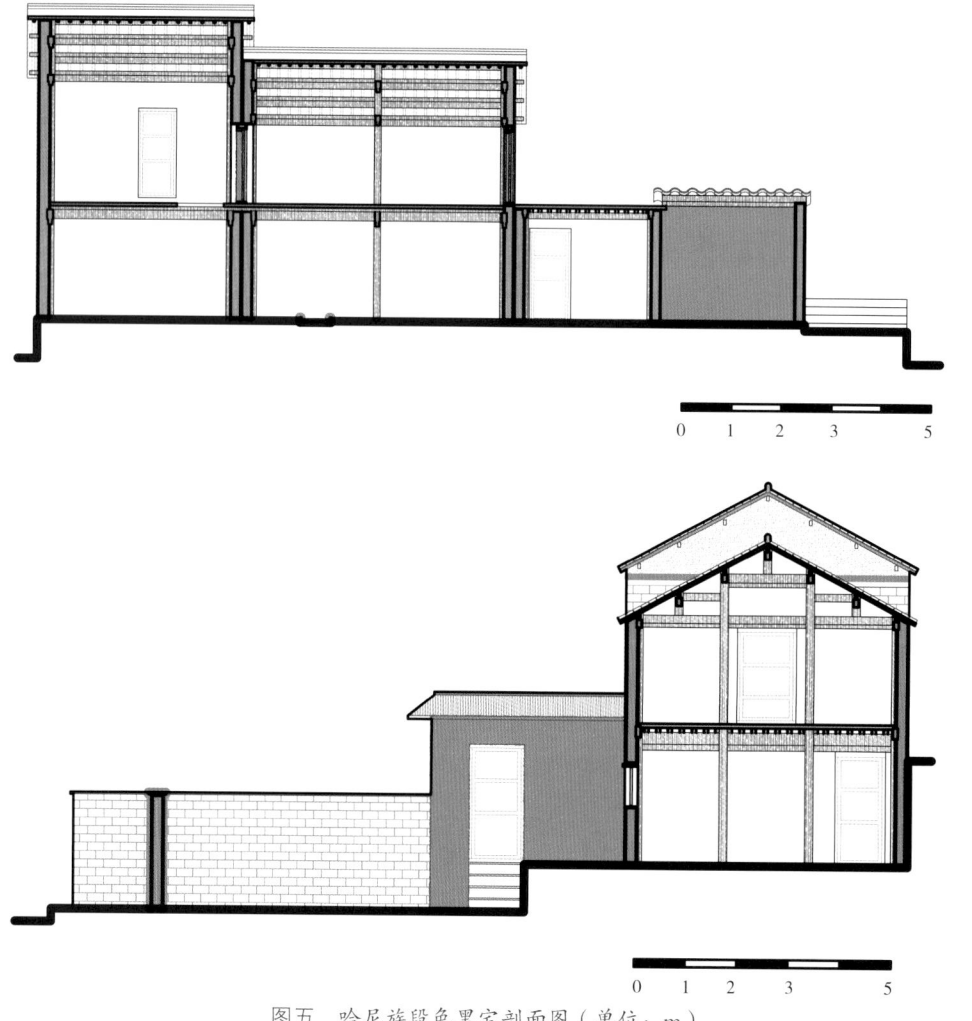

图五 哈尼族段色黑宅剖面图（单位：m）

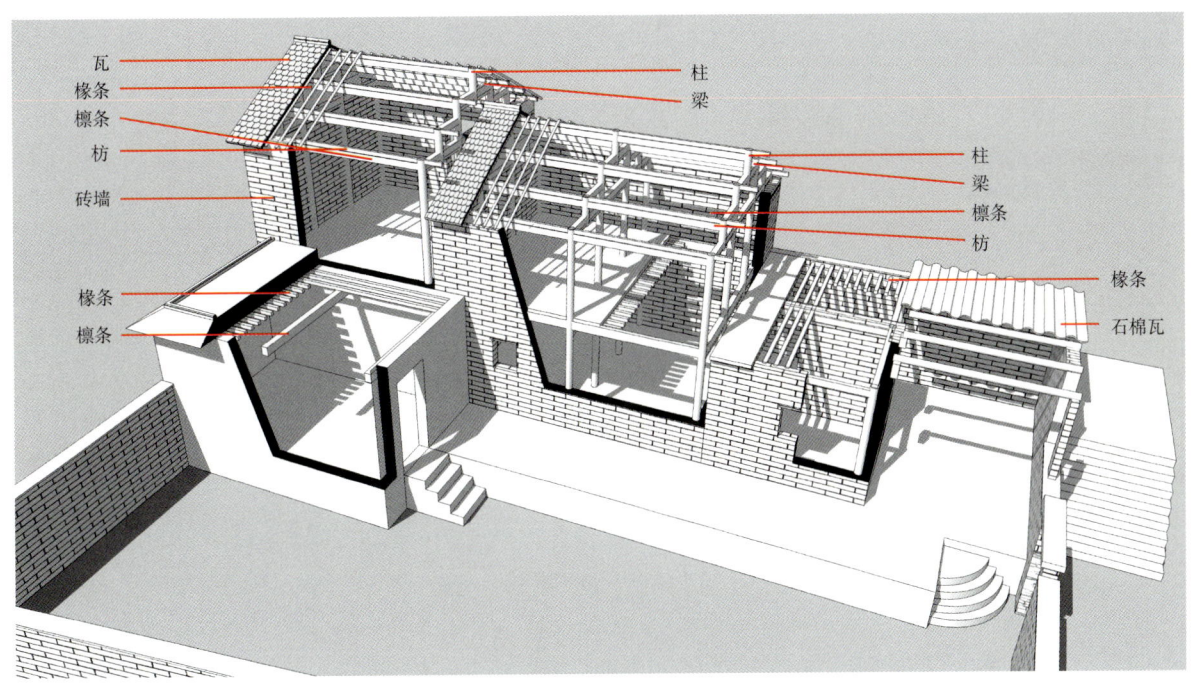

图六　哈尼族段色黑宅结构名称图

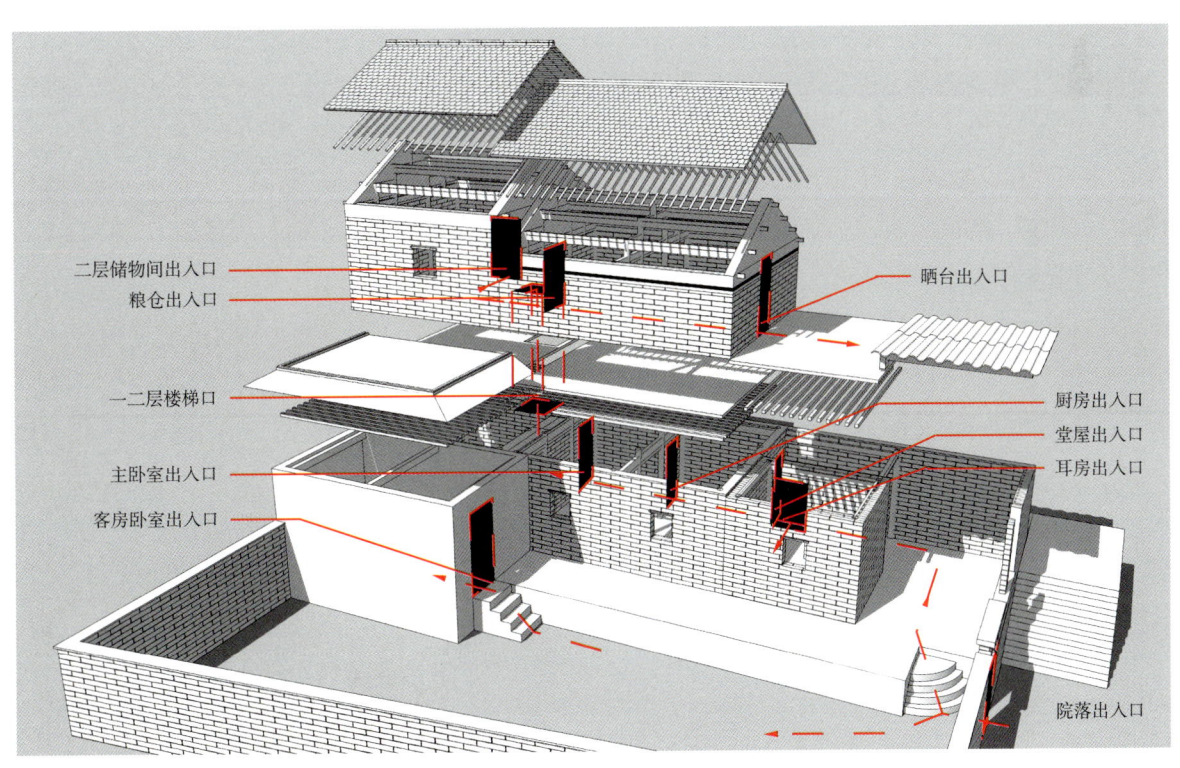

图七　哈尼族段色黑宅解析图

哈尼族李惹牛宅

图一　哈尼族李惹牛宅主图

　　本案例为云南省红河州元阳县全福庄中寨哈尼族李惹牛住宅，位于村寨东侧，建筑为三层独栋式，平面布局呈矩形，东西走向坐北朝南。建筑以木构架作为主承重，以土坯、砖石封墙，使用坡屋顶。面阔四间，进深两架，依据不同空间需求，各开间的尺寸有一定差异。

　　住宅底层未建隔墙，层高较低，主要用来关养牲畜与存放农具杂物等。主入口设置在西稍间北面的墙上，进门正对面为落地式楼梯，直通二层。住宅二层是人的主要生活空间，在东次间设有火塘，火塘旁边为中柱，是哈尼族人建房时第一个树立的柱子，有定位作用。火塘北侧是男主人床，火塘与床之间的地面上建有三块板，平时女人不得跨越，在一家之主去世后会将其翻面并重新钉好，象征着家主更替。火塘南侧为灶台，平时煮猪食，举办大型活动时则用来烹饪食物。灶台上开有小窗，用于排烟，小窗旁有用竹子做的竹篾台，是大神龛，用来祭祀祖先。西南侧稍间放有一张床，供晚辈居住，东北侧稍间有一房间，是女长者的卧室，在西次间北面墙上开有一门，由于门外空间不足，无法建平台，故此门开而不通，以木栅栏围住。楼梯间内距二层地面1米以上的空间，设置有谷仓，堆放谷物。住宅三层为粮仓和晒台，通过楼梯口由二层搭建梯子通向三层，晒台位于西侧，用以晾晒谷物，其余空间作粮仓。

李惹牛宅的布局反映了哈尼族人三代共居的复合家庭模式，同时也体现了下畜上人的空间规划特点。居住空间对大神龛与中柱的安排，表现了当地人对神灵的崇拜与对祖先的敬畏。晒台与粮仓的布置，体现了哈尼族农耕文化与住宅的融合。

图片来源

图一　罗德胤，孙娜等. 哈尼梯田村寨. 北京：中国建筑工业出版社，2013：106.

图二至图六　张金威　制图

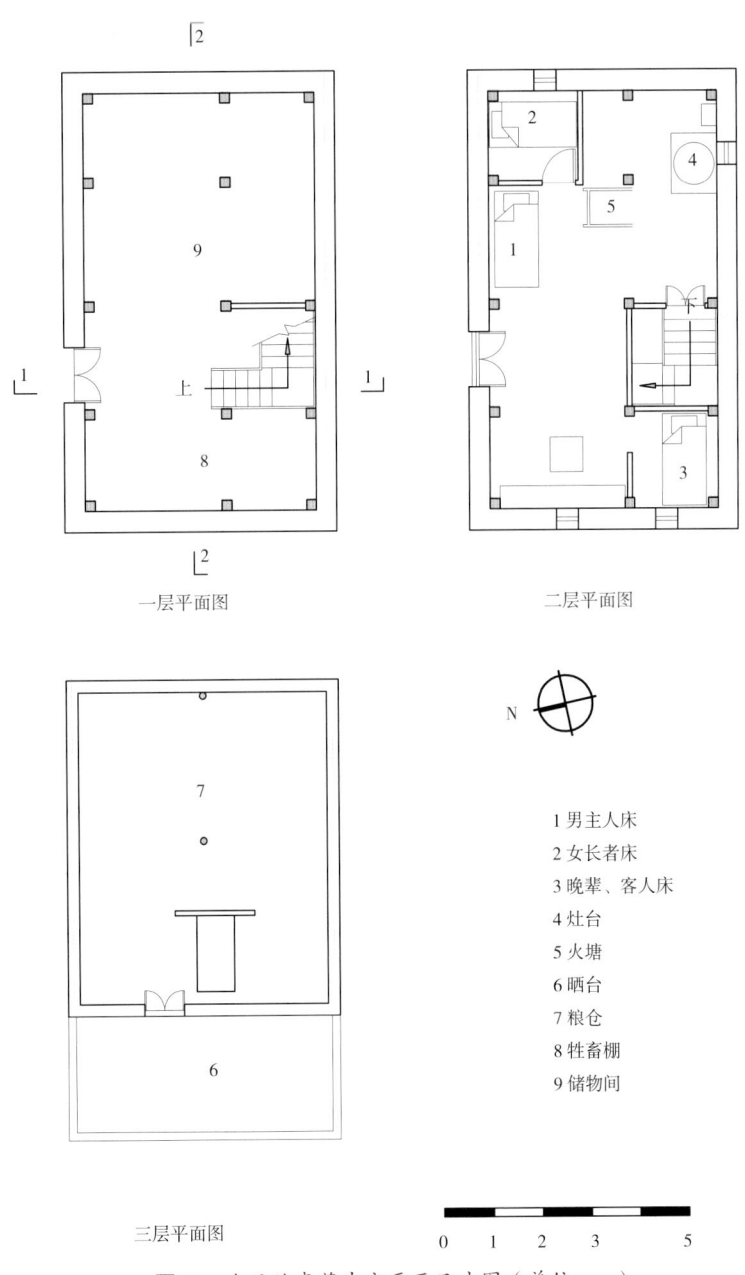

一层平面图　　　　　二层平面图

三层平面图

1 男主人床
2 女长者床
3 晚辈、客人床
4 灶台
5 火塘
6 晒台
7 粮仓
8 牲畜棚
9 储物间

图二　哈尼族李惹牛宅平面尺寸图（单位：m）

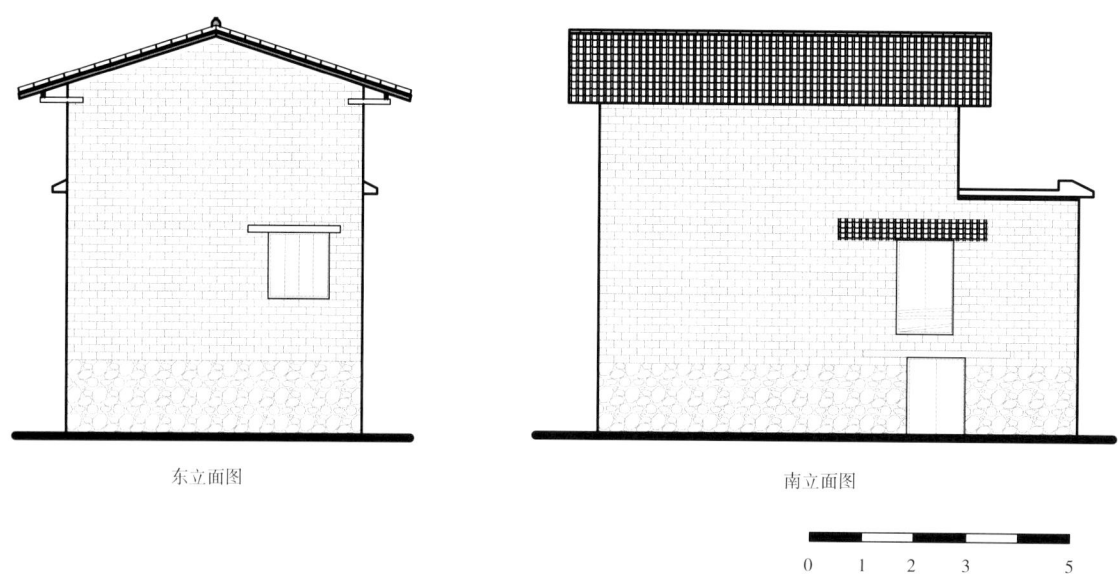

图三　哈尼族李惹牛宅立面图（单位：m）

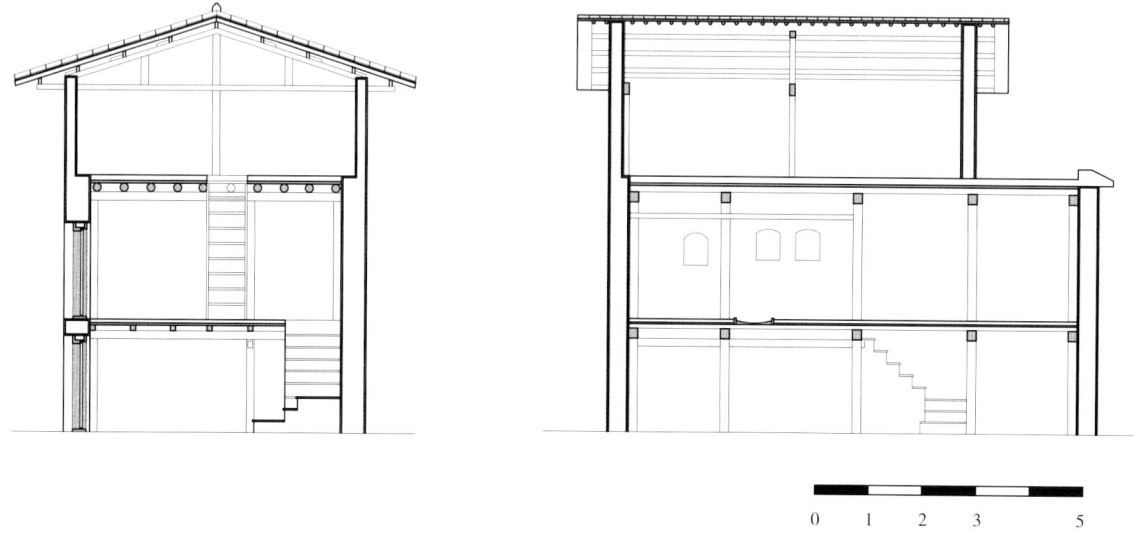

图四　哈尼族李惹牛宅剖面图（单位：m）

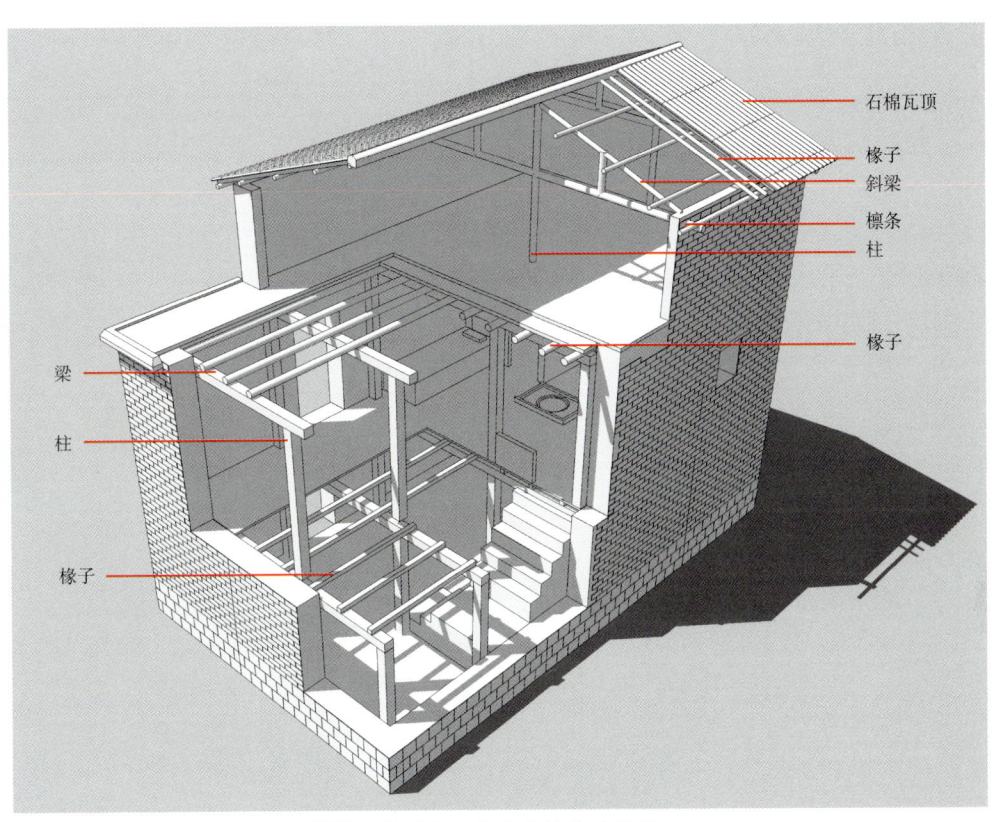

图五 哈尼族李惹牛宅结构名称图

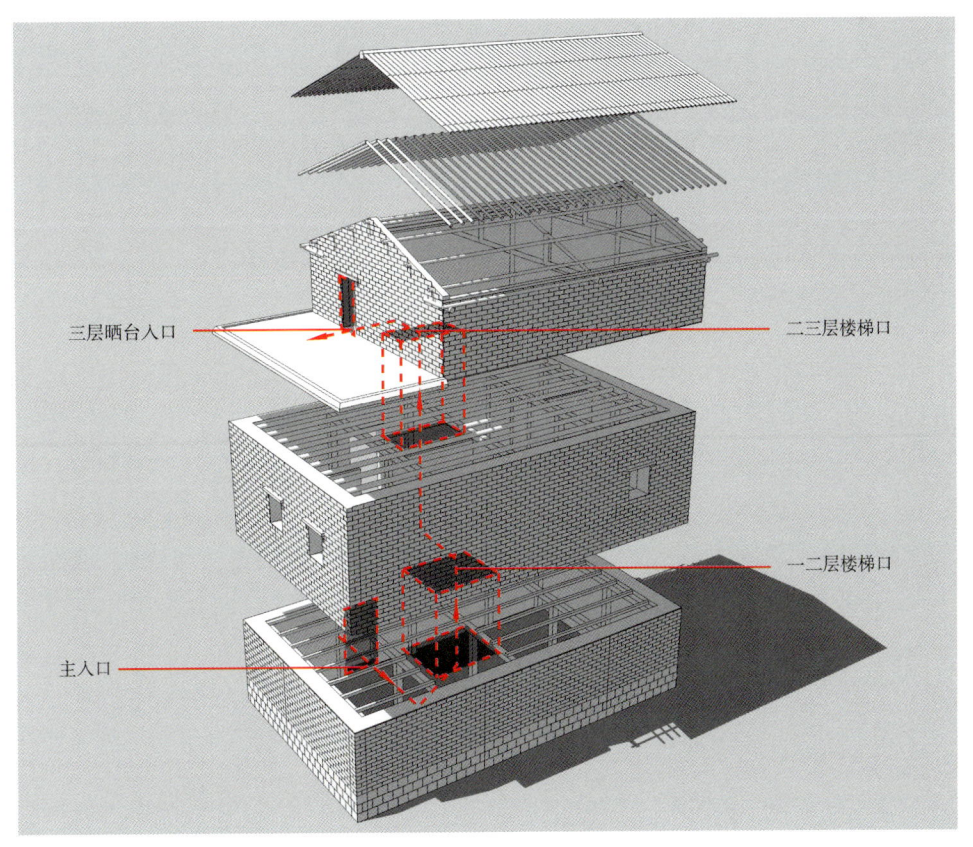

图六 哈尼族李惹牛宅解析图

哈尼族李松荣宅

图一 哈尼族李松荣宅主图

本案例为云南省红河州元阳县上主鲁老寨哈尼族李松荣住宅。李松荣宅，位于上主鲁老寨北侧，是一栋三层平顶住宅，建筑以土坯、红砖和木材为主要材料，采用柱与墙混合承重的方式。李松荣宅在布局上融入彝族的建筑特点，抛弃常用的坡屋顶形式，对每一层层高进行抬升，使建筑的底层空间也能住人和做饭，改进住宅格局。

李松荣宅由正房、耳房、檐廊、畜棚以及前后院组成，正房有三层，坐北朝南，面阔四间，进深两架。大门位于正房一层东次间上，每层空间分三份，分别是西稍间、东稍间与中间两次间。一层西稍间分隔成两个卧室供孙子、孙女居住，次间为门厅，进门左侧为楼梯通往二层，西次间后墙前有火塘，东稍间为厨房。二层西稍间为儿子与儿媳的卧室，东稍间为李松荣夫妇卧室，中间次间为起居室，在西次间放有一张床供小孙子居住。三层为粮仓与杂房，婚丧嫁娶等活动时可供外人暂住，平时不住人。耳房位于正房东南侧，共有两层，底层关牛,上层供大哥李高山居住,耳房房顶为晒台,通过三层东稍间的门与正房相连。正房南侧为前院,东侧另有一后院,种有树木、竹子等,畜棚位于耳房南侧,较低矮,西侧开口与前院相连。建筑体平面对称,异于村寨其他民居建筑。

李松荣宅将彝族与现代营造手段融入哈尼族民居之中,保留火塘、晒台、四开间建筑以及中间大起居室的哈尼族传统做法,同时提升层高,固定楼梯样式,改进建筑用材,运用平屋顶形式,改变底层功能设置,是对哈尼族住宅的创新。

图片来源

图一 罗德胤,孙娜等.哈尼梯田村寨.北京:中国建筑工业出版社,2013:143.

图二至图六 张金威 制图

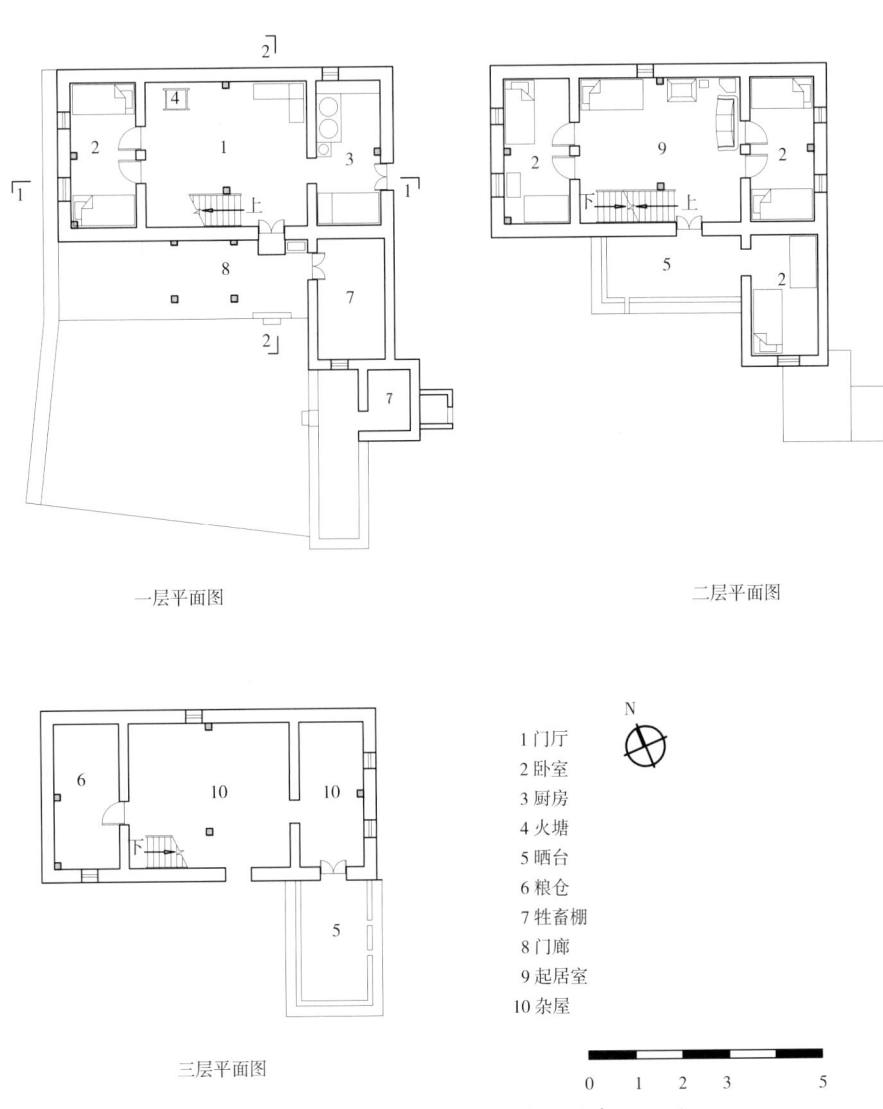

图二 哈尼族李松荣宅平面尺寸图(单位:m)

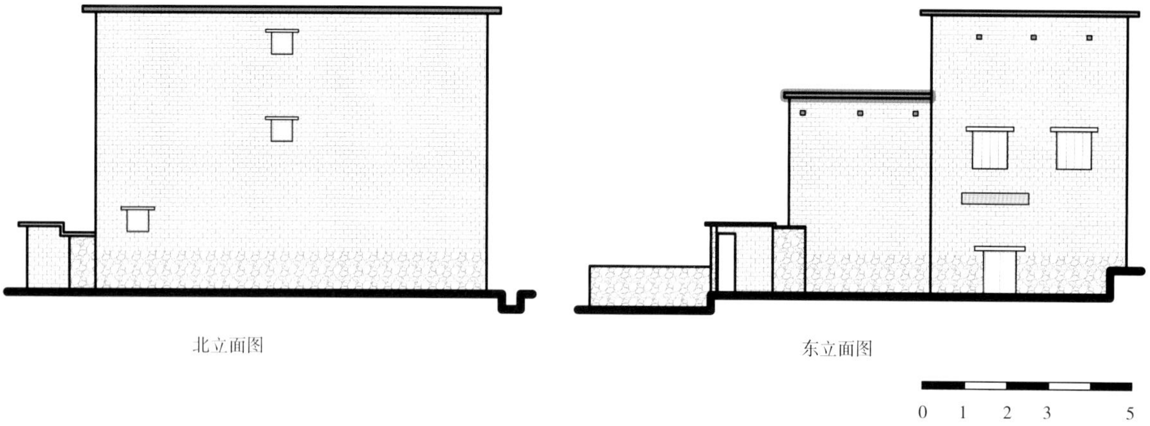

北立面图　　　　　　　　　　　东立面图

图三　哈尼族李松荣宅立面图（单位：m）

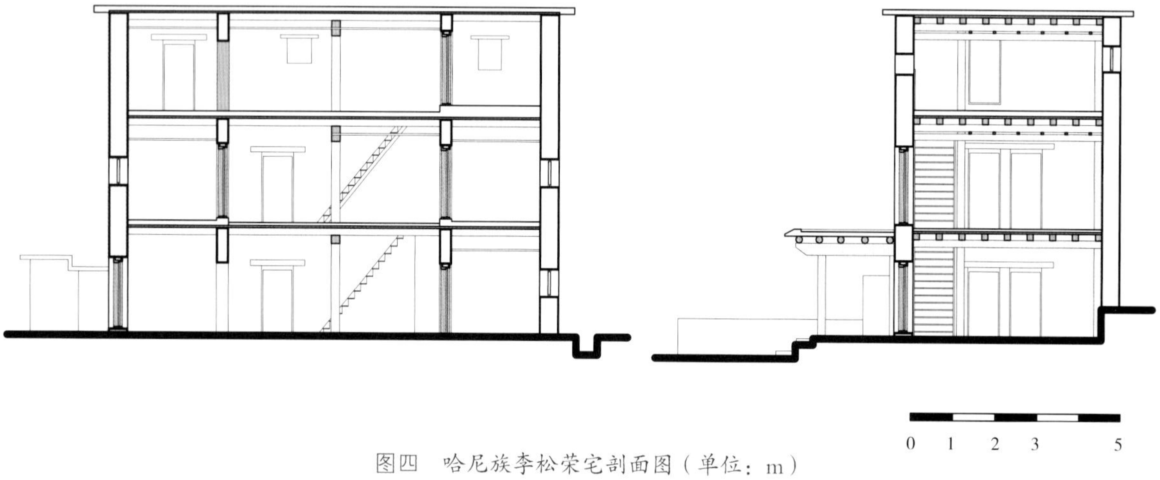

图四　哈尼族李松荣宅剖面图（单位：m）

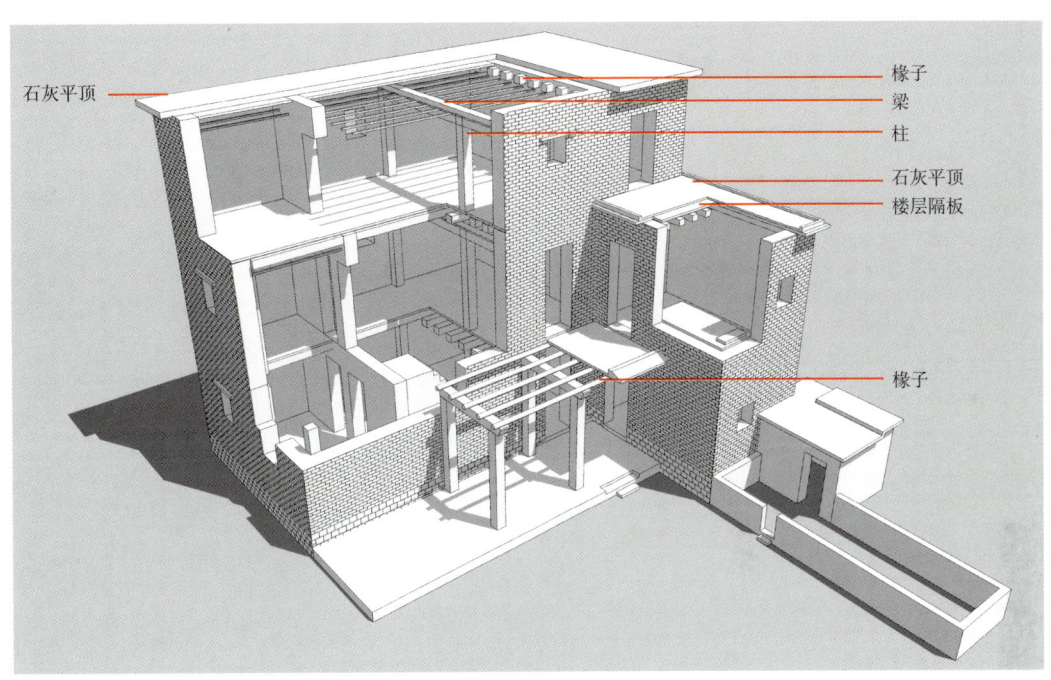

图五 哈尼族李松荣宅结构名称图

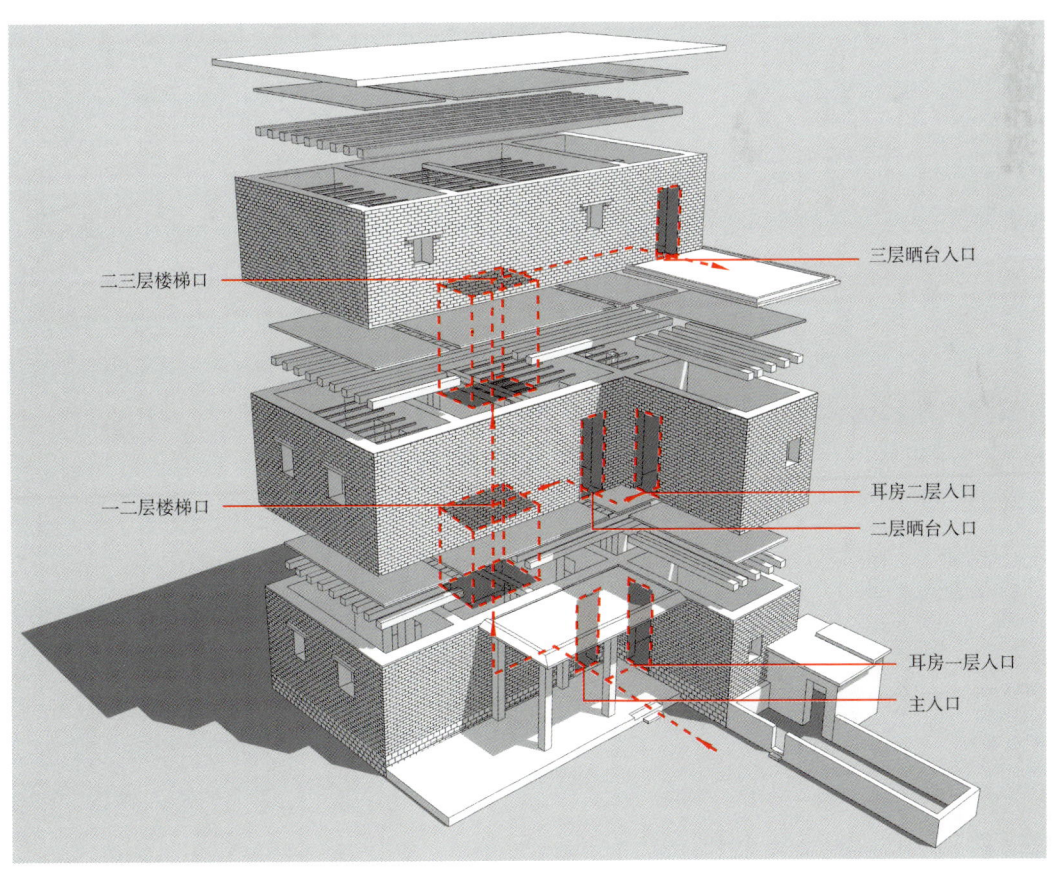

图六 哈尼族李松荣宅解析图

哈尼族帕宅正房

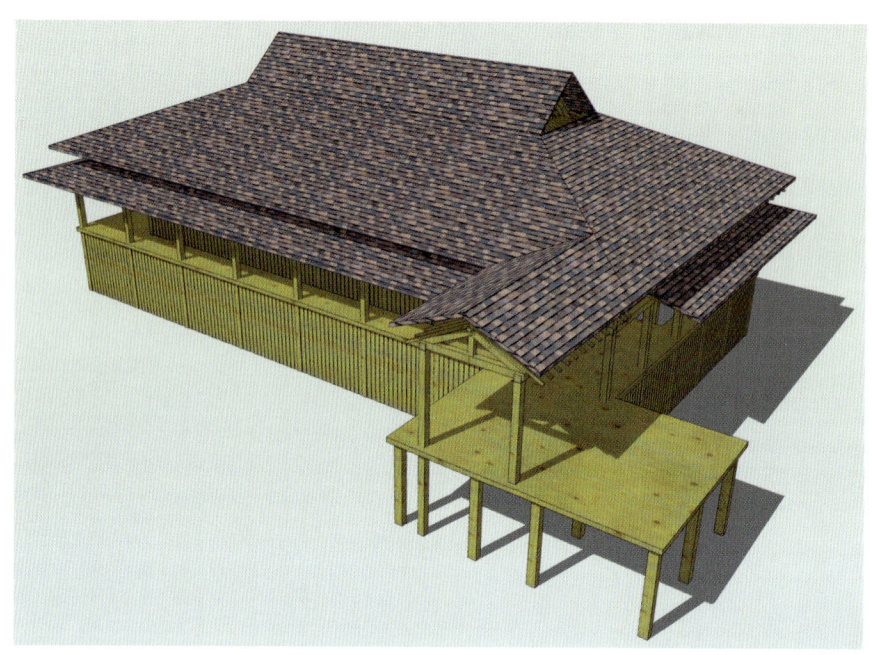

图一　哈尼族帕宅正房主图

本案例为云南省勐海县布朗乡戈结良寨帕宅正房。帕宅正房以木构为主，通过柱梁枋相互穿插构成框架结构，属于干栏式民居。帕宅正房共分两层，二层供人居住或开展日常活动，一层用于储藏柴火、饲养牲畜或放置农具。由于建筑开间较大，需要数量较多的立柱支撑建筑体，使建筑一层立柱呈阵列式分布，因此又被称为"千脚落地"。

帕宅正房二层沿中轴线分为两部分，西侧是男人铺，东侧是女人铺，两侧均有各自的出入口以及楼梯通道，连通室内外。西侧男人铺旁设有廊道，廊道内设有楼梯通向一层，并在一层西侧开出入口。住宅东侧女性铺旁设有楼梯间通往一层，并在一层东侧开有另一出入口。住宅中火塘共有三处，男人铺火塘主要用于家庭取暖和待客，女人铺火塘主要用于烹煮食物，另外住宅的东侧也设有一个火塘，功能与上述火塘无异，火塘的增多是对当地湿润气候与宽阔建筑空间的适应性调整。晒台位于二层南侧与西北侧平台上，供晾晒粮食。住宅一层放置有木材、柴火以及一个脚碓，一层北侧设有猪棚供饲养牲畜。建筑的柱梁枋等构件通过榫卯结合的方式固定，具有较强的稳定性，屋顶采用重檐歇山式坡屋顶，以瓦覆盖方便排水，居住区架空于一层之上有利于防潮隔湿。

云南湿润的气候不利于地面建筑的居住，于是架空居住区的干栏式建筑成为这一区域的首选，同时哈尼族人将生活方式、农业生产融入住宅设计中，创造性的加入晒台、火塘等功能区，成为哈尼族特色的干栏式民居。

图片来源
图一至图五　张金威　制图

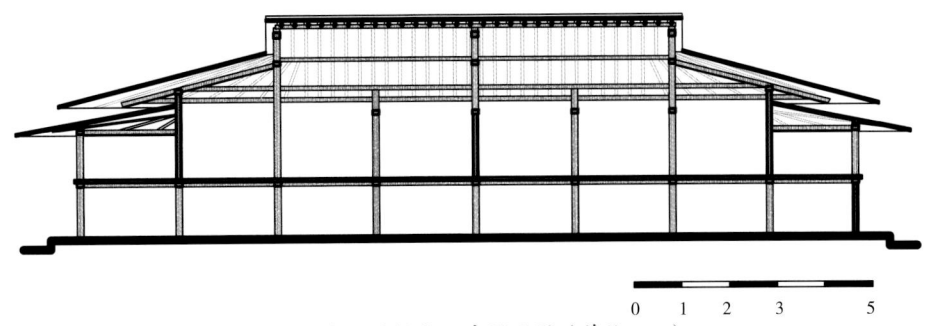

图二 哈尼族帕宅正房剖面图（单位：m）

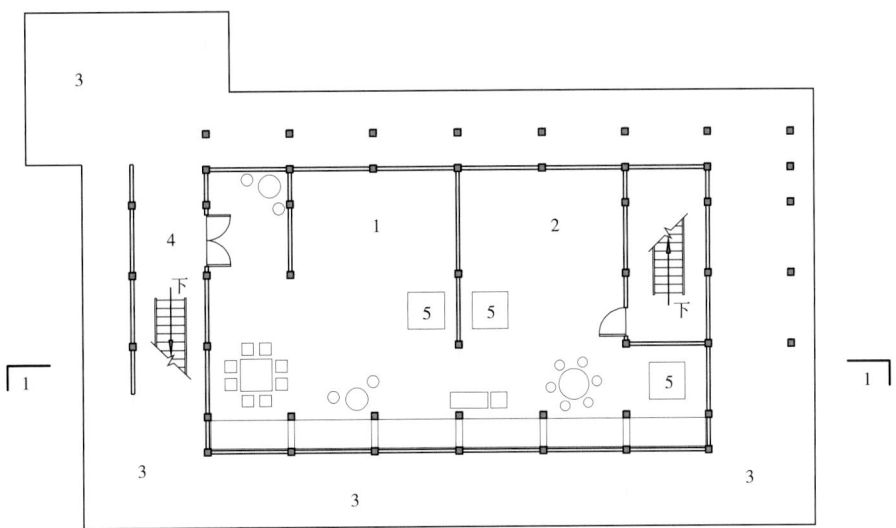

居住层平面图

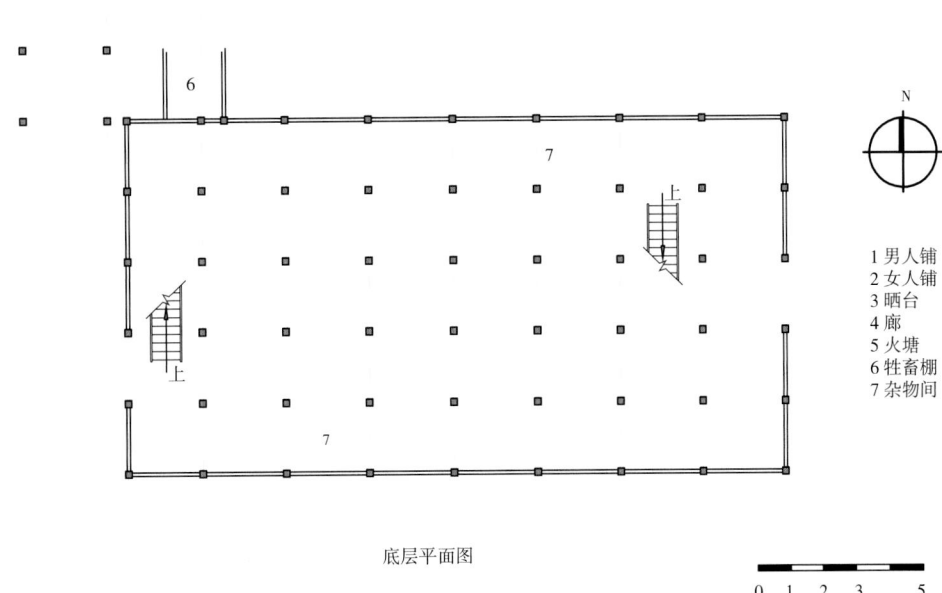

底层平面图

1 男人铺
2 女人铺
3 晒台
4 廊
5 火塘
6 牲畜棚
7 杂物间

图三 哈尼族帕宅正房平面尺寸图（单位：m）

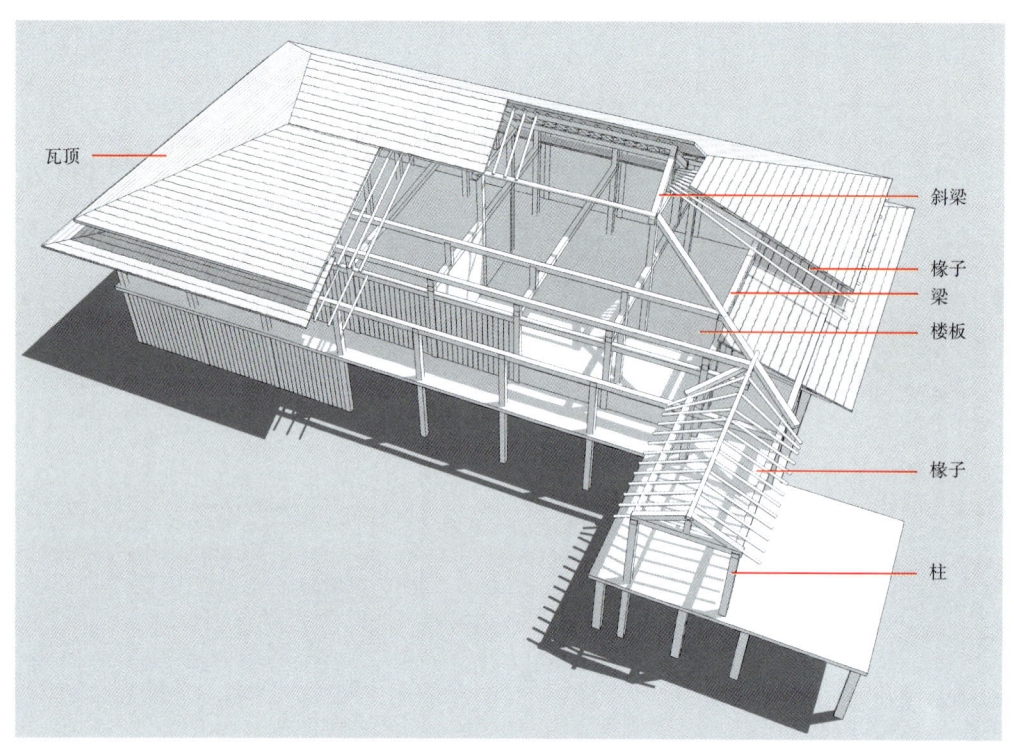

图四　哈尼族帕宅正房结构名称图

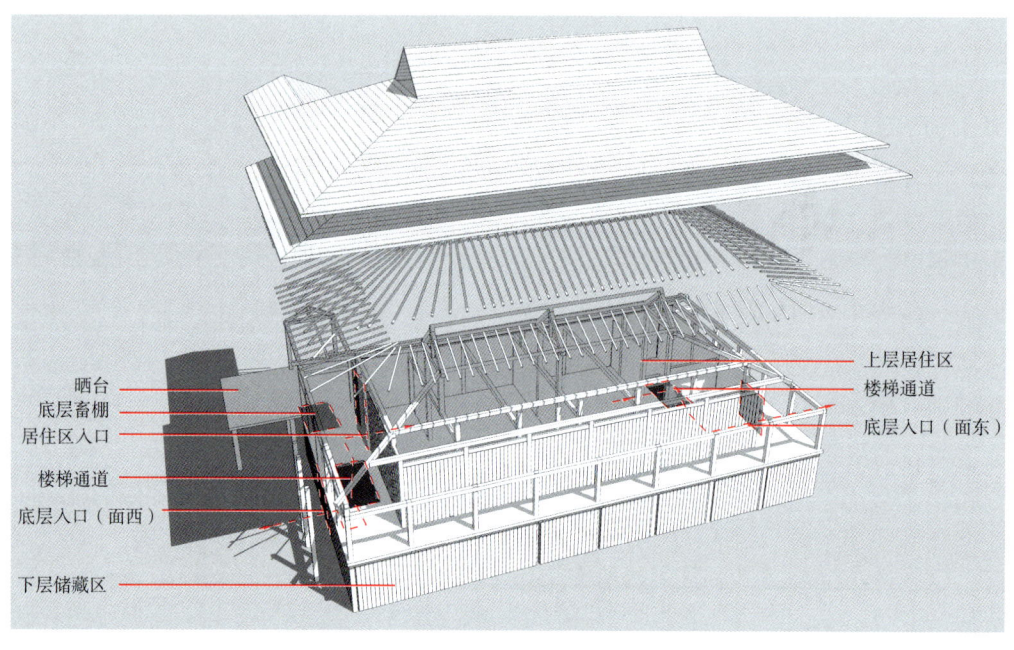

图五　哈尼族帕宅正房解析图

哈尼族帕宅粮仓

图一 哈尼族帕宅粮仓主图

本案例为云南省勐海县布朗乡戈结良寨帕宅粮仓。帕宅粮仓是帕宅主房的附属建筑，位于建筑群的东南方向，层高较主房低。帕宅粮仓以木构为主，采用柱梁枋相互穿插的干栏式建筑形式。建筑分为两层，上层为粮仓与门厅，用于储存粮草。下层为柱基，与穿插其间的梁枋共同承托建筑体，并维持平衡。建筑开间较小，共有16根立柱，平面排列方式呈长方形。

帕宅粮仓面阔三间，进深三架，沿面阔方向中轴线对称。下层柱基举高超过1米，上层建木板形成闭合空间，在面阔稍间与当心间之间建有隔墙，分割出门厅与粮草储藏空间。门厅位于西北侧面阔稍间，东南侧稍间与当心间为粮仓。门厅入口位于西北侧山墙的中间一间，建有楼梯与地面相连。建筑下层的柱梁枋相互穿插，其作用一方面是稳定柱基；另一方面可以承托上层楼板。建筑上层以梁固定柱，并于柱上架檩条承托屋顶。建筑屋顶为草顶，主要承重构件使用木材，以竹笆隔墙，通风良好。建筑空间架于地面之上，有效隔断湿气。坡屋顶则有利于雨水的排干，营造相对干燥的储藏空间。

云南湿润的气候不利于地面建筑的居住与使用，于是架空主要功能空间的干栏式建筑成为当地首选。哈尼族人将自己特有的农耕生产与生活方式融入当地的气候生态环境之中，创造性地建立粮仓环绕住宅，丰富了当地的建筑形式。

图片来源
图一至图六　张金威　制图

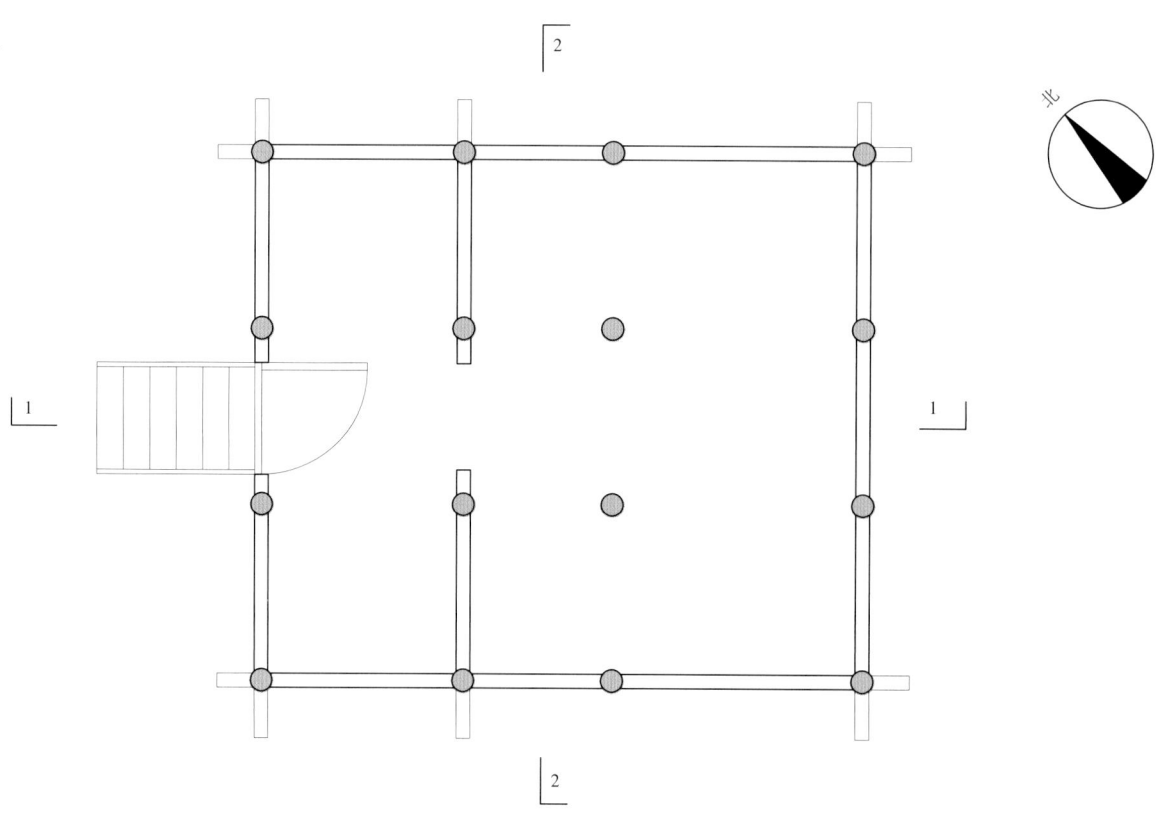

图二　哈尼族帕宅粮仓平面尺寸图（单位：m）

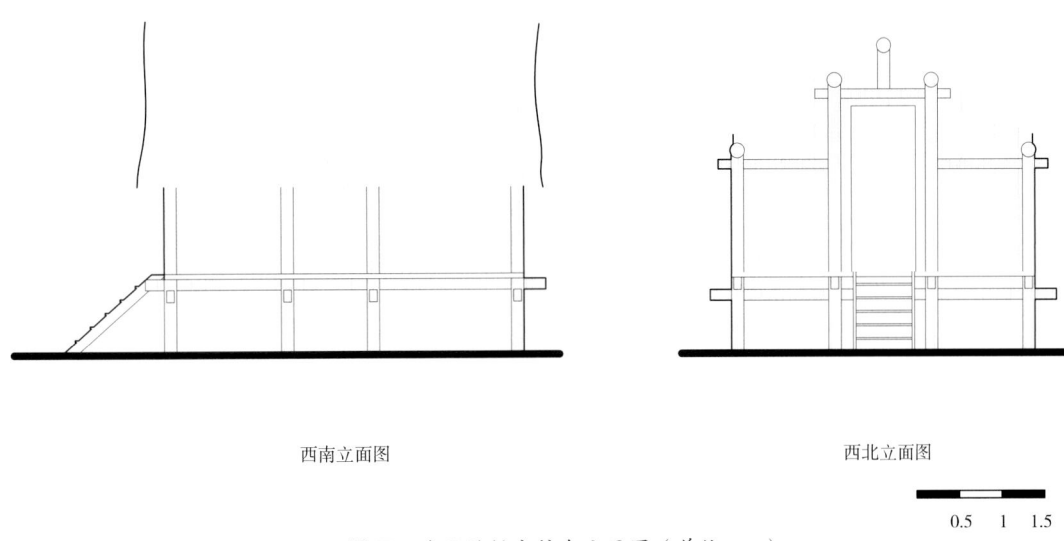

西南立面图　　　　　　　　　　　西北立面图

图三　哈尼族帕宅粮仓立面图（单位：m）

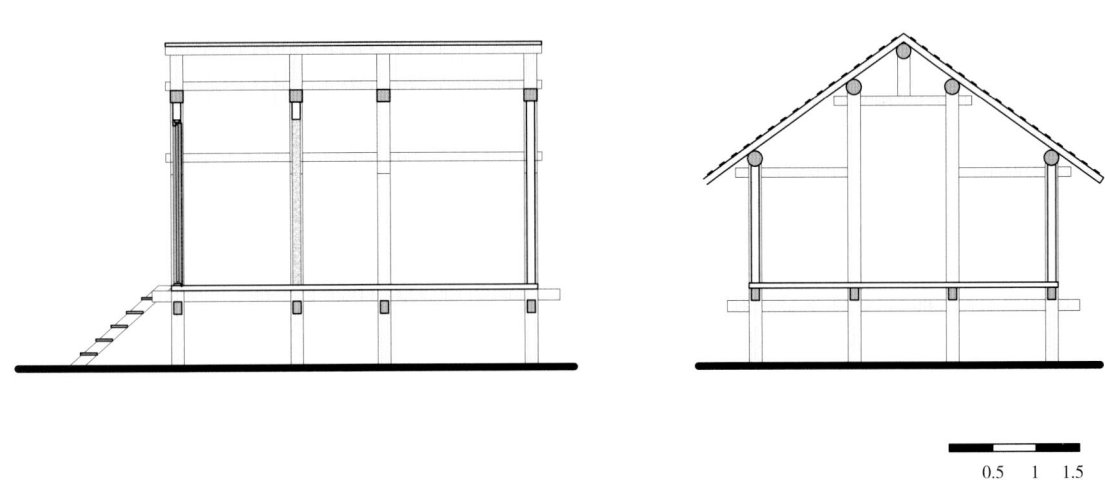

图四　哈尼族帕宅粮仓剖面图（单位：m）

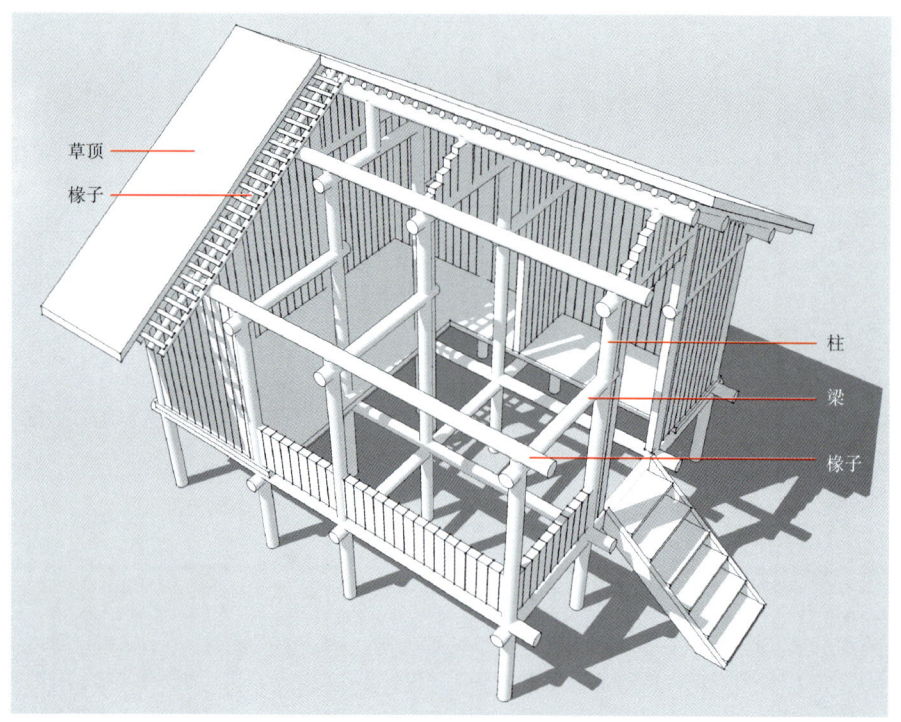

图五　哈尼族帕宅粮仓结构名称图

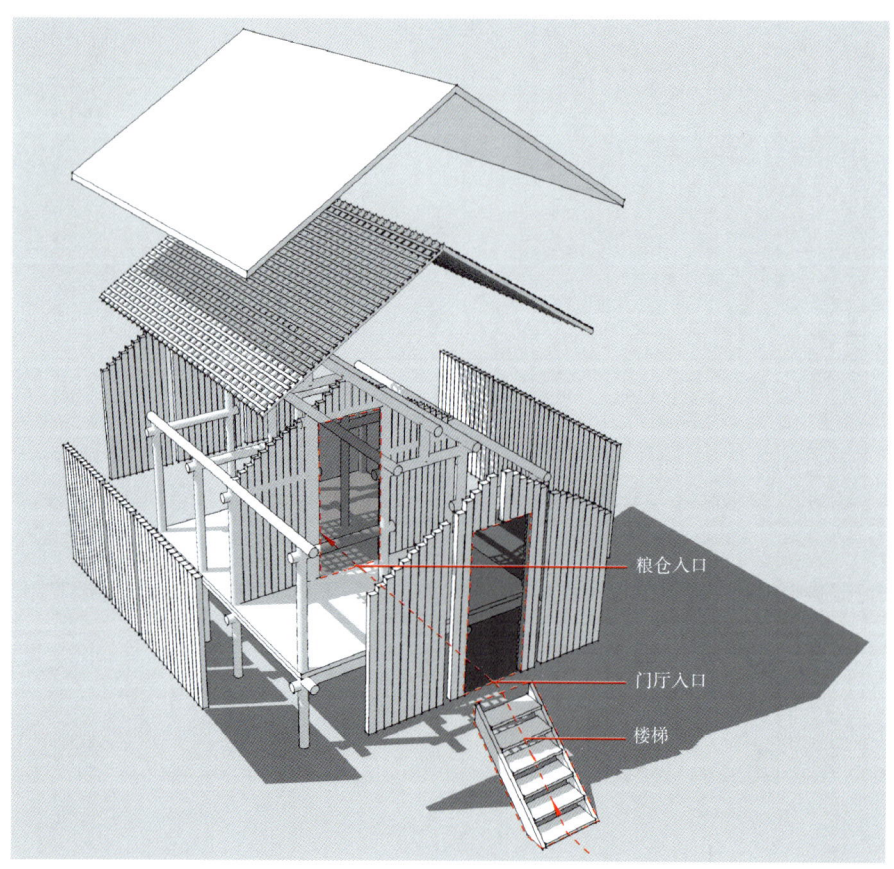

图六　哈尼族帕宅粮仓解析图

哈尼族帕宅东侧附房

图一 哈尼族帕宅东侧附房主图

本案例为云南省勐海县布朗乡戈结良寨哈尼族帕宅东侧附房。帕宅东侧附房是帕宅正房的附属建筑，层高较帕宅正房低，是儿女后代的居所。建筑分为两层，上层为卧室与门廊，是建筑的主要功能区间。下层为柱基，内部堆放有杂物。整体以木构为主，采用柱梁枋穿插的形式形成主要框架。建筑开间较小，层高较低，共有8根立柱，形成干栏式建筑特有的柱排列方式。

帕宅东侧附房面阔三间，进深一架，下层柱基举高比上层稍低，门廊位于建筑南侧稍间，当心间与北侧稍间是卧室，主入口位于建筑南侧稍间，建有楼梯通向室外，连通门廊。在面阔稍间与当心间之间建有隔墙，并在当中开门洞与门廊相接，卧室是通过门廊间接与外界相连。建筑下层的柱梁枋相互穿插，其作用是稳定柱基，并承托上层楼板，建筑上层用梁与斜梁固定立柱，并用柱与斜梁上架檩条承托屋顶。建筑屋顶为悬山式斜坡草顶。建筑的主要承重构件均使用木材，以竹笆隔墙，通风良好。建筑居住空间架于地面之上，有效隔断湿气，坡屋顶的形式有利于雨水的排干，从而方便居住。

云南湿润的气候不利于地面建筑的居住与

使用，因此架空居住空间的干栏式建筑成为首选。同时哈尼族人将对家庭宗法的尊崇融入住宅设计中，在正房外围搭建晚辈住房，形成环绕状布局，丰富了住宅的形式。

图片来源
图一至图六　张金威　制图

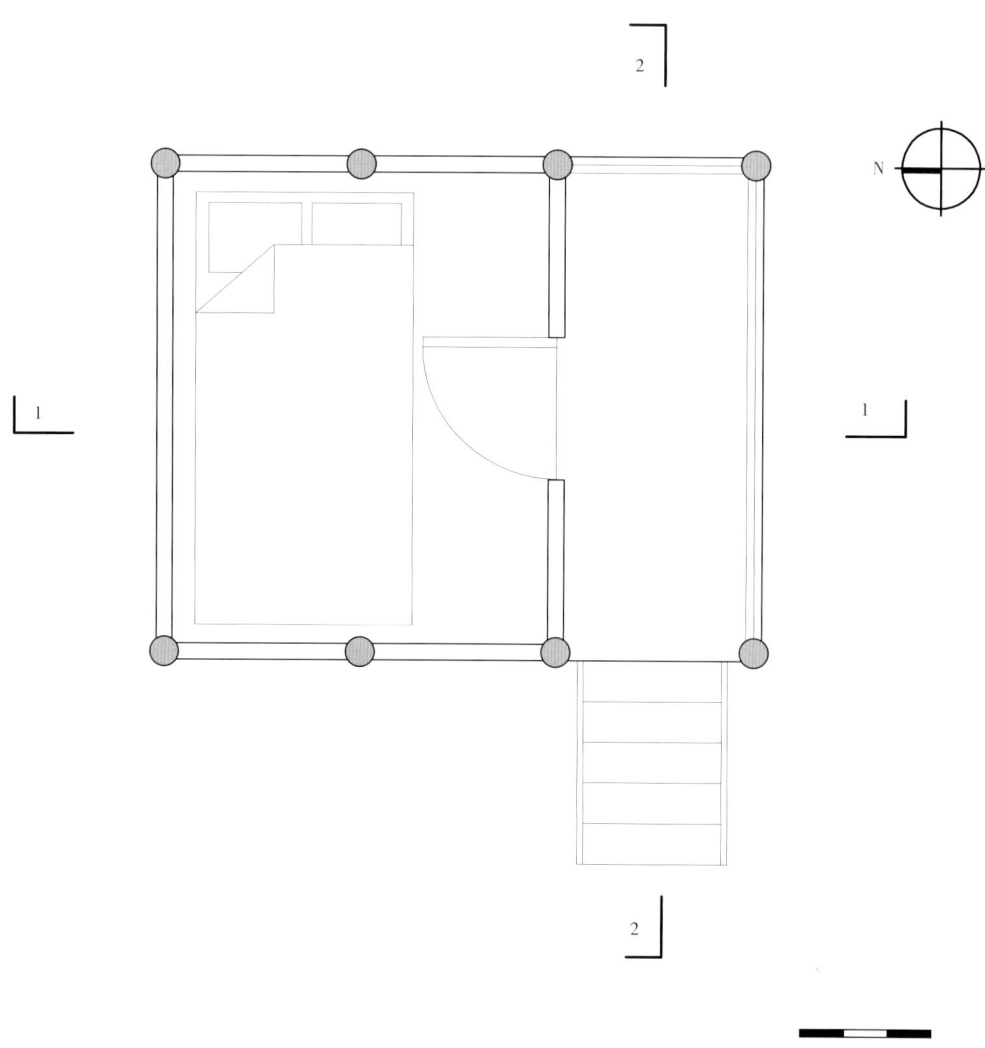

图二　哈尼族帕宅东侧附房平面尺寸图（单位：m）

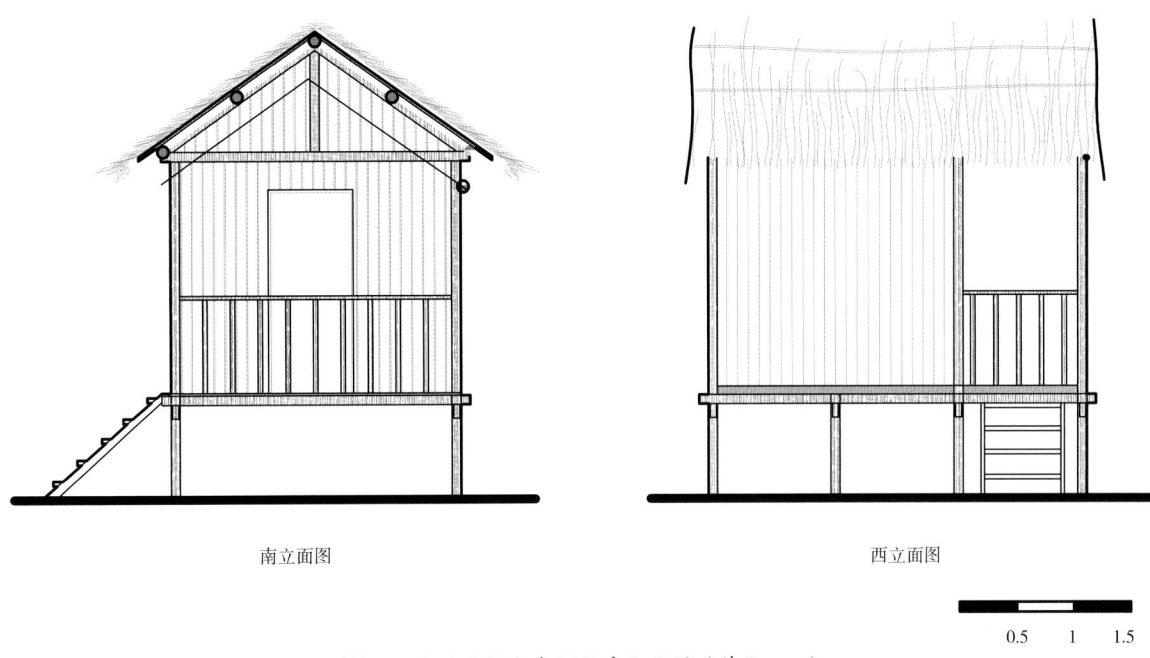

南立面图　　　　　　　　　西立面图

0.5　1　1.5

图三　哈尼族帕宅东侧附房立面图（单位：m）

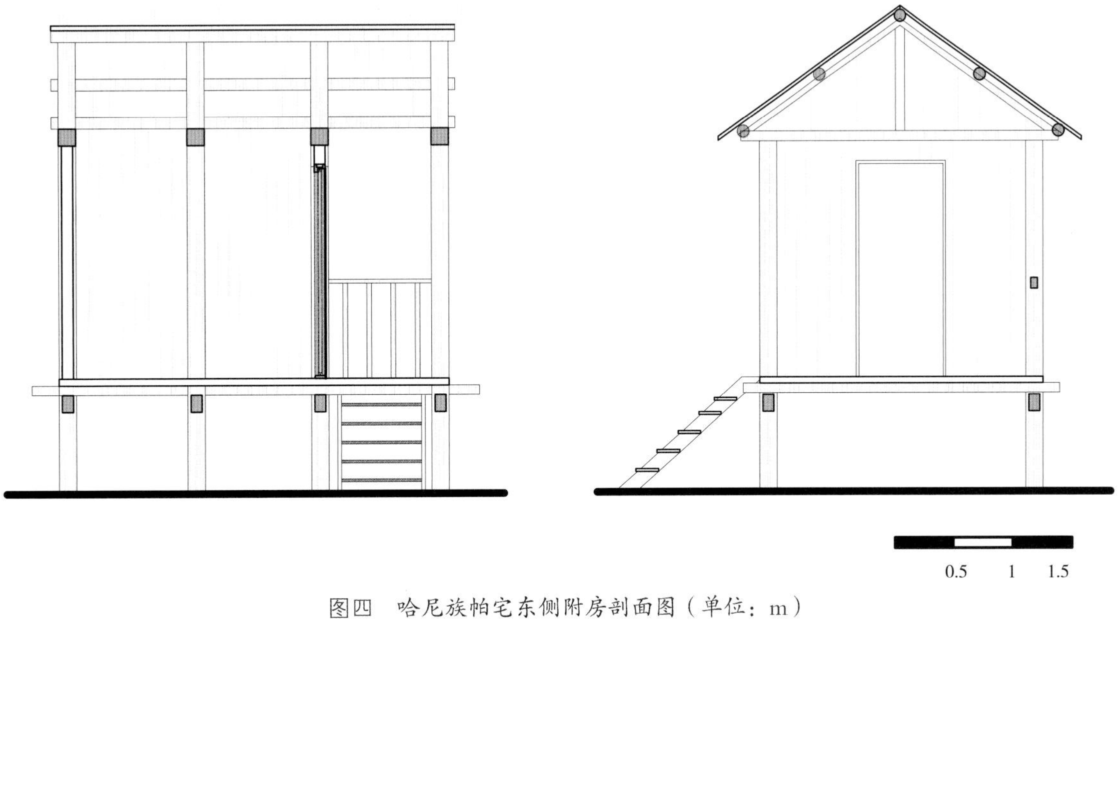

0.5　1　1.5

图四　哈尼族帕宅东侧附房剖面图（单位：m）

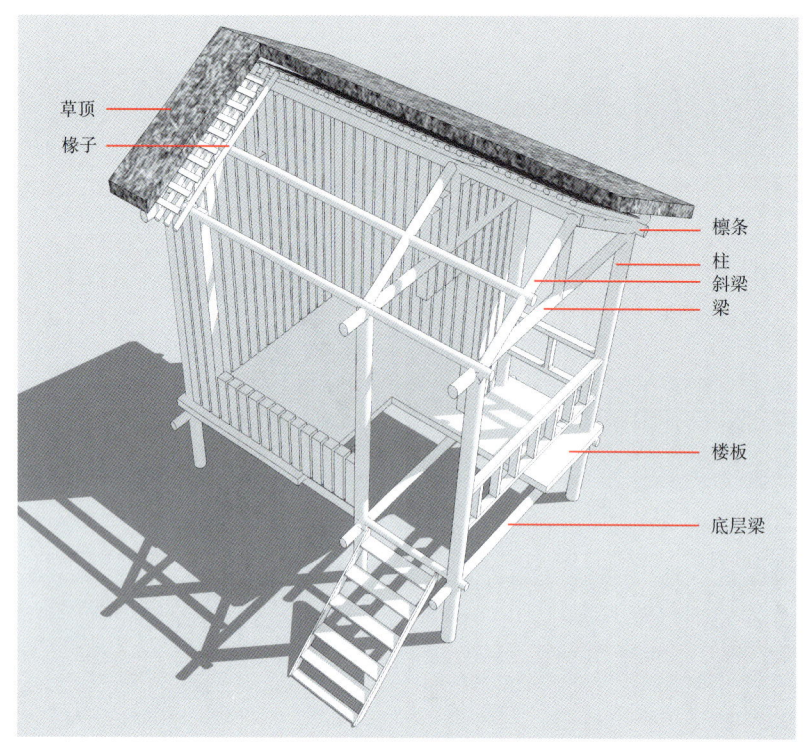

图五 哈尼族帕宅东侧附房结构名称图

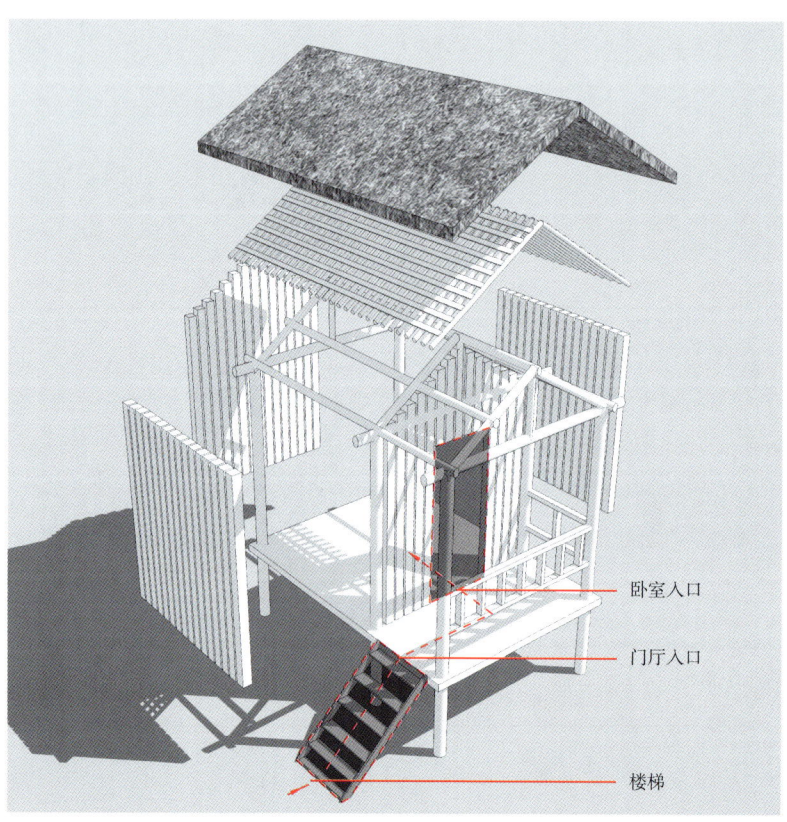

图六 哈尼族帕宅东侧附房解析图

哈尼族李俅沙宅封火楼

图一 哈尼族李俅沙宅封火楼主图

本案例为云南省红河州元阳县上主鲁老寨李俅沙住宅封火楼。封火楼是住宅的第三层阁楼，是建筑的粮仓与储存空间。封火楼又叫封火顶或闷火顶，平时可以晾晒与储存粮食或存放杂物，并且还有防火功效，阻隔火源，使建筑的茅草屋顶免受火灾的影响。它是哈尼族住宅安全防护、粮食晾晒与储藏的重要功能空间。

从布局上看李宅是一字形蘑菇房，一层主要是畜棚与杂物间，二层是人的生活空间，在厅堂的西侧，灶台前放置有火塘。根据哈尼族传统，火塘内的火终年不灭，象征着家族繁荣昌盛，同时也体现了哈尼族人对火的崇拜与敬畏。哈尼族蘑菇房多为草顶，极易发生火灾，由于当地村寨户与户之间的间距较小，容易使火灾发展成片。因此在建造房屋时会在二层楼板包上一层泥土，防止从火塘中飞出的火星顺楼梯口上升，引燃三层屋顶的茅草，同时利用火塘的温度加快封火楼内粮食的烘干，达到安全用火的目的。李宅将封火楼的楼梯口设置于中间偏东侧，方便将晾晒好的粮食搬运至二层粮仓。二层的西稍间屋顶是晒台，封火楼与晒台相连，组成了粮食的晾晒与储藏体系。封火楼以木柱为主要承重构架，土坯墙体作为辅助承重，用柱架斜梁，再在斜梁上架檩条，并以密集的椽条搭叠其上，最后铺上茅草，呈现出外形似蘑菇的屋顶形式。

云南湿润的气候使住宅中火的利用变得

尤为重要，以此来促进粮食的烘干与住宅湿气的驱散，促成哈尼族人对火的崇拜，封火楼便是火崇拜的产物，一方面利用火为生活提供便利；另一方面防止火的存在影响住宅的安全。

图片来源

图一 罗德胤，孙娜等. 哈尼梯田村寨. 北京：中国建筑工业出版社，2013：129.

图二至图五 张金威 制图

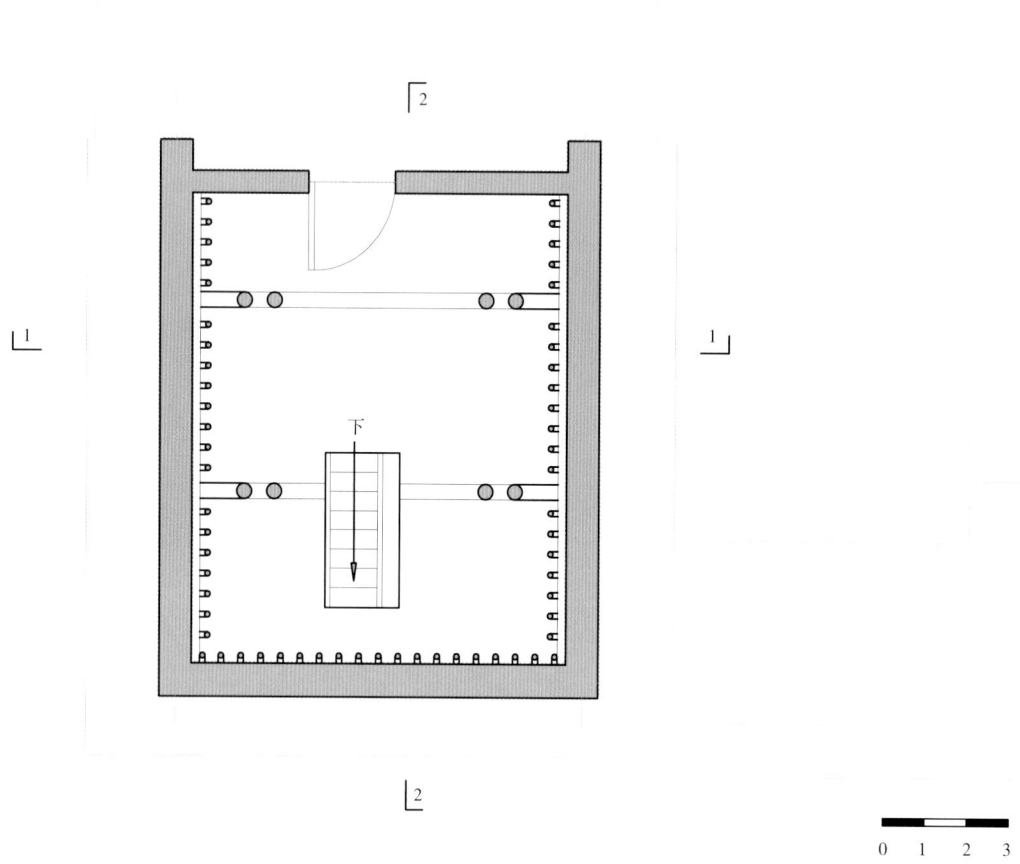

图二 哈尼族李俁沙宅封火楼平面尺寸图（单位：m）

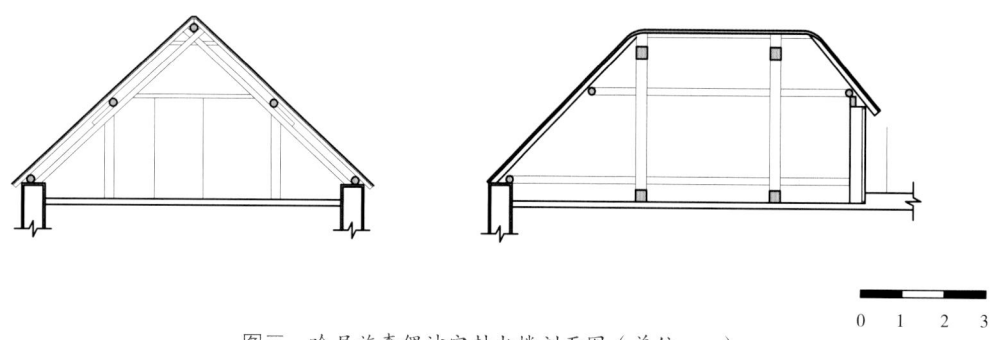

图三 哈尼族李俁沙宅封火楼剖面图（单位：m）

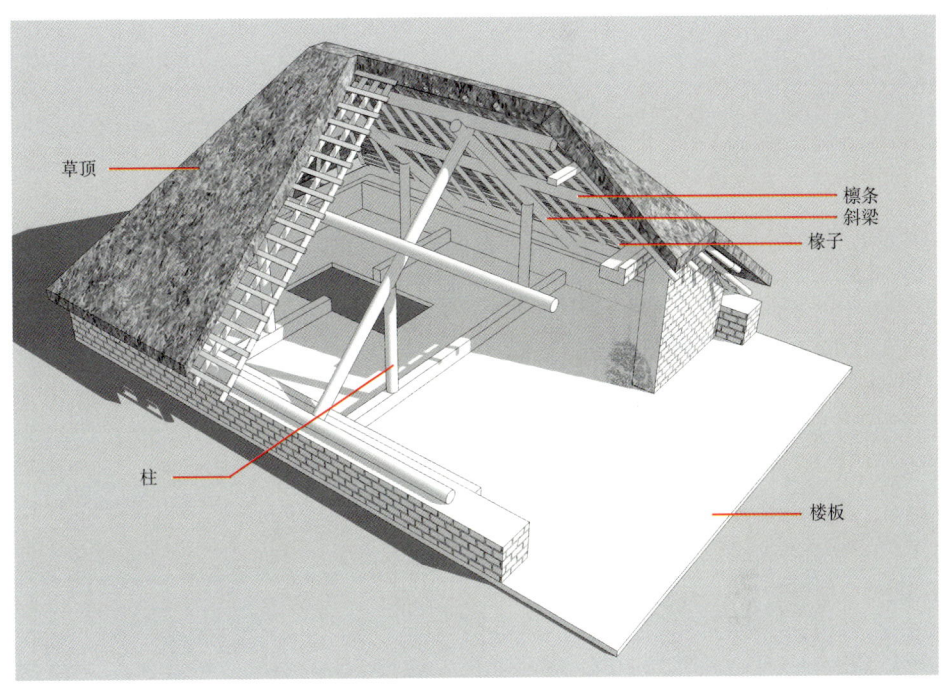

图四 哈尼族李俅沙宅封火楼结构名称图

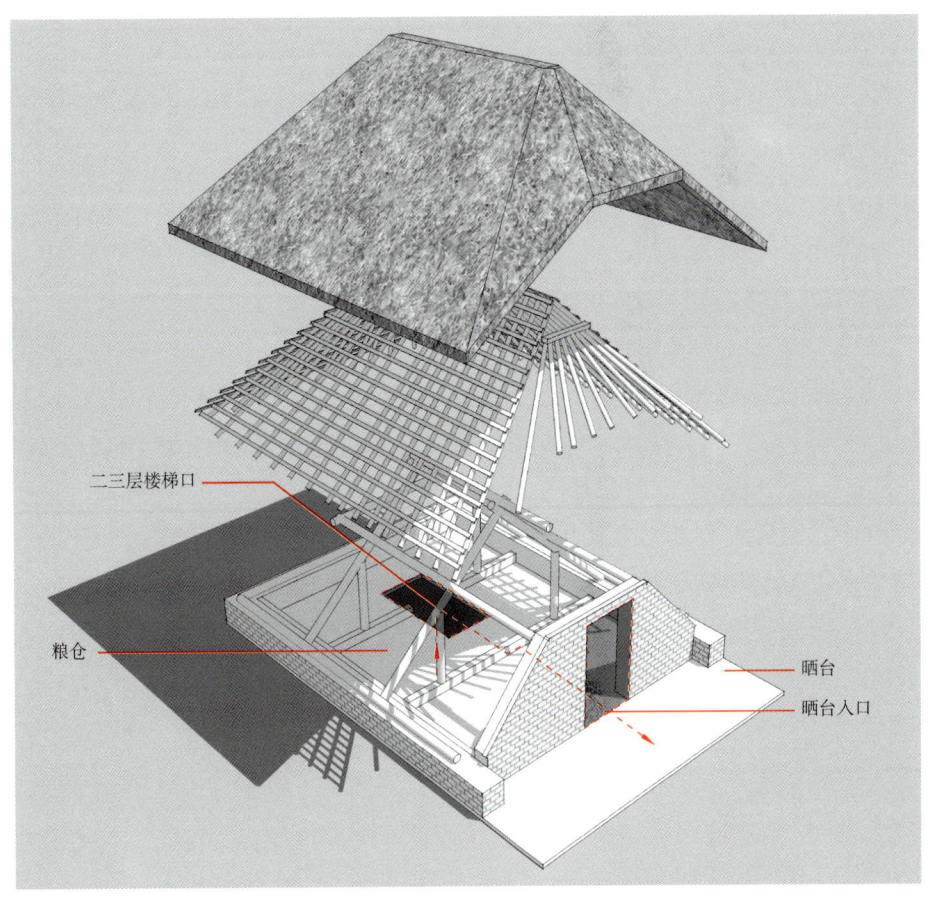

图五 哈尼族李俅沙宅封火楼解析图

哈尼族孙中孔土司署

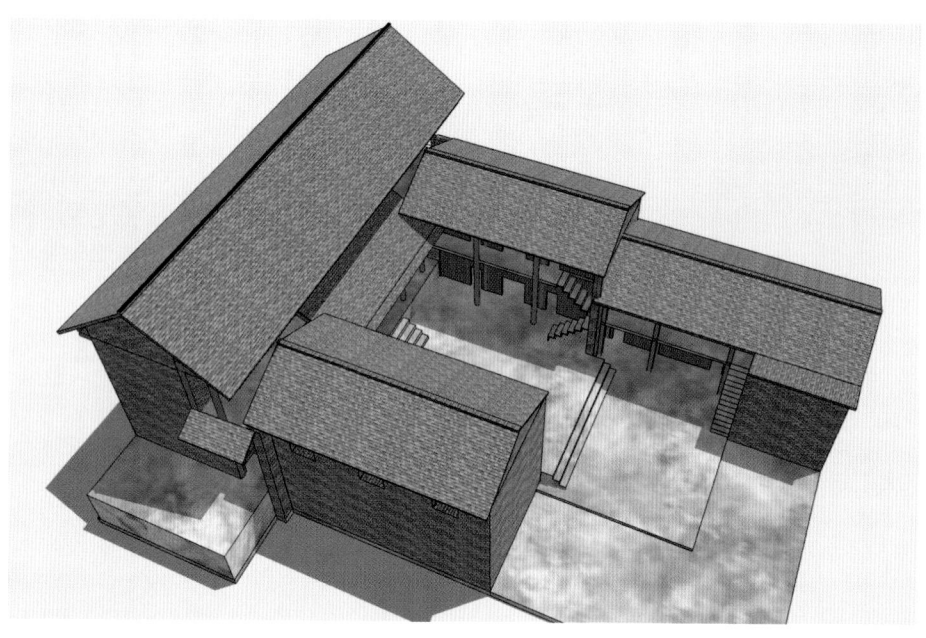

图一 哈尼族孙中孔土司署

本案例为云南省红河州绿春县哈尼族孙中孔土司署。孙中孔土司署是当地土司和头人居住与办公的场所，土司、头人类似现代的乡长、村主任，是该地区的主要负责人，这类建筑形式是封建等级制度影响下的产物。

孙中孔土司署是多进式，庭院和檐廊为交通通道，连接土司署各区域，房间以中轴线对称，分左右厢房、正房、檐廊以及耳房，房间总数达到27间，规模较民居大。正房是土司署建筑起主要行政功能的场所，一层为正厅，空间宽敞明亮、梁粗柱实，土司的宝座居中，这是土司审理事务以及举行重大典礼的场所。楼梯设置在左右厢房，并以建筑中轴线左右对称，楼梯入口处设置在庭院之内，直通厢房，连接楼梯通道的是左右厢房的檐廊，并在靠近正房的位置设置楼梯通往正房二层，因此檐廊成为整栋建筑中的重要交通节点。由于建筑体量较大，需要相对较强的支撑力，故在结构上采用墙体与立柱混合承重的方式，正房采用抬梁式造法，减少地面立柱，增大室内空间以体现土司威严。普通房间采用墙体架梁承重的方式达到简化节省木料的目的。建筑细部如柱础大梁等也处理有雕花纹样进行装饰，增加层次美化视觉，屋顶采用瓦顶坡屋顶形式，利于避雨排水。

土司署作为当地最高行政机构的载体，有着数百年的悠久历史，在对建筑细节的处理以及建筑体量的营造中，不难看出，该建筑类型对当地管理者威严的表达，体现了哈尼族人的等级制度观念。

图片来源

图一至图五　张金威　制图

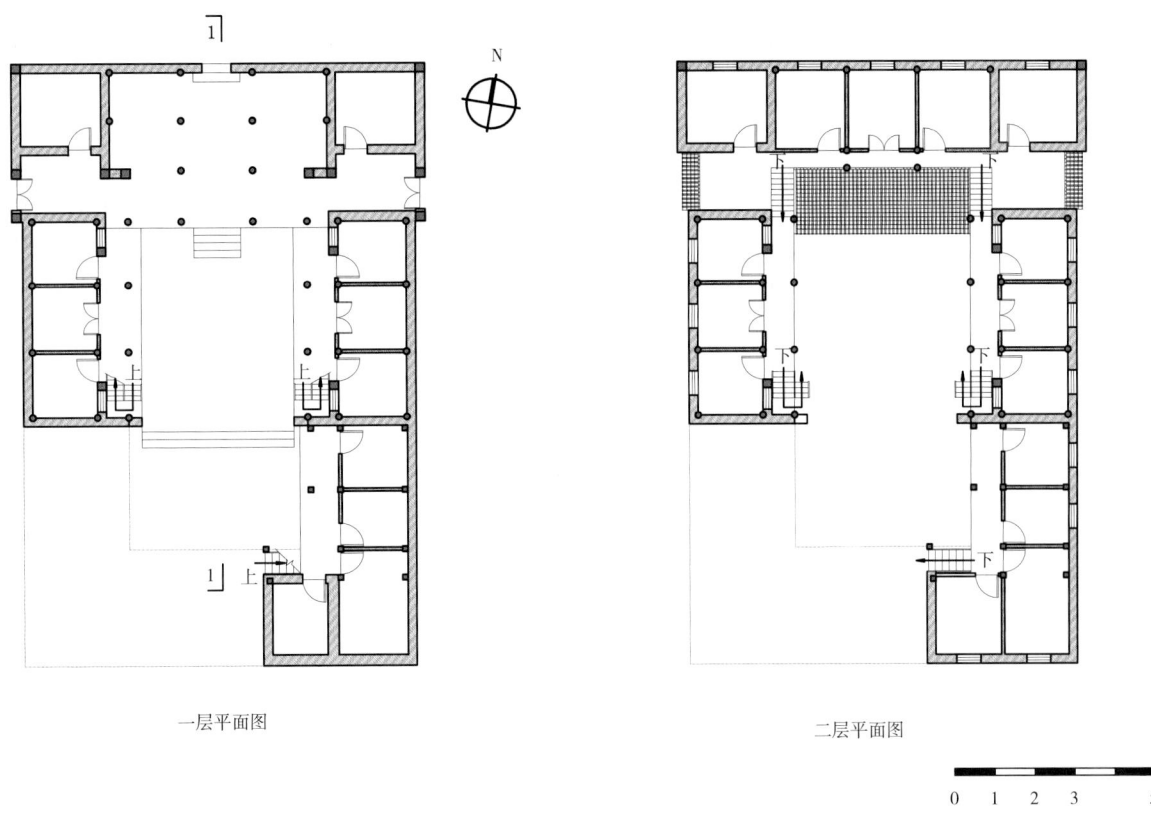

一层平面图　　　　　　　　　　　二层平面图

图二　哈尼族孙中孔土司署平面尺寸图（单位：m）

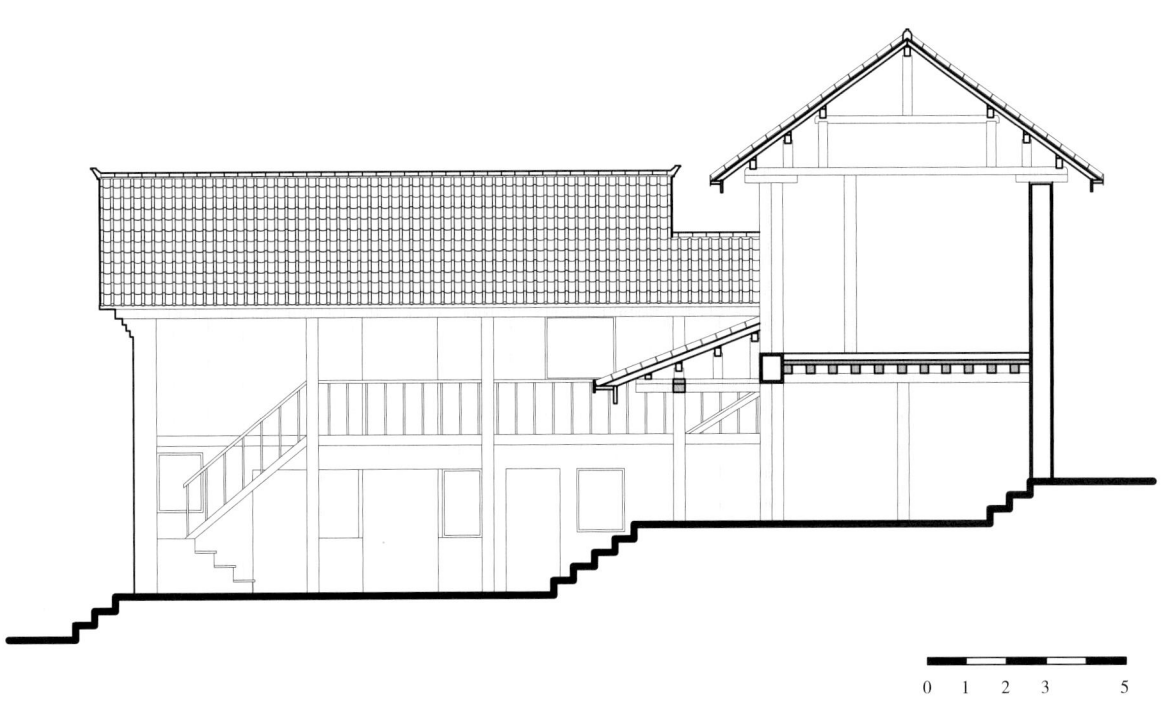

图三　哈尼族孙中孔土司署剖面图（单位：m）

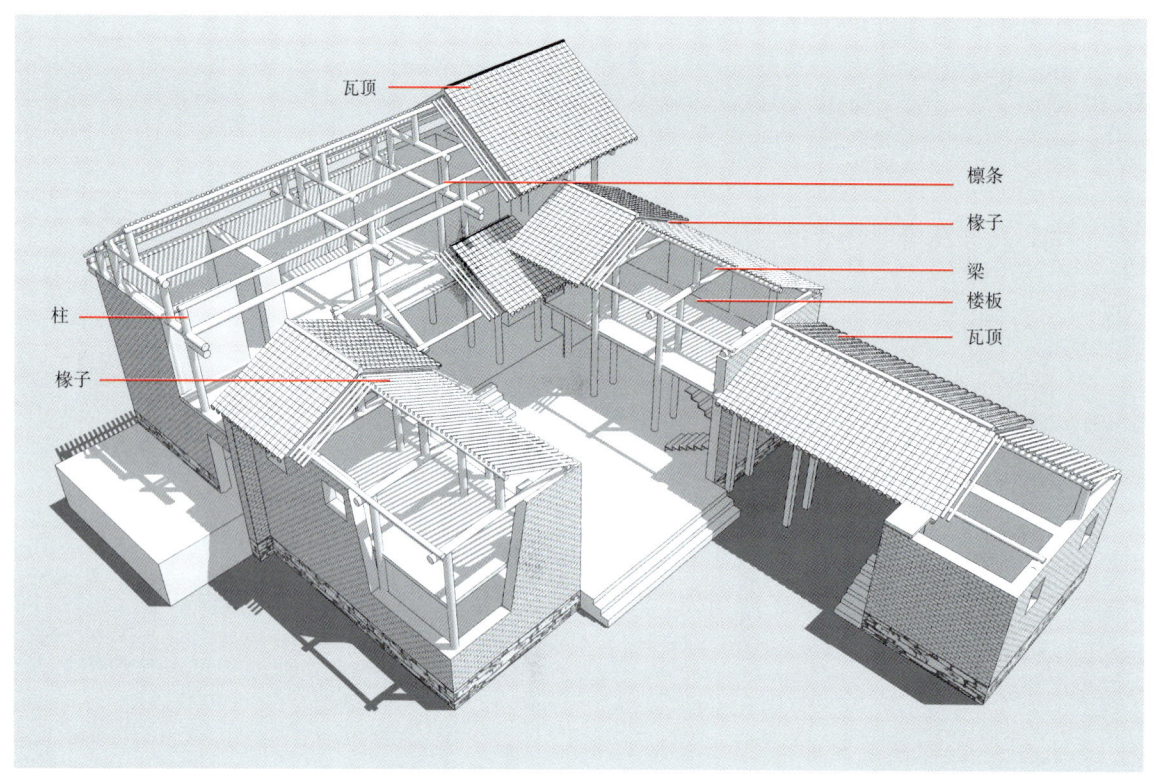

图四　哈尼族孙中孔土司署结构名称图

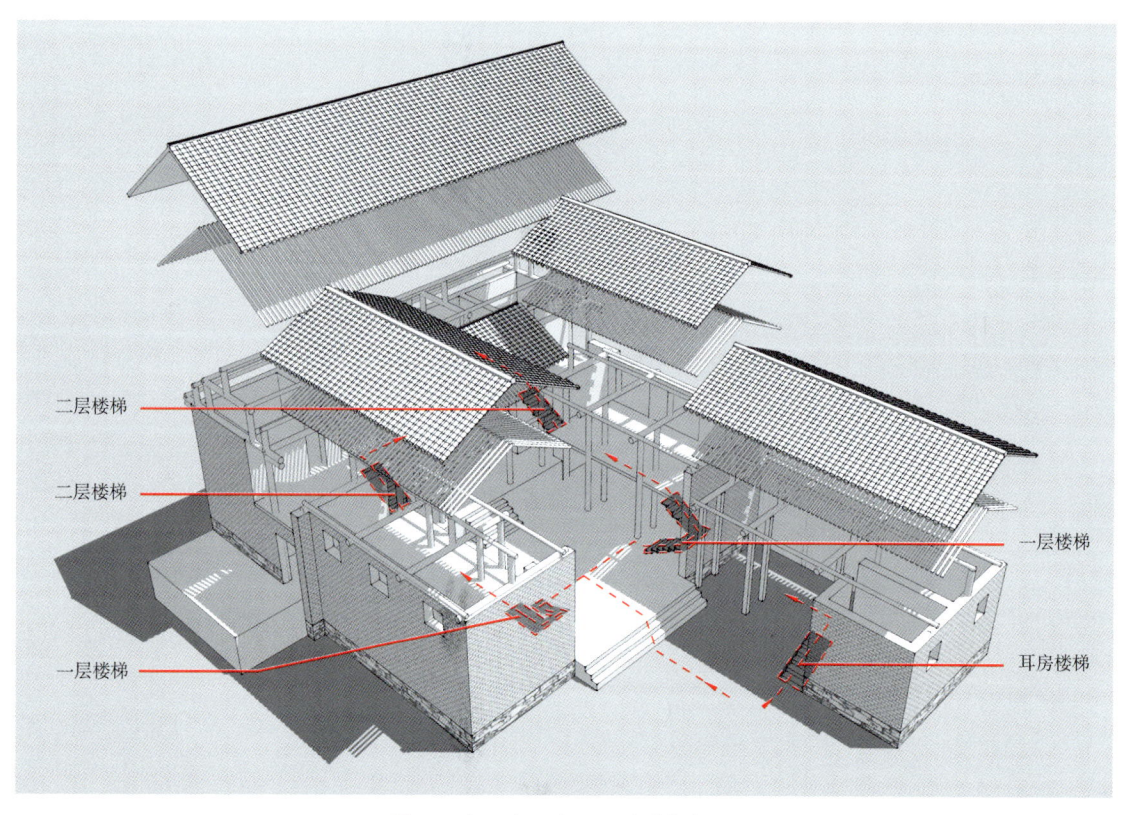

图五　哈尼族孙中孔土司署解析图

哈尼族磨秋房

图一　哈尼族磨秋房主图

本案例为云南省红河州元阳县全福庄中寨哈尼族磨秋房。磨秋房，为磨秋场的重要功能区域之一。磨秋房为半临时性建筑，除过苦扎扎节外，其他时间几乎不用，临近节日时做简单修缮，若是损毁严重则在新址搭建新的祭祀用秋房。因此，其形制相对于普通民居略为简单，体量并不庞大，是为满足过节日时的祭祀功能而建。

全福庄中寨磨秋场位于村寨以北，上方为全福庄中寨村寨，下方为梯田，秋房便位于磨秋场之中。秋房面阔两间，近10米，进深一架约2.5米。建筑体三面敞开，仅有一面以土坯砌实，方便大量人群流动于此。建筑墙体主要用土坯辅以砾石，顶用原木搭建并铺木隔板以及草堆。结构上以墙体为基，搭建较粗原木做梁，并在梁上用细原木排列椽条，之后搭建隔板放置杂草形成简易的草顶建筑。建筑外为转磨秋场地以及荡秋千场地，临近节日时由头人选择场地搭建磨秋以及秋千，其位置并不固定，但原则上离磨秋房并不远。节日的第二天磨秋房为主要活动区域，用于祭祀活动，祈求平安与好的收成。

磨秋场建筑的形成根植于哈尼族传统节日"苦扎扎节"，磨秋房作为磨秋场建筑的典型代表，起到了祭祀天神，祈求福瑞的重要作用，其所拥有的简易建筑形式已成为哈尼族文化的典型象征。

图片来源

图一　罗德胤，孙娜等. 哈尼梯田村寨. 北京：中国建筑工业出版社，2013：150.

图二至图五　张金威　制图

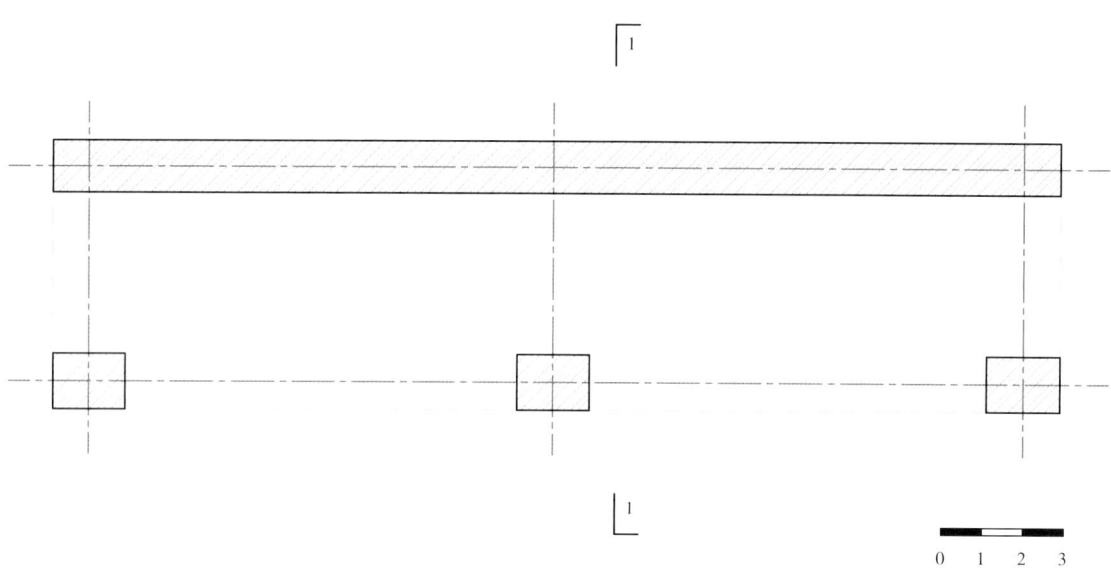

图二　哈尼族磨秋房平面尺寸图（单位：m）

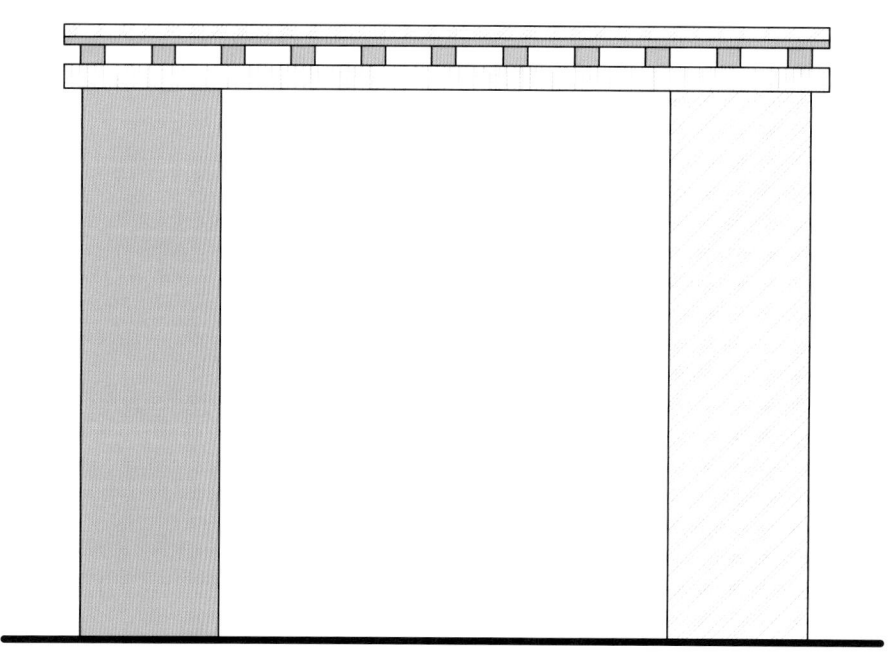

图三　哈尼族磨秋房剖面图

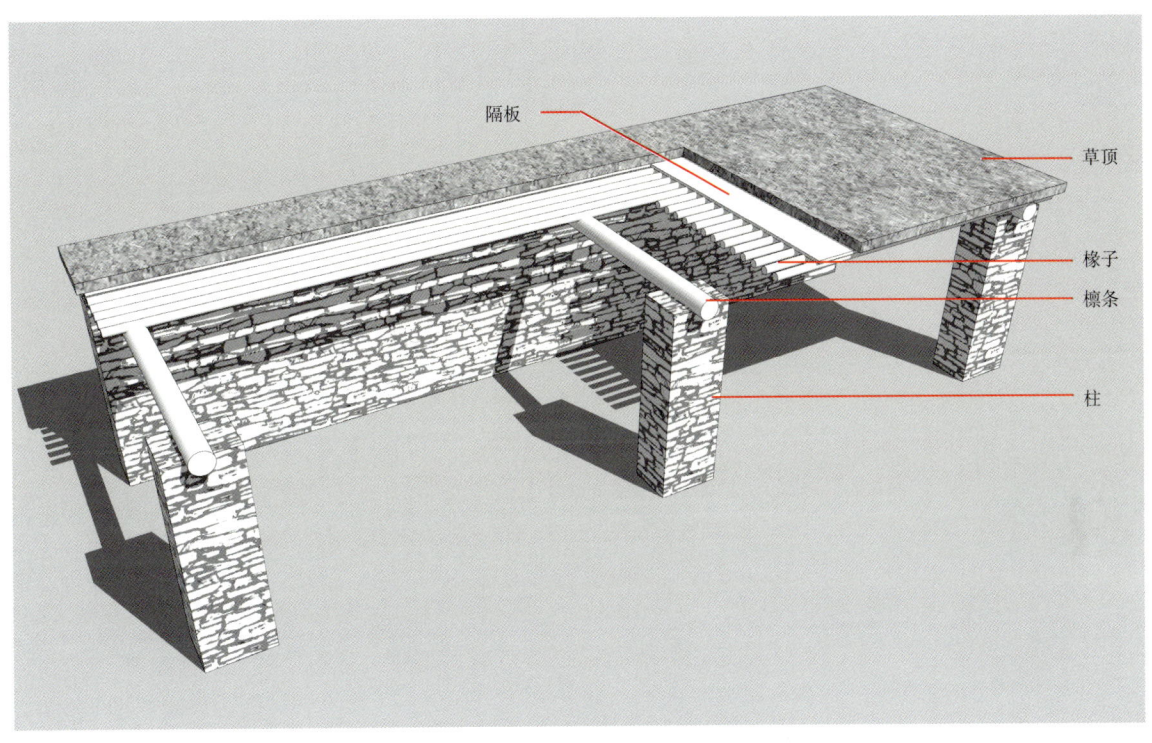

图四　哈尼族磨秋房结构名称图

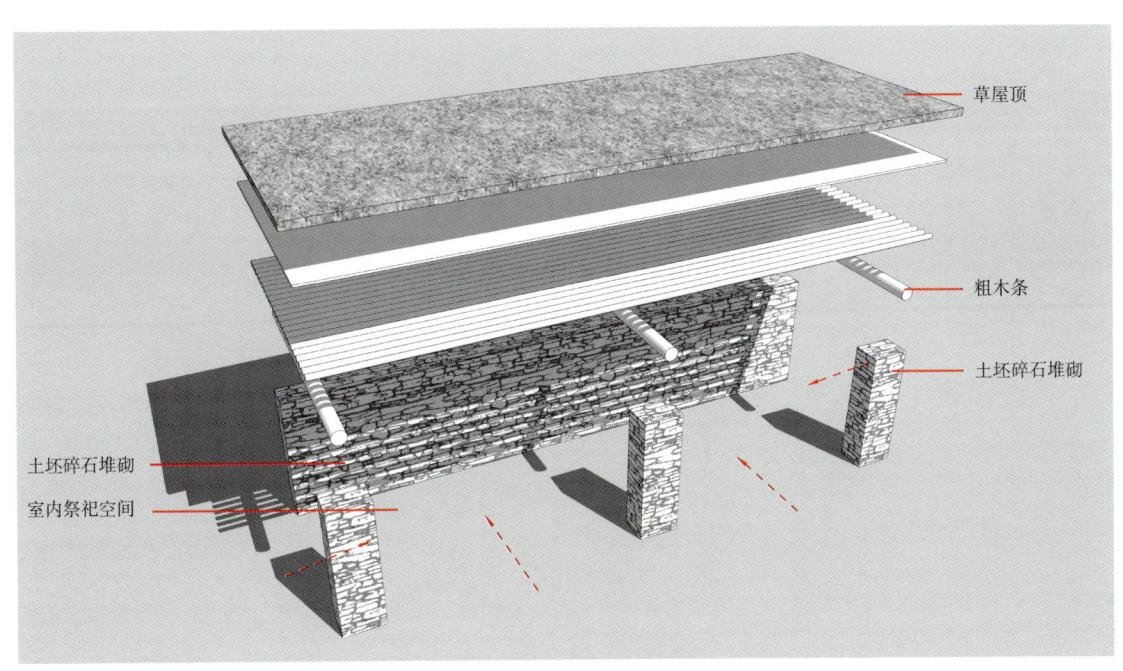

图五　哈尼族磨秋房解析图

哈尼族水碾房

图一 哈尼族水碾房主图

本案例为云南省红河州元阳县阿者科村哈尼族水碾房。水碾房，位于村中心偏北，主水渠落差较大的区域以水流获得足够的动力来驱动水碾。水碾是用来给稻谷去壳的，水碾房是安置水碾的建筑，属于公共空间，是哈尼族村寨的重要组成部分。

阿者科村水碾房坐南朝北，面阔仅一间，以墙体作为主承重架梁，并在梁上承托矮柱，承载斜梁，檩条架于斜梁之上并附上石棉瓦顶，结构相对民居简单。建筑采用坡屋顶，仅有一层，水碾位于建筑的西侧，与水碾相对的南面开有一窗，高度比一般民居的窗户低，采光相对较差。主入口开于建筑的东侧山墙上，除了主入口与南面的窗，其他区域则为全封闭。建筑的北侧是贴崖而建的，其余各面均采用石墙，可以减弱水对建筑体的侵蚀。石墙的外围抹有一层厚厚的白灰，山墙的上端以砖石砌成三角形，以吻合坡屋顶的形制。建筑为满足水碾的功能需求，在地面上凿有坑洞，是水碾的碾槽，碾槽为圆形，分内外两层，外层用来碾谷子，内层用来放置水碾的主要机械构件。碾槽的南北两侧放置有两个人字形立架，用于承托水碾。

阿者科村水碾房是哈尼族人重要的稻谷加

工场所，梯田所产的稻谷是哈尼族人主粮，因此水碾房也成为哈尼族人的重要生产工具。村寨中存在众多结构复杂、形态近似的蘑菇房住宅，水碾房的出现为村寨增添形态、结构迥异的建筑形式，成为一道别致的风景。

图片来源

图一　罗德胤，孙娜等. 哈尼梯田村寨. 北京：中国建筑工业出版社，2013：240.

图二至图六　张金威　制图

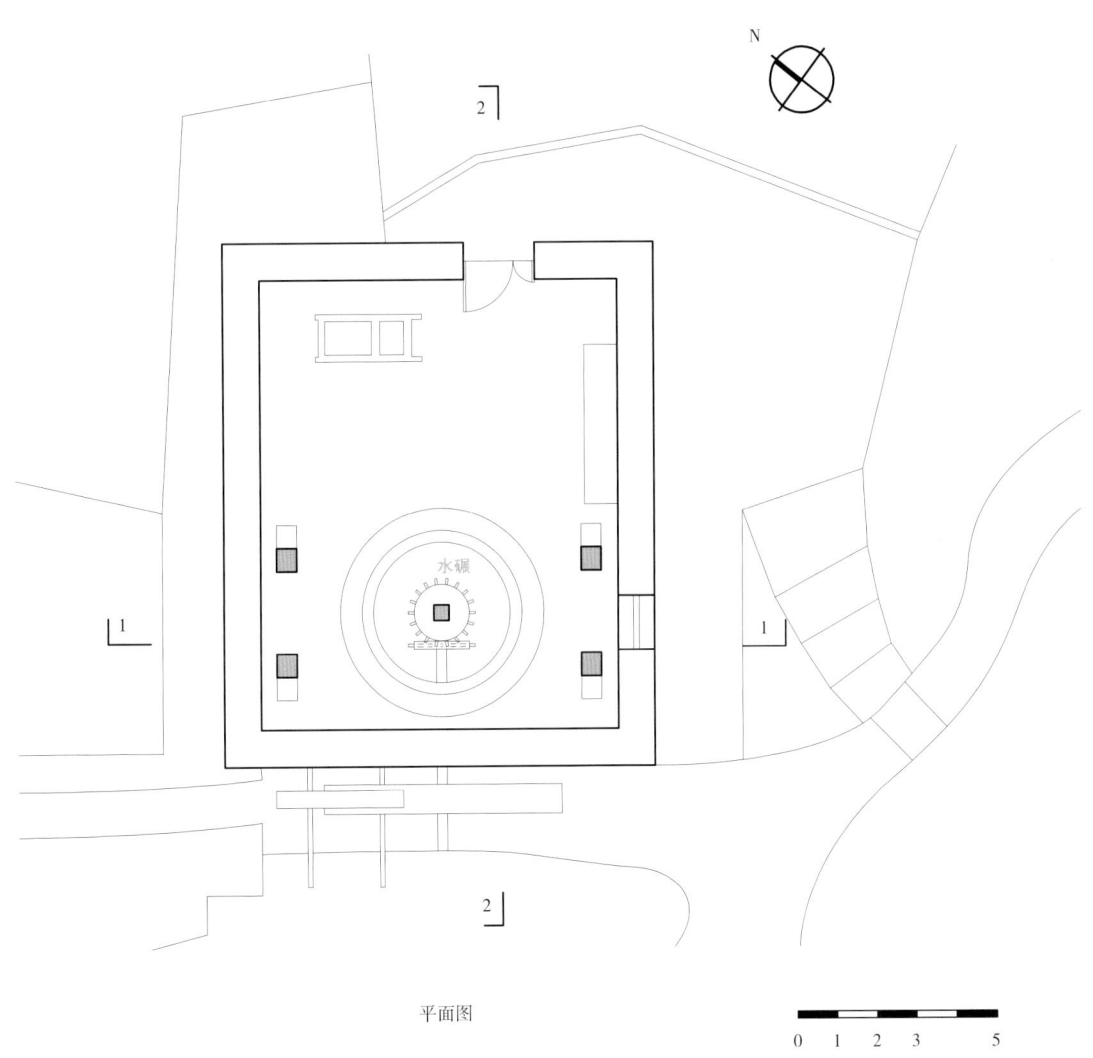

平面图

图二　哈尼族水碾房平面尺寸图（单位：m）

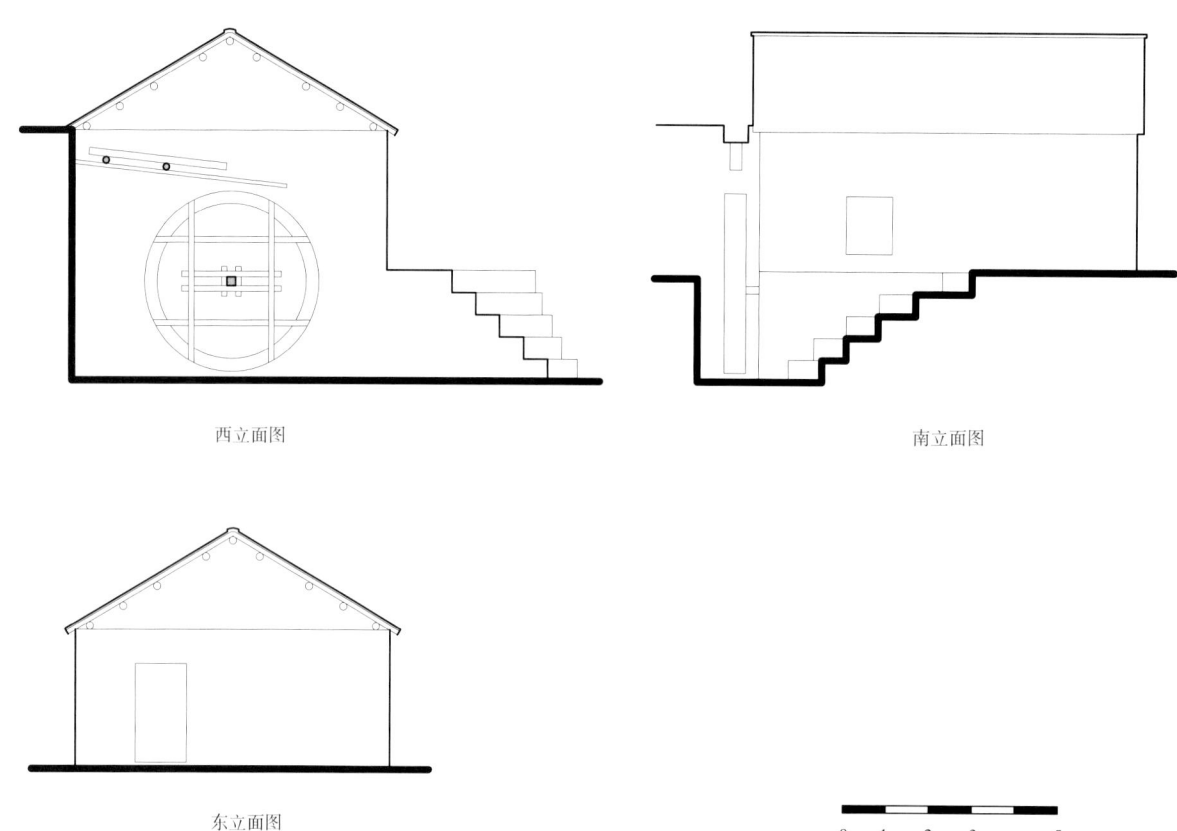

图三　哈尼族水碾房立面图（单位：m）

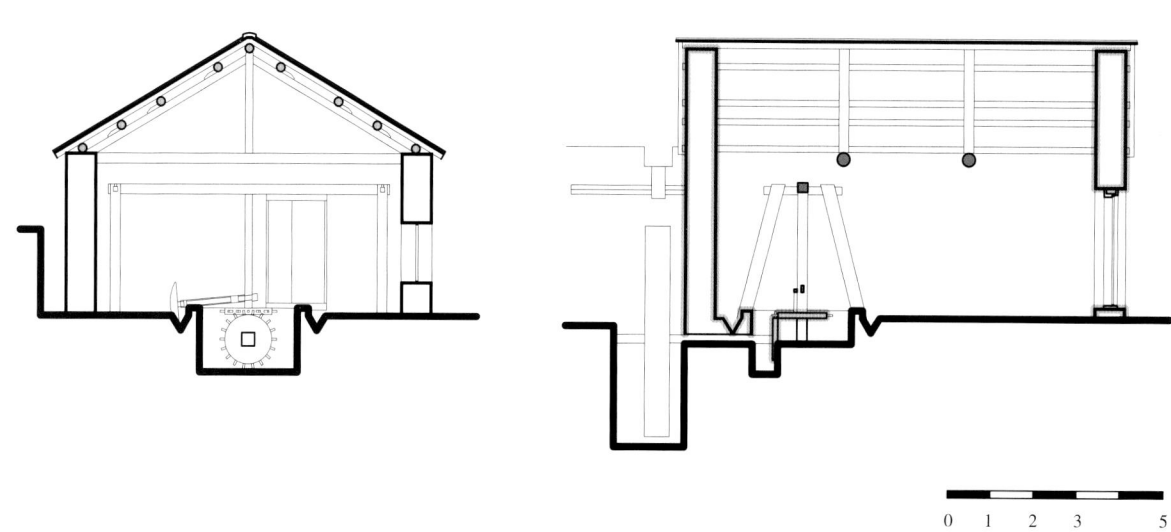

图四　哈尼族水碾房剖面图（单位：m）

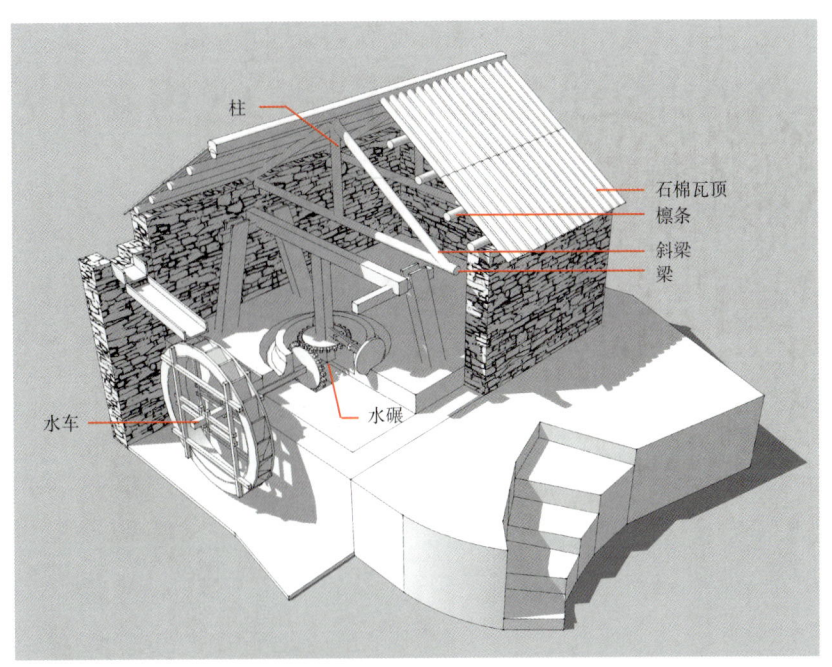

图五 哈尼族水碾房结构图

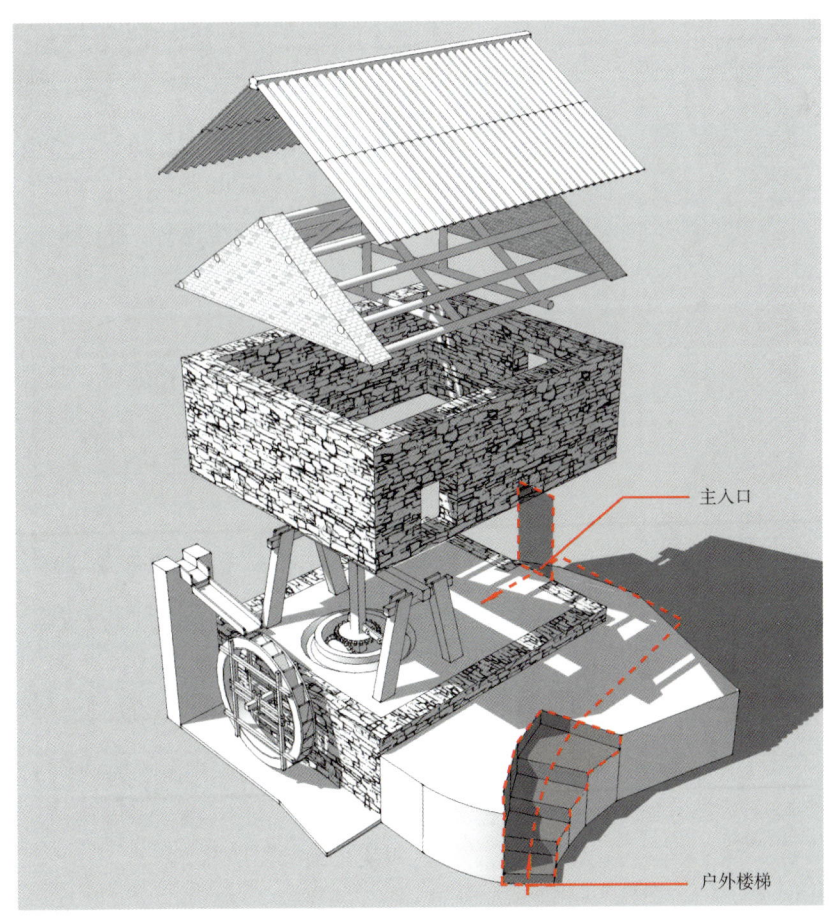

图六 哈尼族水碾房解析图

哈尼族村寨寨门

图一 哈尼族村寨寨门主图

本案例为云南省西双版纳州哈尼族村寨寨门。寨门也叫龙巴门,是西双版纳州哈尼族村寨的分界,在哈尼族人看来,寨门是人与鬼的分界,寨门之内是人的生存空间,是安全的,寨门之外是鬼神的天地,得不到寨神的庇护,因此寨门具有神圣地位。

寨门对于村寨的意义一方面表现在祭祀方面,哈尼族人认为村寨的寨神与寨民同在,不超越寨界,守卫寨门,每逢村寨的祭祀活动,哈尼族人都要对寨门进行祭祀,象征着村民对寨神的崇敬,祈祷寨神对村寨的护佑;另一方面体现在村寨的划界,在村寨内,村民将得到寨神的庇护,一切妖魔都无法进入村寨,在村寨外则离开了神与集体,失去了安全。哈尼族村寨的寨门通体由竹与木材质构成,木材做主体框架,竹材为辟邪构件。整体由上下两部分构成,下部为柱基,是三间四柱式,当心间是主门,两稍间为侧门。上部为辟邪构件,由横梁承载,其总体形态近似三角形。避邪构件包括由竹篾圈构成的链条,象征拥有神力的金链子,梁架与柱之上放有木质剑、茅或刀,封锁并刺杀妖魔,寨门之上放置有米字形竹篾,由多条竹条穿插构成,有辟邪之用。村寨成立,第一项重要事项就是建立寨门,立新寨门时则在外侧另立,因此寨门的数量体现着建寨历史的长短。

在布局功能上,寨门是村寨的入口,是村寨重要的交通节点,在文化意义上,寨门是一个村寨的象征,体现着哈尼族人向往和谐生活的美好心态。

图片来源
图一至图五　张金威　制图

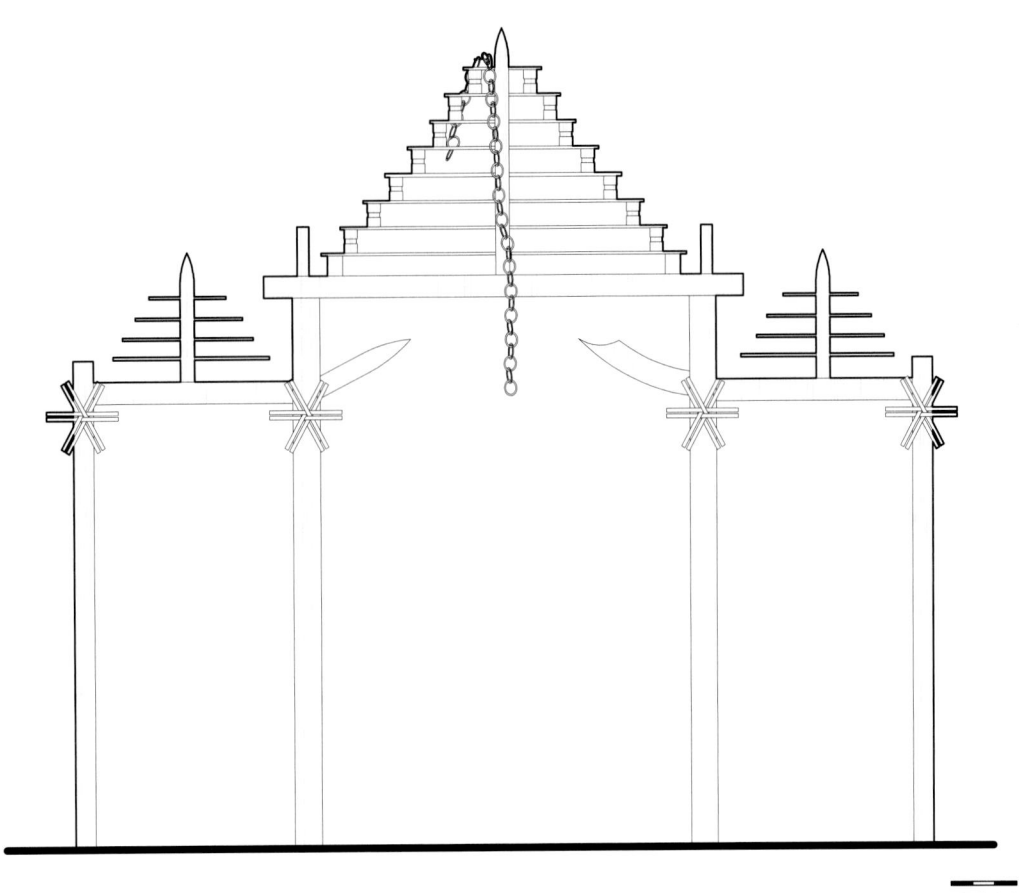

图二 哈尼族村寨寨门立面尺寸图（单位：m）

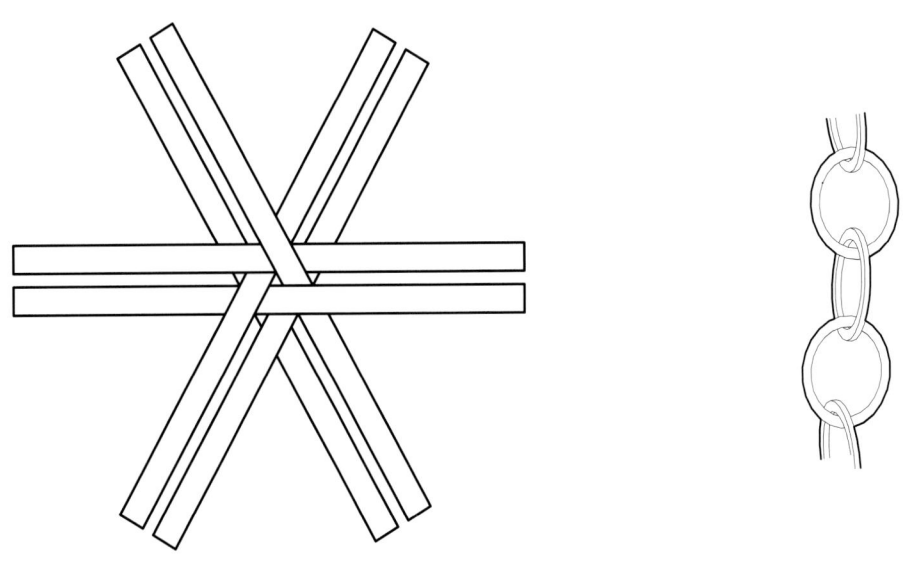

米字形 篾片详图　　　　　　　　　　　竹篾圈详图

图三 哈尼族村寨寨门详图（单位：m）

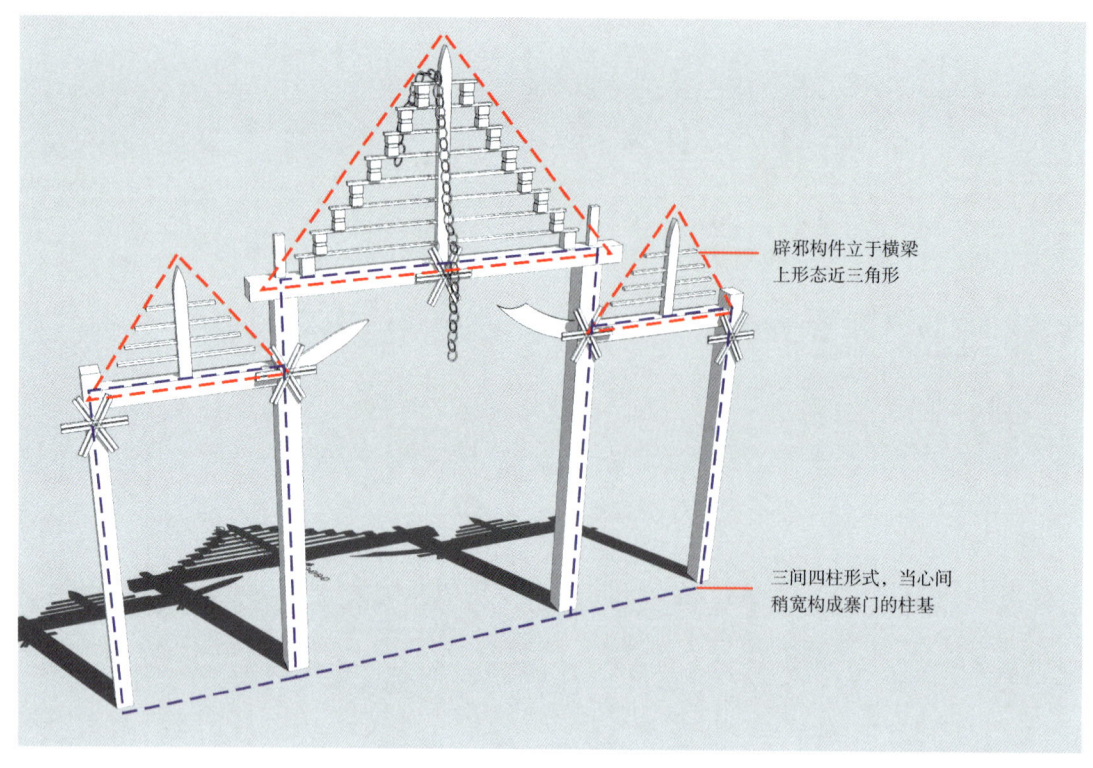

图四　哈尼族村寨寨门结构名称图

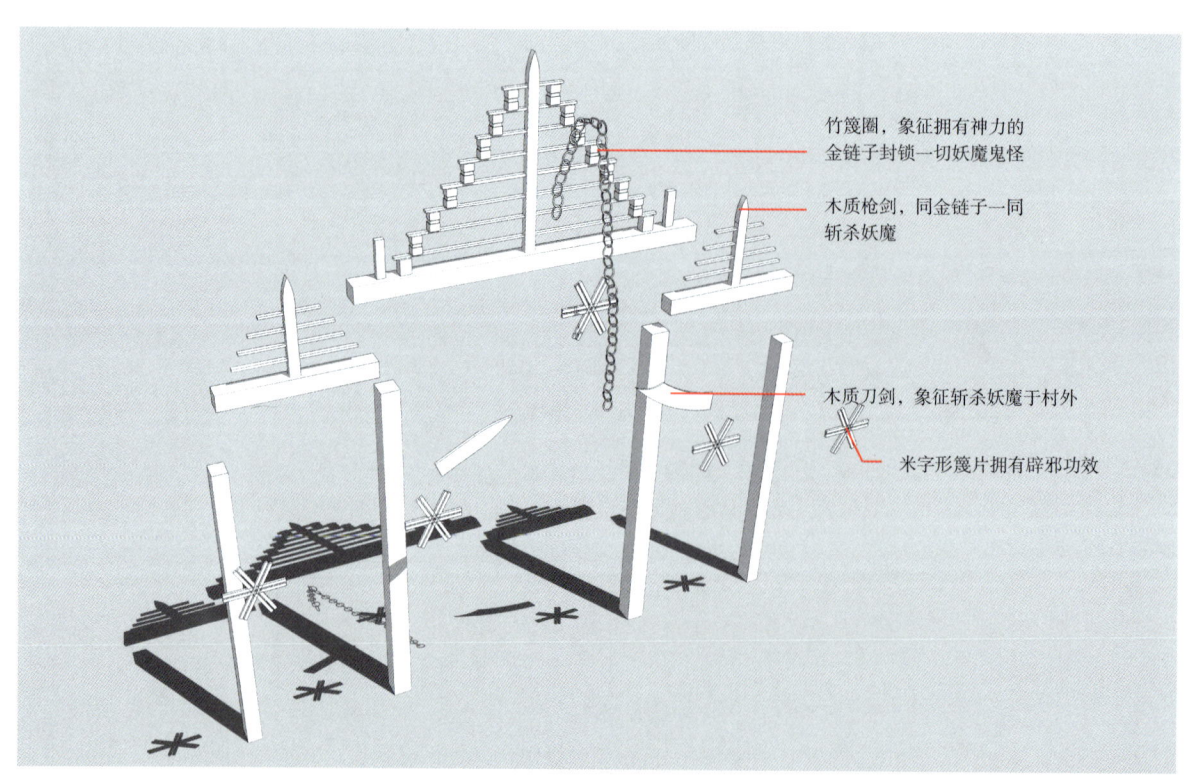

图五　哈尼族村寨寨门解析图

哈尼族寨神林

图一　哈尼族寨神林主图

本案例为云南省红河州元阳县全福庄大寨寨神林。大寨寨神林位于元阳县新街镇以南，海拔1820米左右，是全福庄村中规模最大、历史最长的寨子。全福庄大寨寨神林是位于村寨之上的一片树林，共有三处，主要分布在村寨的南部，被村民奉为村寨的保护神，每逢农历二月，人们都会在寨神林举办祭祀活动，被称为昂玛突节。寨神林在村寨中拥有神圣地位，除祭祀活动外的其他时间，人们不得进入。

森林是哈尼族农耕生态系统中森林—村寨—梯田—水系四素同构的重要组成部分，为哈尼族人提供农耕与生活用水，是滋养梯田与村寨的源泉。哈尼族人在长期的迁徙与农耕活动中逐渐体会到森林的意义，将森林神圣化，形成对寨神林崇敬。全福庄大寨位于红河的南面山坡上，因此村寨以南地势较高，且存在大片的森林，是适合设立寨神林的区域，村民在寨神林中选择一颗最健壮的树木作为寨神树，象征着村寨的繁荣。昂玛突节举办祭祀时，村寨的每家每户都需要派一个代表参加，由于全福庄大寨的人口众多，活动中极难管理，因此全福庄大寨划分为五个小组，寨神林分一二组、三四组与五组三处，分别位于村寨与大寨磨秋场的延长线上。由此将参加祭祀的人分散，便于活动的进行，也避免人数过多而侵扰寨神林。

哈尼族人对寨神林的崇拜，体现了人们对生态平衡重要性的认识，使人们逐渐懂得从自然中取法。森林作为梯田系统水循环的关键一环，支撑着梯田生态系统的平衡，也孕育出层层叠叠，颇为壮观的哈尼梯田。

图片来源

图一　罗德胤，孙娜等. 哈尼梯田村寨. 北京：中国建筑工业出版社，2013：33.

图二至图五　张金威　制图

图二　哈尼族寨神林与磨秋场位置关系图

图三　哈尼族寨神林等高分布图

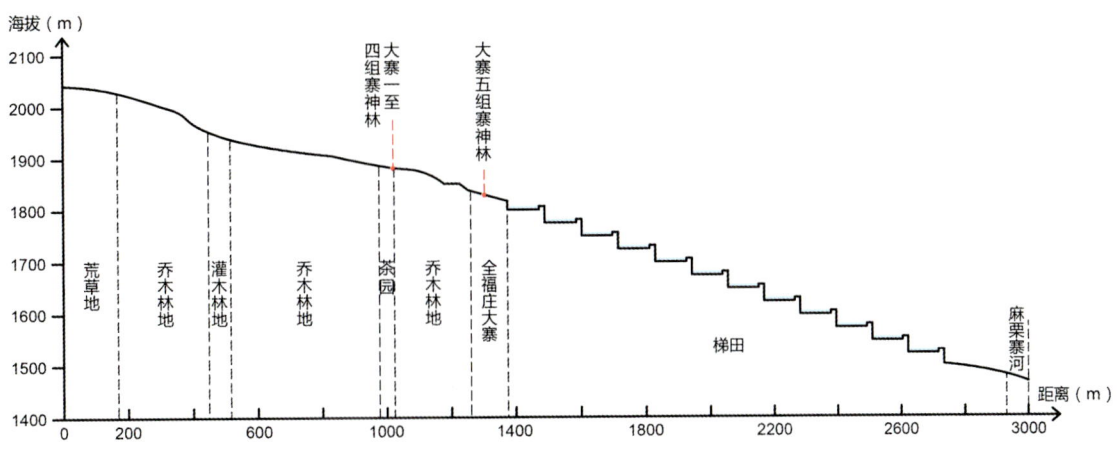

图四 哈尼族寨神林垂直分布图

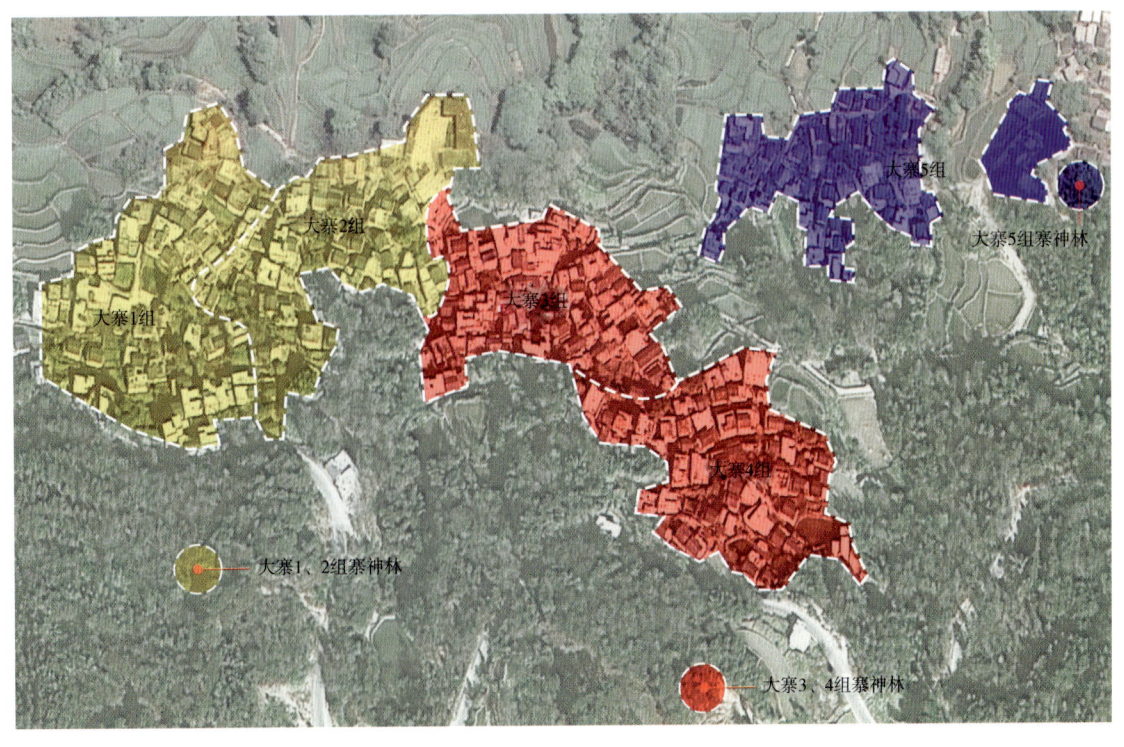

图五 哈尼族寨神林与村寨位置关系图

哈尼族梯田

图一 哈尼族梯田主图

本案里为云南省红河州元阳县胜村乡全福庄村哈尼族梯田。全福庄位于哀牢山北坡，梯田位于村落下方，是哈尼族人耕种水稻、黄豆等农作物的场所。梯田依山势而建，主要建在海拔1500到1800米，坡度较缓的山腰上，梯田上下大约有3000级，规模浩大尤为壮观。

全福庄梯田由耕作田面、梯田水系、交通系统三大要素构成，耕作田面是农作物的耕作面，存水为水梯田，不存为旱梯田，梯田水系是村寨与森林水系的延续，维持灌溉梯田作物，交通系统由相对宽阔的田埂与沟堤组成，连通村寨输送生产物资。三者与森林、村寨、水系共同构成四素同构的良性循环系统。梯田之上为全福庄村寨，为梯田的耕作提供生产资料，也为梯田中收获的粮草提供晾晒、加工与储藏场所。村寨之上存在大面积森林，长期积储由麻栗寨河蒸腾的露水及雨水，形成许多山间河流，是梯田水系与村寨水系的主要来源，也是梯田水系永不干涸的重要保障。随着当地山体海拔高度与季节的变化，气候有所区别，造成农作物种类随之改变，高山区主要种植茶、棕、竹等作物，半山区多种植水稻、玉米、黄豆等，下半山是大片荒山，用于放牧，同时实行春耕、夏种、秋收、冬休的种养模式，形成不同海拔与季节，梯田不同景色的现象。

上为森林、村寨，中为梯田，下有河流，四素同构维持系统平衡。这充分体现了哈尼族人对自然的敬畏之情，以及其合理利用自然的和谐共生之道，表现了哈尼族人取法自然、实用为先的设计理念，形成自然与人文相结合的文化景观。

图片来源

图一　温清格　拍摄

图二至图五　张金威　制图

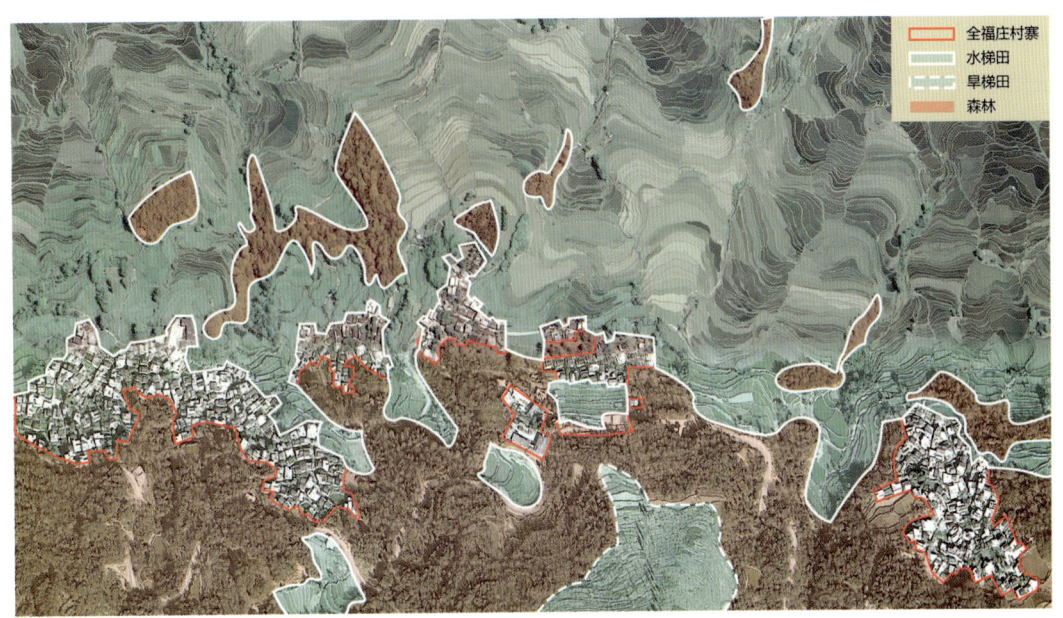

图二　哈尼族梯田布局图

图三　哈尼族梯田田面与等高线分布关系图

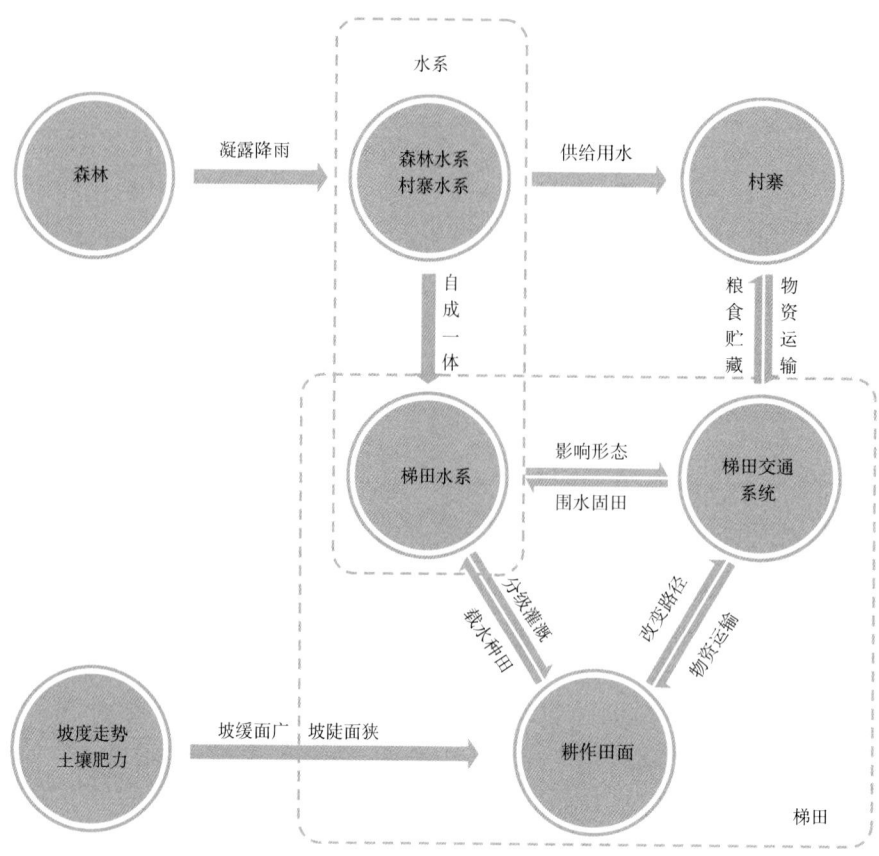

图四 哈尼族梯田构成要素关系图

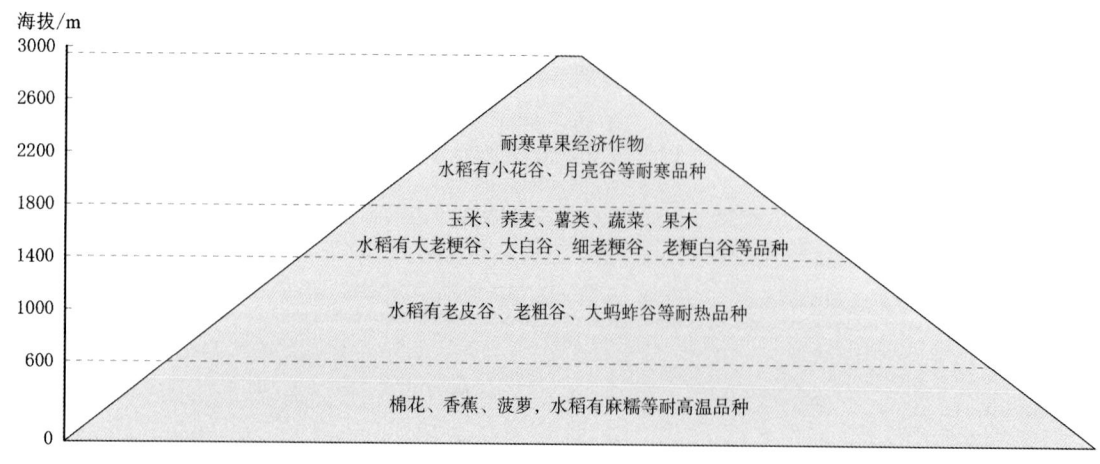

图五 哈尼族梯田农作物随海拔变化示意图

哈尼族梯田水系与交通系统

图一　哈尼族梯田水系与交通系统主图

本案例为云南省红河州元阳县胜村乡全福庄村哈尼族梯田水系与交通系统。图一为全福庄村梯田水系与交通系统，是实现梯田灌溉与运输的重要设施，通过水的流动与物资输送，将梯田各级田面有机地结合起来，连通村寨与森林，完成梯田与村寨、森林之间的能量传递，形成适于水稻种植的土壤与水环境，为梯田载水种稻提供有利条件。

梯田水系是四素同构中水系的子系统，与村寨水系、森林水系相通，自成一体。森林接收露水与雨水汇集成河流，成为水系源头，人们开凿水渠引水入田，根据各家梯田的面积与用水量，使用分水木（石）刻分配用水，水流经过梯田再由田埂缺口引导逐级流动，最终汇入麻栗寨河，形成了该地区稳定有序的用水系统。为保证公平用水，当地设立了沟长一职，其职责包括水沟清淤、检查分配用水、调解用水矛盾等，天人协作共保水系畅通。交通系统是在田埂与沟堤的基础上建立的，因此在分布上依托于耕作田面，路途较陡，给物资运输带来困难。为缩短运输路程降低运输难度，梯田一级道路通常相对村寨呈放射状，梯田二级道路间常设置小路，丰富节点，增加行走路径。同时，考虑农耕需求，根据田面作物的季节变化，调整田面成为三级道路，缩短行走长度，使梯田行走方式更加灵活。

梯田水系与交通系统是梯田与村寨互相

连接的枢纽，为梯田农耕带来了灌溉与运输便利。哈尼族人以梯田农耕的实用性为主要依据，遵守持续灌溉、适时管理、少占田面、方便通行与运输的设计原则，充分利用资源，体现了哈尼族人实用为先的设计思想。

图片来源

图一　云南玉溪地区文化局艺术研究室.哈尼梯田文化.北京：中国民族摄影艺术出版社，1995：117.

图二至图六　张金威　制图

图二　哈尼族村寨与梯田一级道路分布图

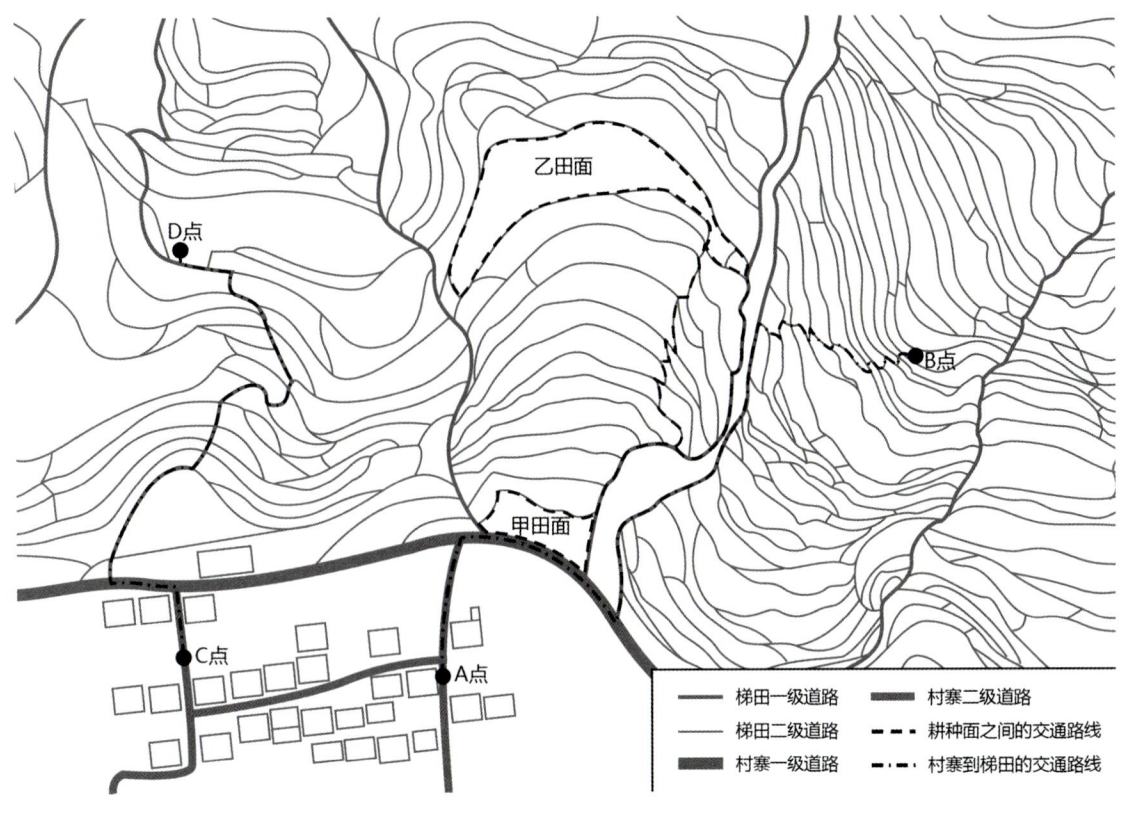

图三　哈尼族村梯田道路分布图

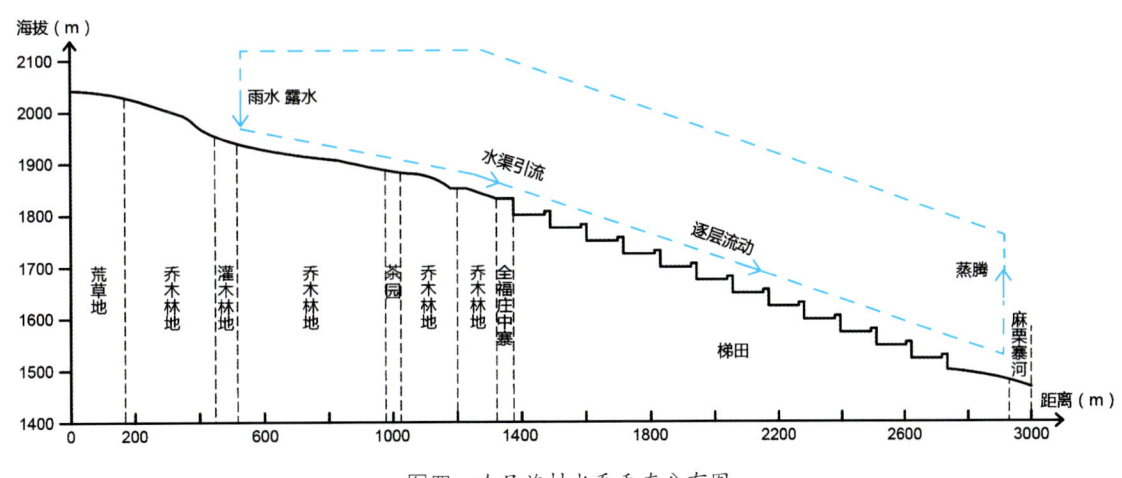

图四　哈尼族村水系垂直分布图

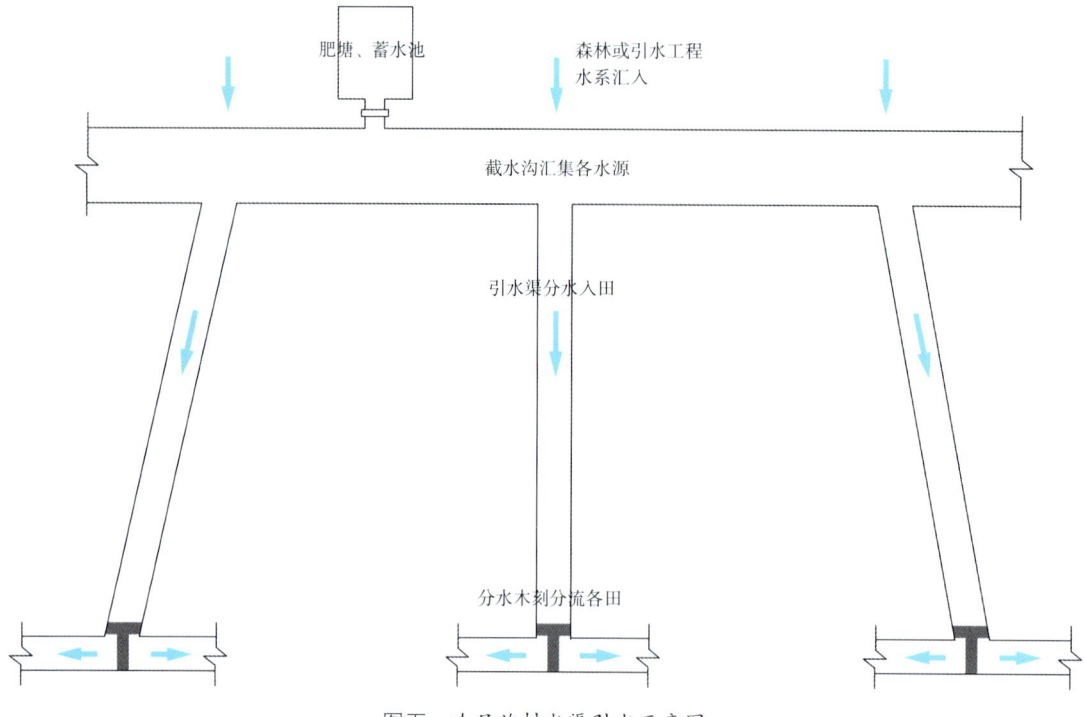

图五 哈尼族村水渠引水示意图

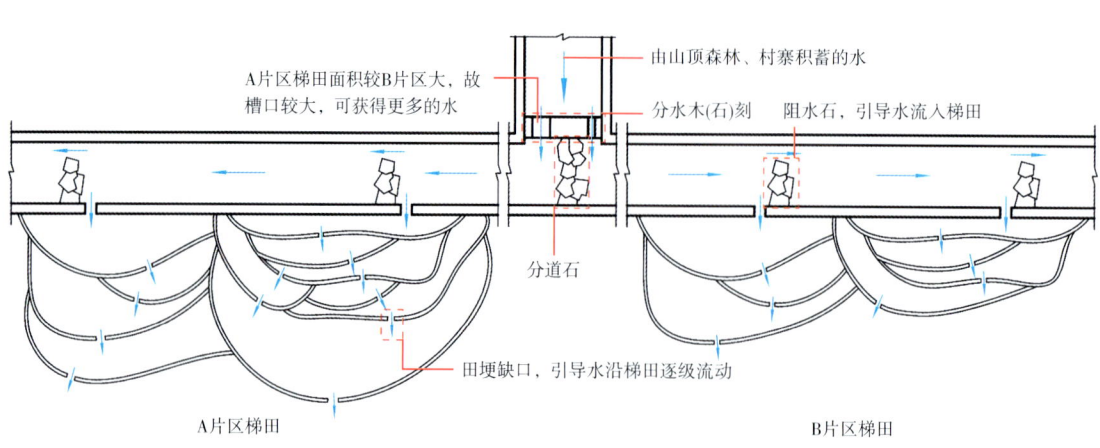

图六 哈尼族村水分配示意图

第二章 哈尼族传统服饰

哈尼族奕车支系龟式服

图一 哈尼族奕车支系龟式服主图

本案例为云南省红河州红河县大羊街乡哈尼族奕车支系龟式服。哈尼族奕车支系的龟式服上衣形制独特，由内而外分雀帕、雀巴、雀朗三件，统称为龟式服，主体颜色为藏青色。

龟式服 由内而外依次为雀帕、雀巴和雀朗三层，即内褂、中衣和外衣。雀朗和雀巴由多层同样款式长度相差0.5厘米的衣服缝在一起组合而成。雀帕（内褂）的造型为无领无扣圆口的贴身对襟内褂，下摆处一般以银花、银螺蛳作为装饰。下摆边缘以数道青蓝色相间的假边来表示多层衣的概念。服装下摆层层相叠，每层之间的颜色深浅相间，可看出衣服的件数，状似现代的"千层衣"。雀巴（中衣）的造型为无领，剪口下摆后侧圆如龟状，左右门襟下端略宽松，用细棉绳将左襟系于右腋下，至前胸成交叉的剪口状。雀朗（外衣）的造型为靛青色对襟无领圆口正摆的短衣，每层相差1厘米左右，袖长及肘部。制作雀朗（外衣）要先浸染呈湛青色，再在面料外表涂上一层清淡的牛皮胶水，使得布面平整光滑，布色青中微微泛着淡红色。

哈尼族奕车支系的女子以多衣为荣、为美。每逢喜庆节日，奕车妇女竞相比试，穿着雀帕、雀巴、雀朗总共十几或二十几件之多，内长外短，逐层递减，青蓝相间，层次分明，色彩协调。

图片来源
图一、图二、图十一　李嘉华　摄影
图三、图四、图六、图七、图九、图十　单文霞　制图
图五、图八　刘翔宇　摄影

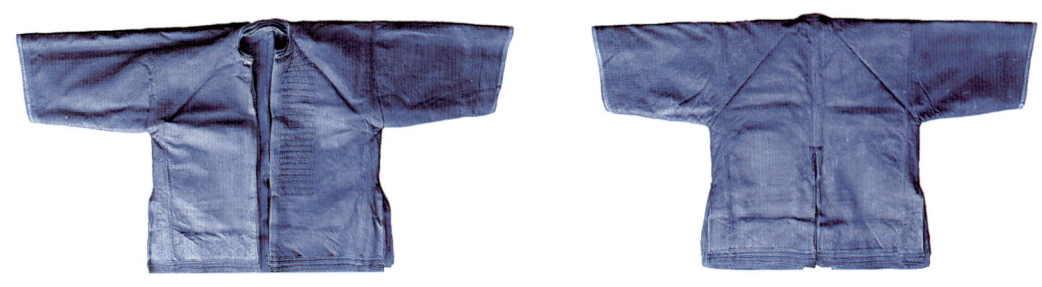

图二 哈尼族奕车支系雀朗外观图

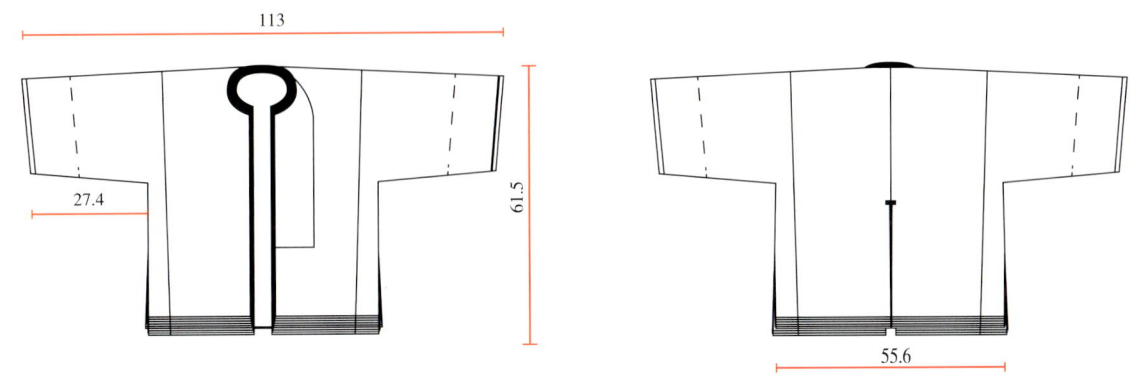

图三 哈尼族奕车支系雀朗尺寸图（单位：cm）

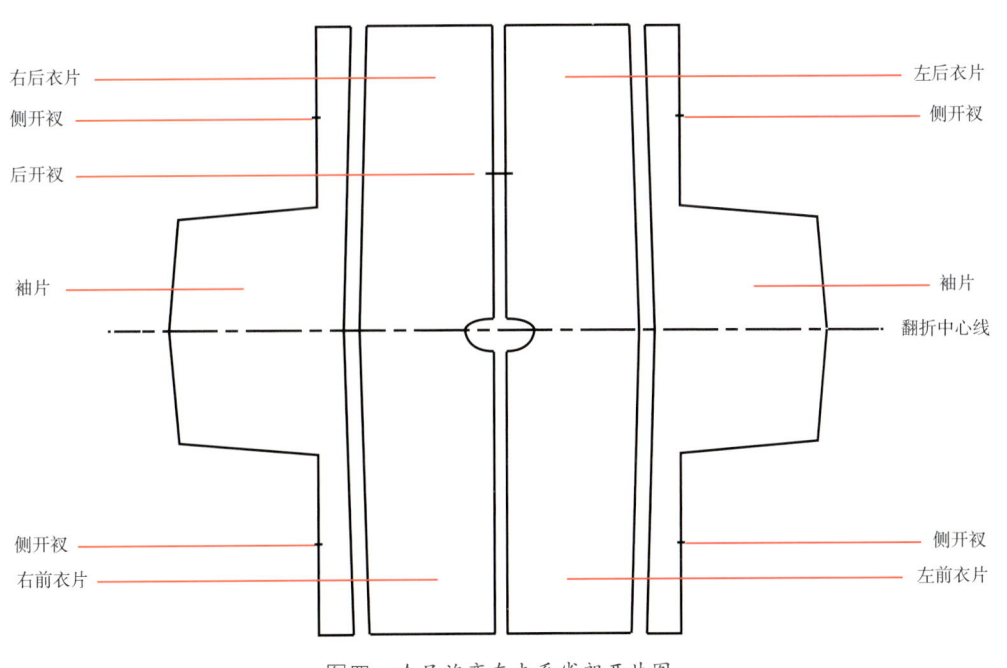

图四 哈尼族奕车支系雀朗开片图

图五 哈尼族奕车支系雀巴外观图

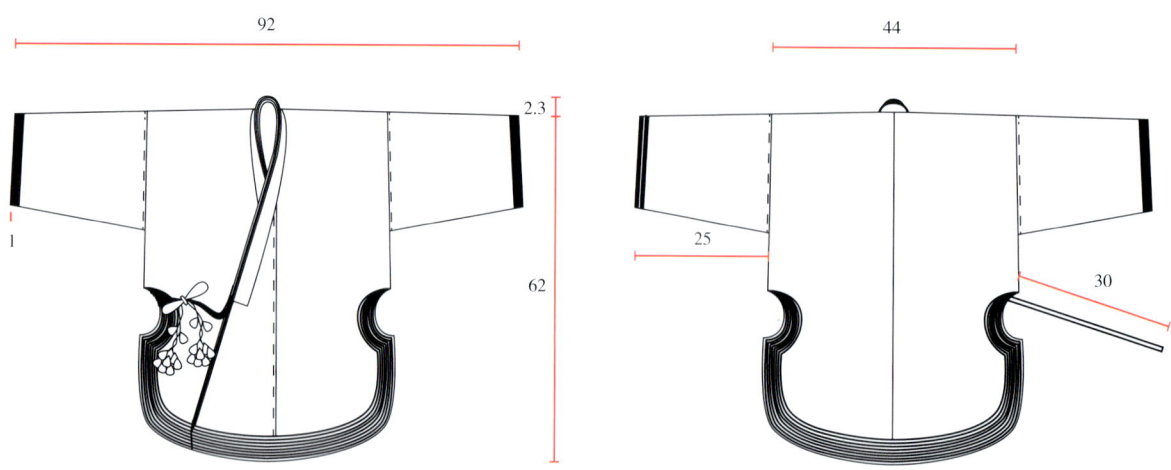

图六 哈尼族奕车支系雀巴尺寸图（单位：cm）

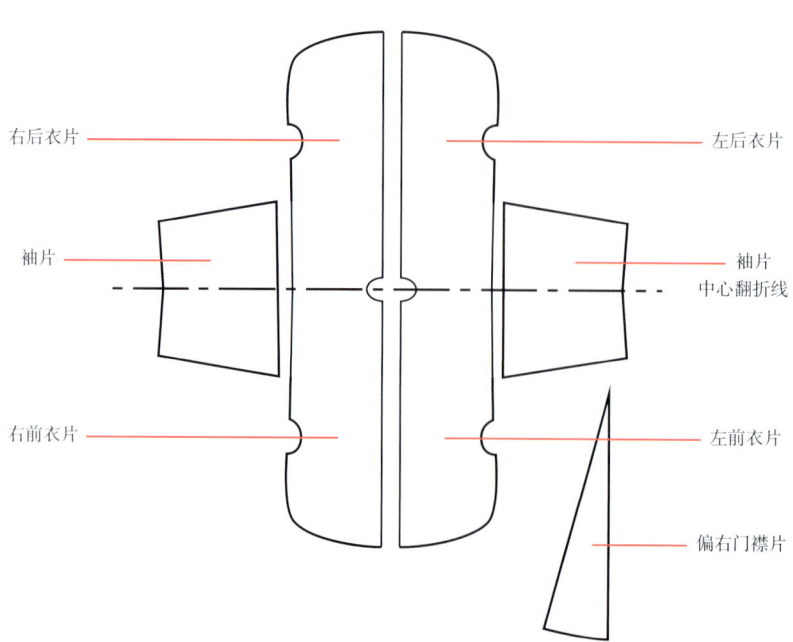

图七 哈尼族奕车支系雀巴开片图

图八 哈尼族奕车支系雀帕外观图

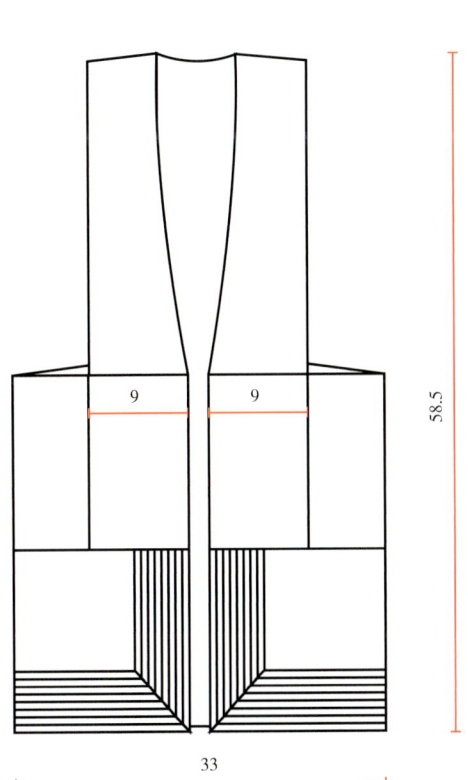
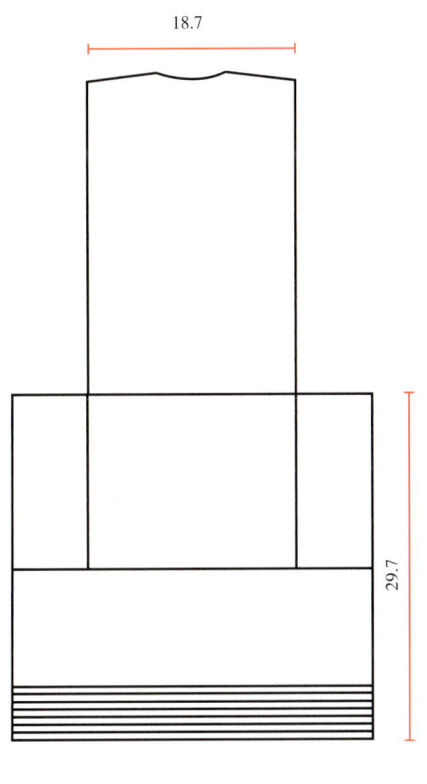

图九 哈尼族奕车支系雀帕尺寸图（单位：cm）

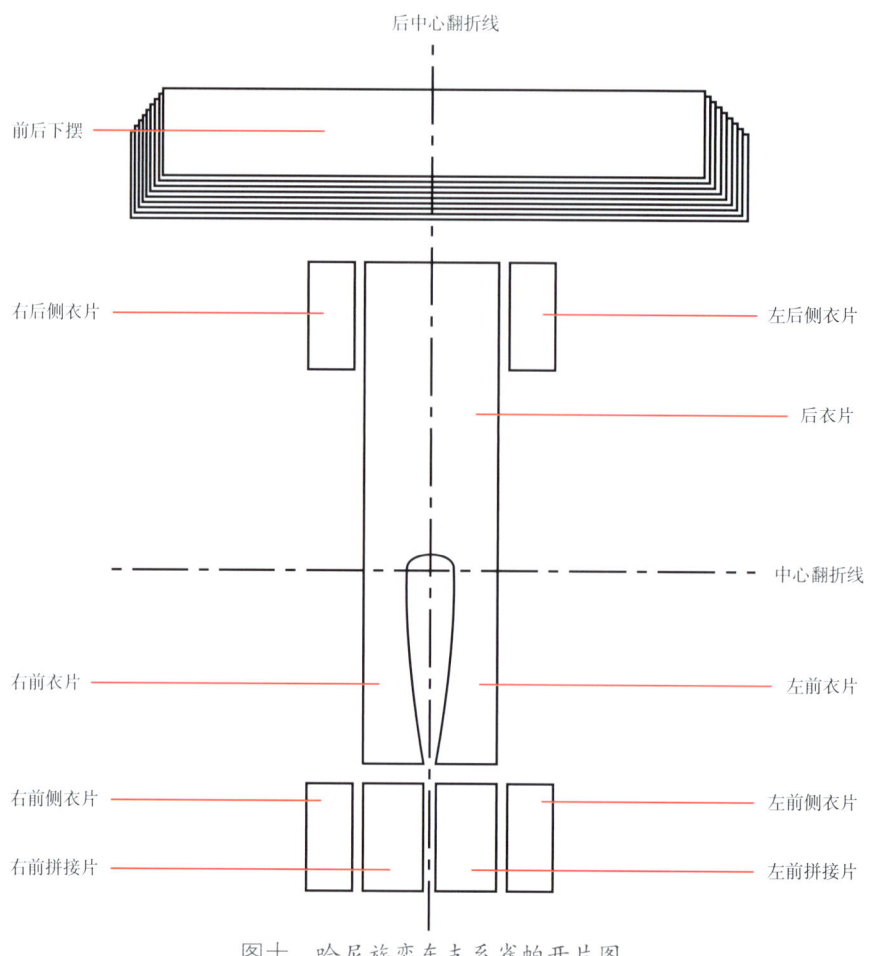

图十　哈尼族奕车支系雀帕开片图

图十一　哈尼族奕车支系雀帕穿着效果示意图

哈尼族糯比支系偏襟女上衣

图一　哈尼族糯比支系偏襟女上衣主图

本案例为云南省红河州红河县浪堤乡哈尼族糯比支系偏襟女上衣。衣长61.5厘米。袖口、衣领以及右前衽片边缘均有精美的刺绣图案。

哈尼族糯比支系偏襟女上衣款式为右衽斜襟，衣身的裁片分为左前片、右前片、左前侧片、右前侧片、左后侧片、右后侧片。斜襟一边的一组银币盘扣十分精巧，盘扣的两边都有彩线和银珠装饰。领口处的裁片，围绕领口一圈，并有白色明线和彩色刺绣装饰，在领围处一圈有堆成三角形的银泡装饰，使领口线更加清新、典雅。本案例主要以靛蓝色为主，以鲜亮的彩色刺绣装饰，既有对比又有调和，稳重不失活泼。刺绣的形状多为抽象而又具有规律性的几何纹样，体现了哈尼族刺绣技艺的装饰性和艺术感。袖口的刺绣层次丰富，分为明黄色调和蓝靛色调两部分，明黄色调里的刺绣多用红线装饰，与蓝靛布片冷暖对比形成视觉焦点。

哈尼族糯比支系偏襟女上衣以其独特的裁剪方式，精美的刺绣纹样，古朴典雅的色彩反映了哈尼族糯比人的文化内涵和审美情趣，它不仅是一件实用的上衣，也是一个生动鲜明的文化符号。

图片来源
图一　刘翔宇　摄影
图二至图四　王澍宸　制图

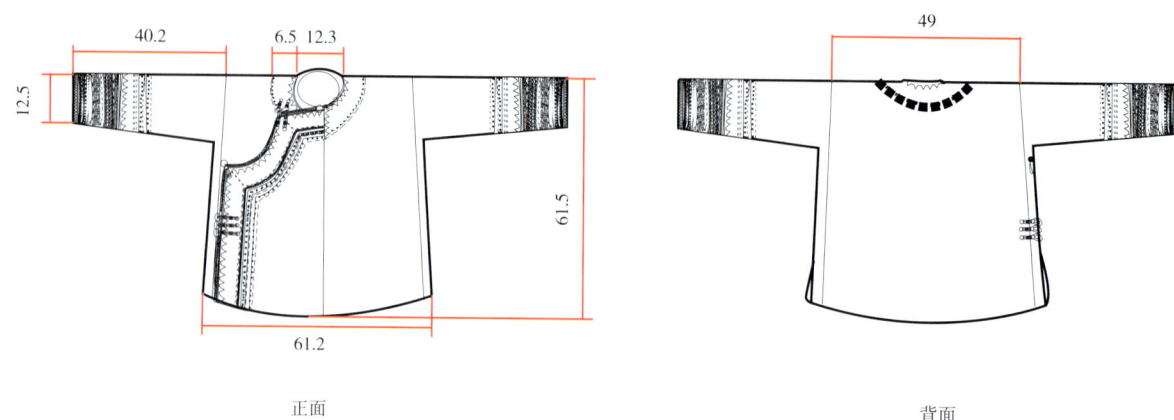

图二 哈尼族糯比支系偏襟女上衣尺寸图（单位：cm）

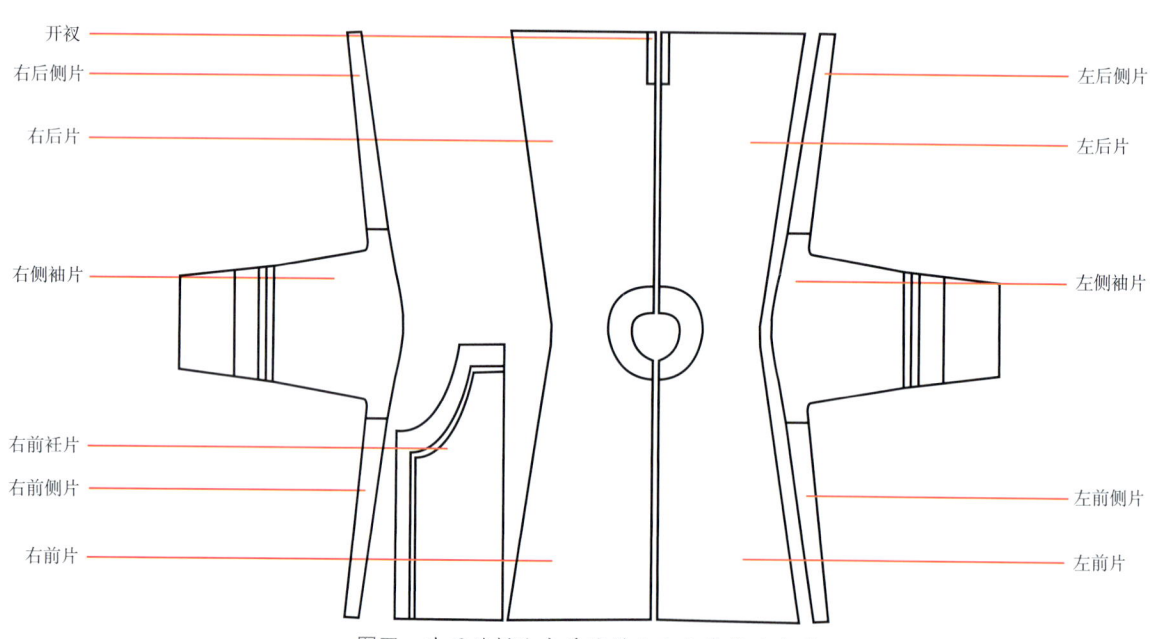

图三 哈尼族糯比支系偏襟女上衣裁剪示意图

图四 哈尼族糯比支系偏襟女上衣色彩分析图

哈尼族腊咪支系女马甲

图一　哈尼族腊咪支系女马甲主图

本案例为云南省红河州红河县架车乡哈尼族腊咪支系女马甲，马甲长61.5厘米，肩宽31.6厘米。腊咪支系女马甲款式为对襟，无纽扣，刺绣精美，色彩绚丽。

腊咪支系女马甲衣片上的彩色刺绣为整件服装的亮点，刺绣的方式别具一格，它的位置分布也十分讲究。马甲上所有的刺绣布片呈线形，在衣服的轮廓线处，即领围线、袖隆线、下摆线、门襟上均有一圈刺绣，这些刺绣使得衣服的轮廓线更加清晰，同时使衣服边缘的丝线不易脱散，一举两得。刺绣的位置还显示了马甲的结构，它的裁剪十分简洁。刺绣的分布呈现左右对称的布局，并且强调了门襟、厚重线、左右侧缝这几个中心对称线。在门襟处共有左右六条刺绣片，左右侧缝处的刺绣呈矩形，两边各有开衩。在背心后片、后中心线处的刺绣较宽，刺绣片两边有彩色珠片装饰，熠熠生辉，充满趣味。后中心线上也有一条开衩，开衩处的刺绣呈矩形。

腊咪支系女马甲以深色为底，色彩丰富，装饰精美，裁剪线形流畅，彰显了哈尼族人精巧的手工艺和审美情趣。刺绣的位置排列强调了背心的直线型裁剪方式，充满规律性和韵律感。几何抽象型纹样，蕴含着祭祀的含义，表达了哈尼族人的图案崇拜。

图片来源
图一　刘翔宇　摄影
图二至图五　王澍宸　制图

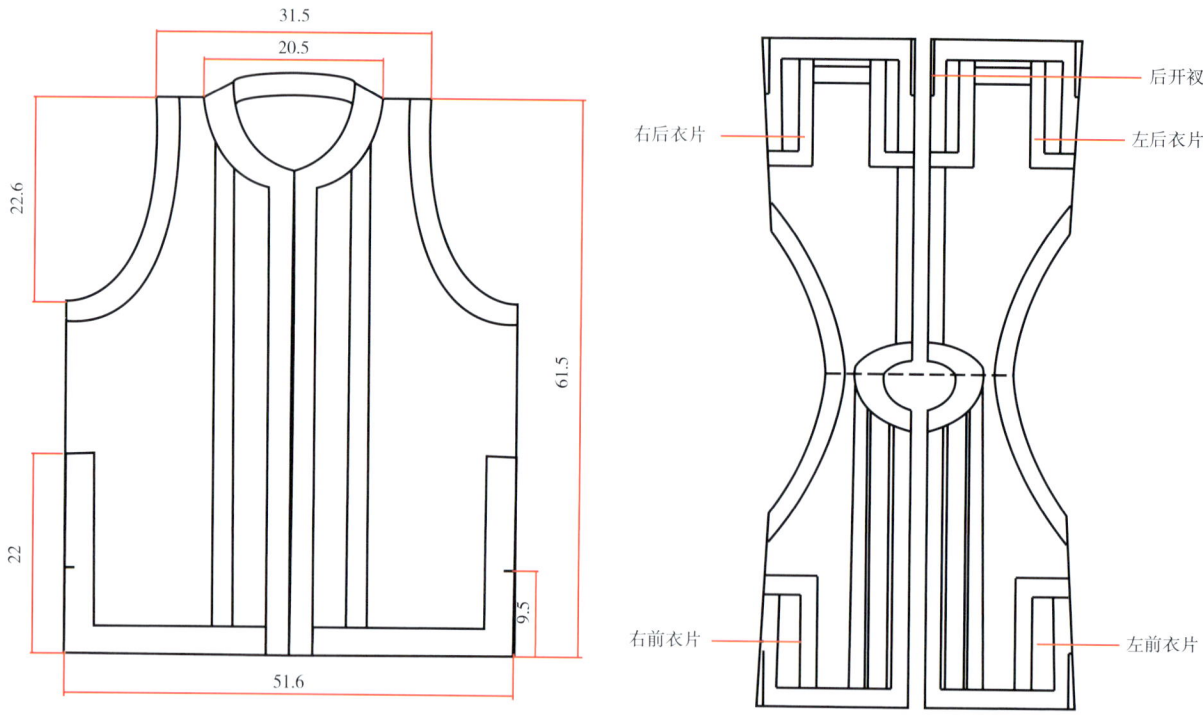

图二 哈尼族腊咪支系女马甲尺寸图（单位：cm）

图三 哈尼族腊咪支系女马甲开片图

图四 哈尼族腊咪支系女马甲色彩分析图

哈尼族阿甲支系妇女偏襟上衣

图一 哈尼族阿甲支系妇女偏襟女上衣主图

本案例为云南省红河州红河县甲寅乡哈尼族阿甲支系妇女偏襟女上衣。上衣款式为右衣主斜襟、中袖，下摆为弧线形，衣长为66.5厘米，衣襟下摆宽56.6厘米，袖口宽14.5厘米。色彩搭配十分巧妙，是冷色系的深黑色，蓝靛色和青色沉郁素雅，给人以庄重沉稳的感觉，烘托出哈尼族女性成熟干练的性格。

领圈有玫红色镶边装饰，精致典雅。衣襟的领子与肩部处有三枚银币盘扣，妇女们喜欢在银扣上挂各种各样精美的银饰。领子、袖子、下摆等部位的边缘有白色贴边刺绣装饰，刺绣纹样清丽脱俗，以抽象花卉纹样为主，线条简练，造型生动，色彩搭配协调，点线面元素丰富，线条流畅优美，具有装饰美感。上衣袖子较短，袖口较大，袖长不过肘部，大袖子里面通常配有小袖子，小袖子的袖口也绣有多层花纹，小袖子的布料及刺绣色彩靓丽，与上衣整体的颜色形成鲜明的对比，且里长外短的穿搭方式形成的长短和松紧对比富有时尚感。衣摆处刺绣纹样的白色、黑色相配，与蓝色的衣片形成对比。

哈尼族阿甲支系妇女偏襟女上衣彰显了哈尼族女性对美的鉴赏和追求，她们的色彩搭配、刺绣图案的设计和装饰品的穿戴体现了哈尼族妇对美的追求和极高的审美水平。

图片来源
图一、图五 刘翔宇 摄影
图二至图四 王澍宸 制图

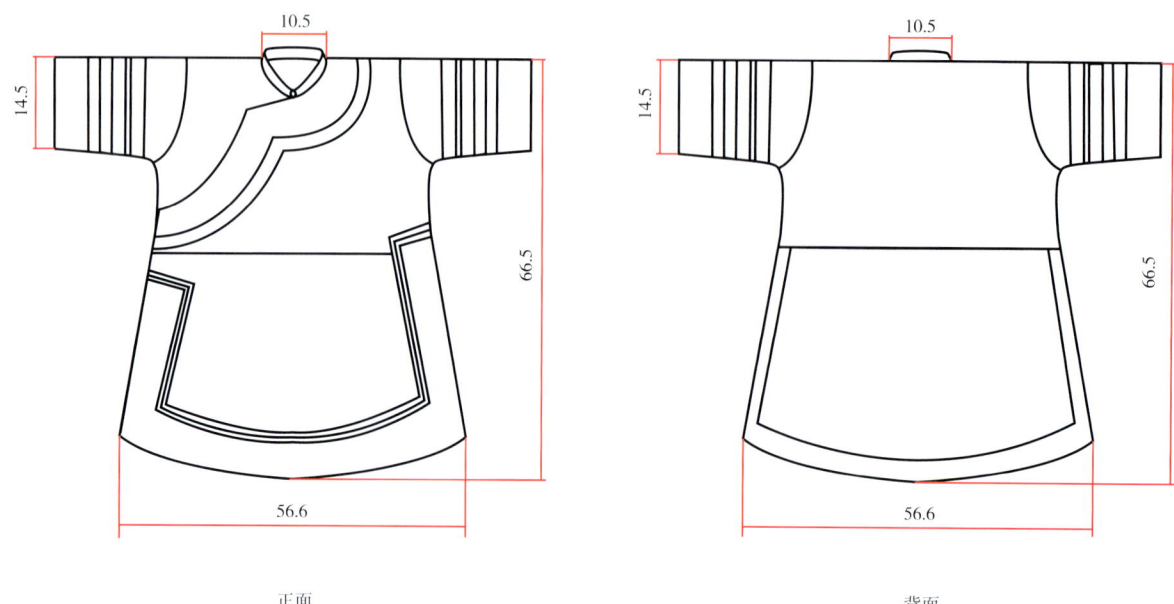

正面　　　背面

图二　哈尼族阿甲支系妇女偏襟上衣尺寸图（单位：cm）

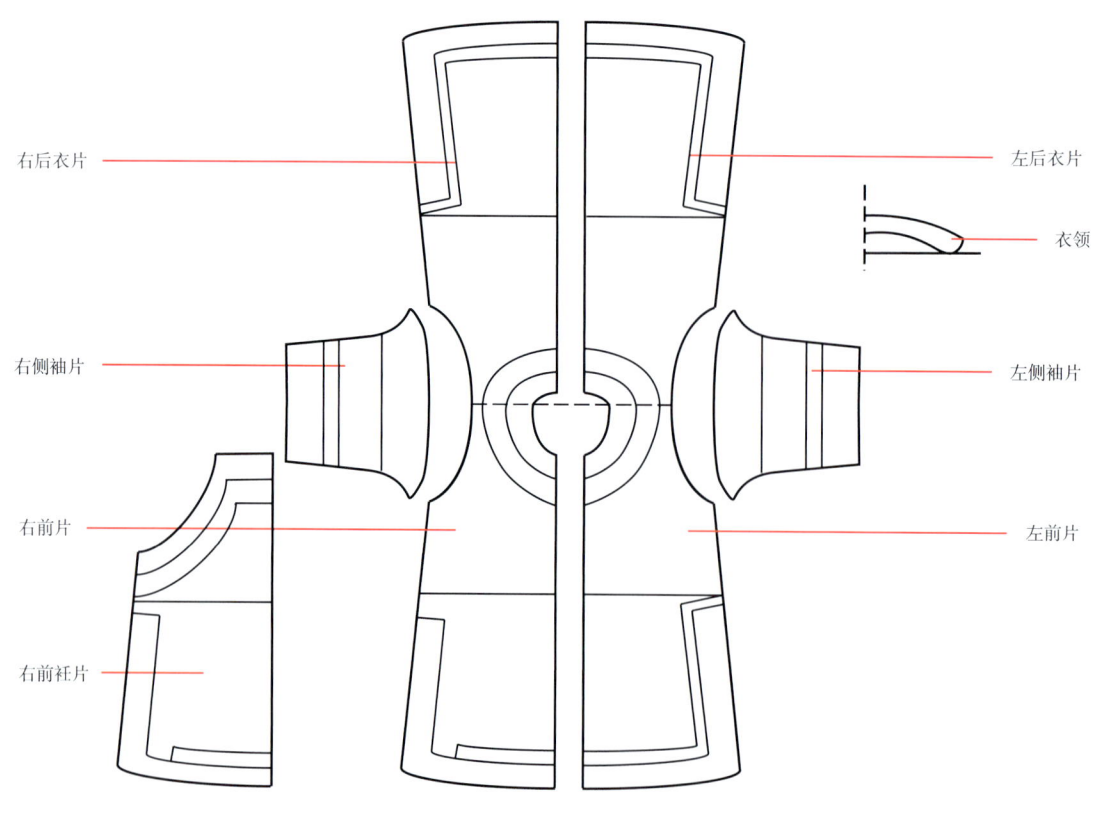

图三　哈尼族阿甲支系妇女偏襟上衣开片图

图四　哈尼族阿甲支系妇女偏襟上衣色彩分析图

图五　哈尼族阿甲支系妇女偏襟上衣效果示意图

哈尼族腊哈支系妇女偏襟上衣

图一 哈尼族腊哈支系妇女偏襟上衣主图

本案例为云南省红河州红河县阿扎河乡哈尼族腊哈支系妇女偏襟上衣。哈尼族不同地域、不同支系服装的造型差异较大，红河县阿扎河乡哈尼族腊哈支系妇女偏襟上衣外观造型为偏右襟上衣。其阿扎河乡哈尼族腊哈支系妇女偏襟上衣的衣身主体的领口、门襟、袖子处由多片刺绣贴布相拼作装饰。

特别之处在于门襟领口处出现了一个明显的90度折角，这在各族服饰中并不常见。究其原因不外乎以下三点：一是为了不影响肩线翻折功能和颈部活动舒适性的需要，将前中拼接的偏襟长至距领口线2.5厘米左右；二是制作服装的材料多为手工织布，可能布幅长度不够，或者为了左右门襟的拼接相吻合，导致结构的变化；三是在代代口传身教中，传统手工制作的传承发生了变异或中西内外、上下纵横的融合，形成这一明显的变化。

以银币为纽扣是哈尼族服装的一大特色。上衣主体的领口、门襟、袖子处由多片刺绣贴布相拼作装饰。本案例以黑色为底，以红色、绿色、蓝色、白色为主的刺绣贴片，使整体颜色沉稳丰富。刺绣以三角形、平行四边形等几何图形为主。绣片拼接也是本案例的特点，在民间，拼接手工艺的历史悠久，在各类各族服饰中广泛应用。它利用多种不同色彩、不同图案、不同纹理的材料拼接成有规则的图案，形成另一种独特的视觉效果。拼接的形式可以是平接，也可以在拼接时有意做凹凸的处理。

随着中国传统手工艺的不断交流与融

合、冲突与排斥、传承与变异，但服饰的色彩仍然鲜艳、明快。具有民族特色的手工艺和别具一格的土布，逐渐被大工业生产和现代工业制品所取代，因此如何保护和传承民族服饰，让民俗与时尚相交融，促进传统服饰文化的发展显得迫在眉睫。

图片来源

图一、图五　李嘉华　摄影
图二至图四　华蔚玮　制图

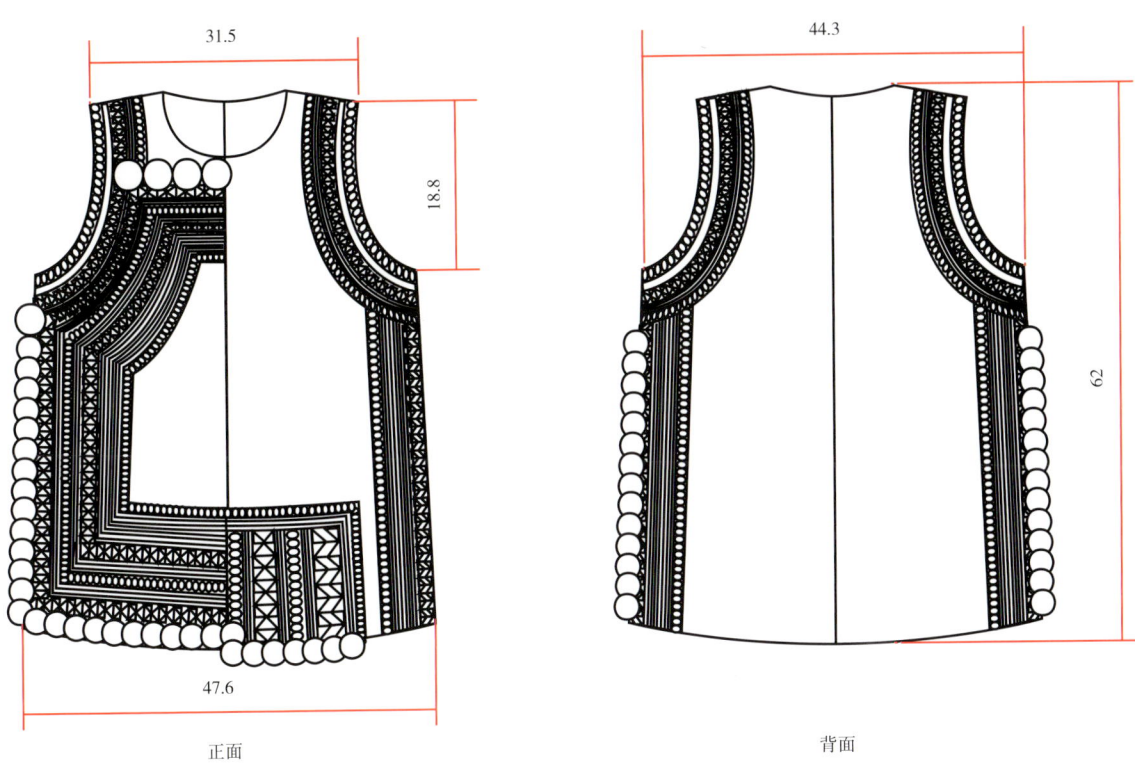

图二　哈尼族腊哈支系妇女偏襟上衣尺寸图（单位：cm）

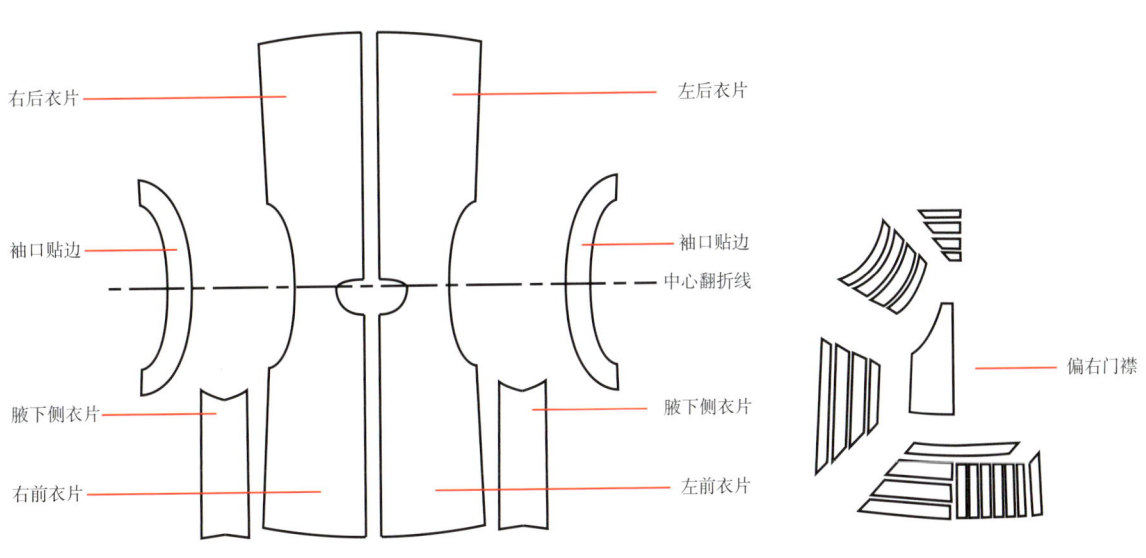

图三　哈尼族腊哈支系妇女偏襟上衣开片图

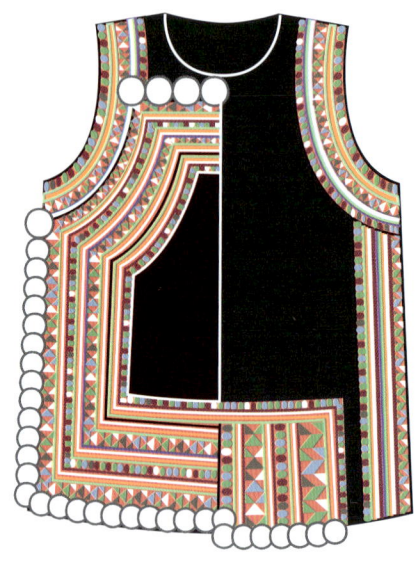
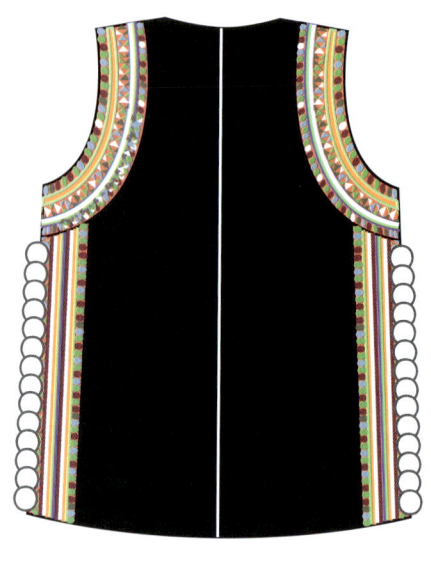

图四　哈尼族腊哈支系妇女偏襟上衣色彩分析图

图五　哈尼族腊哈支系妇女偏襟上衣效果示意图

哈尼族糯比支系妇女上衣

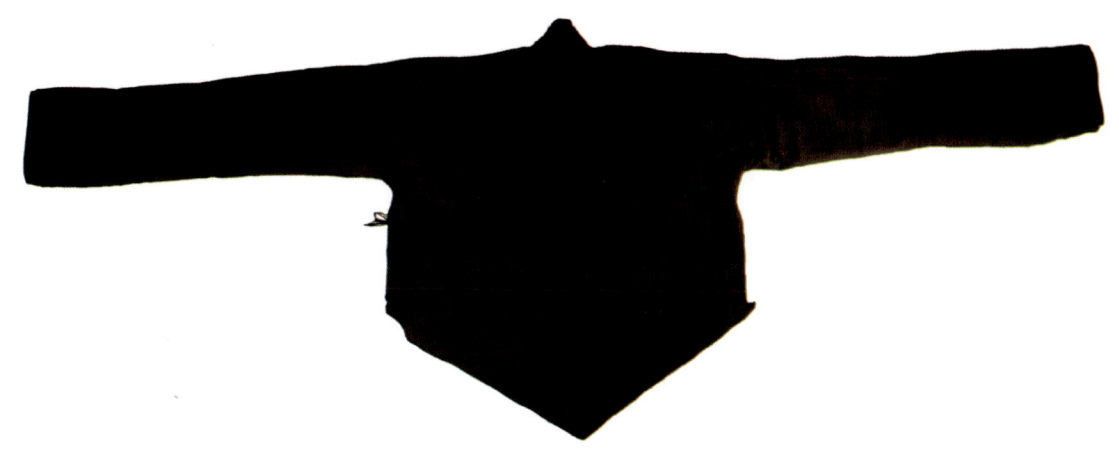

图一 哈尼族糯比支系女上衣主图

本案例为云南省玉溪市元江县那诺乡哈尼族糯比支系妇女上衣,长49.5厘米,宽147厘米。那诺乡哈尼族人崇尚黑色,喜用黑色、深蓝色、褐色的土布做衣服,本案例为褐色。

那诺乡哈尼族糯比支系妇女着装由包头、短上装、直筒裤、绑腿、鞋五部分组成。材料为自织的土布,内衬白色短上衣。下着同色的直筒宽脚裤,缠绑腿,不缠也可。那诺乡哈尼族妇女的服装与少女及已婚未孕的女子服装在结构、色彩及装饰纹样上的差别很大。那诺乡哈尼族糯比支系妇女上衣外造型为立领右衽长袖短上衣,前后下摆呈三角形。衣长49.5厘米。立领偏襟带夹里的短上装,衣身前片左右不对称,右前衣片为直门襟、直下摆,左前衣片为偏门襟、斜下摆,并用深色细带打结固定;前后衣片连体无拼接肩缝,袖子较长为两段式拼接窄长袖;成衣的前后下摆止口为起伏较大的三角形,起翘约15.5厘米,通过装饰明缉线固定三角的造型。

那诺乡哈尼族糯比支系妇女上衣个性鲜明,注重变化,色调简洁,主要通过银质长链的装饰与上衣形成强烈对比,使得银饰在简洁服装的衬托下更加突出。

图片来源
图一 刘翔宇 摄影
图二至图四 单文霞 制图
图五 温清格 摄影

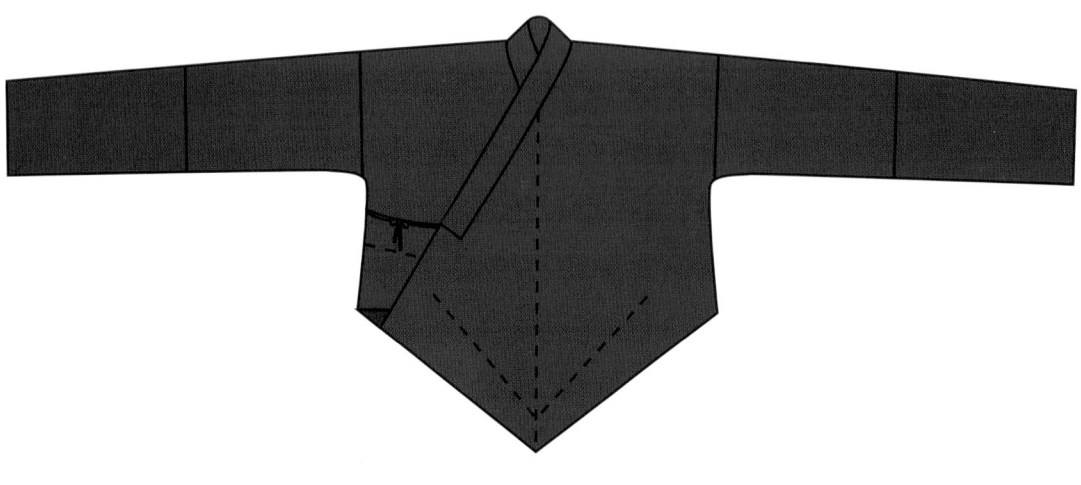

正面

背面

图二　哈尼族糯比支系女上衣外观图

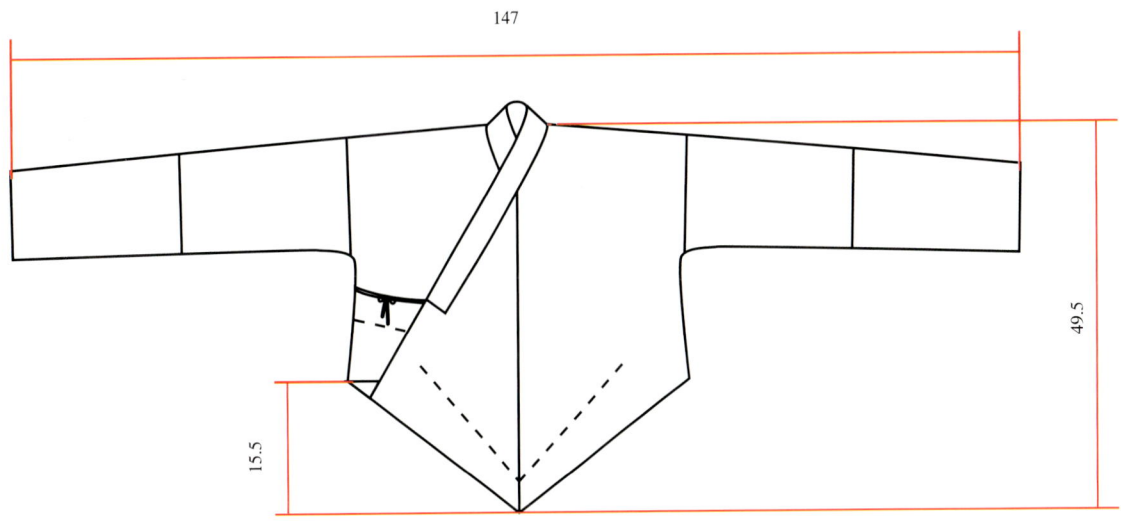

正面

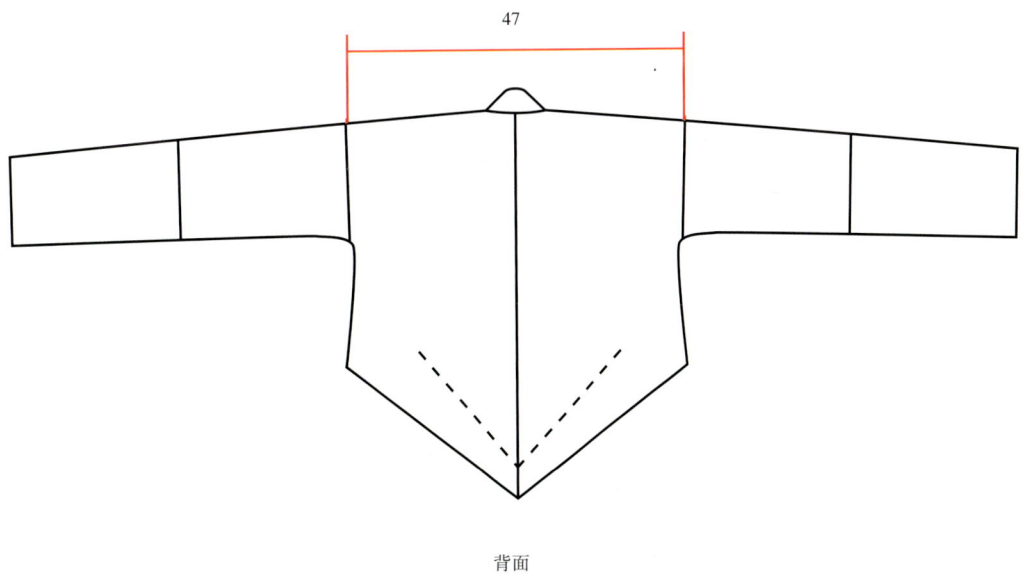

背面

图三　哈尼族糯比支系女上衣尺寸图（单位：cm）

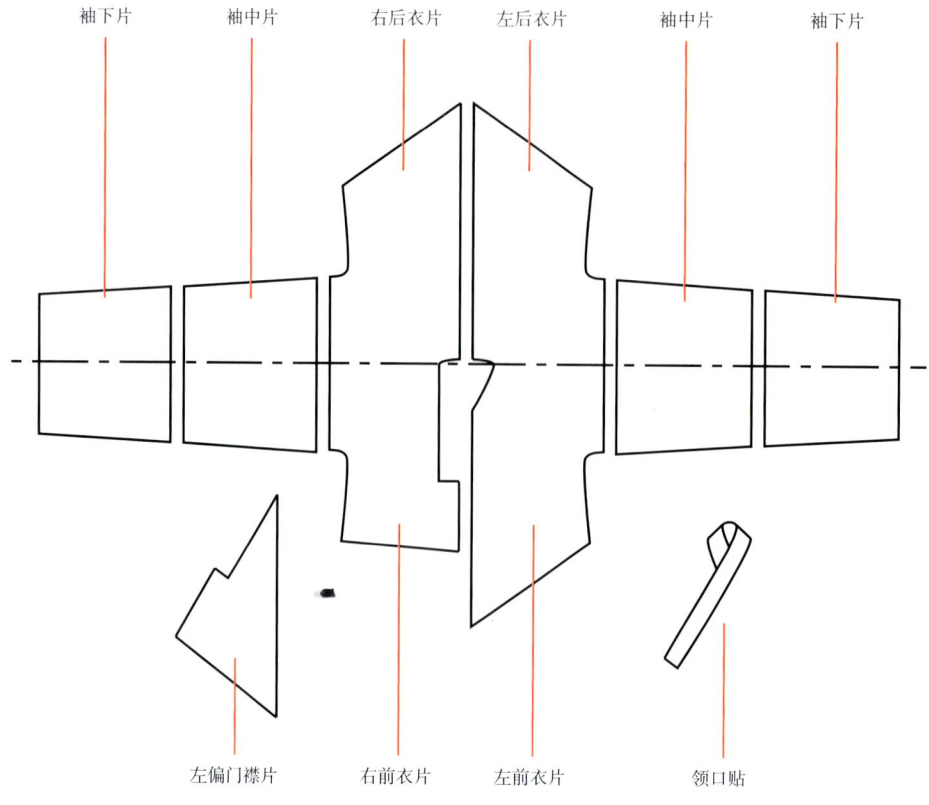

图四　哈尼族糯比支系女上衣开片图

图五　哈尼族糯比支系女上衣效果示意图

哈尼族糯比支系女青年上衣

图一　哈尼族糯比支系女青年上衣主图

本案例为云南省玉溪市元江县那诺乡哈尼族糯比支系女青年上衣，即未婚女子及已婚未孕女子上衣。生活在山多海拔高的哈尼族糯比支系的传统服饰从服装的造型、材料的选择都具有本民族特色，擅长在平凡的土布之上用绣线、五彩织带、银饰等对服装进行装饰。

哈尼族糯比支系女上衣为立领对襟短袖短上衣，衣长下摆至腰线下，袖子较短至肘上。材料为自织的土布，底色为褐色，衣领处一般以一对银螺蛳为扣，穿着时两襟敞开，前后片连体无拼接肩缝，着装同时佩戴华丽的银饰。

那诺乡哈尼族糯比支系女青年上衣的服装为传统的平面十字结构，呈T形。对襟上衣平铺宽77.6厘米，衣长52厘米，衣襟下摆宽43厘米，领高3厘米。穿着时，系紧前襟一粒扣，敞开装饰华丽的左右门襟，与红色内衬、多层银饰相呼应。糯比支系女青年上衣的亮点是前后门襟、领口、下摆、袖口处用红、白、黄、绿等彩色丝线绣上方格纹、菱形纹、回纹、三角纹、五角纹、条纹、水波纹等图案装饰；袖口有红色、黄色、绿色、白色、蓝色的等彩色布条装饰，与整体刺绣的色彩相互辉映。

糯比支系女青年上衣的各处辅以粗细纹样不一的绣条，似乎在映照着哈尼族的层层梯田。衣服绣满各种花纹图案，且边缘与内部的图案形成疏密对比，前襟两边各钉一排银币为装饰，不仅提升了服装的整体气质，使其富有强烈的形式感。

图片来源
图一、图五　白建雄　摄影
图二至图四　华蔚玮　制图

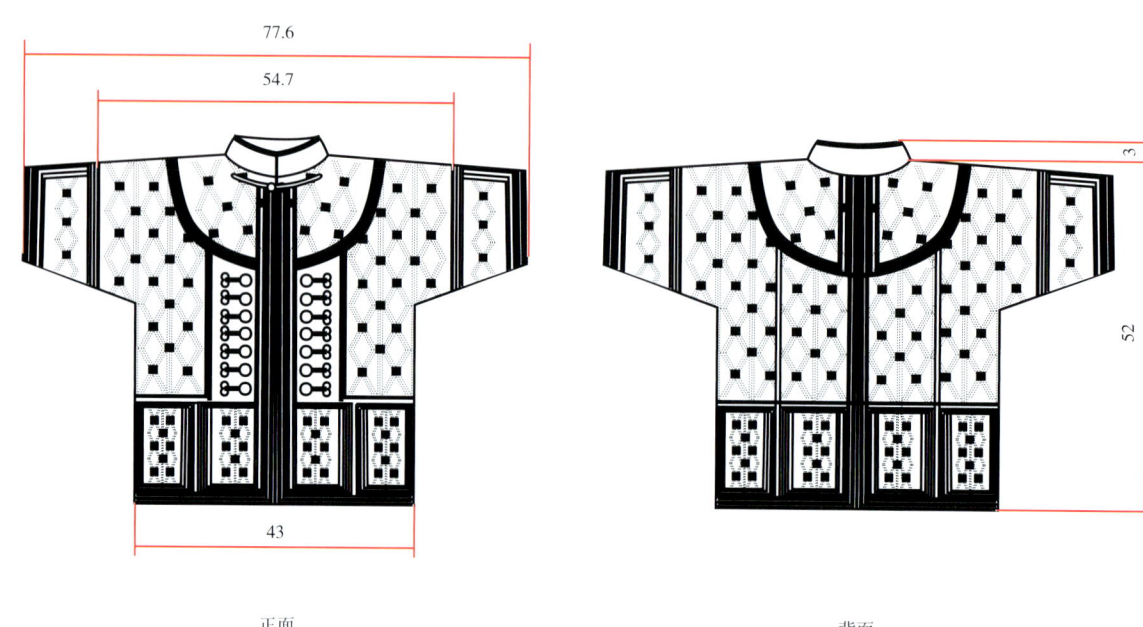

正面　　　　　　　　　　　　　背面

图二　哈尼族糯比支系女青年上衣尺寸图（单位：cm）

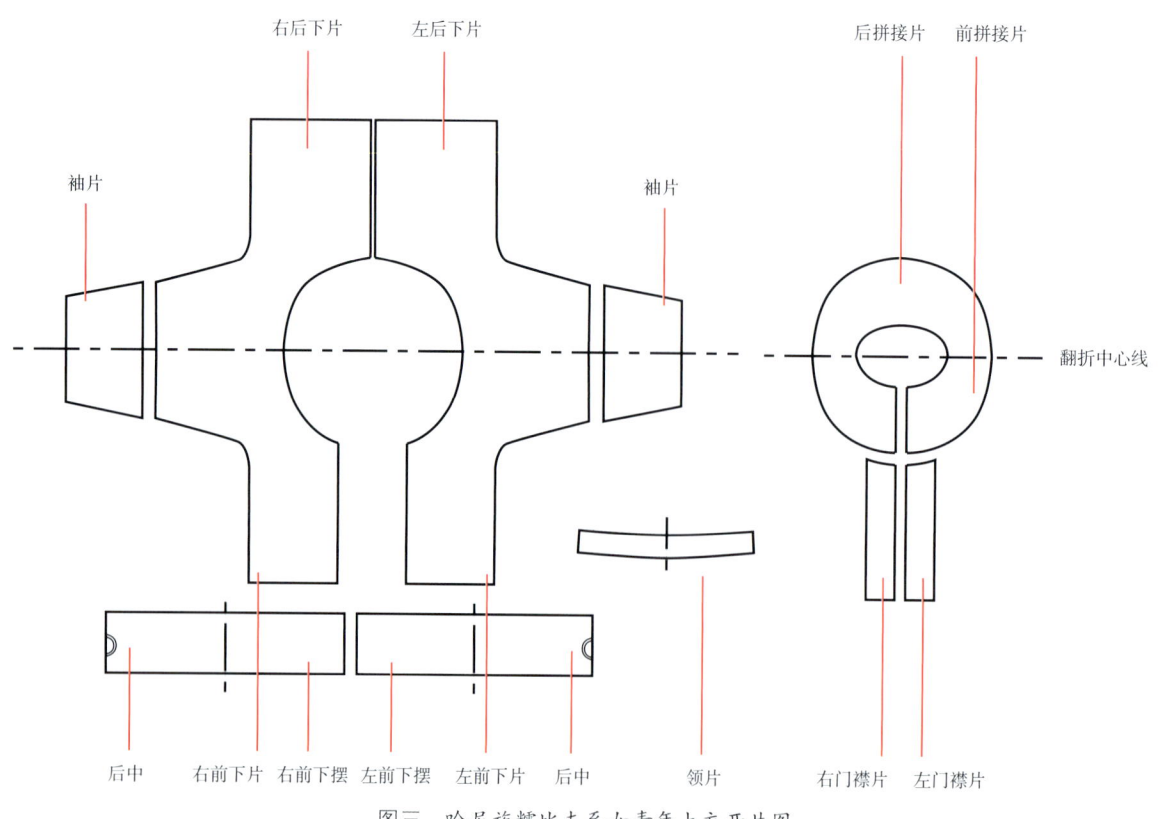

图三　哈尼族糯比支系女青年上衣开片图

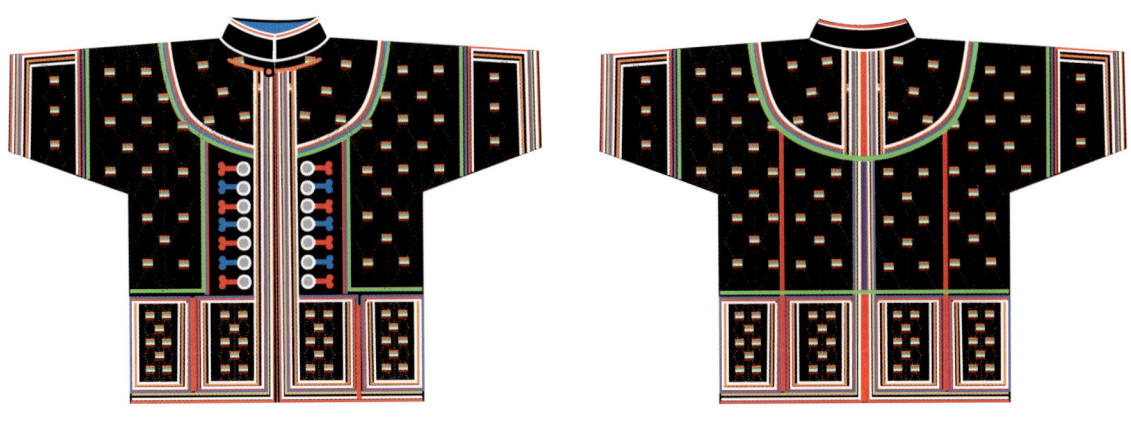

图四　哈尼族糯比支系女青年上衣色彩分析图

图五　哈尼族糯比支系女青年上衣效果示意图

哈尼族糯美支系女上衣

图一　哈尼族糯美支系女上衣主图

本案例为云南省红河州红河县车古乡哈尼族糯美支系女上衣。车古乡哈尼族糯美支系女上衣的造型、材料与元江县那诺乡哈尼族糯比支系女青年上衣较相似，同样擅长在自织的土布之上创作丰富多彩的装饰纹样。

车古乡糯美支系女上衣为立领对襟短袖短上衣，衣长下摆至腰线下，短袖拼接。材料为自织黑色土布。衣身平铺展开为平面十字结构，呈T形。对襟上衣平铺宽88.2厘米，衣长较短为50厘米，袖口宽16.8厘米，领高3.2厘米。上衣领口由两颗银螺蛳为扣固定，左右门襟分别由6~9对硬币装饰。穿着时两襟敞开，敞襟露出内衫，前后片连体无拼接肩缝。

红河县车古乡哈尼族糯美支系女上衣最大特色是：在衣服上铺满大面积的回纹、三角纹等图案装饰，门襟有多对银币装饰，同时，用五彩丝线和织带装饰与门襟、下摆、袖口等处。

红河县车古乡哈尼族糯美支系女上衣的底色除了常用的黑色外，还有用黄色、蓝色等为底色，在各处辅以粗细色彩不一的织带，服饰色彩鲜艳，多为较年轻的女子穿。红河县车古乡哈尼族糯美支系女上衣的大量刺绣作为整体服装的点睛之笔，使服装富有民族风情与地域特征。

图片来源
图一　李嘉华　摄影
图二、图三　单文霞　制图

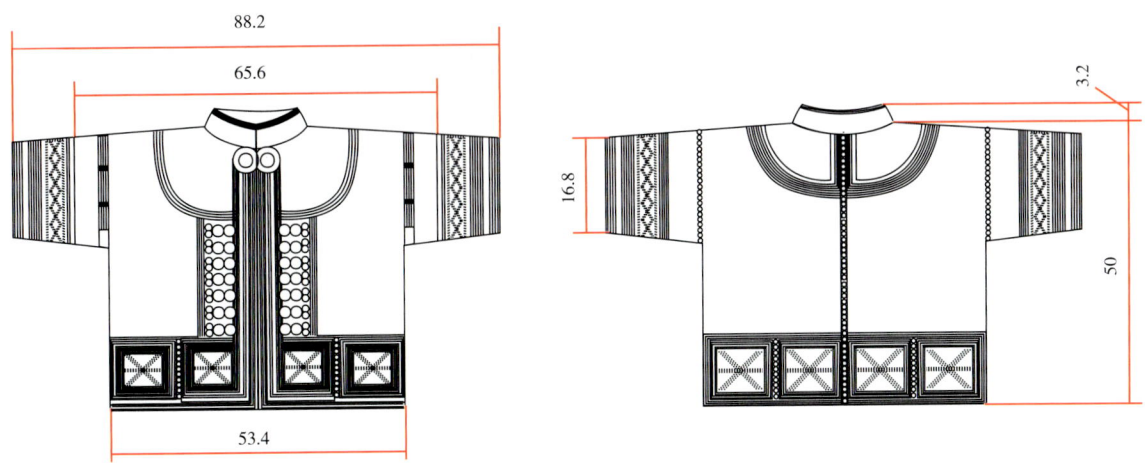

图二 哈尼族糯美支系女上衣尺寸图（单位：cm）

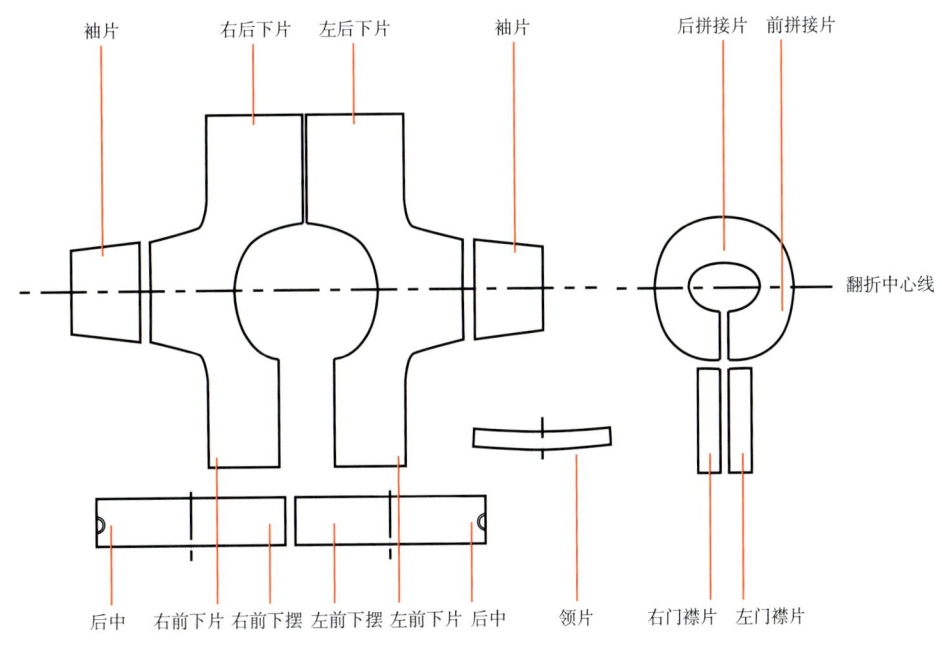

图三 哈尼族糯美支系女上衣开片图

哈尼族梭比支系女披肩

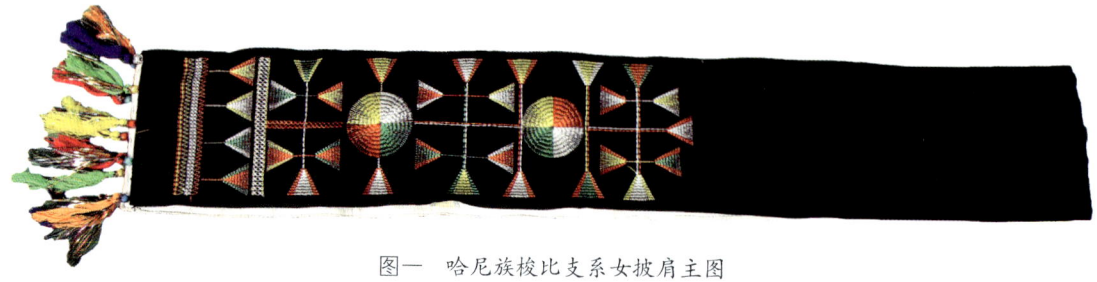

图一　哈尼族梭比支系女披肩主图

本案例为云南省玉溪市元江县哈尼族梭比支系女披肩，是哈尼族梭比支系的特征性服饰之一。哈尼族服饰造型丰富多彩，按其组合搭配有长衣长裤型、长衣长裙型、短衣长裤型、短衣短裤型、短衣短裙型等，不同支系的服饰搭配有别，而同一支系因地域的差异也各有千秋。

梭比支系女披肩为长210厘米、宽17厘米的长方形肩带两条，披肩对折覆盖在肩部，在前后腰节处交叉，其长度遮臀至膝关节，腰间再用刺绣花带固定在后腰中心打结，多余部分在后臀自然下垂。材料以黑布为基本色，披肩两端的下摆装饰有大量的刺绣和流苏。哈尼族梭比支系女披肩两端装饰有刺绣纹样。几何纹样和花草纹样是哈尼族最普遍、最常见的装饰纹样。其中蕨纹是各地哈尼族妇女服饰中使用最频繁的花草纹样之一。追其渊源，蕨类是哈尼族人从古至今生存环境中最具标志性的植物，不仅生命力、繁殖力强盛，而且也是哈尼族人主要的山珍品，因此，蕨纹普遍在不同支系的哈尼族服饰中使用。传统的花草纹样基本上都是蕨纹的不同形式，根据造型的不同，传统的花草纹样有上下对称、左右对称、对角线对称的方形纹样，即裰子花纹，专用于女子裰子或半袖上衣对襟装饰；植物二方连续纹样的条状纹样，多装饰于衣襟处。

元江县哈尼族梭比支系女披肩以腰带系于腰间，黑色为底，蓝色、黄色、绿色、红色、白色的刺绣，配以裙装，无论从穿戴方式以及颜色搭配，都能从沉稳中体现出别致与活泼，造型别致。

图片来源
图一、图四　刘翔宇　摄影
图二、图三　华蔚玮　制图

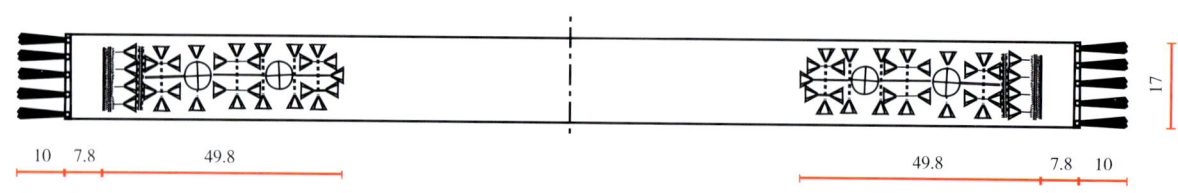

图二　哈尼族梭比支系女披肩尺寸图（单位：cm）

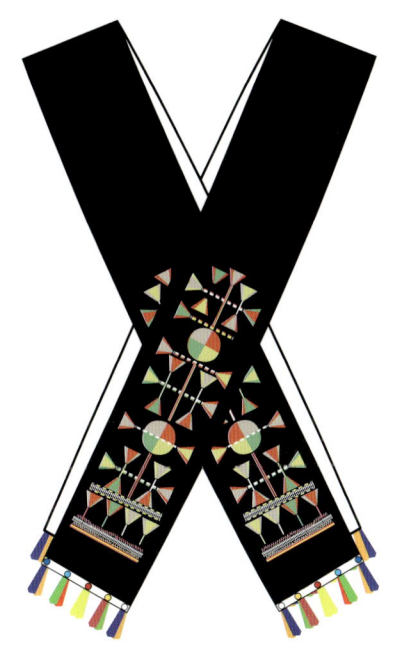

图三　哈尼族梭比支系女披肩色彩分析图

图四　哈尼族梭比支系女披肩效果示意图

第二章　哈尼族传统服饰

哈尼族多塔支系新娘披甲

图一 哈尼族多塔支系新娘披甲主图

本案例为云南省玉溪市元江县羊岔街乡哈尼族多塔支系新娘披甲。元江县羊岔街哈尼族多塔支系新娘大多有穿戴披甲的习俗，因地域的不同披甲的款式及装饰纹样也有所不同。但披甲所展示的装饰纹饰、工艺技术、色彩搭配都成了哈尼族服饰的缩影，蕴含着深邃的民俗文化内涵与丰富的象征意义。

多塔支系新娘披甲的外观造型：整个披甲类似坎肩，整体前短后长，上窄下宽，呈A字形，披甲共8层，每层披甲的前后片于腋下都有装饰织带固定，门襟设两根布满花卉刺绣的装饰带，同时置两条银质花卉长链，衬托新娘的华丽与富贵。

多塔支系新娘披甲的结构解析：对襟后片披甲长70厘米，下摆宽46.6厘米，8层从内向外的长度为由长至短，象征梯田，每层后片下摆底端都以花纹刺绣装饰，层层叠加后，刺绣高度20.6厘米，布满整个后臀。披甲采用长方形与三角形的拼接工艺、渐变长度叠加形成多层A字结构，多层渐变的长度、复杂华丽的刺绣纹样和靓丽精美的花卉银饰，处处展现出多塔支系新娘披甲的独特之处。

哈尼族服饰制作工艺具有三大特点：拼缝、镶嵌与绣饰。拼缝技术的使用最为广泛，常用在彩色布条、花边拼缝或固定于需要装饰的部位。镶嵌技术主要按纹样设计的需要将点缀或彩色布条拼镶在装饰的部位。绣饰技术最复杂、最精致，有以挑花(即十字绣)、包筋绣为主的几何纹样和以包梗绣、镶拼工艺为主的花草纹样。这种将艳丽复杂的几何、花草纹样转化为美丽的哈尼族服饰；将五颜六色的丝线转化为精美的图案，显现了哈尼族人民的聪明才智和高超精湛的装饰艺术。

图片来源

图一　赵思颖　摄影

图二至图五　单文霞　制图

图六　刘翔宇　摄影

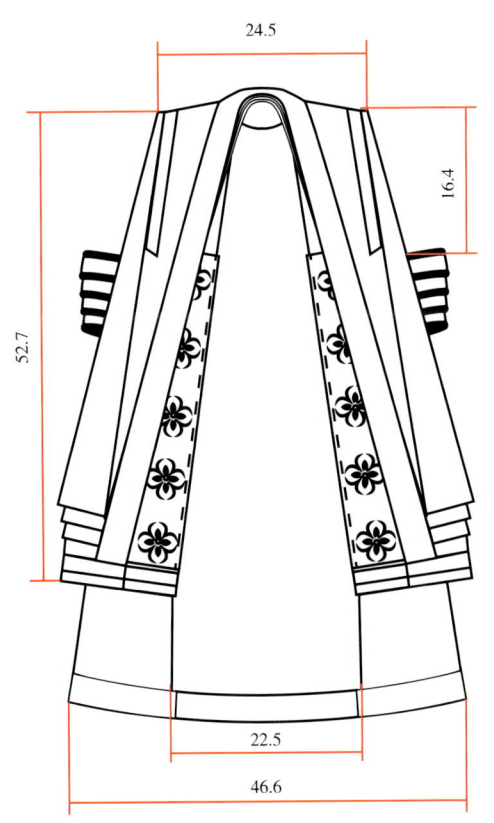

正面

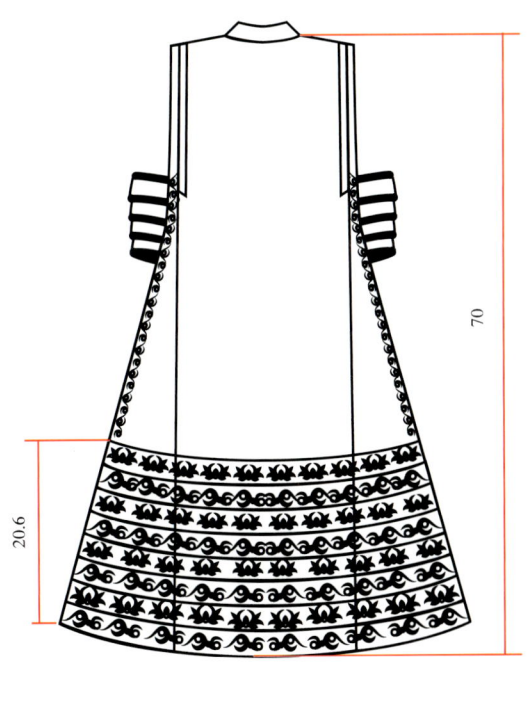

背面

图二　哈尼族多塔支系新娘披甲尺寸图（单位：cm）

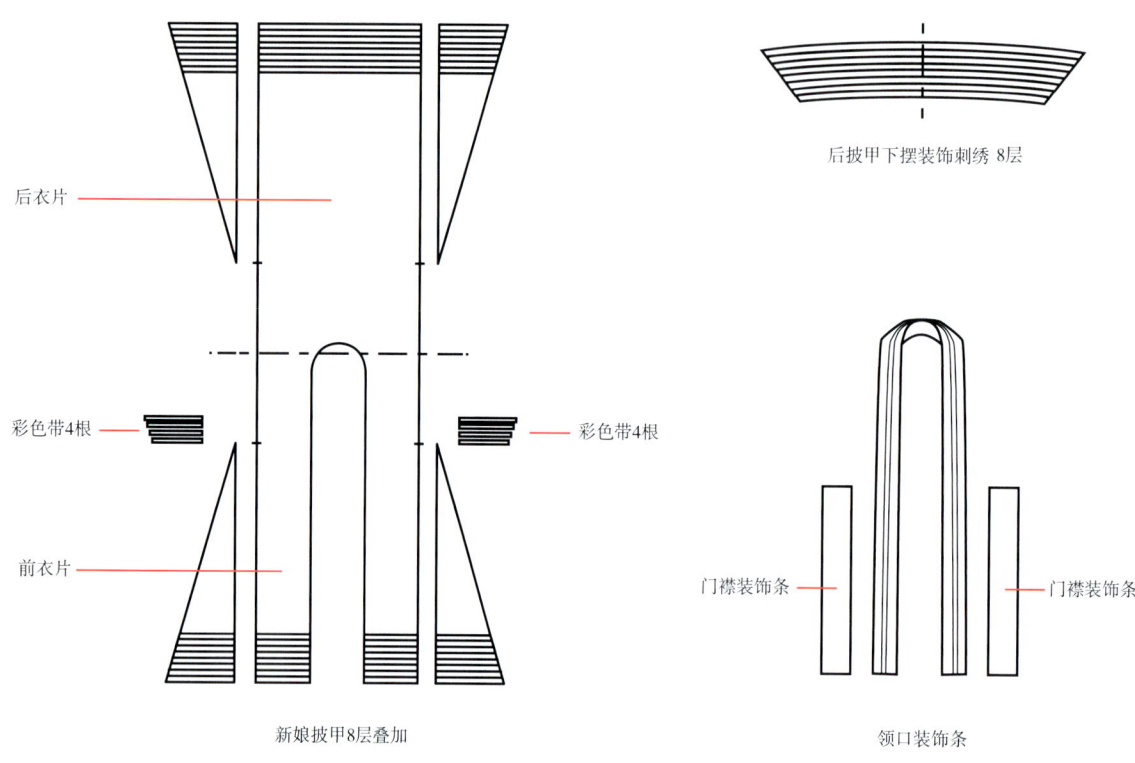

图三 哈尼族多塔支系新娘披甲开片图

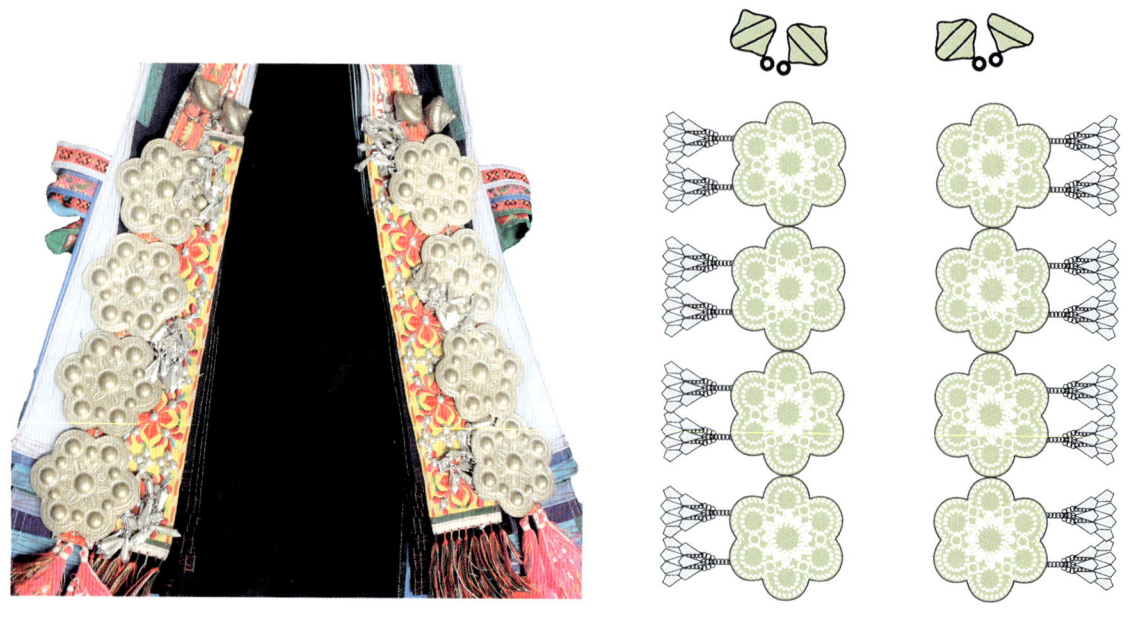

多塔支系新娘披甲局部银饰装饰实物图　　披甲银饰装饰纹样

图四 哈尼族多塔支系新娘披甲银饰示意图

图五　哈尼族多塔支系新娘披甲色彩分析图

图六　哈尼族多塔支系新娘披甲效果示意图

哈尼族奕车支系男银扣坎肩

图一 哈尼族奕车支系男银扣坎肩主图

本案例为云南省红河县大羊街乡哈尼族奕车支系男银扣坎肩。坎肩的衣长62.2厘米，肩宽37.3厘米，衣襟下摆宽47.8厘米。为蓝靛色对襟坎肩。哈尼族男子的服装不似女子服装款式丰富、色彩亮丽，男子服饰整体风格简洁、大方。

哈尼族奕车支系男银扣坎肩的裁片方式很独特，衣身共分为左前片、右前片、左片拼接、右片拼接、左后片、右后片六片。坎肩整体色彩为蓝靛色，布料为自织土布，经过提取板蓝根染料染色而成。哈尼族奕车支系的色彩与哈尼族的崇拜和传说有关，哈尼族以深蓝色、黑色为美，是吉祥、富贵的象征。但从实际意义讲这种蓝靛面料吸热性强，保暖性好，且结实耐脏，方便哈尼族劳动人民在山间劳作。哈尼族服饰尤其注重银饰品的装饰作用，银币作为扣子或者作为装饰是哈尼族服饰的一大特点。这款坎肩的门襟处有五排盘扣，六排（即24个）银扣装饰，就其数量而言也十分讲究，胸前左右两边共六排银扣称为"阿果"，这些光洁的银扣与上衣的蓝靛色形成鲜明的对比，突破整件衣服的单调性。衣身正面共有两个贴袋，方便存放物品。

奕车支系男银扣坎肩的制作从采集棉花，纺纱，到染布，裁片，缝纫，都体现了哈尼族人民的勤劳朴素和聪明才智，体现了哈尼族人的生活习俗与尚黑的民族文化。

图片来源

图一 李嘉华 摄影
图二至图四 萧倩 制图

正面　　　　　　　　　　　　　背面

图二　大羊街乡哈尼族奕车支系男银扣坎肩外观图

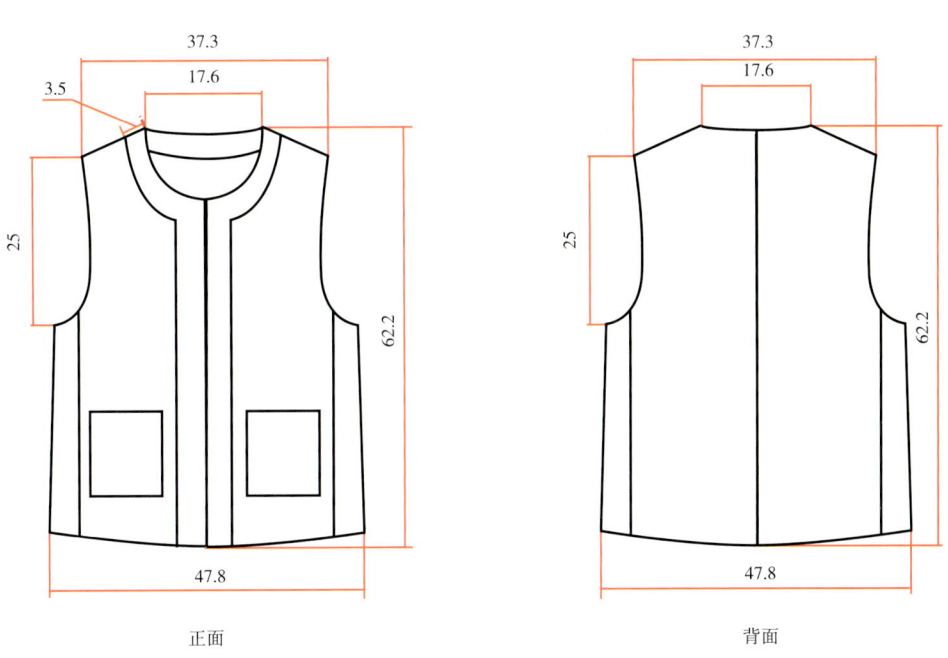

正面　　　　　　　　　　　　　背面

图三　哈尼族奕车支系男银扣坎肩尺寸图（单位：cm）

第二章　哈尼族传统服饰

107

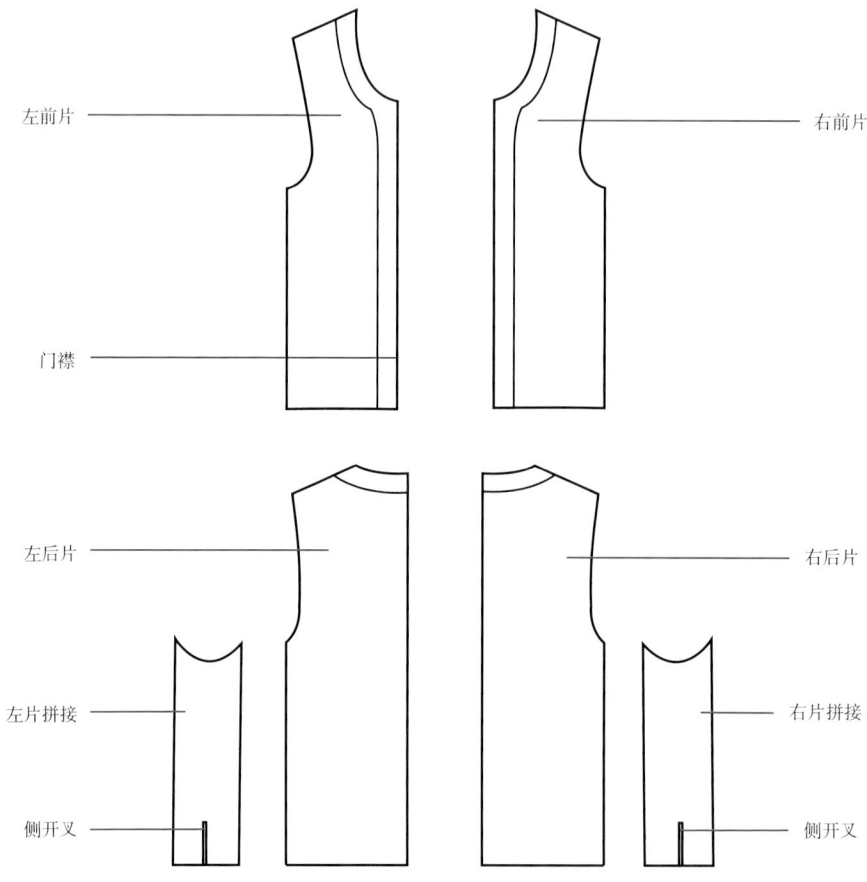

图四 哈尼族奕车支系男银扣坎肩开片图

哈尼族奕车支系男对襟上衣

图一　哈尼族奕车支系男对襟上衣主图

本案例为云南省红河县大羊街乡哈尼族奕车支系男对襟上衣。衣长64.6厘米，领口为立领，高3.4厘米，衣襟下摆宽50.5厘米，袖口宽14.6厘米，整体为蓝靛色，古朴素雅。

本件奕车支系男对襟上衣的对襟处共有七排盘扣装饰，衣身正面共有三个贴袋，左右前襟下方各一个等大贴袋。另有一个小贴袋位于右胸口。三个贴袋打破了服装过于对称的式样，增加了趣味性和设计感。衣身的裁片方式也是别具一格，对襟处的裁片顺着衣领的弧线弯曲向后，袖子的裁片打破了原始意义上的袖隆线，在腋下添加了一块侧片，这样使袖子更加宽松，穿着起来更加舒适。在衣服的左右侧缝处都有两个小开衩，使衣服更加精致美观且方便活动。上衣的颜色为蓝靛色，是哈尼族劳动人民亲自织染而成。哈尼族人擅长种植棉花，农闲时，便在家织布染布，染料也只有蓝靛这一种。本案例中的奕车支系男对襟上衣的色彩十分饱满，鲜艳，充满了活力。

奕车支系男对襟上衣体现了哈尼族妇女高超的染织技艺，体现了她们的勤劳和智慧。独特的裁剪方式巧妙地将二维平面转化成宽松的三维穿着效果，裁片的优美曲线更装饰了衣服的内轮廓线。

图片来源
图一　李嘉华　摄影
图二至图四　王澍宸　制图

正面

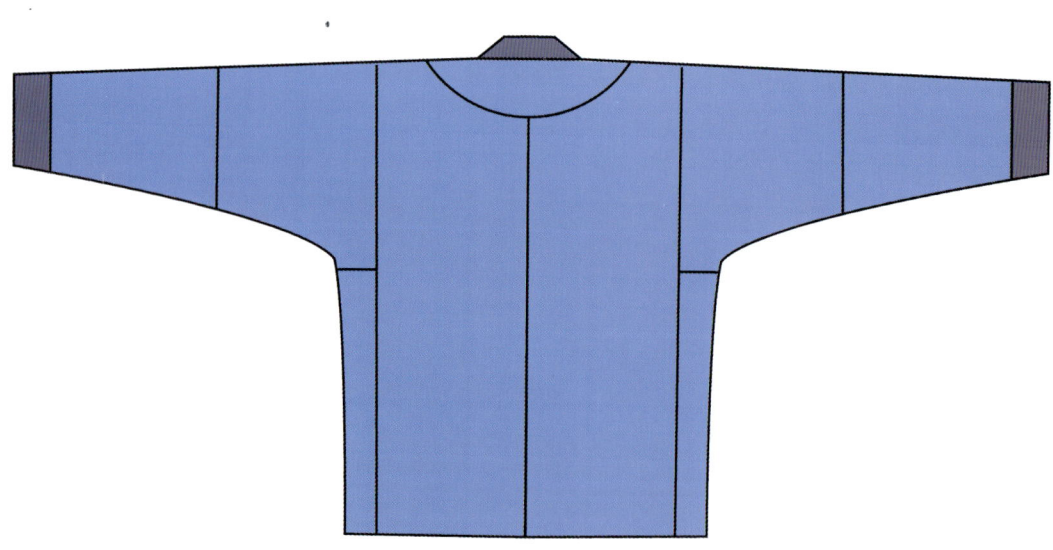

反面

图二　哈尼族奕车支系男对襟上衣外观图

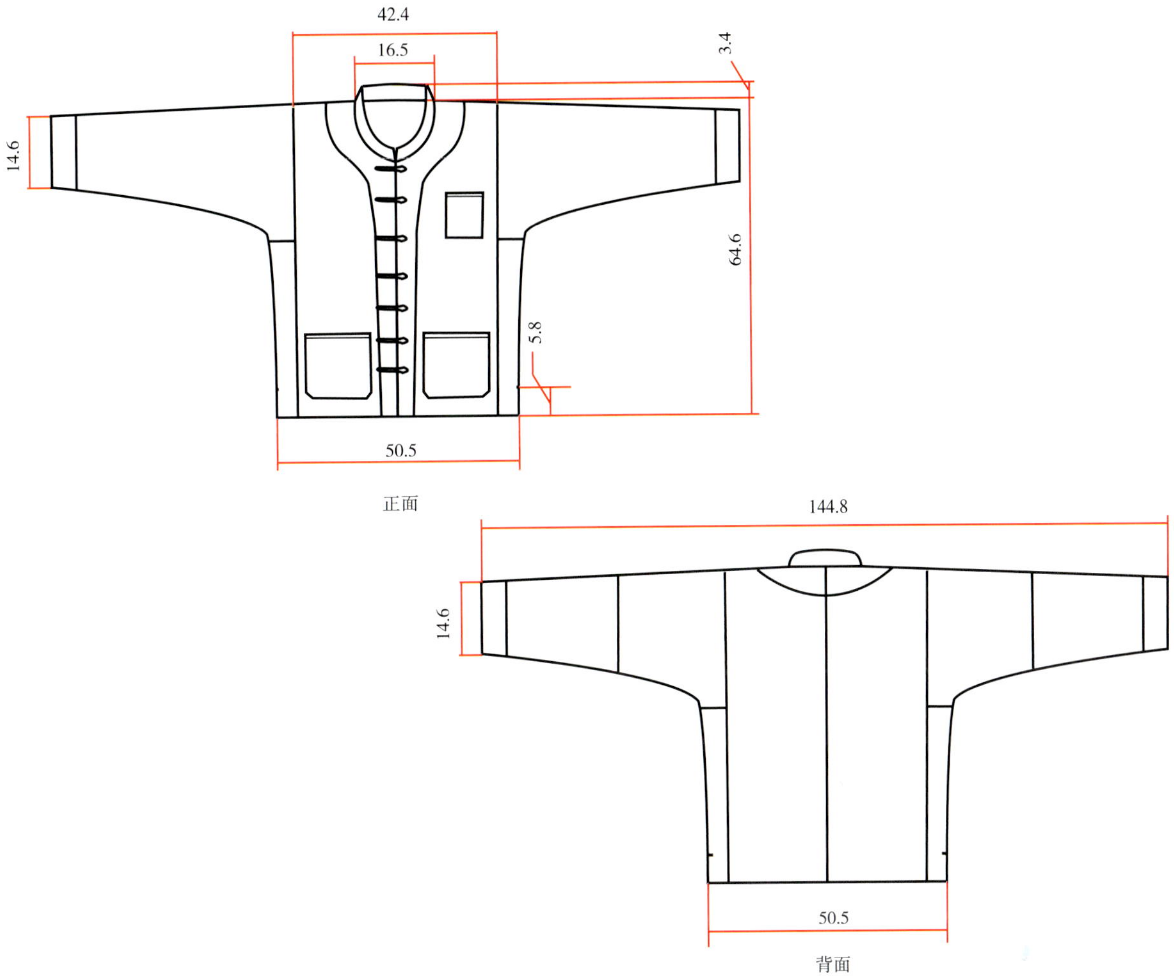

图三　哈尼族奕车支系男对襟上衣尺寸图（单位：cm）

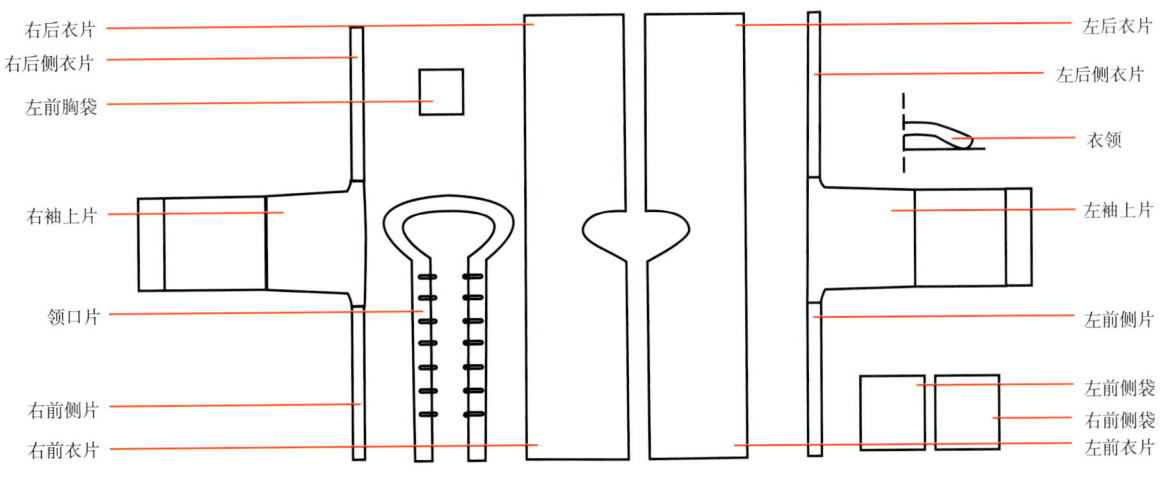

图四　哈尼族奕车支系男对襟上衣开片图

哈尼族白宏支系男上衣

图一 哈尼族白宏支系男上衣外衣主图

本案例为云南省玉溪市元江县哈尼族白宏支系男上衣。这套上衣共分为内衣和外衣两部分，内衣为黑色细条纹对襟上衣，外衣为黑色对襟上衣，内外衣的款式相似。

云南玉溪哈尼族白宏支系男上衣内衣、外衣的款式基本相同，为长袖立领对襟上衣。内衣为黑色条纹布料，相对活泼，装饰感强，外衣为黑色布料，稳重朴素。内外衣尺寸相同，衣长61.2厘米，领高2.8厘米，衣料下摆宽53.5厘米，袖口宽14.8厘米。内外衣均有七对盘扣，且领口为交领立领，衣身正面均有3个贴袋，内衣3个贴袋的边缘均有宽2厘米的蓝色布条装饰。内衣袖口内侧镶有宽约4厘米的蓝色布条。玉溪哈尼族白宏支系男上衣的穿法别致，内衣系扣，外衣敞开，露出内衣条纹图案。内衣袖口外翻，盖住外衣袖口，露出内衣袖口内侧的蓝色贴边。大面积黑色，搭配条纹以及小面积蓝色的点缀，使整套衣服严谨稳重又不失活力。

云南玉溪哈尼族白宏支系男上衣的款式自然大方，干净利落。虽然没有太多装饰，但独特的穿搭方式增强了服装整体的层次感与色彩的丰富性。

图片来源
图一、图二　赵思颖　摄影
图二至图七　王澍宸　制图
图八　刘翔宇　摄影

图二 哈尼族白宏支系男对襟上衣内衣示意图

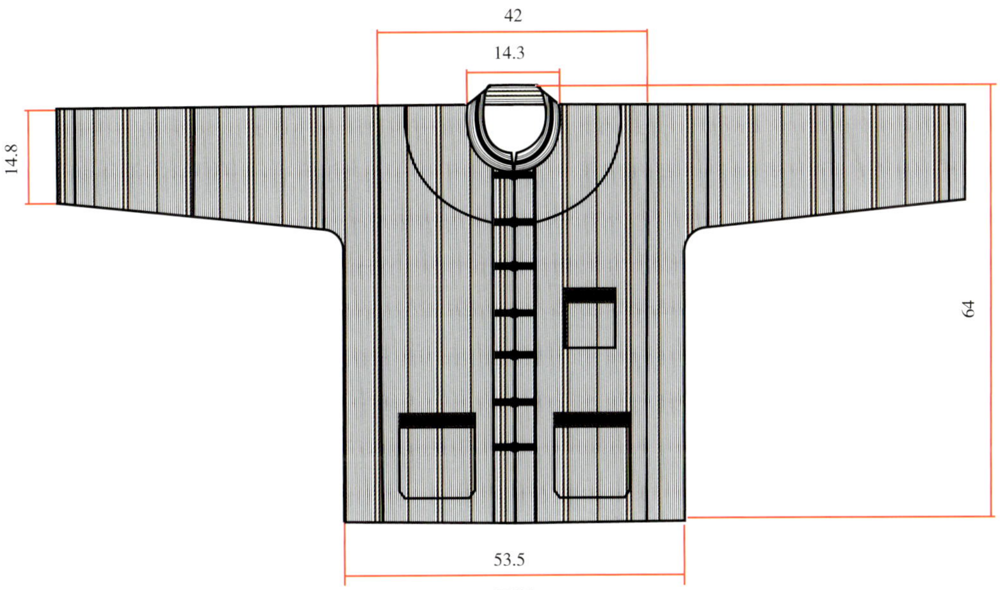

图三 哈尼族白宏支系男对襟上衣内衣尺寸图（单位：cm）

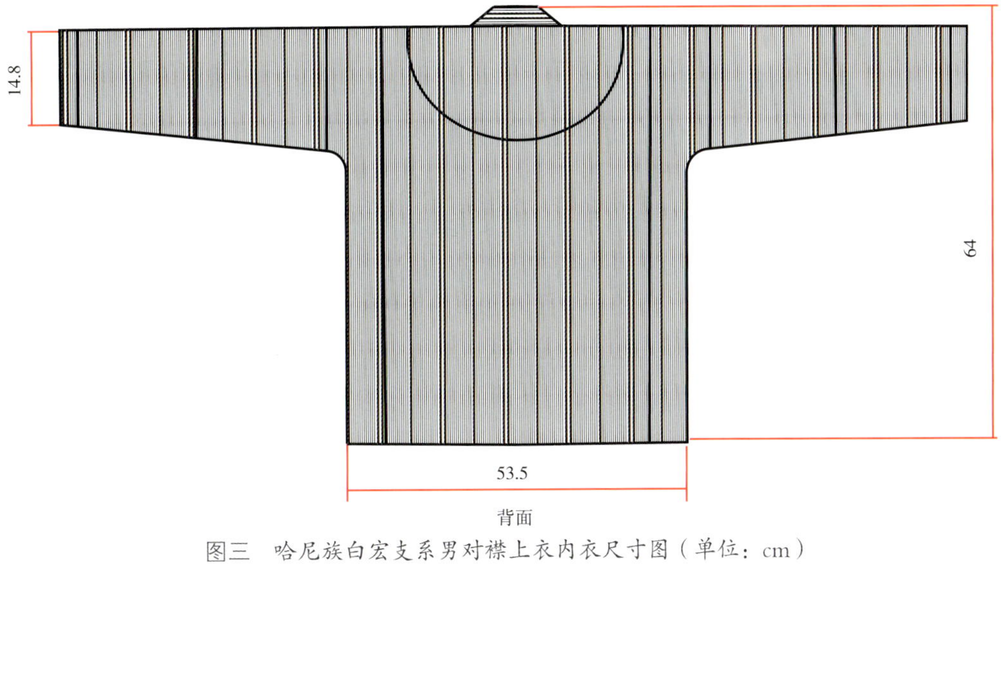

第二章 哈尼族传统服饰

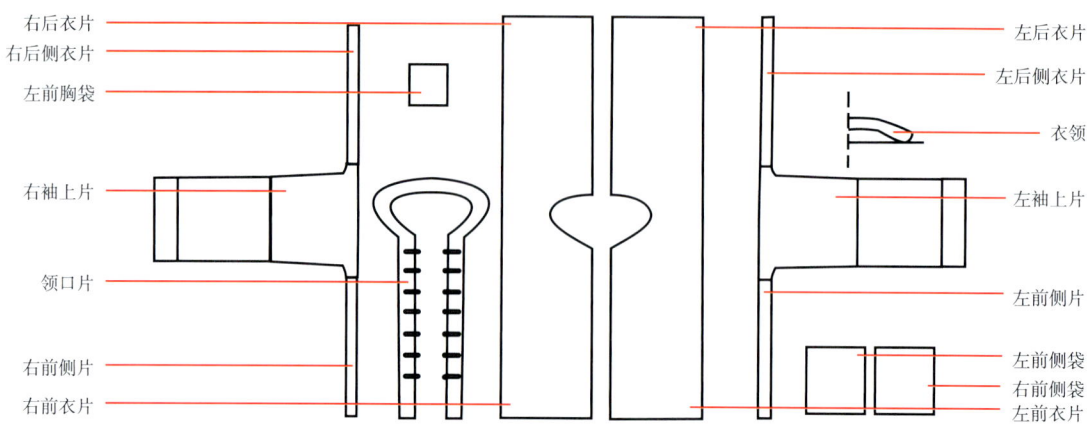

图四 哈尼族白宏支系男对襟上衣内衣开片图

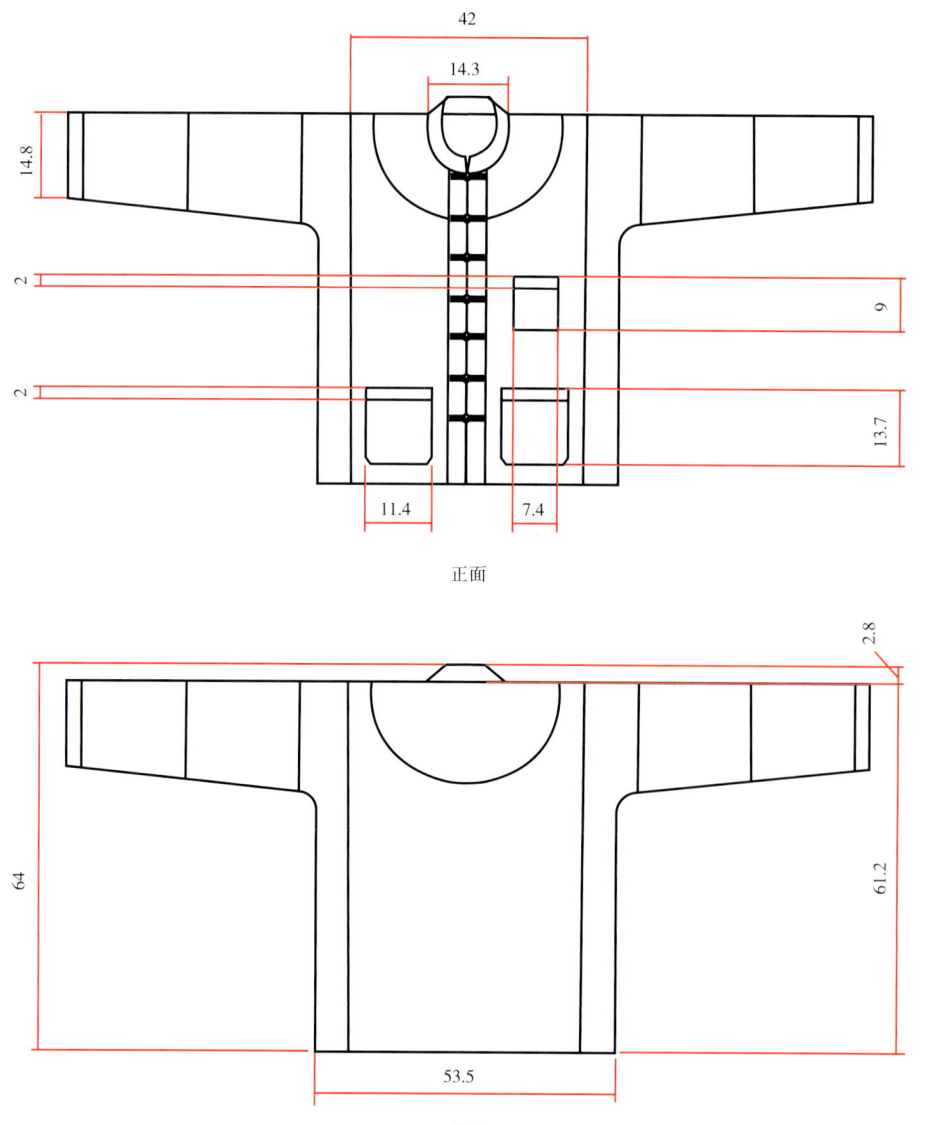

正面

背面

图五 哈尼族白宏支系男对襟上衣外衣尺寸图（单位：cm）

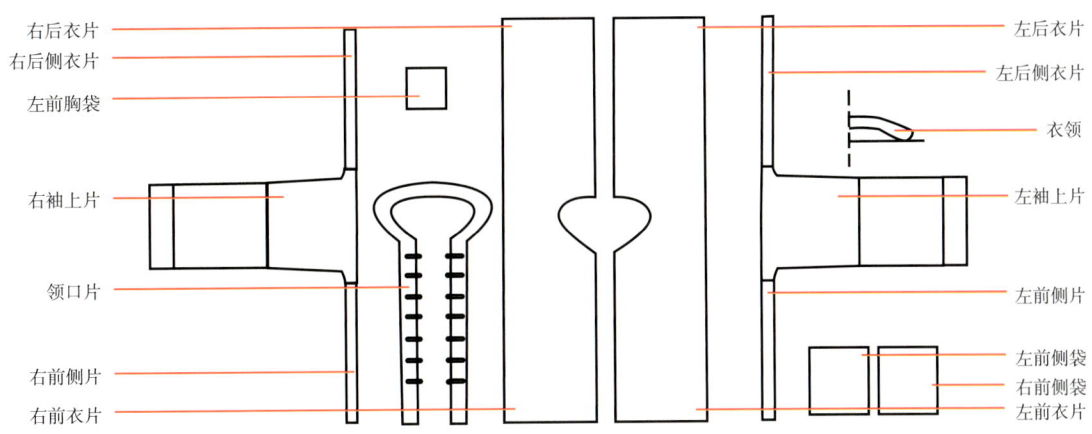

图六　元江县哈尼族白宏支系男对襟上衣外衣开片图

图七　哈尼族白宏支系男对襟上衣色彩分析图

图八　哈尼族白宏支系男对襟上衣效果示意图

哈尼族本那支系男银扣马甲

图一 哈尼族本那支系男银扣马甲主图

本案例云南省红河县洛恩乡哈尼族本那支系男银扣马甲，长80厘米，肩宽29厘米，衣襟下摆宽65厘米，领高3.8厘米。穿着宽松舒适，方便活动和劳作。

哈尼族本那支系男银扣马甲款式简洁，没有过多色彩及装饰，充分体现了男子内敛的气质。马甲的穿着者多为中年男性，劳作时衣服若太紧多有不便，所以袖笼线开得深，方便做大幅度的动作。马甲在两边腋下均有开衩。马甲的门襟是整件衣服的亮点，共有九枚银扣装饰，银扣上雕刻有人头画像，十分精致，极具哈尼族特色，银扣光泽明亮，既提亮了马甲的整体色彩，又衬托出马甲的精致典雅。本那支系男银扣马甲为黑色，由于哈尼族多居住在海拔1000多米的半山地区，四季温差小，雨量充沛，因此他们多选用吸热性较强的黑色作为基本色调。

云南红河哈尼族本那支系男银扣马甲的剪裁干净利落，样式宽松大方，既具有实用价值，又给人一种强有力的健美感，精美的银扣更为服装增添了夺目的光彩，体现了哈尼族劳动人民的勤劳与智慧，反映了哈尼族人的生活状态。

图片来源
图一、图五　李嘉华　摄影
图二至图四　王澍宸　制图

正面　　　　　　　　　　　　　　　反面

图二　哈尼族本那支系男银扣马甲外观图

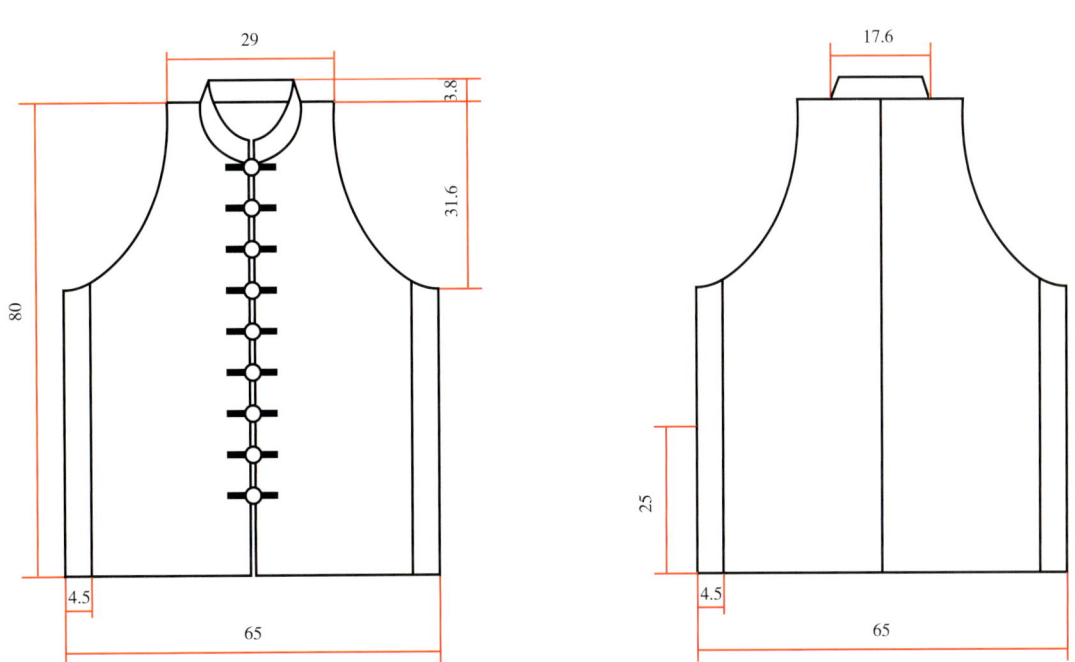

图三　哈尼族本那支系男银扣马甲尺寸图（单位：cm）

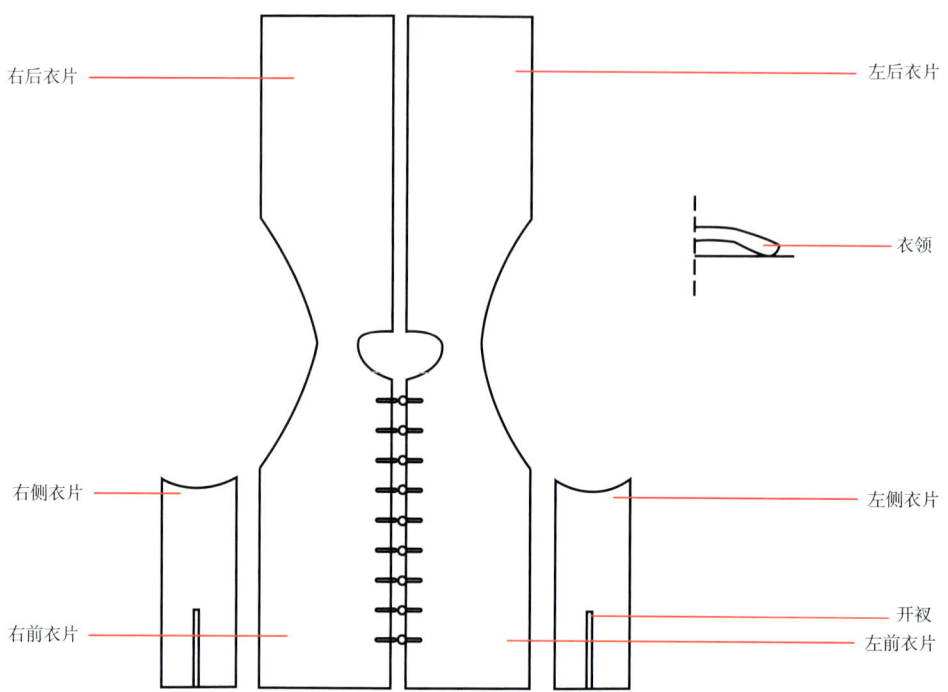

图四 哈尼族本那支系男银扣马甲开片图

图五 哈尼族本那支系男银扣马甲效果示意图

哈尼族奕车支系女青色短裤

图一 哈尼族奕车支系女青色短裤主图

本案例为云南省红河州红河县大羊街乡哈尼族奕车支系女青色短裤，裤长25.5厘米，长度只及大腿根部。四条细麻绳作为裤带。

哈尼族奕车支系女青色短裤的别致之处在于裤片的裁剪方式。整条裤子只由两片布制成，没有侧缝线。裤脚处呈现出人字形的七道褶子，看似穿了七条短裤，富有层次感和立体感。由于裤脚处有层叠的人字形，前边的裤脚被提起，后面的裤裆紧紧地包裹着臀部，突显出奕车女子丰满的臀部曲线，姑娘们穿着这种款式的裤子，性感美丽，充满了青春的活力。哈尼族梯田多为水田，短裤也方便女子直接进入田间劳作。它是由墨蓝布制成，色彩古朴典雅，奕车支系女子穿着青色短裤时，搭配同色的上衣，腰系精美的"帕阿"（腰带），"帕阿"上系着奕车人农耕图腾崇拜的各式鱼、螺、鸟、贝壳等银器，这些银器雕刻精美，琳琅满目，富有光泽，熠熠生辉，表达了奕车支系的原始图腾崇拜，也和这裤子的颜色形成鲜明对比。

在哈尼族妇女服饰中，奕车支系女子服装最具特色，姑娘们穿上短上衣，搭配短裤，形成了哈尼族特有的一道靓丽的风景线。

图片来源
图一 刘翔宇 摄影
图二至图四 王澍宸 制图
图五 李嘉华 摄影

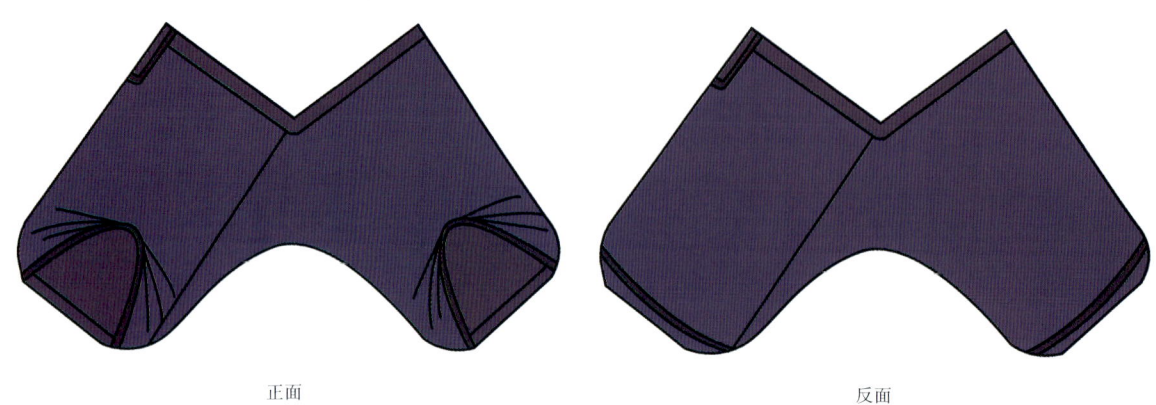

正面　　　　　　　　　反面

图二　哈尼族奕车支系女青色短裤外观图

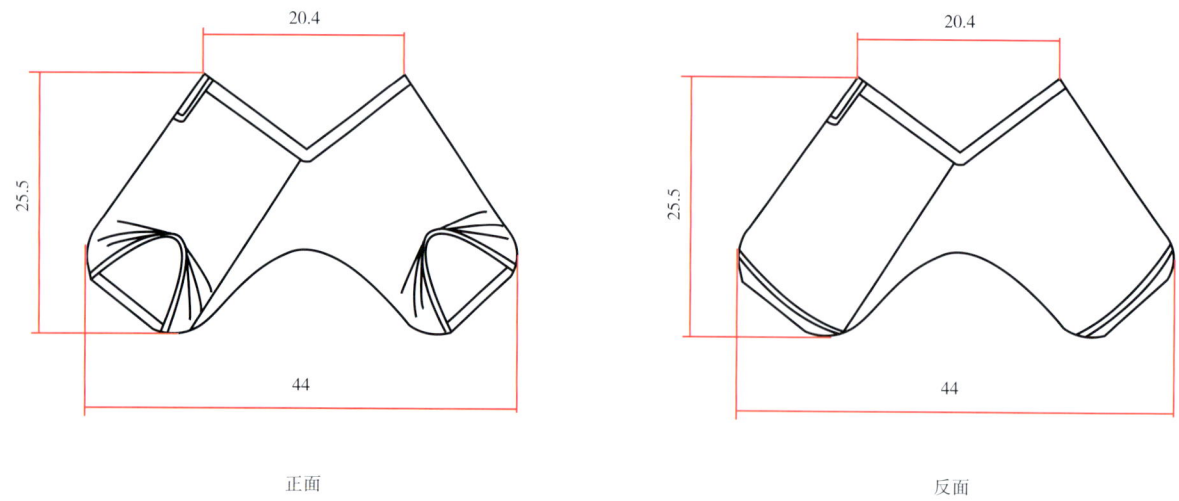

正面　　　　　　　　　反面

图三　哈尼族奕车支系女青色短裤尺寸图（单位：cm）

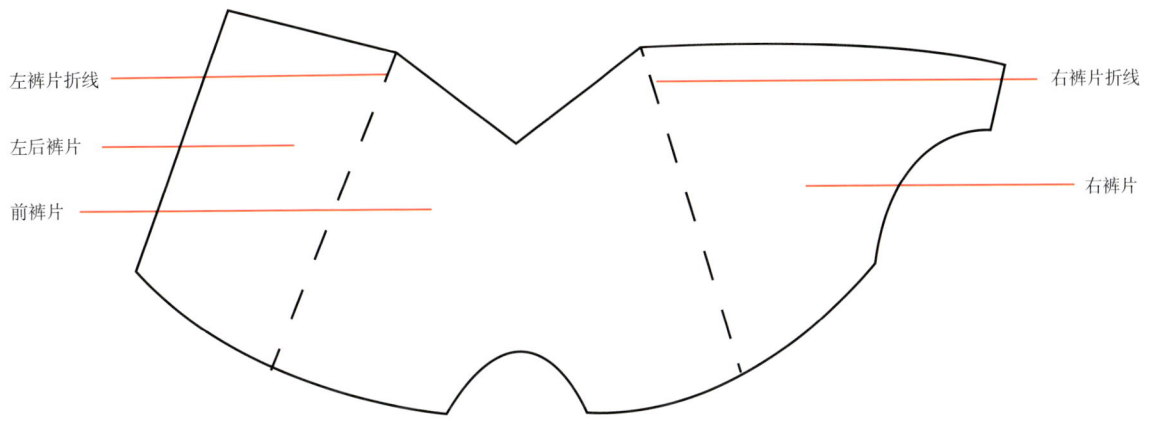

图四 哈尼族奕车支系女青色短裤开片图

图五 哈尼族奕车支系女青色短裤效果示意图

哈尼族糯比支系女裤子

图一　哈尼族糯比支系女裤子主图

本案例为云南省玉溪市元江县那诺乡哈尼族糯比支系女裤子，裤长92.2厘米，裤腿宽39厘米。糯比支系女裤子是哈尼族扭裆裤的一种，腰部与哈尼族奕车支系的蓝靛短裤极为相似，平铺时腰部呈V字形。

那诺乡哈尼族糯比支系女子裤子的特别之处在于裆部的衣片。它的裁片都是由几何图形组成，属于直线裁剪。它的分割线在正面呈入字形，在反面呈人字形，裆部有三角形衣片。它的裁剪结构颇具特色，采用的是"正裁斜拼"的手法，由于面料在斜纱方向具有弹性，将它与直纱方向的裁片互成角度地拼接在一起，这样的裁片方式相当于增加了裁片的松量，尤其是臀部和裆部。由于裤子的尺寸相当宽松，在着装时，需要在腰前打起两道褶，再用腰带固定，着装效果如裙裤。本案例裤子的色彩为深棕色，古朴典雅。

哈尼族糯比支系女裤子"正裁斜拼"的手法不仅节约了面料的幅宽，而且提高了面料的使用率。打破了我国传统民族服装结构简单，平面制版的弊端，极具适用性，宽松舒适及长度较短的特点，方便哈尼族人民在田间劳动。

图片来源
图一　刘翔宇　摄影
图二至图四　孙浠　制图
图五　温清格　制图

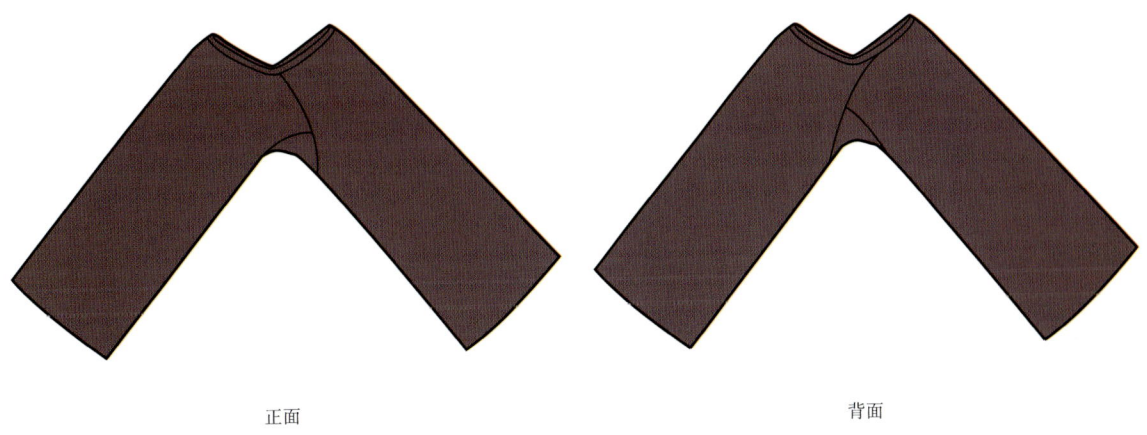

正面　　　　　　　　　　　　背面

图二　哈尼族糯比支系女裤子外观图

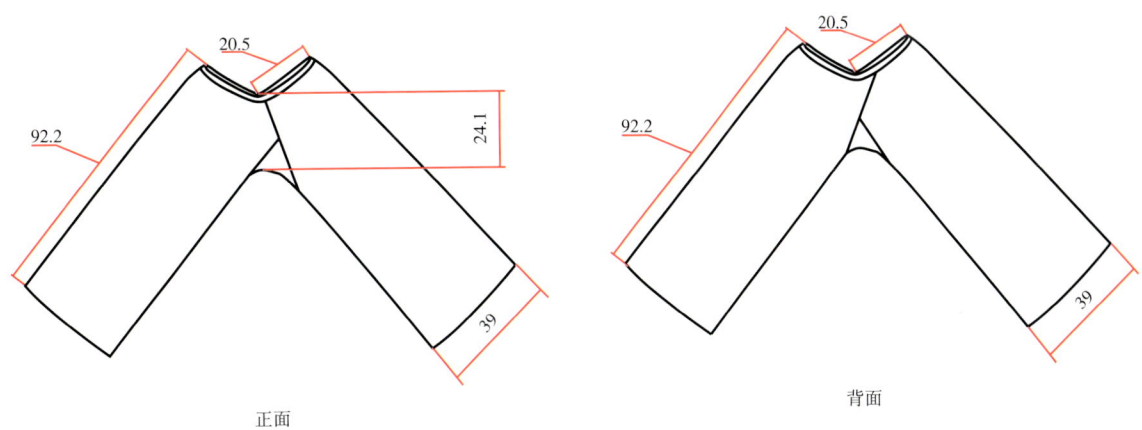

正面　　　　　　　　　　　　背面

图三　哈尼族糯比支系女裤子尺寸图（单位：cm）

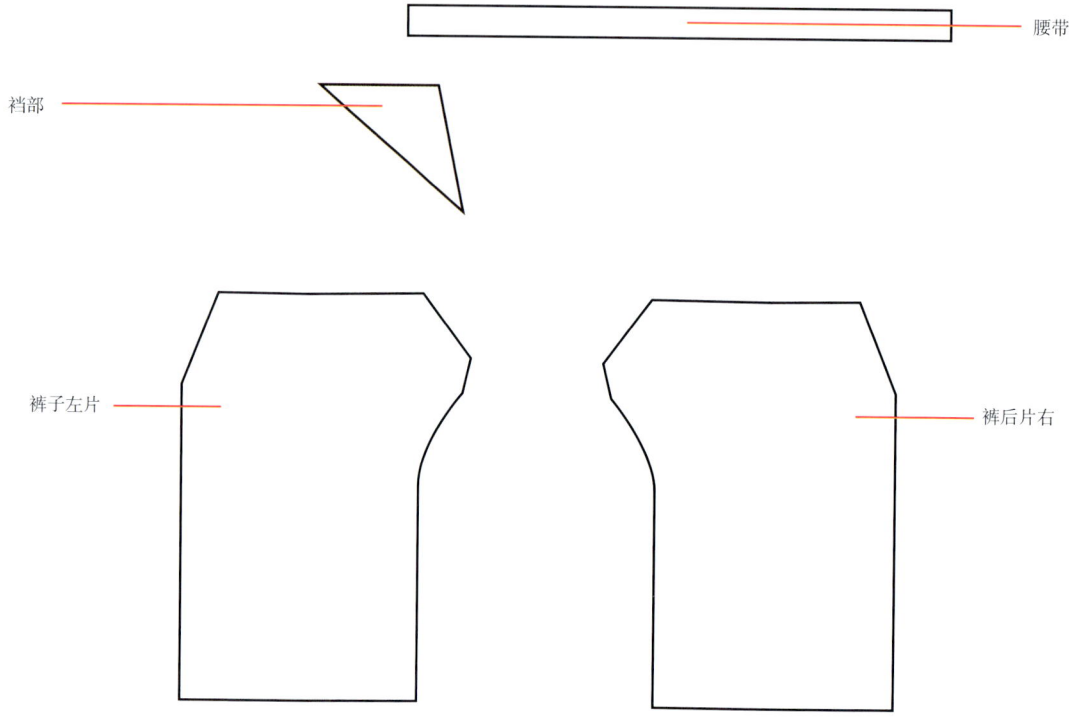

图四 哈尼族糯比支系女裤子开片图

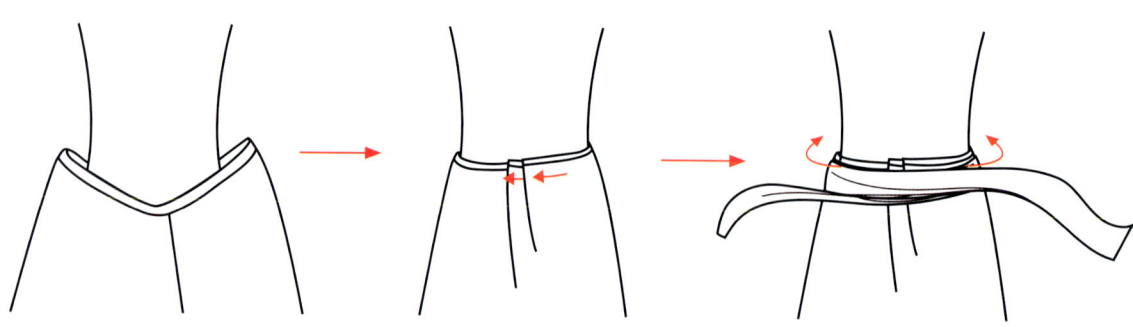

图五 哈尼族糯比支系女裤子操作示意图

哈尼族白宏支系男长裤

图一　哈尼族白宏支系男长裤主图

本案例为云南省玉溪市元江县哈尼族白宏支系男长裤，长97.8厘米，裤腿宽38.8厘米。裁剪上与普通长裤的差异较大，具有鲜明的民族特色。

白宏支系男长裤的款式较为宽松，裤角肥大，低裆。哈尼族白宏支系男子长裤裁剪方式别具一格，裤片在大腿根部分割开，形成了不规则的裤片形状，这样的裁剪方式形成了极具趣味性的分割线，改变了裤子的形态和着装效果。裤子的腰头很宽，腰上有抽绳调节裤腰的松紧。裤子纸样偏扁平化，剪裁方式没有完全依据人体腿部、胯部、裆部和腰部的造型。所选用的面料是土织布，色彩为黑色，符合哈尼族人尚黑的审美。白宏支系男长裤上身配黑色对襟上衣及黑色条纹对襟上衣，整套服装给人清新古朴的韵味。土织布面料厚实，具有良好的保暖性能，经水洗后掉色，颜色偏灰色，更显朴素，土织布是哈尼族人在冬季农闲时织的布，充分体现了哈尼族人勤劳简朴的美好品质。

白宏支系男长裤体现了哈尼族人独特的服装设计美学和纸样设计方法，是他们智慧和创造力的结晶，它独具趣味性的剪裁方式，宽松的款式，绿色舒适的面料，体现了哈尼族人的热爱自然，亲近自然的天性和审美情趣。

图片来源
图一　赵思颖　摄影
图二至图四　胡梦璟　制图
图五　刘翔宇　摄影

正面　　　　　　　　　　　　　背面

图二　哈尼族白宏支系男长裤外观图

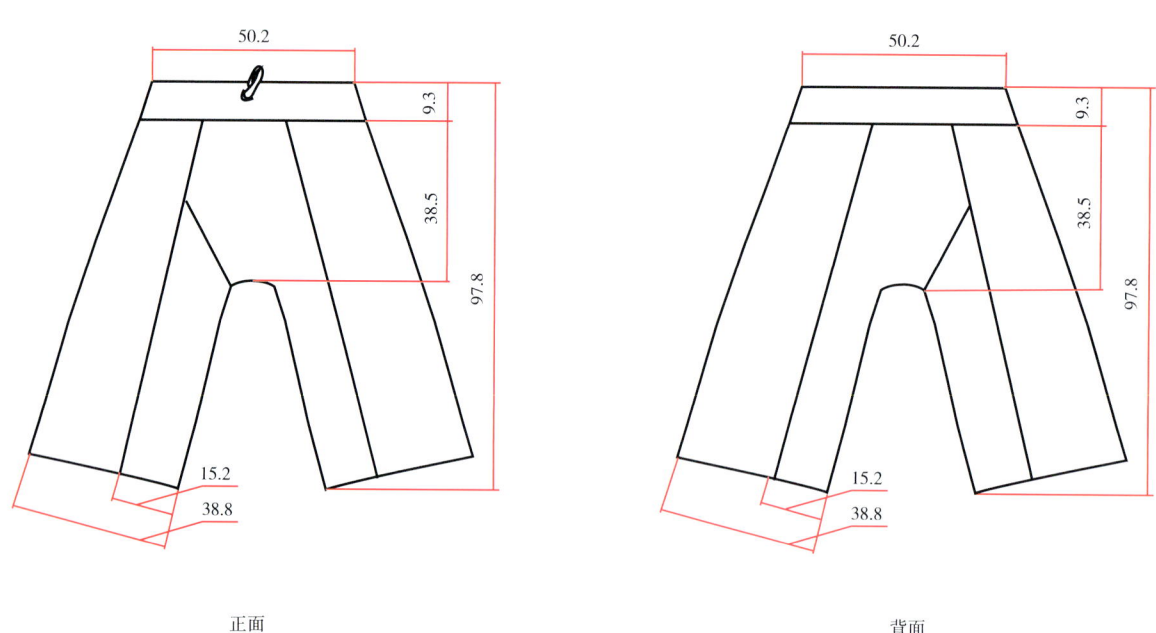

正面　　　　　　　　　　　　　背面

图三　哈尼族白宏支系男长裤尺寸图（单位：cm）

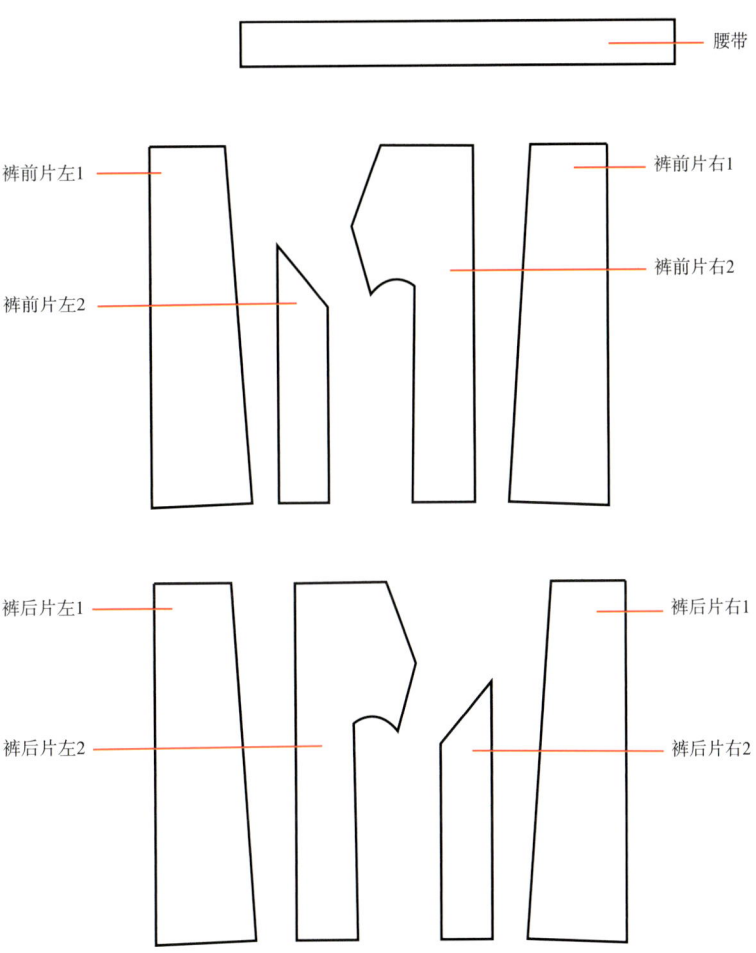

图四　哈尼族白宏支系男长裤开片图

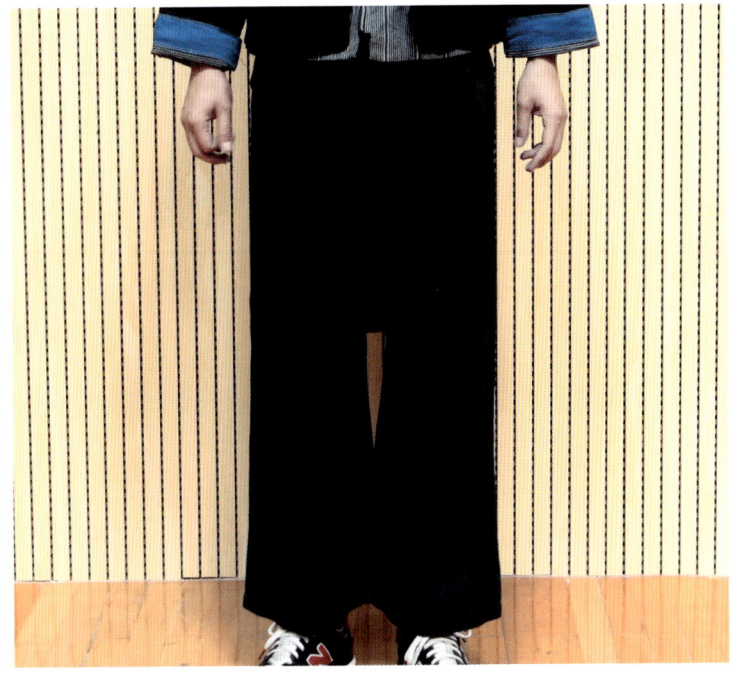

图五　哈尼族白宏支系男长裤效果示意图

哈尼族奕车支系帕常

图一 哈尼族奕车支系帕常主图

本案例为云南省红河州红河县大羊街乡哈尼族奕车支系帕常，为奕车的经典头饰，长50.7厘米，宽38.5厘米，为白布缝制的尖顶软帽。装饰精美，造型简约，妇女们通常在帽子里钉一根白线，将帕常拴在发辫上，以避免被风吹掉。

帕常的形态精致秀丽，用一块布条缝制成尖尖的三角形。帽尾用彩线绣着绚丽的图案，图案的颜色由黄色、玫红及绿色组成。图案四周主要是由挑花绣绣成的玫红色及绿色相间的等宽色条组成，中间以三角形为基本单位图形组成，三角形为黄色、玫红、绿色相间。奕车女子的整体装束多为深蓝色、黑色，唯有帕常是白色，帕常与服装形成了鲜明的对比，是奕车支系整体服饰中除了银配饰之外，亮色最集中的部分。年轻女子的帕常通常是白色，年长者则为蓝黑色。帕常的由来与哈尼族古老的传说有关。现如今随着时代的发展奕车支系着传统服装人的越来越少，但帕常依然没有被时代掩埋，依然是奕车支系女子的日常着装的一部分。

帕常不仅装扮了美丽的哈尼族姑娘，使他们更加端庄秀丽，更承载了哈尼族奕车系悠久的历史文化，记录了他们生存发展的历史，是独具特色的哈尼族奕车车系文化符号。

图片来源
图一 刘翔宇 摄影
图二至图四 胡梦璟 制图
图五 温清格 制图

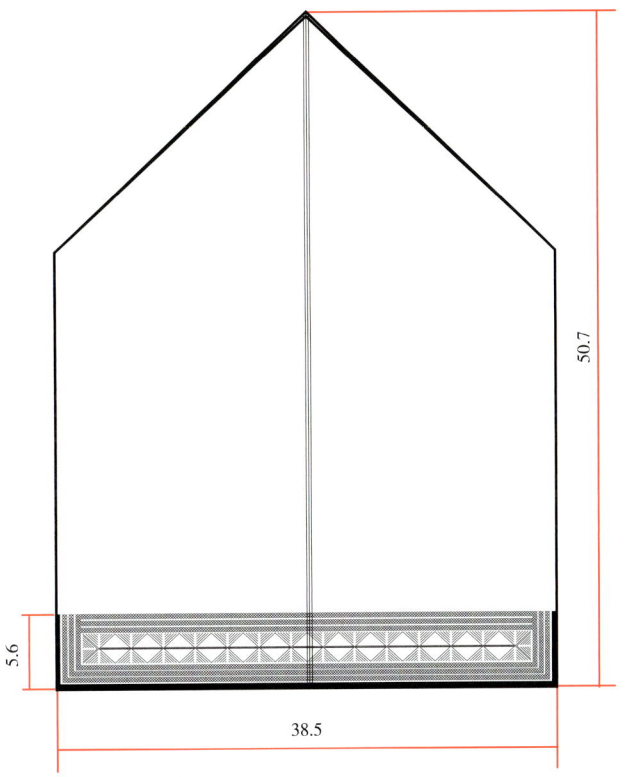

图二 哈尼族奕车支系帕常尺寸图（单位：cm）

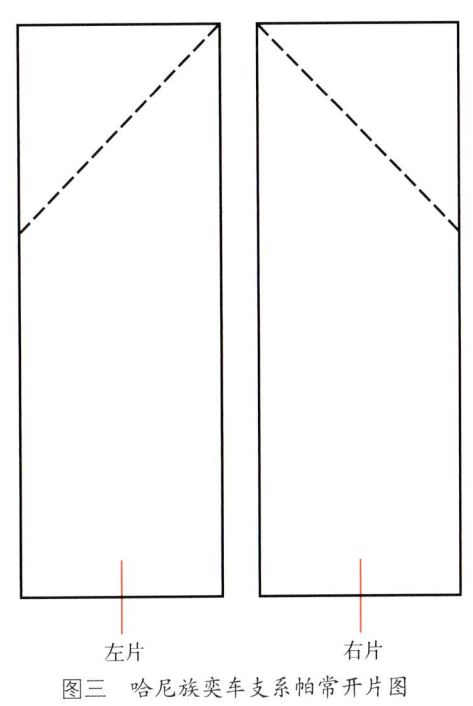

左片　　　右片
图三 哈尼族奕车支系帕常开片图

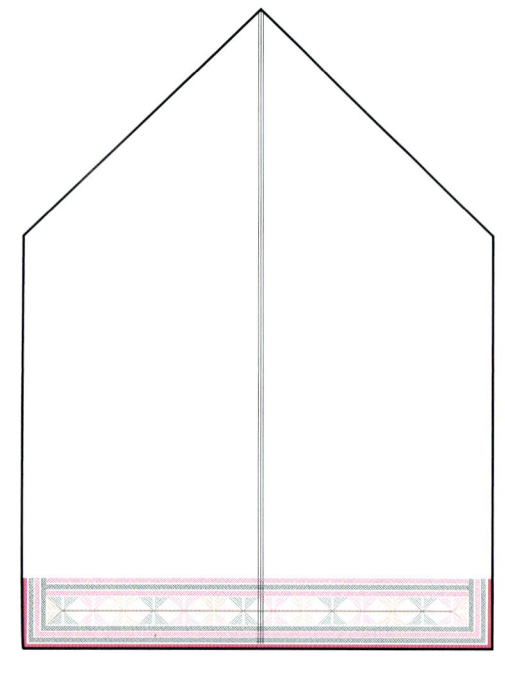

图四 哈尼族奕车支系帕常色彩分析图

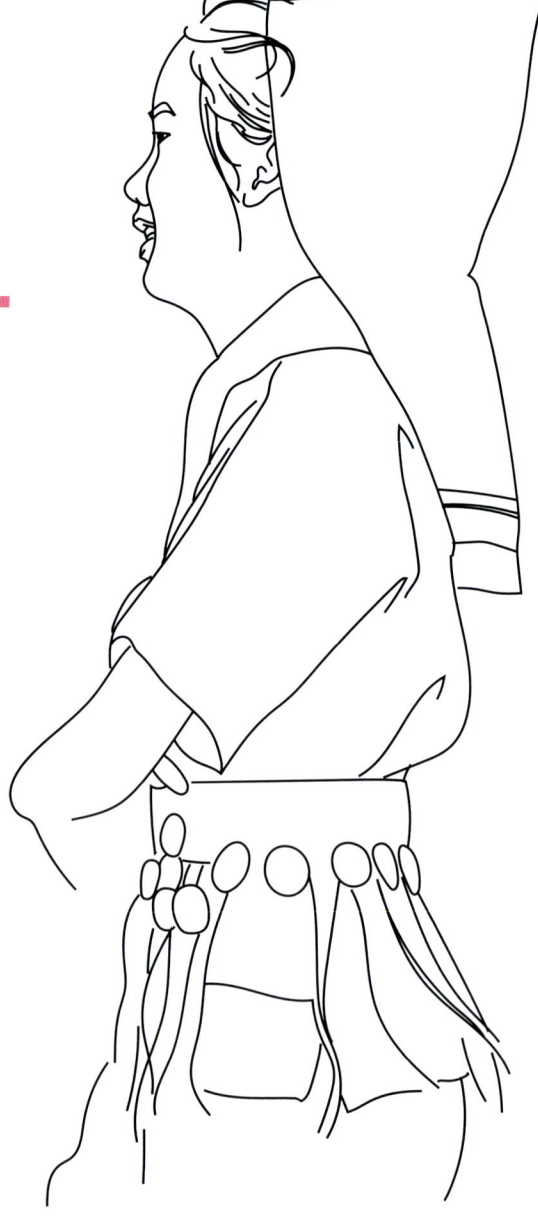

图五 哈尼族奕车支系帕常效果示意图

哈尼族糯比支系女包头

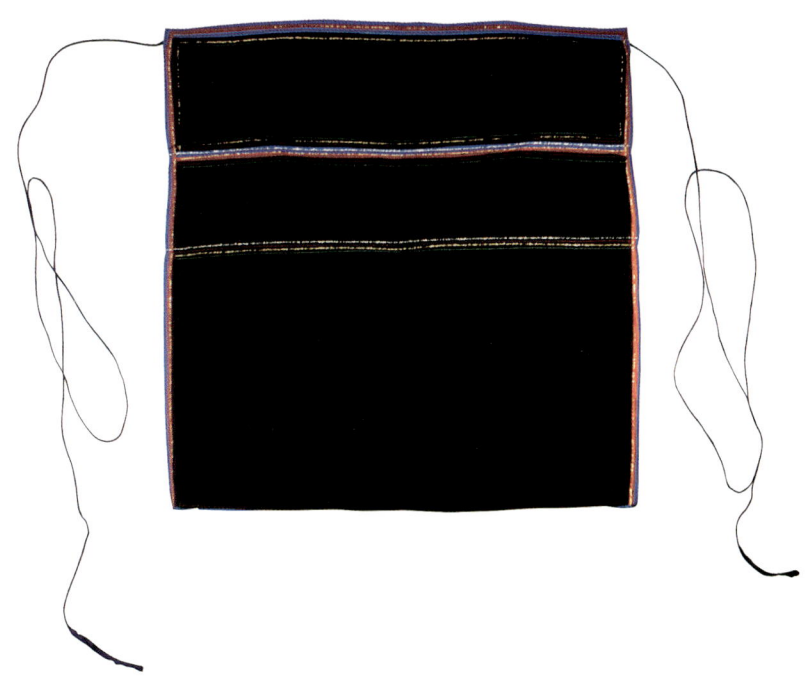

图一　哈尼族糯比支系女包头主图

本案例为云南省玉溪市元江县那诺乡哈尼族糯比支系女子包头，为哈尼族糯比支系的传统帽饰，展开图为矩形，长35厘米，宽34.7厘米，颜色为褐色。那诺乡哈尼族糯比支系女子包头形制简洁，但其穿戴方式却使简洁的包头变得丰富。

糯比支系女包头的四边有彩线绣成的简洁线形装饰，中间的两道彩线将方巾分成了三个矩形，从上至下，矩形的宽分别为8.7厘米、6.8厘米、19.2厘米。其穿戴方式别具一格，充分展现了从二维平面到三维空间的巧妙转化，矩形裁片展开图的两边有两条长的紫线，用于将包头固定在头上。包头围裹在头上具有很强烈的立体感，装饰边为红色、蓝色、绿色相互交织，且彩线中间以金线装饰，色彩鲜艳，对比强烈，装点了额头的曲线，包头的后部为燕尾形，尾部微微翘起。包头在脑后形成一个尖角装饰，弧线上绚丽多彩的饰边完美地衬托出穿戴者后脑的优美曲线。两条紫线绕着头部两圈，于脑后打结以固定包头。

糯比支系女包头的包裹方式充分地展现了哈尼族人民的空间想象和转化能力。平面的彩色刺绣饰带从二维的线转变到了三维空间中，突显出头部的优美曲线，既有装饰作用，又厚实保暖，方便携带和穿戴。

图片来源
图一、图五　刘翔宇　摄影
图二、图三、图四　温清格　制图

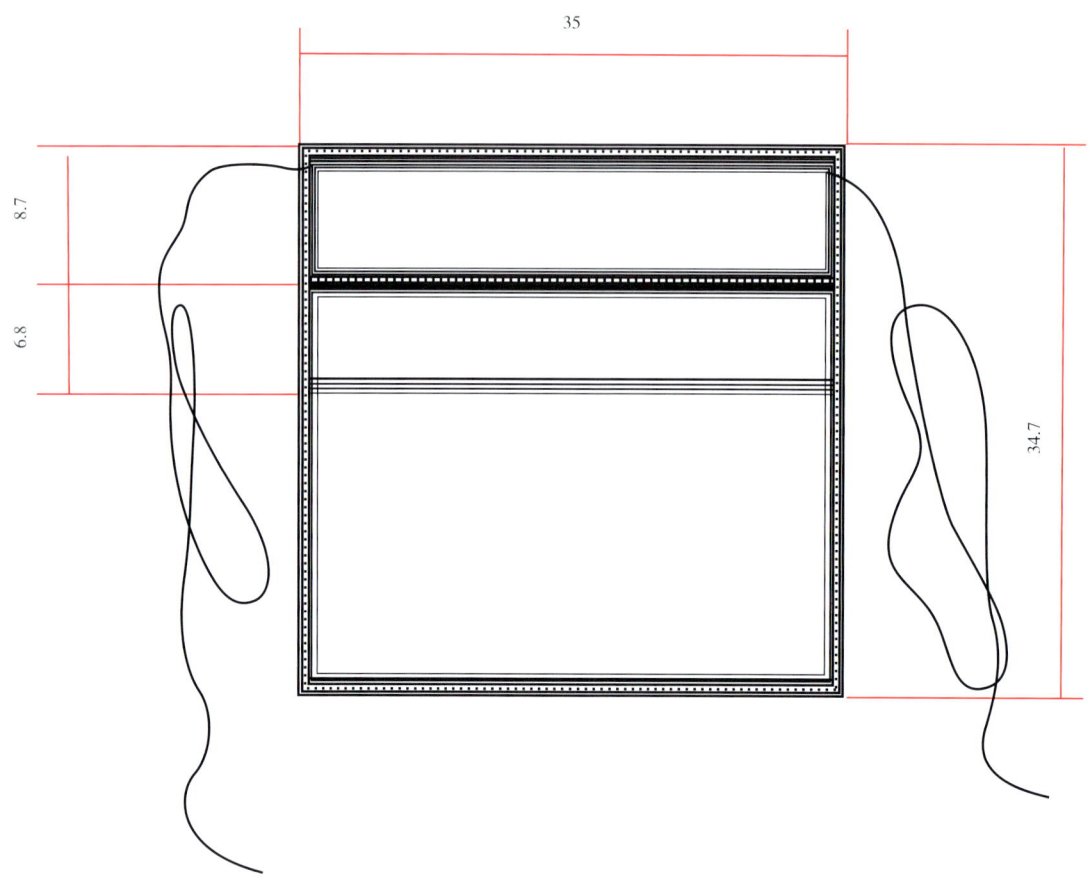

图二　哈尼族糯比支系女包头尺寸图（单位：cm）

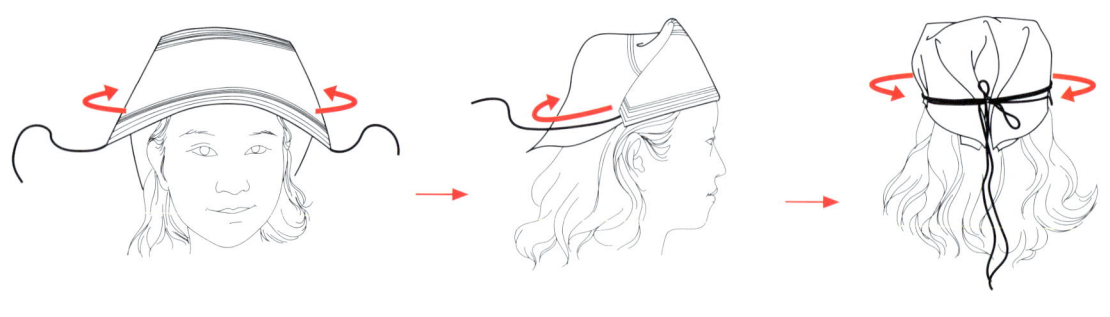

将包头覆于头上，由额头向后包裹，两侧呈三角形折叠

将绑绳绕过脑后，包头在脑后由两侧向中间各叠两个褶，使包头呈帽状

将绑绳绕头两圈，以固定，于后脑处打结

图三　哈尼族糯比支系女包头操作示意图

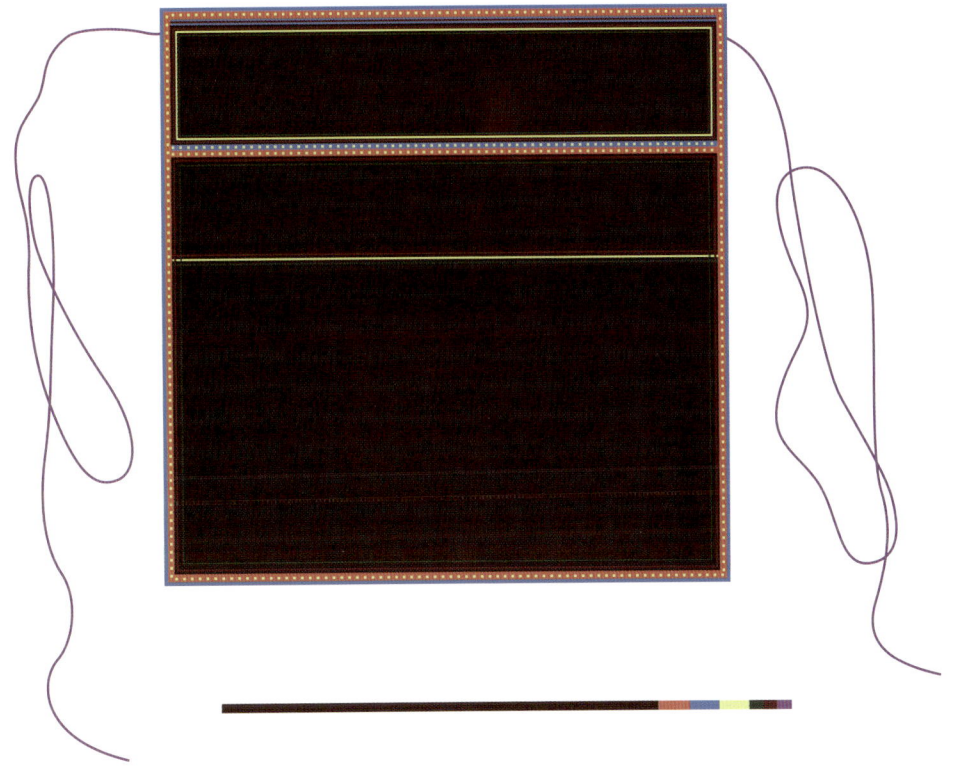

图四 哈尼族糯比支系女包头色彩分析图

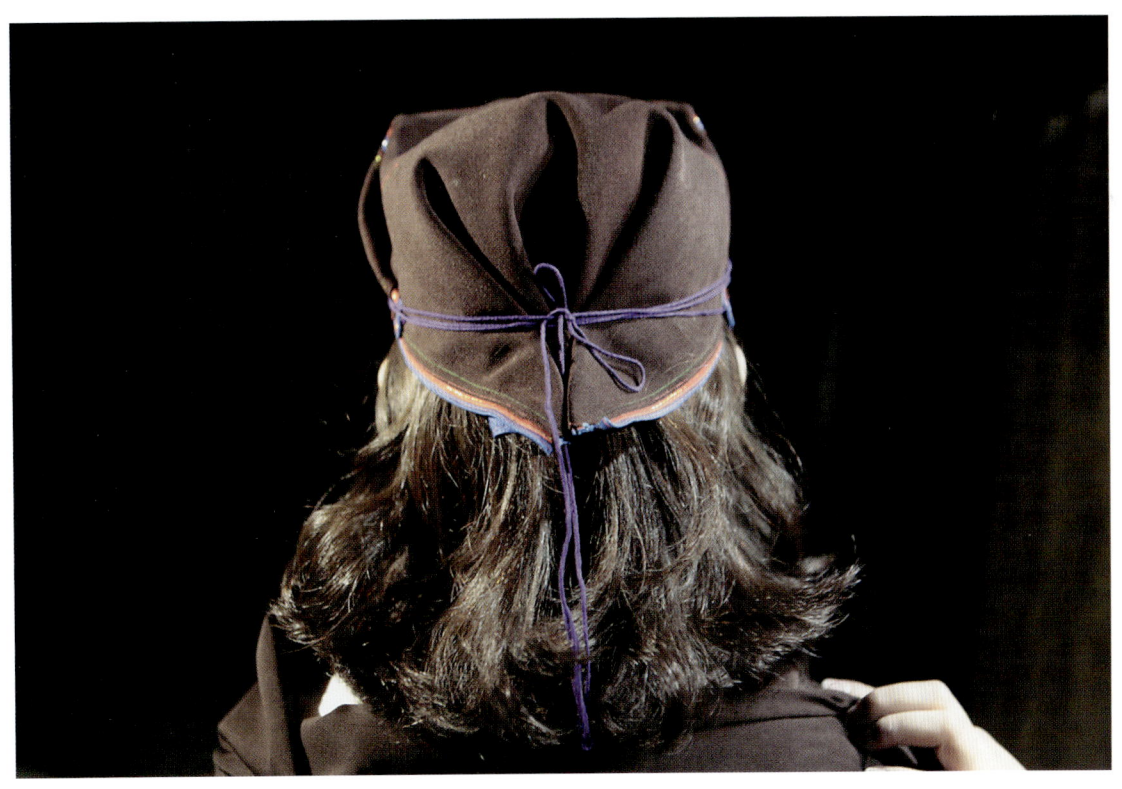

图五 哈尼族糯比支系女包头背面效果示意图

哈尼族糯比支系少女银泡帽

图一 哈尼族糯比支系少女银泡帽主图1

本案例为云南省玉溪市元江县哈尼族糯比支系少女银泡帽，高10厘米，直径24.5厘米。银泡帽因帽子上装饰银泡而得名，是糯比支系少女最经典的头饰。

糯比支系少女银泡帽的颜色以黑色为主，形态为圆柱体，在帽顶捏成五个褶子，这样使帽子的造型更为硬挺，着装效果更加美观。五个褶子将帽顶分割为五个部分，每一部分都镶嵌有一排银泡，每排7个银泡。帽子的侧面绣有几何形刺绣，绣线的颜色丰富多彩，有玫红色、红色、黄色、绿色等，刺绣纹样各异，但主要刺绣纹样是由四个三角组成的正方形，象征着哈尼族的一种花。

帽子上的银饰又分为银泡、银币。在帽子前面的蓝色布片上有银泡装饰，共有九排，每排15个，帽子后方有三列银币装饰，每列均有6个，银币上雕刻人头像。头顶有5列银泡。糯比支系少女银泡帽佩戴的时候还配有银珠串于帽上装饰。

糯比支系少女银泡帽的装饰繁多，繁简得当，且疏密有致，视觉上给人方圆对比、直曲对比，色彩庄重沉稳，银饰的文化底蕴丰厚，体现了哈尼族糯比支系的心灵手巧。

图片来源
图一、图二、图三、图七　刘翔宇　摄影
图四、图五　胡梦璟　制图
图六　温清格　制图

图二　哈尼族糯比支系少女银泡帽主图2

图三　哈尼族糯比支系少女银泡帽主图3

第二章　哈尼族传统服饰

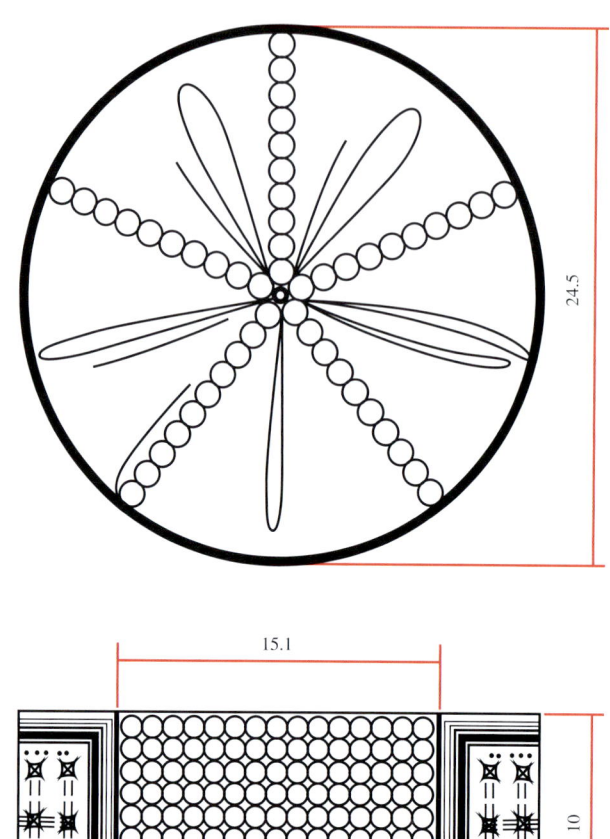

图四 哈尼族糯比支系少女银泡帽尺寸图（单位：cm）

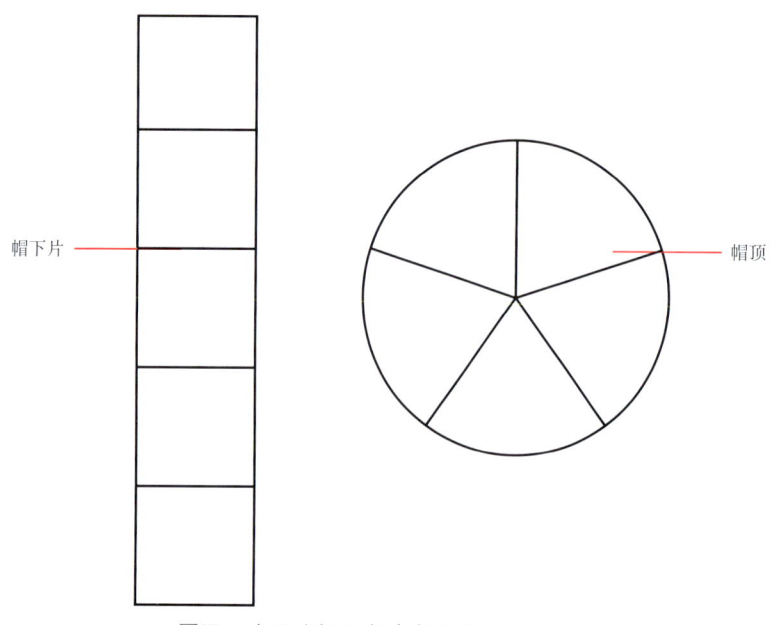

图五 哈尼族糯比支系少女银泡帽开片图

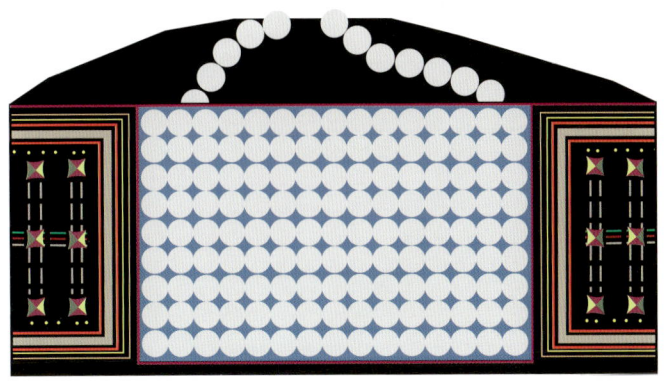

图六　哈尼族糯比支系少女银泡帽色彩分析图

图七　哈尼族糯比支系少女银泡帽效果示意图

哈尼族哈尼支系少女银泡公鸡帽

图一 哈尼族哈尼支系少女银泡公鸡帽主图

案例为云南省红河州红河县宝华乡哈尼族哈尼支系少女银泡公鸡帽，长35.7厘米，高20厘米，因形状像鸡冠而得名。银泡公鸡帽为红河县宝华乡哈尼族哈尼支系少女佩戴的头饰，发辫垂于脑后，结婚生育后则佩戴黑色布帽。

宝华乡哈尼族哈尼支系银泡公鸡帽的主要装饰为大小相同的银泡，布满整个帽面，因此整个帽子的主要色彩为银色。上下两端边缘有绿色绳边，绳边上以金线刺绣空心圆形为饰。哈尼支系少女银泡公鸡帽的款式造型十分别致，它的裁片左右两边形状相同，两片相接的位置沿连接曲线以银梅花装饰。公鸡帽整体造型上最大的特点为曲线型，造型生动，形态优美，从侧面看酷似鸡冠，中空。宝华乡哈尼族哈尼支系少女银泡公鸡帽精致小巧，戴在头上只能盖住头顶的小部分，头侧部分露在外面。其颜色由大面积银色，配以小面积的绿色、金色，整体色彩素雅。

宝华乡哈尼族哈尼支系银泡公鸡帽，体现了哈尼族人的图腾崇拜，以圆形为基础图形的不断重复与排列，规整划一，且银泡的凸起使帽子表面具有肌理感，具有流畅曲线的外轮廓，富有趣味造型给人无限的遐想，使公鸡帽的整体造型具有强烈的形式感。繁复而精致的银泡装饰富有光泽，显得精致独特。

图片来源
图一 刘翔宇 摄影
图二 胡梦璟 制图
图三、图四 温清格 制图

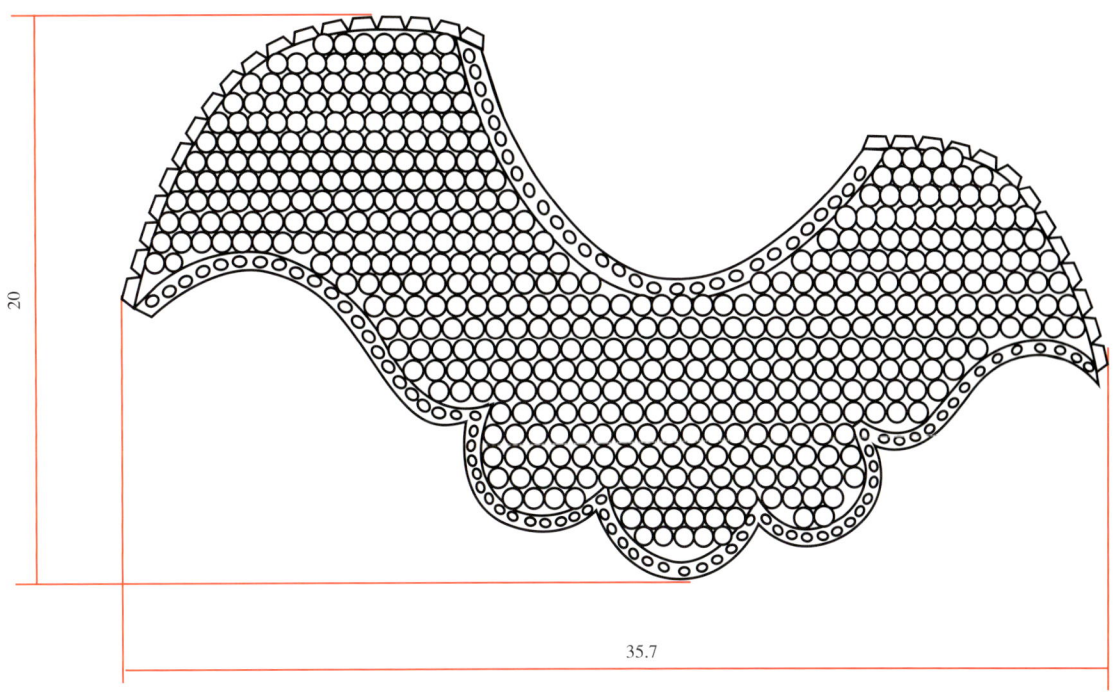

图二　哈尼族哈尼支系少女银泡公鸡帽尺寸图（单位：cm）

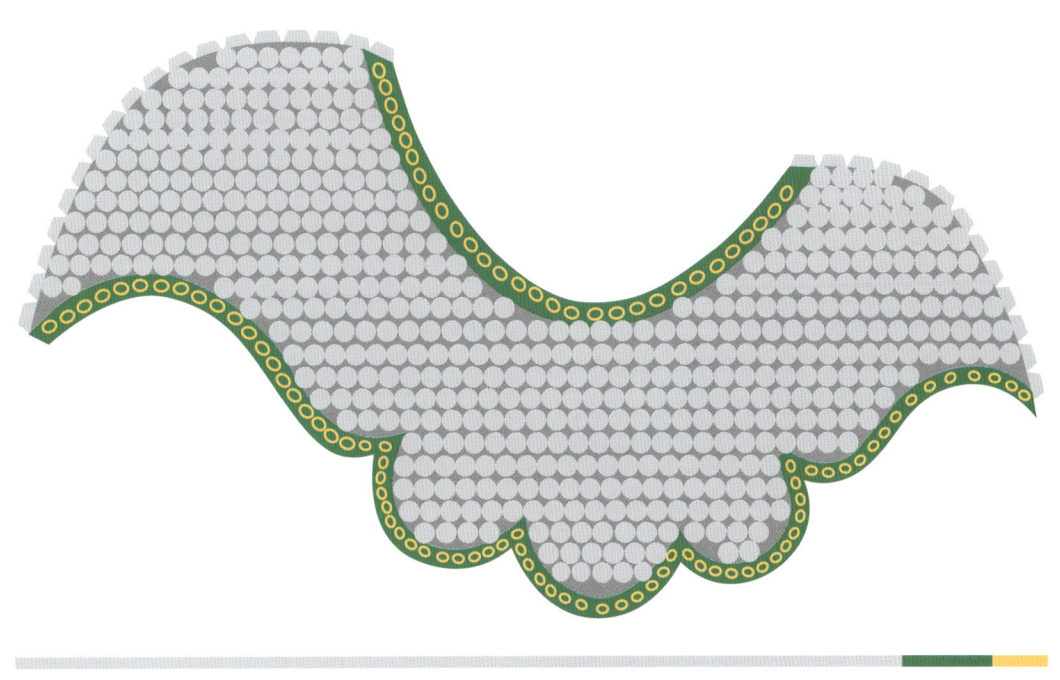

图三　哈尼族哈尼支系少女银泡公鸡帽色彩分析图

图四　哈尼族哈尼支系少女银泡公鸡帽效果示意图

哈尼族多塔支系新娘帽子配饰

图一 哈尼族多塔支系新娘帽子配饰主图

本案例为云南省玉溪市元江县羊岔街乡哈尼族多塔支系新娘帽子配饰，展开后长62.5厘米，宽70.8厘米。共有24条布条为穗，装饰丰富，色彩绚丽，充分展现了婚礼中应有的华美与喜庆。

羊岔街乡哈尼族多塔支系新娘帽子配饰左右两边布局对称，两侧边各有10条镶有银泡的布条为穗，垂于头部两侧，四条带花形刺绣的布条为穗垂于脑后。两侧的布穗大多以黑色为底，部分红色、绿色、白色为底，银泡整齐地排列于布穗之上，尾端有彩色珠子串成的吊坠，灵活生动。脑后的布穗及绑带以白绿色、红色为底，绣红色花形图案，尾端坠有玫红线穗。整个配饰的色彩对比强烈，烘托出婚礼的喜庆氛围。繁杂的纹样与各色的串珠和毛线坠缨连在一起，饰物形状各异，五彩斑斓。银泡作为装饰，熠熠生辉，尽显华美。帽子配饰上的布穗不仅使新娘的装扮富贵华丽，还起到了修饰脸型的作用，凸显出新娘的娇羞，生动活泼。

多塔支系新娘帽子配饰华美飘逸，强烈的色彩对比，丰富的层次变化，银泡多为哈尼族服饰银质装饰的特色之一，以圆形为基本单位排列，繁杂中又不失秩序。多塔支系新娘帽子配饰烘托出新娘的美丽，充满了对美好婚姻的祝福和庆祝。

图片来源
图一 赵思颖 摄影
图二、图三 孙湉 制图
图四 温清格 制图
图五 刘翔宇 摄影

正面　　　　　　　　　　　　背面

图二　哈尼族多塔支系新娘帽子配饰外观图

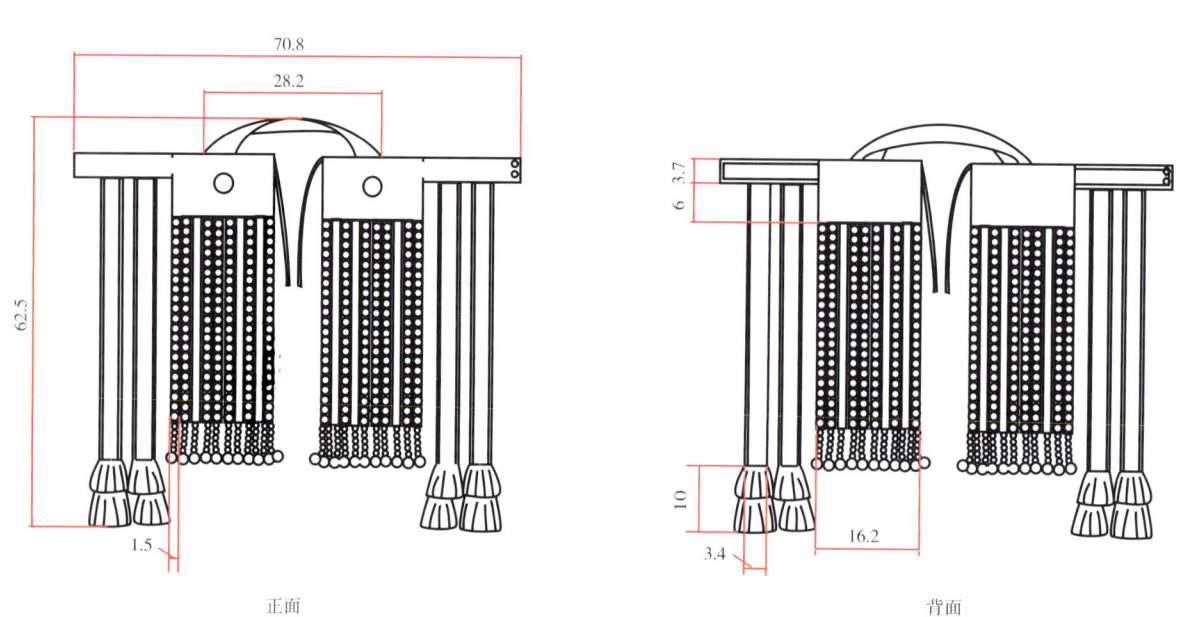

正面　　　　　　　　　　　　背面

图三　哈尼族多塔支系新娘帽子配饰尺寸图（单位：cm）

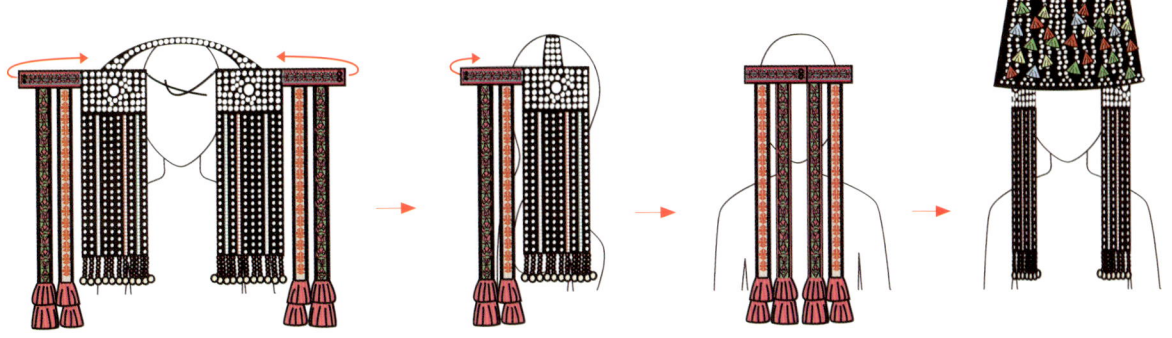

将头饰挂于头顶，在额前用绳子打结固定

将头饰两侧贴合头部，向脑后绕去

将头饰于脑后用扣子固定于头上

将帽子戴于头上，遮住绑绳及扣子

图四　哈尼族多塔支系新娘帽子配饰操作示意图

图五　哈尼族多塔支系新娘帽子配饰效果示意图

哈尼族糯比支系腰带

图一　哈尼族糯比支系腰带主图

本案例为云南省玉溪市元江县那诺乡哈尼族糯比支系腰带。糯比支系腰带的主体长102.5厘米，宽6厘米。整体色彩搭配协调，工艺精巧，蕴含着深刻的哈尼族文化内涵，是鲜明的哈尼族视觉文化符号。

那诺乡糯比支系女子裤子宽大，因此腰带是糯比支系女子服饰中必不可少的一部分。糯比支系女子的腰带内容和层次分明，腰带的整体功能部分为蓝色，且为整个腰带的主要色彩，两端的刺绣部分以黑色为底，黑色底布呈不等边六边形。刺绣部分层次分明，图案基本以点、线、面为主，形成几何图形，刺绣的色彩以红色、黄色、绿色、紫色、白色等为主，排列变换，丰富多彩。多种颜色通过刺绣的方式形成色块，且排列疏密有当，使刺绣部分饱满又不压抑。那诺乡哈尼族糯比支系女子腰带的穿戴方式也别具一格，由于腰带较宽，且厚重，绕腰两圈后，并不是打结固定，而是从腰后由下向上塞进腰带，由腰带上方露出，呈蝴蝶状，刺绣部分垂于臀部。

糯比支系腰带体现了哈尼族女子在服饰方面对美的追求，色彩搭配巧妙，给人丰富的视觉感受，刺绣部分的多色与中间部分的黑色、蓝色，以及饱满的几何图案装饰与中间部分，都形成了鲜明的繁简对比，且暗色与亮色形成了明暗对比，富有设计感。

图片来源
图一、图五　刘翔宇　摄影
图二至图四　胡梦璟　制图

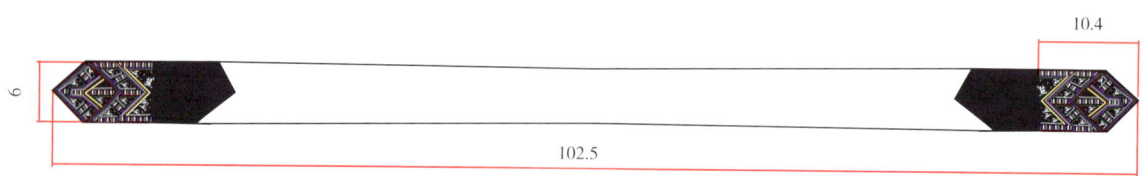

图二　哈尼族糯比支系腰带尺寸图（单位：cm）

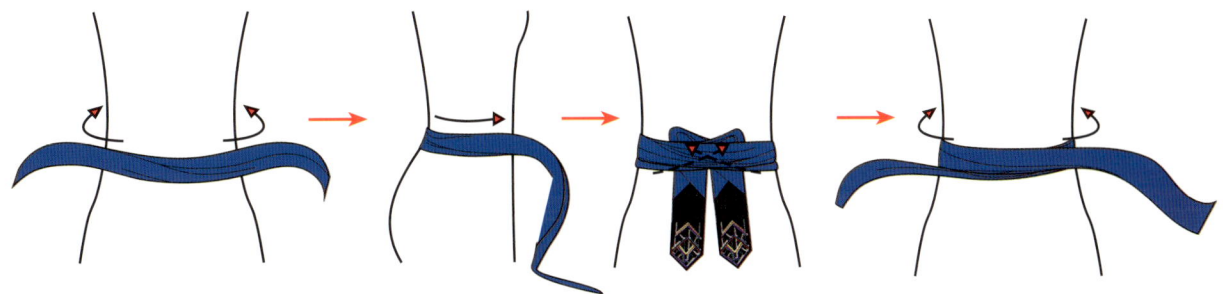

图三 哈尼族糯比支系腰带操作示意图

图四 哈尼族糯比支系腰带色彩分析图

图五 哈尼族糯比支系腰带效果示意图

哈尼族白宏支系女绑腿

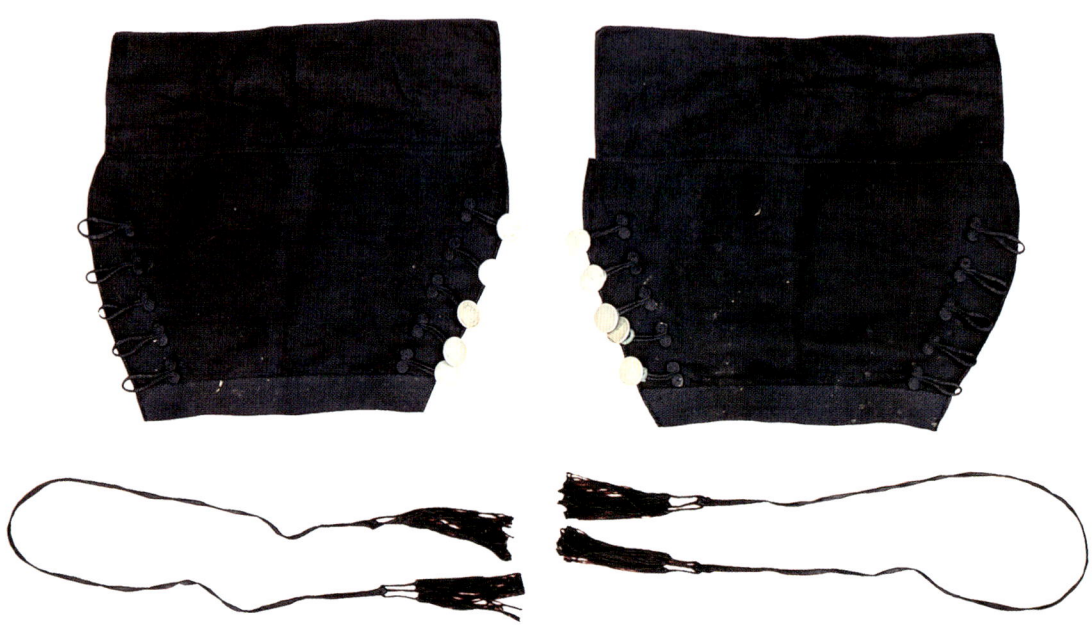

图一 哈尼族白宏支系女绑腿主图

本案例为云南省红河州红河县垤玛乡哈尼族白宏支系女绑腿。白宏支系女绑腿的长约32.5厘米，高约33.4厘米，用银扣和绳线作为系扎方式。白宏支系女绑腿的形成就是适应自然环境，在长期的生产生活和劳作中形成的。

白宏支系女绑腿的裁片形状与小腿的形状相吻合，两个绑腿的侧边分别有五个银扣，不仅可以将绑腿固定于小腿之上，还可以对绑腿进行装饰。再用线绳进行固定，以防绑腿在行走过程中脱落。绑腿颜色为黑色，体现了哈尼族尚黑的审美追求。妇女与少女的绑腿也略有分别，妇女的绑腿多为黑色，少女们可根据个人爱好选择自己喜欢的颜色在绑腿上绣上花样，再在合适的位置缝上银泡和小铃铛，走路时便会发出声响，充满乐趣和审美情趣。这样独具风情的穿着方式深受少女们的喜爱。布料厚实，手工织布而成。白宏支系女绑腿美观实用，厚实保暖，绑腿的线型，体现了哈尼族劳动女性健美、勤劳善良、刚健质朴。

哈尼族妇女在山间梯田劳作的时候穿着白宏支系女绑腿可以抵御山间的寒冷，它充分展现了白宏支系人们的生活习惯，是哈尼族的梯田劳作文化的集中体现，表现出哈尼族女性自然、充满活力的美。

图片来源
图一 李嘉华 摄影
图二、图三 萧倩 制图
图四 温清格 制图

绑腿左片　　　　　　　　　　　　　绑腿右片

图二　哈尼族白宏支系女绑腿外观图

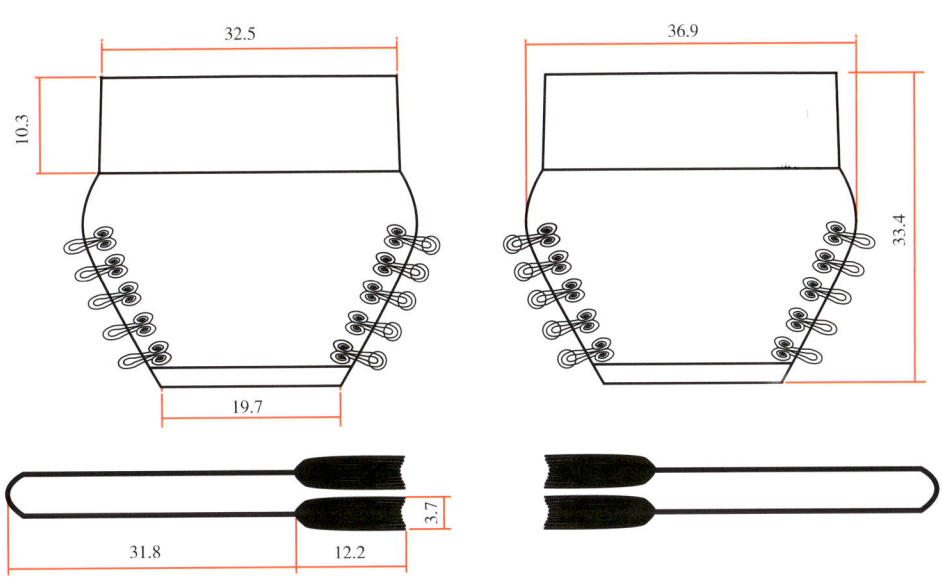

图三　哈尼族白宏支系女绑腿尺寸图（单位：cm）

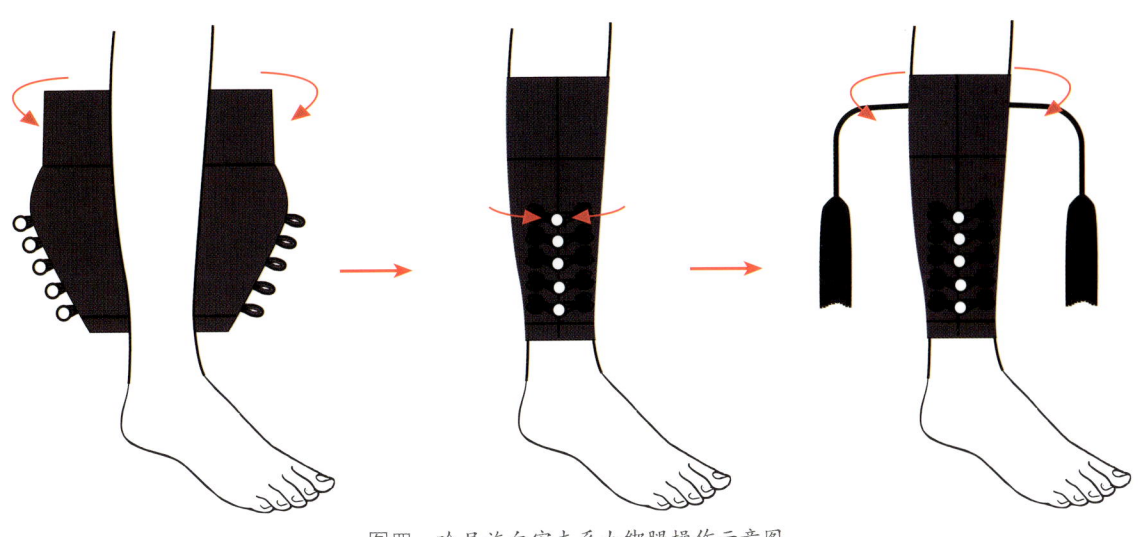

图四　哈尼族白宏支系女绑腿操作示意图

哈尼族竹屐

图一　哈尼族竹屐主图

本案例为云南省红河州元阳县哈尼族竹屐，长25厘米，高5.1厘米。竹鞋，哈尼语为"爬那"哈尼族人将竹子运用到了生活中的各个方面，甚至是服饰。用竹子做成的帽子与鞋依然为哈尼族人所喜爱。图一为元江县哈尼族竹屐。

哈尼族没有文字，因此也并没关于竹屐于何时产生的记载。在过去很长一段时间中，竹屐为哈尼族鞋子的主要形制，哈尼族男子普遍穿竹屐，到了20世纪70年代，仍有人在穿竹屐。竹屐是由竹节砍制而成，整体呈木凳子状。竹板上打4孔，穿绳且交叉呈人字形。哈尼族人在运用竹子时有两种使用方法，一种为横向切分；另一种为纵向切分。竹屐一般为纵向切分，将竹材纵向1/2切分，再加以打磨，形成鞋板。由于木屐在使用时与地面产生摩擦，容易损耗，因此制作竹屐需使用龙竹，龙竹高大粗壮，质地坚硬，使用这种材质会使鞋子耐磨不易坏。穿木屐时，需穿戴者用脚的拇指与食指夹住鞋绳。

竹屐的历史悠久，其实木屐的出现早于竹屐，南北朝时，竹屐由木屐发展而来。图五为元阳县哈尼族木屐。竹屐满足了保护足部及便于行走的基本要求，是用绳子将脚固定，避免脚与地面直接接触，起到保护脚的作用。

图片来源

图一　李昆声、周之林．云南民族服饰．昆明：云南出版集团公司，云南美术出版社，2002：70．

图二　张亚堃　制图

图三　顾怀灏　制图

图四　李嘉华　摄影

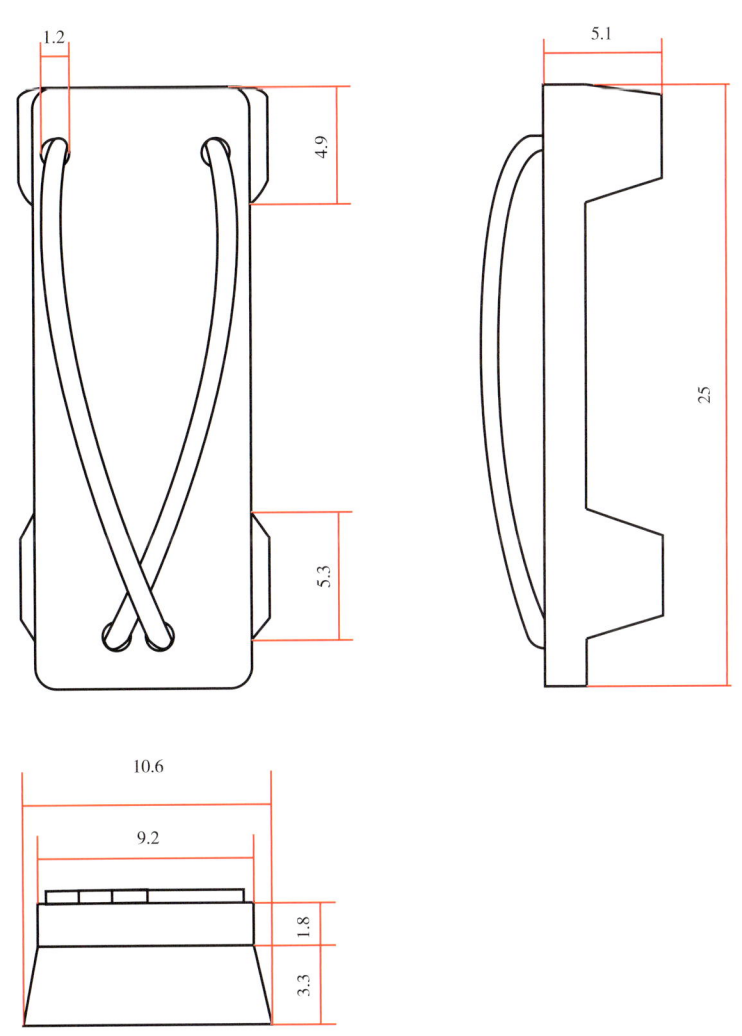

图二　哈尼族竹屐尺寸图（单位：cm）

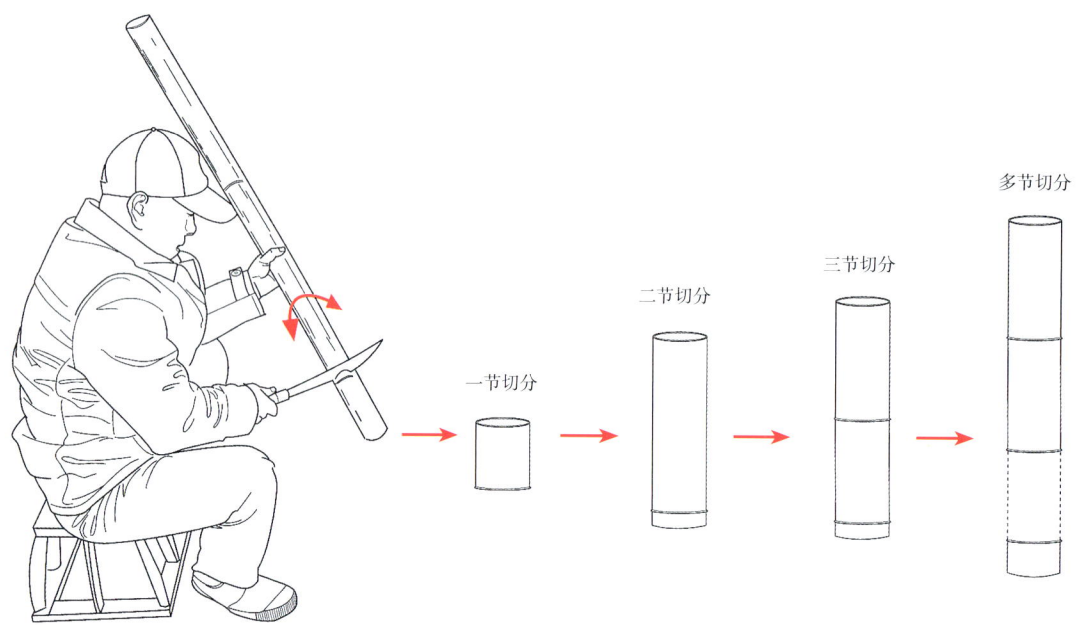

图三　哈尼族主材纵向破竹分类图

图四　哈尼族木屐效果示意图

第三章 哈尼族传统餐饮

哈尼族白旺

图一　哈尼族白旺主图

本案例为云南省红河州红河县哈尼族白旺。吃生食是人类历史上最原始的一种进食的方式。哈尼族人爱吃的白旺就是一道至今还保留生食传统的古老美食习俗，有着人类早期"茹毛饮血"的痕迹。白旺是哈尼族人在节日宴会中必不可少的一道美食，主要是用家畜的鲜血制作而成，是哈尼族男人爱吃的佳肴之一。

白旺意为"拌生血"，是哈尼族特有的凉拌菜，主要原料是选用宰杀的牛、羊、猪的鲜血。具体的制作过程是：先将炒熟的盐放入一个干净的盆中，用锋利的尖刀从颈部向胸腔内的心脏刺进，用事先备好的盆接新鲜的鲜血，同时要不断搅拌盆中的鲜血，搅动至出现大量的泡沫，不让其凝固。然后向盆中再放入已经烤制好的牛肉、羊肉或者猪肉，再撒入适当比例的胡萝卜、花生、蒜末、姜丝、苤菜根等配料。之后用筷子将这些配料搅拌均匀，再用手轻轻压平。最后撒上一把香脆的花生碎，等待约半个小时，待血凝固成块，用刀划成小块装入碗中。新鲜制作的白旺清凉爽口、色泽艳丽，是哈尼族长街宴的必备菜品，也是深受国内外游客喜爱的佳肴之一。

随着饮食健康观念的日益深入，白旺的制作更加精细合理。古老的制作方法往往直接在凉菜中加入生肉，如用猪的里脊肉加入盐、蒜等材料，腌制半小时后就放入其中。如今则放入烤制后的肉，味道也更加独特且科学健康。

图片来源

图一　何卓嫔　制图
图二　王英　摄影
图三　赵娅清　制图
图四　殷悦　制图
图五　梁一铭　制图

图二　哈尼族白旺食材分析图

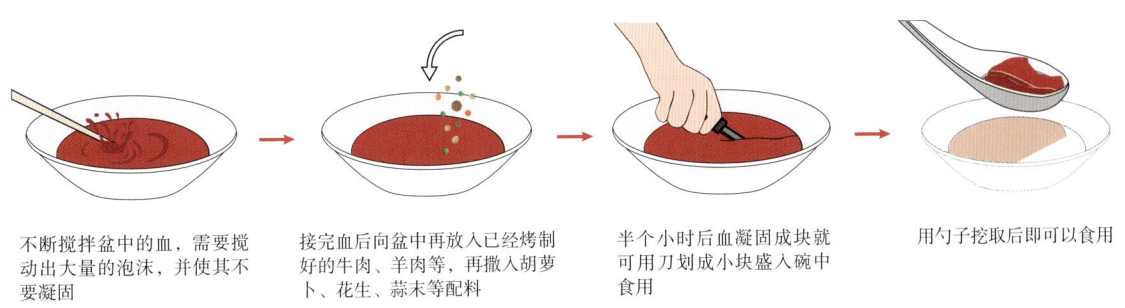

图三　哈尼族白旺制作流程图

第三章　哈尼族传统餐饮

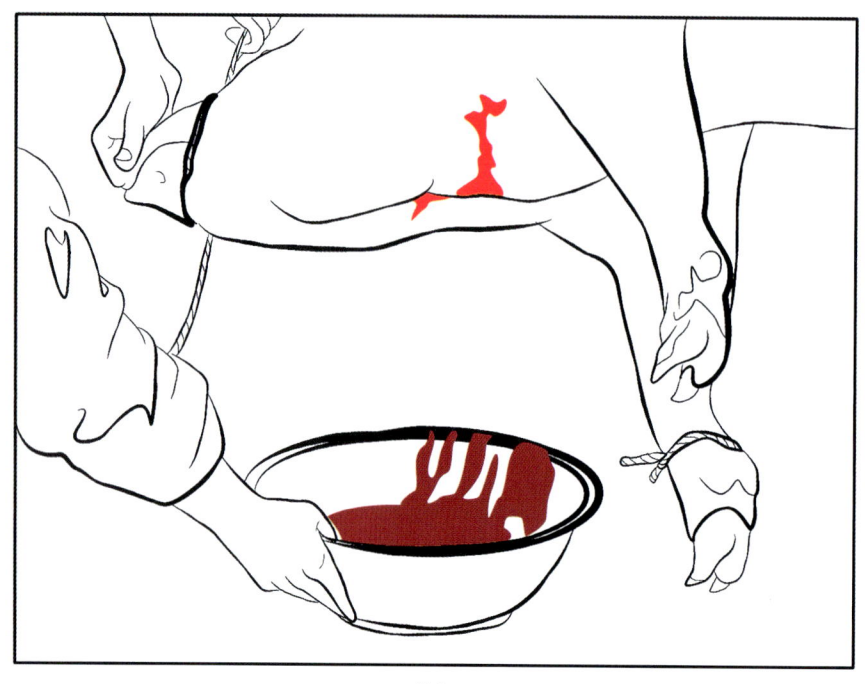

放血

图四 哈尼族白旺取血示意图

图五 哈尼族白旺食用情境图

哈尼族稻田鱼

图一 哈尼族五香蒸鱼主图

本案例为云南省红河州红河县哈尼族稻田鱼。古有云:"宁吃鲜鲫一口,不吃它鱼一席"。自古以来,人们就认为鲫鱼是十分鲜美香嫩的。而在哀牢山和无量山的大山里也有这鲜美的鲫鱼,这便是生长在哈尼族人梯田里的稻田鱼,稻田里养鱼、养泥鳅是哈尼族几千年以来一直流传至今的传统。

哈尼族的梯田里一年四季都有水,不但满足了稻谷的生长环境,还是各种水生物适宜寄居的场所。这其中稻田鱼就是最具代表性的伴生生物。在每年春天播种之际,与水稻的秧苗一同放到梯田中。鱼以稻田里的稻谷花粉和昆虫为食,排出的粪便又能成为稻谷的有机肥料。两者和谐共生、相得益彰,共同构成了可循环的生态系统。稻田鱼的生长很快,一季亩产可达30公斤。(王清华:《梯田文化论——哈尼族生态农业》,昆明:云南人民出版社,2010,第98页。)每当水稻收获之时也是稻田鱼长成肥美之时。这个时候田里就会吸引一批孩子前来抓鱼。撮箕是哈尼族传统的捕鱼工具,双手持撮箕看到有鱼时弯下腰来,屏气凝神、目不转睛地将其插进水里，然后迅速向上捞出。这样鱼自然就落到了撮箕上，整个动作十分连贯，一起一落构成了完美的弧线。田里的孩子乐此不疲地重复着这个过程，传统的技艺在他们身上得以世代相传。捕捉的稻田鱼可带回家烹饪。具体的制作过程是：将新鲜的稻田鱼清洗干净以后先放到油中炸香，炸至金黄后捞出。然后放到木甑里蒸制，最后在出锅时撒上辣椒末、芫荽等佐料便可以上桌食用了，这样制作的鱼口感酥脆而且便于长久保存，是哈尼族传统的烹饪稻田鱼的方式。

哈尼族梯田出产的稻田鱼不同于城市里吃饲料长大的鱼，这种鱼肉质鲜美，连鱼鳞都细软可食，是真正的天然绿色食品。哈尼族人善于利用自身生长的自然环境，每到秋季收获的不仅仅是金灿灿的稻谷还有活蹦乱跳的鲜鱼，共同构成了可循环的生态农业系统。

图片来源

图一　梁一铭　制图
图二　赵娅清　摄影
图三　高淑慧　摄影
图四　井欣萌　制图
图五　赵娅清　制图

图二　哈尼族稻田鱼图

图三　哈尼族稻捕鱼撮箕

图四 哈尼族稻田鱼丰收图

图五 哈尼族稻田鱼捕捞示意图

第三章 哈尼族传统餐饮

157

哈尼族豆豉

图一 哈尼族豆豉主图

本案例为云南省红河州红河县哈尼族豆豉。哈尼族豆豉远近闻名,在哈尼族饮食文化中起到重要的作用。在哈尼族人家里几乎都制作并存储这种豆豉,因此命名为"哈尼豆豉"。哈尼族人口中常说:"宁可三日不吃油,豆豉顿顿不能少。"可见豆豉在哈尼族人的饮食生活中的重要地位。

哈尼族豆豉是采用哈尼梯田中出产的黄豆,将黄豆在井水中淘洗干净,去除豆上的浮尘。将豆子在锅里煮到烂熟后捞出,放到纱布里,然后放到背阴处发酵。发酵的时间是有严格要求的,发酵时间过长会发苦,发酵时间不够就没有醇厚的味道。发酵后的黄豆要捣成豆泥,与豆秆烧成的灰烬融合在一起,再加入野蒿子的汁水充分搅拌均匀,捏制成鸡蛋大小的圆团。放在充足的阳光下晾晒干燥后便制作成功了,放到竹筒里可存放一年。哈尼族豆豉的用途十分广泛,可以用来煮螺蛳、泥鳅、鲫鱼、芋菜等当地特产,也可以用来炒竹笋、茄子、蕨菜、胡萝卜等蔬菜,甚至在日常制作蘸水时也少不了加入豆豉。哈尼族豆豉既可以有效去除食材的腥味,又可以增加菜品的鲜味。哈尼族豆豉还可入药,豆豉性平微苦。当肠胃胀痛、腹泻时可将豆豉烧焦后放入水中冲开服下,便可缓解不适,效果很好。

看似平凡的豆豉当与任何食材搭配烹饪后便迸发出惊人味道,使得哈尼族人的饮食充满张力和活力,在舌尖上回味无穷。哈尼族豆豉是哈尼族人世代相传的味道与手艺,是哈尼族饮食文化的一个缩影。

图片来源

图一 赵娅清 摄影
图二 王英 摄影
图三 赵娅清 制图
图四 刘翔宇 摄影

黄豆　　　　　　　　　　野蒿子　　　　　　　　　豆秆灰烬

图二　哈尼族豆豉食材分析图

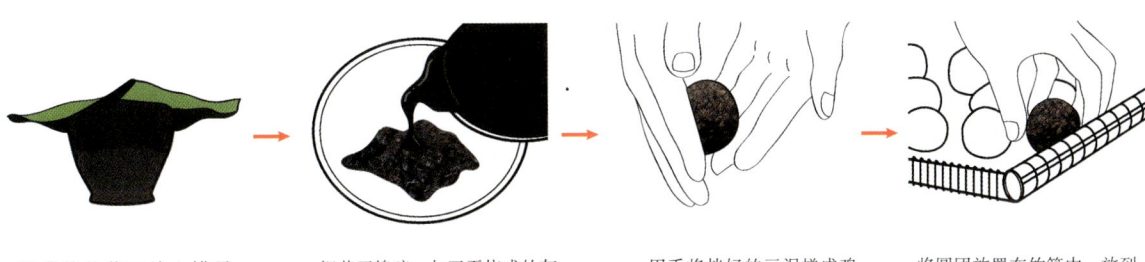

把煮熟的黄豆放入罐子中，罐口加盖一层荷叶，放到背阴处发酵

把黄豆捣碎，与豆干烧成的灰烬充分搅拌在一起

用手将拌好的豆泥搓成鸡蛋大小的圆团

将圆团放置在竹篮中，放到太阳下晾凉干燥

图三　哈尼族豆豉制作流程图

图四　哈尼族豆豉烹饪图

第三章　哈尼族传统餐饮

哈尼族火烧鳝鱼

图一 哈尼族火烧鳝鱼主图

本案例为云南省红河州红河县哈尼族火烧鳝鱼。不滥用农药的哈尼族稻田十分适宜鳝鱼的生长。在插秧前，梯田中随处可见野生鳝鱼。在哈尼族村寨几乎家家都会制作鳝鱼干，干的鳝鱼便于存储，一年四季随时可以食用。鳝鱼与多种食材相搭配，可以变换成多道风味美食。

黄鳝昼伏夜出，因此每到傍晚鳝鱼便会钻出泥地觅食，这是抓鳝鱼的好时机。这时候梯田上到处是举着火把，腰挎竹篓，抓鳝鱼的哈尼族青少年。他们三五成群，欢快地忙碌着。哈尼族人深谙抓捕鳝鱼的动作要领：脚步要轻、动作要快、下手要猛，只有这样才能抓住鳝鱼，不让它们溜走。刚刚捕捉的鳝鱼需要放入火塘中，用刚燃烧过的柴火灰烬将其烧死后，从灰烬中取出，然后去除头、骨、肚里的杂物。最后，用铁丝将其一条条地串起来，挂在屋檐下晾干。伴随着水分地慢慢蒸发就会成为别具风味的鳝鱼干。鳝鱼干可以与酸笋、芋菜一起炖煮，再加入薄荷、辣椒、花椒等配菜，味道十分酸辣爽口，是哈尼族人家常见的做法。也可以先将鳝鱼煮熟，滤干水分后和生姜、大蒜、盐等佐料一起捣碎，制作成一道可口的下酒菜。

鳝鱼肉质鲜美，营养丰富。鳝鱼每百克

含蛋白质18克，脂肪1.4克（蔡威著：《食物营养学》，上海交通大学出版社，2006，第182页。），几乎不含有碳水化合物，是低热量、高蛋白的理想食物。可见，哈尼族梯田中的野生鳝鱼是大自然对于这个山地民族的馈赠，千百年来哈尼族人敬畏山林、保卫山林，造就了良好的自然循环系统，保证了野生黄鳝可以如此连绵不断，福泽众生。

图片来源

图一　高淑慧　摄影
图二、图三　温清格　制图
图四　梁一铭　制图
图五　王英　摄影

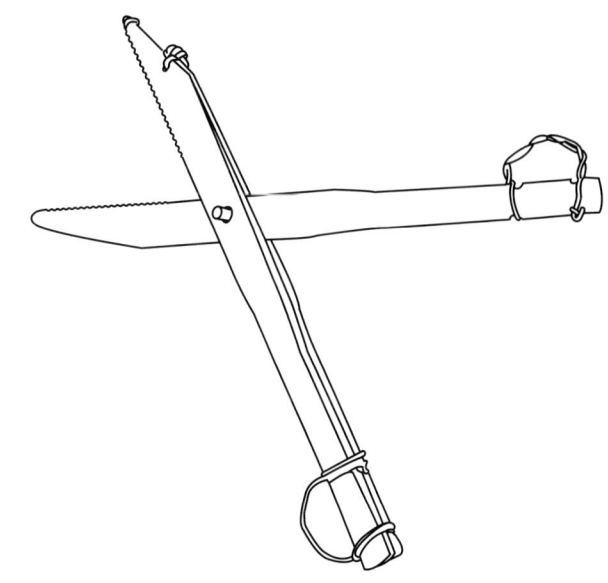

图二　哈尼族捕鳝鱼的工具鳝鱼夹

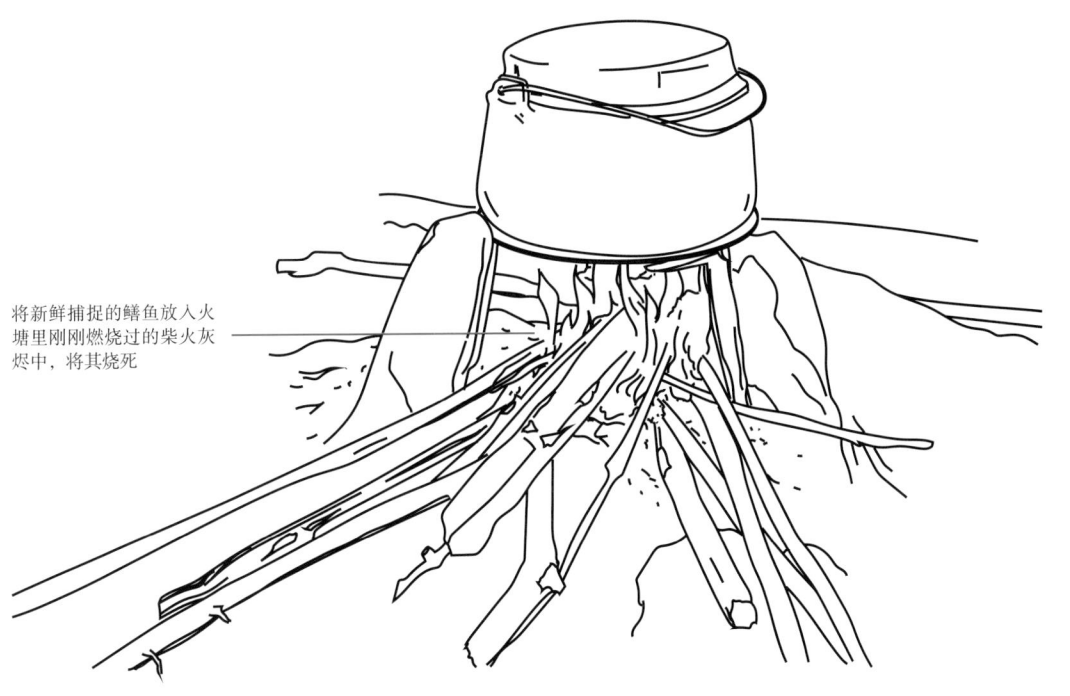

将新鲜捕捉的鳝鱼放入火塘里刚刚燃烧过的柴火灰烬中，将其烧死

图三　哈尼族火烧鳝鱼火塘图

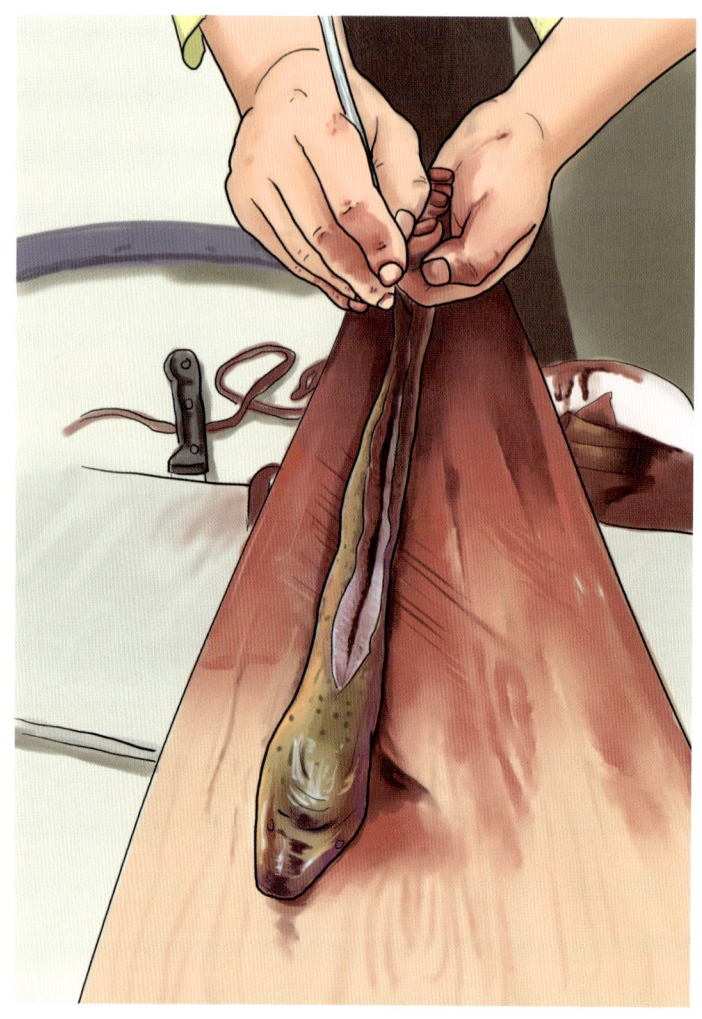

图四 哈尼族鳝鱼处理分析图

鳝鱼干　　　　　　芋菜　　　　　　酸笋

图五 哈尼族顿火烧鳝鱼食材分析图

哈尼族鸡汤稀饭

图一　哈尼族鸡汤稀饭主图

本案例为云南省红河州红河县哈尼族鸡汤稀饭。鸡汤稀饭哈尼语称为"欠玛",是鸡肉和本地产的上乘米一起熬成的粥。哈尼族人视之为滋补佳品,是一般平日里不常吃到的珍贵美味。哈尼族十分好客,鸡汤稀饭是招待客人时餐桌上的必备佳肴。

鸡汤稀饭的用料十分讲究,一般只采用自己喂养的母鸡,重约750～1000克,集市上饲养的鸡是不予采用的。米的选用也是十分严格,一般会选择质量上乘的紫米或者糯米。制作鸡汤稀饭首先要将宰杀的土鸡褪毛除去内脏清洗干净并且砍成小块,然后准备250～400克的紫米或糯米,将其淘洗干净。最后一同放入锅里,用慢火慢慢煨煮,直到锅内的米软烂,鸡肉成熟后加入适量的盐、姜丝、细葱末调味即可出锅食用。在这个过程中要十分注意不要放入香草之类的香料,不然煮出的鸡汤稀饭就会失去大米天然的香气也会令鸡肉的味道减淡,影响鸡汤稀饭的口感。

哈尼族梯田出产的紫米是他们世代种植的古老品种,被誉为"长寿米"。其中含有丰富的花青素,是滋阴补气的佳品。鸡肉性平味甘,可健脾益气,养五脏,补精髓。（施奠邦著：《中医食疗营养学》,人民卫生出版社,1988,第22页。）哈尼族煮米粥中加入鸡肉,起到画龙点睛的作用。米的软糯甜香和鸡肉的自然鲜香相融合,成就了哈尼族人世代相传的滋补美味。

图片来源

图一　刘翔宇　摄影
图二　王英　摄影
图三　赵娅清　制图
图四　白建雄　摄影
图五　梁一铭　制图

母鸡　　　糯米　　　紫米

图二　哈尼族鸡汤稀饭食材分析图

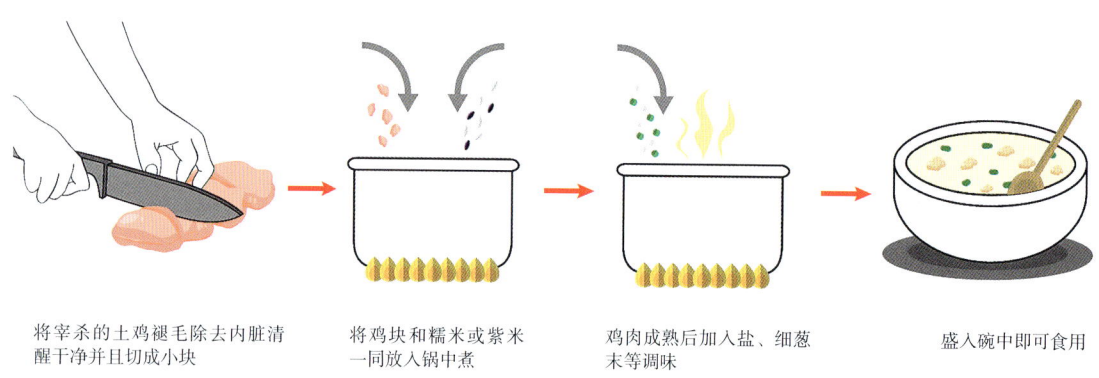

将宰杀的土鸡褪毛除去内脏清洗干净并且切成小块　　将鸡块和糯米或紫米一同放入锅中煮　　鸡肉成熟后加入盐、细葱末等调味　　盛入碗中即可食用

图三　哈尼族鸡汤稀饭制作流程图

图四　哈尼族鸡汤稀饭种植糯米图

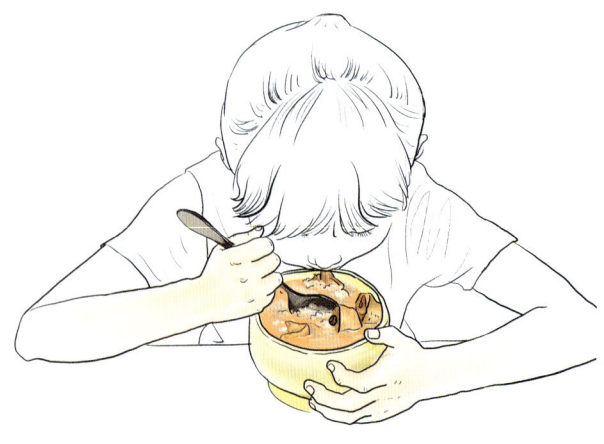

图五　哈尼族鸡汤稀饭食用情境图

哈尼族凉拌蜂蛹

图一　哈尼族凉拌蜂蛹主图

本案例为云南省红河州红河县哈尼族凉拌蜂蛹。蜂蛹体内含有丰富的蛋白质和低脂肪，还有人体所需的氨基酸、维生素和微量元素。因此蜂蛹获得了"天上人参"的美誉。在哈尼族生活的大山中生长着很多野蜂，哈尼族人就地取材，把抓来的蜂蛹做成可口的美食。其中，凉拌蜂蛹就是哈尼族人餐桌上常见的开胃小菜。

蜂蛹一般指的是黄蜂或者胡蜂等野蜂的幼虫和蛹，它们生长在蜂巢房内，靠吃蜂王浆和蜜水长大。野蜂一般将巢筑在山中的青松树上或者山中的土洞旁。在郁郁葱葱的大山中，抓蜂蛹是有讲究的，要在夜晚抓捕蜂蛹。因为野蜂白天的攻击性极强，被野蜂叮蜇会引起发烧甚至会有生命危险。野蜂怕烟，猎人趁着天黑用火把猛地朝蜂巢烧去，野蜂会被惊动飞出蜂巢。趁其不备，猎人立即将蜂巢打下装入麻袋中。（牛宾国，庞连兴：《民族网情录》，河北少年儿童出版社，1995，第79页。）哈尼族人将抓来的蜂蛹或凉拌，或油炸。凉拌蜂蛹的吃法简单，首先先用沸水焯一下，捞出来后控干放凉。再加入切好的小米辣椒、芫荽、葱、蒜等配料拌匀，加入少许的盐就制作完成了。凉拌的蜂蛹嚼劲十足且清香爽口，是上好的下酒菜。

食蜂蛹可以补血益肾，其中维生素A的含量大大超过牛奶、肉类和蛋黄，仅次于鱼肝油,而其含有的维生素D是鱼肝油的10倍。(张雪军,罗运超:《中国独特非药物疗法全书》,华夏出版社,1996,第327页。)蜂蛹含有多种氨基酸,其中8种是人体必需的氨基酸,图六中列举了不同日龄雄蜂蛹的氨基酸含量。蜂蛹还有保护心血管、防止癌症的发生的功效。可见凉拌蜂蛹是一道哈尼族人民创造的保健养生菜肴。

图片来源
图一、图三　高淑慧　摄影
图二、图五　温清格　制图
图四　王英　摄影
图六　曾志将. 蜜蜂生物学. 北京:中国农业出版社,2007:261.

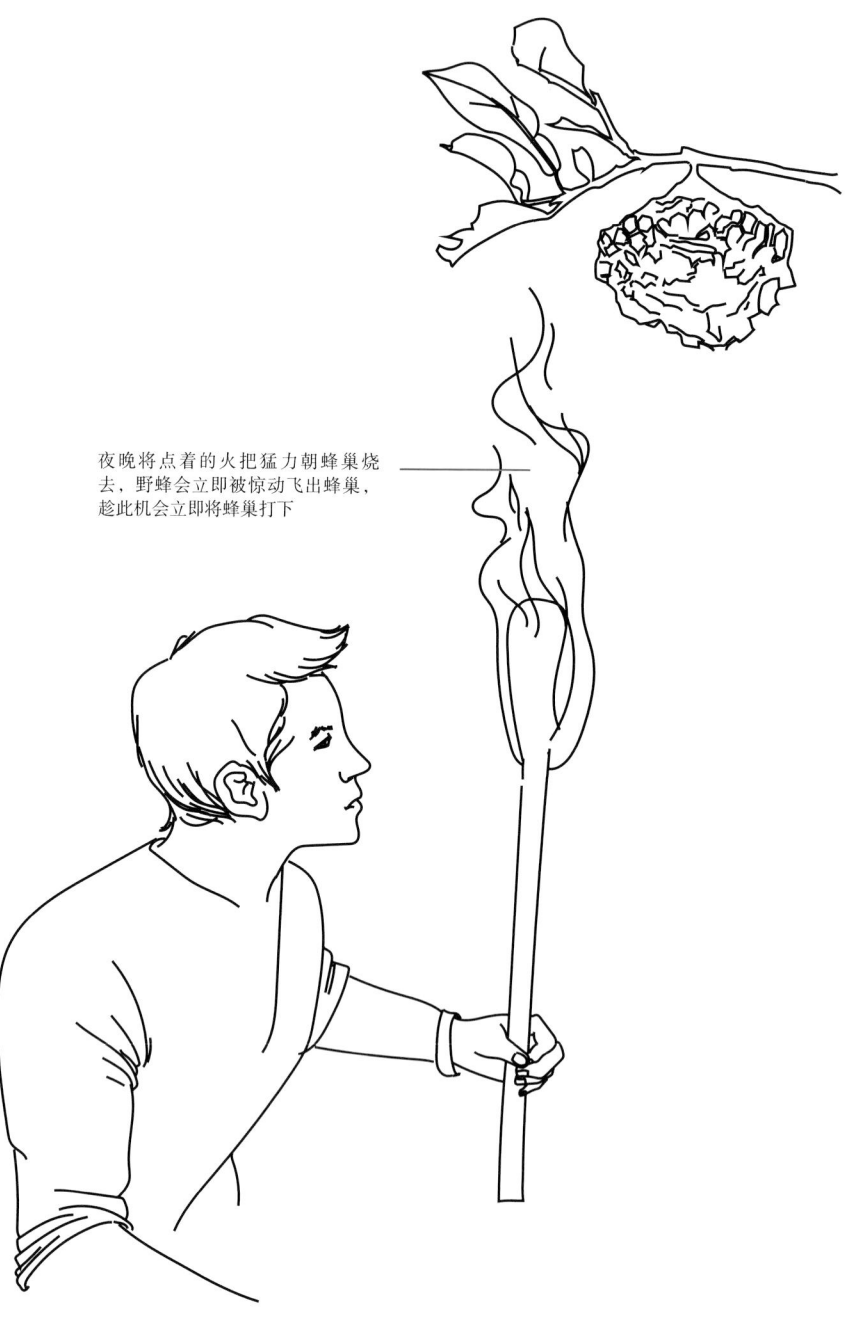

夜晚将点着的火把猛力朝蜂巢烧去,野蜂会立即被惊动飞出蜂巢,趁此机会立即将蜂巢打下

图二　哈尼族抓蜂蛹分析图

图三 哈尼族蜂窝效果示意图

蜂蛹　　　　　　　小米辣椒　　　　　　芫荽

葱　　　　　　　　蒜

图四 哈尼族凉拌蜂蛹食材分析图

第三章 哈尼族传统餐饮

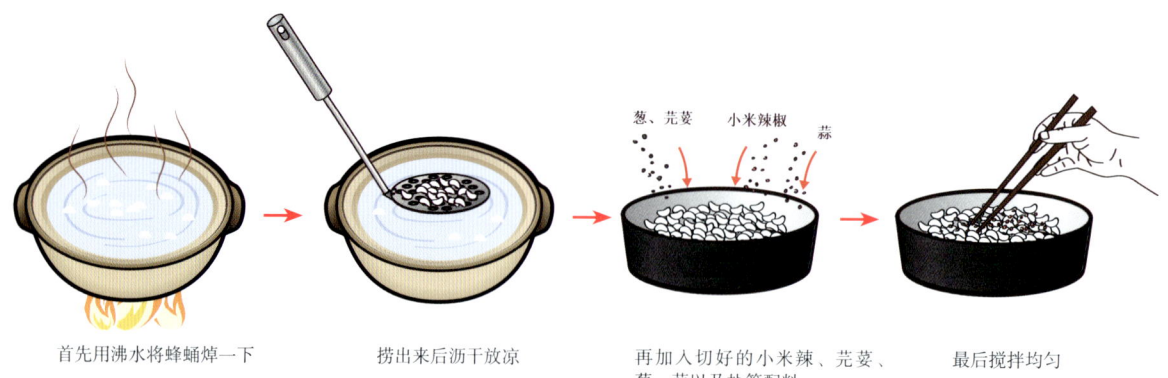

图五 哈尼族凉拌蜂蛹作流程图

日龄（日）	13	15	20	22
天门冬氨酸	3.167	3.318	3.064	4.506
苏氨酸	1.362	1.414	7.508	2.257
丝氨酸	1.459	1.502	1.711	2.541
谷氨酸	5.231	5.209	4.268	6.488
脯氨酸	2.243	2.081	2.376	3.797
甘氨酸	1.637	1.520	1.873	3.044
丙氨酸	1.827	1.884	2.182	4.088
胱氨酸	0.109	0.157	—	0.459
氨酸	1.477	1.704	1.948	2.788
蛋氨酸	0.032	0.181	0.109	0.895
异亮氨酸	1.191	1.436	1.542	2.402
亮氨酸	2.220	2..413	2.696	3.981
酪氨酸	1.635	2.025	2.143	2.994
苯丙氨酸	0.735	1.847	0.673	2.246
赖氨酸	2.561	1.187	2.222	1.851
组氨酸	1.064	1.206	2.647	1.799
精氨酸	1.170	1.545	1.773	2.694
总含量	29.120	30.627	32.735	48.789
单个幼虫干物质量	80.66	71.04	59.25	51.12
单个幼虫氨基酸含量	23.4	21.67	19.30	24.86

图六 不同日龄雄蜂蛹的氨基酸含量表

哈尼族焖锅酒

图一 哈尼族制作焖锅酒主图

本案例为云南省元江县羊街乡哈尼族焖锅酒。哈尼族人民热爱喝酒,更善酿酒。每到山里的粮食长成收割以后,村寨里的各家各户便会用新粮食,例如稻谷、麦子、玉米、高粱等为原料酿造焖锅酒。哈尼族酿造焖锅酒的历史十分久远,原产于红河县垤玛、三村哈尼山乡。而今,焖锅酒依然保留着古法酿造,保障了酒的原汁原味。

焖锅酒的制作过程非常复杂精细,要先将原料放入甑里蒸煮数小时,将煮烂后的谷物放到干净的房顶上摊平晾开,加入酒曲搅拌均匀。放入罐中密封发酵十几天或者一两个月。制作好酒糟后便可进行焖锅酒的制作了,焖锅酒采用铜锅内流式的提取蒸馏法。

将酒糟倒入木甑的底部摊平，上面放置一个陶盆。木甑的顶端盖上一个铜锅，为了保障制作过程的密封性，一般会在木甑上缠裹一圈厚厚的棉布，这样就能保障甑与铜锅之间不会漏气。一切就绪后就可以进行烧酒的制作了，给木甑持续加热，在底部加热的同时向顶部的铜锅中注入凉水。此时，木甑内持续加热的酒糟所产生的热蒸气向上升腾到冰冷的铜锅壁上便会凝结成水珠。铜锅底部特殊的锥形设计会让水珠顺利流下滴入预先放置的陶盆中。如此循环往复便会得到醇香的焖锅酒了。焖锅酒的制作过程是极不容易控制的，一般只有经验丰富的哈尼族老者才深谙这酿酒的秘诀。

当哈尼族重要节日或者有远方的客人到来时，醇厚甘甜的焖锅酒总会是餐桌上的必备。端起一碗焖锅酒，再唱上一曲哈巴（民歌），便会使人最直观地感受到哈尼族人的热情豪爽。这美酒佳肴中包含着少数民族兄弟姐妹的浓情厚谊。当然，一坛好酒的品质离不开好的酿酒工具。在千百年的实践中，哈尼族人不断改进酿酒工具的设计，不断优化其实用功能，使之最大程度地满足日常酿酒的需要。

图片来源

图一　战怡菲　制图
图二　刘翔宇　摄影
图三至图五　赵娅清　制图
图六　梁一铭　制图

图二　哈尼族制作焖锅酒工具木甑图

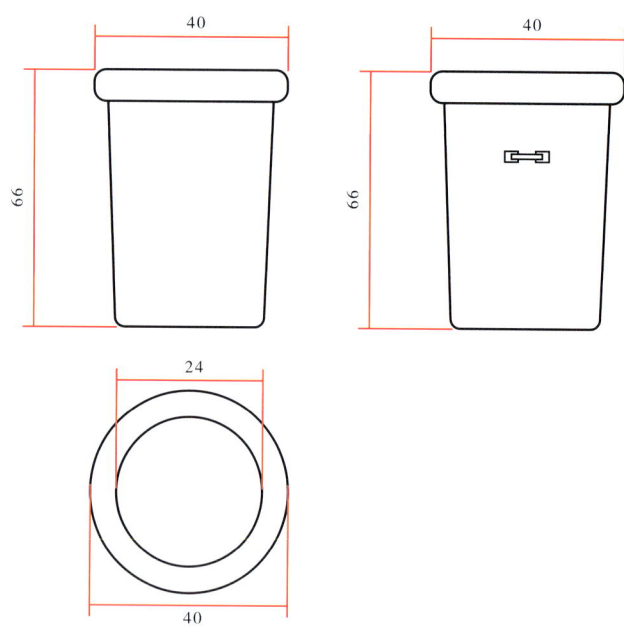

图三　哈尼族制作焖锅酒工具木甑尺寸图（单位：cm）

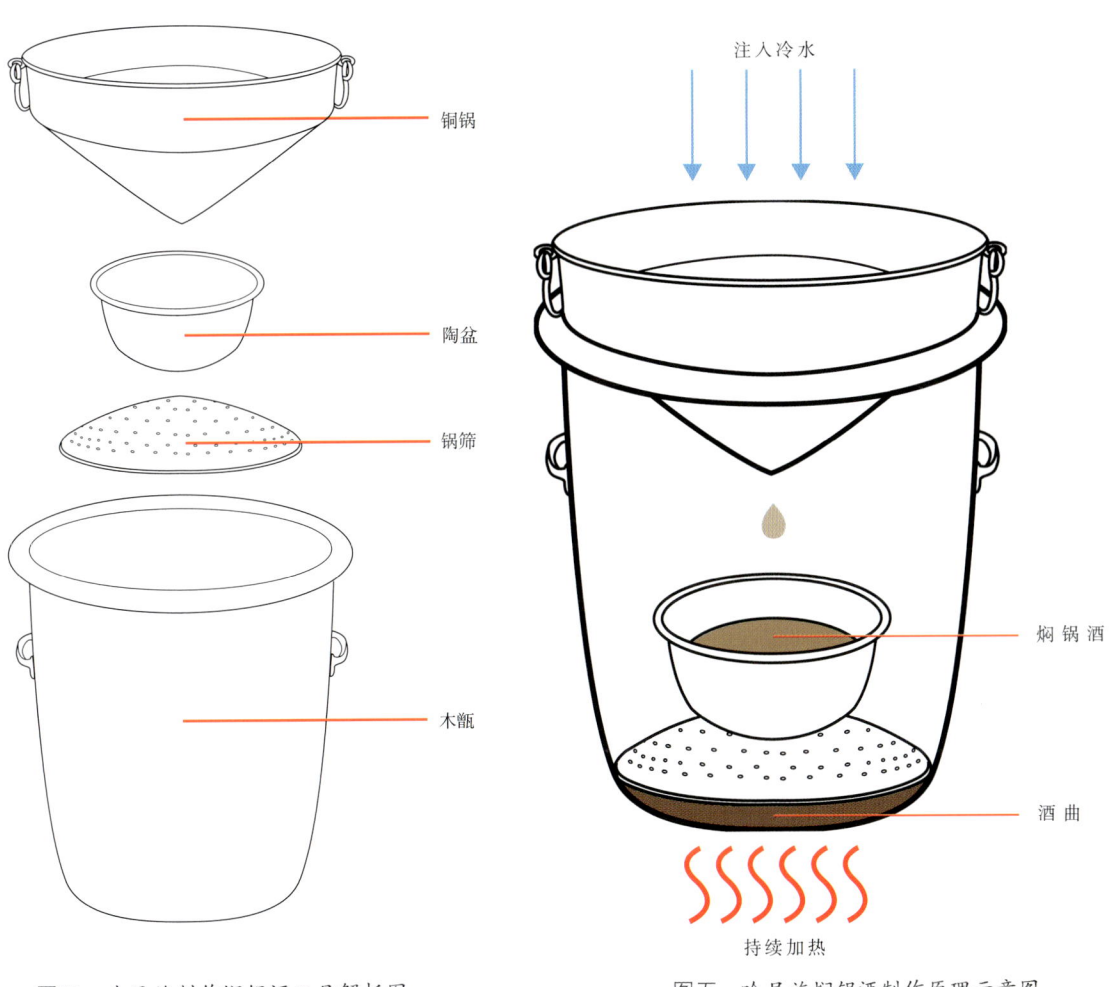

图四 哈尼族制作焖锅酒工具解析图

图五 哈尼族焖锅酒制作原理示意图

图六 哈尼族焖锅酒饮用情境图

171

哈尼族魔芋

图一 哈尼族魔芋主图

本案例为云南省红河州红县哈尼族魔芋。魔芋长相花哨，扇形叶，有斑斓的皮肤，让人容易想到蛇，有妖冶气，或者说有"魔"气，因此得名魔芋。（张家荣：《云南味道》，三联书店，2015，第62页。）在哈尼族村寨房前屋后的空地上都有种植的魔芋，使得哈尼族人一直保有食魔芋的传统。

魔芋可食用的部分为地下的块茎，是扁圆状的块状物，表皮为棕褐色，削皮后为白色。魔芋不可生吃，有剧毒，需要加工后食用。哈尼族人十分善于加工魔芋，魔芋片是常见的储存魔芋的方法。将新挖回家的魔芋削皮后制成魔芋泥，因为魔芋中的毒素需要用碱水才能去除，而草木灰水可以去除这种毒素，并且会使魔芋会很快凝结成块。所以用燃烧过的柴火的灰烬加水搅拌过滤后与魔芋泥充分搅拌在一起，最后将结成块的魔芋切成厚约2厘米的长方块放到锅中蒸熟即可。这种方法便于魔芋的保存，当食用时再取出稍稍加工就可享用。哈尼族人烹调魔芋的方式十分多样，可以凉拌、炒菜，也可做汤。例如凉拌魔芋是将魔芋与韭菜、苤菜根、姜丝等佐料一起拌匀装盘。炒魔芋是将魔芋与哈尼豆豉或肉等一起搭配烹饪，便成就了哈尼族人餐桌上的寻常小菜。

由于土壤环境，哈尼族村寨种植的魔芋根茎叶十分硕大，一个魔芋球径有的就可达到4公斤。天然的环境赋予了魔芋得天独厚的生长环境，其自身含有大量的葡甘露聚糖，具有极高的药用价值，能有效降脂、美容、保健的绿色食品。

图片来源
图一　刘翔宇　摄影
图二、图四　赵斯凡　制图
图三　战菲怡　制图

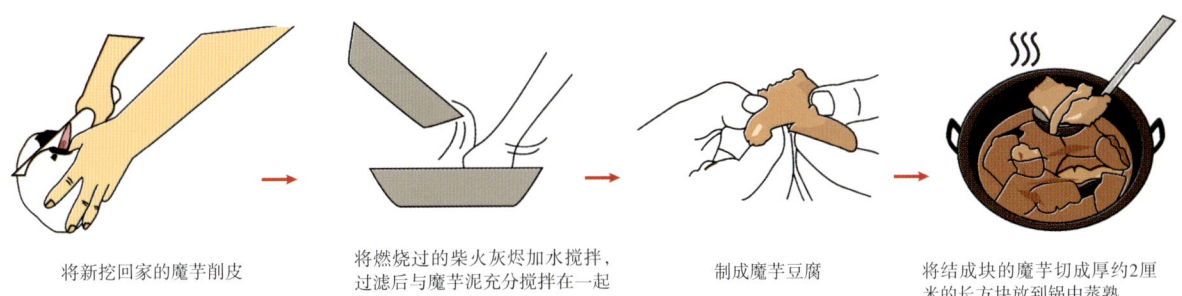

图二 哈尼族魔芋制作流程图

图三 哈尼族刨魔芋示意图

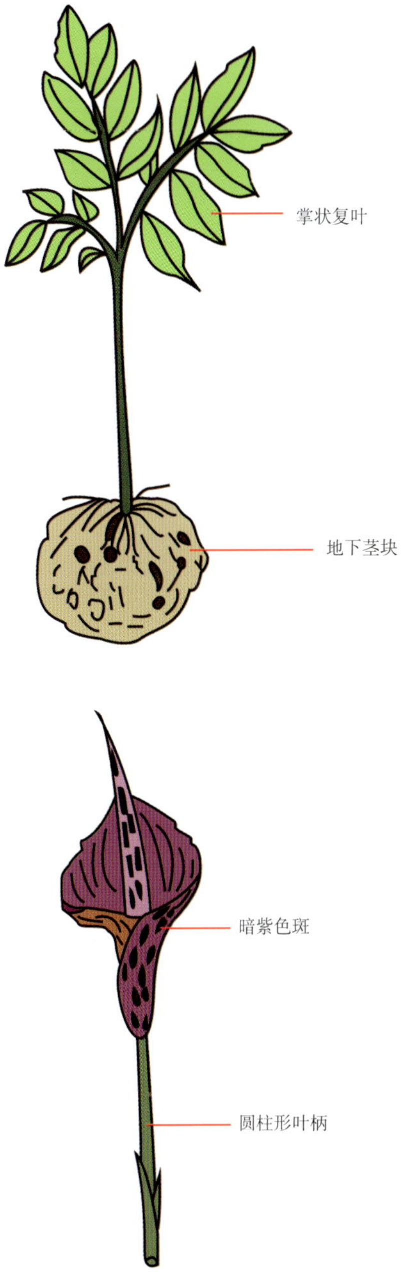

图四 哈尼族魔芋结构名称图

第三章 哈尼族传统餐饮

哈尼族泥鳅钻豆腐

图一　哈尼族泥鳅钻豆腐主图

本案例为云南省红河州红河县哈尼族泥鳅钻豆腐。泥鳅常年生活在哈尼族水田中，哈尼族人称"阿究"，是药食同源的食材。哈尼族用来治疗肿瘤。同时，泥鳅也是哈尼族人家中经常烹饪的美味。泥鳅钻豆腐这道菜的名字是由于在烹饪的过程中不断地加热使泥鳅无处躲藏就会不停地拼命往豆腐里钻以避热而得名，十分形象生动，是一道非常可口的下饭菜。（杨久云，诸锡斌：《哈尼族传统药物探究》，中国科学技术出版社，2015，第213页。）

抓捕泥鳅需要使用哈尼族传统的抓捕工具——泥鳅剑。这是哈尼族古老的捕捞工具，对使用者的要求很高，有经验的哈尼族人才能熟练使用。当发现水中有泥鳅时，要瞄准猎物，像射箭一般，迅速将泥鳅剑插入水中，然后慢慢挑起。整个动作快速连贯，一气呵成。将从田里抓来的泥鳅放入装有清水的盆中，放置一天，待其吐尽体内的泥沙。接着，准备豆腐约800克，切成方块。将豆腐和泥鳅一同放入锅中，加水一起煮，随着锅中温度的不断升高，泥鳅便会活蹦乱跳，而豆腐的沸点较低，因此泥鳅便会钻进豆腐里面。等到锅中豆腐起泡，表面有孔眼时向锅中放入盐、胡椒粉、料酒、葱姜末调味后就可以出锅食用了。

在田间劳作十分消耗体力，需要补充蛋白质和适当的荤菜。经济实惠的豆腐是补充蛋白质的首选，泥鳅是自己田里野生或是饲养的。泥鳅和豆腐的口感都十分鲜滑可口，汤汁也鲜美甘醇，是只有在哈尼族村寨才能吃到的独有美味。

图片来源

图一　何卓嫔　制图
图二　赵娅清　制图
图三　井欣萌　制图
图四　王英　摄影
图五　高瞻　制图

图二　哈尼族泥鳅剑示意图

图三　哈尼族捕捉泥鳅示意图

图四　哈尼族泥鳅钻豆腐食材分析图

图五　哈尼族泥鳅钻豆腐烹饪图

哈尼族牛干巴

图一 哈尼族牛干巴主图

本案例为云南省红河州红河县哈尼族牛干巴。红河县牛的品种主要分为水牛和黄牛两种，水牛是耕田的主要生产工具。水牛的肉质较粗不及黄牛的肉质口感好。黄牛属亚热带山地黄牛，皮毛多呈红棕色，体质结实，耐热耐旱。黄牛基本为闲养，专供食用。（罗德胤等：《哈尼梯田村寨》，中国建筑工业出版社，2013，第219页。）因此，红河县的牛干巴均是采用当地黄牛为原料制成的。

制作牛干巴需要选用肥瘦均匀的黄牛肉，将新鲜的黄牛肉切成宽3～5厘米，长20～30厘米的细条，装入大盆中备用。向盆中加入盐、辣椒、花椒、茴香、八角、草果面和料酒，不断反复搓揉，腌制1～2天。最后用竹条穿入牛肉中，将其悬挂在厨房或者火塘上方，用做饭时的烟火将牛肉熏干，待到肉由红色变为褐色时即可。这样制作而成的牛干巴可保存1～3年不变质。制作好的牛干巴用火烤熟后就可以直接食用，去田地劳作时，带上一块牛干巴搭配米饭可成一顿有滋有味的午餐。牛干巴也可以烹调成多样的菜品。例如，独具哈尼风味的踩干巴，先将干巴牛肉用木甑蒸熟或者包裹芭蕉叶在火塘中捂热。然后用刀背敲打干巴，将其牛肉纤维敲软。然后顺着肉的走向手撕成细条。最后将其与辣椒、姜、蒜一起爆炒即可。牛干巴还可以制作成油炸干巴，也可以搭配酸笋一起煮。

牛干巴为风干的牛肉干，这是一种古老的保存食物的方式。至今，哈尼族依然保留着这种原始的饮食传统。经过时间的沉淀，牛干巴的口感愈发地厚重而沉稳。

图片来源
图一　罗德胤等．哈尼梯田村寨．北京：中国建筑工业出版社，2013：219.
图二　王英　摄影
图三　赵思凡　制图
图四　刘翔宇　摄影
图五　赵娅清　制图

图二　哈尼族牛干巴食材分析图

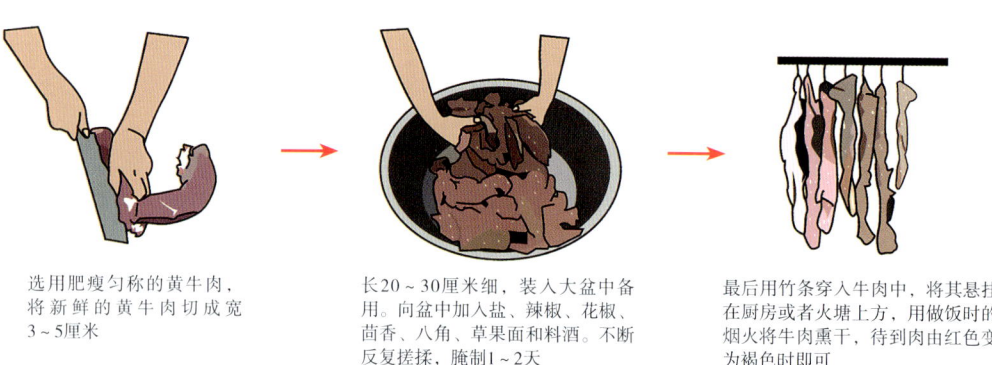

图三　哈尼族牛干巴制作流程图

图四　哈尼族辣炒干巴图

图五　哈尼族牛干巴食用情境图

哈尼族糯米粑粑

图一　哈尼族糯米粑粑主图

本案例为云南省玉溪市元江县那诺乡哈尼族糯米粑粑。除了大米以外哈尼族人还喜欢食用另一种主食——糯米。粑粑，是哈尼族人对于团状食品的总称。因此，糯米粑粑即是用糯米做成的团状面食，深受哈尼族人的喜爱。

在哈尼族村庄里家家户户都会制作糯米粑粑。制作糯米粑粑的原料通常会选用紫糯米或白糯米。首先，将糯米放到盆里，浸泡3~8小时。其次，把米的水分控干后放入木甑里蒸，大约需要2~4个小时。再次，到了舂糯米的环节，在舂糯米粑粑时通常是村寨里的男女老少通力合作，在充满欢声笑语的捶打劳作中也使得彼此的关系更加融洽。舂糯米一般会用到脚舂，这是哈尼族古老的工具，世代相传一直沿用至今。舂糯米一般是男人的事情，因为糯米的黏性需要操作者有十足的力气和技巧。主妇们把蒸透的糯米趁热取出倒入碓臼里，然后家里的男主人会娴熟的踩动脚臼的踏板，一快一慢，有节奏地敲打着糯米饭，直到米团变得细腻香浓时就可以将其拿出。将舂好的米团倒入簸箕里。最后，用手按压成圆饼的形状。一般形状为厚约2厘米直径约15~20厘米的圆饼，并且逐一用芭蕉叶包裹好。做好的糯米粑粑可以蘸上一点白砂糖或红糖直接食用也可以放到火塘上烤制或者油炸食用。糯米粑粑是每个出嫁的女儿回到娘家必备的礼品，也是主人招待宾客的上好食品。

糯米是一种黏性极强的粮食作物，粑粑的形状又是圆形，象征着团圆，所以哈尼族人将其视为民族凝聚力的象征。在重大的节日和祭祀场合人们都会制作这种糯米粑粑来庆祝族群的兴旺，也祈祷来年的五谷丰登。

图片来源
图一　李嘉华　摄影
图二　温清格　制图
图三　赵思凡　制图
图四　李安娜　制图
图五　白建雄　摄影

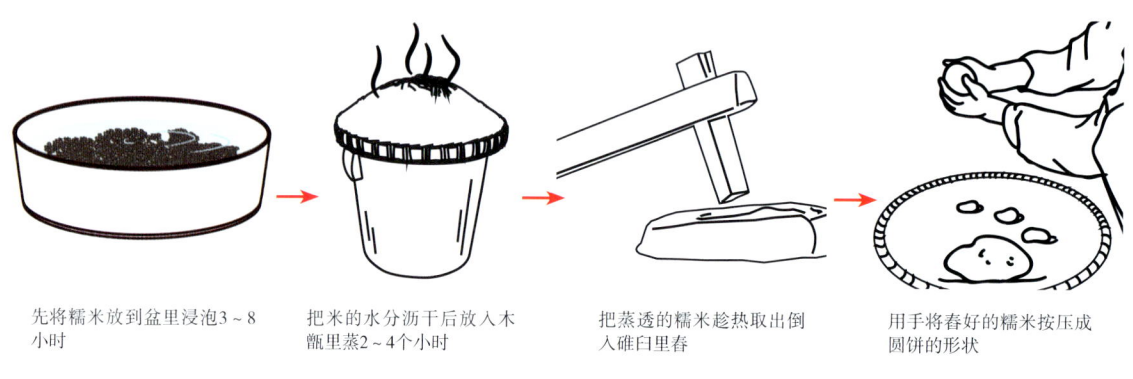

先将糯米放到盆里浸泡3~8小时　　把米的水分沥干后放入木甑里蒸2~4个小时　　把蒸透的糯米趁热取出倒入碓臼里舂　　用手将舂好的糯米按压成圆饼的形状

图二　哈尼族糯米粑粑制作流程图

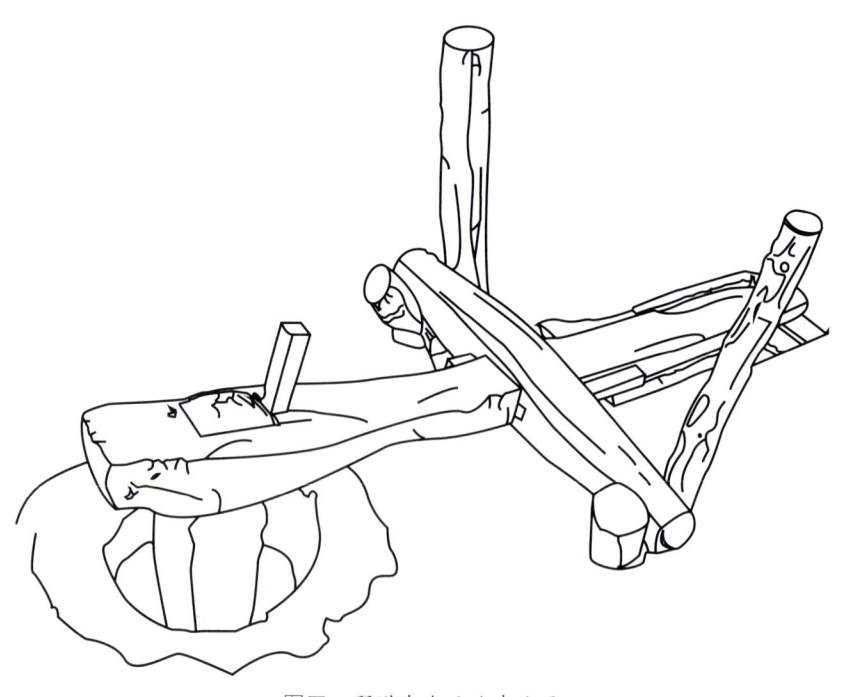

图三　那诺乡哈尼族脚碓图

图四 哈尼族脚碓操作示意图

图五 哈尼族舂糯米粑粑情境图

第三章 哈尼族传统餐饮

181

哈尼族烧豆腐

图一　哈尼族烧豆腐主图

本案例为云南省红河州红河县哈尼族烧豆腐。哈尼族人的生活离不开火塘，所谓火塘就是屋里重要的位置上点一堆火，这是烹饪的地方，也兼具着照明、取暖的功效。火塘是团聚或者庆祝节日的重要场所，一家人可以围坐在火塘的周围欢聚畅饮。有了火塘自然就可以在周围烧烤食物，例如土豆、玉米、茄子还有豆腐。哈尼族的特色美食烧豆腐就是人们在火塘边发明的独特美食。

哈尼族烧豆腐是将新鲜刚做好的豆腐放在通风的地方晾晒2~3天，使豆腐本身的水分蒸发，让其自然地长毛、发臭。这样的臭豆腐再上炉烤才别有一番风味。制作烧豆腐的过程十分简单易于操作，方形的烧烤桌中间是圆形的洞，洞里放置一个铁锅，铁锅上架有烧烤架。铁锅内燃烧的木炭不断产生热量使得豆腐的表皮逐渐膨胀开来，表面逐渐金黄。待到双面金黄时便可从炉中拿下然后慢慢地用手掰开享用。人们还可以根据自身口味的需要蘸上由甜酱油、辣椒、花椒共同组成的蘸水，抑或者是由花生碎、花椒、味精、盐组成的干的佐料。

在哈尼族聚居的红河县城到处可以看到卖烧豆腐的小店，一个简易的烤炉上面整齐地摆满了方块状的豆腐，客人们围坐在周围，边烤边吃，尽情地享受着这脆香至极、馥郁馨香的美味。虽然现在火塘逐渐退出了人们的生活，但是这种火塘边的传统小吃却日新月异地焕发着新的生机。

图片来源
图一至图四　刘翔宇　摄影
图五　温清格　制图

图二　哈尼族烧豆腐食材分析图

图三　哈尼族烧豆腐烹饪图

图四 哈尼族烧豆腐蘸料图

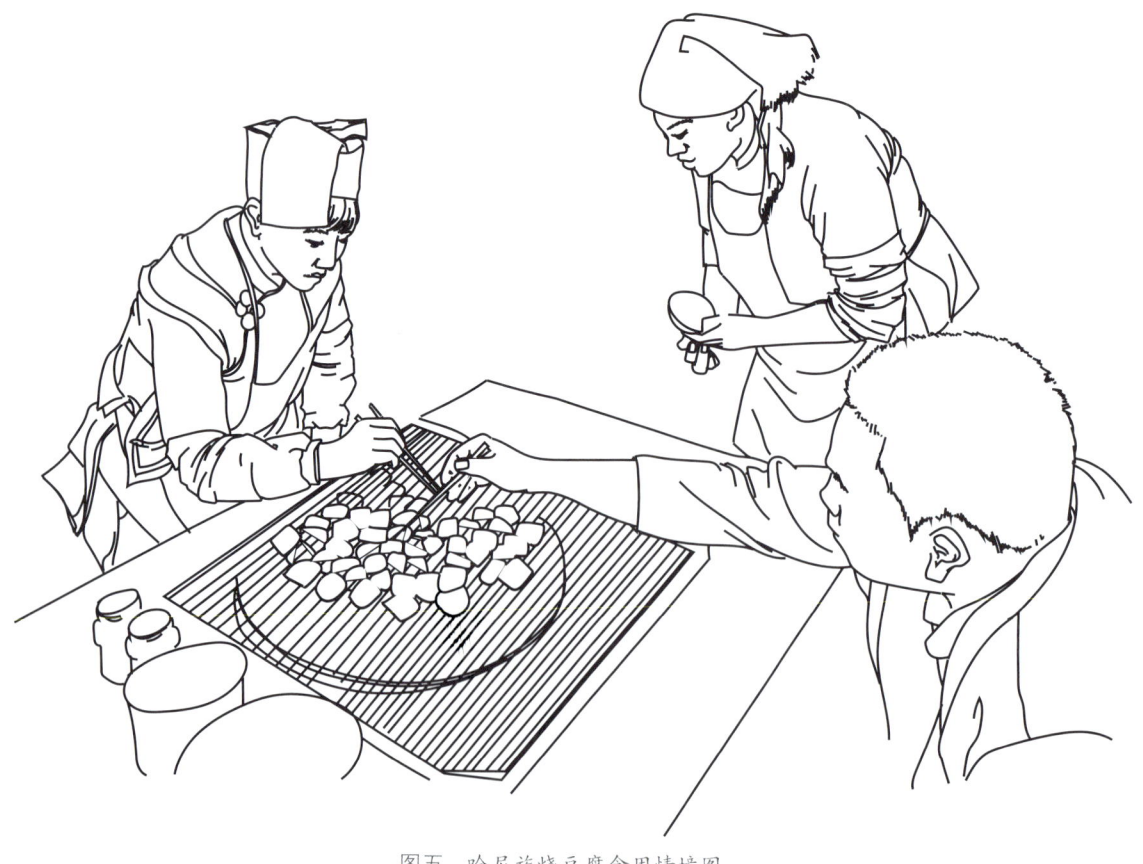

图五 哈尼族烧豆腐食用情境图

哈尼族生蒸饭

图一　哈尼族生蒸饭主图

　　云南省红河州红河县哈尼族生蒸饭，在哈尼语中称为"和车"，是哈尼族人世代相传的古老蒸饭方式。生蒸饭是指先将米蒸至半熟后加水搅拌好，需要时再取出蒸至全熟的蒸饭方式。

　　制作生蒸饭的过程考究，首先将大米冷水浸泡两小时以上，而后将大米的水分控干倒入木甑中。木甑是一种古老的蒸饭工具，云南红河县哈尼族的木甑多是采用攀枝花木为原料。木甑呈圆筒状，上口径比下口径稍大，将其凿成空管状，在底部1/3处加一篾制的箅。（黄绍文：《诺玛阿美到哀牢山：哈尼族文化地理研究》，云南民族出版社，2007，第219页。）米放入木甑后盖上竹制的锅盖蒸两个小时，米蒸至半熟即可，然后将米倒入一个大木盆中，加开水不停地搅拌、拍打。在搅拌的过程中要注意加入的开水的量，如果过少，会导致煮出的饭口感过硬不容易消化，如果加入开水过多会导致米饭过软。经过上述步骤后的米饭即可储存起来，当有需要时，便可取出适当的饭在甑子上蒸熟食用。尤其是在哈尼族农忙之时，午餐要在田间食用。一般都会带上生蒸饭，因为这种饭水分少硬度大、咀嚼费力、干香可口，具有很强的抗饿性，十分适合强体力劳动者食用。（王清华：《梯田文化论：哈尼族生态农业》，云南人民出版社，2010，第59页。）

从古至今哈尼族人一直保留有生蒸饭的传统，外出劳作、婚丧嫁娶、宴请亲朋时都会采用蒸饭方式。生蒸饭不但能保留米粒的香味和营养，还能保障米饭不易变馊，还有抗饿的功效。因此，生蒸饭深得哈尼族人民的喜爱。

图片来源
图一　赵娅清　摄影
图二、图三　刘翔宇　摄影
图四、图五　赵斯凡　制图
图六、图七　梁一铭　制图

图二　哈尼族生蒸饭工具木甑图

图三　哈尼族生蒸饭工具木甑蒸底图

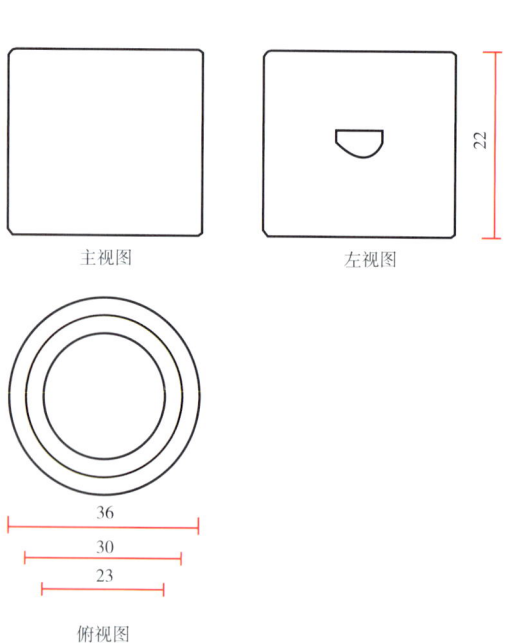

图四　哈尼族生蒸饭工具木甑尺寸图（单位：cm）

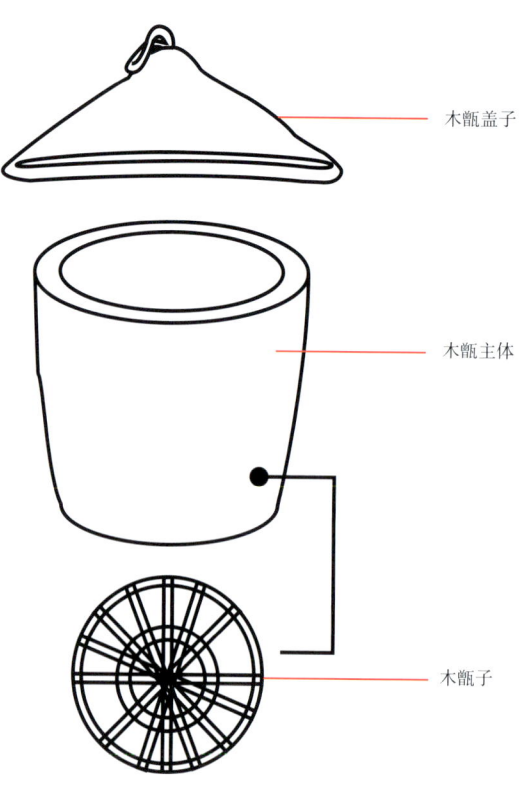

图五　哈尼族生蒸饭工具木甑解析图

图六　哈尼族插秧图

图七　哈尼族生蒸饭烹饪图

第三章　哈尼族传统餐饮

哈尼族酸笋煮螺蛳

图一 哈尼族酸笋煮螺蛳主图

本案例为云南省红河州红河县哈尼族酸笋煮螺蛳。哈尼族主要分布在哀牢山和无量山山脉，得天独厚的自然环境赋予了人们充足的绿色生态美食。山中遍布竹林，哈尼族人十分擅长用竹子制作成十分美味的佳肴。酸笋煮螺蛳就是其中十分常见的一道哈尼族美食。春夏季节的雨后将新鲜的竹笋砍下后制作成酸笋。螺蛳常见于哈尼族的梯田中，生长在梯田里的螺蛳虽个头不大但是各个皮薄肉厚。

制作好的酸笋是极为百搭的食材，在煮青菜、番茄等蔬菜时可以加入酸笋增加味道。在煮荤菜时加入酸笋可以有效去除荤腥味，增加鲜味。烹饪酸笋螺蛳的步骤十分简单，先将抓来的螺蛳放入装有清水的盆中，放置2～3日让螺蛳在水中吐尽沙粒，然后剪去螺蛳的尾部，这样能有效地去除螺蛳体内的脏物。待锅中油热后放入酸笋，炒香后将处理好的螺蛳倒入锅中翻炒数下，待其水分炒干后加入清水炖煮。煮沸后加入花椒、辣椒、薄荷等进行调味，搅拌均匀即可出锅食用。酸辣口味的酸笋螺蛳会令人胃口大增，十分下饭。并且哈尼族人嘬食螺蛳也是十分在行的，先用筷子将螺蛳的肉从口部顶到底部，然后用手堵住出气口，用嘴轻轻一吸螺蛳肉便顺利地进入口中，整个过程简单有趣。

哈尼族人善于就地取材，擅长利用大自然赋予的天然食物。螺蛳肉含有大量的维生素A和维生素D，有清热利水的功效。（申却骄，姚鸣春：《中医营养学》，中医古籍出版社，1990，第66页。）竹笋、螺蛳皆是天然之物，哈尼族人巧妙地将其搭配在一起，入口令人味浓生津、齿颊留香，别具一番风味。

图片来源

图一　何卓嫔　制图
图二　王英　摄影
图三、图五　赵思凡　制图
图四　高瞻　制图

螺蛳　　　酸笋　　　花椒　　　薄荷　　　辣椒

图二　哈尼族酸笋煮螺蛳食材分析图

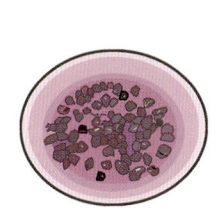 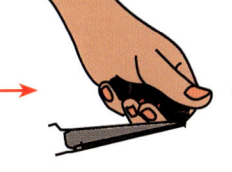  

先将抓来的螺蛳放入盛有清水的盆中，放置2~3日让螺蛳在水中吐尽沙粒

剪去螺蛳的尾部，这样能有效地去除螺蛳体内的脏物

待其水分炒干后加入清水炖煮。煮沸后加入花椒、辣椒、薄荷等进行调味，搅拌均匀即可出锅食用

待锅中油热后放入酸笋，炒香后将处理好的螺蛳倒入锅中翻炒数下

图三　哈尼族酸笋煮螺蛳制作流程图

图四　哈尼族捞螺蛳图

图五　哈尼族酸笋煮螺蛳食用情境图

哈尼族蟹肉圆子

图一 哈尼族蟹肉圆子主图

本案例为云南省西双版纳州勐腊县哈尼族蟹肉圆子。蟹肉圆子是哈尼族的传统名菜，哈尼族人称之为"爱开加勒"。蟹肉圆子是生活在西双版纳的哈尼族人在庆祝"克腊年"时的必备菜肴，蟹是选用稻田里生长的，将新鲜的蟹肉取出剁成泥状，再制作成丸子大小。蟹肉圆子本身鲜美的口感一直深受哈尼族人喜爱。

制作蟹肉圆子对食材的选择很重要。一定要选用在稻田里自然生长的螃蟹，这样的螃蟹肉质紧实，带有天然的鲜甜口感。把抓来的螃蟹身上的泥沙清洗干净，将蟹肉剥好与苤菜根一起放到春臼里春细。接下来进入螃蟹肉的腌制环节，也是决定这道菜味道的关键步骤。将事先准备好的螃蟹肉放入盆中，然后放入少许的盐、胡椒粉、辣椒粉等佐料进行腌制。适当的胡椒粉可以有效地去除肉里的腥味，而辣椒粉是这道菜独特风味的关键所在。不同于其他地方对蟹肉的烹饪，哈尼族人在制作蟹肉圆子里还是不肯抛弃自身对于辣椒的喜爱，因此这道蟹肉圆子的味道是鲜美中带着辛辣，会令人食欲大增。最后，将码好味的蟹肉用手团成直径约3厘米的圆子，放入锅中炖煮，锅中水开便制作完成了。

有别于其他民族烹饪螃蟹的做法，哈尼族人把蟹肉加工成肉圆子，加入哈尼族人喜爱的苤菜根、辣椒等食材，这样既保留了蟹肉味道的至美又独具哈尼族山乡特色。

图片来源
图一　魏溥均　制图
图二　王英　　摄影
图三　温清格　制图
图四　赵斯凡　制图
图五　梁一铭　制图

图二　哈尼族蟹肉圆子食材分析图

螃蟹　　　茇菜根　　　胡椒粉　　　盐　　　辣椒粉

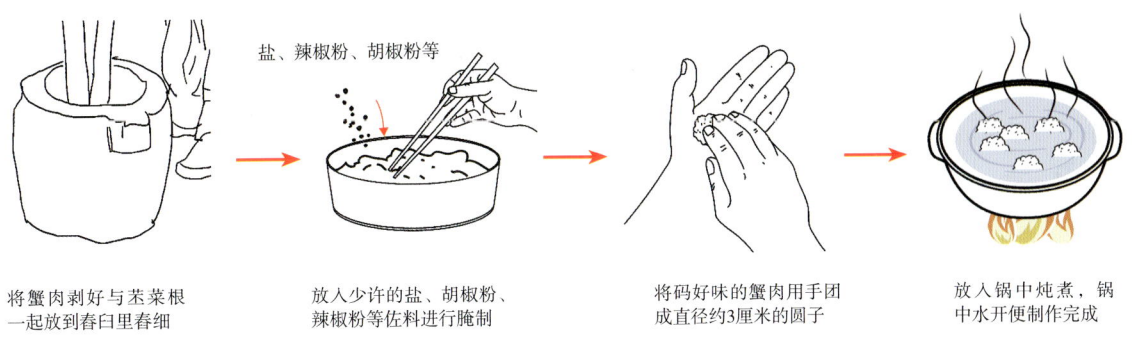

将蟹肉剥好与茇菜根一起放到舂臼里舂细　　放入少许的盐、胡椒粉、辣椒粉等佐料进行腌制　　将码好味的蟹肉用手团成直径约3厘米的圆子　　放入锅中炖煮，锅中水开便制作完成

图三　哈尼族蟹肉圆子制作流程图

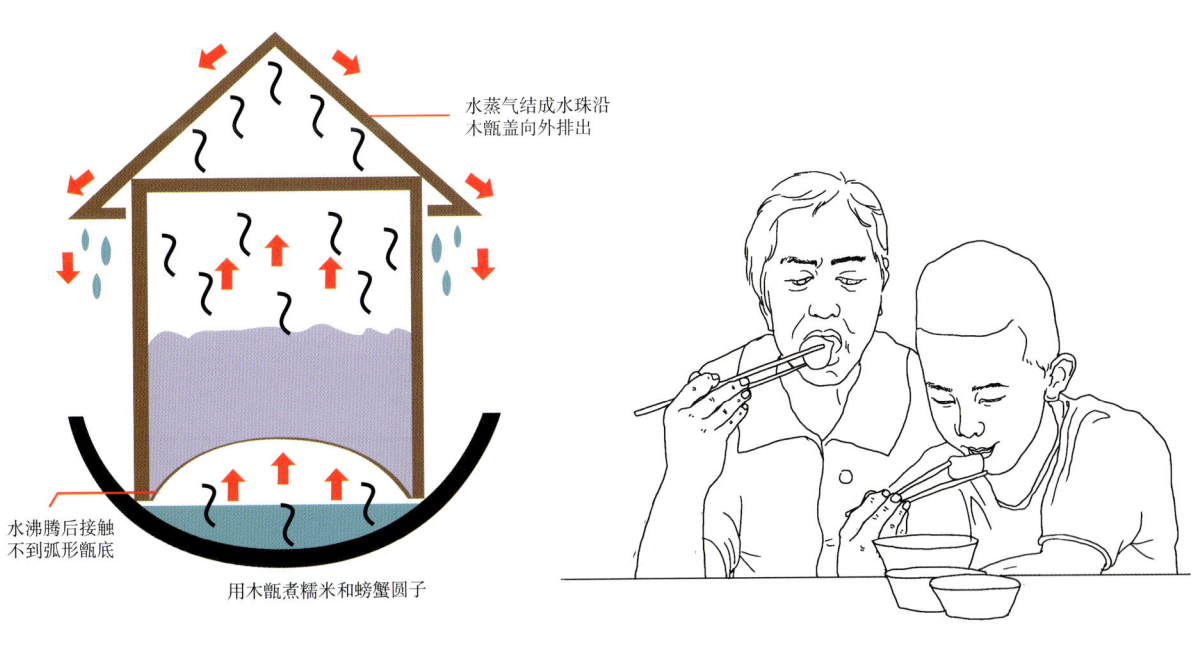

水蒸气结成水珠沿木甑盖向外排出

水沸腾后接触不到弧形甑底

用木甑煮糯米和螃蟹圆子

图四　哈尼族蟹肉圆子制作原理图　　　　图五　哈尼族蟹肉圆子食用情境图

第三章　哈尼族传统餐饮

191

哈尼族炸竹虫

图一　哈尼族炸竹虫主图

　　本案例为云南省红河州红河县哈尼族炸竹虫。在云南民间流行的十八怪顺口溜中就有"竹虫蚂蚁炸盘菜"的说法，可以看出云南人有食昆虫的传统，这是云南特殊的环境气候因素导致的。其中，在哈尼族人的饮食习惯中，食竹虫是哈尼族人餐桌上司空见惯的美味佳肴。竹虫又叫竹蛆，它寄生在竹筒内，以吃幼嫩的竹笋为生。到秋季竹虫体肥后，那便是抓捕竹虫的最佳时机了。

　　当竹尖发黄就说明这棵竹子里有虫子寄生，就可用刀将竹茎砍开，取出竹虫。有时一个竹筒里会寄生100～200个，身长约为2.5厘米。将捉来的竹虫先放入热水中烫死，然后捞出备用。待其晾干后将竹虫下入三成热的热油中炸，待其表皮金黄后捞出。装入盘中后撒上椒盐就可食用，是佐酒下饭的好搭档。炸出的新鲜竹虫有着类似奶香的独特味道，色泽金黄，放入口中香脆可口。在哈尼族还有一种独特的吃法，就是将竹虫炸香后，再和大蒜、生姜、小米椒等佐料一起捣碎后食用。就成了一道开胃小菜。

　　竹虫会蚕食破坏整片竹林，是竹林中的害虫。因此哈尼族人将其抓来油炸食用，既能补充高蛋白质，也能保护竹林的茂密葱郁。哈尼族作为一个山地农业民族深知自己脚下的这片土地，对身处的自然环境有着深刻的认识。他们尊重自然、适应自然同时也懂得利用自然。

"一动就是肉，一绿就是菜"，在哈尼族人眼中田间地头中到处是原生态的山野美味，他们用智慧创造出了这道独具特色的山林美味。

图片来源
图一　赵娅清　摄影
图二　王英　摄影
图三、图五　赵斯凡　制图
图四　李淑梅　制图

竹虫　　　食用油　　　椒盐

图二　哈尼族炸竹虫食材分析图

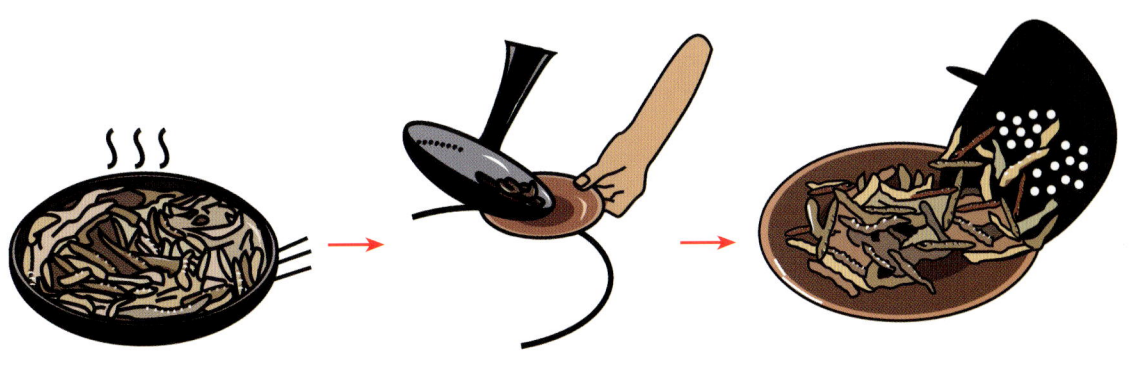

将竹虫下入三成热的油中油炸　　待其表皮金黄油亮后捞出　　装入盘中后撒上椒盐就可食用

图三　哈尼族炸竹虫制作流程图

图四　哈尼族捕虫示意图　　　　图五　哈尼族炸竹虫食用情境图

哈尼族蘸水

图一　哈尼族蘸水主图

哈尼族人烹调食物的方式一般比较简单，以水煮居多，例如煮肉就是用水煮的方式，煮菜也是水煮不放油盐。因此，增鲜提味的秘诀全靠一碗蘸水，蘸水虽然制作简单但是调味品却十分丰富。

在哈尼族的饮食习惯中十分讲究制作一碗美味的蘸水，这是哈尼族饮食佐餐的鲜明特色。几乎是每一道菜都要配有一碗蘸水，肉有肉的蘸水，菜有菜的蘸水。蘸水的主要配料是基本相同的，主要有芫荽、葱、姜、大蒜、花椒、香柳、苤菜根、小米椒、哈尼豆豉等多种食材。蘸水的汤料有些差别，当制作肉的蘸水时要用煮肉的原汤，制作菜的蘸水要用煮菜的原汤。同样，蘸水的主料也是各有不同。例如著名的哈尼蘸水鸭的蘸水的制作就颇为讲究，要在香柳、苤菜、芫荽等配料的基础上配鸭肠、鸭肝、鸭蛋等主料，最后再浇上一勺鸭汤便制作完成了。一碗鸭蘸水需要多达20多种食材搭配而成，在餐桌上既是一碗蘸料也能成为一道菜。

哈尼族食用的蘸水不仅能去除食材的异味，还能激发食材的美味，是当之无愧的"和之美者"。多种原料调配出来的复合香味会使人胃口大增，同时一碗蘸水中所呈现出的多重色彩也给人们在饮食的同时带了丰富的视觉享受。

图片来源
图一　赵娅清　摄影
图二　王英　摄影
图三　赵斯凡　制图
图四、图五　温清格　摄影

图二　哈尼族鸭肉蘸水食材分析图

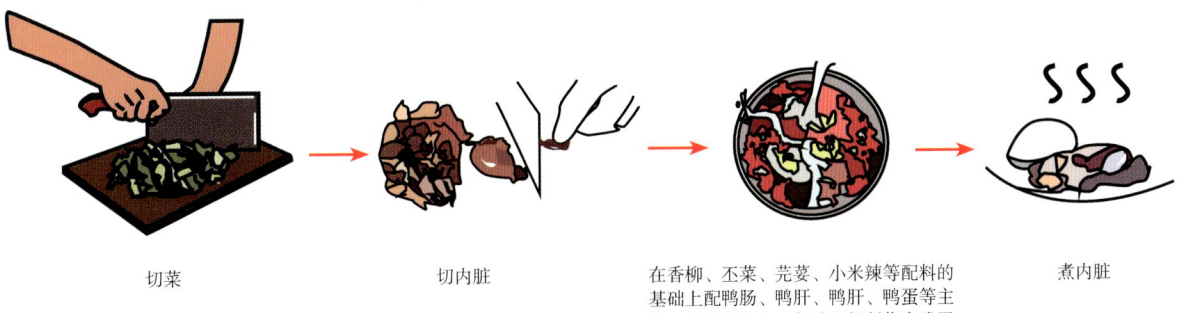

图三　哈尼族鸭肉蘸水制作流程图

图四　哈尼族牛肉蘸水图

图五　哈尼族鸡肉蘸水图

哈尼族竹筒茶

图一　哈尼族竹筒茶主图

本案例为云南省西双版纳州勐海县哈尼族竹筒茶。茶在哈尼族人的日常生活扮演着重要的角色，连庄重的祭祀活动，茶也是必不可少的，正所谓"无茶不祭"。可见，哈尼族是一个好饮茶的民族。由于哈尼族多分布在海拔800~2500多米的山地地带，云雾缭绕的山地气候加之微酸性的土壤环境十分适合茶树的生长。

哈尼族出产的茶多为大叶茶，这种茶叶的品质往往优于红茶和小叶种茶。大叶茶芽叶肥厚，有独特的清香。哈尼族竹筒茶的原料就是当地新鲜采摘下来的一尖两叶或者三叶的茶为原料。先把茶叶放到铁锅中用小火翻炒杀青，然后用手搓揉茶叶，搓揉的时间越长越好。将搓揉好的茶叶放入事先准备好的新鲜竹筒里，压实茶叶后放入火塘边慢慢烘烤，加热烤制的过程中能让竹子水分析出，充分地融合到茶叶中去。晾凉后进行第二次烘烤，此次烘烤是为了让茶叶尽快干透，蒸发茶叶的水分。经过两次烘烤后将竹筒茶放置在阴凉处就可长久保存了。这种方式制作的茶介于绿茶与红茶之间，是适合用哈尼族人家的土陶罐煮的茶叶。竹筒茶兼具了竹子和茶叶的清香，味道甘甜，入口层次饱满。

哈尼族人的生活离不开茶，婚丧嫁娶的重要场合都需要用到茶，例如在嫁女儿时父母的准备的嫁妆中就要有茶叶，寓意婚后的生活先苦后甜。茶是热情好客的哈尼族人待客的必备品，只要有客人进门定要为客人倒上一杯热茶。人们围坐在火塘边品尝煨煮的"土锅茶"是哈尼族独到的茶饮文化，构成了别具特色的民族风情。（陈永邺著：《欢腾的盛宴——哈尼族长街宴研究》，云南大学出版社，2009，第163页。）

图片来源

图一　赵娅清　摄影
图二、图三　赵娅清　制图
图四　温清格　制图
图五　梁一铭　制图

图二　哈尼族竹筒茶原料图

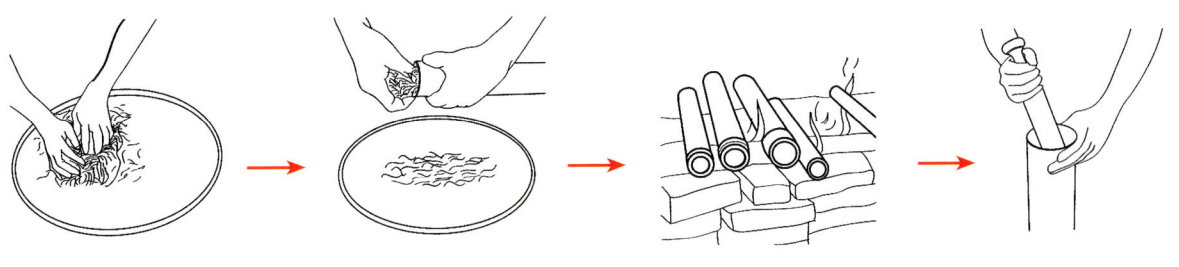

| 用手搓揉茶叶,搓揉的时间越长越好 | 将搓揉好的茶叶放入事先准备好的新鲜竹筒里面 | 放入炉中烤制,热烤制的过程中能让竹子水分析出,充分地融合到茶叶中去 | 塞入竹筒后慢慢压实茶叶 |

图三　哈尼族竹筒茶制作流程图

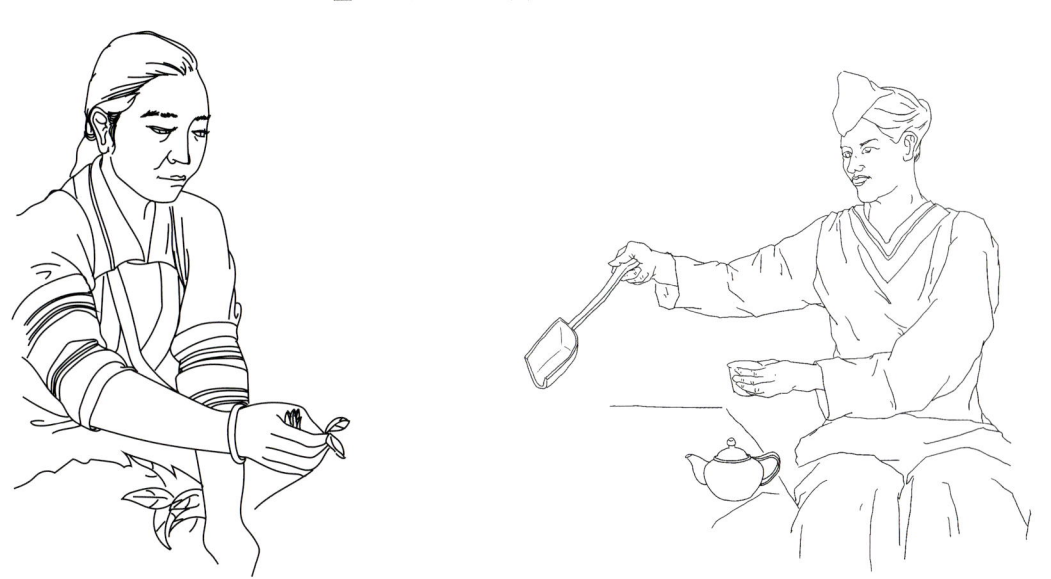

图四　哈尼族采茶示意图　　　　图五　哈尼族竹筒茶饮用情境图

第三章　哈尼族传统餐饮

哈尼族竹筒鸡

图一 哈尼族竹筒鸡主图

本案例为云南省红河州绿春县哈尼族竹筒鸡。一方水土养育一方人，哈尼族世代居住在盛产竹子的地方。哈尼族人日常的饮食、出行、建筑等各个方面无不体现着对竹子的认识和利用。竹筒鸡即有竹子的清香又有鸡肉的鲜美，是庆祝节日时必不可少的美味佳肴。在哈尼族民间故事《为什么鸡叫太阳就出来》中就提到，太阳听到大公鸡的叫声才能消除恐惧无私地给大地带来光明和温暖。因此在"十月年"长街宴中，鸡肉是神圣的象征，是天神的代表。（陈永邺：《欢腾的盛宴——哈尼族长街宴研究》，云南大学出版社，2009，第162页。）

竹筒鸡色、香、味、形一应俱全，是哈尼族传统菜中的代表之一。只有当高贵的客人到来时，哈尼族人才会制作这道古朴的美食供远方的宾客品尝。制作竹筒鸡一般会选择重约1500克的当地嫩公鸡。首先将新宰杀的鸡剔除内脏并清洗干净，把鸡肉切成方块。然后将鸡块、鸡肝、鸡胗放入容器中，再放入葱段和姜片各20克、咸酱油和甜酱油各50克、盐10克、胡椒2克、味精3克，主料和调料一起搅拌均匀，腌制半个小时。接下来，选取一根长约30~35厘米、直径约10~15厘米的竹筒，将加工好的鸡肉倒入竹筒内，需要用萝卜块塞满竹筒口。最后，燃烧柴火对竹筒进行加热，不停地翻动竹筒使竹筒内部受热均匀。约一个小时以后，竹筒内的食材成熟后便制作完成。（云南省饮食服务公司：《云南烹饪荟萃》，中国食品出版社，1988，第112页。）

赖以生存的环境决定了一个民族寻求饮食的空间、场所以及所能获得的饮食品种，形成一个民族的饮食特色文化。（中央民族大学哈尼学研究所编：《中国哈尼学》，云南民族出版社，2000，第181页）哈尼族人因地制宜，创造出了独具地方特色的饮食文化。用竹筒烹制的美味既是对哈尼族古老的用竹传统的继承也是现代人所推崇的绿色健康的烹饪方式。

图片来源
图一、图三　赵娅清　摄影
图二　王英　摄影
图四　温清格　制图

| 嫩公鸡肉 | 葱 | 姜片 | 酱油 | 盐 | 花椒 | 味精 |

图二　哈尼族竹筒鸡食材分析图

图三　哈尼族制作竹筒鸡的竹筒图

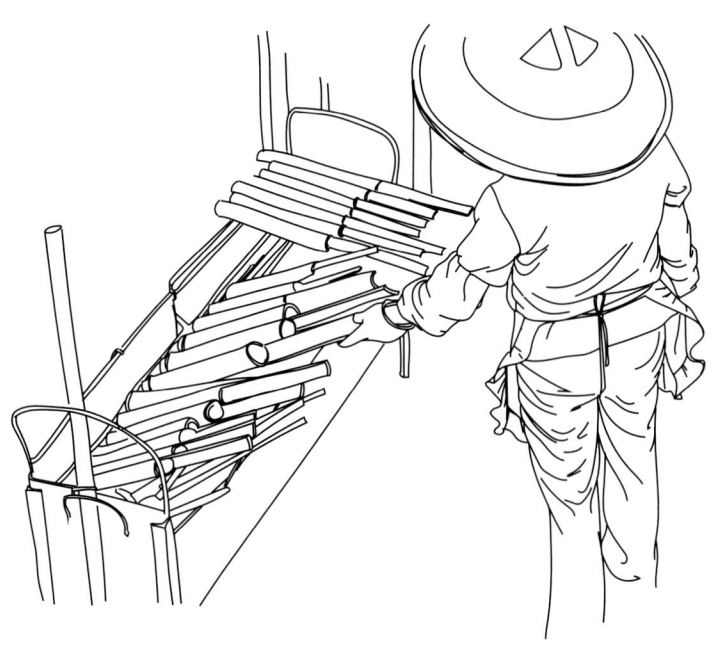

图四　哈尼族竹筒鸡竹筒鸡烹饪图

第三章　哈尼族传统餐饮

哈尼族竹碗

图一　哈尼族竹碗主图

本案例为云南省玉溪市元江县羊街乡迷都普思村哈尼族人家的竹碗，该碗高为14厘米，碗口直径为20厘米，碗底直径为14厘米。碗的材料取自天然的竹子，一根简单的竹子在哈尼族人民的手中变成了实用的工艺器物。

该竹碗由碗身与碗底两部分分别编织后组合而成，上口径比下口径稍大。碗身采用宽约0.5厘米的竹条，以"压二挑二"的"人字"编法编织。碗底采用宽约1厘米的竹条，以"压一挑一"的"十字"编法编织。碗身与碗底两部分用竹绳连接加固。碗身的十字纹排列紧密有序，与碗底十字纹形成鲜明的疏密对比。这样的设计不仅给使用者带来视觉上的享受，同时也能节约竹子的用量。竹碗盛饭透气性极好、不易变味，并且带有竹子自身散发的自然清香。通过巧妙的编制，竹碗碗身"人字"形的立体花纹既保障了竹碗碗体的密度也增加了竹碗的美观性。哈尼族竹碗是集实用与审美于一身的具有地域特色的生活用具。

哈尼族人世代生活在盛产竹子的区域，因此竹子便成了十分廉价易得的材料，他们因地制宜，用来制作各种生活器具。在没有瓷碗的年代，哈尼族山区人民多是使用竹制餐具，例如竹碗、竹筷、竹桌等。在崇尚天然有机的现代人生活中，竹制餐具可以说是兼具实用与自然于一身的饮食器具。

图片来源

图一　刘翔宇　摄影
图二　赵娅清　制图
图三　温清格　制图
图四　梁一铭　制图

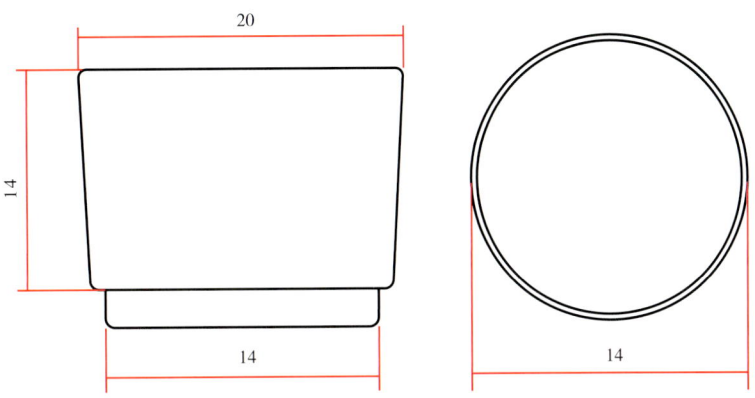

图二 哈尼族竹碗尺寸图（单位：cm）

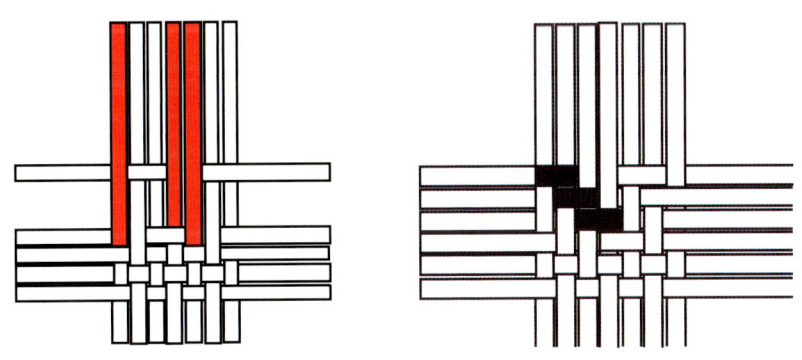

压二挑二

图三 哈尼族竹碗工艺分析图

图四 哈尼族竹碗编织示意图

第四章 哈尼族传统生活用具

哈尼族小三弦

图一 哈尼族小三弦主图

本案例为云南省红河州红河县哈尼族小三弦，琴体通长72厘米，通宽12厘米。小三弦哈尼语为"拉和"或"当的"，为哈尼族主要弹拨乐器。小三弦在我国民族乐器中流传较广且历史悠久，不仅在哈尼族，在汉族、彝族、白族、拉祜族、瓦族等民族中都有着重要的地位。

哈尼族三弦形制近似彝族三弦，虽然红河县为哈尼族与彝族杂居的地区，但哈尼族的三弦与彝族形制仍有差别，最主要的差别在于哈尼族三弦的琴鼓为椭圆形，而彝族三弦的琴鼓为八边形。哈尼族小三弦由琴头、琴轴、琴杆、琴鼓、琴码、琴弦等共同组成。本案例琴头呈铲形，长16厘米，刻有圆形装饰图案，两侧共置3个长7厘米的琴轴。琴杆长47厘米，为半圆柱体，上窄下宽，平滑一面为指板，上部有琴枕。琴鼓琴鼓呈饼状椭圆形，侧面向外呈弧形，琴面呈椭圆形，最长直径11.5厘米，最短直径9.5厘米，琴面上架一底部长3.5厘米的梯形下空弦马，琴码可上下移动。装三条长短不一的琴弦，始于琴轴，终于琴鼓尾端，琴枕与弦码共同将琴弦架起，尾部挂有长3.5厘米的琴拨。琴体左侧配彩线编织成的背带。哈尼族小三弦琴体通常以梨木、楠木等整块质地较硬的木材为原材料。琴面的材质主要以皮革为主，如蛇皮、羊皮、小黄牛皮等，也有的是采用杉木作为琴面。本案例由于演出需要，由现代的民间艺术家进行改进，由竹子的内侧剥下一层后用火烤平、削薄，作为小三弦的琴面，这种材质的琴面使得琴声增大且清亮。哈尼族小三弦的琴弦最早是使用棕丝等较为原始的天然材料，后来才开始使用弹性较好的材质，本案例的琴弦采用的是渔线。琴码为竹材制成，琴拨为牛角制成。哈尼族小三弦在演奏时将背带挂于右肩，演奏者将背带挎于右肩，小三弦横向斜置于身前，左手托持琴杆，以食指、中指、无名指按弦，右手持弦拨或以手指于琴码上方弹拨琴弦。小三弦的演奏者可蹲、坐或站立，甚至是演奏同时唱歌、跳舞。哈尼族小三弦演奏手法多变，右手主要以弹弦、拨弦、滚弦为主，左手以滑音、打音、连指打音为主。哈尼族小三弦与哈尼族生活联系紧密，由于其体量较小，发声微弱，在感情的表达上比较细腻，多以情歌为主，更多的是被运用在个人情绪发泄、日常社交上。

小三弦虽然是由中原地区传入云南，但受云南特殊地理环境的影响，在形制、材质、制作工艺及演奏方法上都被赋予了独特的民族特色。哈尼族小三弦因其音色优雅、清脆，故常被用于当地民歌伴奏或与其他乐器合奏。哈尼族小三弦已经成为哈尼族社会文化生活中重要组成部分，成为哈尼族当地最有代表性的民间乐器之一。

图片来源
图一、图六　温清格　摄影
图二至图四　樊振杰　制图
图五　温清格　制图
图七　李嘉华　摄影

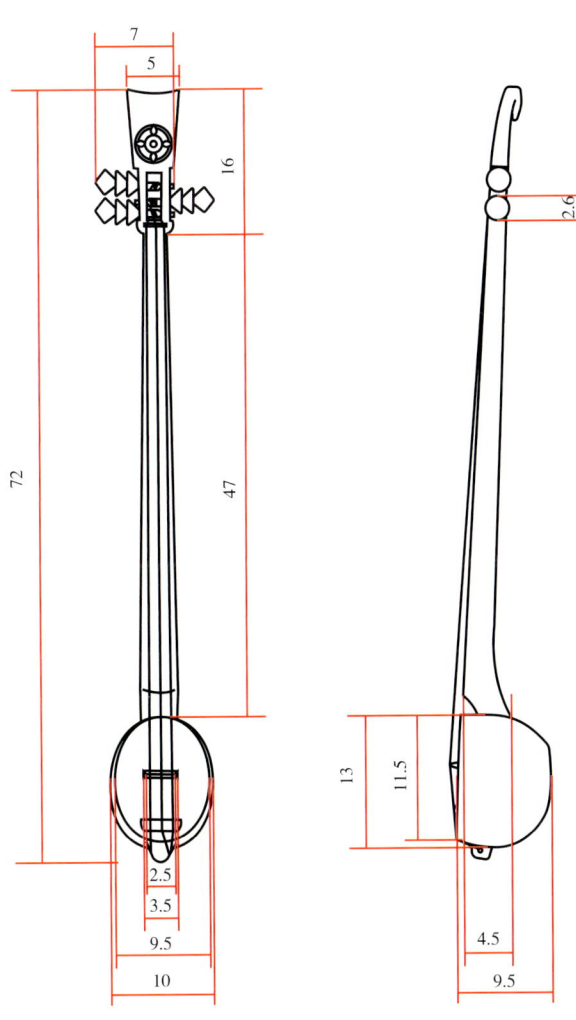

图二　哈尼族小三弦尺寸图（单位：cm）

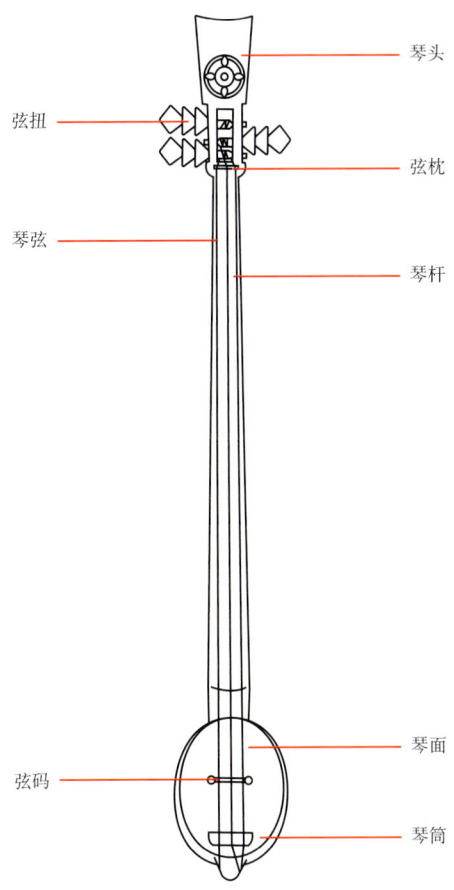

图三　哈尼族小三弦结构名称图

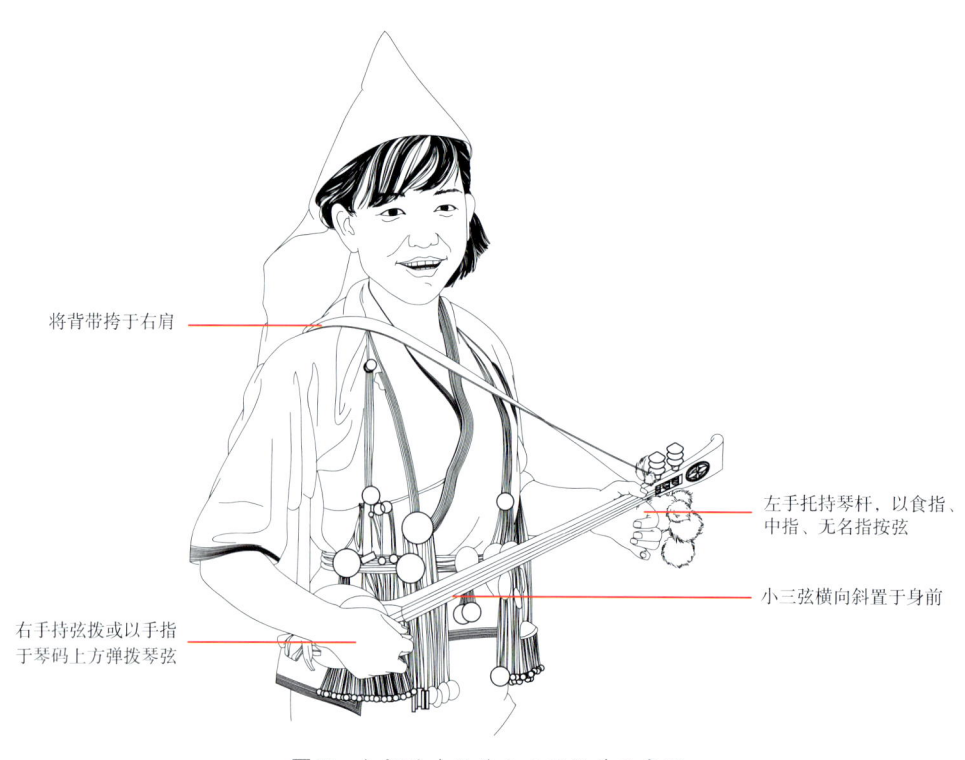

将背带挎于右肩

左手托持琴杆，以食指、中指、无名指按弦

右手持弦拨或以手指于琴码上方弹拨琴弦

小三弦横向斜置于身前

图四　红河县哈尼族小三弦操作示意图

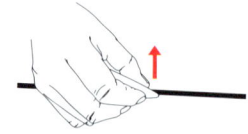

拇指与食指持琴拨向上拨动琴弦

弹

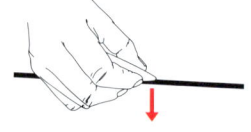

拇指与食指持琴拨向下拨动琴弦

拨

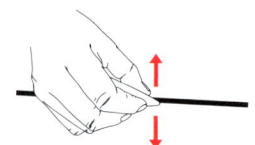

拇指与食指持琴拨快速上下拨动琴弦

滚

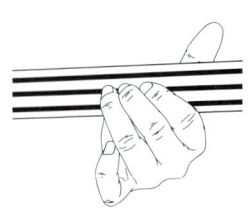

食指先按住要所需音在琴弦上的位置
中指、无名指随后迅速同时敲击同一根琴弦

打音

食指先按住要所需音在琴弦上的位置
中指、无名指按先后顺序迅速敲击同一根琴弦

连指打音

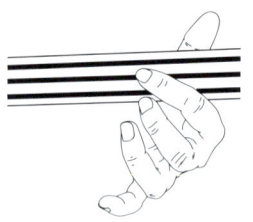

食指、中指或无名指按住琴弦
同时向左或向右滑动

滑音

图五　哈尼族小三弦指法分析图

图六　哈尼族大三弦图

图七　哈尼族乐舞中弹大三弦使用情境图

哈尼族巴乌

图一　哈尼族巴乌主图

本案例为云南省红河州红河县哈尼族单管巴乌，通长33厘米，直径1.6厘米。巴乌，哈尼语为"梅巴"，为哈尼族的传统吹奏乐器。在哈尼族中广泛流行。是哈尼族吹管乐器的代表。

巴乌的材料多为青竹、白竹、紫竹，云南温和湿润的气候使得竹制乐器也不易开裂或变形。巴乌分为单管巴乌、双管巴乌、横吹巴乌、竖吹巴乌或高音巴乌、中音巴乌、低音巴乌，巴乌的高低音由竹管长短、粗细决定。本案例为单管横吹高音巴乌，管身首端由竹节封闭，下端敞口，距端首1厘米处开长1.6厘米，宽1.3厘米的槽，嵌以铜片，铜片上开有长0.9厘米的三角形簧片，簧片向下，置于音管右侧，管身共7个音孔，音孔直径为0.7厘米，孔间距为1.7厘米。演奏时，演奏者需双手捏住管身，左手在上右手在下，左手食指、中指、无名指分别按住上三孔，右手食指至小拇指分别按住下四孔，演奏者需将簧片含入嘴中进行吹奏。当气流进入吹孔时，簧片震动发出声音，从而发出优美厚实的声音，音孔可控制音调。

巴乌的构造合理巧妙，起按灵活，音色优美，音量较小，常与小三弦、口弦等乐器用于各种伴奏之中，成了高音乐器与低音乐器衔接的桥梁。在设计上充分考虑手指与管孔的位置、孔距等关系，尤其是簧片位于音管右侧的设计，人性化地解决了簧片在振动过程中容易割破演奏者口腔的问题。巴乌因常常被用来表达情意或追忆往事，被称为"会说话的乐器"，是中国少数民族文化的瑰宝。

图片来源
　　图一、图四　温清格　摄影
　　图二、图三、图五　樊振杰　制图
　　图六　温清格　制图

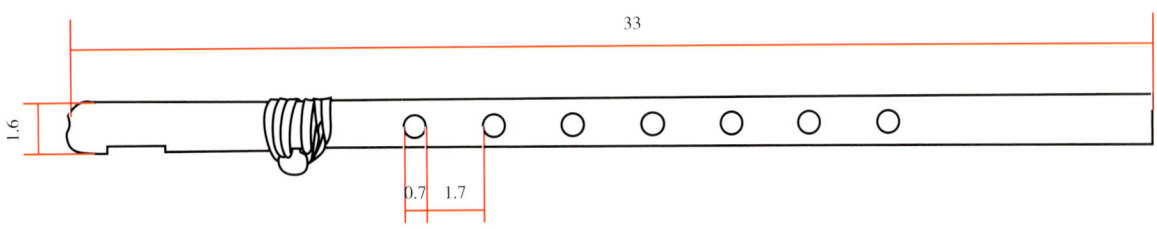

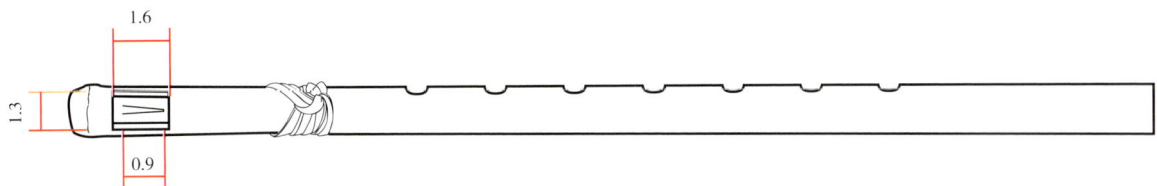

图二　红河县哈尼族巴乌尺寸图（单位：cm）

图三　红河县哈尼族巴乌结构名称图

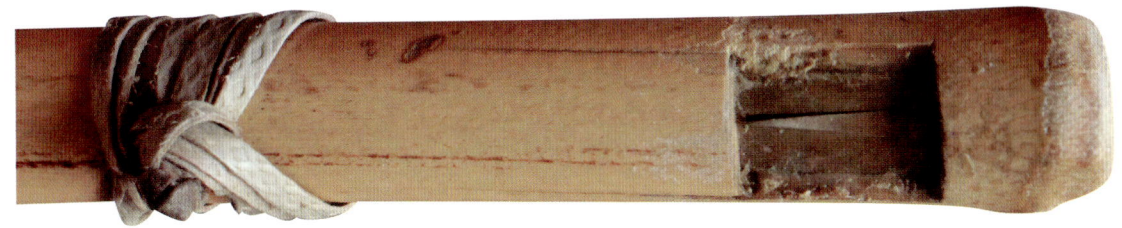

图四　哈尼族巴乌簧片图

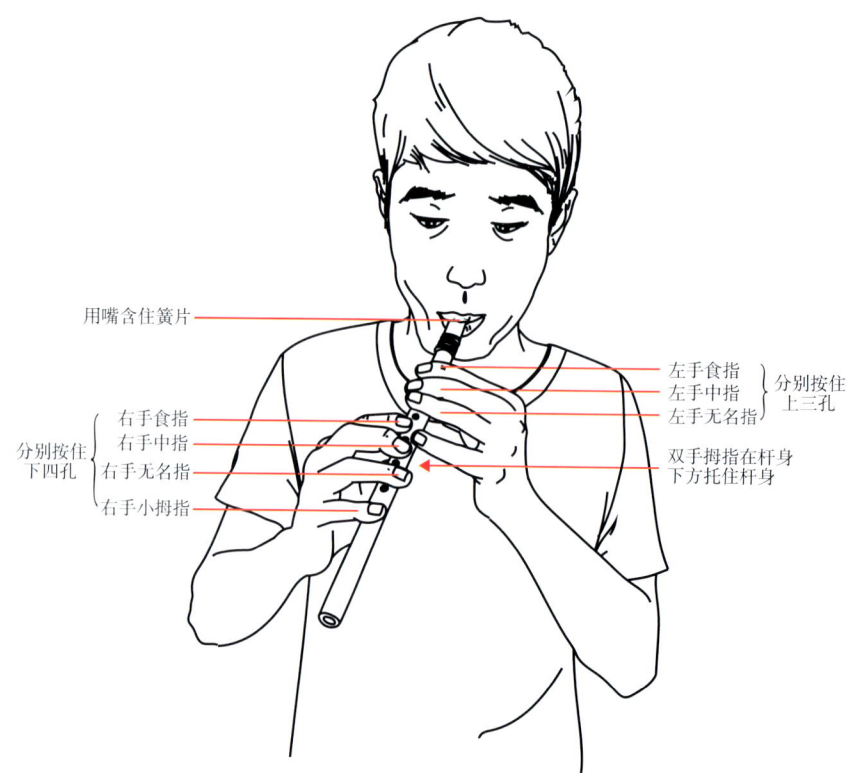

图五　红河县哈尼族巴乌操作示意图

图六　红河县哈尼族青年男女吹巴乌传情使用情境图

哈尼族竹脚铃

图一 哈尼族竹脚铃主图

本案例为西双版纳州哈尼族僾尼支系竹脚铃，长17厘米，直径11厘米。竹脚铃，哈尼族撞击体鸣乐器。因材质及表演时发出悦耳的铃声而得名。

竹脚铃看似简单，但选材十分讲究，需采用竹材坚实的金竹声音才会更加清脆。竹脚铃由竹瓦、小竹节、细绳构成。制作时，竹瓦部分需在一节粗壮的金竹中间平均剖开，使之呈圆拱形。竹瓦两侧分别凿3个小孔，用三根线绳将小竹节串起并固定在竹瓦两侧的小孔上。每根小竹节约长3厘米，直径0.5厘米，数量不等，一般为8～20根。竹脚铃一般配合舞蹈使用，不仅作为舞蹈过程中的道具，同时作为伴奏乐器。竹脚铃使用时可通过色彩艳丽的布条将竹脚铃捆绑于小腿肚上，通过舞者脚步的跳动发出声响。或者直接拿在手中，配合舞蹈动作发出声响。竹脚铃的发声原理主要是通过碰撞，竹瓦与竹节之间、竹节与竹节之间随着舞动及音乐节奏发生碰撞，发出合奏式响声。

竹脚铃形制简单，但却富于变化，作为哈尼族原始民族乐器，在哈尼族的日常生活当中广泛应用，特别是在葬礼的木雀舞中。竹脚铃的声音响亮悦耳，富有节奏感，极富表现力，深受哈尼族人民的钟爱，成为哈尼族少女所喜爱的乐器之一。

图片来源
图一、图六　李安娜　摄影
图二、图三　温清格　制图
图四　李安娜　制图
图五　樊振杰　制图

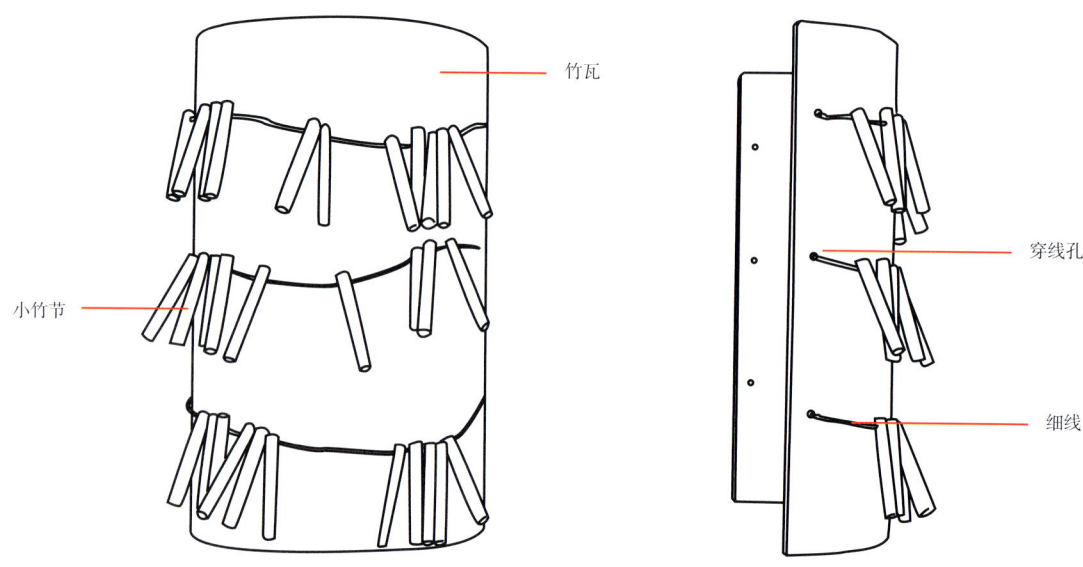

图二 哈尼族竹脚铃结构名称图

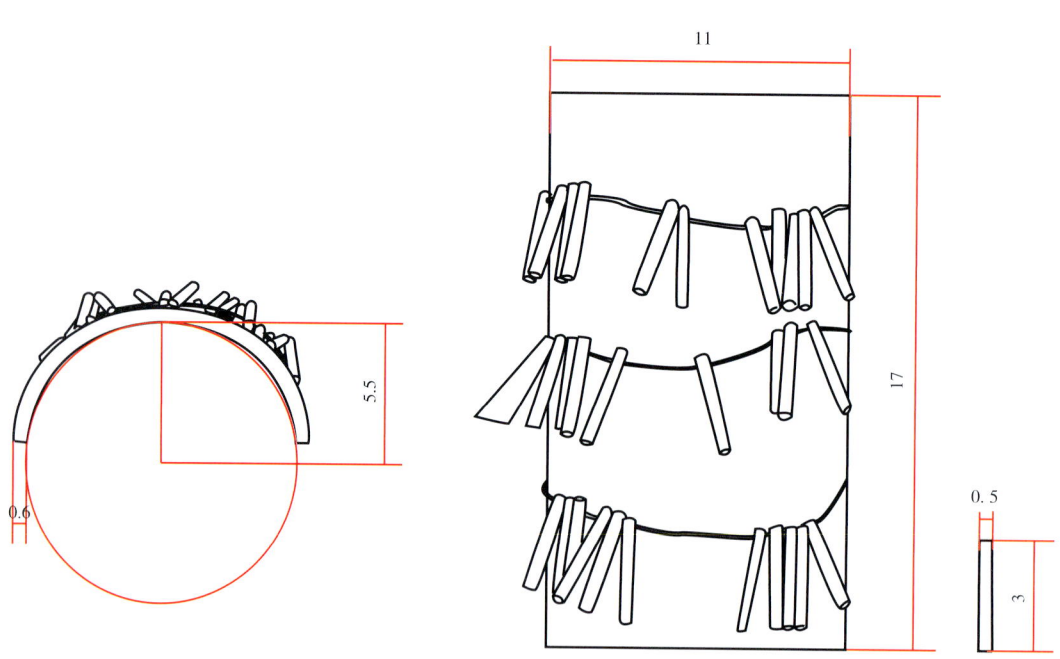

图三 哈尼族竹脚铃尺寸图（单位：cm）

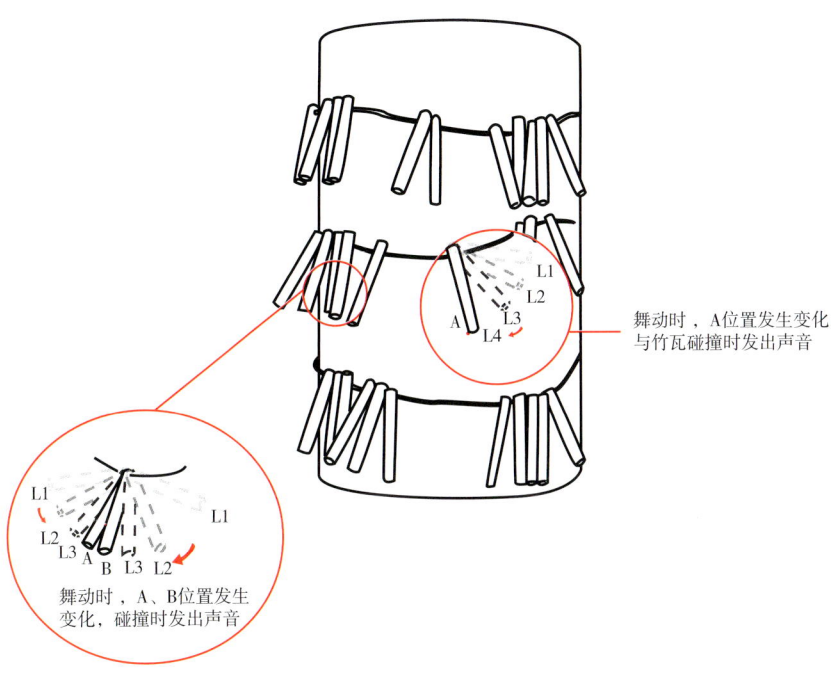

图四　哈尼族竹脚铃发生原理分析图

图五　哈尼族竹脚铃操作示意图

图六　哈尼族其他形制竹脚铃图

第四章　哈尼族传统生活用具

213

哈尼族单管草秆

图一　哈尼族单管草秆主图

本案例为云南省红河州红河县哈尼族民间艺人收藏的哈尼族单管竹秆，通长18厘米，直径0.9厘米。竹秆，哈尼语为"批新"，是哈尼族的一种吹奏乐器，可独奏，亦可伴奏。

制作竹秆的材料为金竹，也是竹秆名字的由来。本案例的"竹秆"中空，管头0.8厘米处开有一长3.8厘米的簧片，秆身共凿七孔，正面六孔，每孔呈椭圆形，最长直径约0.6厘米，每孔间距为0.9厘米，背面一孔，在簧片根部的位置缠绕约10圈棕丝，以便调节音调，向音孔方向调节为调低，反之调高。簧片的长度要由秆身的薄厚程度决定，除了移动棕丝来调节音调的高低，若是音调偏高，也可将簧片做削薄处理来降调。吹奏竹秆时需将簧片全部含入口中，双手拇指在下握住秆身，左手拇指按住秆身下音孔，其余手指按住音孔的顺序从上到下为左手食指、左手中指、左手无名指、右手食指、右手中指、右手无名指。竹秆的的发声原理是通过气流使簧片振动，并激起管内其中的振动，通过手指的开合使气流从音孔流出，发出不同的音高。竹秆的形制除了单管，还有双管。双管竹秆的制作方法与单管竹秆相似，是将两个单管竹秆捆在一起，吹奏时与单管竹秆相比音量更大且发出同度双音。

竹秆属于巴乌类乐器，形制与制作工艺相对简易。方便携带，易于操作，因此经常是哈尼族田间吹奏的乐器。

图片来源

图一、图六　温清格　摄影
图二、图三　安景瑞　制图
图四　樊振杰　制图
图五　温清格　制图

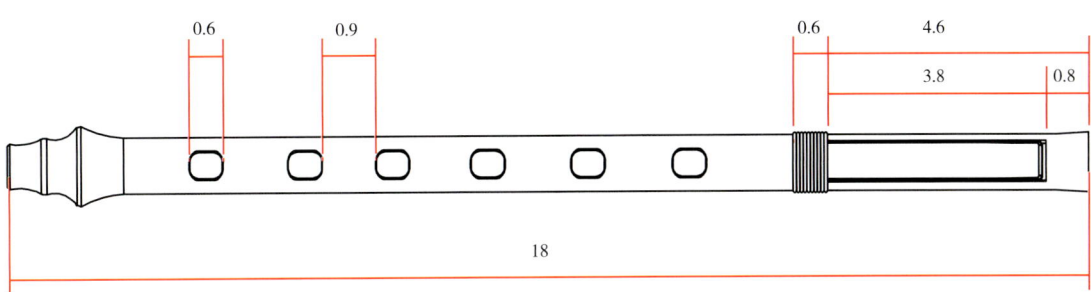

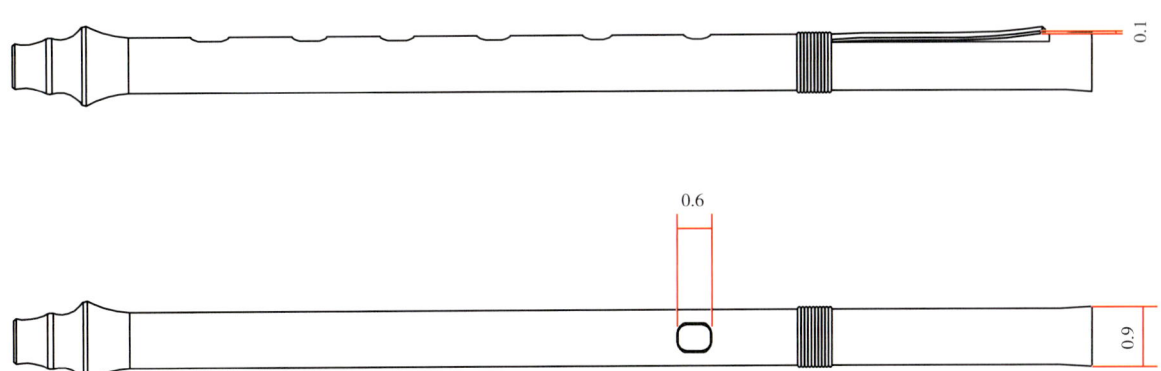

图二　哈尼族单管草秆尺寸图（单位：cm）

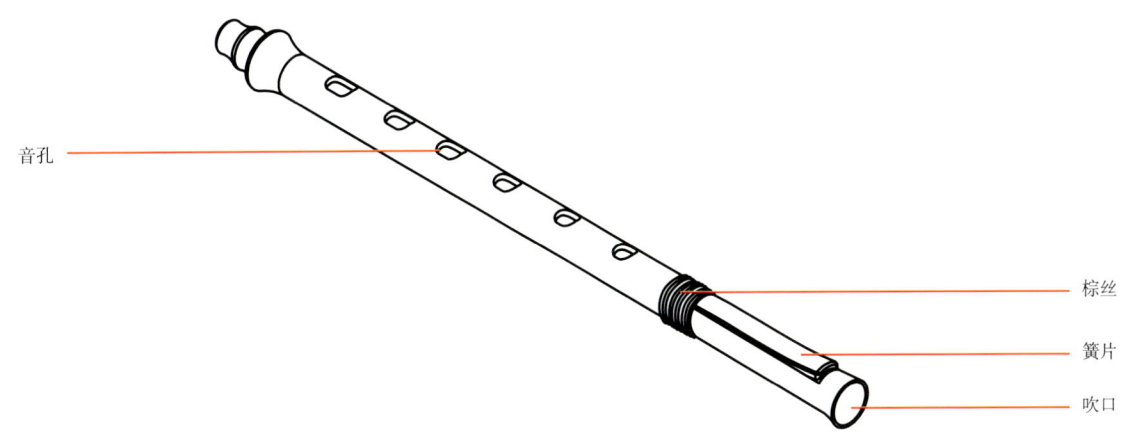

图三　哈尼族单管草秆结构名称图

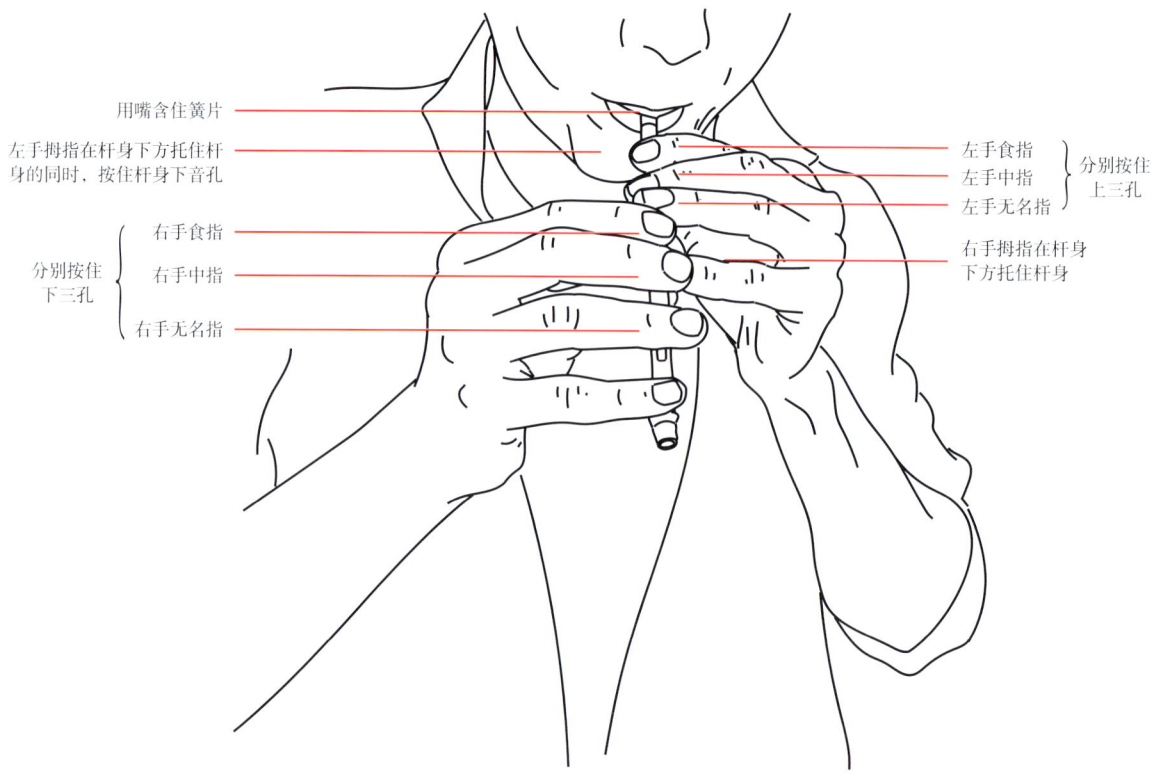

图四 哈尼族单管竹杆操作示意图

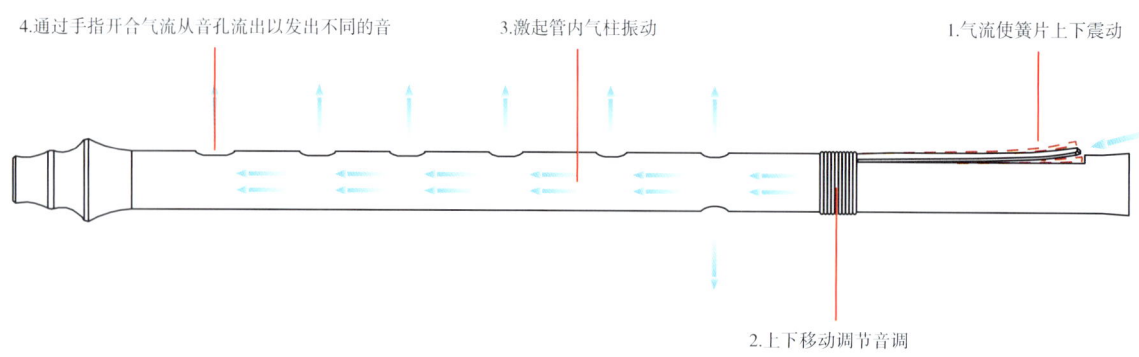

图五 哈尼族单管草秆发声原理分析图

图六 哈尼族双管竹秆图

哈尼族牛腿琴

图一　哈尼族牛腿琴主图

本案例为云南省普洱市墨江县哈尼族牛腿琴，通长102厘米，通宽17.5厘米，厚6厘米。牛腿琴，因外形似一只倒置的牛腿而得名，又称点尼琴或叮叮琴，常用自娱或年轻男女社交，只流行于墨江哈尼族自治县的碧约支系，根据墨江的风俗习惯，只在收获季节才能弹奏牛腿琴。其音量微弱纤细，音色清凉雅致，因此主要用于独奏。

牛腿琴的制作讲究，琴身整体由整块野桑木斫制，削皮风干后进行加工制造。牛腿琴由琴头、弦轴、琴颈、琴码、共鸣箱、音孔、琴弦等组成。琴头呈V字形，长26.5厘米，宽17.5厘米，有的牛腿琴会在琴头装上镜子或其他装饰物。琴头下方开一长方形弦槽，弦槽左右各置一弦轴，弦槽下方设山口。设琴弦两根，始于弦轴，尾端系于共鸣箱底部。琴颈较短且上窄下宽、前平后圆，平面为指板，不设品位。共鸣箱背面呈半圆形，由正面挖凿出共鸣箱腹腔，上蒙有桑木薄面板，面板开12音孔，大音孔直径1.5厘米，小音孔0.7厘米。琴面上位于距琴底端15厘米处，架一高3厘米的桥空形琴码。弹奏的拨子通常使用牛角制成。牛腿琴在演奏时将背带背于身后，琴身斜置于胸前，左手扶杆按弦，右手用执拨子弹奏。

由于桑树生长较慢，一棵桑树的幼苗生长至能够制作牛腿琴为止，至少需要十年左右的时间，使得牛腿琴在哈尼族人民的文化生活中显得比较珍贵。形制独特及浓郁的地方风格及民族特色，成为哈尼族青年男女情感交流的重要器物，成为爱与情的见证和象征，深受哈尼族碧约支系的钟爱。

图片来源
图一　温清格　摄影
图二、图三、图五　樊振杰　制图
图四　张金威　制图

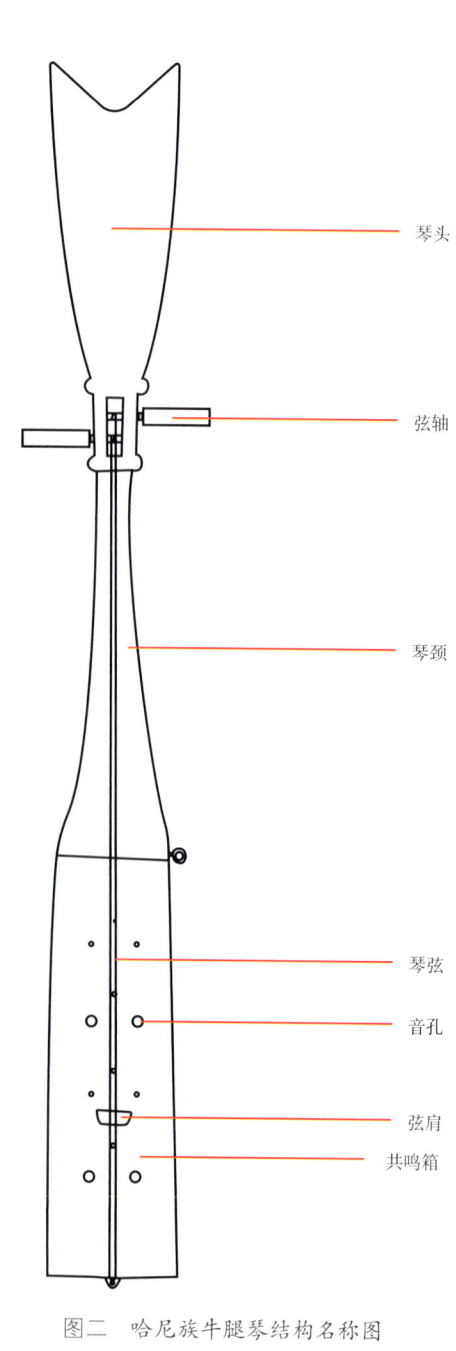

图二 哈尼族牛腿琴结构名称图

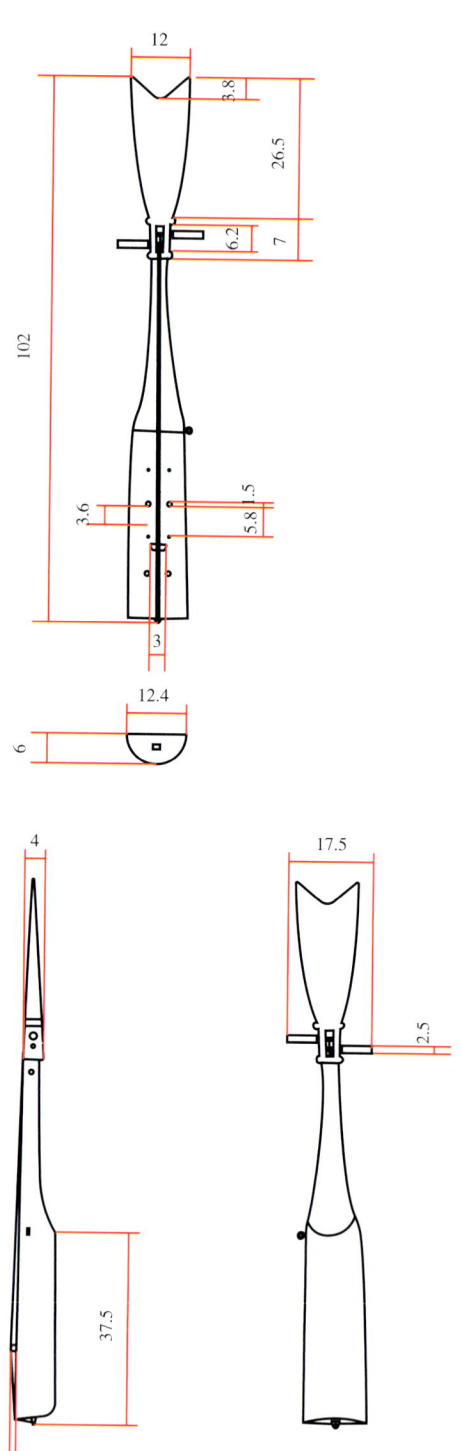

图三 哈尼族牛腿琴尺寸图（单位：cm）

图四 哈尼族牛腿琴模型图

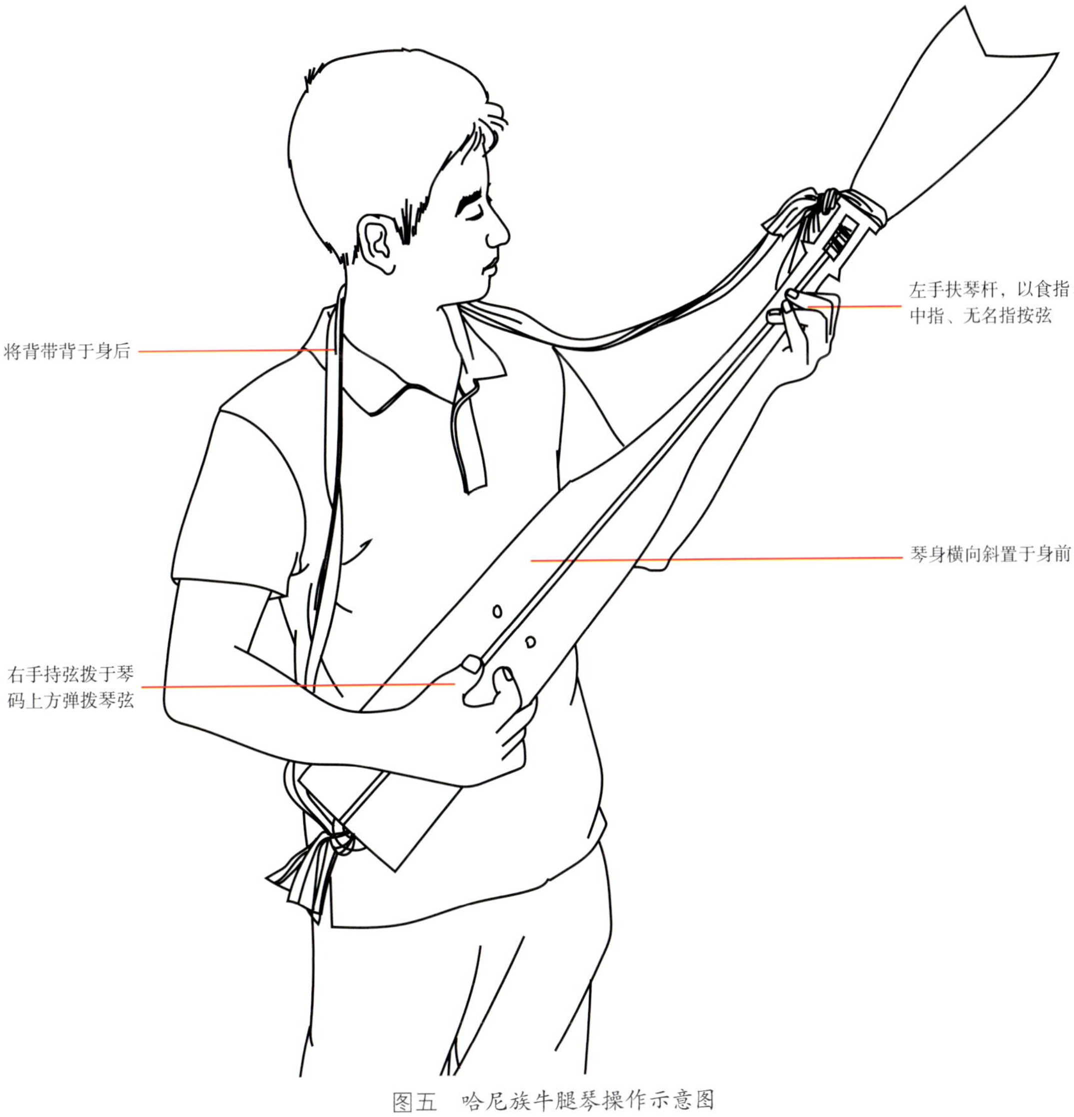

图五 哈尼族牛腿琴操作示意图

将背带背于身后

右手持弦拨于琴码上方弹拨琴弦

左手扶琴杆，以食指、中指、无名指按弦

琴身横向斜置于身前

第四章 哈尼族传统生活用具

219

哈尼族地鼓

图一 哈尼族地鼓主图

本案例为云南省红河州红河县哈尼族地鼓，鼓面直径48厘米，高51厘米。地鼓是哈尼族传统打击乐器。鼓，起源于原始社会，哈尼族地鼓用于地鼓舞中，地鼓舞作为一种祭祀性舞蹈，流行于红河州红河县的驾车乡及洛恩乡一带，而地鼓则是哈尼族人心中的"神器"。

红河县哈尼族地鼓基本分为大小两个尺寸，且操作方式不同，本案例为小尺寸地鼓。地鼓的鼓面由牛皮制成，鼓框由木头制成。本案例地鼓在制作时须将木头从两头掏空，留下厚约2厘米的筒，风干后用作牛皮鼓的鼓框。在牛皮鼓两侧蒙以黄牛皮，在四周下垂处约8~12厘米，穿若干洞，同时四周用牛皮绳子相扣呈V字形绞扭至洞内并拉实以固定鼓面。

本案例地鼓在演奏时将鼓横置于地面，演奏者双手持木棍敲击，敲击同时配以舞蹈。在敲击过程中，地鼓不能离开地面，地鼓音色粗犷激昂且节奏感强、铿锵有力、气势恢弘。

地鼓在哈尼族原始狩猎时期所发挥的最大作用就是通过打击地鼓以吓跑野兽。直到哈尼族人过上安稳的农耕生活，地鼓的功能也随着人们生活环境的转变而发生了变化，开始成为人们祈求风调雨顺、健康平安、人丁兴旺的祭祀神器。后来随着人们生活水平的提高与对精神文化生活的更高追求，地鼓在祭祀的基础上又增加了娱乐的功能，现如今的地鼓祭祀属性逐渐减弱，娱乐成为地鼓的主要功能。

地鼓以木、牛皮为材料，质朴厚实，使得牛皮鼓在击打时呈现独特音色，同时充分展现出哈尼族人自然崇拜与动物崇拜的特点与天人合一的设计观念，是具有浓郁民族特色的乐器，也寄托了哈尼族人美好的生活愿望，诠释了热情开朗的民族性格。

图片来源
图一、图六、图七　李嘉华　摄影
图二、图三　樊振杰　制图
图四、图五　温清格　制图

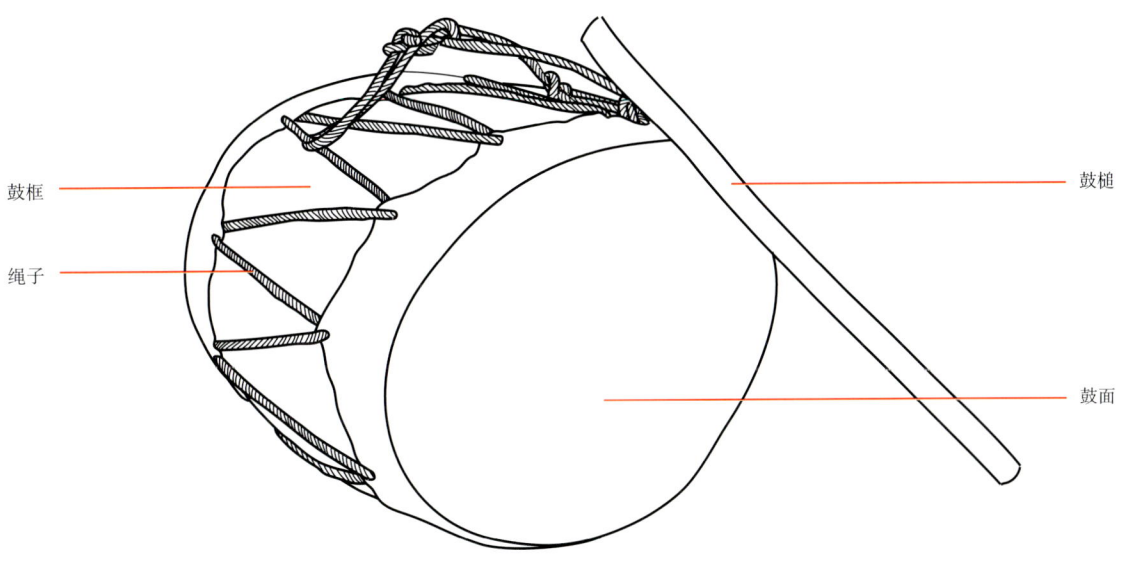

图二　哈尼族地鼓结构名称图

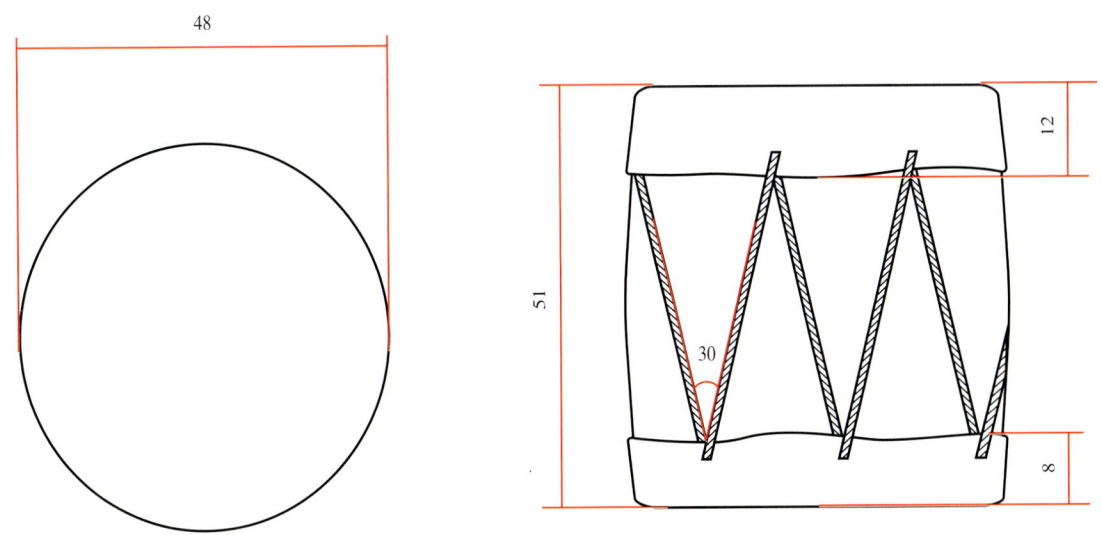

图三　哈尼族地鼓尺寸图（单位：cm）

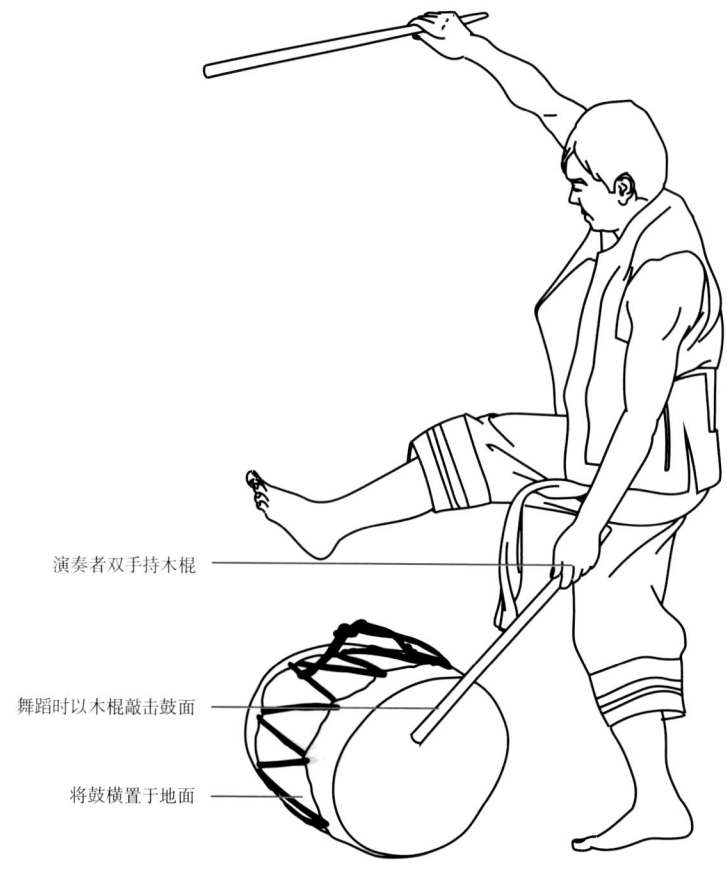

图四 哈尼族地鼓操作示意图

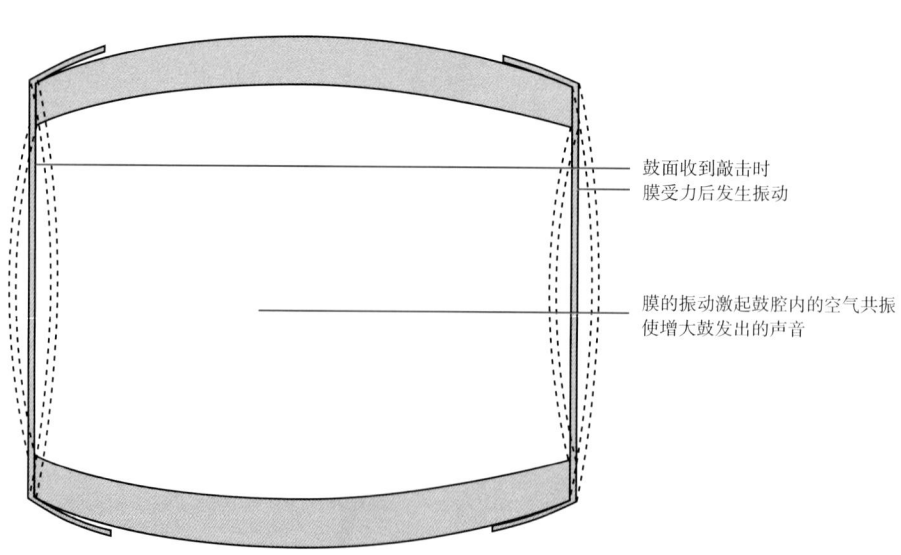

图五 哈尼族地鼓发声原理分析图

图六　哈尼族大尺寸地鼓图

图七　哈尼族地鼓舞中地鼓使用情境图

哈尼族六孔破口直箫

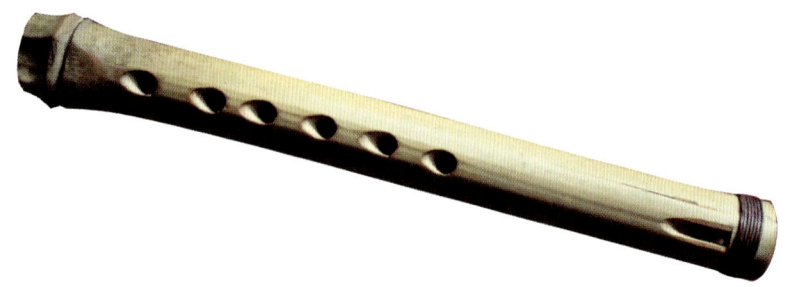

图一　哈尼族六孔破口直箫主图

本案例为云南省红河州红河县哈尼族民间艺人收藏的哈尼族六孔破口直箫，通长16厘米，直径1.6厘米。破口直箫，哈尼语为"期哩"，是哈尼族的一种吹奏乐器。

破口直箫一般使用金竹、甜竹或小苦竹制作。在选择材料时，首先，要不易破裂、没有虫蛀，因此伐竹最佳时间为秋后。其次，管壁不宜过薄，且要薄厚均匀，竹管直径上下均匀。伐好的竹子需在阴凉处风干。本案例的"六孔破口直箫"由吹嘴、音槽、分气阀、音孔、音管组成，音管壁厚0.3厘米，两端削平，一端留节，竹节穿通，无竹节一端1厘米处凿出长1.5厘米，宽0.5厘米的半圆形音槽，破口至音槽下方2.2厘米处，制一片长1.2厘米，宽0.5厘米的薄竹片，插入音槽下端且盖住一半音槽，制两片长1.8厘米，宽0.3厘米的竹片，将音槽两边的竹皮垫起，用棕丝捆牢，避免气流进入时漏气。有竹节一端2.2厘米处，由下至上依次开6个间距为0.7厘米的音孔，音孔斜开，以便气流流出。"六孔破口直箫"吹奏时双唇需含住吹嘴，同时下嘴唇堵住管口中空内径，双手捏住箫管，左手在下，右手在上，左手无名指、中指、食指分别按第一、二、三音孔，右手无名指、中指、食指分别按第四、五、六按音孔。破口直箫音竹子的长短、薄厚，以及音孔的间距不同，音的高低会有所不同。

破口直箫除六孔形制外还有四孔破口直箫，破口直箫一般是用于哈尼族青年男女自娱、谈情说爱时使用，因此不能在寨里和家里吹奏，亦不能在长辈面前吹奏。破口直箫青年男女表达情感个人情感重要工具。

图片来源
图一　温清格　摄影
图二、图三、图五　温清格　制图
图四　樊振杰　制图

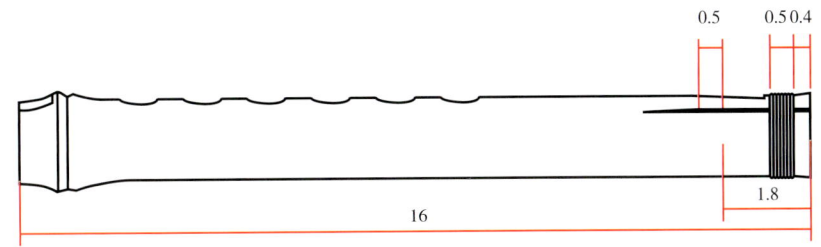
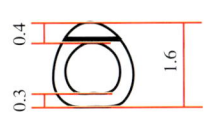
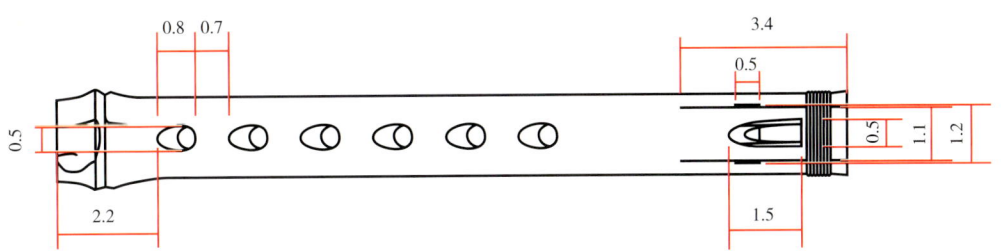

图二　哈尼族六孔破口直箫尺寸图（单位：cm）

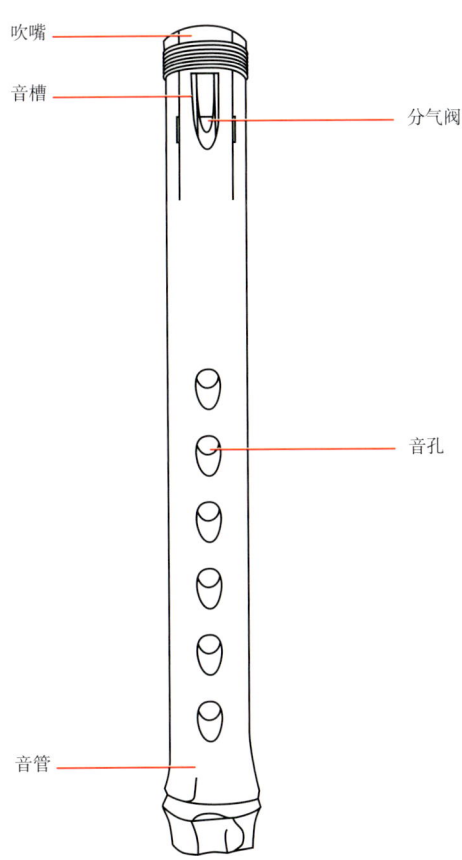

图三　哈尼族六孔破口直箫结构名称图

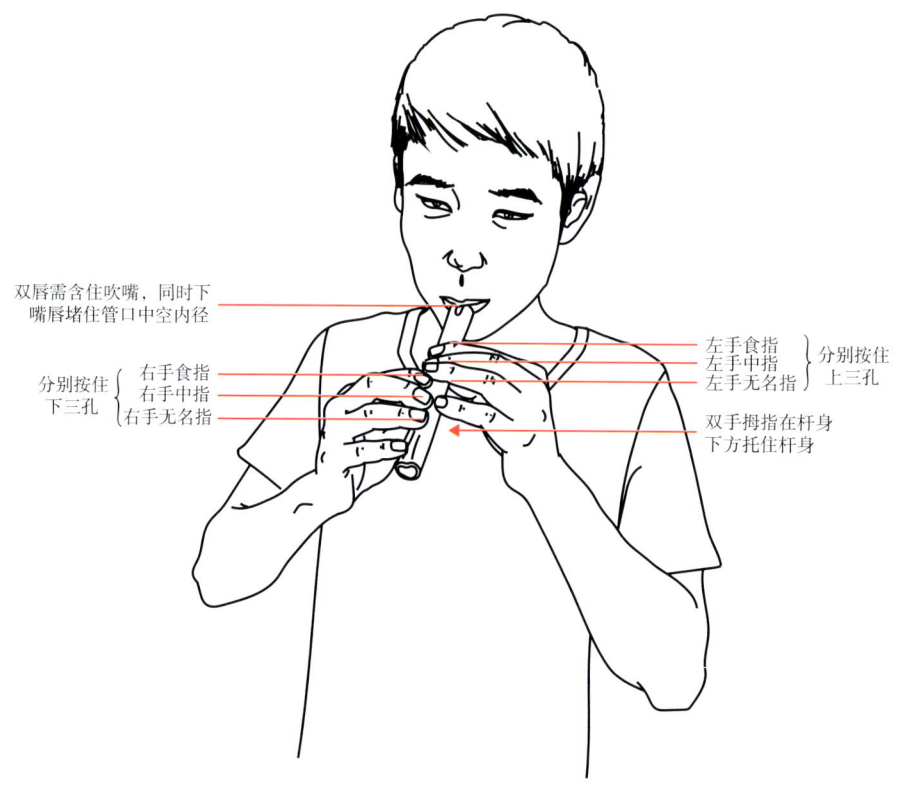

图四　哈尼族六孔破口直箫操作示意图

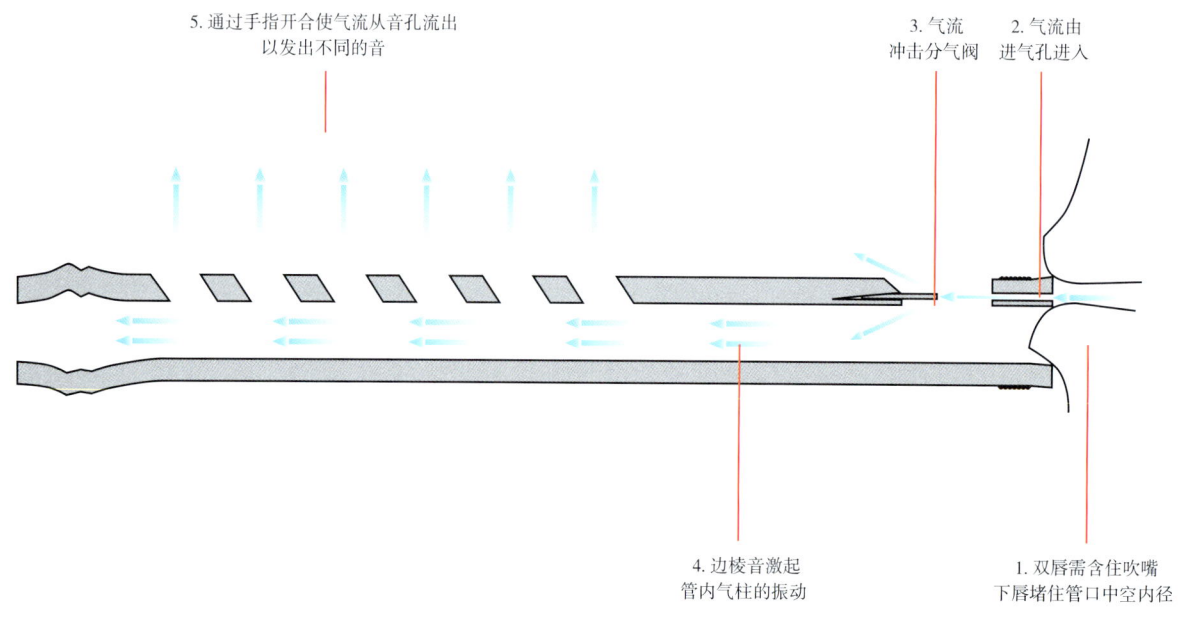

图五　哈尼族六孔破口直箫发声原理分析图

哈尼族牛角号

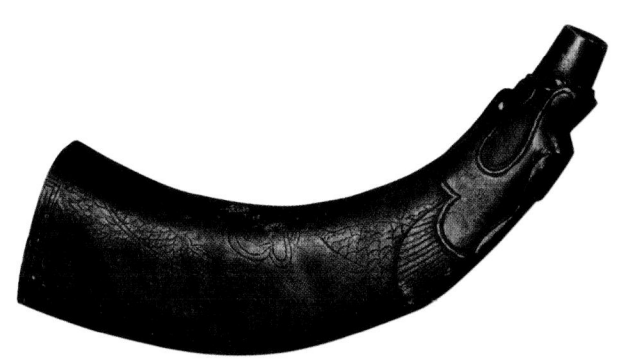

图一 哈尼族牛角号主图

本案例为红河州哈尼族牛角号，通长35厘米，椭圆口径，藏于云南省博物馆中，属哈尼族传统气鸣乐器，流行于红河州哈尼族彝族自治州的绿春县、红河县等地。奕车支系又称牛角号为"牛奎"。由于牛角号声音近听虽小，却可以传得很远，因此最早哈尼族先民首领用牛角号作为招集族人进行奋起抗敌的器具，或是用于打猎。随着时代的推移，牛角号逐渐演变为祭祀场合中必不可少的乐器。

牛角号由吹口和喇叭口组成。牛角号因制作选用黄牛或水牛的角而得名。将牛角内部掏空后，顶端实心部分进行切割，使其底端上方出现约2厘米的孔，其孔与内腔相通，同时将小孔外围削割为直径3厘米的吹口。此牛角号外部刻有鱼鳞、竹等装饰纹样。因吹牛角号时需耗费力气，所以吹奏者常为哈尼族成年男子，一手握住牛角号吹口端，一手握住喇叭口一端，吹口对嘴，同时紧绷上下唇，气体震动唇瓣，并将部分气体送入到牛角号中，使牛角腔内形成震动的空气柱，以此产生鸣声。

角，历史悠久，最早来源于游牧民族，后传入至哈尼族中。本案例所分析的这件牛角号造型美观、装饰细腻，通过各种纹样的雕刻，不仅体现出哈尼族人的设计观念，同时也体现出哈尼族原始崇拜的观念。因此牛角号以音色低沉、宏大的特点，出现在集合、战斗、祭祀等场合。

图片来源

图一、图六 梁旭，彭晓. 云南少数民族传统乐曲舞. 昆明：云南民族出版社，2018：90—91.

图二至图四 李安娜 制图

图五 温清格 制图

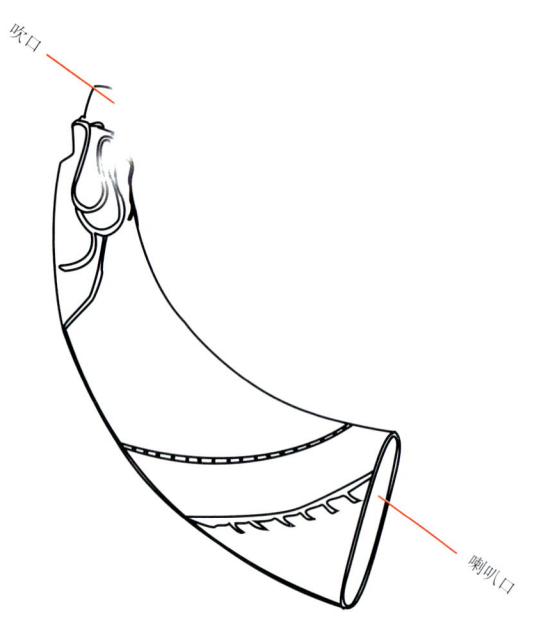

图二 哈尼族牛角号结构名称图

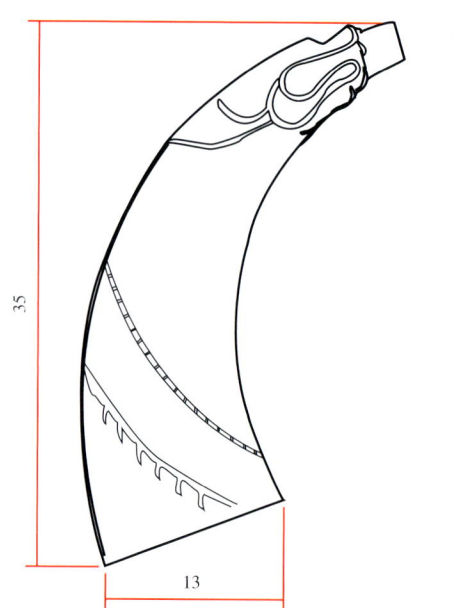

图三 哈尼族牛角号尺寸图（单位：cm）

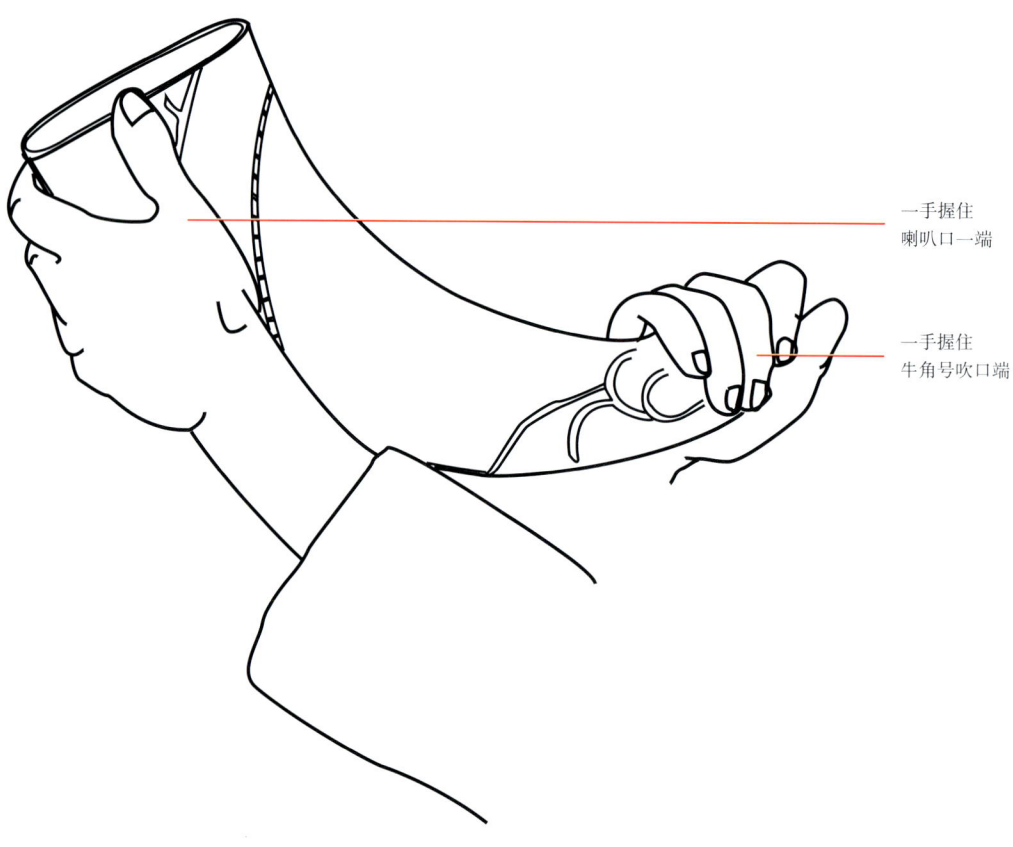

图四 哈尼族牛角号操作示意图

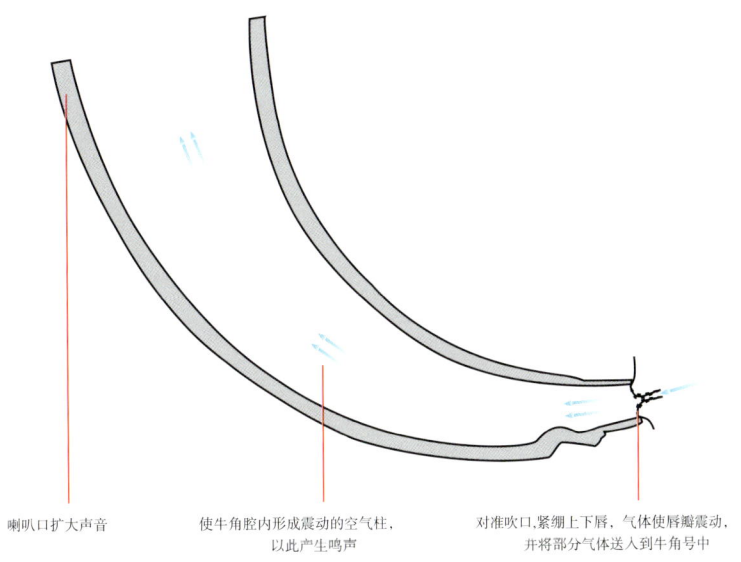

图五　哈尼族牛角号发声原理分析图

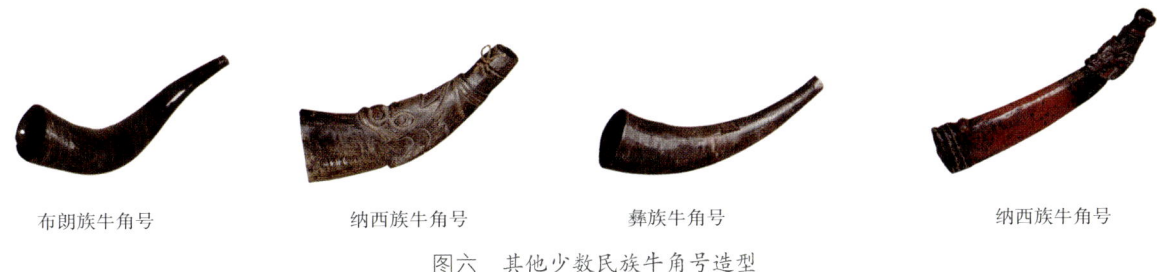

布朗族牛角号　　　纳西族牛角号　　　彝族牛角号　　　纳西族牛角号

图六　其他少数民族牛角号造型

图七　哈尼族大牛角号使用情境图

第四章　哈尼族传统生活用具

229

哈尼族竹口弦

图一　哈尼族竹口弦主图

　　本案例为云南省玉溪市元江县羊街乡哈尼族民间艺人收藏的口弦，通长17.4厘米，通宽1厘米，通高0.8厘米。口弦，又称响篾，哈尼语为"阿笆拉笛"。是世界上最小的乐器之一。

　　哈尼语中"阿笆"指的是金竹，因此制作口弦的材质大多是使用大龄金竹整体雕琢而成。竹制口弦的历史悠久，后由于发生的要求才出现使用铜制作的口弦。"拉笛"指用手敲击发音。口弦由五个部分组成：琴头、琴枕、簧舌、舌槽、弦柄。琴头呈箭头状，长约0.8厘米，高约0.6厘米。琴枕处做削薄处理，易于弯曲，使得口弦更便于弹奏。竹片中央雕刻三角形簧舌，两端薄，中间厚，簧舌长8.2厘米，簧舌连接琴枕处宽0.3厘米，另一端与竹片分离，两侧削成斜面。演奏口弦的时候，横于唇前的口弦与口腔形成了发声与共鸣系统，在簧振动时，口腔会形成共鸣，以此来达到增大声音的作用。弹奏口弦需将光滑竹面朝外，将簧片较窄一端置于唇边，左手拇指与食指拿握弦柄，利用呼吸的气流使簧片震动，同时右手配合轻轻弹拨琴头，震动发出声音，除每口弦的本音外，还能弹出的特殊的泛音。此外还要充分利用口腔的共鸣，呼、吸气流的气的轻重缓急，舌、口腔的变化，使曲调丰富多变。

　　口弦虽形制简单，却拥有悠久的历史且流行广泛，除哈尼族以外，口弦在彝、纳西、傈僳、拉祜、傣、景颇等民族的社会生产生活中有着重要的地位。因其方便携带、音量较小、声音细腻柔和、曲调丰富，成为哈尼族青年谈情的乐器。

图片来源
图一　赵思颖　摄影
图二、图三　温清格　制图
图四　樊振杰　制图
图五　吴学源. 云南民族乐器图录. 昆明：云南美术出版社，2009：124—128.

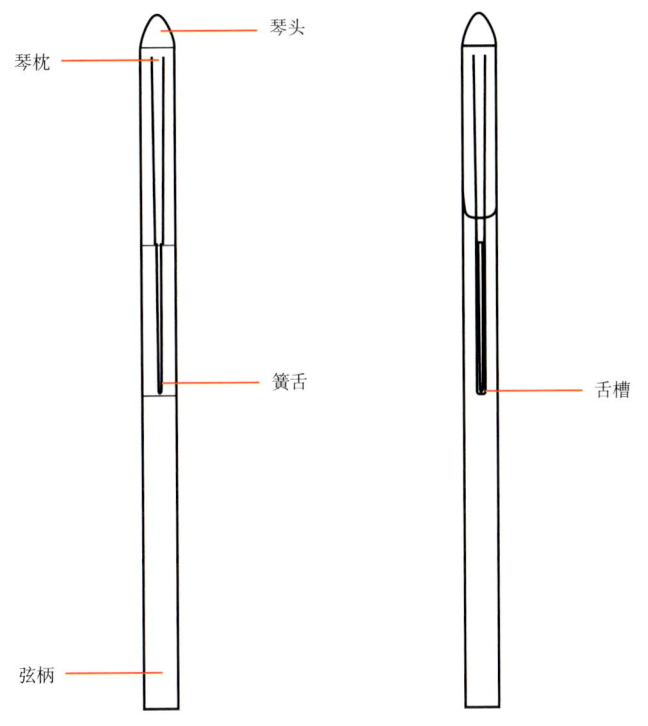

图二 哈尼族口弦结构名称图

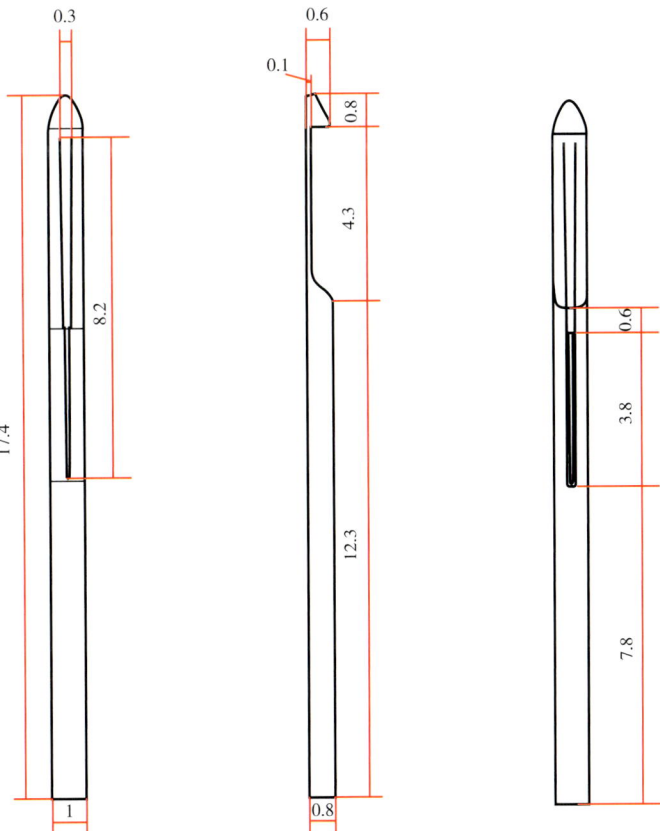

图三 哈尼族口弦尺寸图（单位：cm）

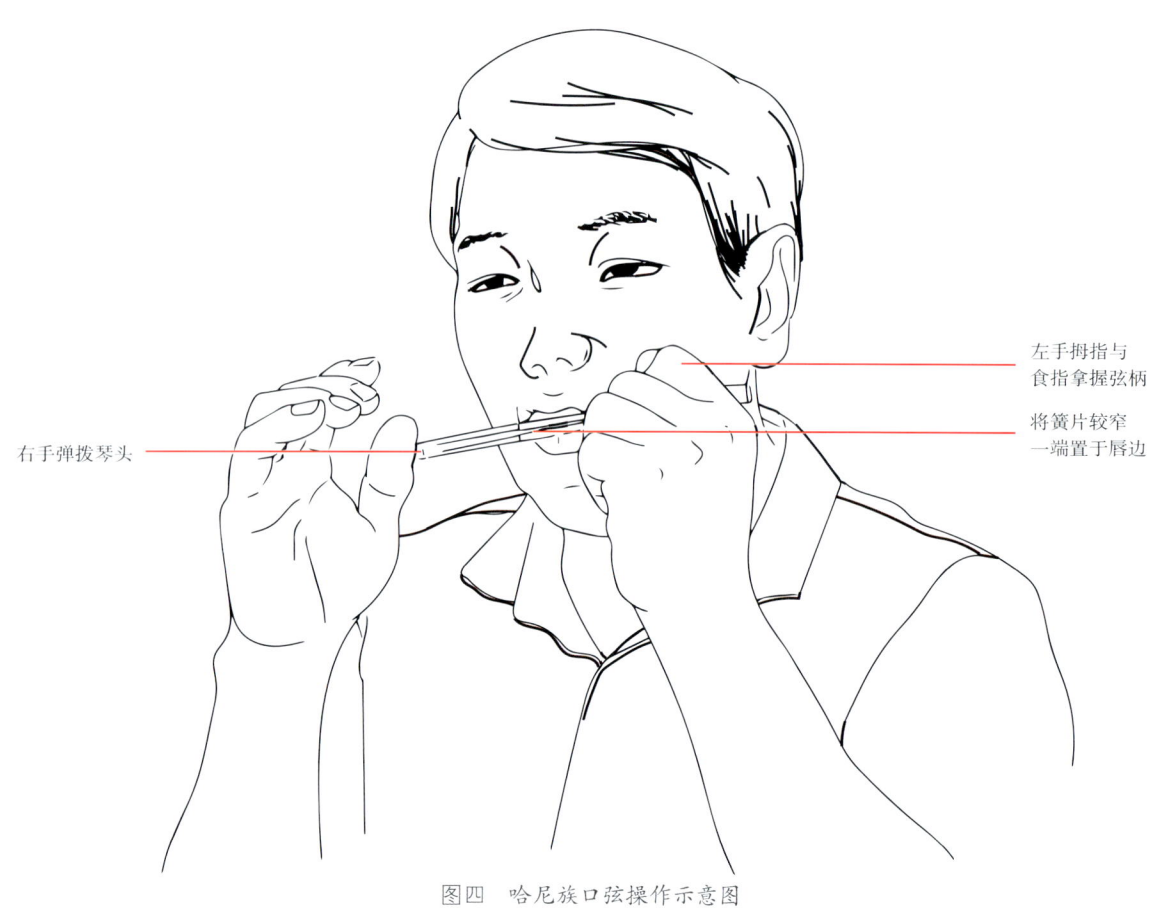

图四 哈尼族口弦操作示意图

左手拇指与食指拿握弦柄

将簧片较窄一端置于唇边

右手弹拨琴头

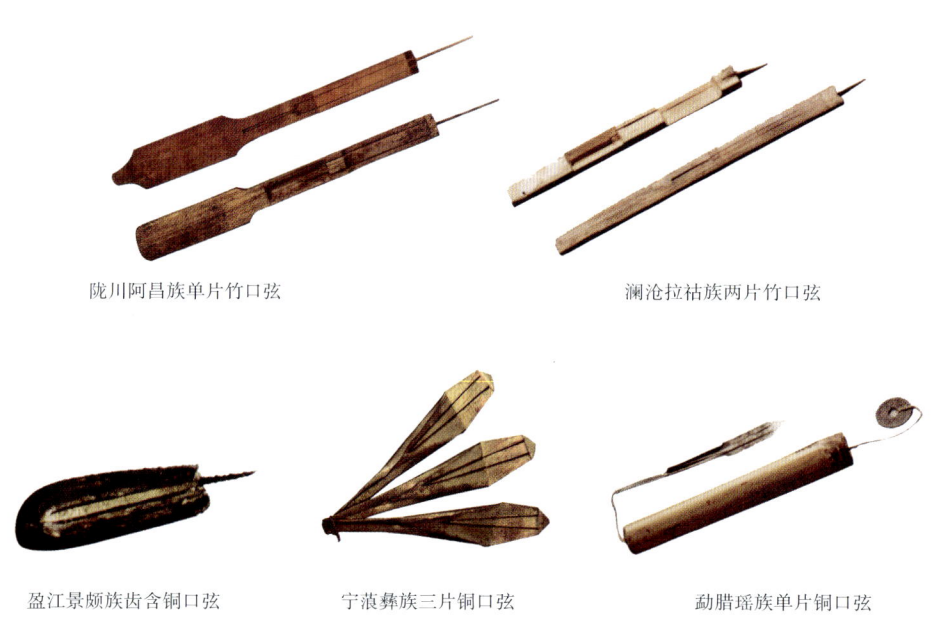

陇川阿昌族单片竹口弦　　澜沧拉祜族两片竹口弦

盈江景颇族齿含铜口弦　　宁蒗彝族三片铜口弦　　勐腊瑶族单片铜口弦

图五 其他少数民族口弦造型

哈尼族气哩

图一　哈尼族气哩模型图主图

本案例为云南省西双版纳州哈尼族气哩，通长65厘米，口径为3.5厘米。气哩是哈尼族吹管乐器，因演奏时发出"期期哩哩"的声音而得名。

气哩采用20年以上的泡竹为原材料，晒干后方可进行加工制作。气哩共由三部分组成：音管、吹管和簧片。音管有两个完整的竹节且上粗下细，吹管材料为细竹管，长12.5厘米，其顶端与音管顶端相距约20厘米。吹管是由细竹管去除两端的竹节穿通后，上端制成凹形插入音管上所开斜圆孔，周围用蜂蜡固定并填上缝隙以防漏气，下端用线绑住，线的另一端缠绕在音管上以固定。吹管下方置一竹片，长2.7厘米，宽1厘米，厚0.2厘米，竹片需略带弧度，一端削成箭头状，另一端由蜂蜡固定在音管壁上。底端竹节处开一音孔，为中音孔。同时又分别距底端竹节约6厘米、12厘米处各打一高音孔与低音空。低音孔孔径为0.6厘米。其余各孔孔径大小相同，约0.5厘米。演奏时，演奏者双手捏住气哩下端，左手在上，右手在下，同时用食指、中指等按压各音孔，同时吹吹管，气流由吹管进入，冲击箭形竹片，形成边棱音，引起管内气柱振动，发出声音。

气哩制作简单，工艺巧妙，音量较小但音色低沉浑厚，表现力较强且情感丰富，因此常常被用来向爱慕的人表达邀请之意，后来逐渐多被用于丰收或节日等喜庆场合以表达喜悦之情。流行于绿春、元阳、红河等县，成为哈尼族人民生活中必不可少的吹奏乐器，并收录在了少数民族邮票系列之哈尼族当中。

图片来源
图一　张金威　制图
图二、图四、图五　顾怀灏　制图
图三　温清格　制图

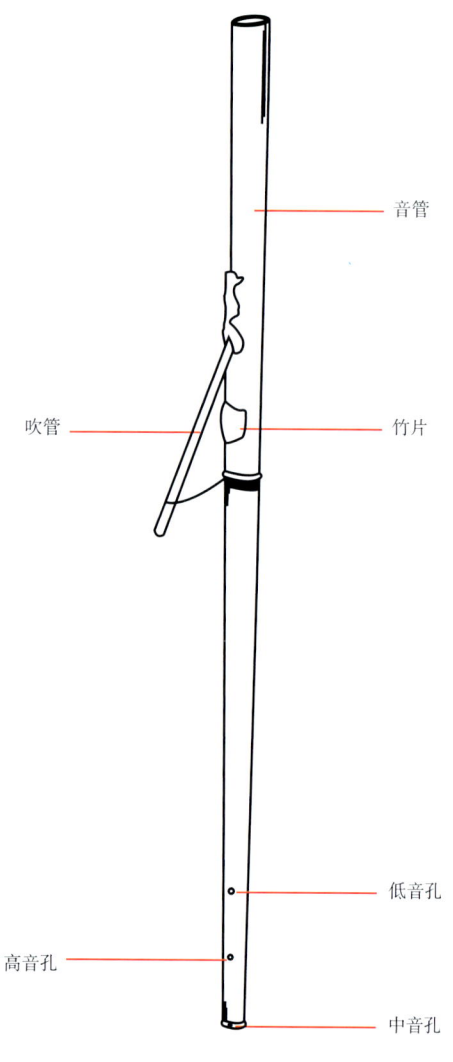

图二 哈尼族气哩结构名称图

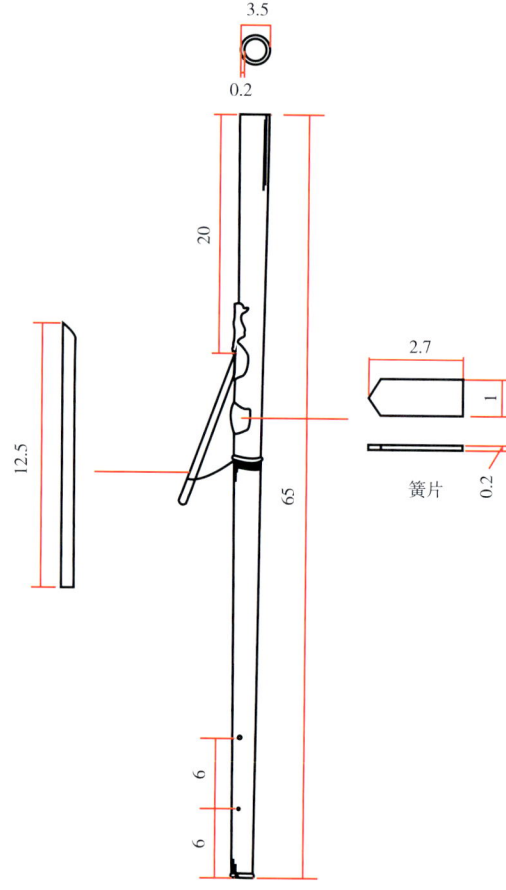

图三 哈尼族气哩尺寸图（单位：cm）

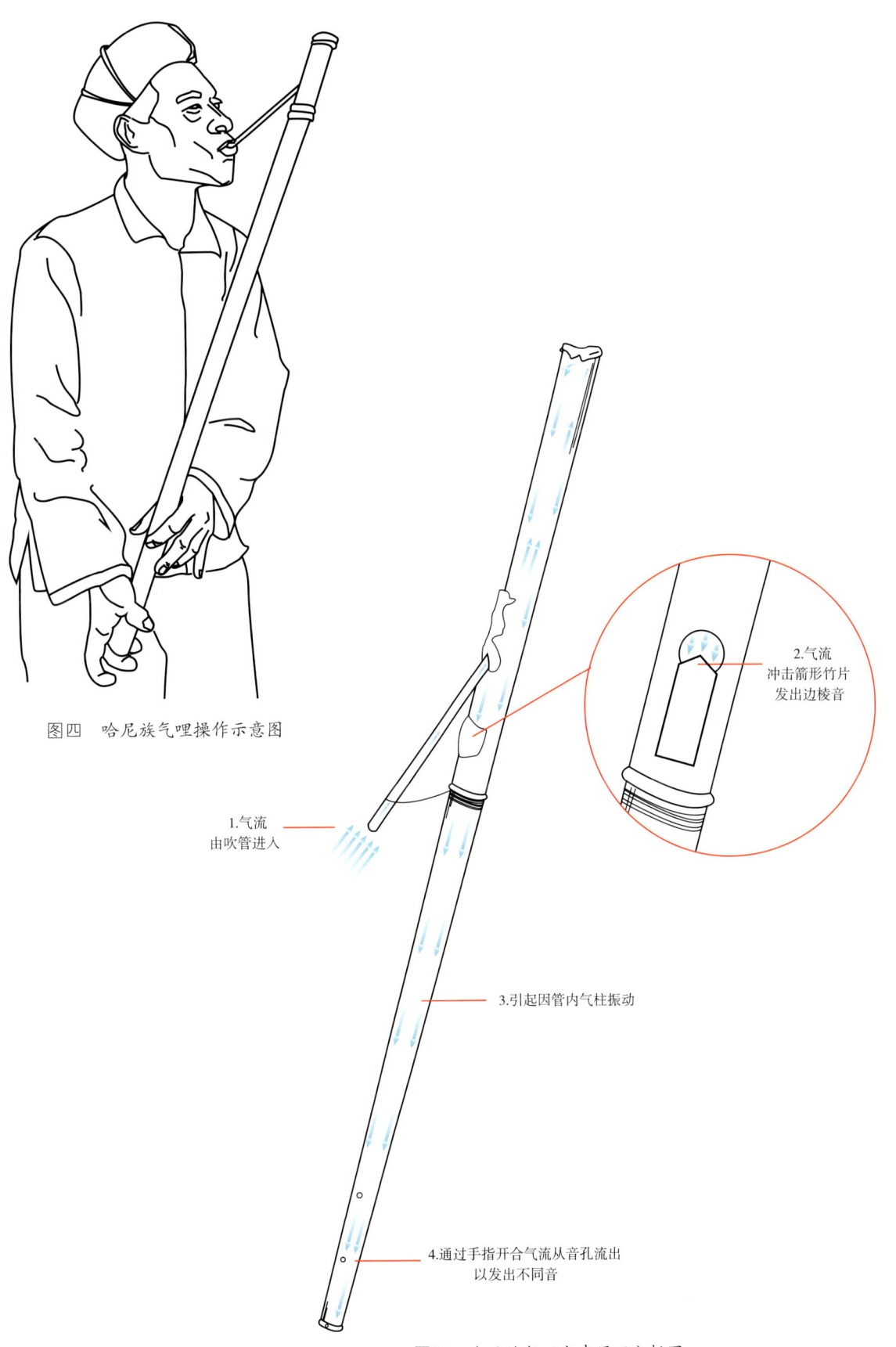

图四　哈尼族气哩操作示意图

1.气流由吹管进入

2.气流冲击箭形竹片发出边棱音

3.引起因管内气柱振动

4.通过手指开合气流从音孔流出以发出不同音

图五　哈尼族气哩发声原理分析图

哈尼族稻秆哨

图一　哈尼族稻秆哨主图

本案例为云南省玉溪市元江县羊街乡哈尼族稻秆哨，通长10.2厘米，直径0.4厘米，是羊街乡哈尼族民间艺人收藏。稻秆哨，哈尼语为"窝博"，是哈尼族广为流行的吹奏乐器，多为人们白天在田间自娱时使用。

稻秆哨是使用成熟稻谷的秆制成，因此稻秆哨的制作与使用具有季节性。制作稻秆哨首先要选取新鲜成熟的稻谷秆较粗的部位，一端留节，一端敞口，用手搓捏有节的一端，将稻秆搓裂至多瓣（即簧片），然后用手挤压成灯笼状，清理内壁并吹去内瓤。稻秆哨除了秆身，最重要的部位就是簧片，本案例的簧片为1.8厘米。稻秆哨的发声原理是靠气流使多个簧片同时震动发出声音，并通过空心稻秆将声音传出。操持者将稻秆哨的簧片含入口中，用左手虎口间固定音管下端，双手合成空心掌，做喇叭状，可增大稻秆哨音量，同时可通过嘴唇的变化、气息的大小、手掌的开合来控制音色及音调。

吹奏稻秆哨时只要不是情歌曲调，没有场合限制，且男女老少皆可吹奏。稻秆哨材料易得、制作方便，又因其独特音色，深受哈尼族男女老少的喜爱，体现了哈尼族人用乐器作为表达情感的方式。

图片来源
图一　赵思颖　摄影
图二、图三、图五　温清格　制图
图四　樊振杰　制图

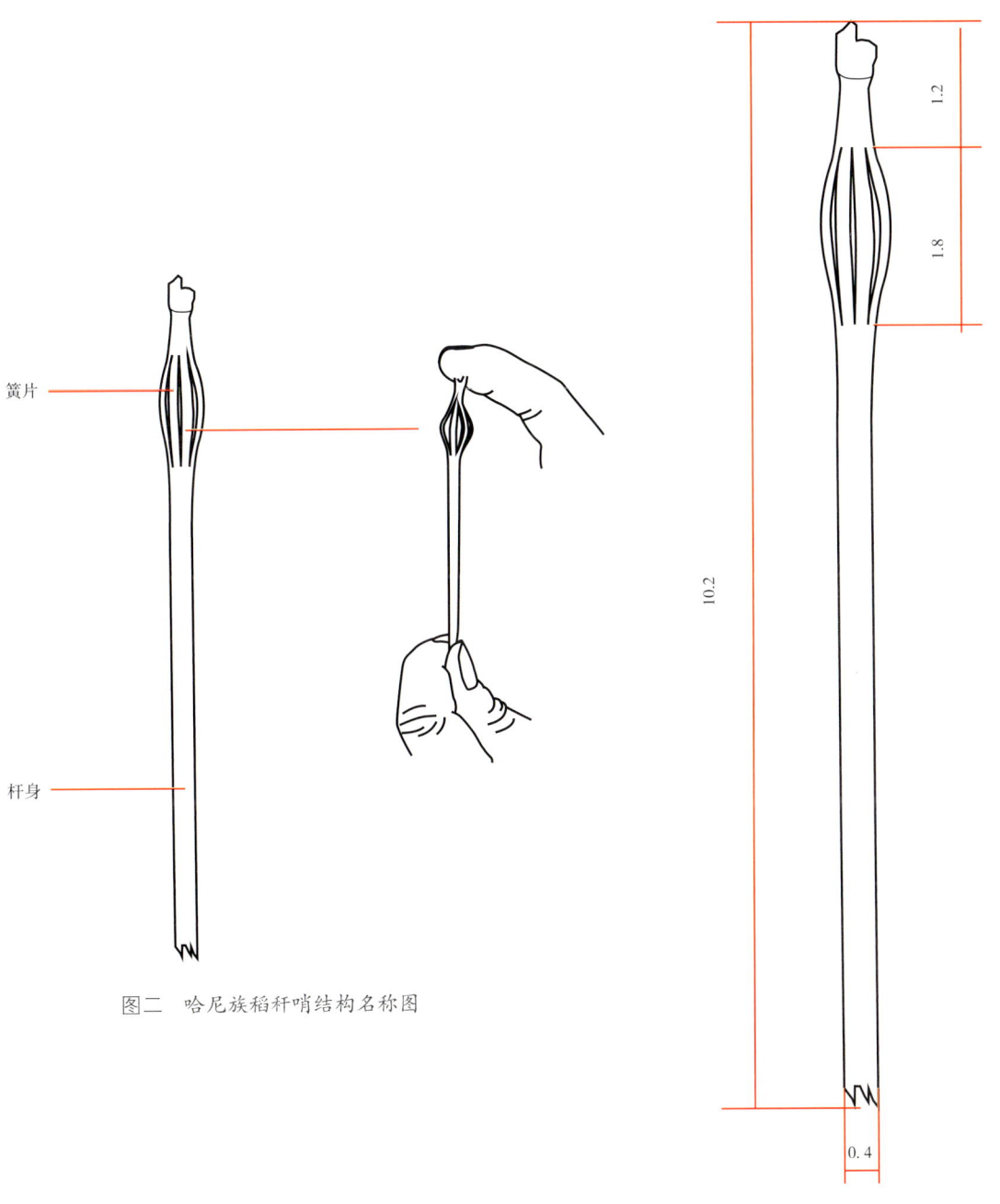

图二 哈尼族稻秆哨结构名称图

图三 哈尼族稻秆哨尺寸图（单位：cm）

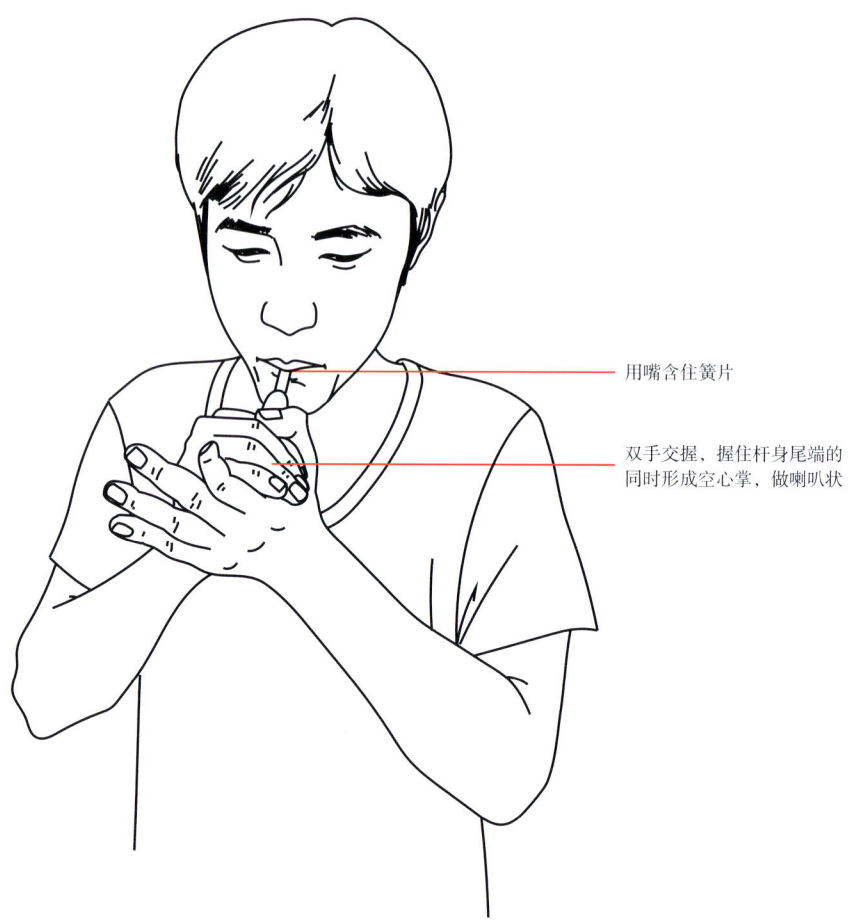

图四　哈尼族稻秆哨操作示意图

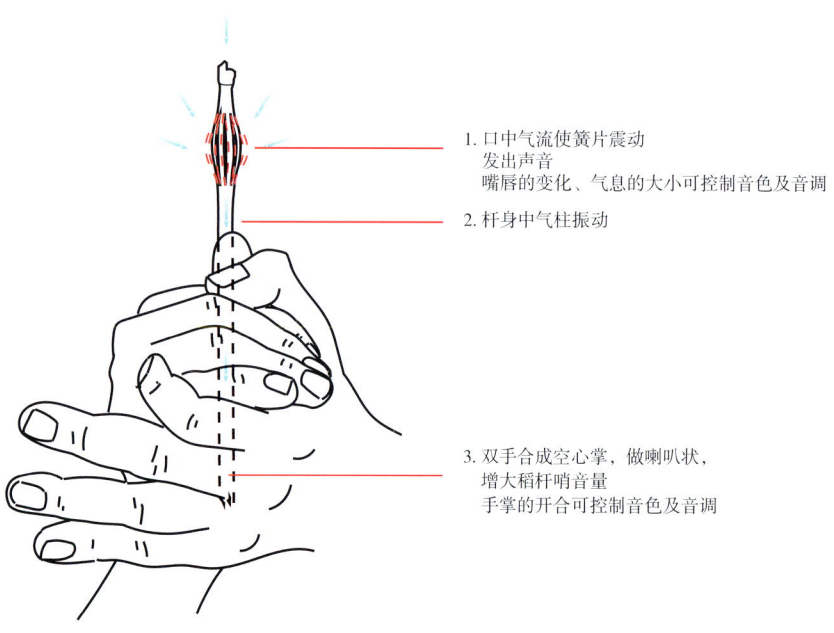

图五　哈尼族稻秆哨发声原理分析图

哈尼族铓锣

图一　哈尼族铓锣主图

本案例为云南省红河州红河县车古乡哈尼族铓锣，直径31厘米，通高39厘米。铓锣是哈尼族传统金属体鸣乐器，同时也是宗教祭祀活动贝玛通神的法器。铓锣结构简单、造型饱满，在敲击时锣面中央产生振动而发音，音色浑厚、洪亮。

铓锣，铜锡合金制成，由锣体、锣架（锣绳）、锣锤三部分组成，锣体呈圆盘形，四周以本身边框固定，无装饰纹样。锣面中间呈乳状隆起，因此又被称为"乳锣"，沿锣面的边缘也成凸起状，锣面与锣边之间形成锐角，边框设两个绳孔，用来固定锣架。铜制锣架，锣架向上凸起，以便手握，两端雕刻昂首的牛头图形。铓锣常与牛皮大鼓、牛角号等在重大祭祀节日中使用。

例如每年的"昂玛突"中祭龙仪式，往往离不开铓锣，表演者常为哈尼族男子。敲击铓锣时，左手持铓，右手持锣锤击铓。锣面因受到外力产生形变而偏离位置，又因其弹性恢复力返回并超过其原有位置，而后随惯性振动，而且铓锣的材料本身会使振动具有明显的逐渐减弱至消失的过程。铓锣的操持方式看似简单，但在演奏的过程中却有丰富的演奏手法，用来渲染不同的氛围及表达不同情绪，例如放音、边音、闷音等。若边击边舞，即"铓舞"，节奏鲜明，热情奔放且深沉有力，哈尼族人在铓锣舞中祈祷保佑哈尼族五谷丰登，也体现了哈尼族人坚韧淳朴的民族特征。

铓锣作为宗教祭祀活动中常用的法器之

一，不仅体现了哈尼族人信仰万物有灵、多神崇拜的原始宗教观念，同样最大化地表现出哈尼族祈求风调雨顺、五谷丰登的质朴心愿。铓锣成为哈尼族颇具民族特色的祭祀器具，因而铓舞也成为哈尼族古老文化之一，具有民族性与历史性双重意义。

图片来源
图一　李嘉华　摄影
图二至图四　樊振杰　制图

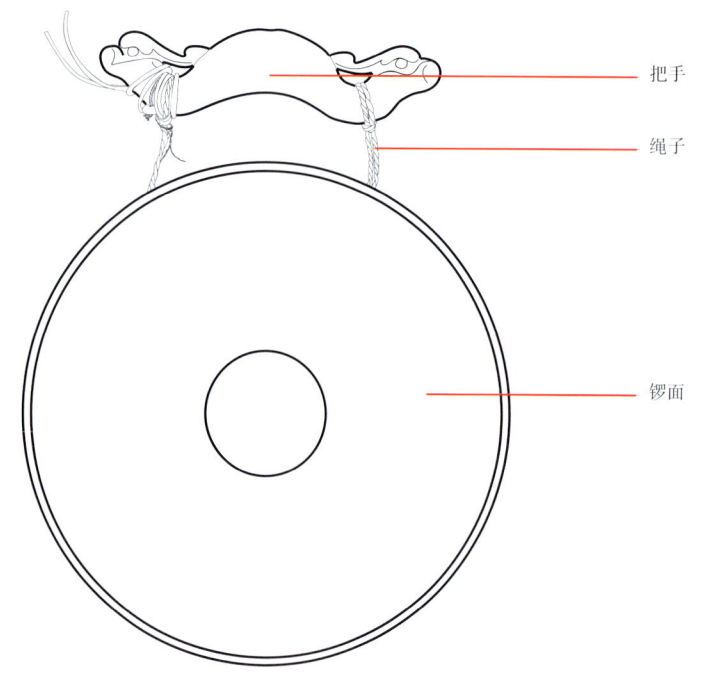

图二　哈尼族铓锣结构名称图

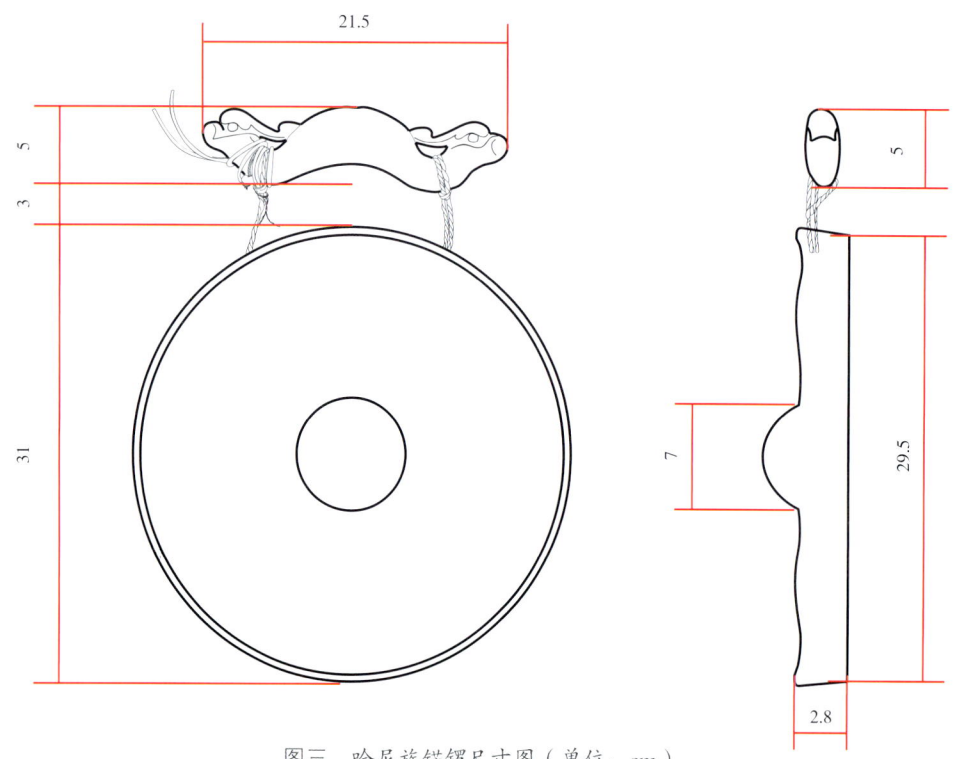

图三　哈尼族铓锣尺寸图（单位：cm）

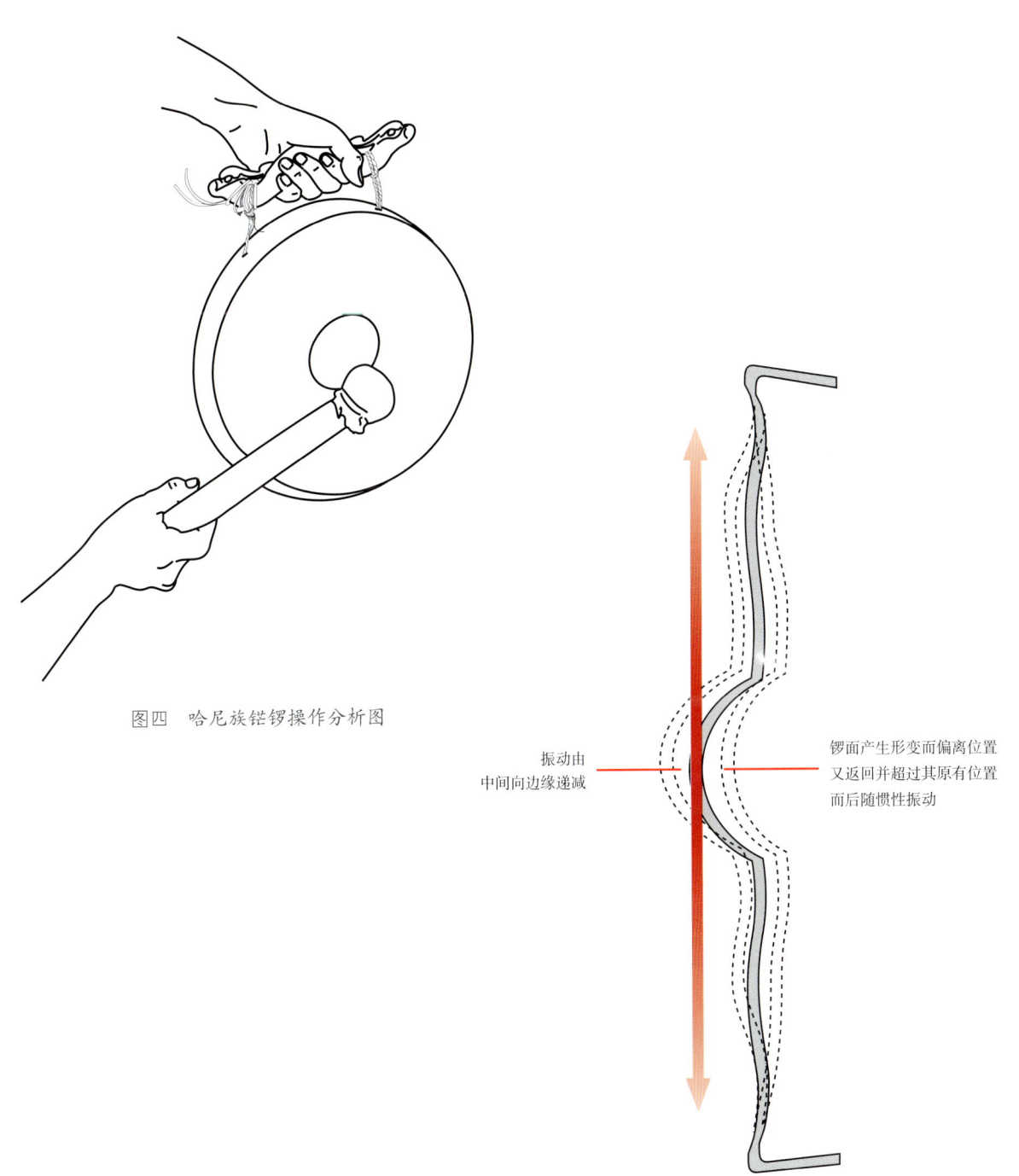

图四　哈尼族铓锣操作分析图

图五　哈尼族铓锣发声原理分析图

振动由中间向边缘递减

锣面产生形变而偏离位置又返回并超过其原有位置而后随惯性振动

哈尼族竹筒

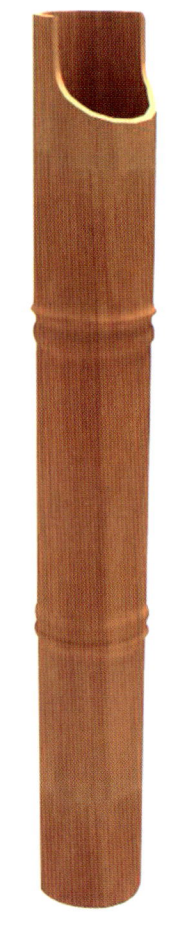

图一 哈尼族竹筒模型主图

本案例为云南西双版纳勐海县哈尼族竹筒，通长105厘米，直径9厘米。竹筒，哈尼语为"哈妻咚兜"，为哈尼族传统落击体鸣乐器。由生活中盛水竹器具演变而来，现流行于云南西双版纳僾尼支系。

竹筒选取粗大、木质坚硬且筒壁薄的凤尾竹为原材料。竹筒上端敞口，并削出45度角的斜面作为把手。凿通竹筒内部上、中部竹节，保留最下端竹节，竹节间三段距离从上到下依次为30厘米、36厘米及39厘米。也有的会将筒身绘上花纹图案，并在竹筒外围以彩线或彩色绒球进行装饰。无固定音高，声音大小，音调高低随竹筒的口径、长短、筒壁厚薄与竹制的老嫩各有所异。演奏时，常使用12个音高不一、但发音洪亮的哈妻咚兜进行组合，演奏者手握竹筒上端，用竹筒底部撞击地面以发出声音，同时配以舞蹈。

哈尼族竹筒舞由哈尼族原始宗教仪式中为驱赶野兽邪魔击打竹筒的习俗而来。竹筒作为竹筒舞的伴奏乐器，虽结构简单，但因其声音震耳欲聋的特点，气势恢宏，以示驱邪，故常在祭祀活动中为舞蹈伴奏，并收录在少数民族邮票系列之哈尼族当中，为女子所持乐器。

图片来源
图一　张金威　制图
图二、图三　李安娜　制图
图四　魏溥均　制图

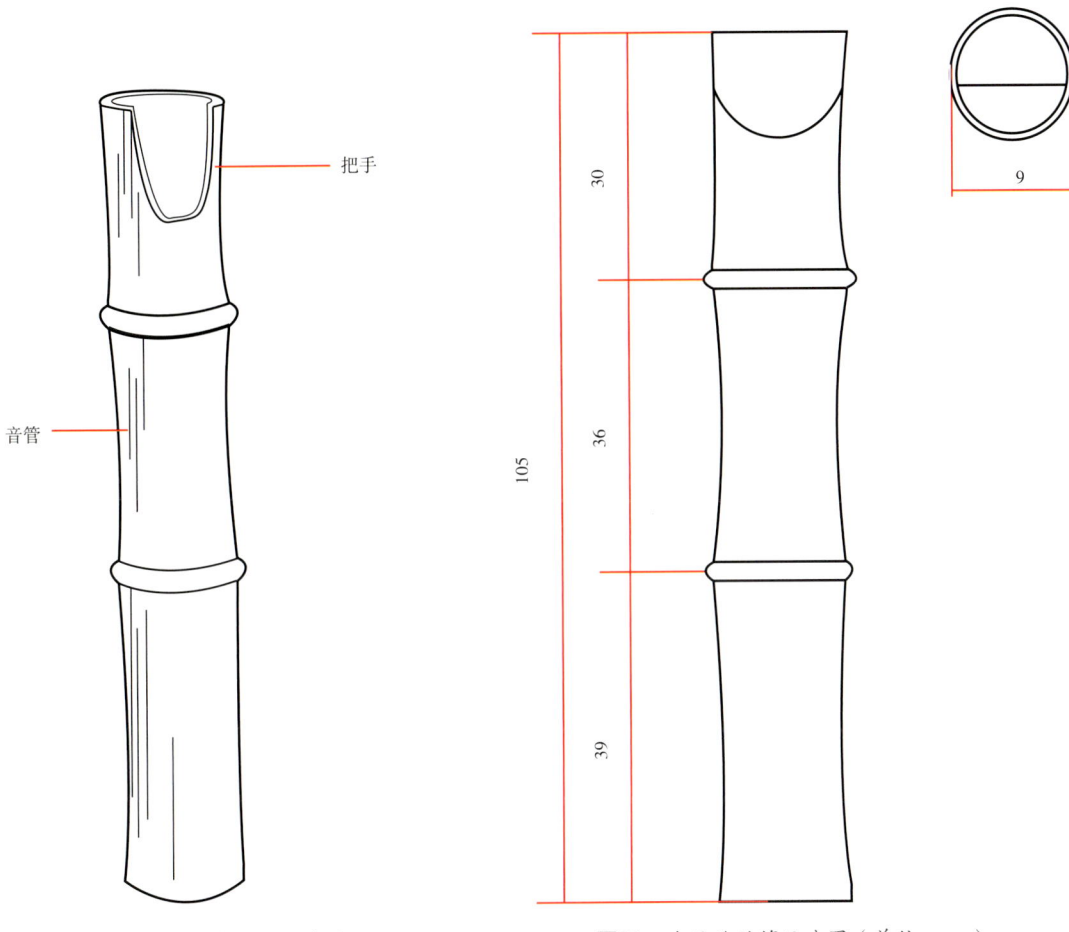

图二 哈尼族竹筒结构名称图

图三 哈尼族竹筒尺寸图（单位：cm）

图四 哈尼族竹筒操作示意图

第四章 哈尼族传统生活用具

哈尼族扎比

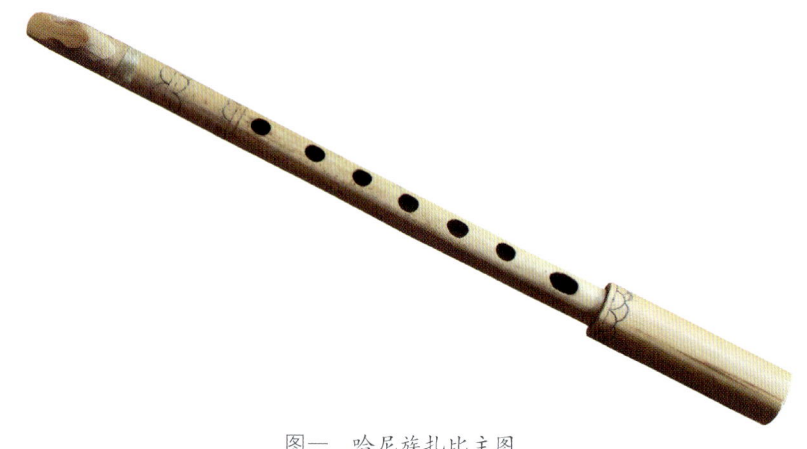

图一　哈尼族扎比主图

本案例为云南省红河州红河县哈尼族扎比，竹质，通长31.3厘米，两端均刻有花纹。扎比为哈尼族的传统单簧片吹奏乐器，在哈尼族中广泛流行。

扎比整体由簧片、吹口、音管、音孔等组成。本案例中，扎比正面顶端呈锐角贴一厚竹片。背面以棕丝或尼龙线将簧片固定在音管上，簧片长5.7厘米，下厚上薄，使得簧片在吹奏时更容易震动。簧片与厚竹片微微错开，使二者之间形成了一条细缝作为吹口。扎比音管内无竹节，音管分为两部分，较细的音管直径为1.4厘米，凿音孔8个，上7下1，较粗的可调节音管直径为2厘米，细音管尾端插入粗音管中，细音管尾端的音孔为调音音孔，可由较粗的音管盖住，根据对音调高低的需求来决定是否留用此音孔。演奏时，操持者双手捏住音管，左手在上右手在下，左手拇指按住音管下一孔，食指到无名指按住由上到下的第一孔至第三孔，右手的食指至无名指按住由上至下的第四孔至第七孔。吹奏时，气流使簧片震动，激起音管内气柱振动，管内的气柱通过手指的开合从音孔流出，使扎比发出高低不同的音。

扎比形制虽然简单，但却巧妙别致，其可调音装置，使演奏者在演奏时可根据需要作相应调节。扎比音色低沉适合表达个人情感，是哈尼族人最喜爱的乐器之一。

图片来源
图一　温清格　摄影
图二、图四　温清格　制图
图三　张亚堃　制图

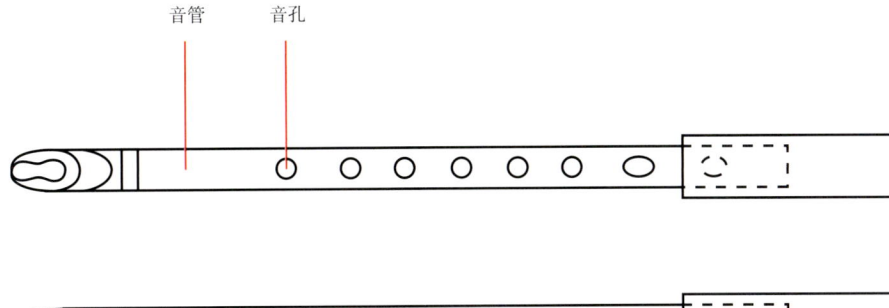
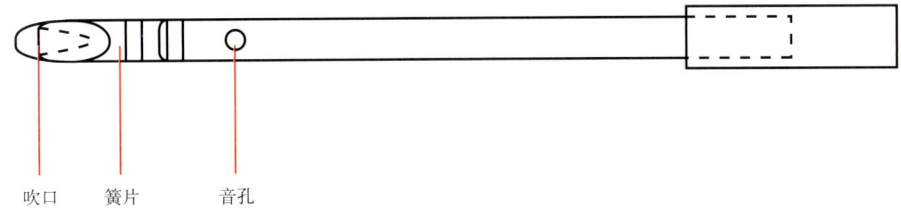

图二　哈尼族扎比结构名称图

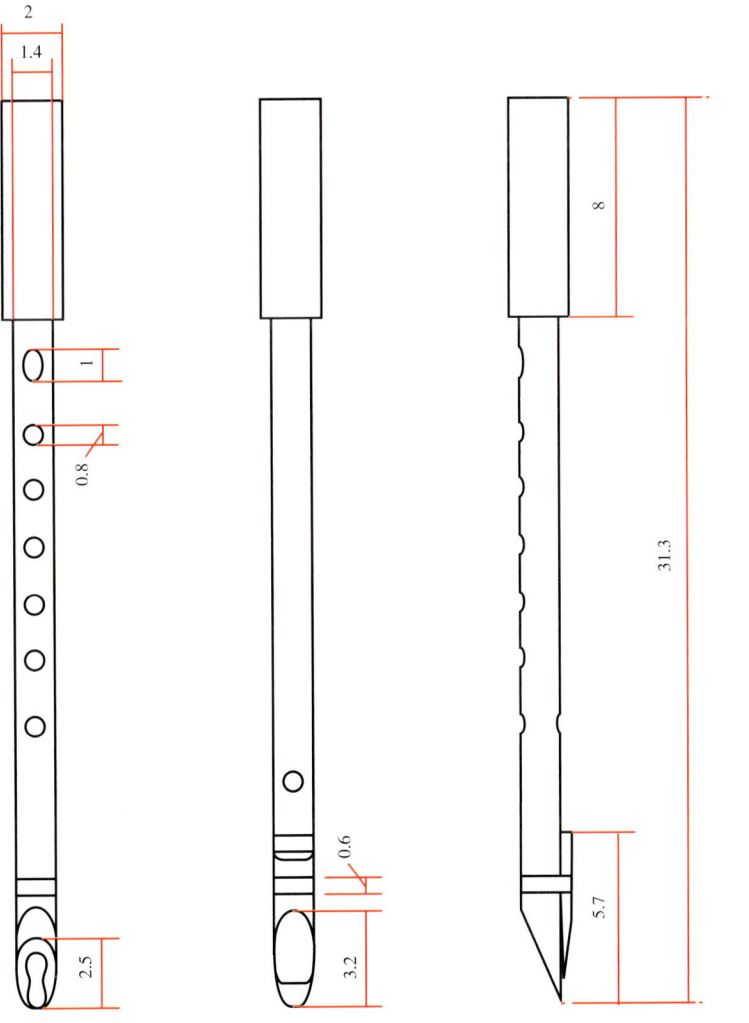

图三　哈尼族扎比尺寸图（单位：cm）

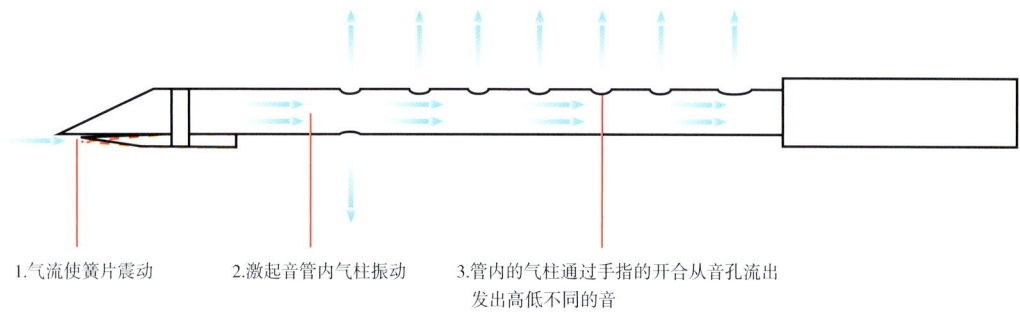

图四　哈尼族扎比发声原理分析图

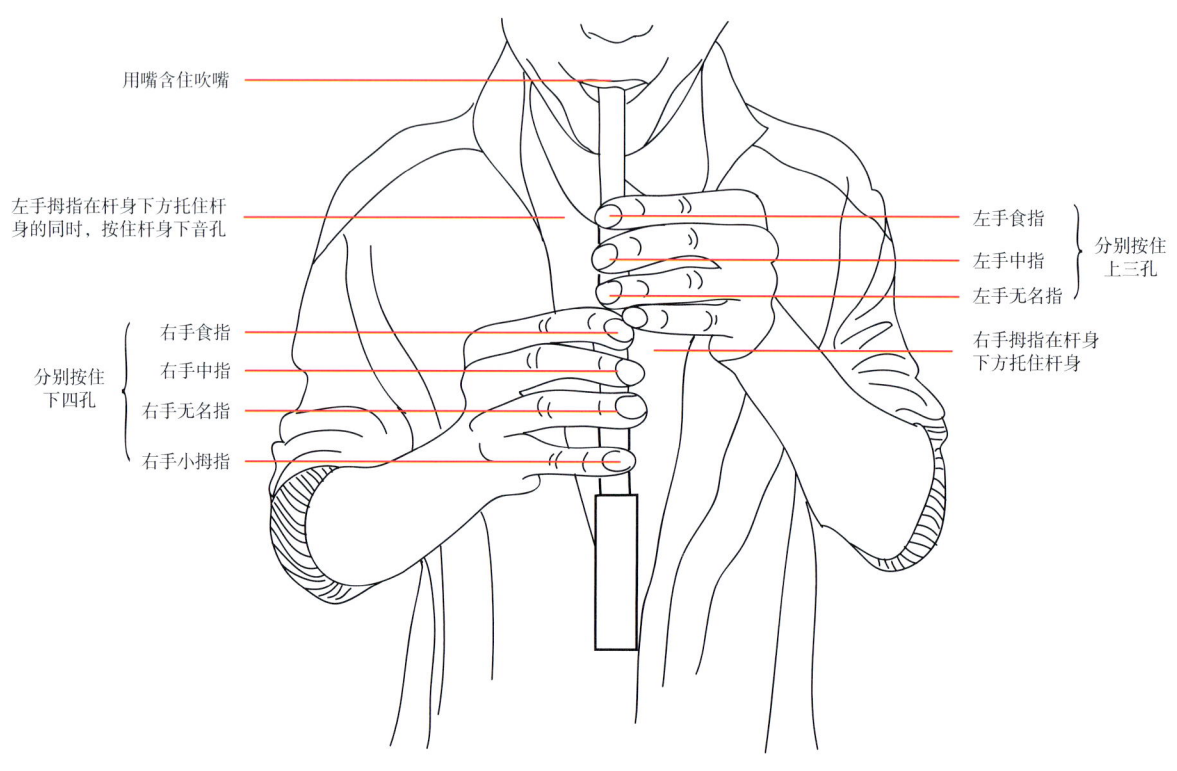

图五　哈尼族扎比操作示意图

哈尼族水烟筒

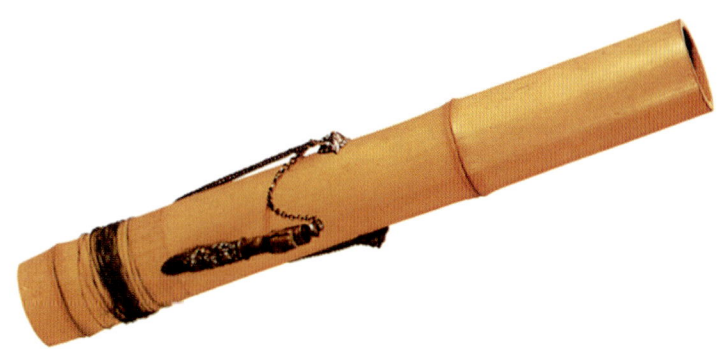

图一 哈尼族水烟筒主图

本案例为云南省红河州元阳县哈尼族水烟筒，长80.6厘米，直径11.7厘米，藏于云南省博物馆。水烟筒哈尼语为"波咚"，是哈尼族传统烟具，哈尼族男子的心爱物件。

水烟筒的制作材料为竹子，其制作方法考究。将一根竹子横向二切分，保留竹根下方的竹节，将竹筒中部及顶部的竹节凿通。将截取后的竹筒放置于火堆中烤4~5分钟后进行修整。烟嘴的位置极为重要，位于距筒底约1/3处，切一斜口，呈45度角斜插入直径2.5厘米左右的竹管，并用蜂蜡混以紫胶、发丝粘牢。本案例有两处竹节，底部用铜丝把整个竹筒箍死。距烟筒筒底15厘米处有长23.5厘米的烟嘴，烟嘴是用银器进行装饰，距筒底35厘米处的筒身两侧有银饰，且于左边挂有烟嘴盖，闲置时将烟嘴盖住。水烟筒在使用时，先放入适量的水于烟筒内，水位高于烟嘴上部15厘米最佳，将烟丝置于烟嘴点燃，以下颚及腮部将烟筒上口封住，然后吸气，使筒内产生负压，烟气经水过滤进入筒中。吸气力度需适宜，过轻会使桶内压力不够，烟不足以进入水中，过猛会使水在嘴离开烟筒时从烟嘴喷出。

哈尼族水烟筒造型简洁、尺寸考究，各结构符合人体工程学及审美需求；制作工艺因地制宜、民族特征显著。水烟筒的使用，架起了少数民族间交流的桥梁作用，逐渐成为接待贵宾的一种礼仪。

图片来源
图一 李艺. 以人类学家的博物馆·云南省博物馆民族文物藏品选. 昆明：云南民族出版社，2001：37.
图二 温清格 制图
图三、图四 李安娜 制图
图五 顾怀灏 制图
图六 赵思颖 摄影

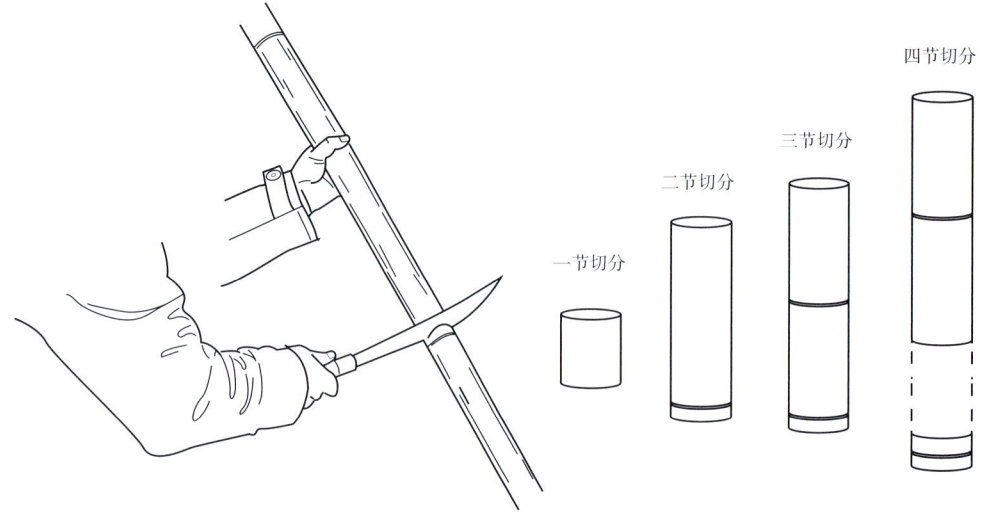

图二 哈尼族竹材横向切分分类图

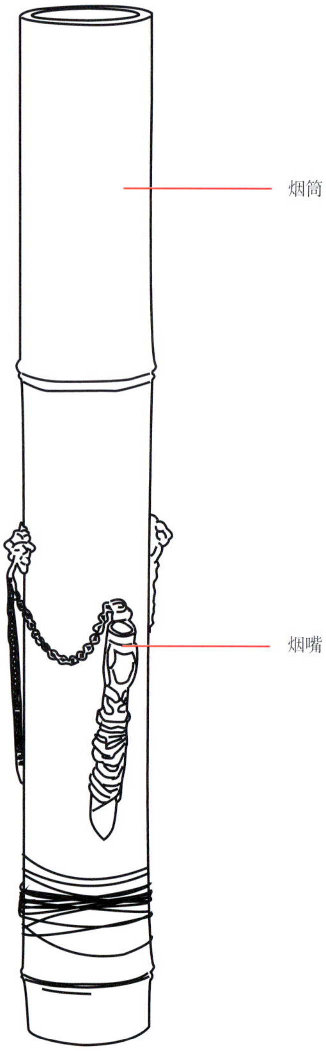

图三 哈尼族水烟筒结构名称图

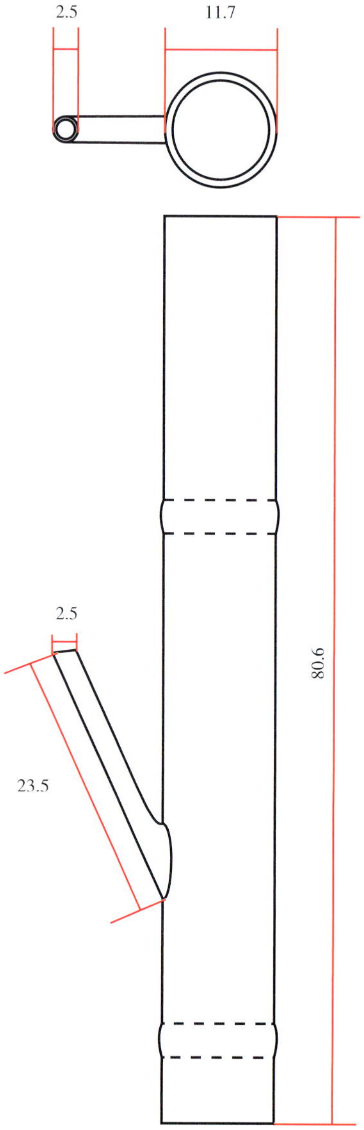

图四 哈尼族水烟筒尺寸图（单位：cm）

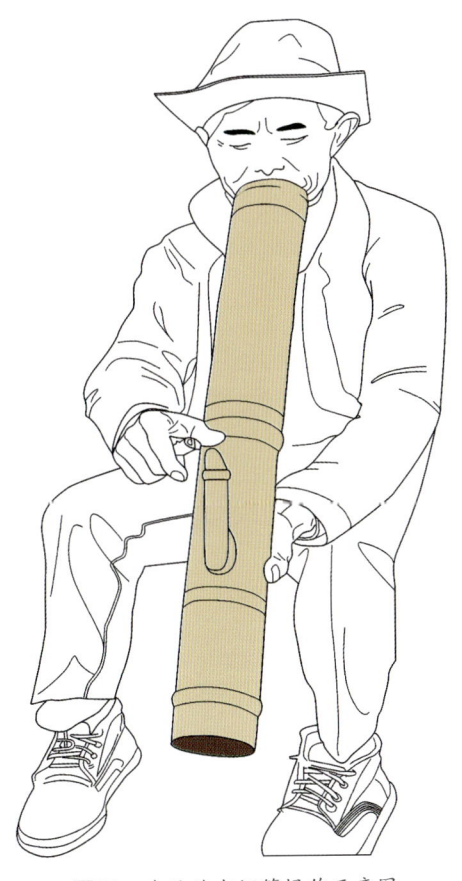

图五　哈尼族水烟筒操作示意图

图六　哈尼族水烟筒使用情境图

第四章　哈尼族传统生活用具

哈尼族竹烟锅

图一　哈尼族竹烟锅主图

本案例为云南省玉溪市元江县羊街乡哈尼族竹烟锅。长14.5厘米，高6厘米。竹烟锅是哈尼族传统烟具之一，与水烟筒不同，为旱烟烟具。竹烟锅充分利用了竹子中空的材质特性。

竹烟锅由烟锅头、烟锅杆、烟锅嘴三部分共同构成。本案例为金竹所制，烟锅头由金竹根部制成。烟锅整体呈T形，烟锅杆长10.7厘米，直径0.9厘米，对于烟锅杆的长度并无定制，有长有短，烟锅头通高6厘米，最大直径为3.8厘米，其放置烟丝的顶端直径为2.8厘米，壁厚0.3厘米。烟锅杆为竹秆所制，将竹秆中间的竹节打通，在烟锅头侧壁打一孔，与烟锅杆链接，即为烟锅杆的烟道。烟锅杆一头连接烟锅杆，另一头连接烟锅嘴，哈尼族人在外出时常将烟锅置于腰间，并配有烟袋等，在使用时，在烟锅头塞入烟丝，点燃后轻吸烟锅嘴，使烟丝的香气通过烟锅杆到达吸烟者口中。

在使用时不仅起到了过滤有害物质的作用，同时最大限度地保留了烟的香气。但在哈尼族中，烟杆的长度也象征着人的辈分，因此最长的烟锅杆为家族中辈分最高的人所使用。竹烟锅形制小巧、便于携带，因此成为哈尼族男性随身携带的烟具，广为哈尼族男性所喜爱。

图片来源
图一　温清格　摄影
图二、图三、图五　樊振杰　制图
图四　温清格　制图

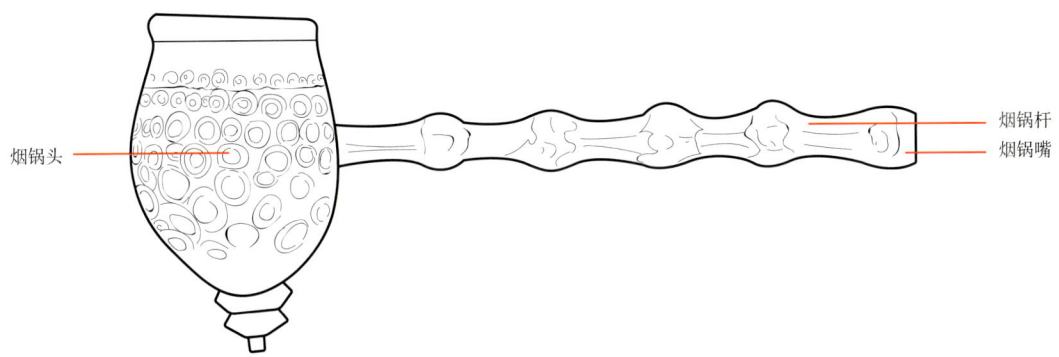

图二 哈尼族竹烟锅结构名称图

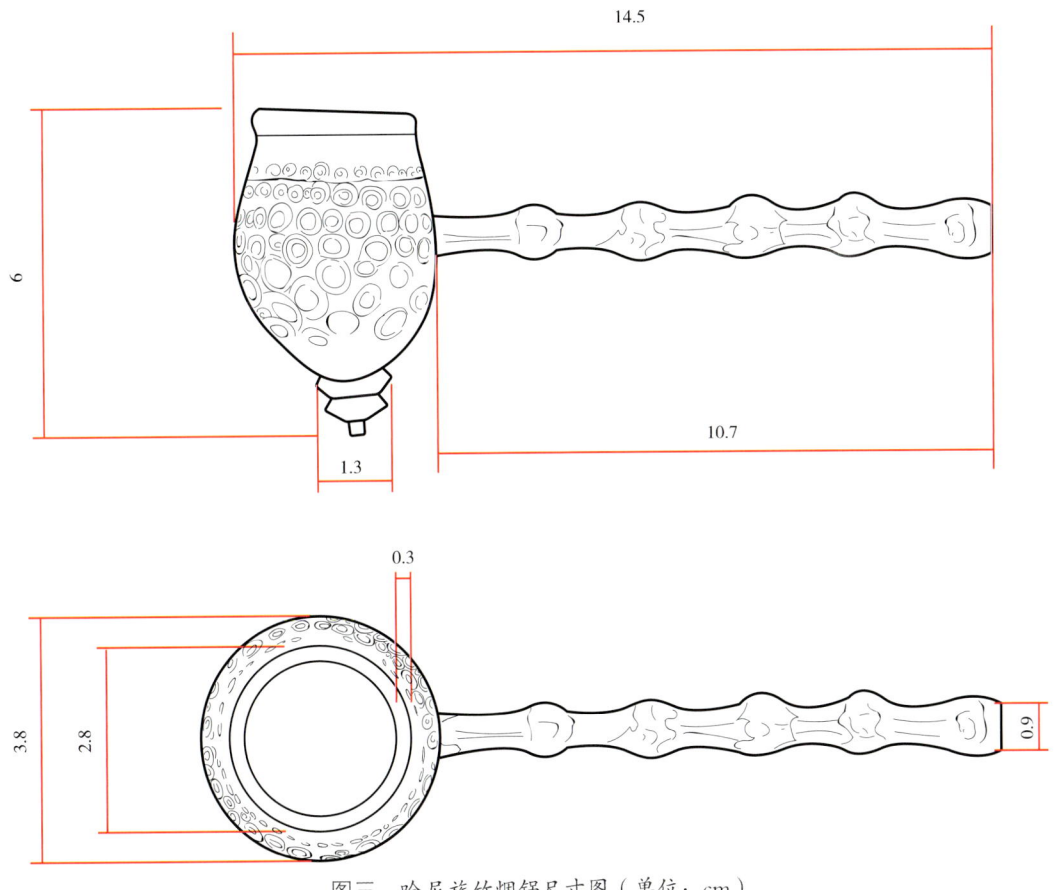

图三 哈尼族竹烟锅尺寸图（单位：cm）

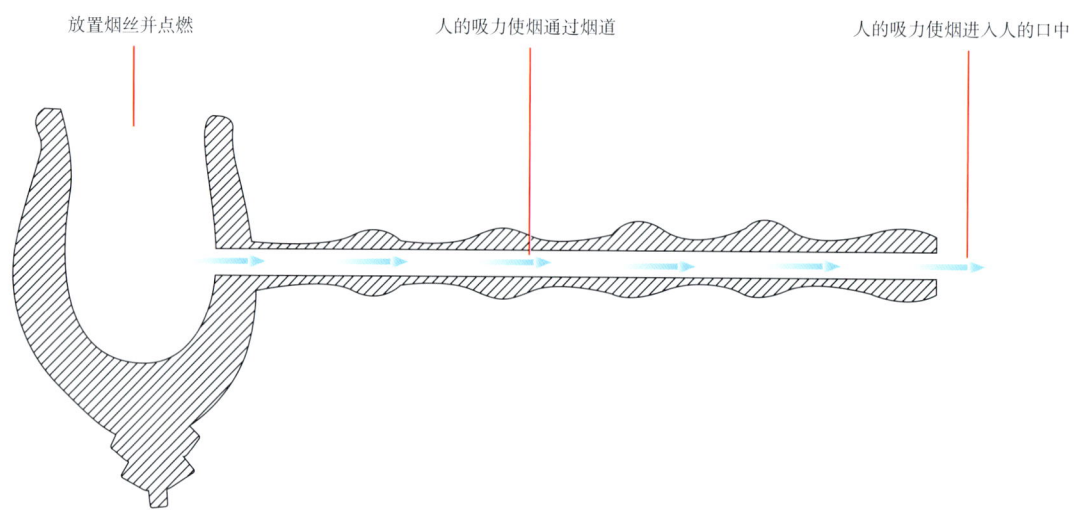

放置烟丝并点燃　　　人的吸力使烟通过烟道　　　人的吸力使烟进入人的口中

图四　哈尼族竹烟锅原理分析图

图五　哈尼族竹烟锅使用情境图

哈尼族方形竹桌

图一　哈尼族方形竹桌主图

本案例为云南省红河州绿春县瓦那村方形竹桌。高32.7厘米，桌沿高5厘米，桌面长56.4厘米，宽51厘米。该竹桌由桌面与桌腿组成，桌面呈方形，方形桌面配落堂式桌沿，长方体桌身，方形底筐。古代称桌为"卓"，《说文解字》中对"卓"的解释为高而直立，而哈尼族的竹桌虽种类较多，但高度都较矮，大多集中在24厘米到35厘米之间。

哈尼族方形竹桌采用竹面纹路，密实且材质柔软韧性强的竹子制成，如空竹、箭竹、苦竹等。制作时，首先将苦竹篾采用四角人字法编织桌面，编织后将四周进行收口加固；其次编织竹桌腿；再次将其制作好的竹桌面与"口"形桌腿用竹丝进行编织加固；最后竹桌即完成制作。在使用时，通过配套的竹凳一起使用，本案例所分析的这件竹桌可供4～6人使用，除此之外，透空状桌腿内部形成的筐也可以用来养鸡或置物。本案例的竹桌形制采取科学巧妙的构架形式，使得竹桌采用矩形垂直受力的原则，承重均匀。

哈尼族的竹器历史悠久，早在嘉庆《滇海虞衡志》中曾记载："黑铺，俗与阿泥同，而语言微异。性巧慧，善作宫室，编竹为器，备极精巧，汉人莫能及。"竹桌作为哈尼族传统家具之一，不仅体现了哈尼族人席地而坐的古朴生活习惯，同样满足了哈尼族人建筑环境的需求，广为哈尼族人所使用。

图片来源
图一　顾怀灏　摄影
图二　李安娜　制图
图三　樊振杰　制图
图四　白建雄　摄影

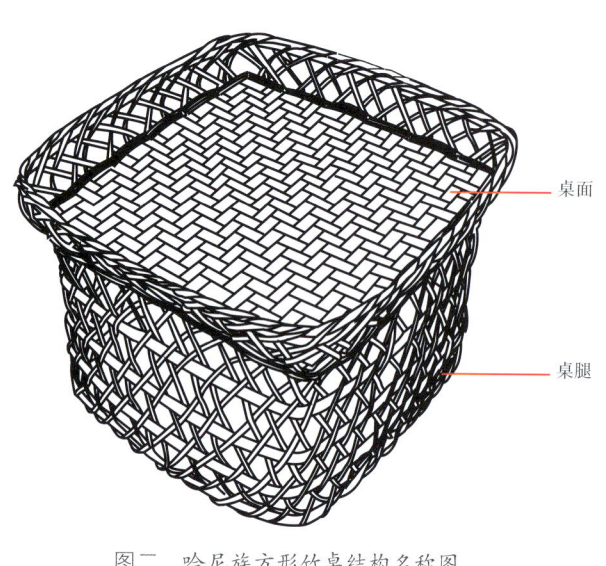

图二　哈尼族方形竹桌结构名称图

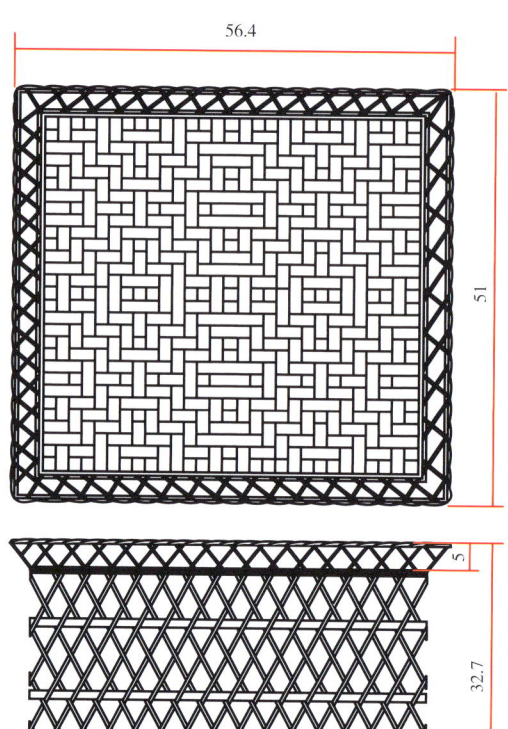

图三　哈尼族方形竹桌尺寸图（单位：cm）

图四　哈尼族方形竹桌使用情境图

哈尼族圆形竹桌

图一　哈尼族圆形竹桌主图

本案例为云南省普洱市墨江县碧溪村哈尼族圆形竹桌。桌高33厘米，直径53厘米。圆形竹桌桌面呈圆形，桌身承托圆形桌面，圆形底筐乃哈尼村落常见造型，是哈尼族传统家具之一。

由桌面与桌腿组成。本案例桌沿向上翘起4厘米，可防止桌上物品掉落，桌腿高29厘米，底圈直径45厘米。整张竹桌由竹材制成，桌面常为材质柔软且韧性强的慈竹、箭竹，桌腿常采用竹质硬、强度大的苦竹、马蹄竹进行加工制作。在制作时，首先制作桌面，桌面在制作时需先将黄竹篾两端弯曲，采取斜半圆搭结的方法，用竹丝扎绕固定成竹桌圈。其次采用四角人字法编织桌面，同时将竹桌圈与桌面的相互叠压进行收口，并在桌面底部插底戗进行加固。再次制作竹桌底圈及八根竹腿，将竹腿以榫卯结构固定于竹桌上下圈中。最后用竹丝将制作好的竹桌桌面与底部框架捆绑固定。在使用时，通过配套的竹凳一起使用，本案例所分析的这件竹桌可供4～6人使用。

本件案例构架合理，具有结构坚实、稳定性强、承重性高的特点。哈尼族人依中国古代造物"材美"的原则，择材施技，同时依当地自然条件的制约，发挥其"工巧"的制作工艺。不仅体现了哈尼族人以人为本的设计理念，同样也是哈尼文化积淀的物化形式，广为哈尼族人所使用。

图片来源
图一　顾怀灏　摄影
图二、图四、图六　顾怀灏　制图
图三　樊振杰　制图
图五、图七　李安娜　制图

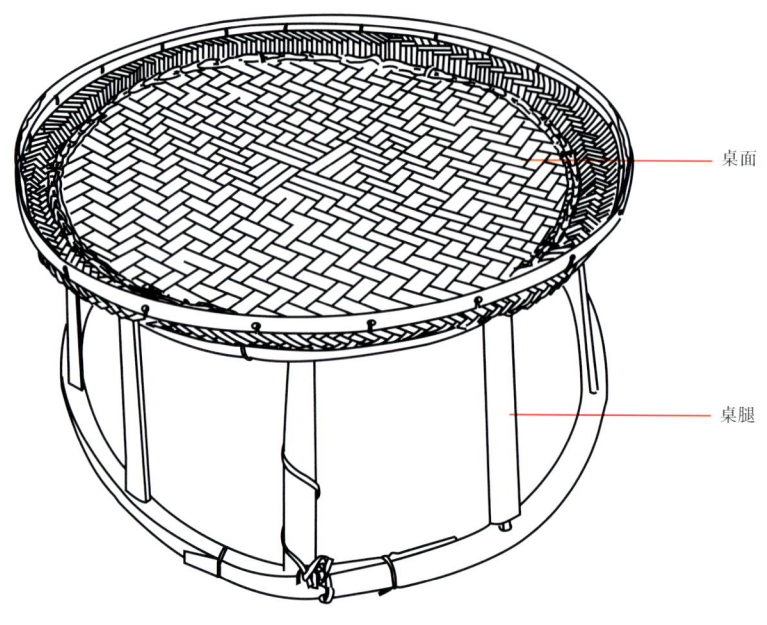

图二 哈尼族圆形竹桌结构名称图

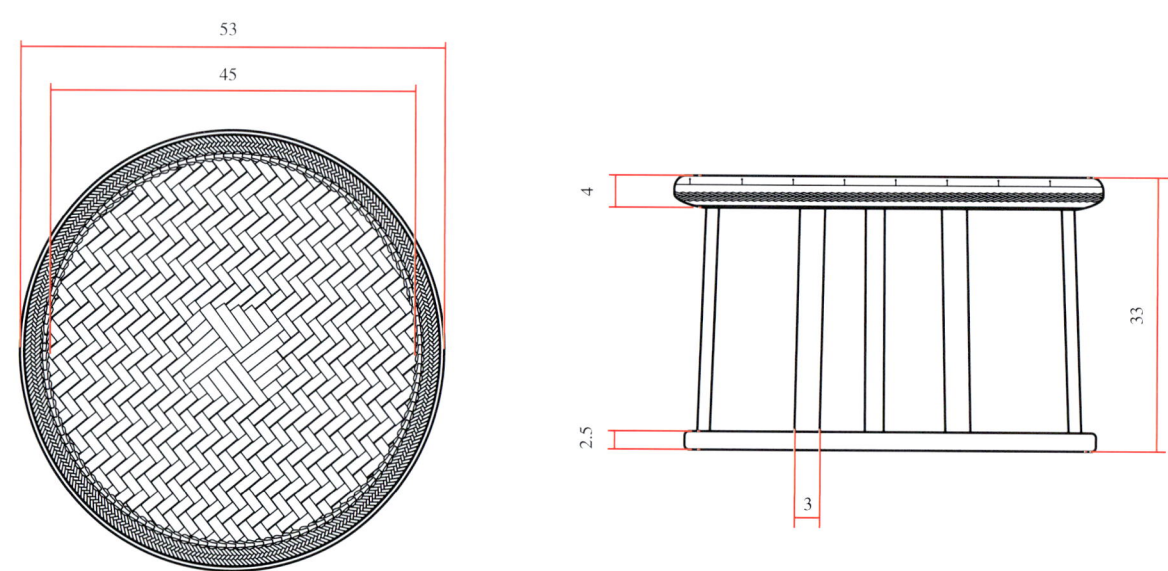

图三 哈尼族圆形竹桌尺寸图（单位：cm）

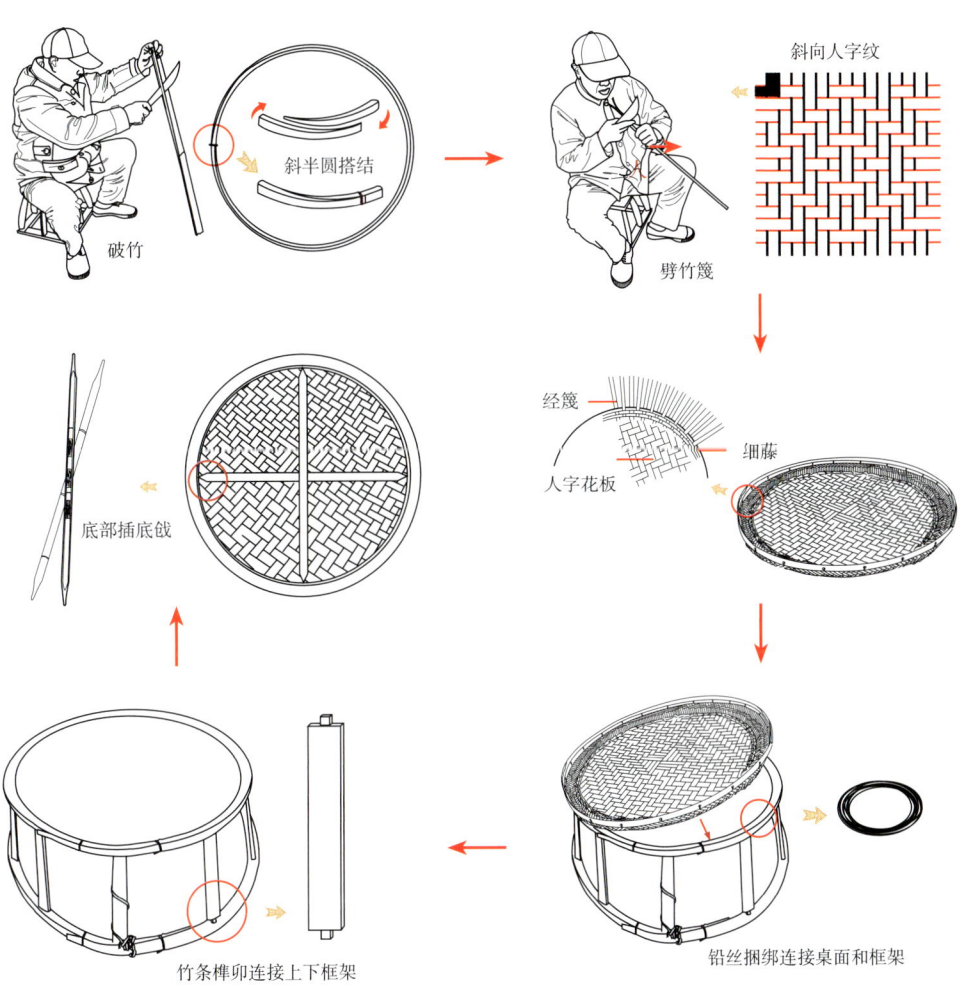

图四 哈尼族圆形竹桌制作流程图

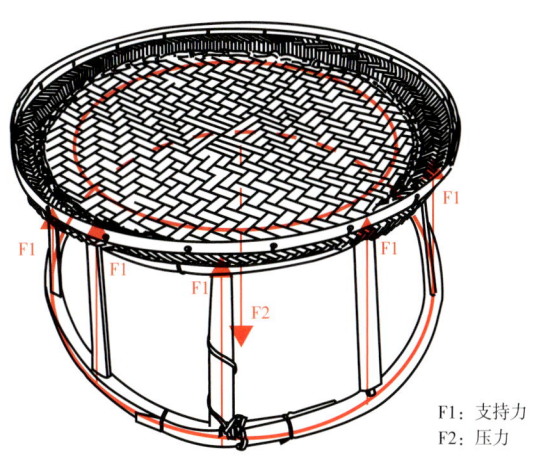

F1：支持力
F2：压力

图五 哈尼族圆形竹桌受力分析图

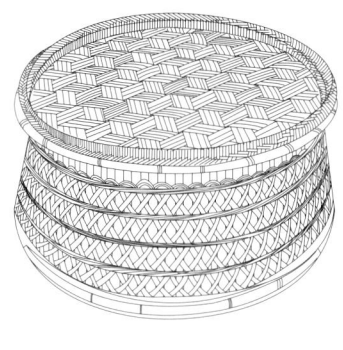

勐海县南糯山村

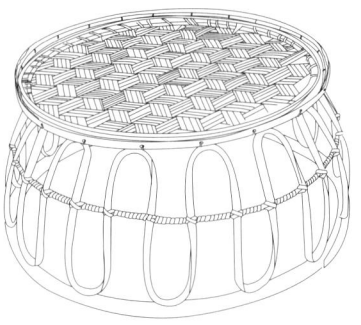

元阳县箐口村

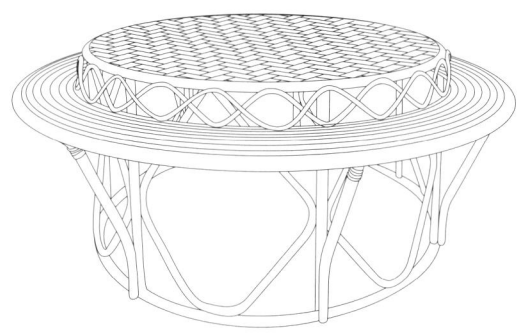

西双版纳坝落村

图六 圆形竹桌其他造型比对图

图七 哈尼族圆形竹桌使用情境图

哈尼族竹碗架

图一 哈尼族竹碗架主图

本案例为云南省玉溪市元江县那诺乡哈尼族竹碗架。高36厘米，底面直径28厘米。竹碗架用于放置碗、盘等用具，是哈尼族日常生活中最常见的生活用具之一。哈尼族竹编有悠久的历史，迁徙史诗《哈尼阿培聪坡坡》载："阿撮教哈尼破竹编篾，哈尼换上滑亮的竹筐；阿撮教哈尼织帽子，笋壳帽轻巧又凉爽。"可见，哈尼族人在与外族的交流过程中使本族的竹编技术得到了很大的发展。

那诺乡哈尼族竹碗架分为底座及置物区域两个部分。竹碗架底面呈圆形，底高15厘米，碗架的置物部分分两层，可分类置物，同时也提高了空间利用率。竹碗架的整体采用六角编的方式，使碗架牢固的同时留有较大的空洞，以便刚清洗完的碗沥水，底座侧面中央以多根篾条横向编织加以固底，碗架的缘以扭口编收边。

哈尼族的竹编用具种类颇多，涉及生产、生活、宗教、娱乐等各个方面。本案例中的竹碗架作为哈尼族常见的生活用具之一，其形制简洁朴素，放置碗筷的同时亦可沥水，体现出哈尼族的竹器以使用功能为主的设计特征。

图片来源
图一、图四　刘翔宇　摄影
图二、图三　樊振杰　制图

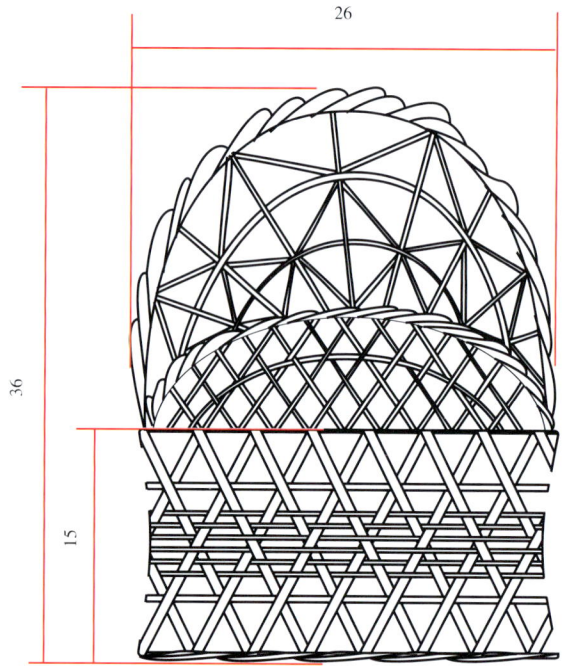
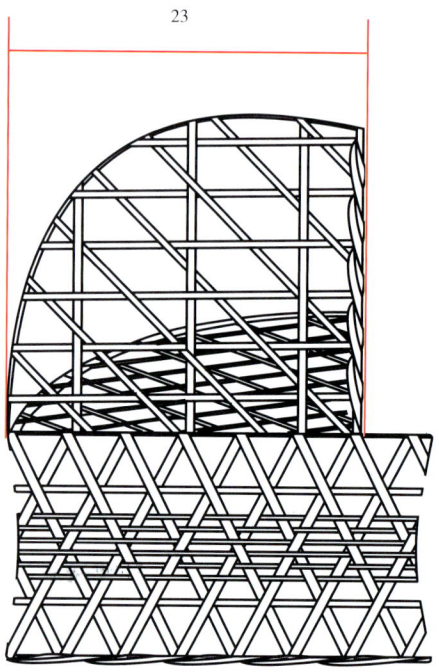
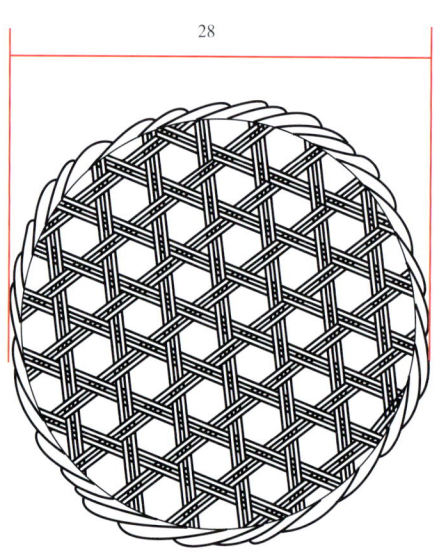

图二 哈尼族竹碗架尺寸图（单位：cm）

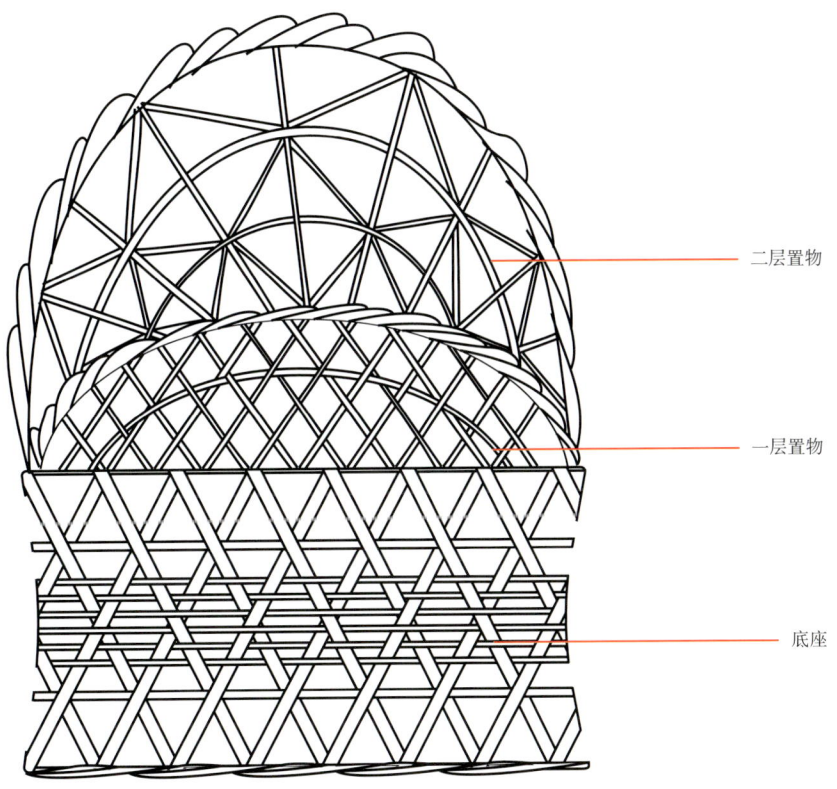

图三　哈尼族竹碗架结构名称图

二层置物

一层置物

底座

图四　哈尼族竹碗架使用情境图

哈尼族竹篾凳

图一 哈尼族竹篾凳主图

本案例为云南红河州哈尼族竹篾凳。高23厘米。凳，哈尼语为"直特"，有腿无靠背坐具，哈尼族必备生活用具之一。本案例因其材料而得名。篾凳因其体积较小、携带方便的特点，广泛应用于喝茶、就餐、纳凉等活动中。

由于红河哈尼族地处亚热带山区，雨量充沛，气候温和湿润，盛产竹材。篾凳的原材料就是竹子。在选材时，需充分考虑竹材的不同特性，分别选择柔软且韧性好、纹路密实的竹篾进行编织，竹质硬、强度高的竹条进行配合使用。本案例使用了黄竹、慈竹两种材料。黄竹径粗壁厚，材质坚韧承重较好，慈竹材质柔韧，劈出的竹篾薄而柔软，适于编织。凳面呈圆形，直径为26.5厘米，底部直径约29厘米。在制作时，需先将黄竹弯曲制成两大小不等的竹圈并用竹丝扎绕固定。在较小的竹圈上采用慈竹进行人字纹编织，并沿圆形边框进行收边，即为凳面。同时将黄竹片一端采用V形交叉固定于凳面边收口处，底端榫卯处用较大的竹圈以竹条加固。由于篾凳的低矮性使得人在坐下时膝盖会拱起，篾凳常配合竹桌进行使用。由于哈尼族传统民居多矮小，因此哈尼族坐具通常尺寸不高。

篾凳的制作就地取材，因地制宜。其形制特征充分体现了哈尼族人长期席地而坐的生活特点。哈尼族篾凳作为哈尼文化积淀的产物，成为哈尼族人日常生活中必不可少的家具之一。

图片来源

图一　顾怀灏　摄影
图二　樊振杰　制图
图三　李安娜　制图
图四　温清格　制图
图五　顾怀灏　制图

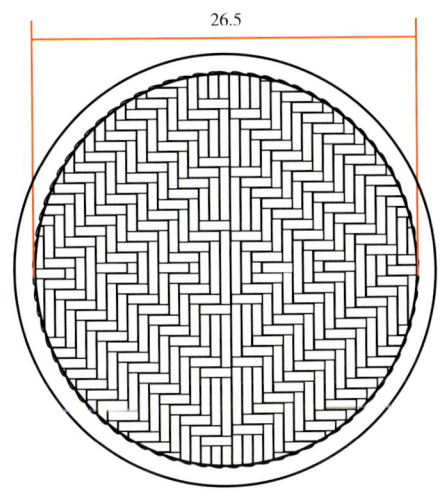
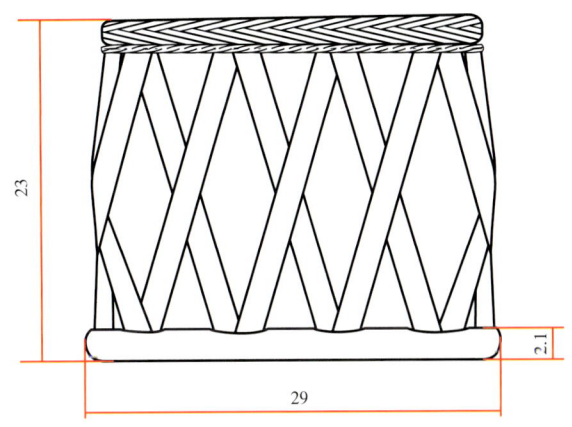

图二　哈尼族竹篾凳尺寸图　（单位：cm）

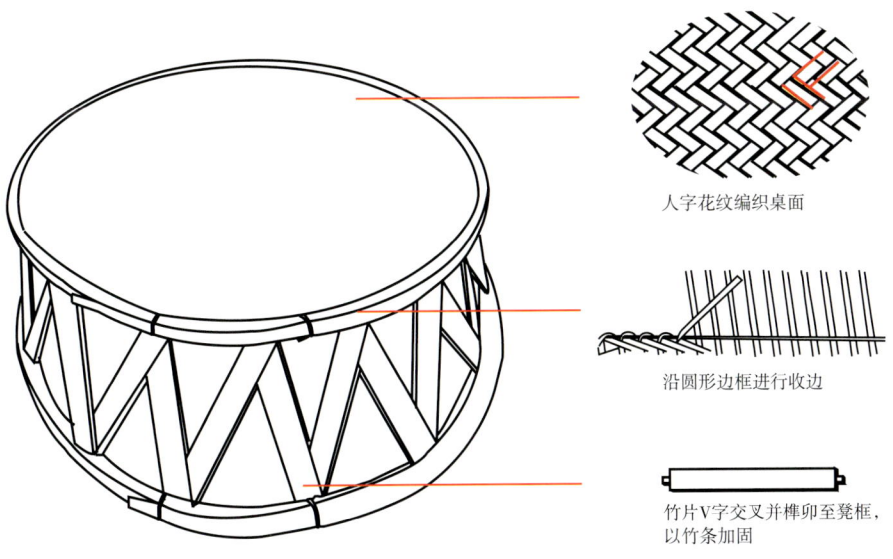

人字花纹编织桌面

沿圆形边框进行收边

竹片V字交叉并榫卯至凳框，以竹条加固

图三　哈尼族竹篾凳工艺分析图

第四章　哈尼族传统生活用具

263

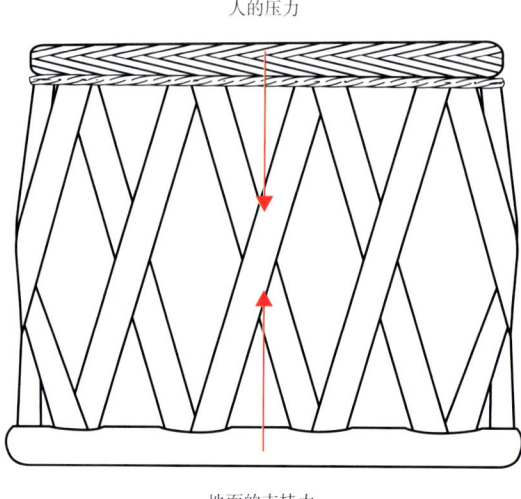

图四 哈尼族竹篾凳力学分析图

图五 哈尼族竹篾凳使用情境图

哈尼族竹质黄鳝笼

图一　哈尼族黄鳝笼主图

本案例为云南省红河州哈尼族黄鳝笼，长11厘米，宽10厘米，藏于红河州博物馆。黄鳝是哈尼族人最喜爱的佳肴之一，捕捉黄鳝也是哈尼族妇女的必备技能之一，经常能吃到黄鳝人家的主妇会被同寨人称赞不已。黄鳝笼，是云南哈尼族发明的一种用来捕捉黄鳝的工具。

黄鳝笼整体呈正方体，由笼盖、笼身和倒刺组成。黄鳝笼的一面留有一个长、宽3.5厘米的孔，内置倒刺，顶部留有4厘米宽的孔配以盖，捕捉黄鳝时篾盖需与笼身扎紧，完成捕捉后，打开篾盖，将捕捉的黄鳝取出。哈尼族的妇女下田农作之前，便将黄鳝笼内放入炒香的油枯，放入田边的水中，并用草遮挡起来。闻到油枯香味的黄鳝，便会沿黄鳝笼上的孔洞而入。进入笼内的黄鳝，由于倒刺的设计难以逃脱。黄鳝笼由苦竹编制而成，笼身采用经纬编织的方法形成密编，由于黄鳝身体细长呈蛇形，编织后的孔洞较小，黄鳝无法脱逃。

鳝鱼笼外形小巧，方便携带；以竹为材，易于获取且适于水中捕捞；其结构虽然简单，却非常实用，不需要捕捉人专门等在一旁进行捕捉，进入笼内的黄鳝无法逃脱，因此可与其他田间劳动同时进行，使得农民可以在有限的时间内完成更多的劳动，足见哈尼族先民的勤劳和智慧。

图片来源
图一　顾怀灏　摄影
图二至图四　樊振杰　制图
图五　顾怀灏　制图

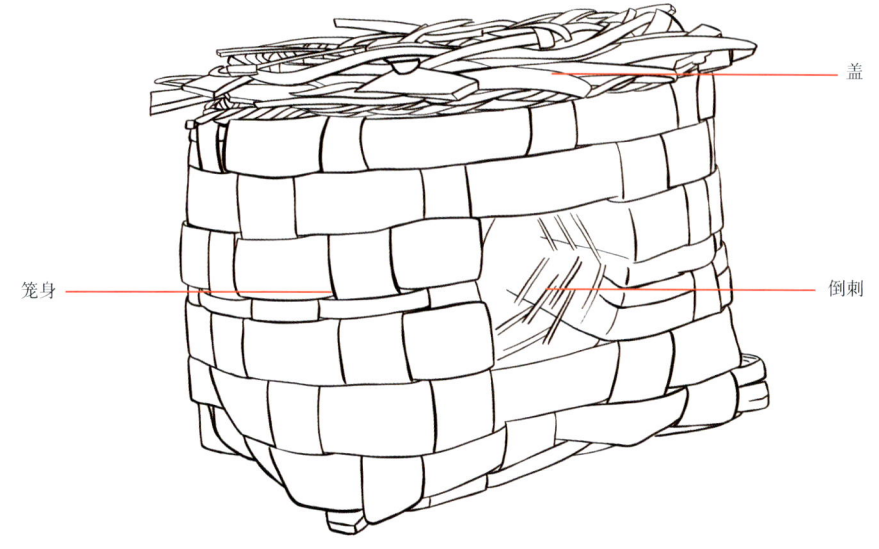

图二 哈尼族黄鳝笼结构名称图

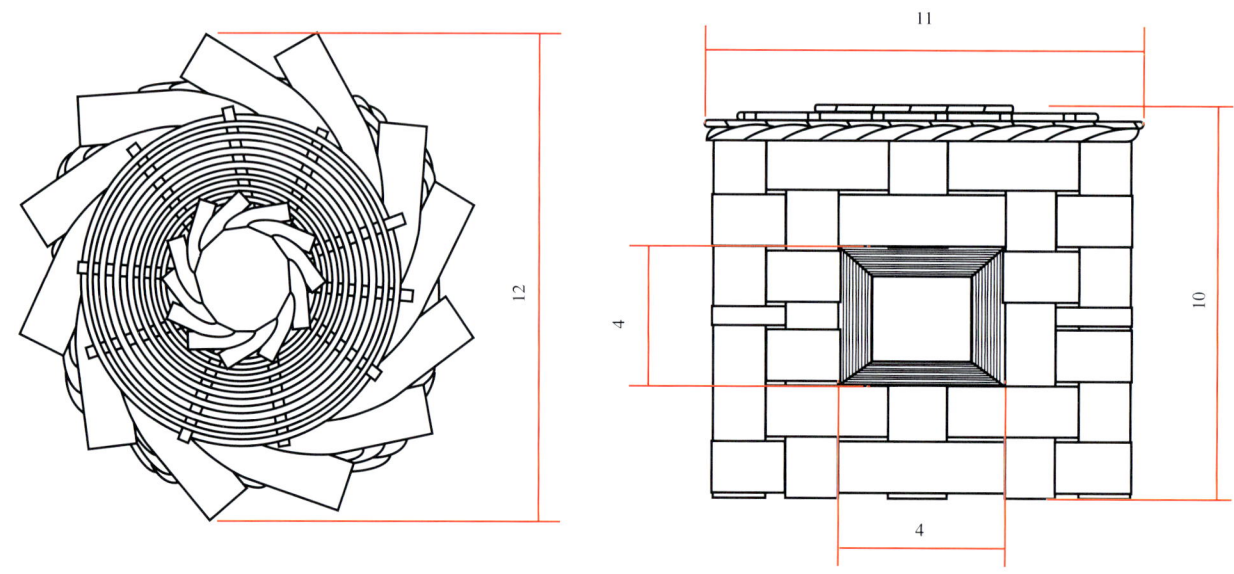

图三 哈尼族黄鳝笼尺寸图（单位：cm）

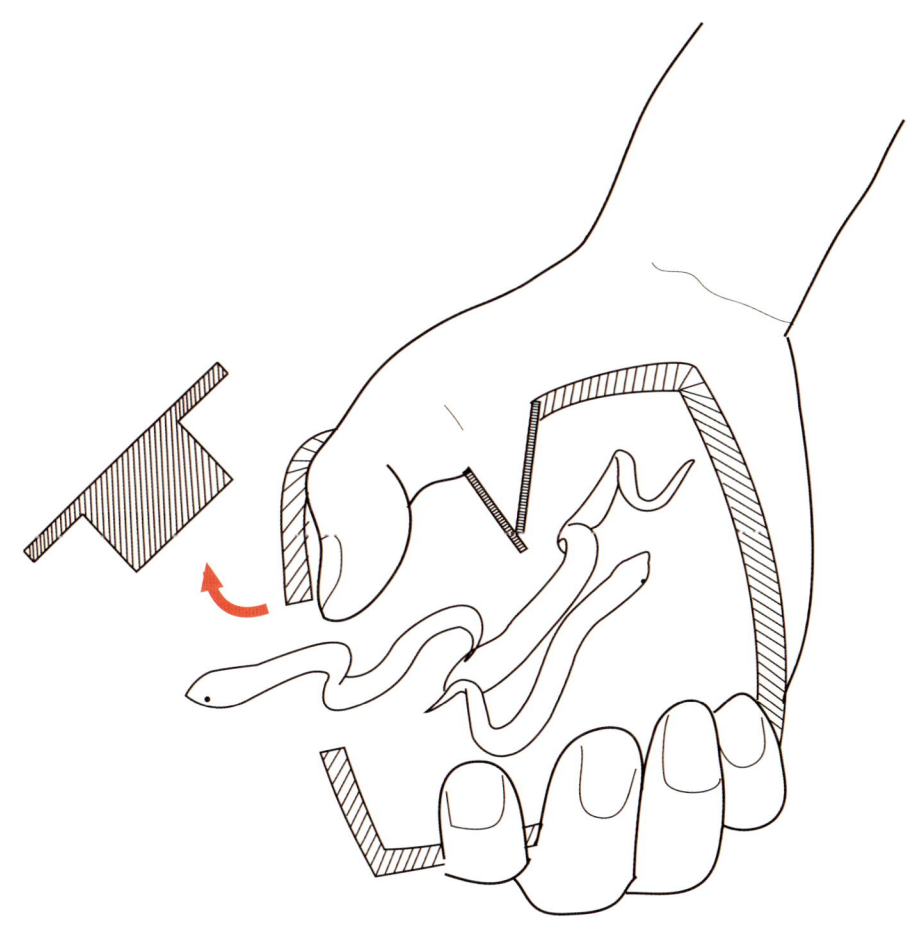

图四 哈尼族黄鳝笼操作示意图

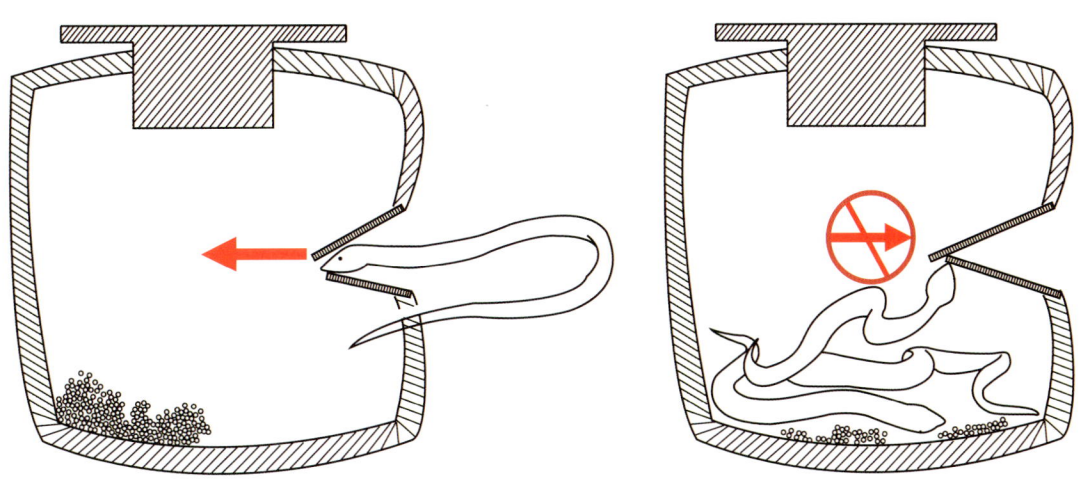

图五 哈尼族黄鳝笼工作原理分析图

第四章 哈尼族传统生活用具

哈尼族木质轧花机

图一 哈尼族轧花机主图

本案例为云南省红河州绿春县轧花机。高64.7厘米，现收藏于绿春县哈尼族文化传承馆中。轧花机，为哈尼族传统生活用具，主要用于棉花脱籽，曾在云南省红河州绿春县、元阳县等地广泛流行，现已被现代纺织器械逐渐替代。

轧花机历史悠久，元代为王祯在《农书》中形象地介绍了三人操作的"木棉搅车"。明代以此为基础改良创新，制作出单人操作的轧花机。明《农政全书》："今之搅车，以一人当三人矣。其中句容式，一人可当四人；太仓式，两人可当八人。"本案例轧花机整体为木质，常选取质地坚硬的黄栗树进行加工制作。外形呈"开"字构架，由圆轴、挡板、手柄、竖棍、底板共同组成。在竖棍1/3处横向安装一挡板，挡板上方安装两根压面轴，轴呈圆柱形，长40厘米，直径3厘米。其中一根轴上安装一90度的弯摇手柄。轧花机主要运用了曲柄连杆，其工作原理为往前摇动手柄，通过压面轴，使其分别上下转动。将棉花放置于两轴之间的缝隙中，棉花纤维通过缝隙卷入，并将棉花带出机前，棉籽落在机后，最终达到棉花与棉籽分离的作用。

作为棉花脱籽的传统用具，在哈尼族的日常生活中，轧花机一直被广泛使用。轧花机不仅结构简单、操作方便同时蕴藏机械原理，其中曲柄连杆运用轮轴联动原理以及杠杆原理，在操作时便捷且省力。它记载了哈尼先人劳作的历史，成为具有历史性与民族文化性的器具之一。

图片来源
图一 崔进 制图
图二 〔元〕王祯.农书（卷五）.明嘉靖九年山东布政司刊本：23.
图三、图四 樊振杰 制图
图五 顾怀灏 制图

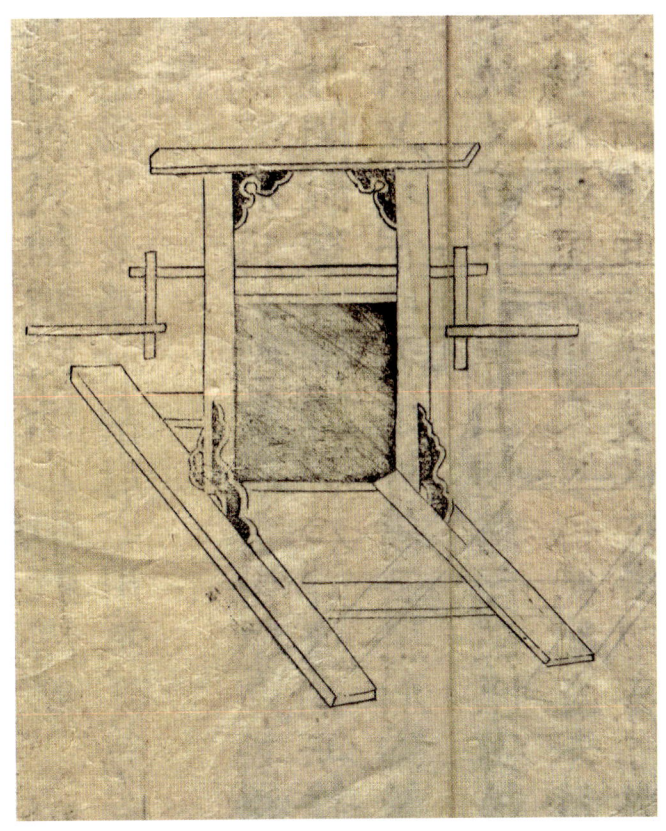

图二　《农书》中的木棉搅车

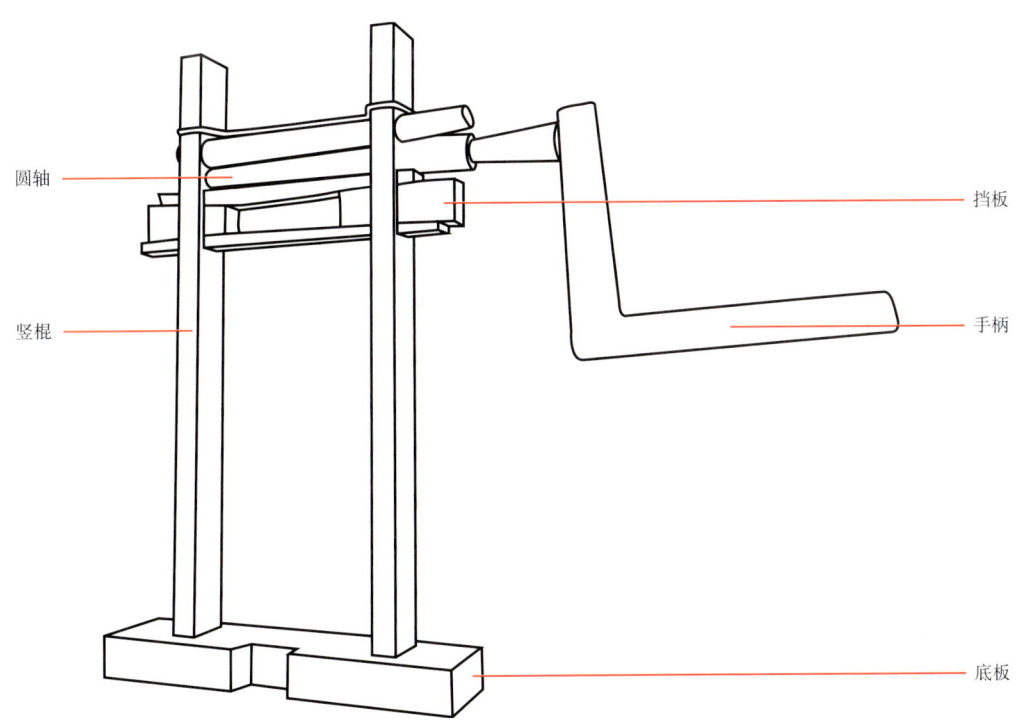

图三　哈尼族轧花机结构名称图

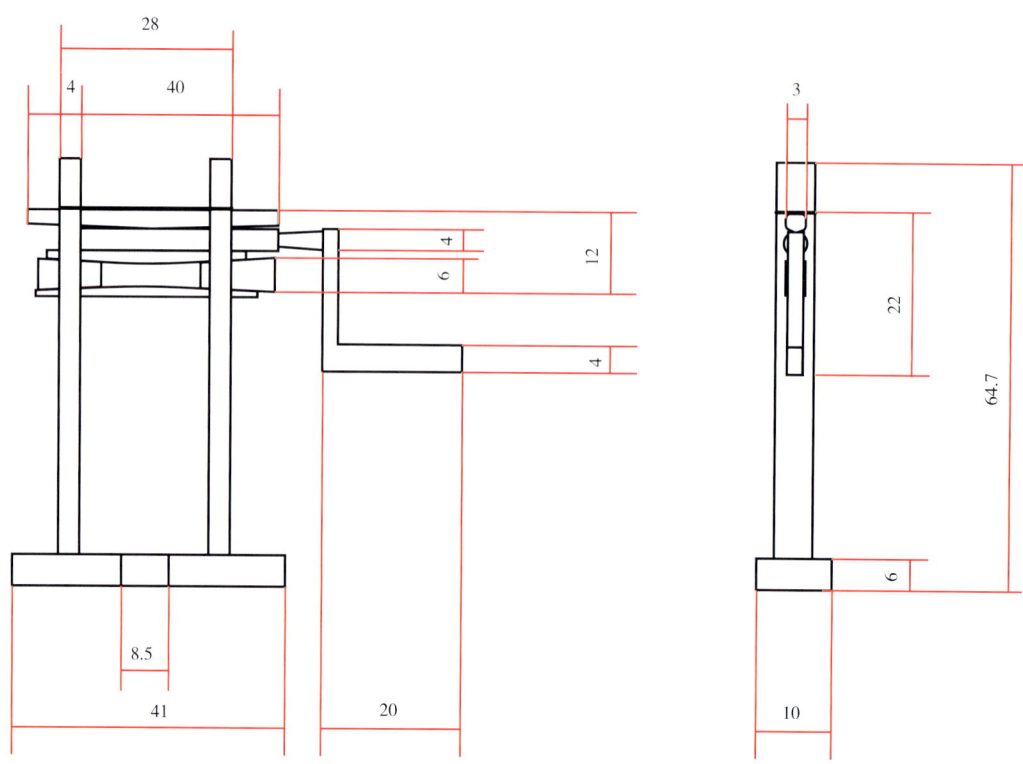

图四 哈尼族轧花机尺寸图（单位：cm）

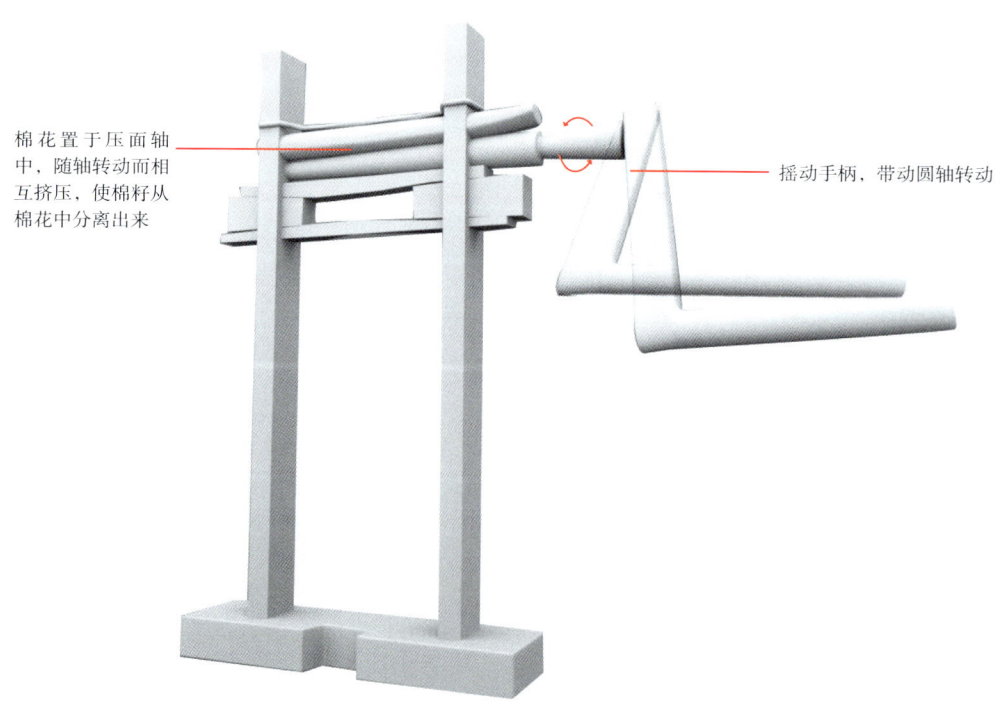

棉花置于压面轴中，随轴转动而相互挤压，使棉籽从棉花中分离出来

摇动手柄，带动圆轴转动

图五 哈尼族轧花机工作原理分析图

哈尼族竹质捕鼠夹

图一　哈尼族捕鼠夹主图

本案例为云南省红河州元阳县哈尼族竹夹捕鼠器。长100厘米。藏于云南民族博物馆。竹夹捕鼠器为哈尼族民间捕鼠工具。

竹夹捕鼠器由竹竿、弹力竹片、诱饵杆、竹夹和拉绳组成。竹竿弹力竹片长38厘米，竹夹长54厘米，利用竹篾的弹性力量，捕捉老鼠。竹竿下部有一根长25厘米，直径3厘米左右的细竹竿，竹竿上有开有14厘米长的开口，竹夹穿过开口，穿过的竹夹端口系上绳索，绳索上系一根18厘米长的小竹棍（放置诱饵）。弹力竹片下端开凹形槽口卡在竹夹上面，扳动竹夹，弹力竹片被拉绳拉着蓄力，鼠类触碰诱饵，弹力竹片下压竹夹，将鼠类夹住（图四）。这种捕鼠方法在哈尼族相当普遍，既可用于家庭捕鼠，也可在野外田间大范围捕鼠，可捕捉20～350克的鼠类。哈尼族人的竹制捕鼠器，材料和形制都很简单，但设计非常巧妙。充分发挥了材料的特性，利用竹片的弹性蓄力，联动的机关设计，精准高效，捕捉率达到70%～90%。

竹制捕鼠器对于农业生产和公共卫生非常重要，哈尼族竹制捕鼠夹由老百姓手工制作并代代相传。我国民间捕鼠的方法多种多样，竹制捕鼠器在西南少数民族地区较为常见。哈尼族的竹制捕鼠器材料易寻、制作简单、实用高效。尤其是材料性能的把握和联动装置设计上，值得设计者借鉴。

图片来源
图一　顾怀灏　摄影
图二至图四　顾怀灏　制图

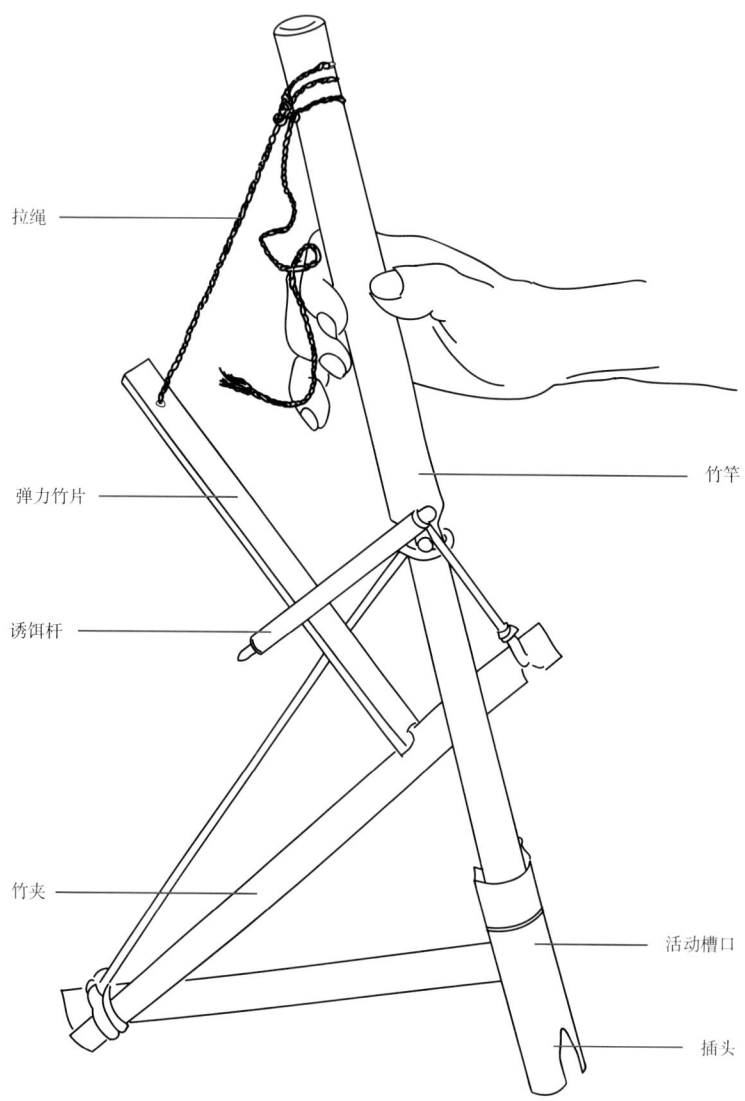

图二 哈尼族捕鼠夹结构名称图

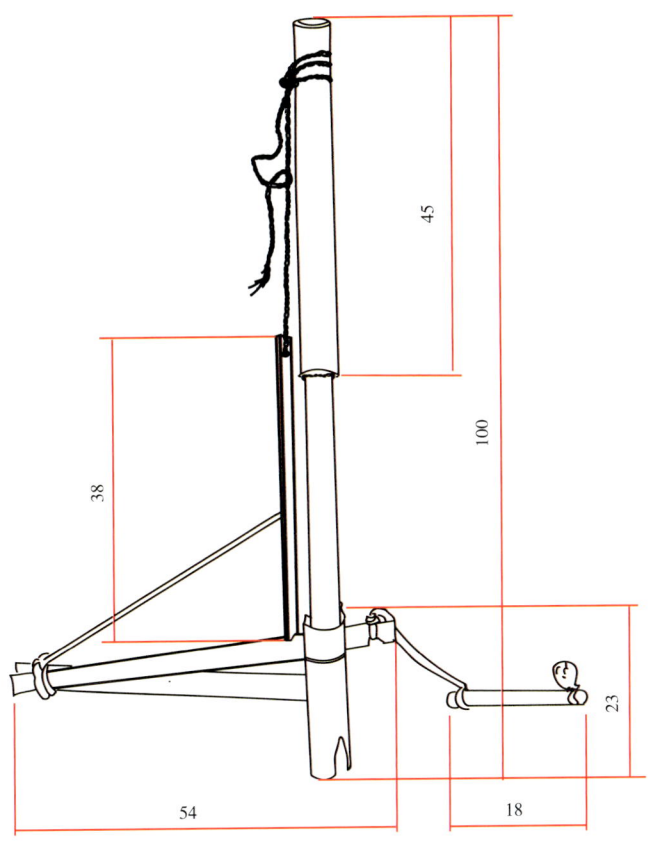

图三　元阳县哈尼族捕鼠夹尺寸图（单位：cm）

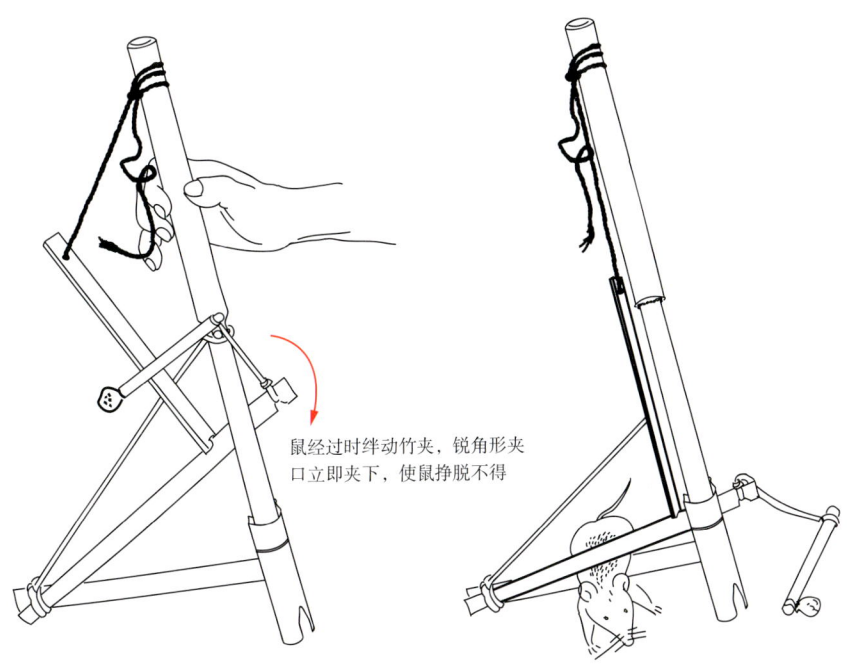

图四　哈尼族捕鼠夹工作原理分析图

第五章 哈尼族传统生产工具

哈尼族木架铁铧曲辕犁

图一　哈尼族木架铁铧曲辕犁主图

本案例为云南省玉溪市元江县那诺乡哈尼族木架铁铧曲辕犁。高118厘米。长154厘米。犁为传统整地农具，历史悠久，犁的产生可以追溯到新石器时期。犁在农具中占有极其重要的地位，因此历史上的相关记载颇多，关于农学的最早著作《耒耜经》中便有对犁的详细记载，在元代王祯的《农书》中也有关于犁的描述。犁按形制分为直辕犁与曲辕犁，按动力可分为人力与畜力，本案例中的哈尼族木架铁铧犁为畜力曲辕犁。

本案例中的犁，其框架为木质，铧为铁质，属三角曲辕犁，由犁辕、犁梢、犁箭、犁槃、犁铧组成。犁梢、犁箭、犁辕、犁铧通过榫卯结构相互链接固定而成。犁辕、犁铧皆微弯，犁辕距犁梢顶端33厘米处与犁梢榫卯相接，呈90度夹角。犁箭长约70厘米，两端分别与犁辕、犁梢榫卯相接，呈三角形，以稳固犁的整个框架。犁铧呈叶形，同时与犁梢底端、犁箭底端相连，使其在使用过程中不至脱落。犁梢上端做削细处理，供人手扶掌握方向。犁辕前端以绳连接犁槃，用于与牛轭连接。哈尼族木架铁铧曲辕犁常被用于开拓水田，在使用时犁槃以绳连接牛轭，由牛身拉动牵引，操持者一手通过犁梢把手来驾驶并向下用力，另一手执鞭驱牛。

那诺乡哈尼族木架铁铧曲辕犁，与其他地区哈尼族犁的造型相比特征明显。整体造型以曲线为主，但曲度不大，犁梢以人的身高尺寸作为度量标准，其高度减少了耕作者在耕地时过度弯腰所产生的疲劳，符合现代人机工程原则。犁铧较大，极大地满足了基本的整地需求。犁辕较短，使得犁的整体体量减小，使用起来更为灵活，犁槃可转动，以牛牵引时可转变方向。哈尼族木架铁铧曲辕犁的结构特征，符合地形狭窄且复杂的梯田，反映了哈尼族人民的创造力。

图片来源

图一　赵思颖　摄影
图二至图四　林艳艳　制图
图五至图六　温清格　制图

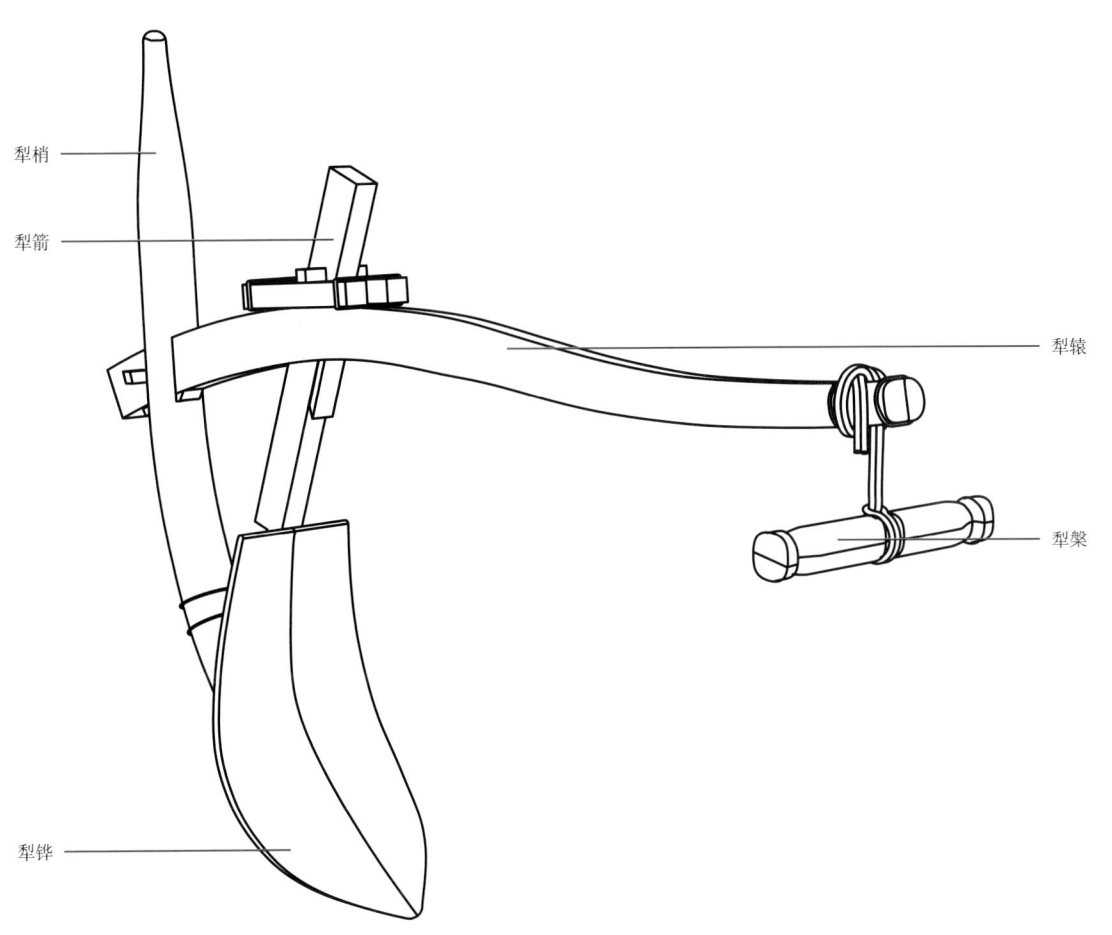

图二　哈尼族木架铁铧曲辕犁结构名称图

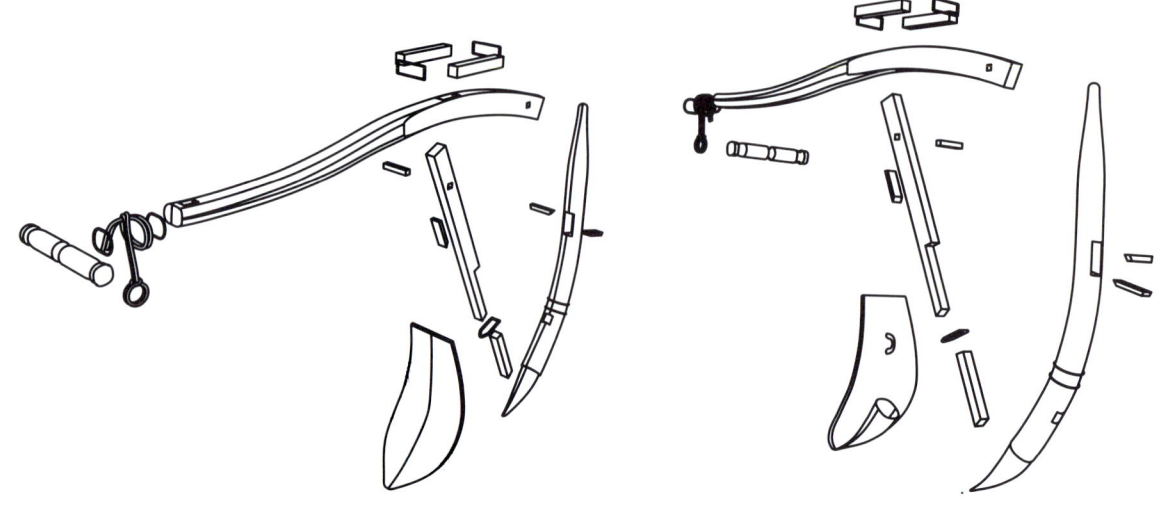

图三 哈尼族木架铁铧曲辕犁解析图

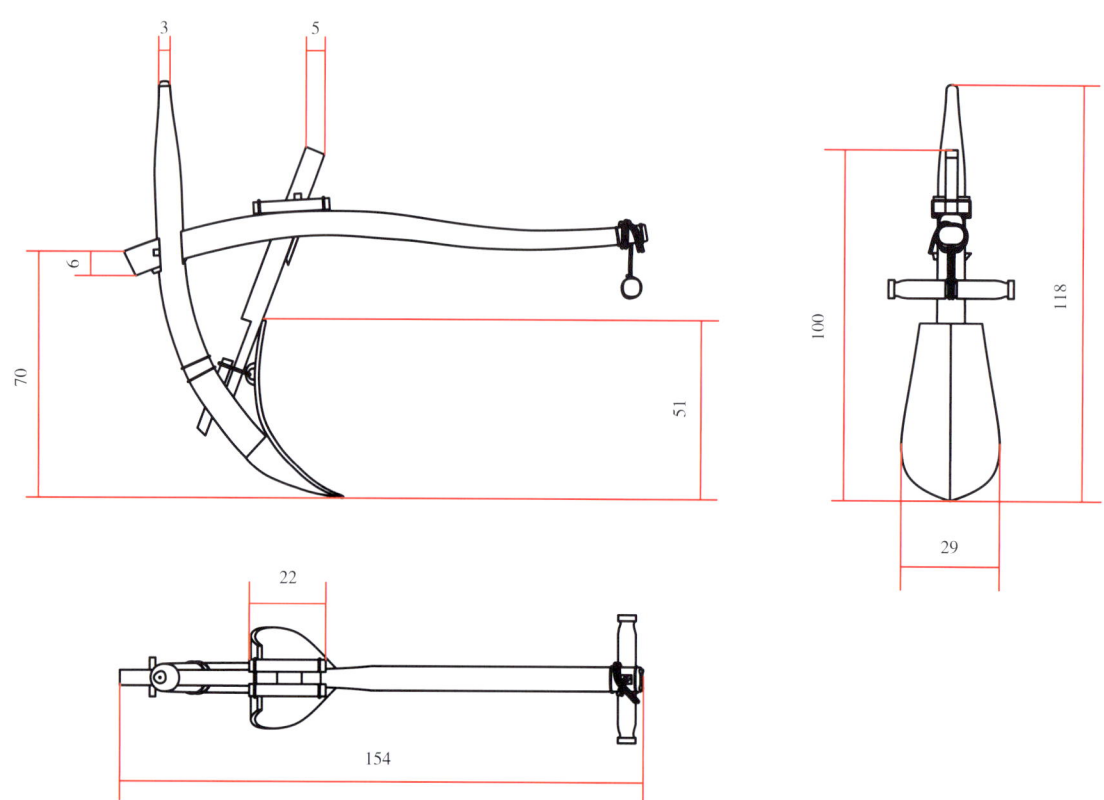

图四 哈尼族木架铁铧曲辕犁尺寸图（单位：cm）

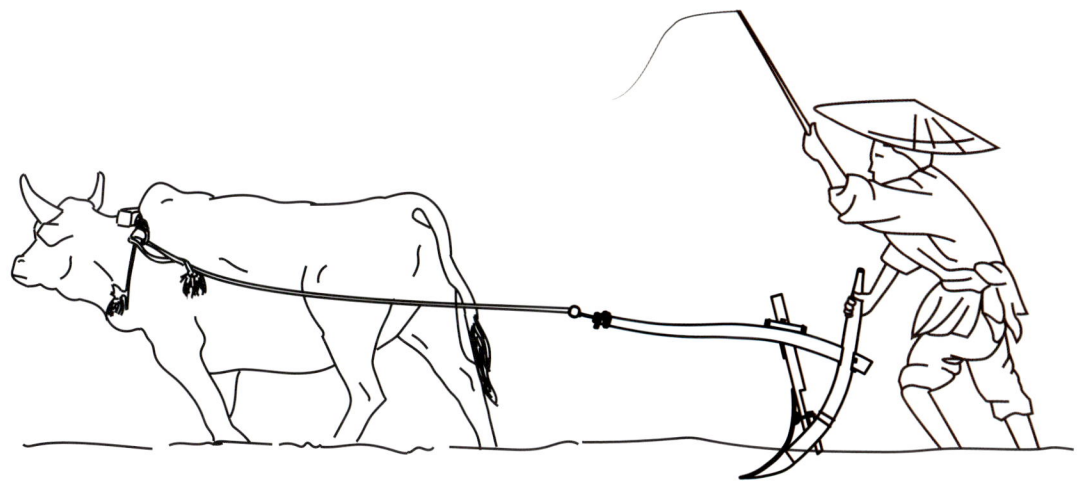

图五　哈尼族木架铁铧曲辕犁操作示意图

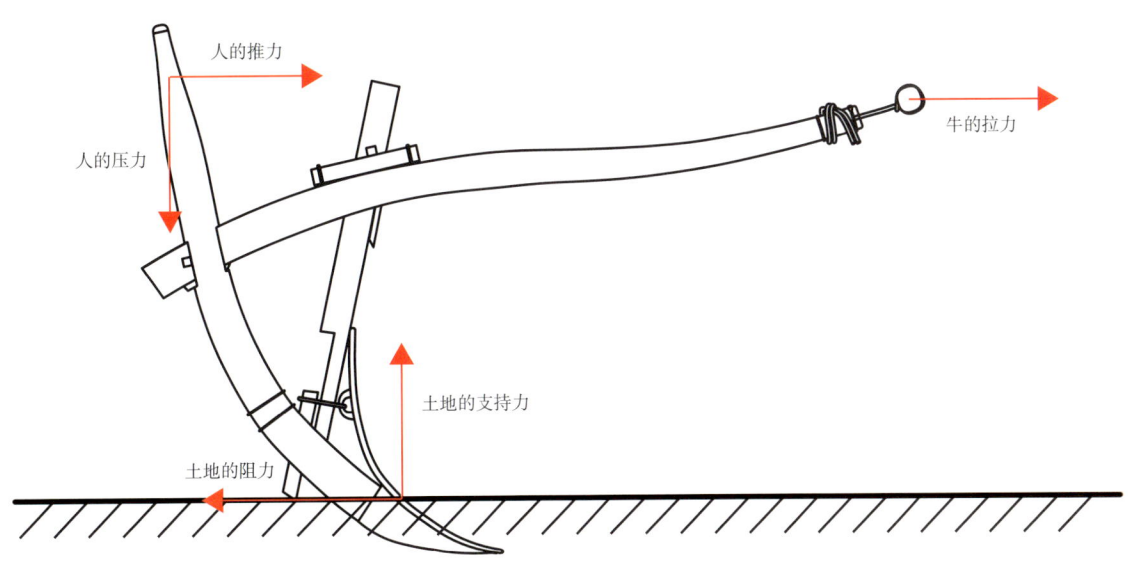

图六　哈尼族木架铁铧曲辕犁力学分析图

哈尼族木耖

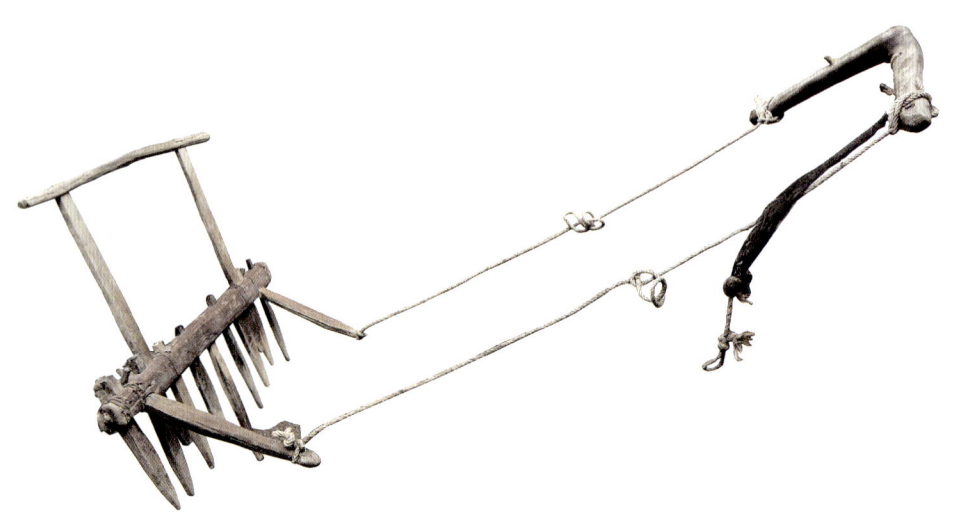

图一　哈尼族木耖主图

本案例为云南省玉溪市元江县那诺乡哈尼族木耖。高212厘米，宽105厘米。耖，形如"而"字，因此又称"而字耙"，属耕作工具中的碎土工具，是哈尼族人民农耕过程中必不可少的农具。哈尼耖作为哈尼族农具的代表，与元代王祯所著的《农书》中记载的耖具有相似之处，图二为《农书》中耖的插图。

耖耙由耖梁、耖杆、耖齿、扶柄及牛轭拉杆等部件共同组成，各部件之间以榫卯结构相连。制作哈尼耖的材料常使用韧性与硬度都较高的木材，耖齿数量常在7～11根不等，最多数量可达19根，且长度较短。本案例耖齿为9根，长短不一，最长32厘米，最短17厘米。耖齿下端削尖，均匀排列固定在耖梁上。耖杆高33厘米，扶柄宽64厘米。耖梁的一侧两端约12厘米处分别固定牛轭拉杆，耖齿呈60度夹角。在使用哈尼木耖时，将牛轭的纤绳固定在拉杆前端，弯木固定在牛颈上，采用"一人一牛"模式，操持者双手执扶柄，或一手执柄一手扬鞭驱牛，前方通过牛的牵引在梯田中反复拖动直到将泥土耕平耖细。

耖起源于晋代，但至今仍为哈尼族主要的农耕工具。根据梯田环境的不同，哈尼族耖耙比例适宜、造型多样，同时通过"借力"的工作原理，最大程度地提高了耕作效率，集使用功能与审美功能于一体。

图片来源
图一　赵思颖　摄影
图二　〔元〕王祯.农书（卷二）.明嘉靖九年山东布政司刊本：38.
图三至图五　林艳艳　制图
图六、图七　温清格　制图

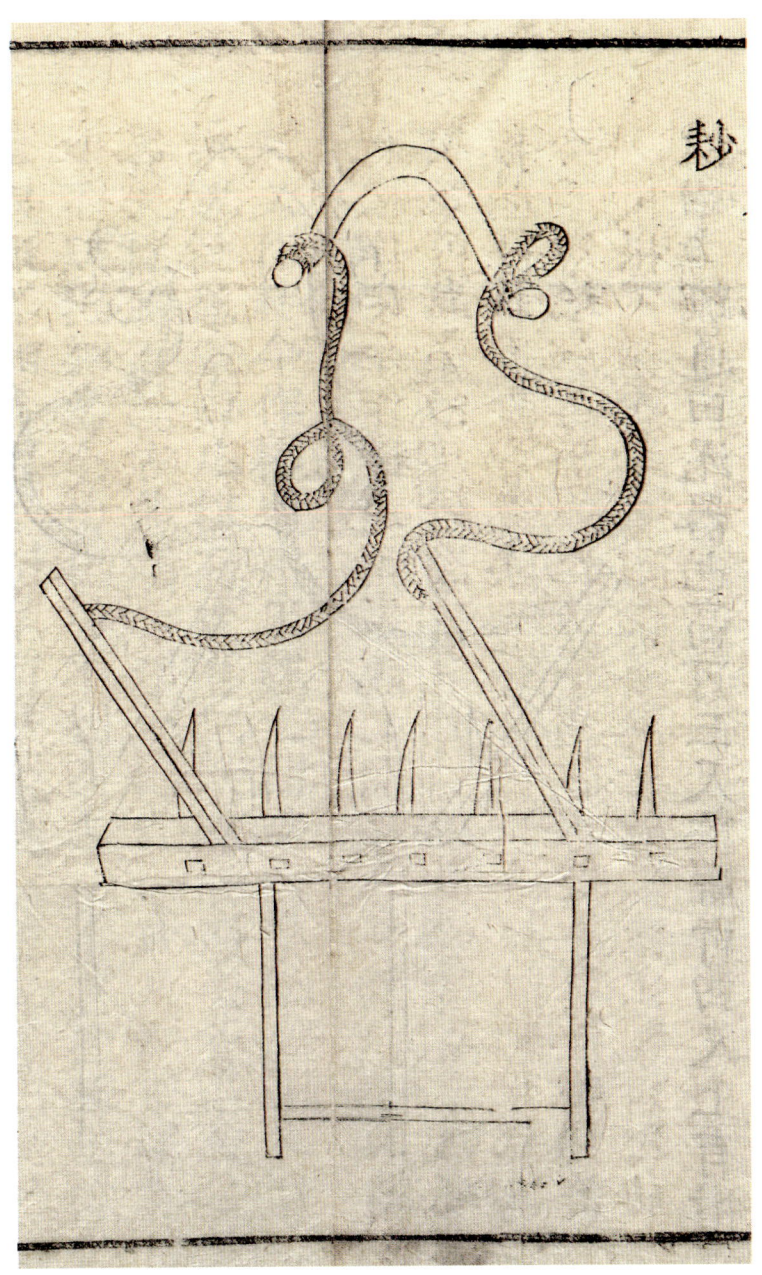

图二 《农书》中的耖

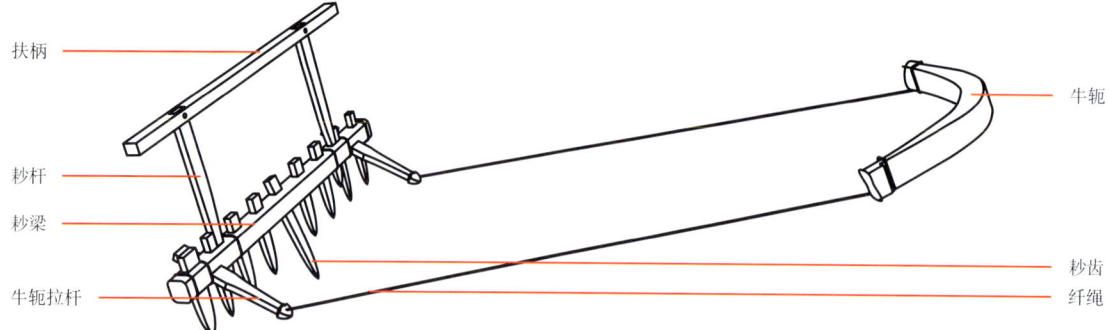

图三 那诺乡哈尼族木耖结构图

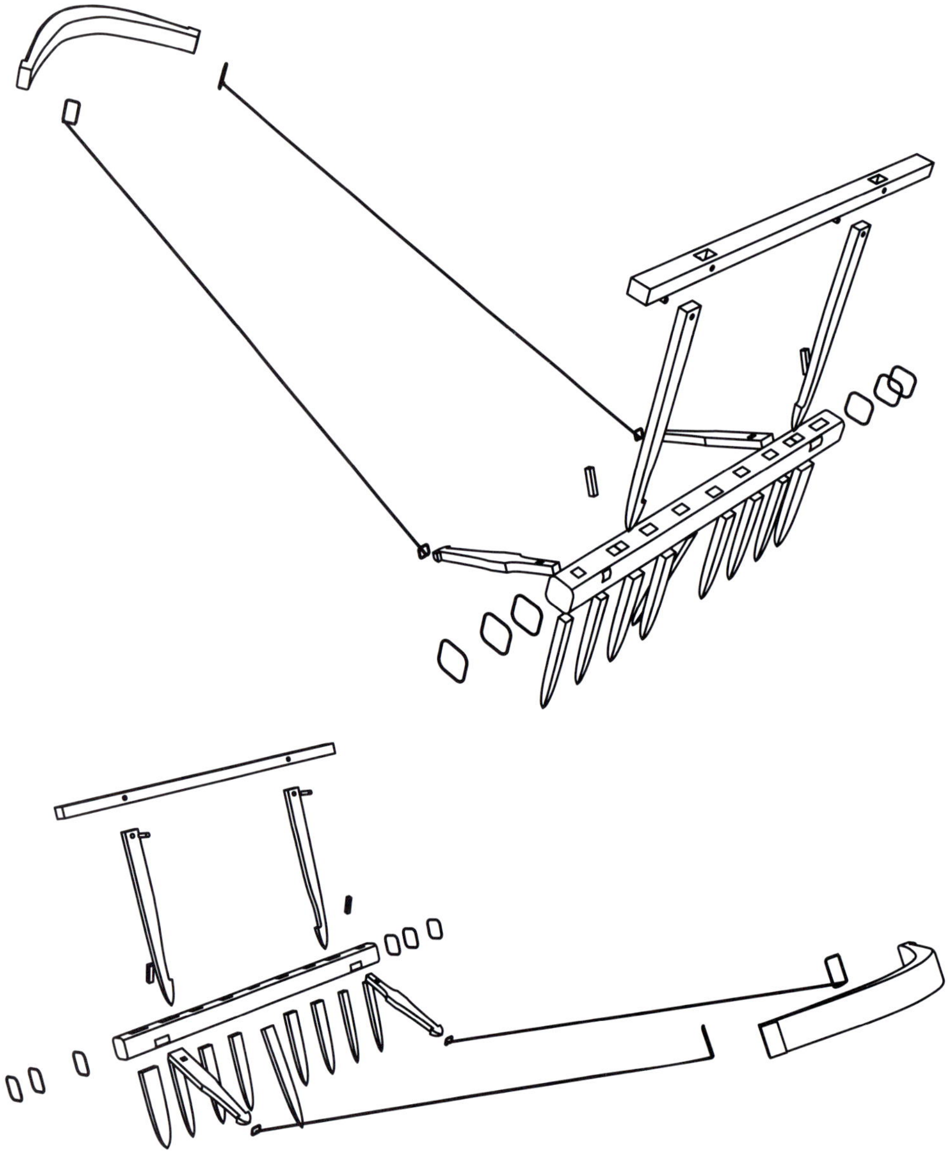

图四 哈尼族木耖解析图

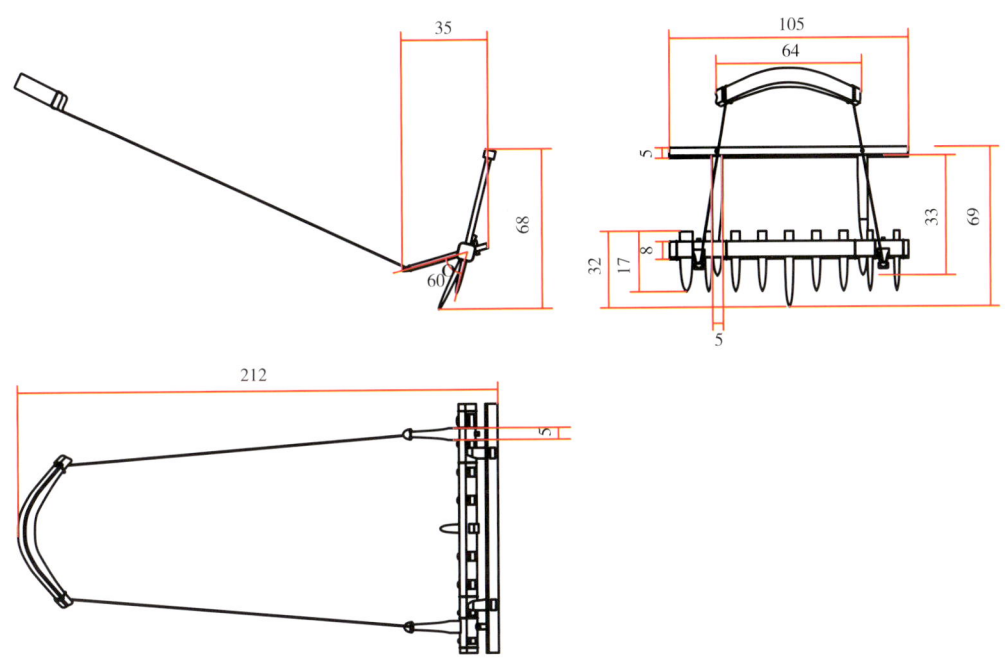

图五　哈尼族木耖尺寸图（单位：cm）

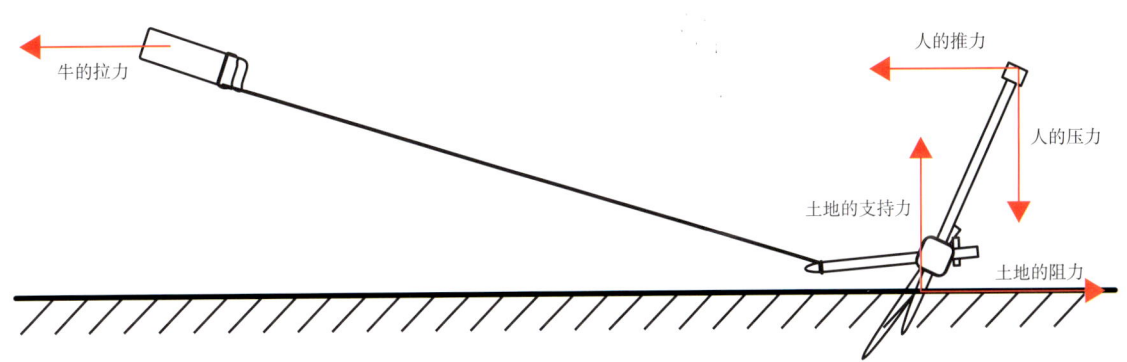

图六　哈尼族木耖力学分析图

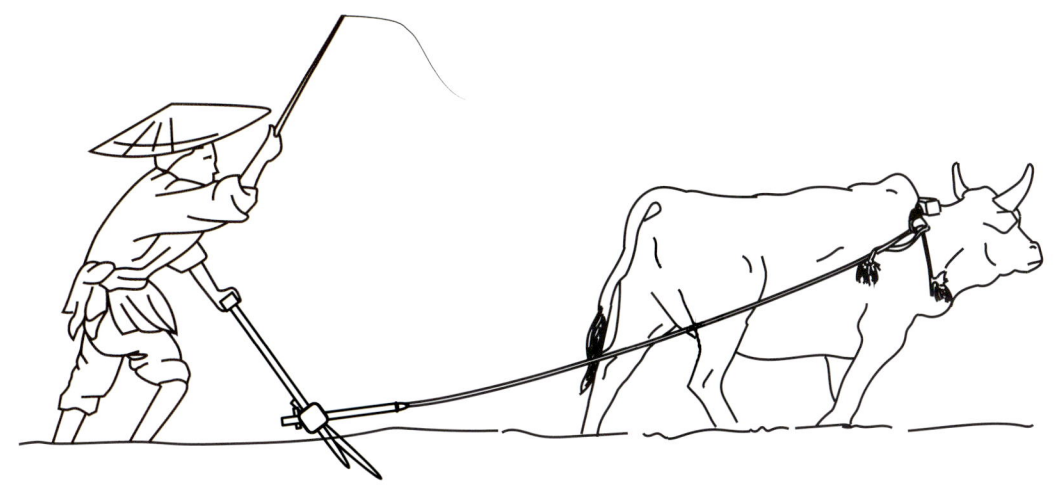

图七　哈尼族木耖使用情境图

哈尼族木制粗齿方耙

图一　哈尼族木质粗齿方耙主图（模型图）

本案例为云南省西双版纳州景洪市曼贺冬寨粗齿方耙。长83厘米，宽83.5厘米，高31厘米。方耙，又名"踩耙"，王祯《农书》中记载了方耙和人字耙两种形制，（〔元〕王祯：《农书》（卷二），明嘉靖九年山东布政司刊本，第37页。）其中人字耙在云南地区目前还未发现，方耙是流行于云南的主要形制。

本案例中的粗齿方耙各部件均为木质，由耙梁、耙架、耙齿组成，各部件之间以榫卯相接。耙齿在方耙使用过程中起主要作用，容易损耗，因此，也有地区的耙齿为铁制。本案例耙齿宽9厘米，厚6厘米，共13个，齿尖向下安装于两条耙架上，前耙架装6齿，后耙架装7齿，两条耙架安装于两条耙梁之间，耙梁宽9厘米，高11厘米，前细后粗，耙梁前部向上翘起36度，前端向凹进，以防连接牛轭的绳子从耙梁上脱落。宋应星《天工开物》中详细地记载了耙的操持方式。（〔明〕宋应星：《天工开物》（上卷），明崇祯十年涂绍煃刊本，1637，第8页。）方耙在使用时，前端以绳连接牛轭，以牛牵引，牛拉力是使用方耙时的主要动力，一人踩于耙上，一手牵牛，一手执鞭，人的重力使方耙不易从地上翻起，才能达到碎土平地的目的。

方耙是由耰发展而来，农耕效率得到极大的提升。借助畜力，节约人力且极大地缩短了工作时间。方耙的耕作面积大，可以更好地克服前进时的阻力，水田旱田均适用，因此方耙得以推广流行，成为哈尼族农耕中的主要碎土工具。

图片来源
图一、图二、图五　林艳艳　制图
图三　〔元〕王祯. 农书（卷二）. 明嘉靖九年山东布政司刊本：37.
图四　〔明〕宋应星. 天工开物（上卷）. 明崇祯十年涂绍煃刊本，1637：8.
图七　温清格　制图
图八　项李　制图

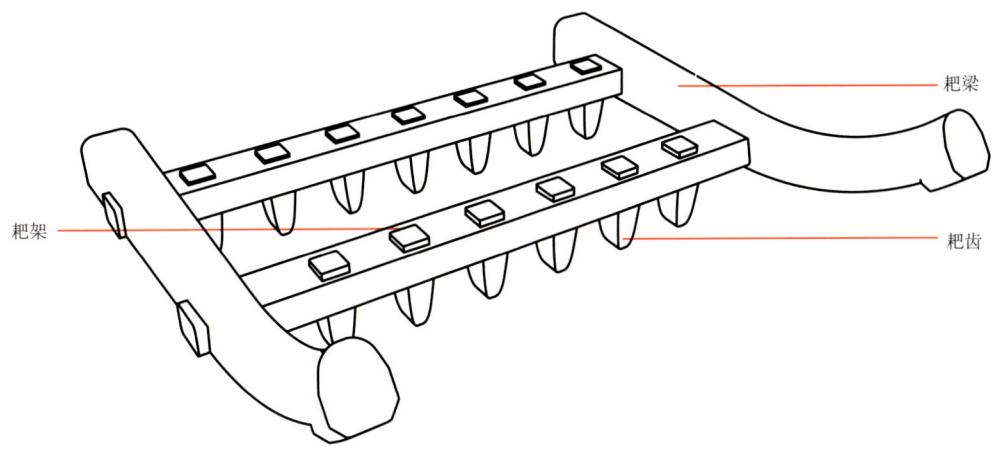

图二 哈尼族木质粗齿方耙结构名称图

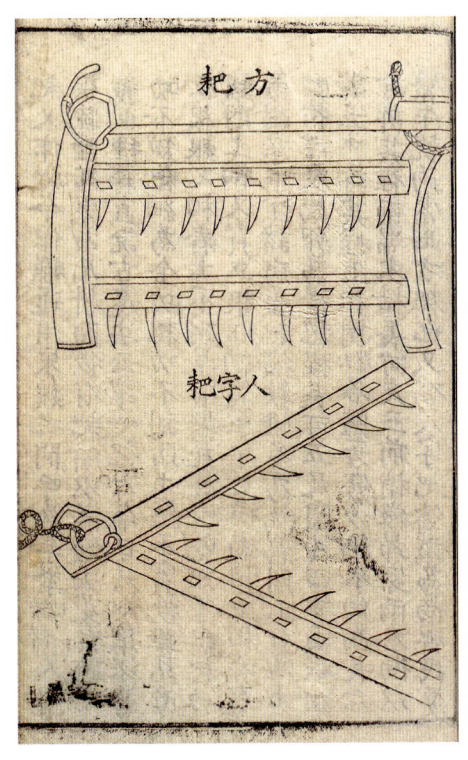

图三 《农书》中的耙

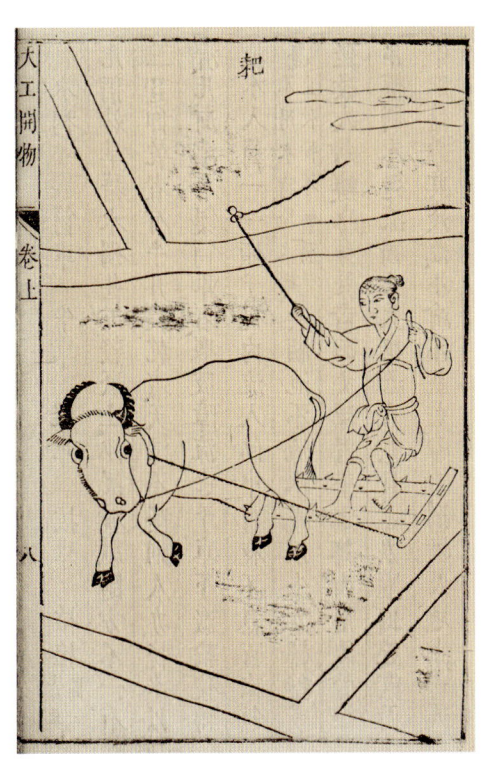

图四 《天工开物》中耙的操持图

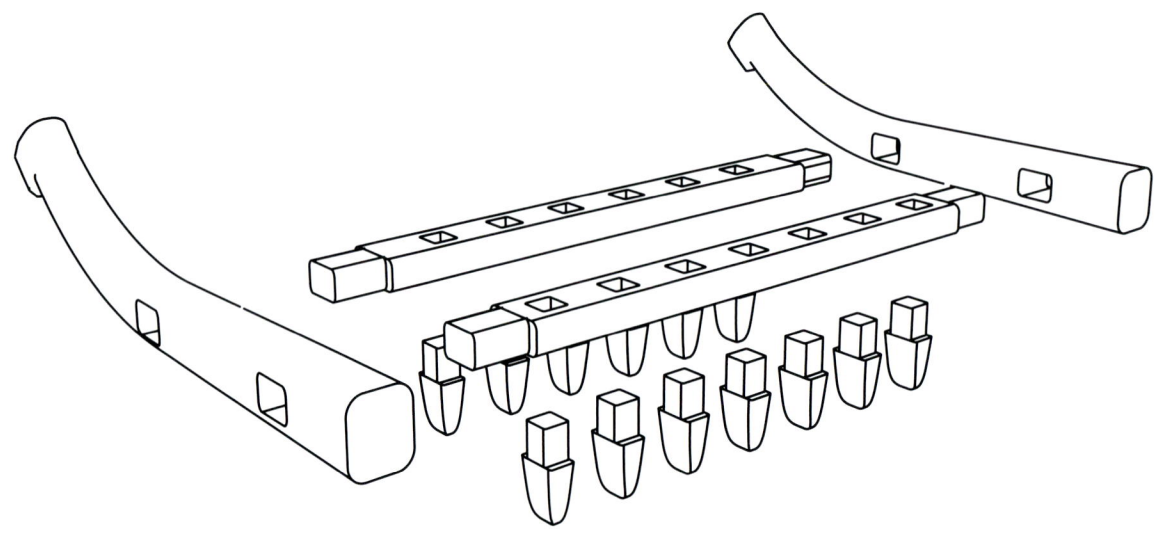

图五 哈尼族木质粗齿方耙解析图

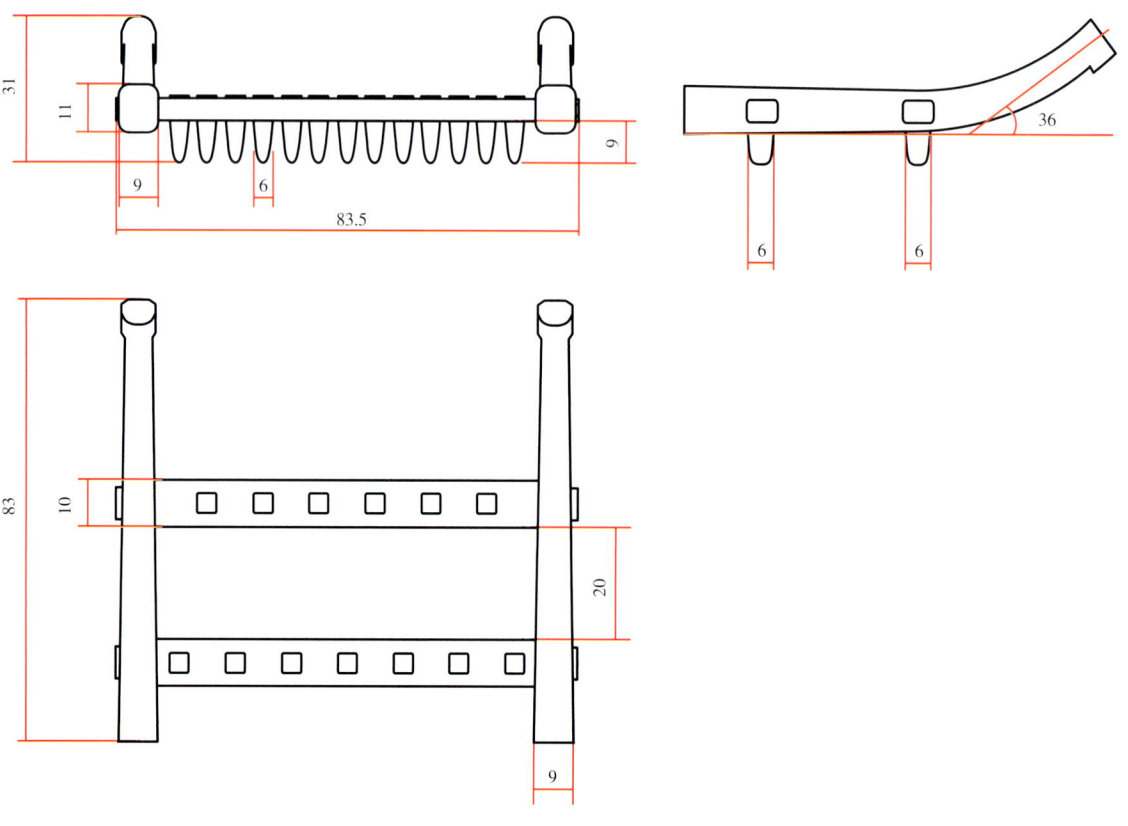

图六 哈尼族木质粗齿方耙尺寸图（单位：cm）

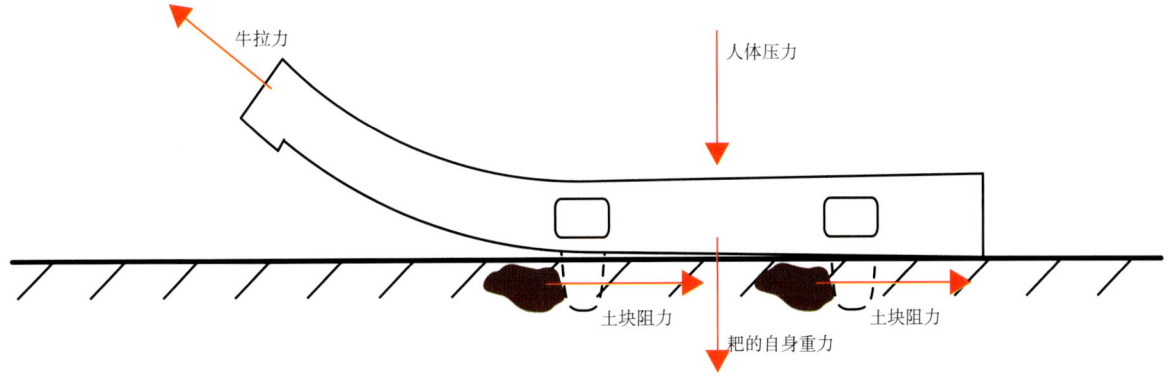

图七　哈尼族木质粗齿方耙力学分析图

图八　哈尼族木质粗齿方耙使用情境图

哈尼族四齿钉耙

图一 哈尼族四齿钉耙主图

本案例为云南省玉溪市元江县那诺乡哈尼族四齿钉耙，长133厘米，高38厘米，宽14厘米。四齿钉耙，因有4根耙齿而得名，主要用于碎土、平地，也可用于清除杂草，是哈尼族最常见的田间工具之一。铁齿耙，又叫作铁搭，王祯《农书》中记载："四齿或六齿，其齿锐而微钩"。（〔元〕王祯：《农书》（卷二），明嘉靖九年山东布政司刊本，第54页。）

四齿钉耙由木柄套口和耙齿组成。木柄上细下粗，便于手握，上端直径6厘米。木柄下顶端劈开岔口并加塞木块，一起插入套口以固定，用铁丝将岔口末端固定，以防其继续开裂。耙齿与套口由铁制成，耙齿长25厘米，宽1厘米，每齿间距6.2厘米，使用时，双脚一前一后自然站立，双手握住木柄，先将耙举起，再用力向下将耙齿插入地面，而后向后拉动，便可将土块敲碎。

哈尼族梯田主要为水田，土质黏重，四齿钉耙虽形制简单，却非常适合哈尼族的耕种环境，在牛耕未出现时，耙为主要的翻土、碎土工具。随着生产力水平的提高，农具也随之得到质的发展，更为先进省力的农具不断出现，但耙依然没有退出历史舞台，耙使用起来方便灵活，因此仍然是哈尼族耕种时的必备农具之一。

图片来源
图一、图二　赵思颖　摄影
图三至图五　林艳艳　制图
图六　温清格　制图
图七　李安娜　制图

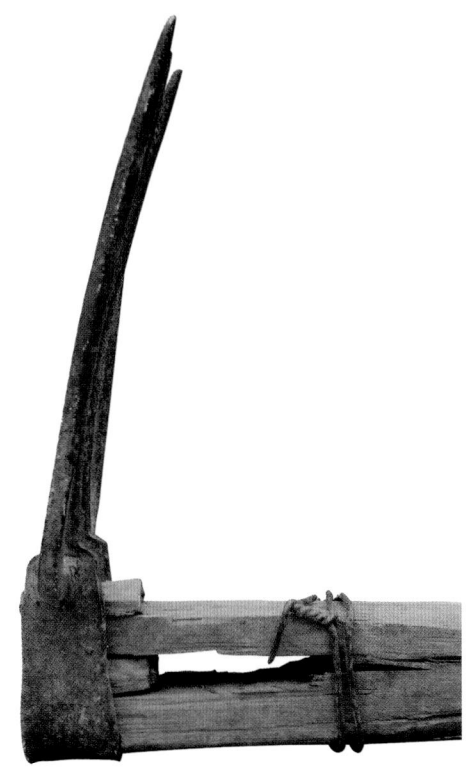

图二 哈尼族四齿钉耙局部图

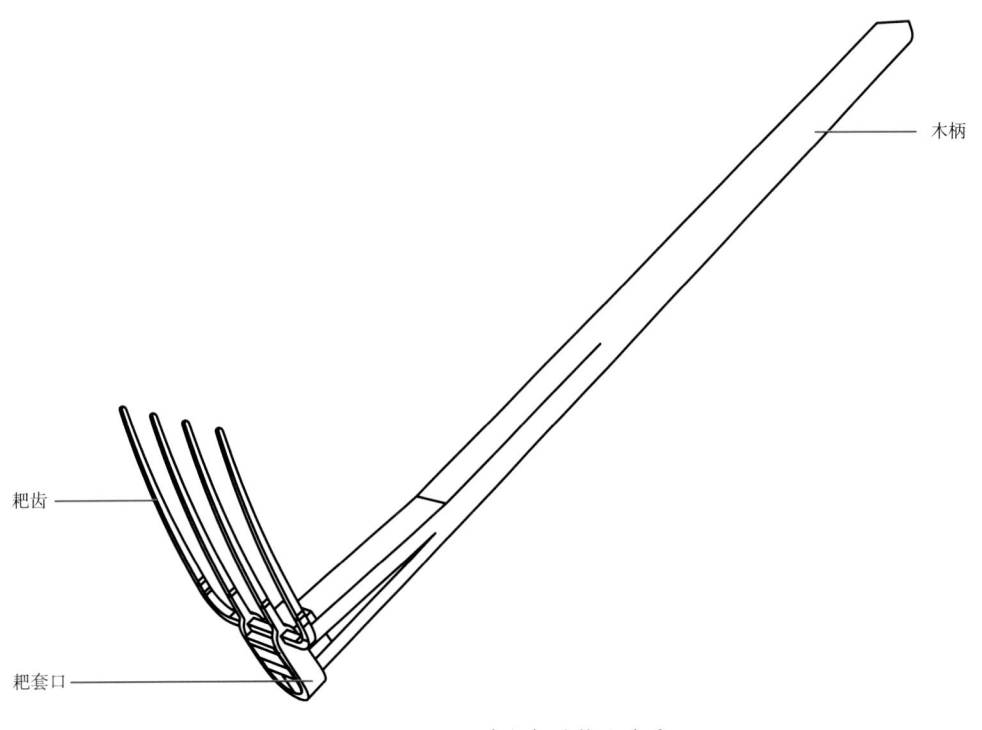

图三 哈尼族四齿钉耙结构名称图

第五章 哈尼族传统生产工具

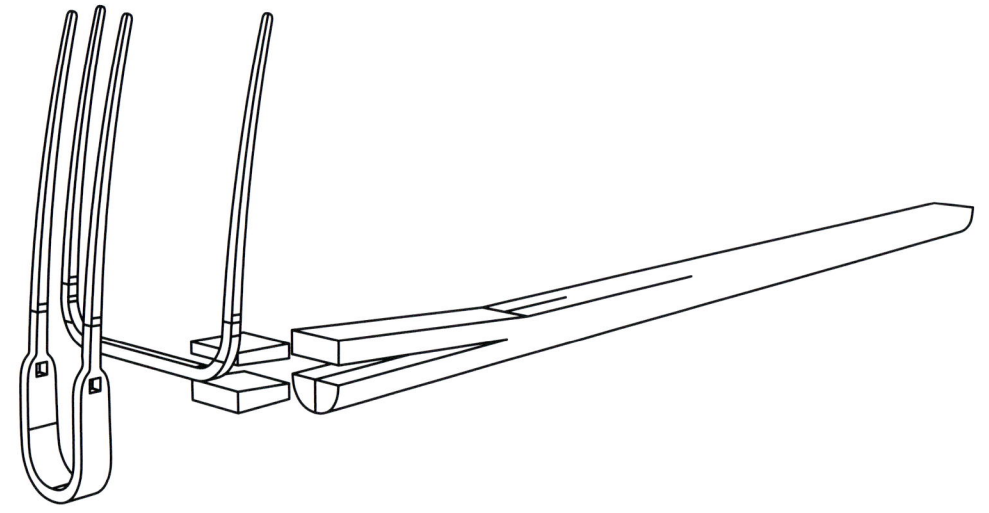

图四 哈尼族四齿钉耙解析图

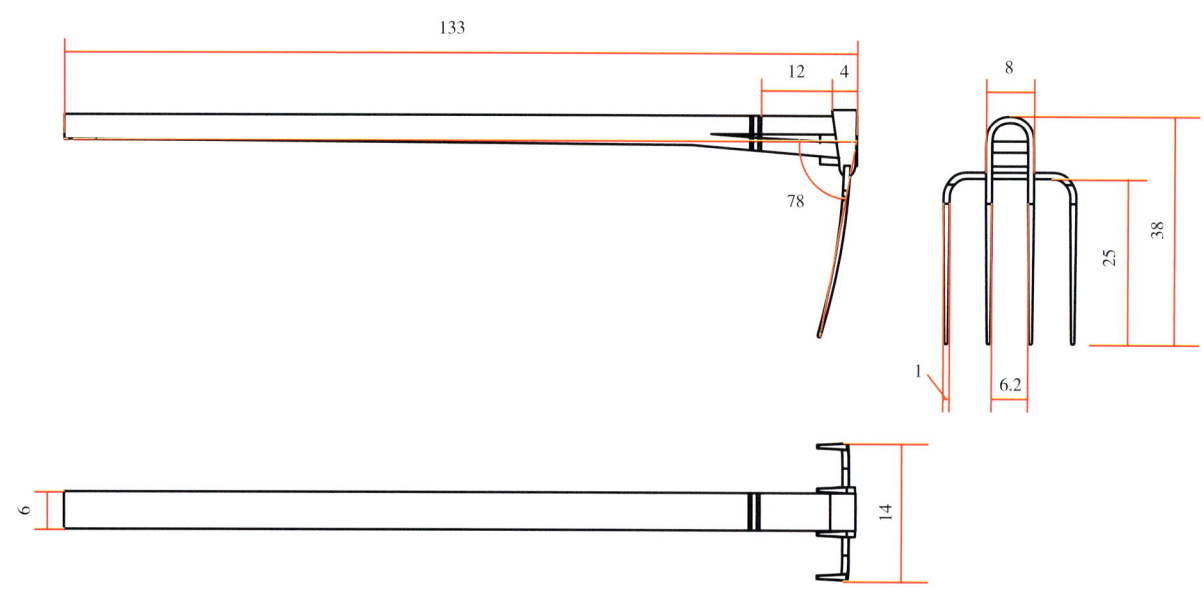

图五 哈尼族四齿钉耙尺寸图（单位：cm）

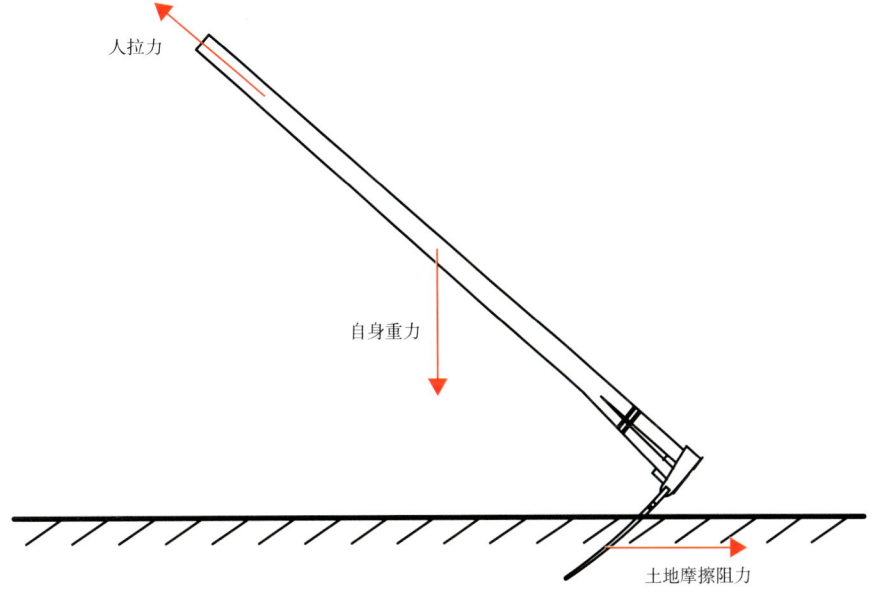

图六 哈尼族四齿钉耙力学分析图

图七 哈尼族四齿钉耙使用情境图

哈尼族芟刀

图一 哈尼族芟刀主图

本案例为云南省玉溪市元江县哈尼族芟刀，长117厘米。芟刀，哈尼族又称其为甩刀，为割草工具。芟刀的产生是由于农耕环境的转变，由于土地有限，人们不断地开垦以及人口增长等原因，轮垦制度遭到破坏，土地休养生息的时间越来越短，长不出树木的土地杂草丛生，面对这样的困境，人们设计出了长柄的芟刀。

本案例芟刀由手柄、刀片和铁圈组成，整体近似直线型。芟刀刀片为铁制，厚0.4厘米，刀面长28.5厘米。刀面微弯，内侧开刃，刀尖为勾头。木柄长88.5厘米，直径约5厘米。木柄与刀片相接一端劈开20厘米，以将刀片插入，刀片与木柄连接处由两个1.5厘米粗的铁环扎紧固定。芟刀一般用于割长得较高的草。使用时，操持者双脚自然前后站立，双手握刀，向刀刃方向平行迅速挥动，将草割断，因其使用动作的特征，故而被哈尼族称为甩刀。

芟刀形制及操作都比较简单，但它却反映出云南地区农耕环境的转变，也体现了哈尼族人面对农耕环境转变时强大的适应能力。

图片来源
图一　赵思颖　摄影
图二至图四　林艳艳　制图
图五　李安娜　制图
图六　温清格　制图

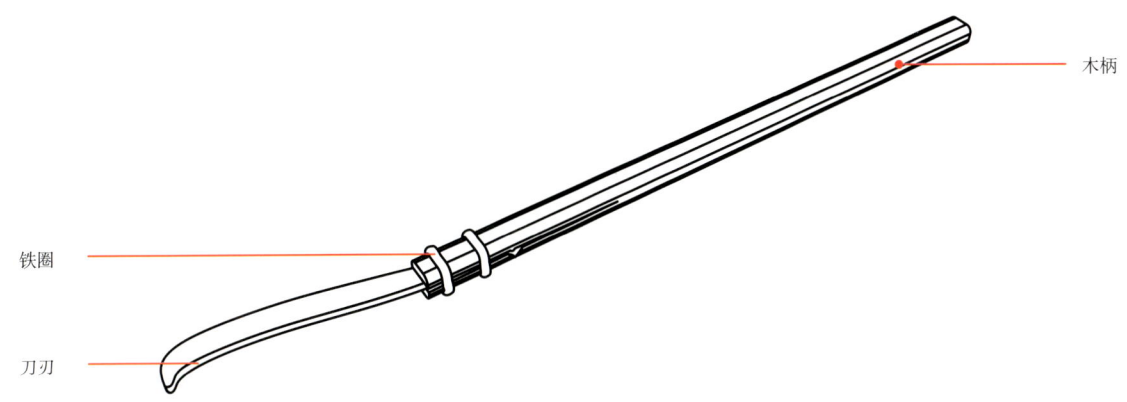

图二　哈尼族芟刀结构名称图

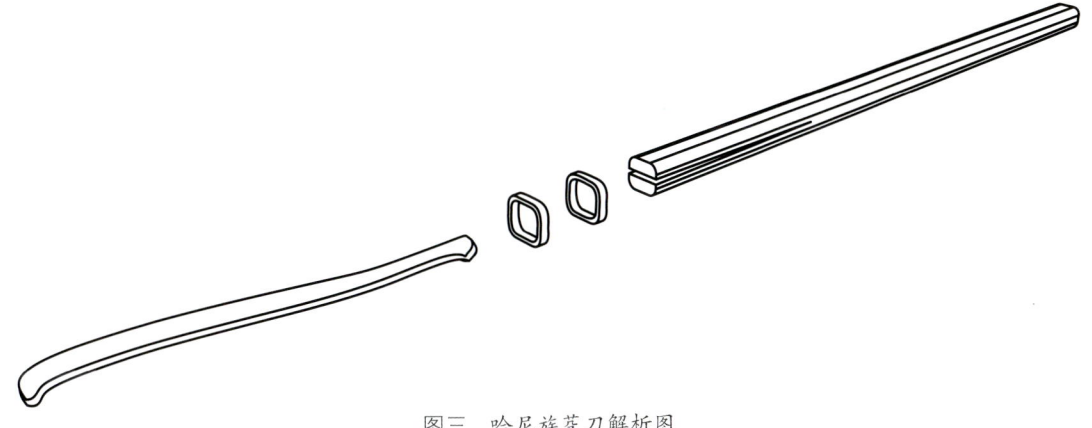

图三　哈尼族芟刀解析图

图四　哈尼族芟刀尺寸图（单位：cm）

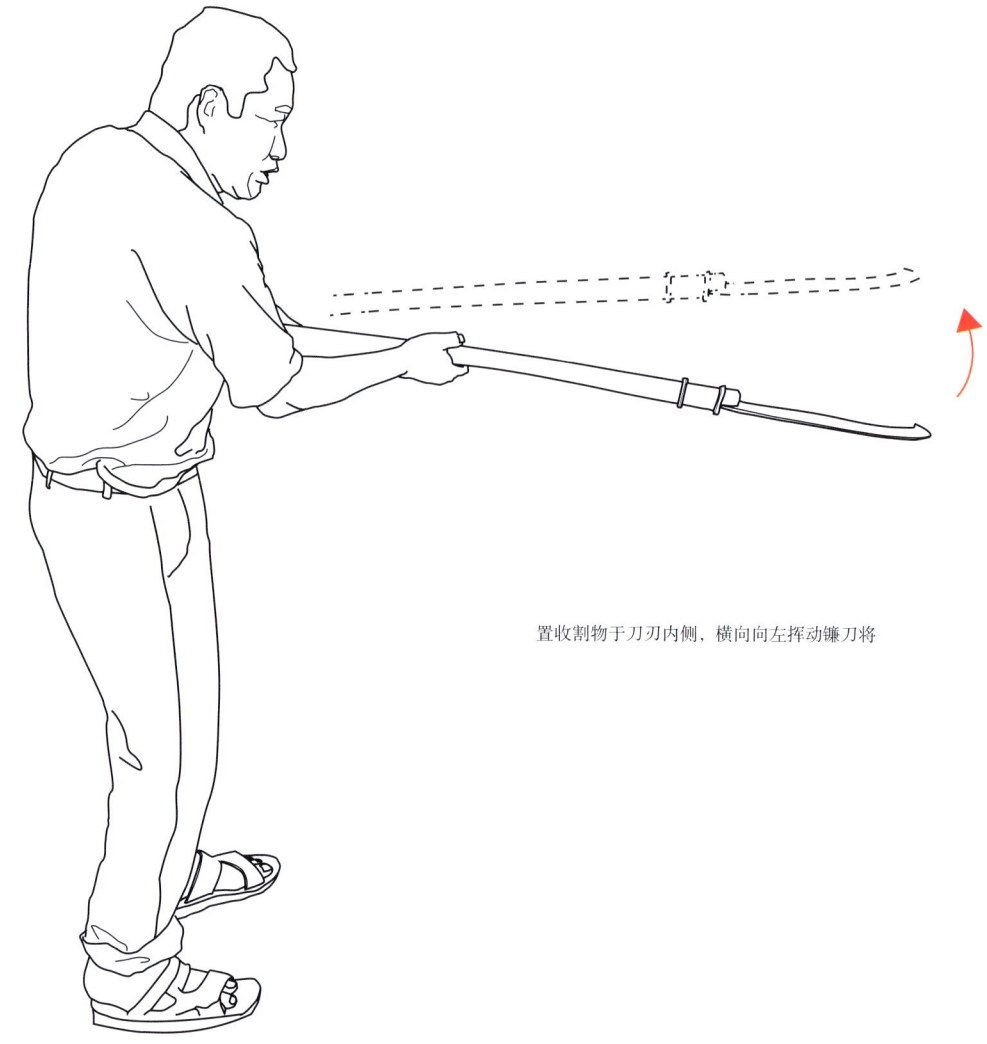

图五　哈尼族苃刀操作分析图

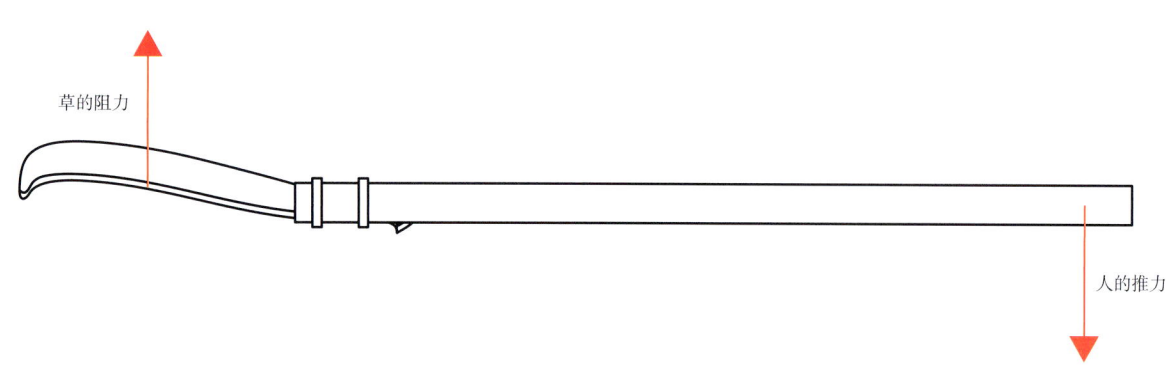

图六　哈尼族苃刀力学分析图

哈尼族无齿镰刀

图一　哈尼族无齿镰刀主图

本案例为云南省红河州元阳县无齿镰刀。长57.4厘米。无齿镰刀是哈尼族梯田耕作时使用的镰刀，因其刃面特征而得名。从最早的骨镰、石镰再到铁质镰刀，镰刀历史悠久，造型多样。根据刀刃形制又分为弯月形、半月形及长弧形等，镰刀经历了漫长的历史发展过程，成为传统农耕的主要收割用具。

本案例无齿镰刀由手柄和刀片共同构成，整体呈7字形。镰刀刀片由铁打制而成，厚0.5厘米，刀面长34厘米，宽10厘米。刀片一端尖细，另一端套口上插一竹节或木棒做手柄。本案例手柄长27厘米，直径3厘米，刀刃在内侧，刀背在外侧，手柄与刀片成104度角。镰刀在进行收割时，操持着需全蹲或弯腰半蹲，双脚自然站立一前一后，一手握抓稻秆，另一手握镰刀手柄，刀刃向内，向左挥动手柄，将稻秆完全收入刀刃内，然后向后快速拉动镰刀进行收割。

哈尼族无齿镰刀造型合理，刀片微弯使收入刀刃内的稻秆不易滑出，刀柄与刀片所成钝角使拉动镰刀时减少阻力，劳作时比较省力；尺寸考究，刀片的厚度不至轻易折断，较短的手柄方便操持者向身体内侧拉动且轻便易携带，因此，无齿镰刀成为哈尼族人农耕过程中最常使用的农具。

图片来源
图一　崔进　制图
图二、图三、图五　李安娜　制图
图四　温清格　制图

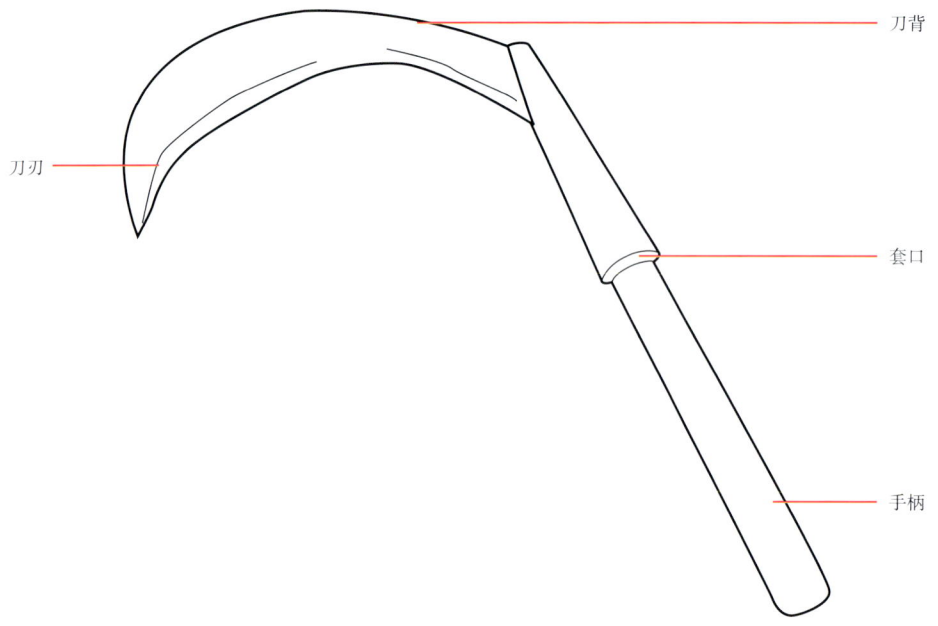

图二 哈尼族无齿镰刀结构名称图

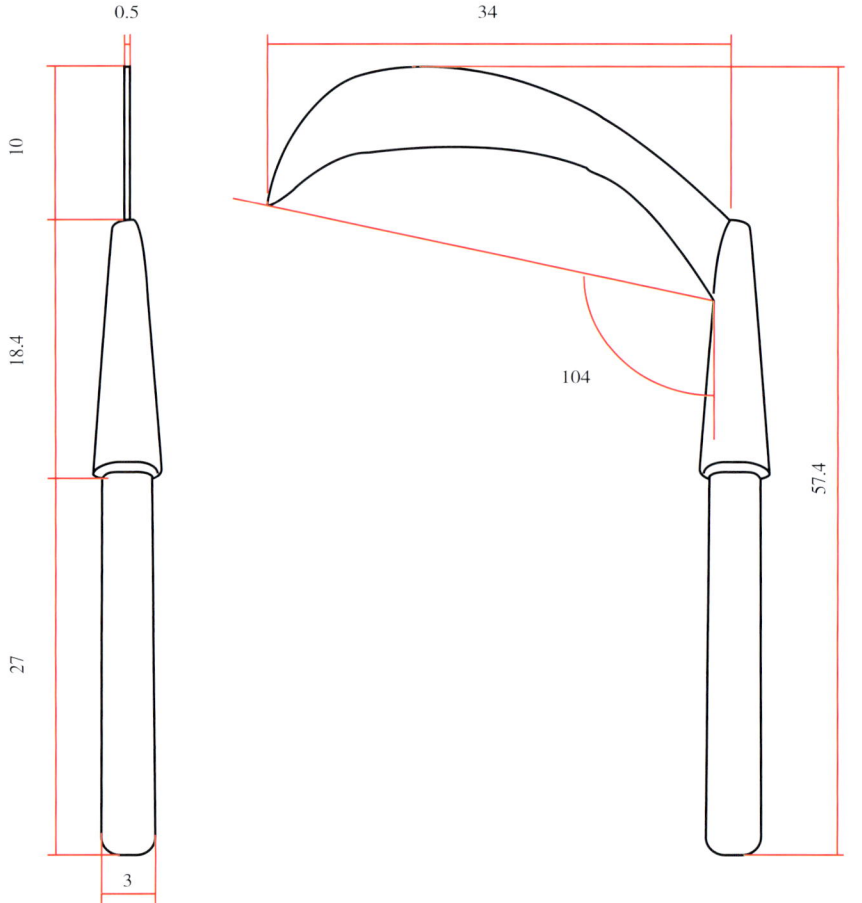

图三 哈尼族无齿镰刀尺寸图（单位：cm）

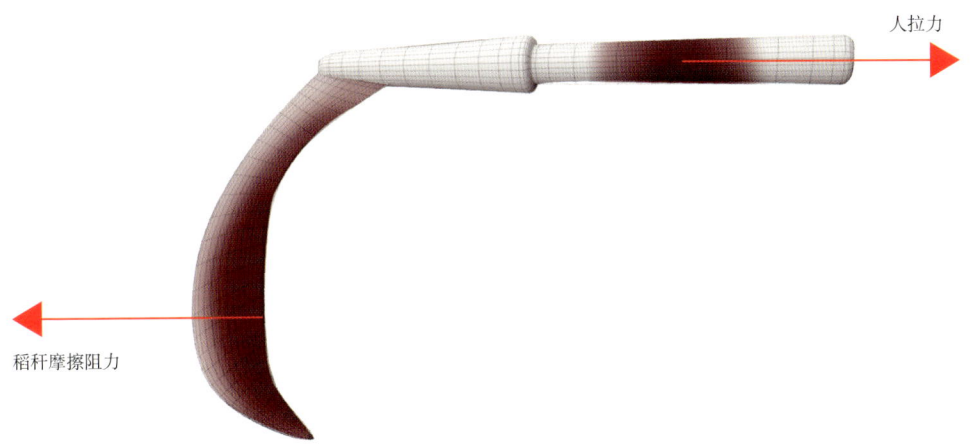

图四 哈尼族无齿镰刀力学分析图

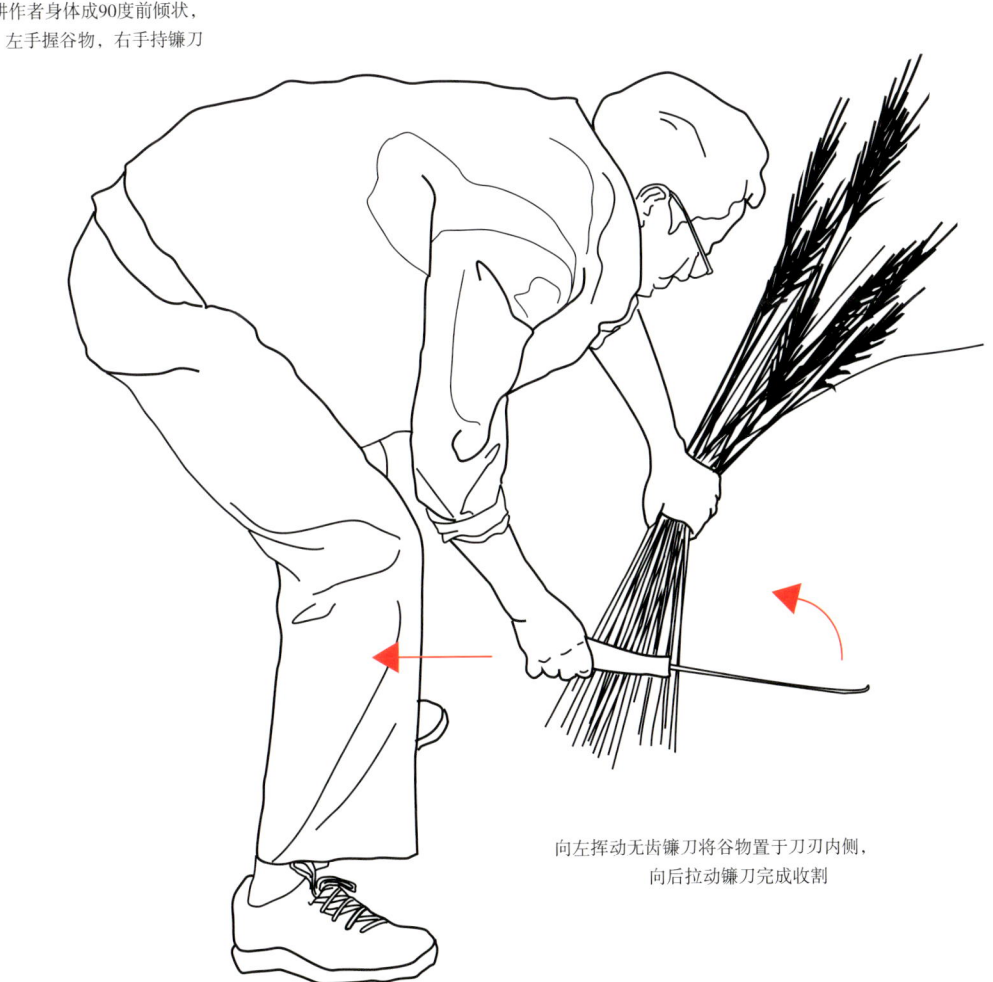

图五 哈尼族无齿镰刀操作分析图

哈尼族直颈手锄

图一 哈尼族直颈手锄主图

本案例为云南省红河州哈尼族直径手锄，长39厘米，锄刃较窄且为方形，现藏于红河州博物馆。直颈手锄，因其形态而得名，属哈尼族田间管理的主要用具。哈尼族从原始的刀耕火种转变成如今的精耕细作，随着耕作技术的变化，锄具也因为使用方式的不同产生了许多种类。其中直颈手锄以简单实用的特点成为哈尼族人广为使用的农具。

手锄由手柄和锄柄两部分共同组成。手柄为竹质，制作时将竹材晒干后切割为长27.5厘米，直径3.2厘米的细竹筒，打磨圆滑。锄板为铁质，窄的一端楔入手柄中，并用宽2厘米的金属环加固。锄刃呈长方形，较薄。在翻土时，操持者需以蹲姿双脚一前一后，单手握住锄柄，向下插入地面，然后向后拉动，将土翻起。整体造型呈7字形的设计，因此手柄与锄板之间的角度小于90度，在忽略手锄自身重量的情况下，使得人的拉力小于土地产生的摩擦阻力便能完成操作，从力学的角度上起到了省力的作用。

手锄保留了原始木锄的形制，形态短小，这种形制能够保留至今，主要由于适合当地的自然条件与耕作环境，在地势险峻的耕作条件下易于单手操作，同时耕作效率高。随着现代化农具的产生与发展，许多传统农具已逐步退出历史舞台，但手锄以携带方便的特征成为哈尼族人农耕过程中必不可少的农具之一，为哈尼族农业生产做出了巨大贡献。

图片来源
图一　李安娜　摄影
图二、图四　李安娜　制图
图三、图五　温清格　制图

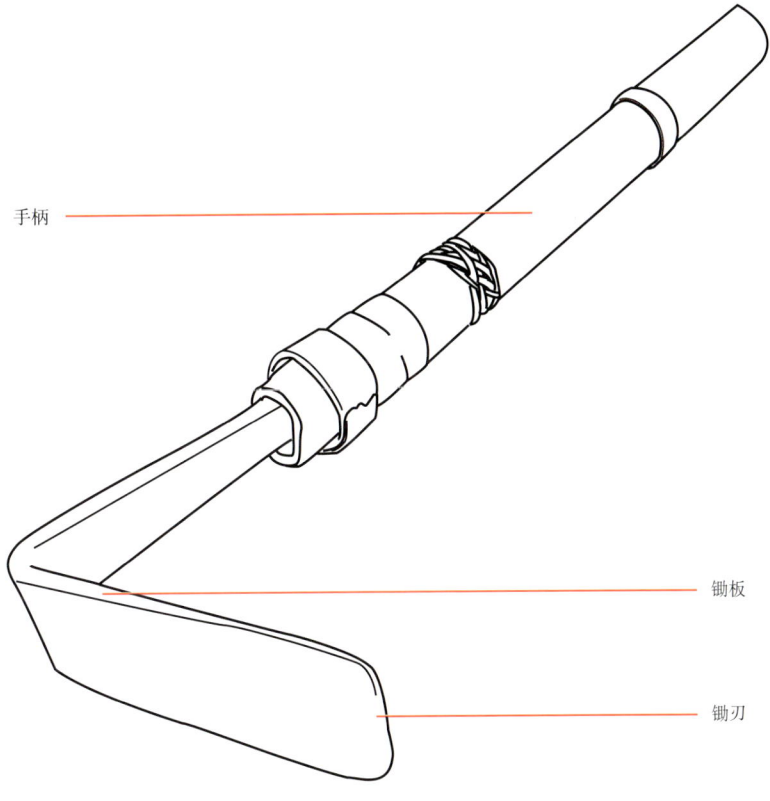

图二　哈尼族直颈手锄结构名称图

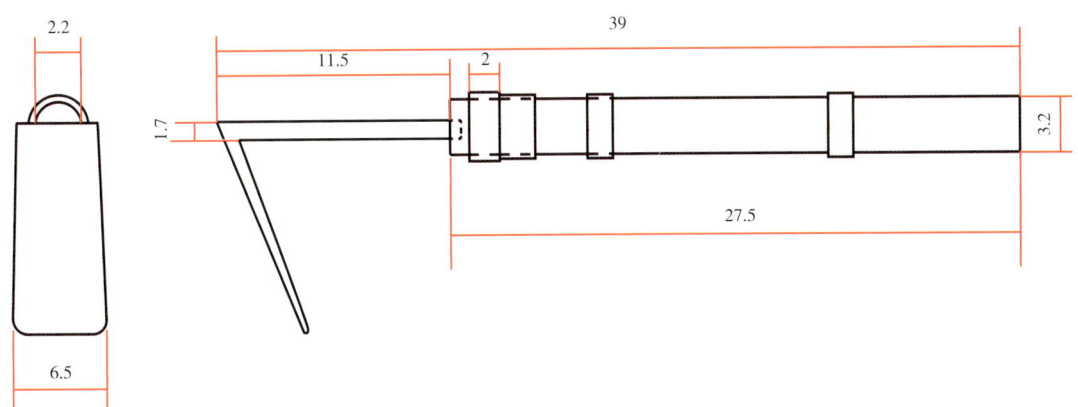

图三　哈尼族直颈手锄尺寸图（单位：cm）

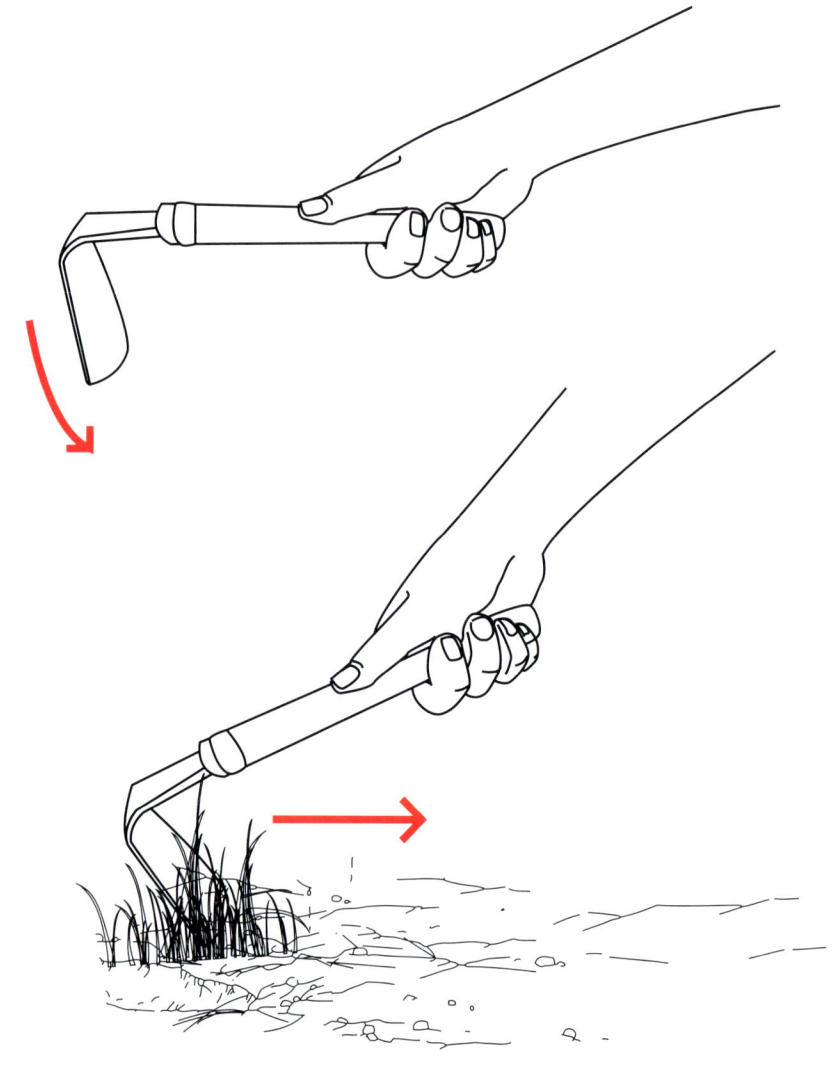

图四 哈尼族直颈手锄操作示意图

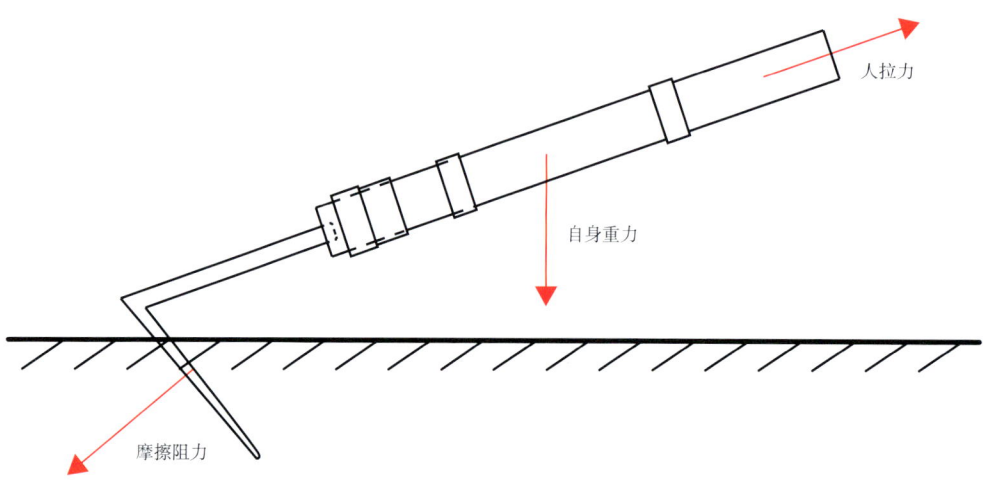

图五 哈尼族直颈手锄力学分析图

哈尼族大方锄

图一　哈尼族大方锄主图

本案例为云南省玉溪市元江县那诺乡哈尼族大方锄，长116厘米，高25厘米。大方锄是哈尼族田间管理的主要用具，用于耕种、除草、松土。哈尼族最早是使用竹锄的，随着铁制工具的普及，竹锄逐渐被铁锄取代。

本案例大方锄由锄柄和锄板两部分组成。锄柄为木制，通常由质地较为坚硬耐磨的枣木、橡子木等制作。锄柄直径2.5厘米，锄柄长111厘米，通体打磨圆滑以便于持握。柄头一侧略粗，其楔入锄板套口中并加木片以固定。锄板由铁制成，上窄下宽，厚约1厘米。在除草、翻土时，双脚自然前后站立，双手握住锄柄1/3处，先把锄头举起，再向下用力插入地面，然后向后拉动，将草铲断或将土翻起。

哈尼族大方锄是云南原始木锄的进化形态，在保留基本形制的基础上使之变得造型独特，更具民族色彩与地域特征。锄板薄，锄刃锋利，不仅有利于疏松土壤，同时加强了该锄在使用时的灵活性。大方锄用途广泛，使用灵巧方便，是哈尼族人民农耕过程中必不可少的农具之一。

图片来源
图一　赵思颖　摄影
图二至图四　林艳艳　制图
图五　李安娜　制图

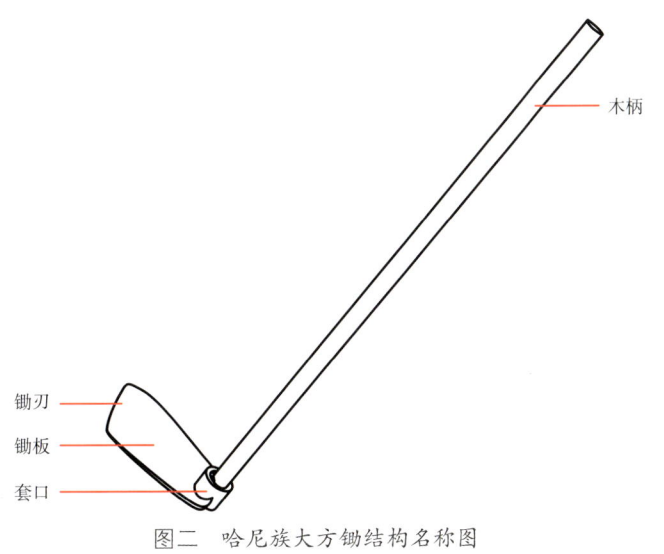

图二　哈尼族大方锄结构名称图

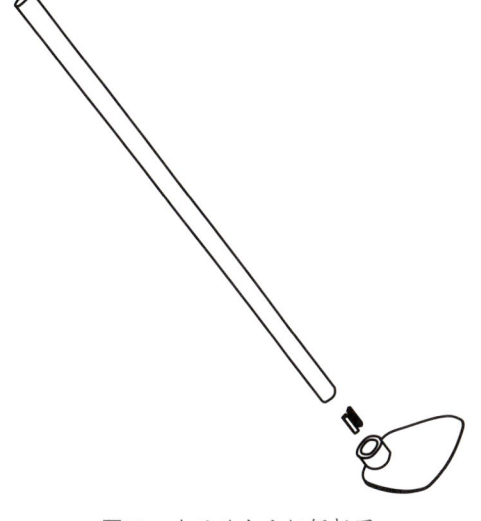

图三　哈尼族大方锄解析图

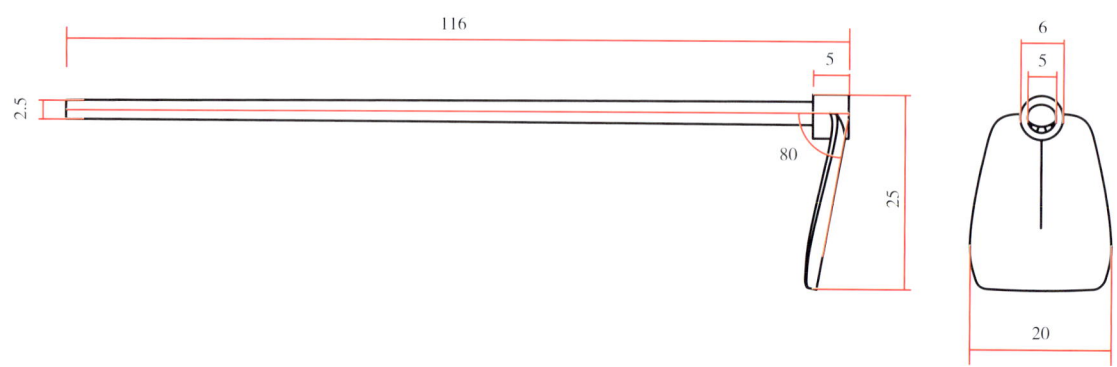

图四　哈尼族大方锄尺寸图（单位：cm）

耕作者将锄头举起，
身体微向后倾

向下用劲插入地面，
使锄头与地面产生一定的夹角

图五　哈尼族大方锄操作分析图

哈尼族木柄砍刀

图一 哈尼族木柄砍刀主图

本案例为云南省红河州哈尼族木柄砍刀，通长53厘米，现藏于红河州博物馆。砍刀为哈尼族传统的耕作工具，主要用于砍柴、除草等。哈尼族刀具众多，其中砍刀造型多样，根据刀片的不同，可分为平头砍刀、尖头砍刀等不同的形制。

木柄砍刀由手柄和刀片共同构成，刀片为铁质，手柄为木制。刀片总长30厘米，通过敲打榫进长25.5厘米的手柄中，并用宽1.8厘米的铁环加固其连接处。刀身前宽后窄，宽处7.5厘米，窄处6厘米，刀片厚1.3厘米，刀背在外侧，刀刃在内侧。使用砍刀时，操持者一手握住手柄将砍刀扬起至身体一侧，刀刃向内，然后向斜下方砍下，通过刀刃猛烈冲撞达到砍伐的目的。

哈尼族砍刀形式多样。本案例木柄砍刀结构简易，实际操作简单，同时尺寸灵活，具有较高的实用性，不仅充分反映了哈尼族劳动人民的智慧，同样也反映出了当地农业生产技术的进步。木柄砍刀历经考验，成为哈尼族男子无论出门远行，抑或是下田种地时都不可缺少的农具之一。

图片来源
图一、图五上图　李安娜　摄影
图二至图四　李安娜　制图
图五下图　李艺.人类学家的博物馆：云南省博物馆民族文物藏品选.昆明：云南人民出版社，2001：14—16.

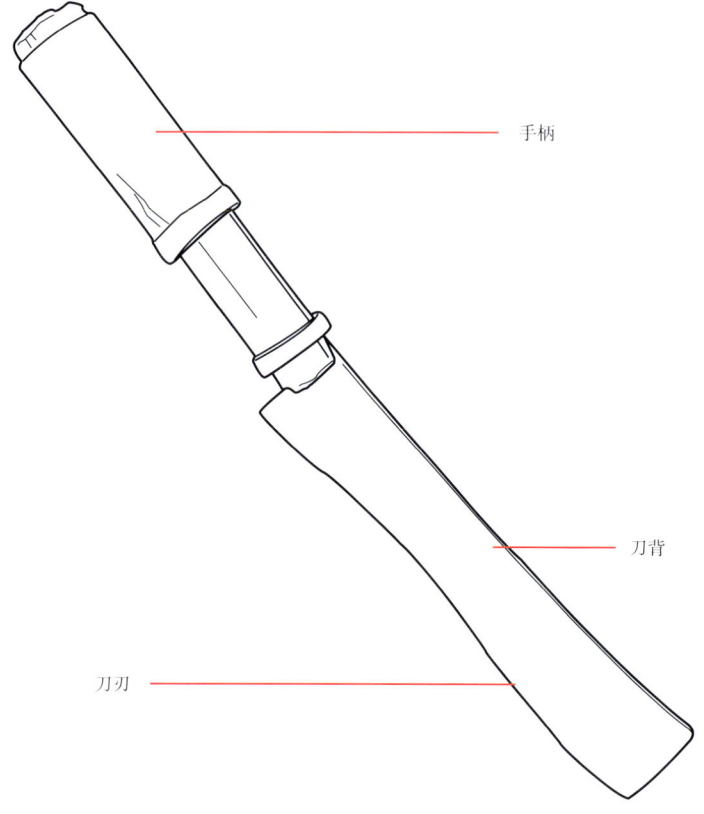

图二 哈尼族木柄砍刀结构名称图

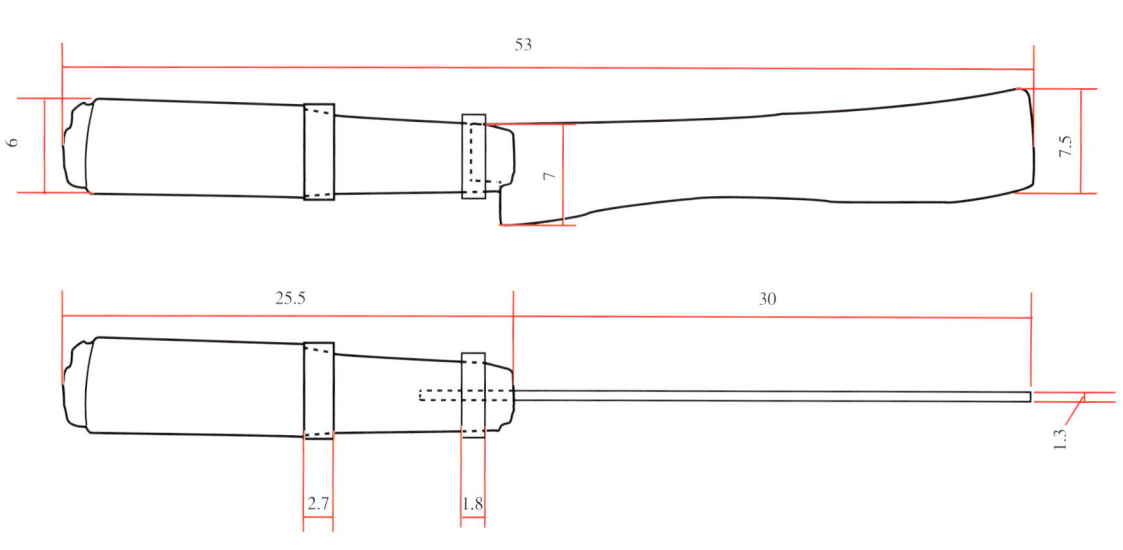

图三 哈尼族木柄砍刀尺寸图（单位：cm）

图四　哈尼族木柄砍刀操作示意图

图五　哈尼族其他造型砍刀

哈尼族竹渡水槽

图一　哈尼族竹渡水槽节选主图

本案例为云南省红河州元阳县嘎娘乡大伍寨竹渡水槽，全长677米，渡槽直径约7厘米，节选此节长127厘米。竹渡水槽，或称"竹笕"，哈尼族传统输水工具。王祯《农书》中有对架槽的记载，哈尼梯田中的竹渡水槽与其原理一致，但是《农书》中记载的架槽为木质，而哈尼族的竹渡水槽直接借助了竹材中空的器形结构，从而在梯田中完成水的运输。（〔元〕王祯：《农书》（卷四），明嘉靖九年山东布政司刊本，第31页）

竹渡水槽的制作一般采用较粗的大麻竹作为材料。其制作方法如下：将竹筒纵向一分为二，打通竹节后连接起来成为引水槽，安置槽架于下方，本案例槽架长47厘米，深入梯田内7.4厘米。一节节水槽通过槽架连接为一体，将远处的水引入村寨或田中。有的则在无法修筑沟路的冲沟或峭岩石壁地段设置渡槽，将水从沟的上段输送到沟下段。横跨涧谷，把水引入远处田地。图五为红河州绿春县哈尼族正在使用竹渡水槽的场景。（尹绍亭：《云南物质文化 农耕卷》（上），云南教育出版社，1996，第414页）

竹渡水槽造型简洁、色彩质朴、因材施计，具备了美学与科学的双重特征，成为哈尼族梯田耕作及灌溉不可缺少的器具。哈尼族人们因地制宜，充分利用山涧水源架设渡槽，是哈尼族人勤劳与智慧的象征，对梯田及山区农业的发展起到了重要作用。

图片来源
图一　崔进　制图
图二　〔元〕王祯. 农书（卷四）. 明嘉靖九年山东布政司刊本：31.
图三、图四　李安娜　制图
图五　尹绍亭. 云南物质文化 农耕卷（上）. 昆明：云南教育出版社，1996：414.

图二 《农书》中的架槽

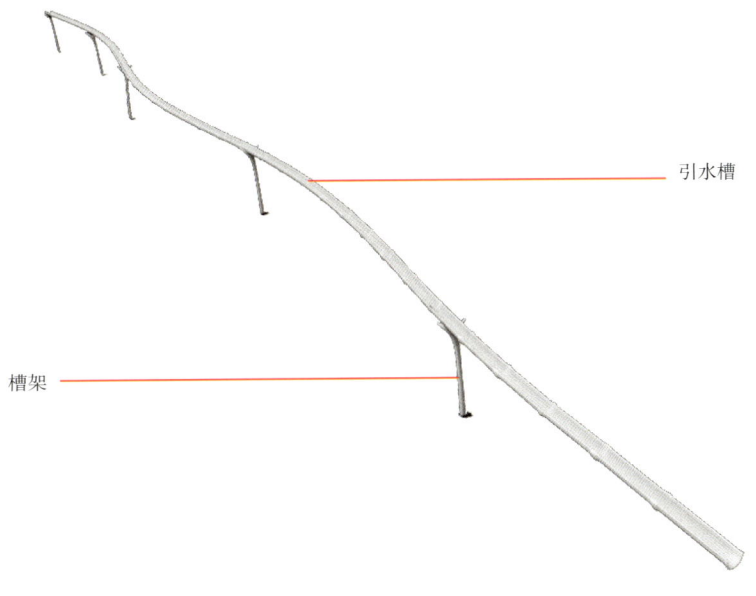

图三 哈尼族竹渡水槽结构名称图

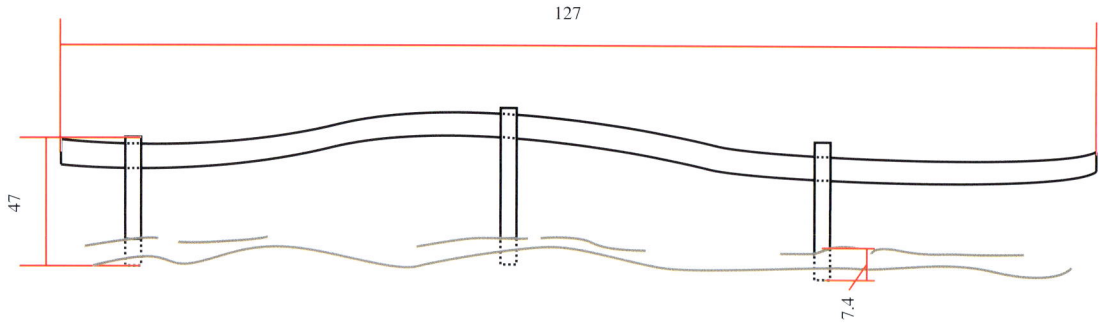

图四　哈尼族竹渡水槽尺寸图（单位：cm）

图五　哈尼族竹渡水槽使用情境图

哈尼族弩

图一　哈尼族弩主图

本案例为云南省玉溪市元江县那诺乡哈尼族弩，通长94厘米，通宽101厘米，通高7.5厘米。弩起源于原始社会晚期，是古代非常重要的武器。弩在弓的基础上进行了创造，是哈尼族传统狩猎用具之一，曾流行于云南省各哈尼族聚集地。

这件弩为木制，由弩身、弩臂、弩弦、扳机组成。其中弩臂的制作对于射程具有至关重要的作用，哈尼族人常选择坚韧且弹性高的竹材进行加工制作。需先将竹材按需裁割后进行加热定形，定形之后进行削制修整，最后挖出弦槽、扳机和弩臂的位置。位于弩臂长度约1/2处，挖有一弦槽与连接扳机的槽孔。使用弩时，需经过张弦、装箭、瞄准与发射四个步骤。一手握住弩身，一手将弦置于弦槽，然后将箭放置于弩身上，瞄准之后扣动扳机，扳机顶端的曲面将弩弦从弦槽中顶出，快速弹出的弩弦将箭弹射出去。

较弓箭而言，弩增加了扳机等重要附件，其最大特点是突破了拉弓人的体力限制，克服了人拉弓的时间不能持久的弱点，因而瞄得更准、射程更远。云南少数民族使用弩弓历史悠久，早在雍正《云南通志》卷廿六载："遇鼠雀则以弩取而烙食吃。"本案例哈尼族弩结构简单，但保留了最关键的部件，且在视觉上张弛有度，运用了器械的弹射、借力、蓄力等原理，使哈尼族弩弓兼具美观与实用的双重价值，曾广为哈尼男子所用。

图片来源
图一、图五　赵思颖　摄影
图二至图四、图六　林艳艳　制图
图七　温清格　制图
图八　李安娜　制图

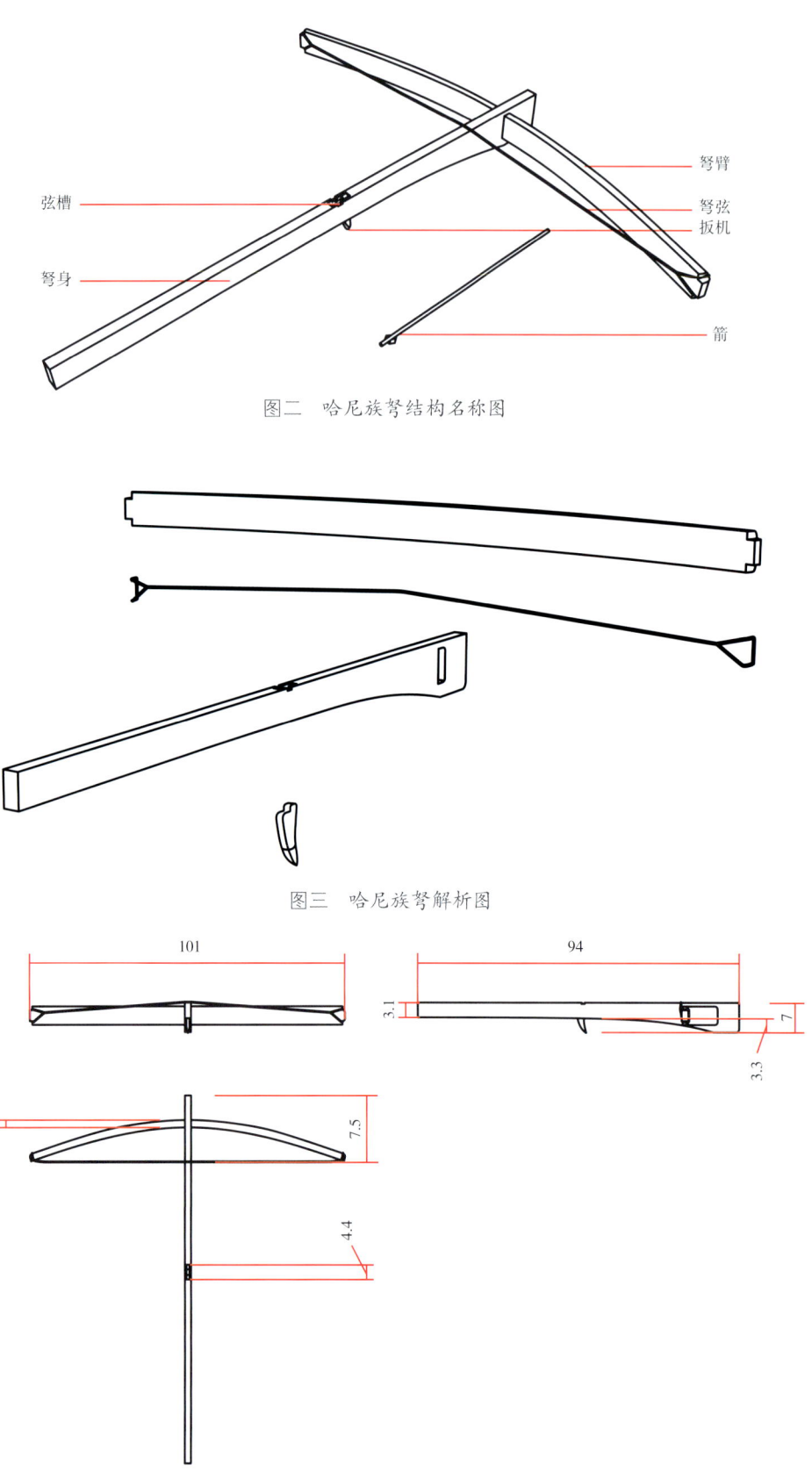

图二 哈尼族弩结构名称图

图三 哈尼族弩解析图

图四 哈尼族弩尺寸图（单位：cm）

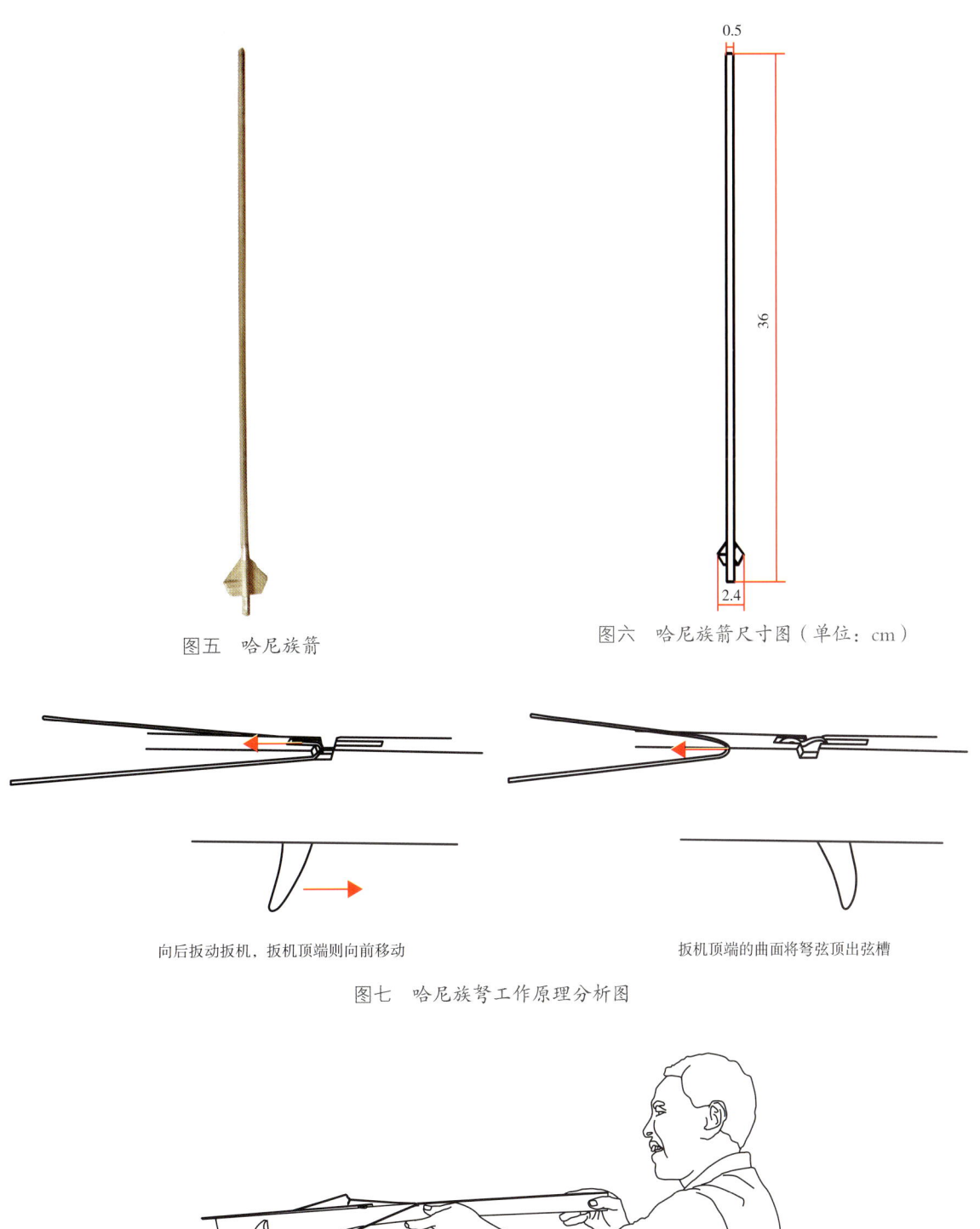

图五 哈尼族箭

图六 哈尼族箭尺寸图（单位：cm）

向后扳动扳机，扳机顶端则向前移动　　　　扳机顶端的曲面将弩弦顶出弦槽

图七 哈尼族弩工作原理分析图

图八 哈尼族弩使用情境图

第五章 哈尼族传统生产工具

311

哈尼族背锁

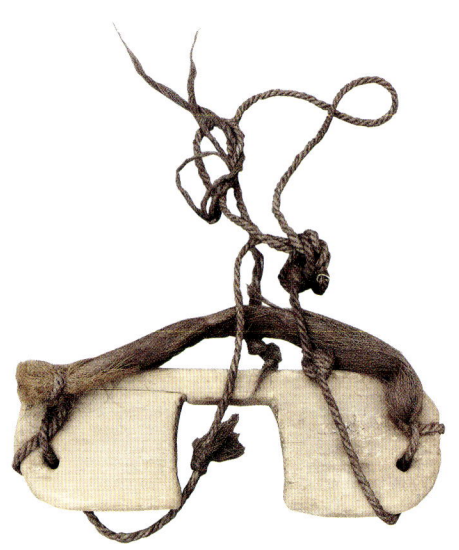

图一 哈尼族背锁主图

本案例为云南省玉溪市元江县羊街乡哈尼族背锁，通长55厘米，通宽20厘米，厚2厘米。背锁，因外形如锁故而得名，是哈尼族传统运输农具。背锁材料与工艺简单，实用性强，采用分力的原理，把重物的压力分散于人体的不同部位，相较于普通的双肩或单肩背运更加舒适。

背锁以木材为原材料而制，由肩板、背绳、活动绳索三部分共同构成。木板一侧中心凿开一似U形的缺口，最宽处为15厘米，深13厘米，比颈部稍宽。两端4厘米处各钻两个小孔，洞眼直径为2厘米。背绳为棕皮所制，宽4厘米，两端各系一直径为1厘米的粗麻绳，系扣穿过两端洞眼，两端各延伸出约2米长麻绳为活动绳索，用来捆绑并加固背运之物。背锁下面在人体两肩对应的位置略微凹进，以此防止肩板滑落。背运物品时，背锁的U形缺口卡在颈部后方，背板压在双肩上，背绳套于额头处，活动绳索捆绑物品，可与任何背具配套使用。行走时采用双肩、头顶三点结合，以肩为主、以头为辅的背运方式。

木质背锁制作合理，设计巧妙。其背带较宽，易顶于头部，板面较宽，在增加了受力面积的同时具有较强的平衡控制力。在背运过程中，由于负重，操持者需弯腰，这样背部也可替头部与肩部分担力量。木质背锁非常适合哈尼族人在梯田坡地、羊肠小道上背运，成为哈尼族女子背运柴火、稻草等物的必备工具，至今沿用。

图片来源

图一 赵思颖 制图
图二至图四 林艳艳 制图
图五 白建雄 摄影

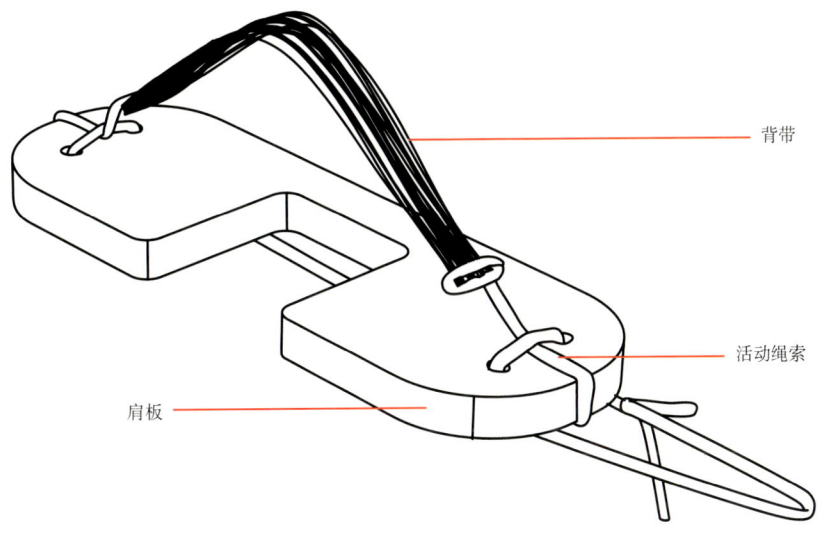

图二 哈尼族木质背锁结构名称图

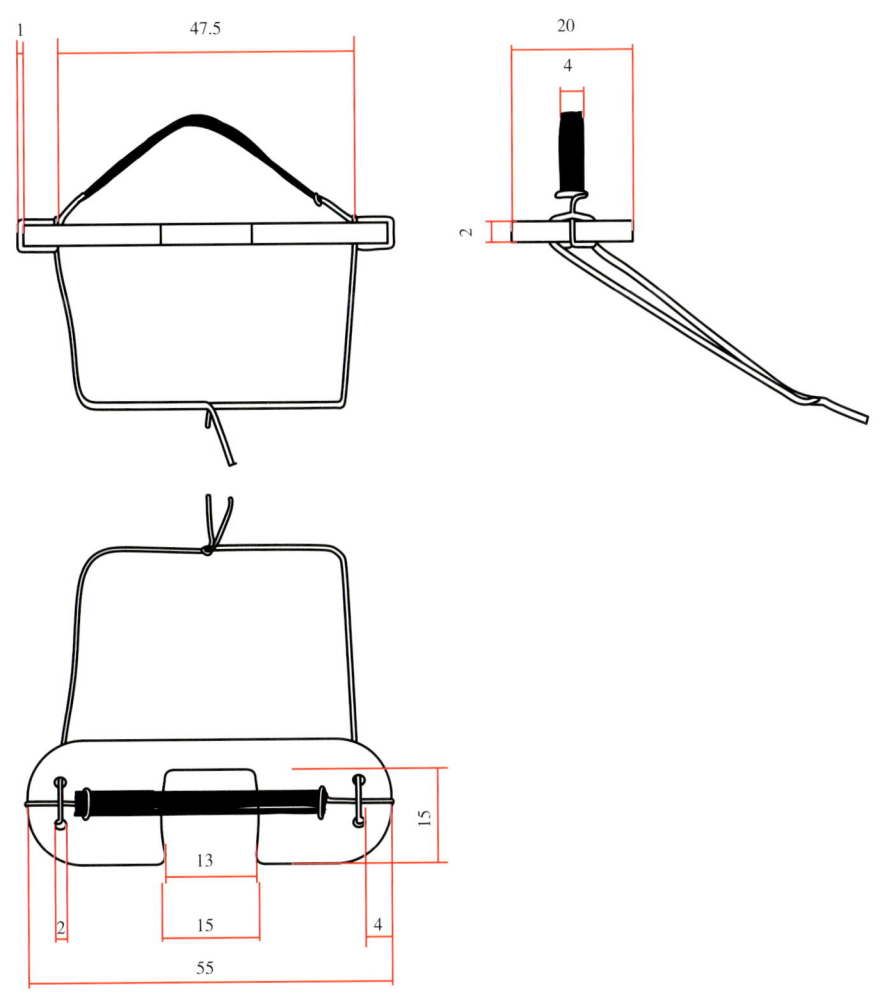

图三 哈尼族木质背锁尺寸图（单位：cm）

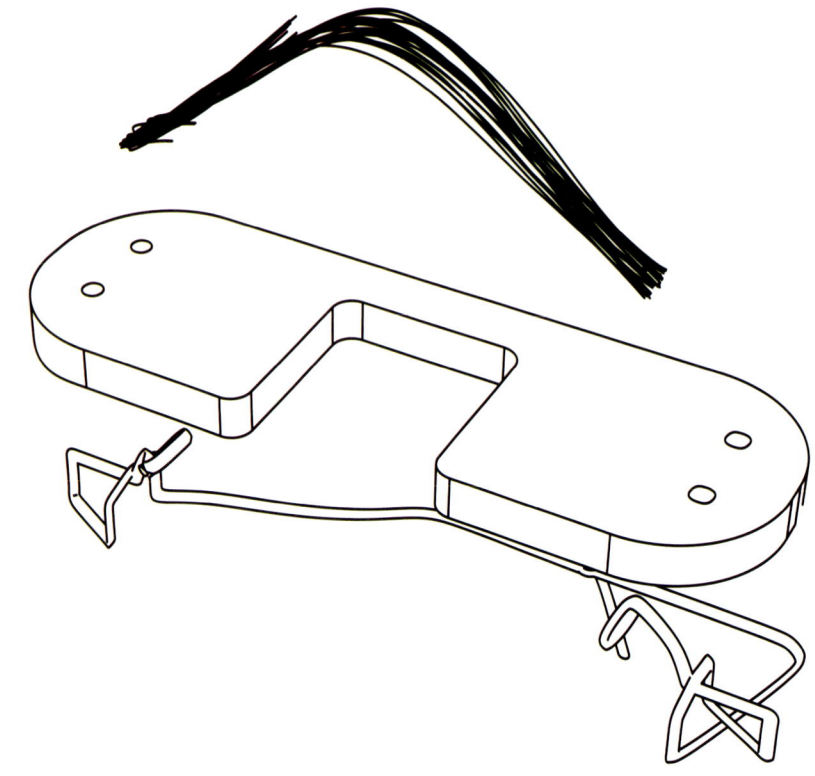

图四 哈尼族木质背锁解析图

图五 哈尼族木质背锁使用情境图

哈尼族捕鸟脖扣

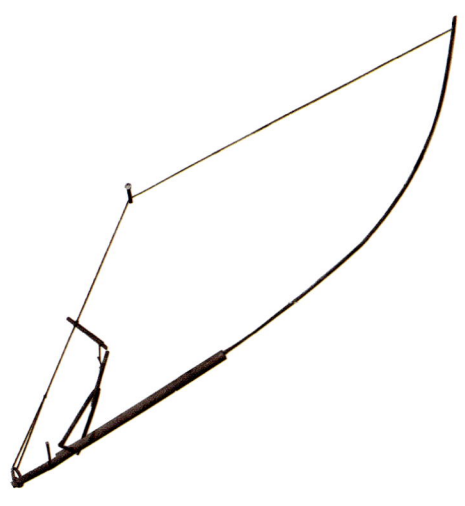

图一　哈尼族捕鸟脖扣主图

本案例为云南省西双版纳州勐腊县哈尼族捕鸟脖扣，通长72厘米。捕鸟脖扣配以诱饵，捕鸟命中率极高，是哈尼族专门用于捕鸟的工具。

捕鸟脖扣由弹竿、竹管、支架、脖扣环、支撑架、诱饵竹竿、三角支撑、竹签组成。捕鸟脖扣首先要用16厘米高的支架将长60厘米的竹管支撑于地面，支架与竹管垂直相交固定，弹竿为60厘米，竹管前端设一三角形支架以顶住支撑架同时将弹竿牵引的套环绷直，脖扣环直径约2厘米。于竹管前端开一槽口用来放置诱饵竹竿，并用一竹签支撑其站立。在使用捕鸟脖扣时，将诱饵放置竹竿上，引诱小鸟前来啄食，啄食的小鸟会将头伸入脖套环，小鸟啄食诱饵时，拽动诱饵竹竿的同时牵动弹竿弹起，带动脖套环套住鸟脖子。这种捕鸟脖扣不仅可以将竹管绑在树上使用，还可以置于地上，对飞行觅食及在地上觅食的鸟都适用。充分发挥了材料的特性，利用竹片的弹性蓄力及联动的机关设计，精准高效，捕捉率达到70%～90%。

哈尼族的脖扣捕鸟器材料易寻、制作简单，但设计巧妙、实用高效。尤其在材料性能的把握和联动装置设计上，值得设计者借鉴。随着国家出台政策对野生动物的保护，禁止任何单位和个人非法猎捕或者破坏鸟类，因此虽然哈尼族脖扣捕鸟器已经逐渐不再使用，但其精巧别致的造型和功能依然展现出哈尼族人的智慧和创造力。

图片来源
图一　崔进　制图
图二至图五　顾怀灏　制图

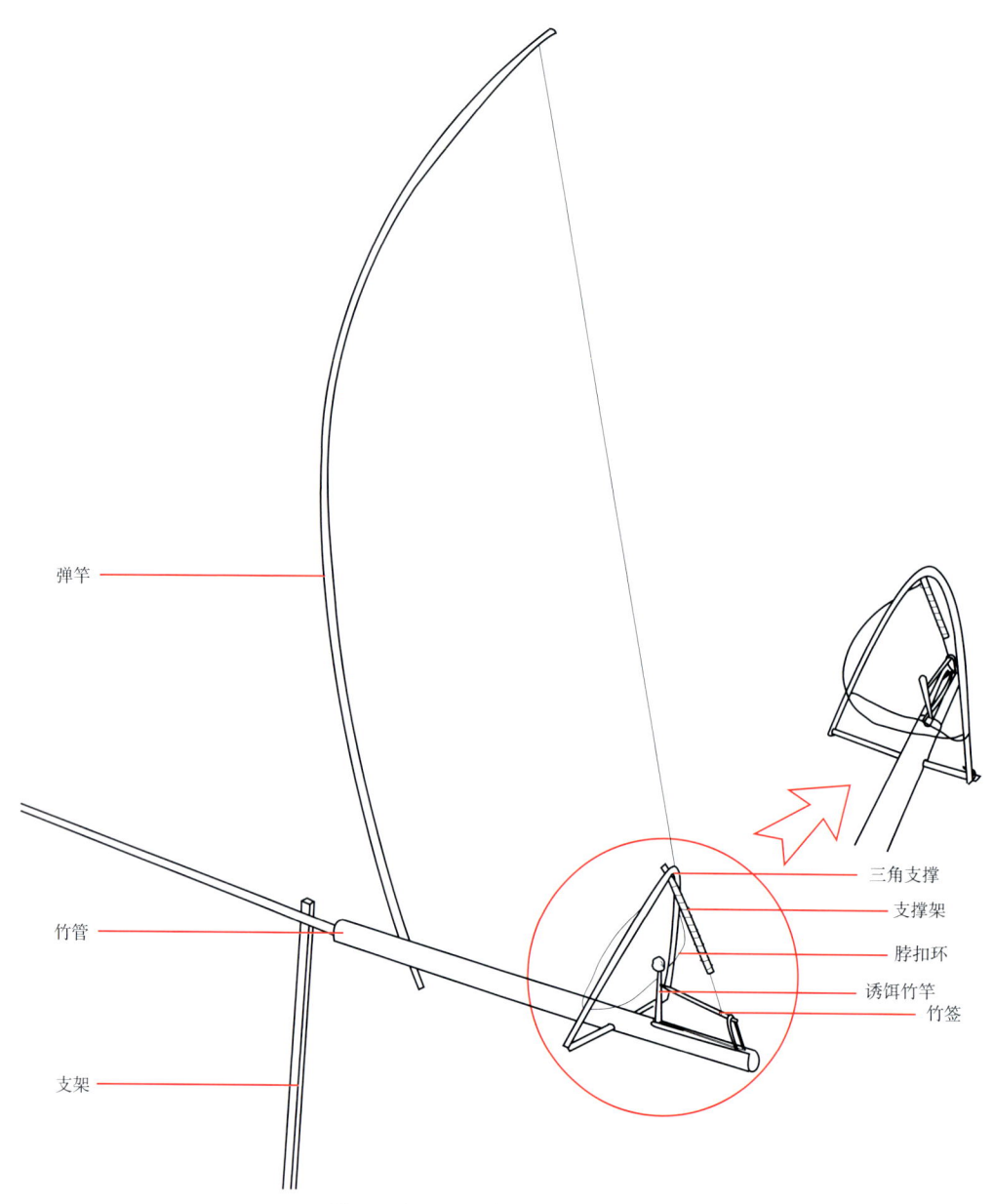

图二　哈尼族捕鸟脖扣结构名称图

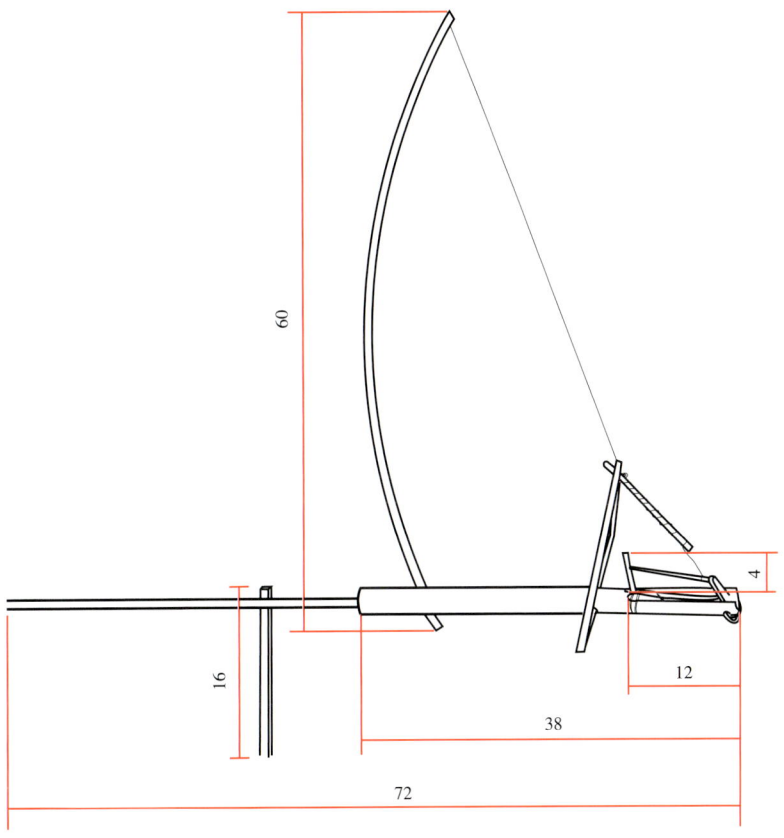

图三 哈尼族捕鸟脖扣尺寸图（单位：cm）

鸟啄食时头入脖扣环，
拽动诱饵则牵动弹竿弹起，
带动脖扣环套住鸟脖

图四 哈尼族捕鸟脖扣工作原理分析图

哈尼族牛拉架

图一　哈尼族牛拉架主图

本案例为云南省红河州牛拉架，长157厘米，宽58厘米，现藏于红河州博物馆。牛拉架是哈尼族传统的运输工具，因其使用方式而得名，流行于西双版纳、红河等地。

牛拉架由架头、架柄、架身与绳索四部分组成。拉架整体呈曲线形，架柄向上弯曲20度，架头用于连接牛轭以及固定货物。架身整体为长方形框架，长87.4厘米，内有木制方形框架，外部用竹篾编织而成，加固的同时增加其承载密度。每副拉架上配有一根牛皮绳索，用于捆绑放置拉架上的货物。使用时将拉架放置在地面上，架柄两侧分别捆绑绳索，绳索另一端固定在牛轭上，以牛牵引，架身放置货物，并用绳索固定后，人驱使牛前进。

哈尼族聚居地区山势险峻、交通闭塞、资源缺乏，正是在这种环境下，牛拉架应运而生。牛拉架造型简单，以直线结构为主，架柄的曲线顺应牛拉力的方向，避免拉动时顶端造成的阻力，同时提高了运输货物的效率。

图片来源
图一　李安娜　摄影
图二　李安娜　制图
图三　林艳艳　制图
图四、图五　温清格　制图

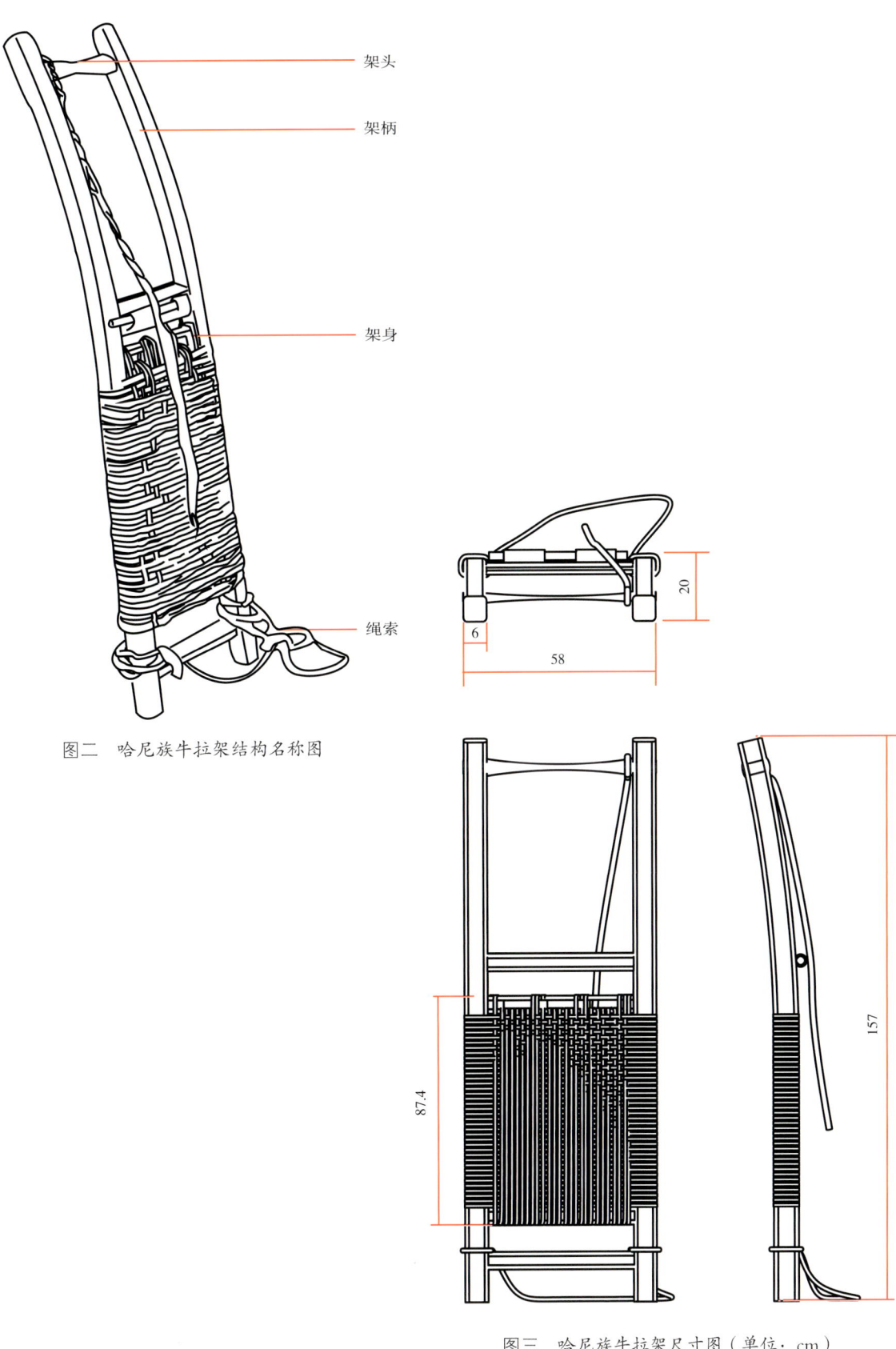

图二　哈尼族牛拉架结构名称图

图三　哈尼族牛拉架尺寸图（单位：cm）

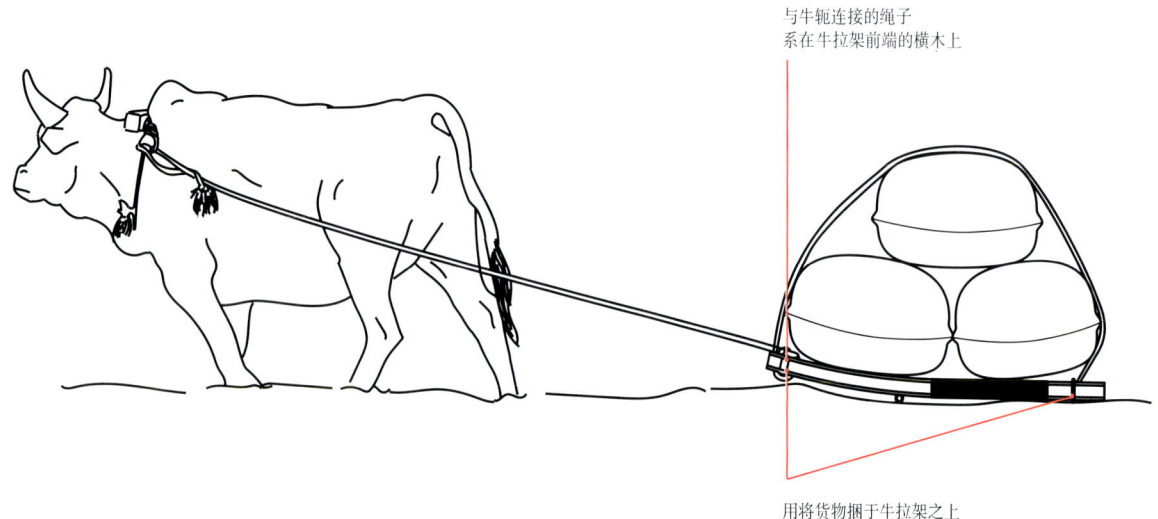

图四 哈尼族牛拉架操作分析图

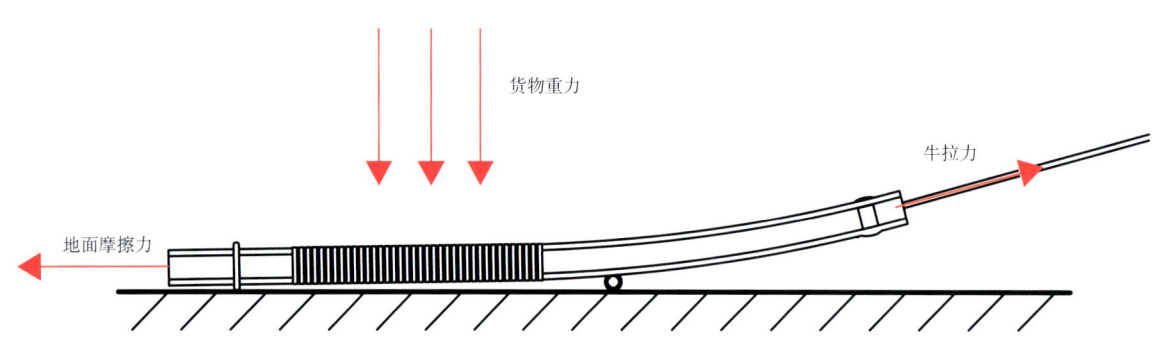

图五 哈尼族牛拉架力学分析图

哈尼族打谷船

图一　哈尼族打谷船主图

本案例云南省红河州哈尼族打谷船，全长180厘米，宽50厘米，高80厘米，现藏于红河州博物馆。打谷船，哈尼语为"地落地安"，意为谷船、谷帆，为哈尼族传统梯田生产收割工具，因其形状而得名。

打谷船由谷船、谷帆两部分构成。制作谷船常选取树质坚韧、水分含量高的木材为原材料，取光滑、无破损的一段进行挖凿制作。谷船上方平整、中空且两头尖斜，谷船左右两侧各设一条凹槽以放置谷帆，凹槽长160厘米，宽50厘米，高30厘米。谷帆用细竹篾编织成长方形，长160厘米，宽80厘米，分别置入谷船两侧凹槽中，谷帆与谷船呈150度角，其状如帆，用来防止脱离时谷粒溢出。有的打谷船底部两头还有一个或两个耳孔以穿绳索，方便拉运。两船头可放置弓形掼谷架，横向置梯担6个。使用打谷船时，操持者可牵绳索顺水田拉动打谷船，两船头外均可站人，各执一定数量的谷杆在船头的掼谷架上掼谷脱粒，稻粒随摔打受力，纷纷脱落入谷船。谷船约装满2/3时，将稻粒取出。期间配合使用的还有其他收割工具，如镰刀、打谷扇等。

打谷船历史悠久、构造巧妙，广泛流行于红河、元江、绿春等地。打谷船因其浮于水的特点，使操持者可自如牵引，是适应梯田稻谷收获而发明的农具，是哈尼族独具民族特色的生产工具。

图片来源
图一　李安娜　摄影
图二至图四　林艳艳　制图
图五　温清格　制图

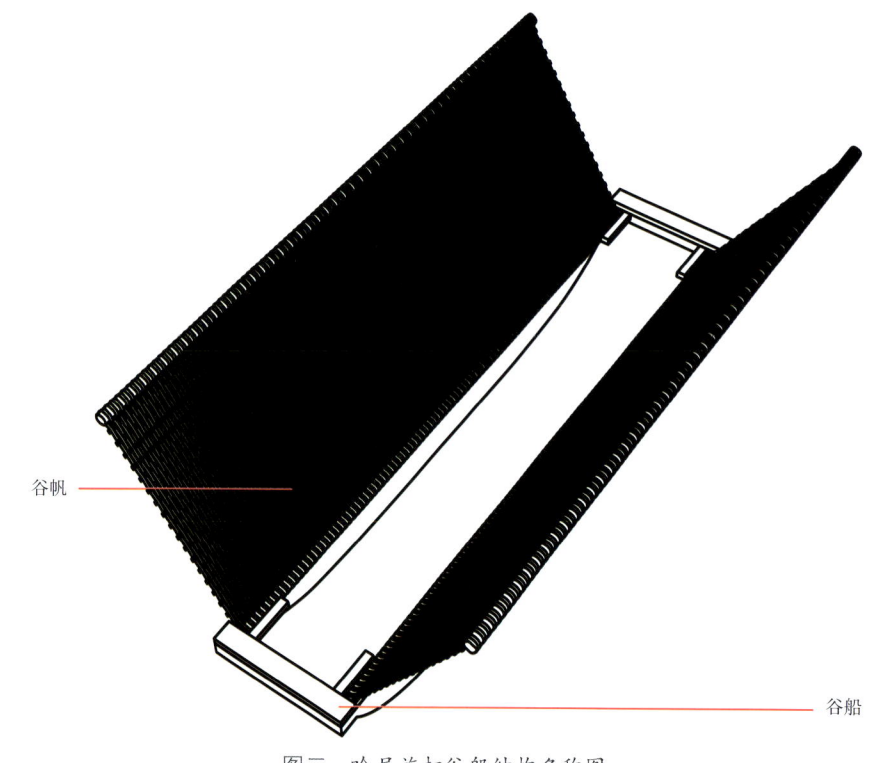

图二 哈尼族打谷船结构名称图

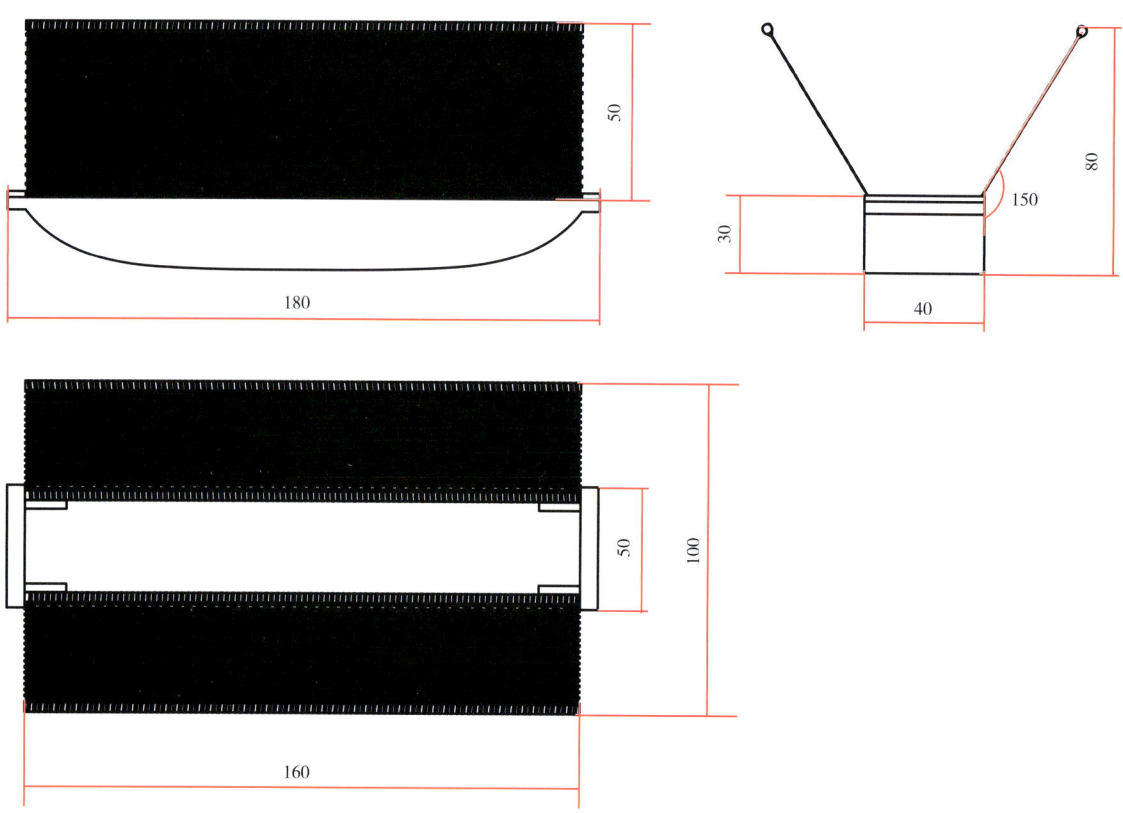

图三 哈尼族打谷船尺寸图（单位：cm）

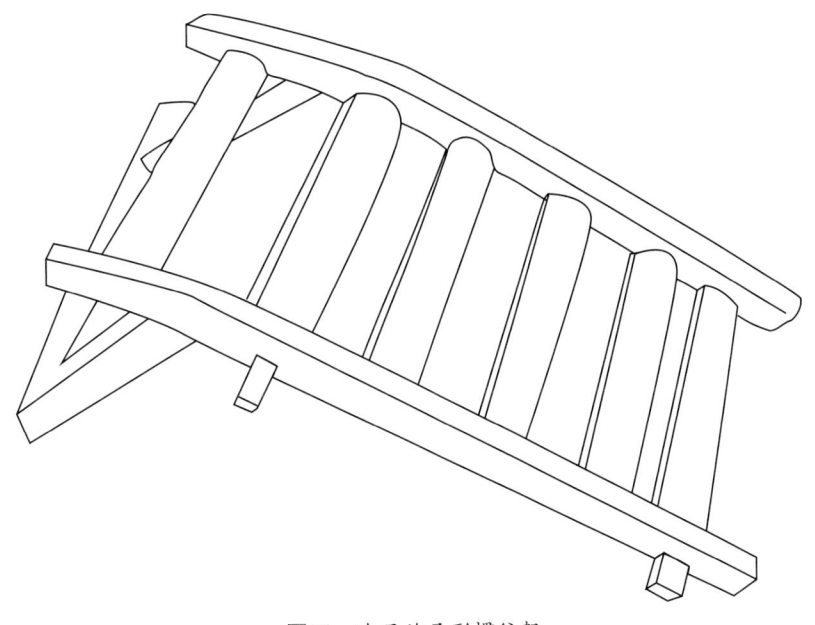

图四　哈尼族弓形掼谷架

图五　哈尼族打谷船使用情境图

哈尼族风扇车

图一 哈尼族风扇车主图

本案例为云南省玉溪市元江县那诺乡哈尼族风扇车，长205.5厘米，宽59厘米，高134.5厘米。风扇车，又名"扇车""风车"，始于汉代。最早关于风扇车的记载为西汉史游所著《急就篇》："碓磑扇隤舂簸扬。"王祯的《农书》以及宋应星的《天工开物》中都对风车进行了详细的描述。本案例与王祯的《农书》以及宋应星的《天工开物》中所绘风扇车形制相似。

风扇车的制作以木材为原材料，由车架、车斗、车舌、滑块、车身、车腹、扇叶、摇柄、出糠口、出谷口等部分组成。车斗为倒梯形，高45厘米，位于风扇车上部，用于向风车中加入粮食，车斗下端置入车身中，一侧倚住车腹，以保持稳定。车斗正下方置一总长约53厘米，宽6厘米，厚2厘米的车舌。车舌旁置长12.8厘米的工字形滑块，车腹为直径84厘米的圆形，内置车轴及扇叶，扇叶长37厘米，宽27厘米。摇柄穿过车架插入车轴中。风扇是整个风扇车的核心部分。车身前段为长方形，出糠口为梯形，车腹、车身、出糠口呈钥匙状相连。出谷口共两个，靠近车腹的为净谷出口，靠近出糠口的为秕谷出口，也有一个出谷口的风扇车。井字形的车架起辅助连接各部件及保持整个车身稳定性的作用。使用风扇车时，将脱落或舂碾后的谷物从车斗倒进，倒梯形设计可防止谷物散落，亦可增大容量，同时顺时针摇动摇柄，并且可根据需要通过车舌的转动控制谷物进入的量，将车舌向水平方向转动，谷物进入的量少；向垂直方向转动，则进入的量多，车舌调整好后可由滑块抵住车舌。出糠口的梯形设计可减少谷糠因风力随意上扬，使谷糠向斜下方的方向飞出。风扇车的原理是通过由风扇制造的风力将好米、次米、谷糠分开，从相同高度落下的好米、次米、谷糠，由于比重不同，较轻的会被吹得更远，因此好米、次米、谷糠分别从净谷出口、秕谷出口、出糠口流出。而一个出谷口的风扇车要完成这一工作流程需进行两次操作。相对于一个出谷口的风扇车，两个出谷口的风扇车提高了工作效率。

风扇车作为哈尼族清选粮食的主要农具，历史悠久，流行范围广。其构思巧妙，工作原理简单，综合利用了流体力学、惯性、杠杆等原理，充分利用风能提高了农业生产效率，解决了传统扬谷方法受天气与场地限制的弊端，是人们劳动与智慧的结晶。风扇车做工讲究，结构合理，车身全部借助木头的榫卯穿插关系来固定整个车身。造型简洁、比例适宜、易于操作，是红河流域哈尼族广为使用的传统农具。

图片来源
图一　刘翔宇　摄影
图二、图四至图八　林艳艳　制图
图三　〔明〕宋应星. 天工开物（上卷）. 明崇祯十年涂绍煃刊本, 1637: 61页.
图九、图十　温清格　制图

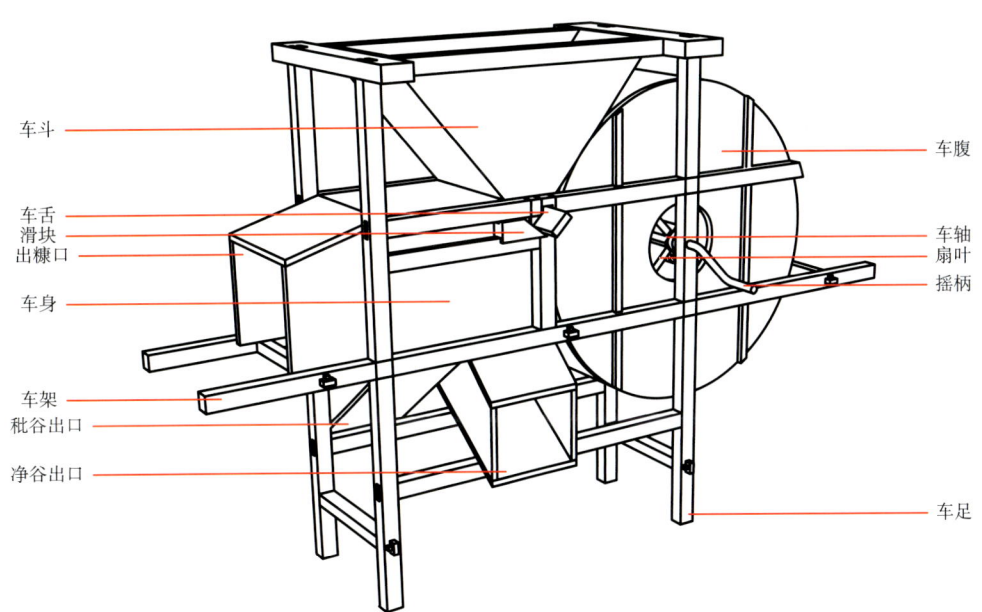

图二　哈尼族风扇车结构名称图

图三　《天工开物》中的风扇车

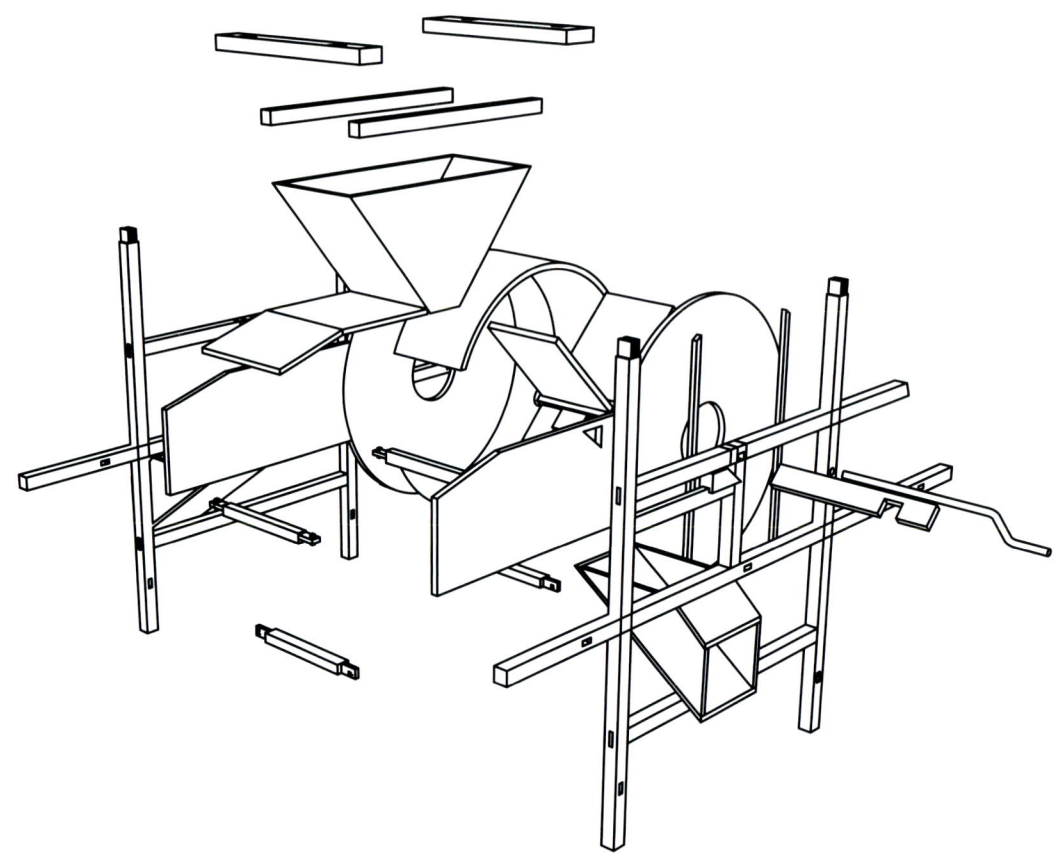

图四 哈尼族风扇车解析图1

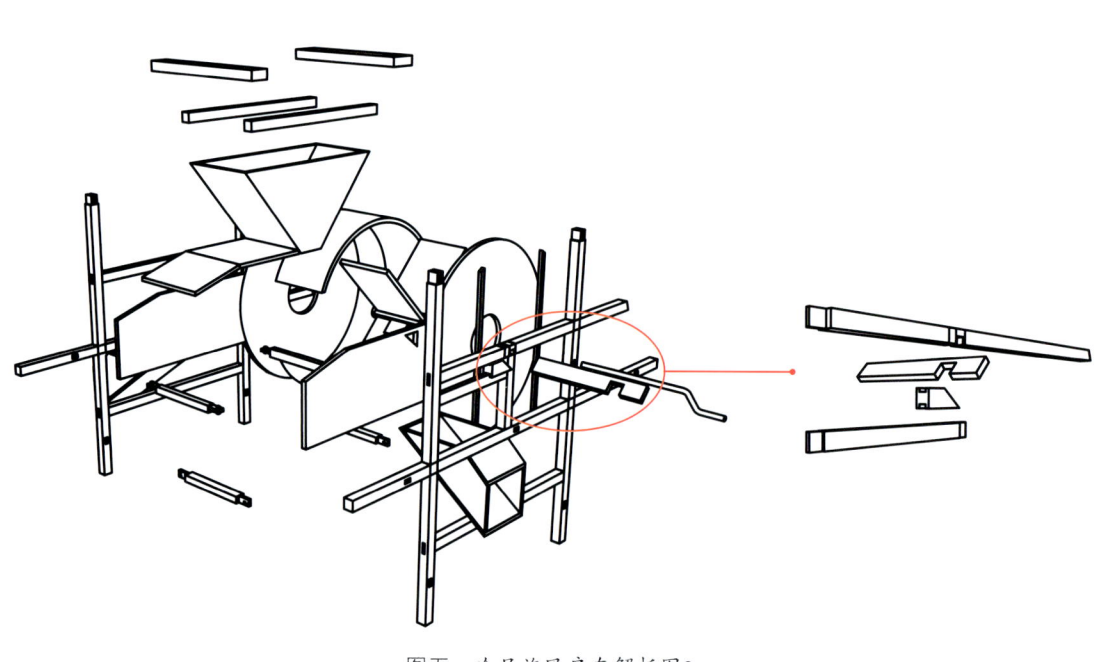

图五 哈尼族风扇车解析图2

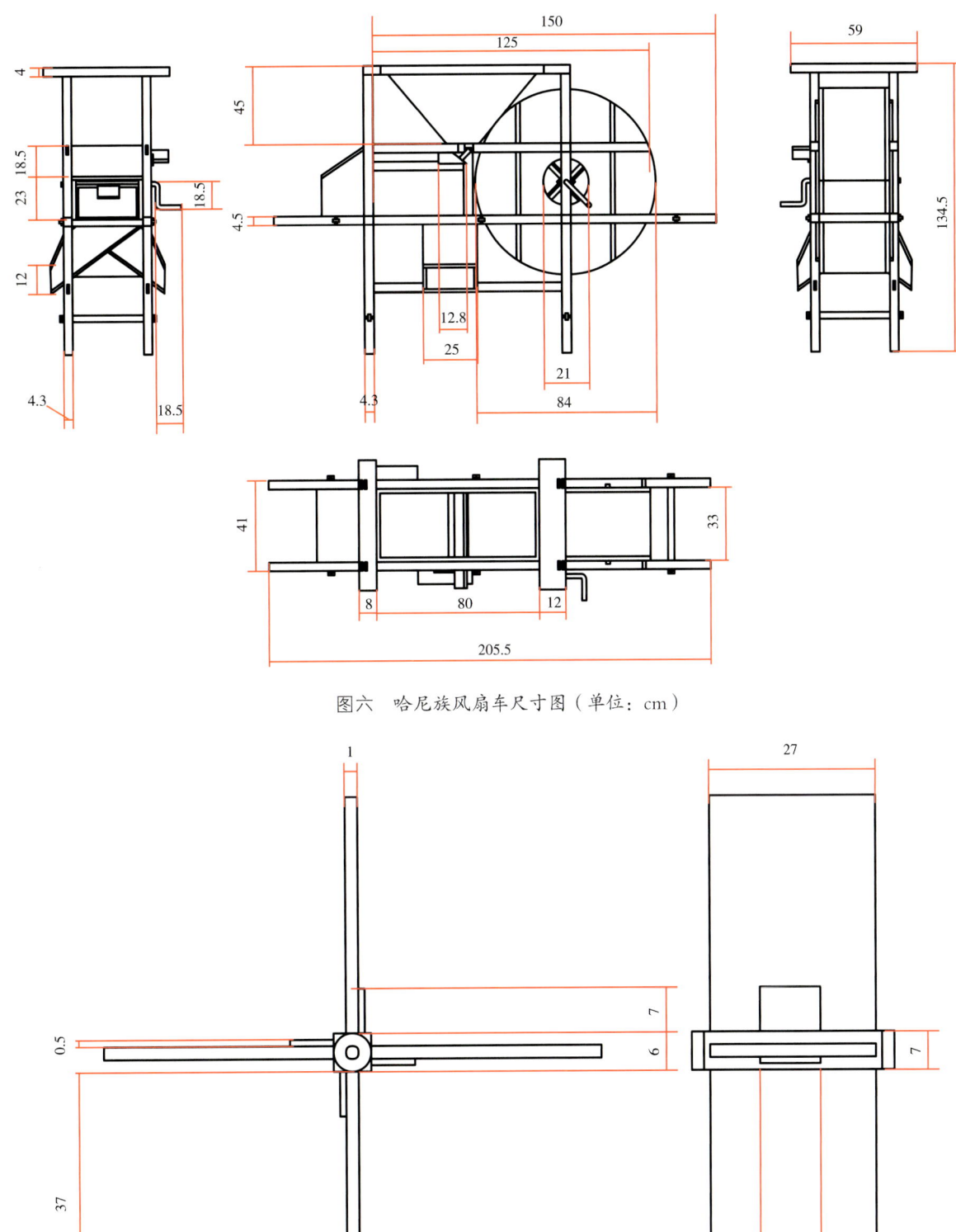

图六 哈尼族风扇车尺寸图（单位：cm）

图七 哈尼族风扇车扇叶尺寸图（单位：cm）

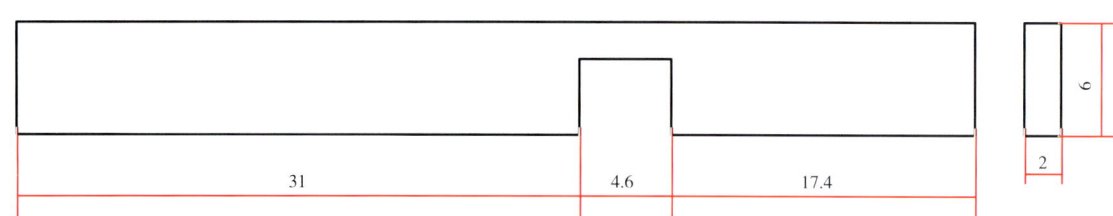

图八　哈尼族风扇车车舌尺寸图（单位：cm）

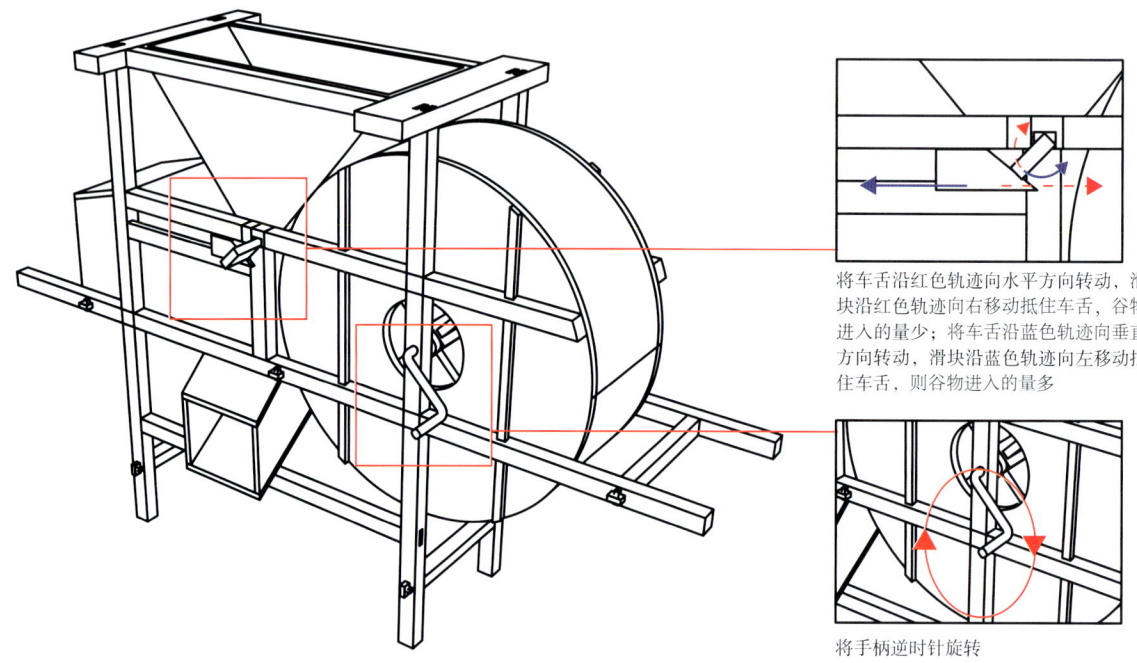

图九　哈尼族风扇车操作分析图

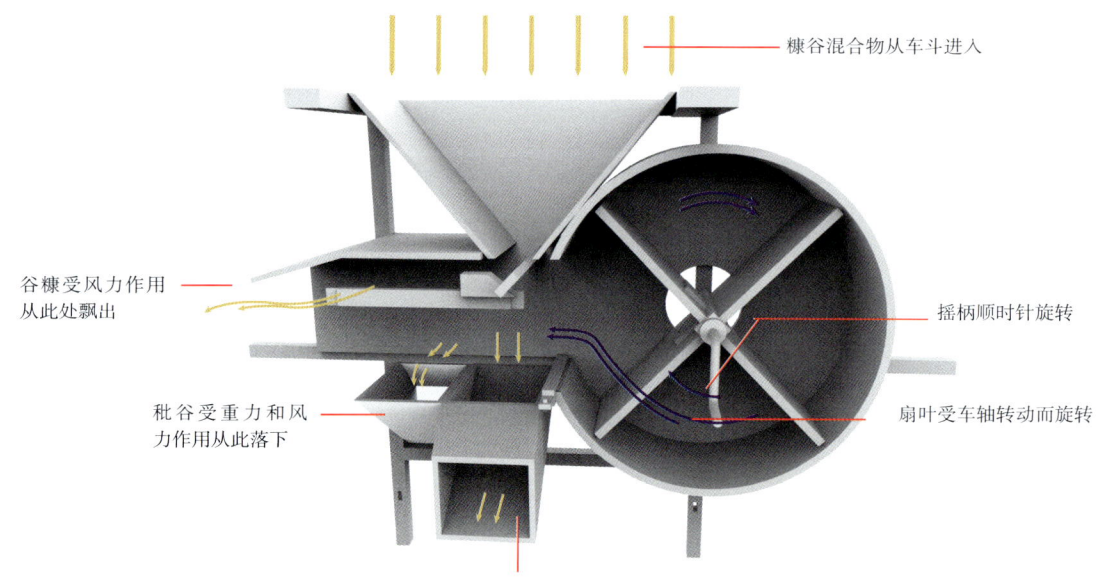

图十　哈尼族风扇车工作原理分析图

哈尼族手推石磨

图一 哈尼族石磨主图

本案例为云南省玉溪市元江县那诺乡哈尼族手推石磨，长140厘米，高73厘米。手推石磨是一种将米、麦、豆类等作物加工成粉、浆的工具。目前考古出土的最早石磨为战国时期，最早的文字记载为西汉史游所著《急就篇》，后来才逐渐流传至滇南各少数民族中，成为哈尼族加工粮食的主要农具之一。

本案例的手推石磨主要由两部分组成，木凳和石磨。石磨又由磨柄、磨盘、磨眼、磨唇、磨齿、磨膛、轴孔组成。手推石磨的磨盘由石头凿制而成，由上下两扇组成，直径30厘米，上扇高11厘米，下扇高10厘米，上扇外沿一侧突出7厘米，高5厘米，上设一孔，用来插入磨柄，手柄高18厘米，直径为3.5厘米，上扇同时设有一直径为3.5厘米的磨眼，用来添加粮食，两扇之间设有磨齿，磨齿为米字形排列，每扇磨齿分8组，每组磨齿由长及短，上下磨齿排列相同。安装后上下扇磨齿长短的排列方向则刚好相反，以将粮食磨碎。磨脐为铁质，通过轴孔将上扇、下扇、木凳连接，同时上扇可以绕轴转动。木凳长140厘米，高26厘米，木凳上设两挡板，以防粮食散落太远。在使用的时候需两人各坐一侧，同时以一手握住磨柄并逆时针转动石磨，其中一人在转动同时不断向磨眼内添加粮食，木凳下放置一容器，盛放磨好的粮食。石磨的原理是通过磨眼进入磨膛的粮食，被相逆磨齿磨碎后从磨唇挤出，掉落在木凳下的容器。

哈尼族手推石磨造型精良，设计合理，巧妙地利用自身重力与杠杆的原理达到粉碎粮食的目的，且磨齿纹理整齐划一、疏密得当且方向相反，易将粮食磨碎。坐姿操作舒适方便，且磨盘尺寸较小，便于两个使用者通力协作。设挡板挡住散落粮食，卫生且减少浪费。长久以来，手推石磨在哈尼族农业生产及饮食发展史上发挥着极其重要的作用。

图片来源
图一 李安娜 摄影
图二至图四 林艳艳 制图
图五、图七 李安娜 制图
图六 温清格 制图

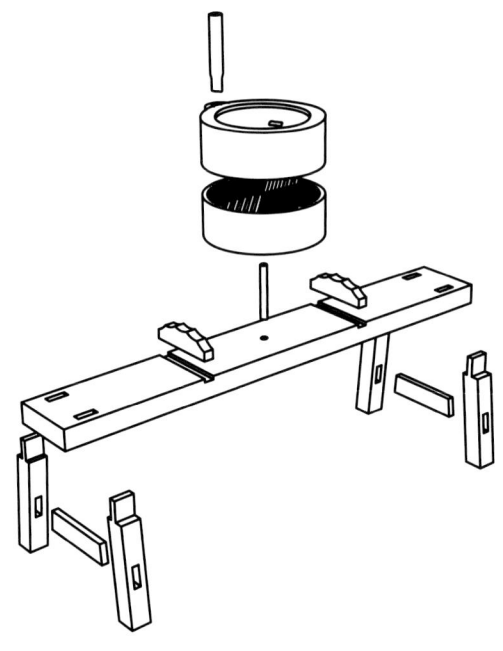

图二　哈尼族手推石磨解析图

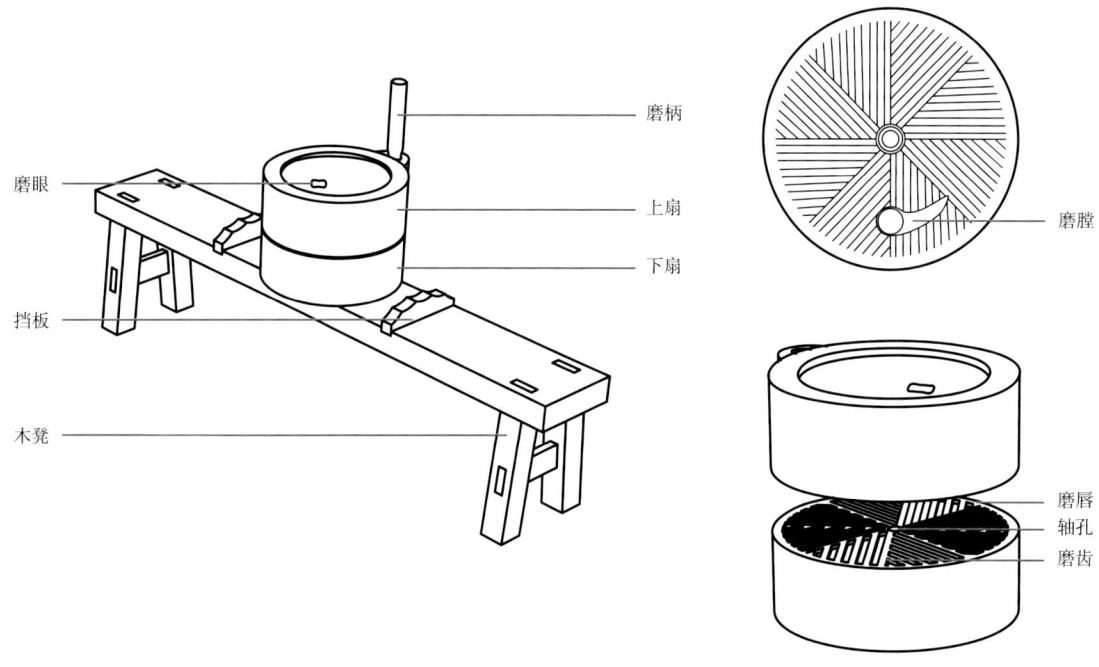

图三　那诺乡哈尼族手推石磨结构名称图

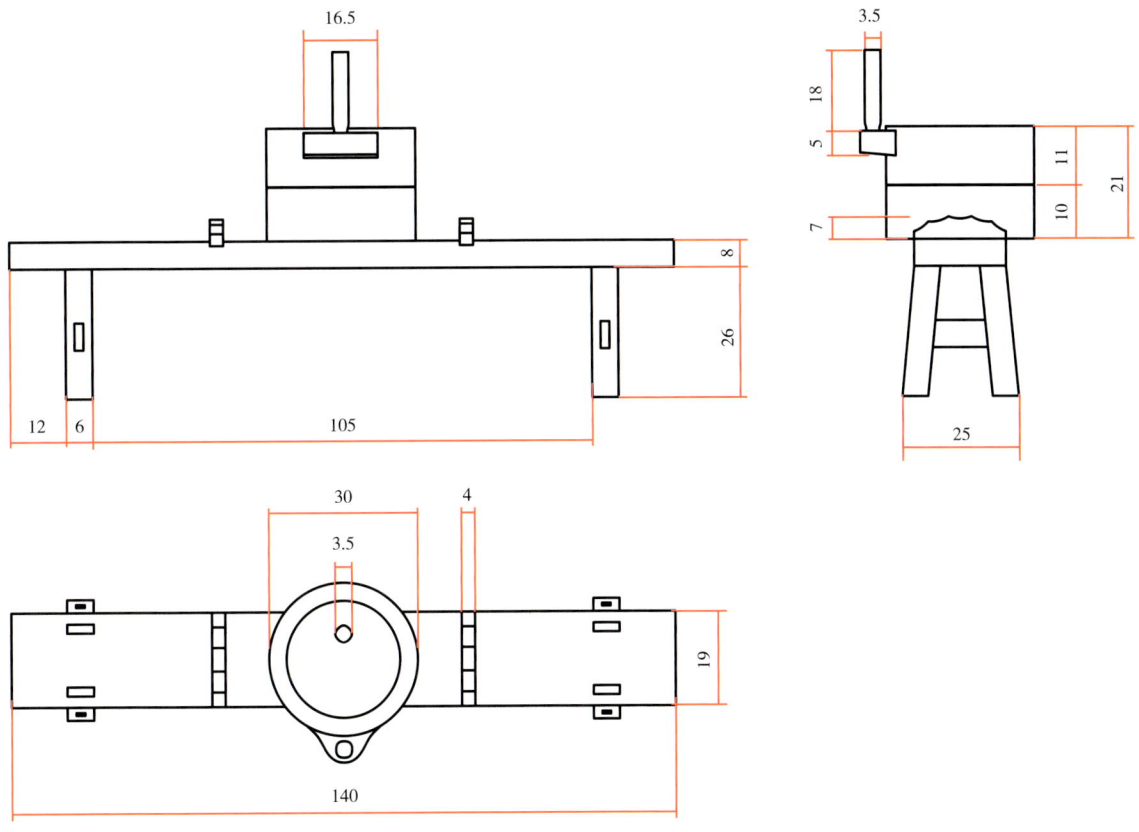

图四 哈尼族手推石磨尺寸图（单位：cm）

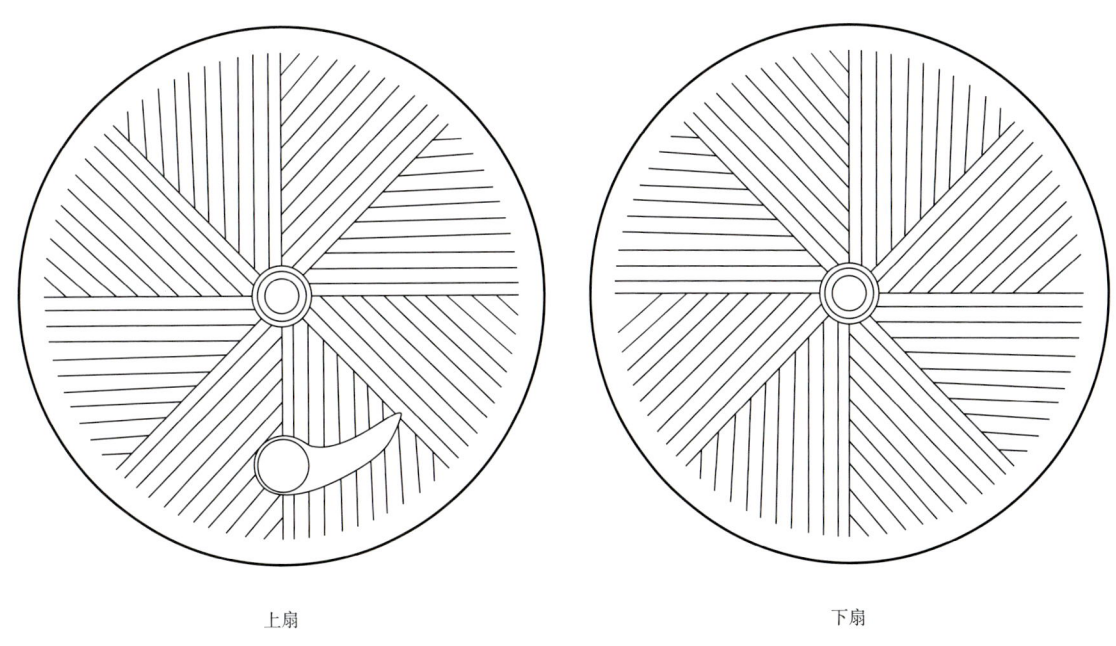

上扇　　　　　　　　　　　　下扇

图五 哈尼族手失推石磨磨齿示意图

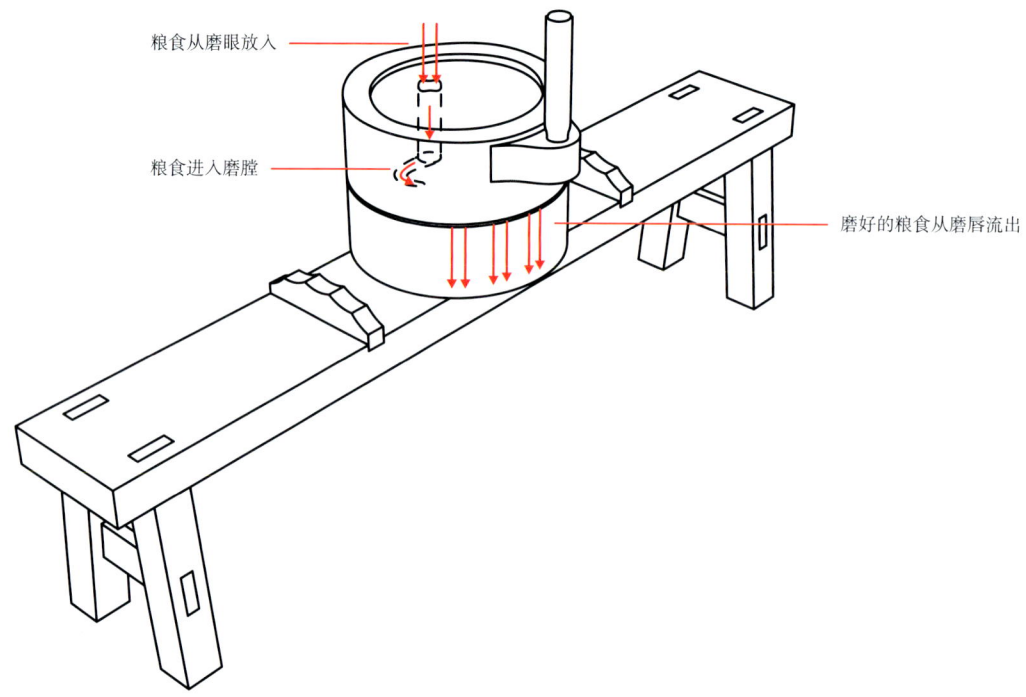

图六 哈尼族手推石磨工作原理分析图

粮食从磨眼放入
粮食进入磨膛
磨好的粮食从磨唇流出

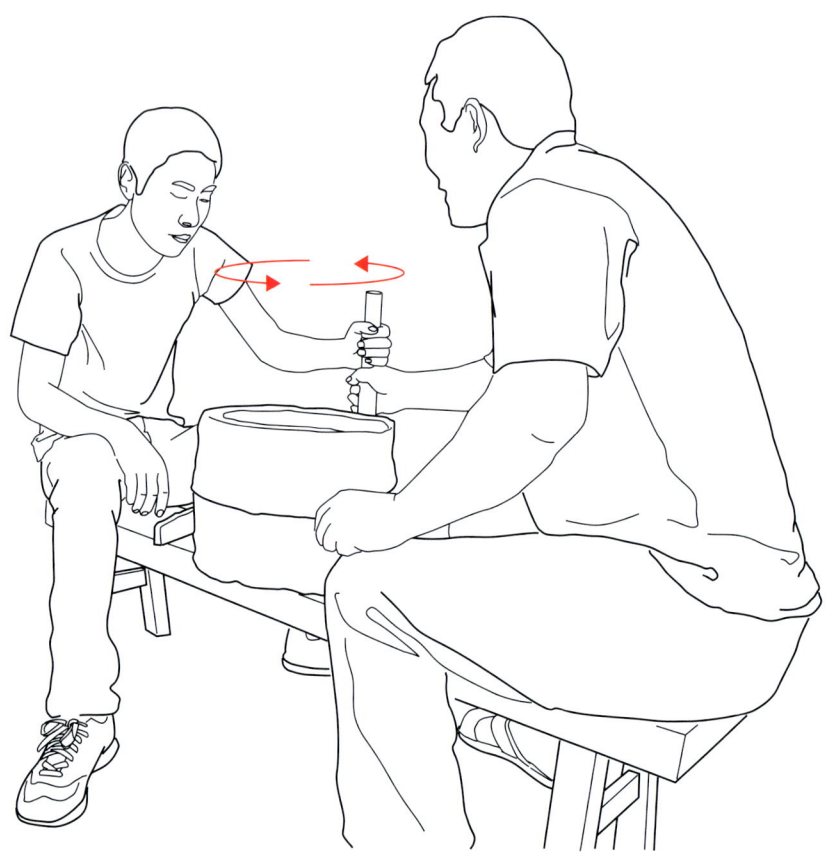

图七 哈尼族手推石磨操作示意图

哈尼族脚碓

图一　哈尼族脚碓主图

本案例为云南省玉溪市元江县那诺乡哈尼族脚碓，长216厘米，宽146厘米，高108厘米。脚碓，因其使用时与脚结合而得名，为粮食加工工具。桓谭的《桓子新论》中有关于对碓的最早记载："宓牺之制杵舂，万民以济，及后人加巧，因延力借身重以践碓，而利十倍杵舂。"。

本案例中的脚碓以木材为原材料，由碓架、碓梁、碓、杵、扶手、脚踏板、碓头、碓窝组成，碓窝一般由石头制成。整个脚碓的基座由碓架及碓梁两部分组成。碓架由两个Y字形一高一低的木头组成，靠近脚踏板一边较高，为108厘米，为使用脚碓时的扶手，另一端较低，为44厘米。碓梁长146厘米，中间粗，两头细，架于两碓架之间。碓与碓梁呈十字形榫卯相接，卯眼处加塞木棒以固定。距碓头顶端16厘米处的卯眼，长20厘米，宽16厘米。杵长53厘米，宽22厘米，上端与碓头榫卯相接。杵头下方设一碓窝，用于放置粮食。碓尾处为脚踏板，长48厘米，宽22.5厘米，厚7厘米，同时作为榫头穿过碓梁。由于杵的高度高于碓梁被架起的高度，脚踏板正下方的地面上需设一坑，踩动脚踏板时杵才能被扬起一定高度。脚碓在使用时常常需两人共同完成，一人一脚站在脚踩板旁的石块上，一脚放在脚踩板上进行踩踏，让碓嘴高高扬起后重重地砸进碓窝；另一人负责在碓窝旁搅动谷物，使得谷物被砸的均匀。也可两人同时负责踩踏，其中一人通过把勾搅动谷物或将砸出碓窝的粮食重新收入。脚踩板与碓嘴交错上下摆动，如此反复起落，碓窝中的谷物逐渐成为所需要的食物材料。脚碓应用了费力杠杆的原理，以支点为界，碓的长度远长于脚踏板的长度，操持者不用将脚踏板踩出很大落差，便能将杵高高扬起，虽然这种杠杆原理较为费力，但它也同时增大了杵砸下时的力量，达到舂食物的目的。脚踏板下所设一坑刚好弥补了费力杠杆费力的缺陷，使操持者能够充分利用自身重力踩下脚踏板。

脚碓由杵臼发展而来，但相对于杵臼，脚碓利用杠杆以及力学原理，大大提高了生产效率，具有较强的实用性。碓历史悠久，造型简单巧妙，以最简单耐用的方式成为哈尼族人不可或缺的生活用具。

图片来源

图一、图八　白建雄　摄影
图二至图五　林艳艳　制图
图六　李安娜　制图
图七　温清格　制图

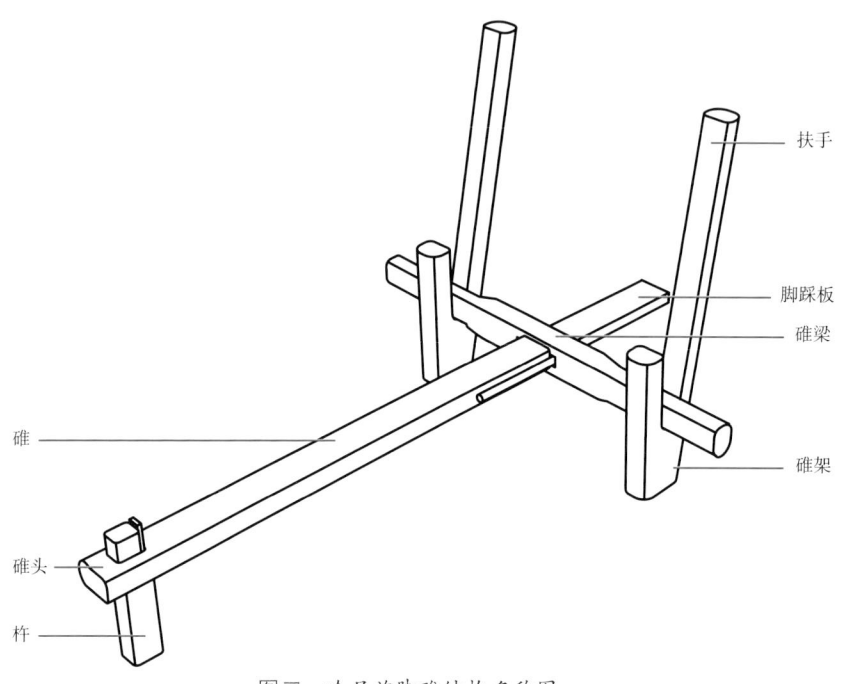

图二　哈尼族脚碓结构名称图

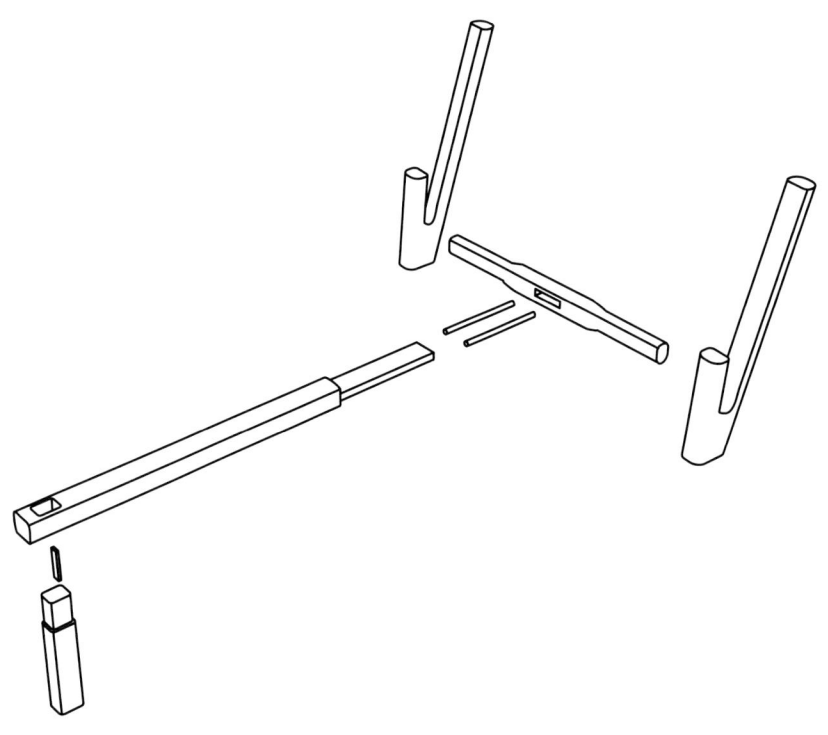

图三　哈尼族脚碓解析图

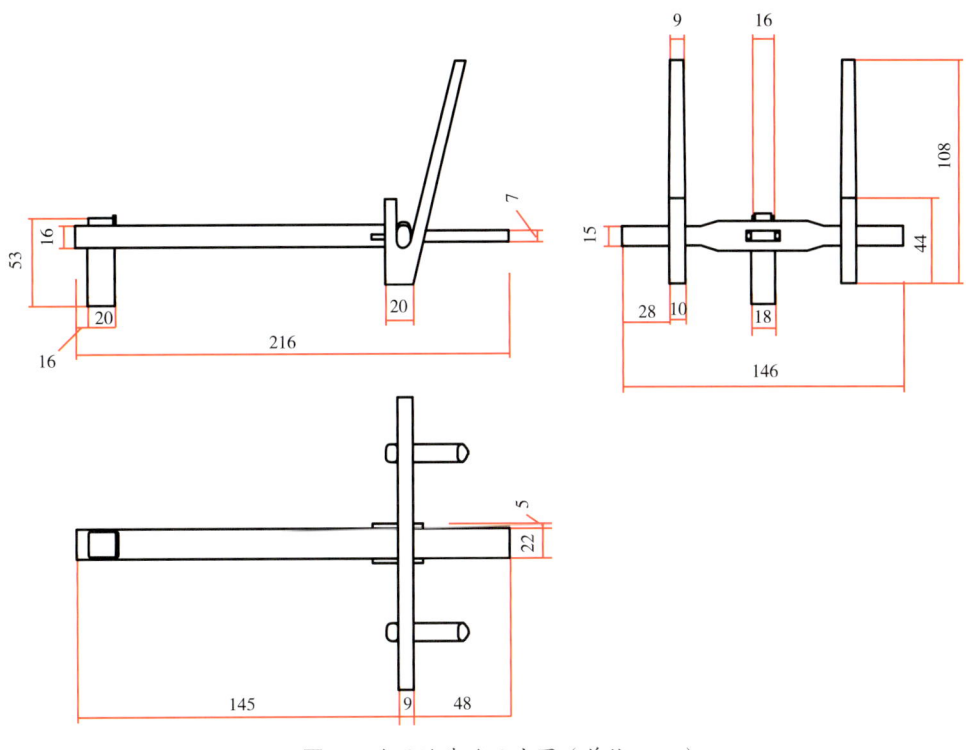

图四　哈尼族脚碓尺寸图（单位：cm）

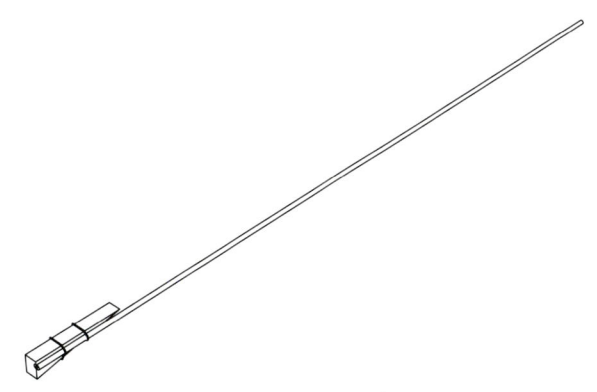

图五　哈尼族把勾

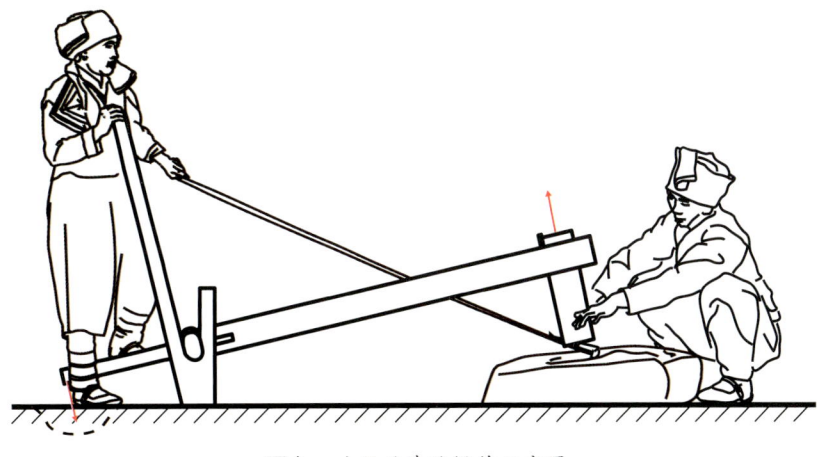

图六　哈尼族脚碓操作示意图

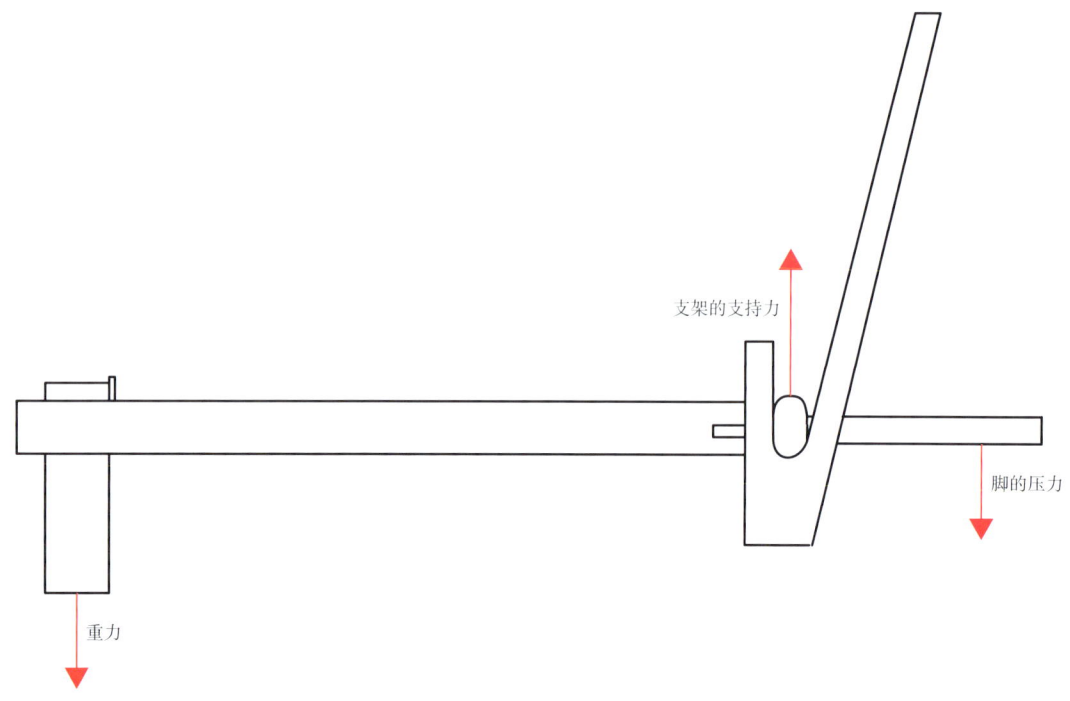

图七　哈尼族脚碓力学分析图

图八　哈尼族脚碓使用情境图

哈尼族水碓

图一 哈尼族水碓主图（模型图）

本案例为云南省红河州元阳县箐口村水碓，整体长239.8厘米，高32厘米，其模型藏于红河州博物馆。水碓是利用水能进行谷物脱壳的粮食加工工具。据文献记载，汉代就已经开始使用水碓，后流传至滇南，成为哈尼族加工粮食的主要农具。王祯《农书》中提及水碓为"碓梢作槽受水，以为舂也。"清代陈梦雷描述水碓："凡水碓，山国之人，居河滨者之所为也，攻稻之法，省人力十倍。"

水碓由碓体与引水竹槽组成。碓体整体为一根长方形木柱，由水槽、碓身、碓杆、碓窝、V形支架共同组成。碓尾较大，凿出长72厘米、宽20厘米、深20厘米的水槽，水槽尾端下方为弧形。碓杆为木质，呈圆柱形，长43厘米，直径14厘米。碓窝由石头凿制，窝口为圆形，直径32厘米，向内纵深38厘米。水碓利用水力舂击的方法：水流通过竹槽流到碓尾水槽内，积累到两端的平衡被打破，水槽被水的重力压低，而碓头则被高高抬起，由于失衡与碓尾下方的弧形设计，水槽内的水迅速从碓尾流出，碓尾突然失去水的重力，使得碓杵具有强大的力量冲击碓窝，而后水槽又会重新积水达到一定程度，引起第二次撞击，周而复始，以达到脱壳的目的。

水碓造型比例适宜、设计巧妙，碓尾浑厚，碓身纤长，不仅充分利用杠杆、重力等力学原理同时也有效利用了水源作为动力，最大限度地提高工作效率。水碓作为哈尼族农耕文化的标志被永久的保留下来，并建立有水碓房，不仅承载哈尼族农耕历史，同时也是传统文化的象征，是集哈尼族传统生存方式与特色艺术审美于一体的传统农具。

图片来源
图一 李安娜 摄影
图二 〔元〕王祯. 农书（卷七）. 明嘉靖九年山东布政司刊本：17.
图三至图五 李安娜 制图

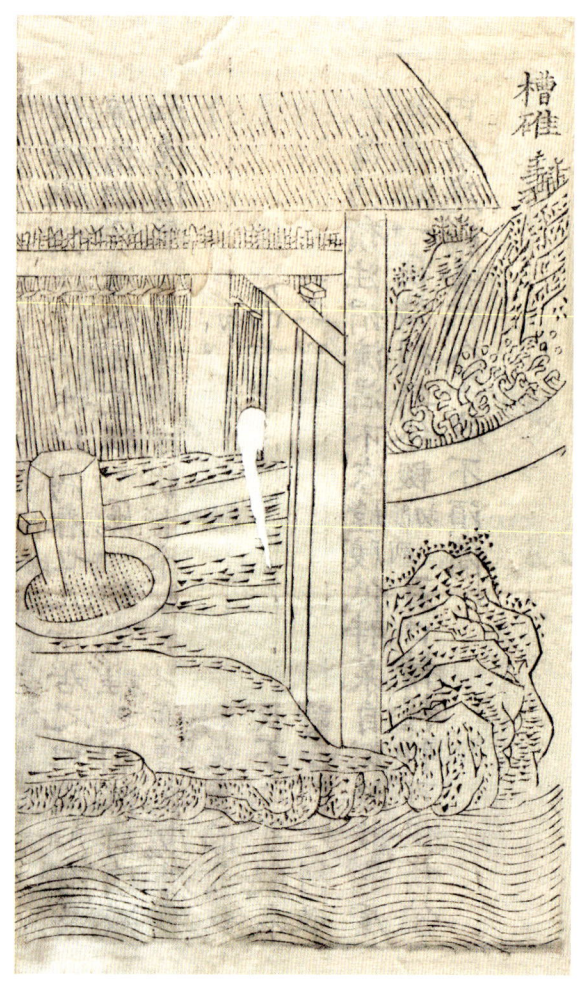

图二 《农书》中的槽碓

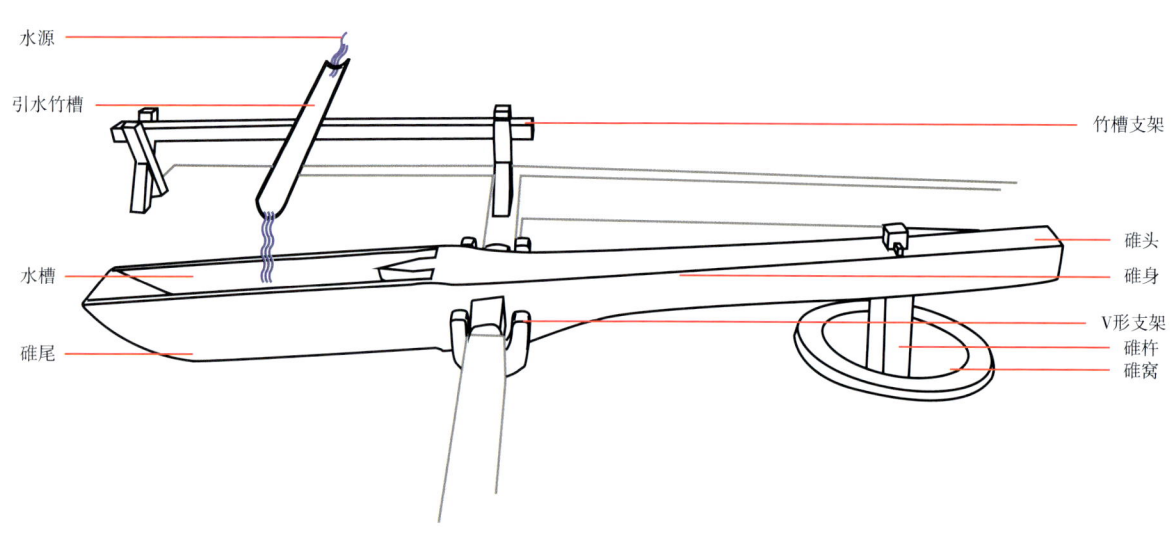

图三 哈尼族水碓结构名称图

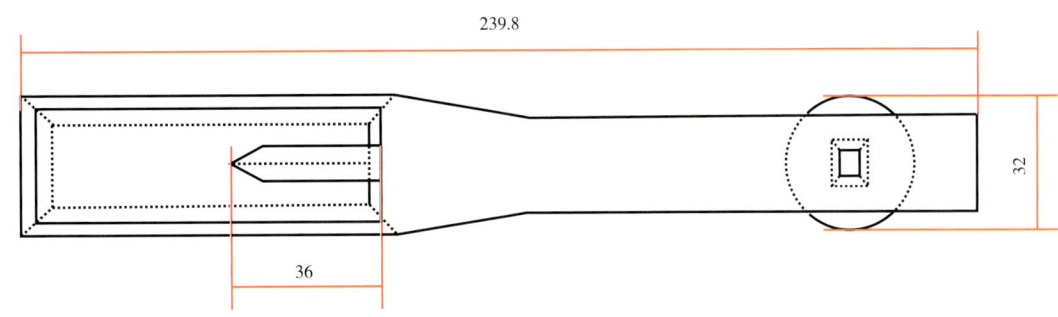
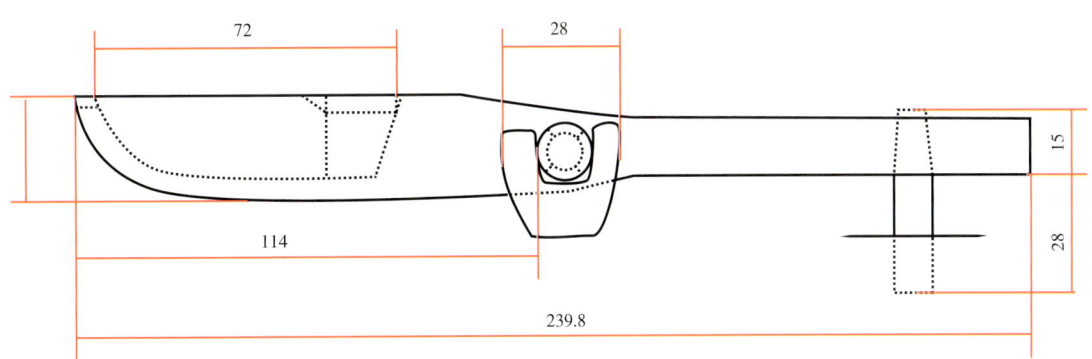

图四 哈尼族水碓尺寸图（单位：cm）

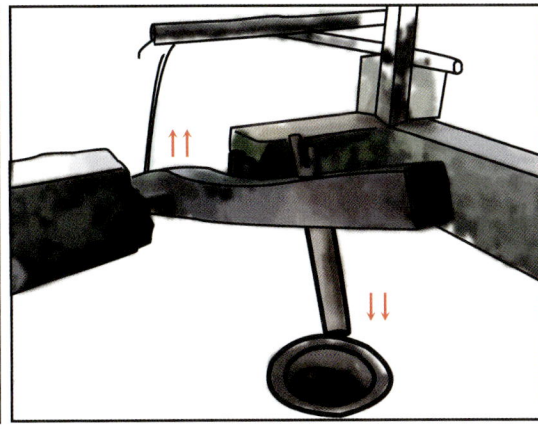

1．水槽的一头是和舂米的工具连着的，引来山泉倒向这个水槽，水够多够重后，水槽就会向下倾泻

2．水槽向下倾斜后，带动舂米的工具翘起，水槽泻完水后恢复平衡，舂米的工具又得落下，正好舂米

图五 哈尼族水碓操作分析图

哈尼族水磨

图一 哈尼族水磨主图（模型图）

本案例为云南省红河州元阳县箐口村水磨，通长348厘米，其模型藏于红河州博物馆，按与实物1∶3的比例大小进行仿制。水磨，一种利用水能将米、麦、豆类等作物加工成粉、浆的工具。水磨起源于晋代，后流入滇南，成为哈尼族加工粮食的主要农具。关于水磨的记载颇多，王祯《农书》中对水磨有十分详细的绘制。本案例所述原型来自箐口哈尼族民俗文化生态旅游村。

水磨是由水车、引水竹槽、磨盘、磨扇、卧轮等部分组成。水磨因需利用水力，因此一般建在邻水流大的沟边或水位落差较大的地方，水车因受水力而建于水磨房外侧。本案例水车车板上装有车叶。引水竹槽上宽下窄，使水流出时更具冲击力，水由高处流下冲击车叶，从而推动水车转动。水磨房内的装置为上下结构，下部安置卧轮，直径为210厘米，上部安置磨扇、磨盘，下扇与上磨盘相连。卧轮与石磨通过立轴相连。当水车转动时，带动轮轴的转动，从而带动卧轮以及石磨上扇转动，从而达到粉碎的目的。

哈尼族水磨设计巧妙造，同时也有效地利用了水源作为动力，最大限度地提高工作效率。哈尼族水磨不仅满足了人们生产生活的基本需求，同时也具备美学与科学的双重特征，在哈尼族农业生产及饮食发展上起到了极其重要的作用。因此水磨作为哈尼族农耕文化的标志被永久的保留下来，并建立有水磨房，不仅承载哈尼族农耕历史，同时也是传统文化的象征，因此水磨成为集生存方式与艺术审美于一体的民族符号之一。

图片来源
图一 李安娜 摄影
图二 〔元〕王祯. 农书（卷七）. 明嘉靖九年山东布政司刊本：7.
图三至图五 李安娜 制图

图二 《农书》中的水磨

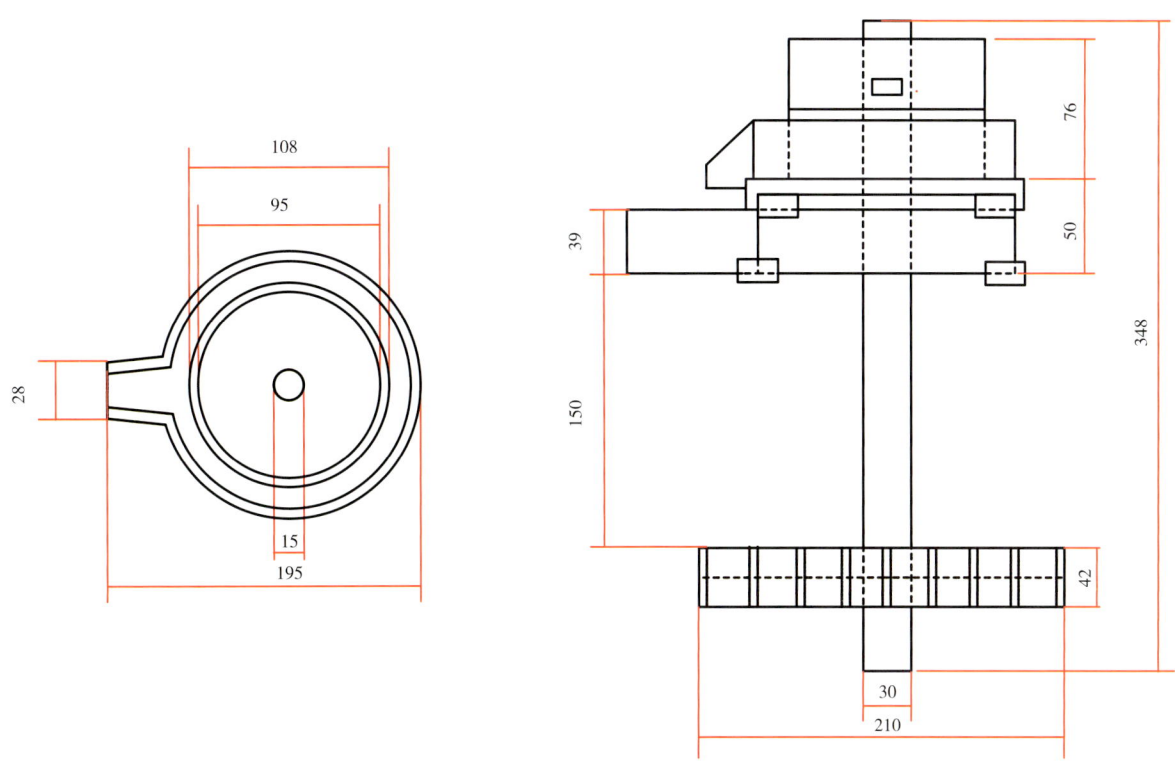

图四 哈尼族水磨尺寸图（单位：cm）

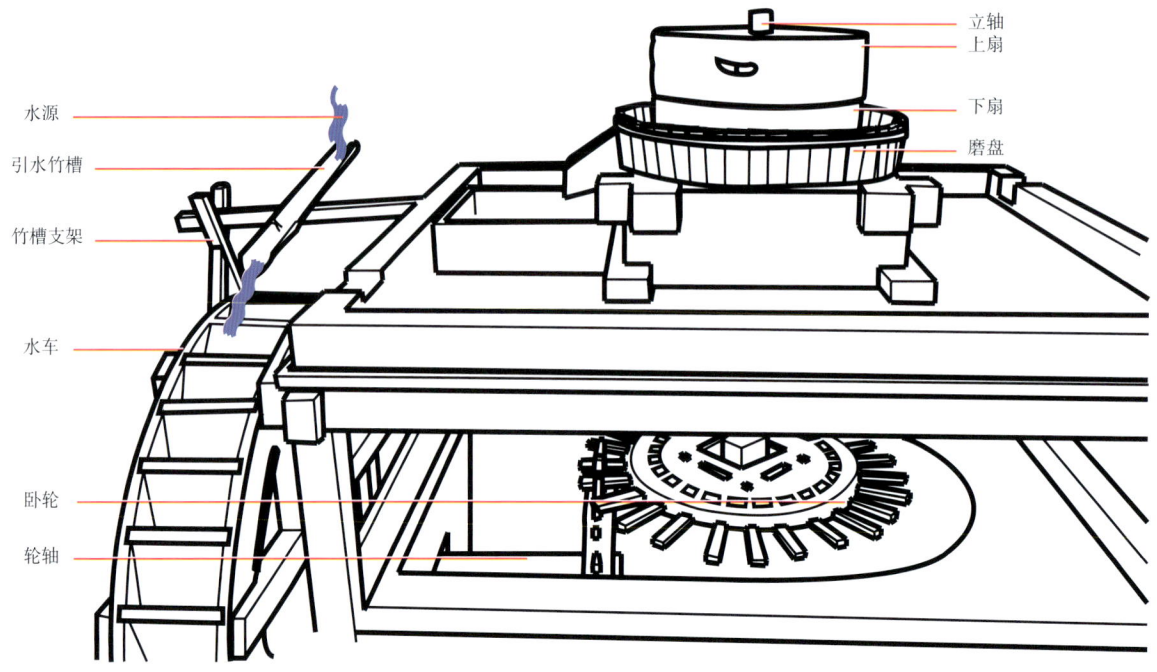

图三 哈尼族水磨结构名称图

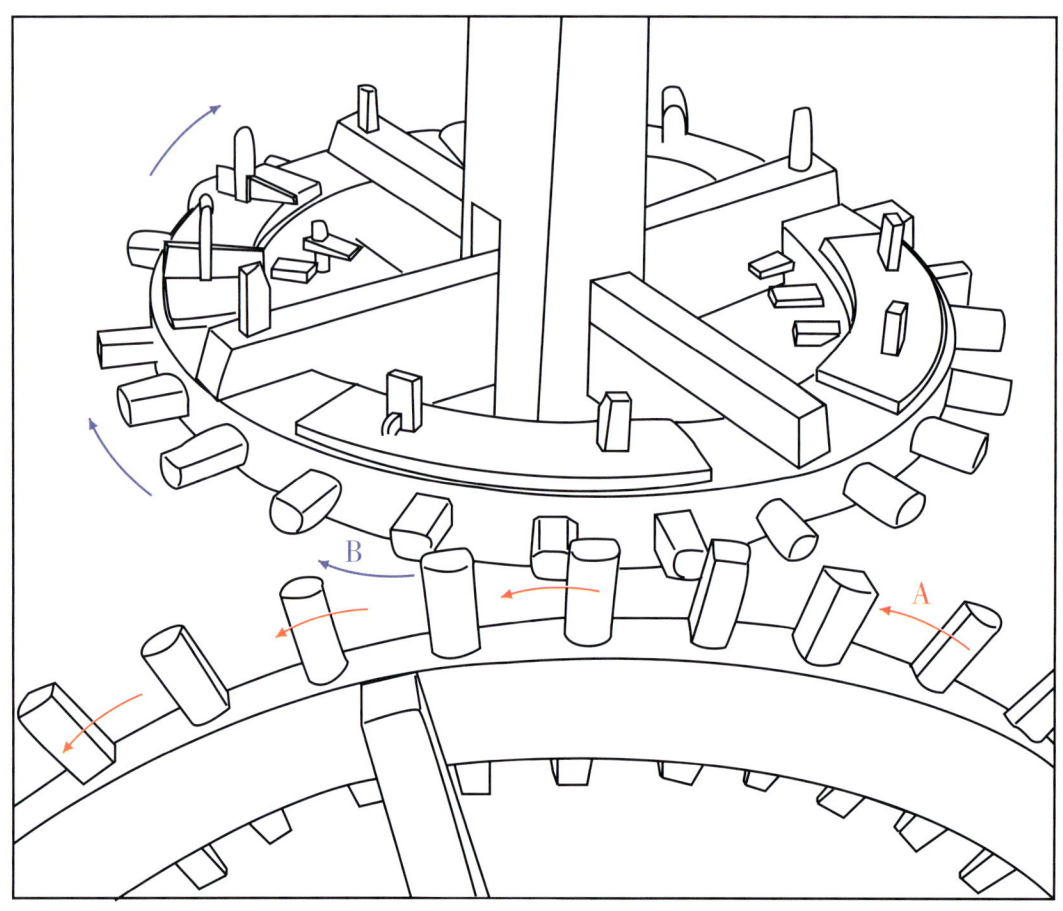

图五 哈尼族水磨动力分析图

哈尼族锯

图一 哈尼族锯主图

本案例为云南省红河州绿春县锯，长84厘米，宽36.9厘米。锯为哈尼族传统工具，借助锯齿所产生作用，从而把木材进行分割的原始工具。春秋时期就已使用，逐渐传入云南。本案例中哈尼族锯与《农书》中所绘锯形制基本一致。

本案例所分析的这件哈尼族锯由直木加工制成，由锯梁、锯条、锯拐、摽绳、摽棍等结构组成。锯梁为整体支撑构架，锯拐与锯梁形成工字形结构，同时手握之处呈弯曲状态。锯拐两侧分别安装锯条、摽绳。锯条的制作较为讲究：呈角形，一条边以90度角切入，另一条以60度切入，并将齿形拨成偏左或偏右方向。锯条与锯架呈45度角，用摽棍将摽绳绞紧后，将锯条绷直拉紧方可进行锯木操作。

锯的历史悠久，经过几千年的发展演变，其外形简单质朴且科学。在外框正字形结构的基础上，充分利用材料的性能。利用棕绳的弹性调节松紧程度，通过杠杆原理使棕绳绞的越紧，锯条越能保持加工所需要硬度。锯齿采用金属的材料，折线形结构在操作时以小力发大力，以少力得到大的效率。

哈尼族锯具备了美学与科学的双重特征，成为哈尼族经常使用的工具之一。

图片来源
图一 顾怀灏 摄影
图二 〔元〕王祯. 农书（卷二）. 明嘉靖九年山东布政司刊本：75.
图三至图五 顾怀灏 制图

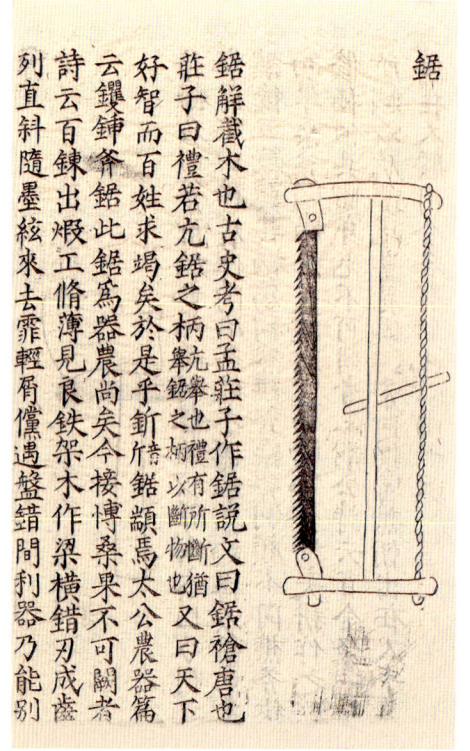

图二 《农书》中的锯

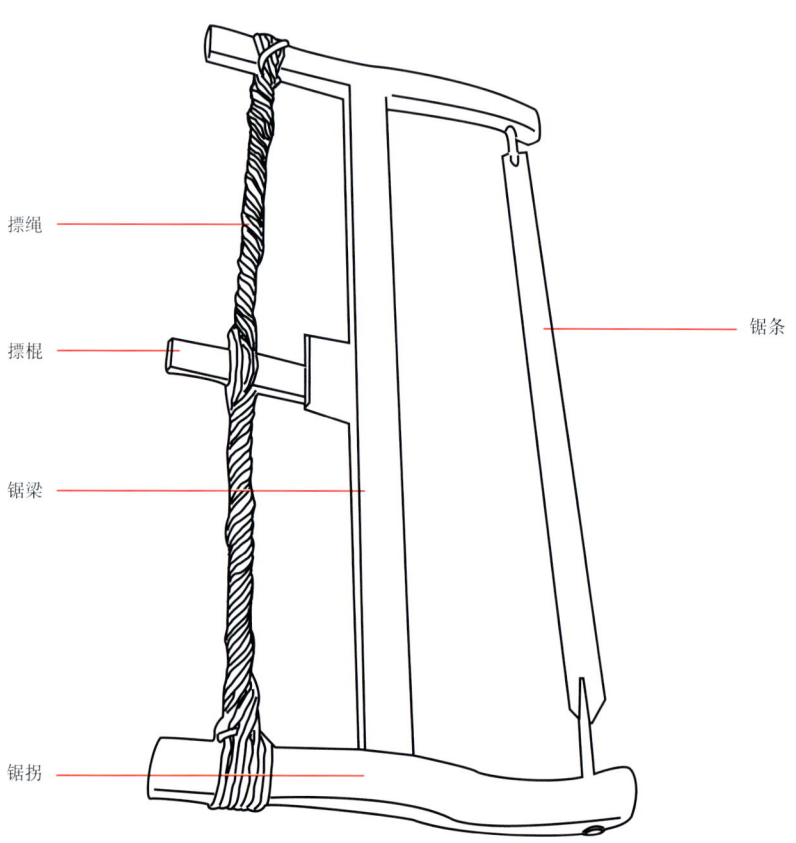

图三 哈尼族锯结构名称图

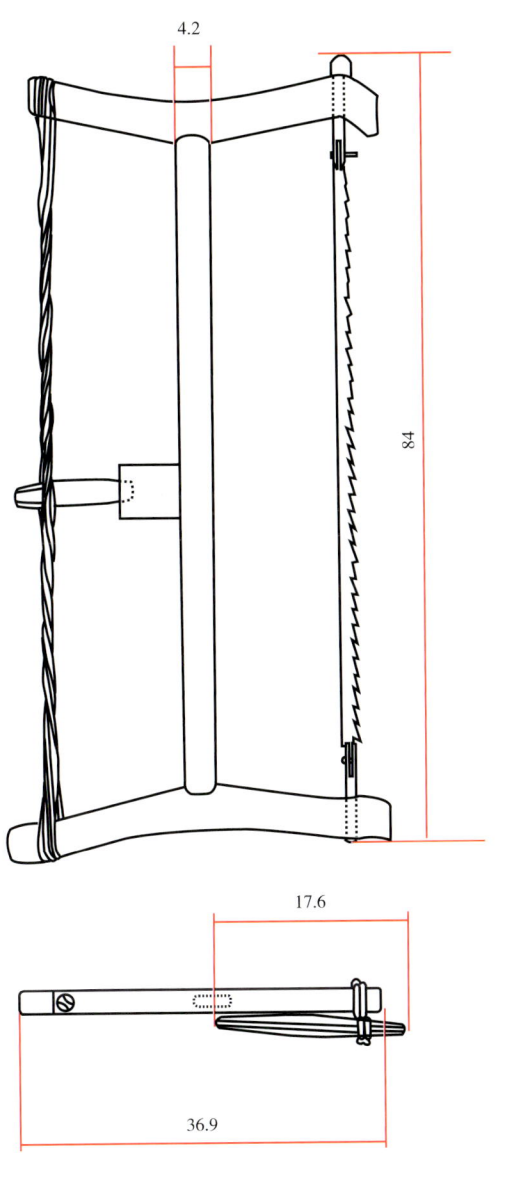

图四 哈尼族锯尺寸图(单位:cm)

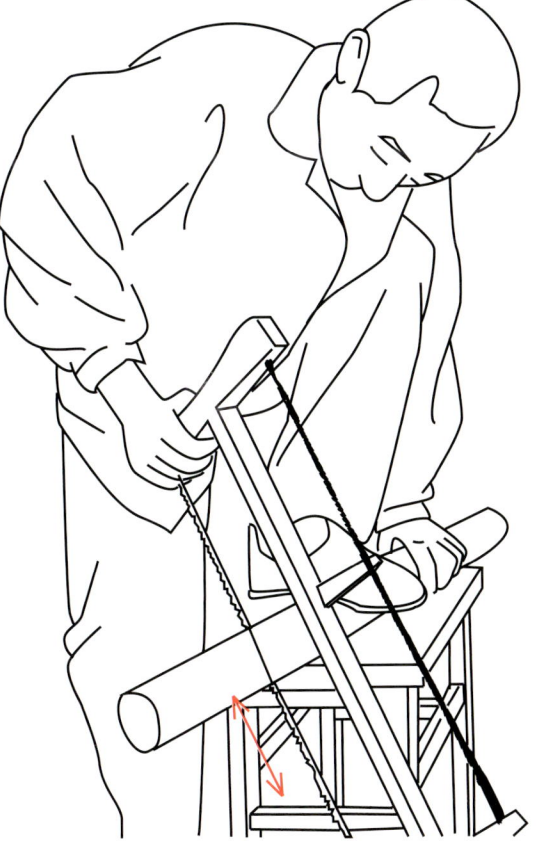

图五 哈尼族锯使用情境图

第五章 哈尼族传统生产工具

345

哈尼族弓

图一 哈尼族弓主图

本案例为云南省红河州绿春县哈尼族弓，长70厘米。弓，历史悠久，与箭配合使用，最早可以追溯至旧石器时代，哈尼族传统狩猎用具之一，与箭配合使用，曾流行于云南省红河州各县。

弓由两部分构成，分为弓臂和弓弦。在制作时，弓臂的选材至关重要，常需要韧性较高的竹子。将竹子剖开后，取约3.5厘米的中心为重点，向两端依次逐渐削窄，呈尖锐菱形，并在两端2厘米处刻出凹口，作为固定弓弦的位置。裁割好的弓臂需将用力弯曲，使其形成一个竹皮面在外的圆弧形，并进行烘烤、加热定形后即可。弓弦由藤条制成，需将藤条通过数次扭转后成为弓弦，并固定在弓臂的凹口中。现如今哈尼族人常在农闲时进行狩猎，狩猎者一手持握弓臂，一手将箭置于弓弦上，并用拇指、食指向后拉弓，箭随弓的弹力射出，一般可以射150~200米远。

绿春县哈尼族弓的造型比例合理，集直线与曲线为一体，同时在静置时弓臂与弓弦所形成的视觉框架，具有稳定且富有变化的比例。同时不仅材料因地制宜，背后也蕴含了"弹力"的力学原理，使得竹材被隐藏的力充分发挥。弓箭的使用，为当地提供了肉食的技术工具保障，标志着哈尼族人智慧的发展，对哈尼族的历史发展也起了至关重要的作用。

图片来源

图一、图六　顾怀灏　摄影
图二至图四　顾怀灏　制图
图五　温清格　制图

图二 哈尼族弓结构名称图

图三 哈尼族弓尺寸图（单位：cm）

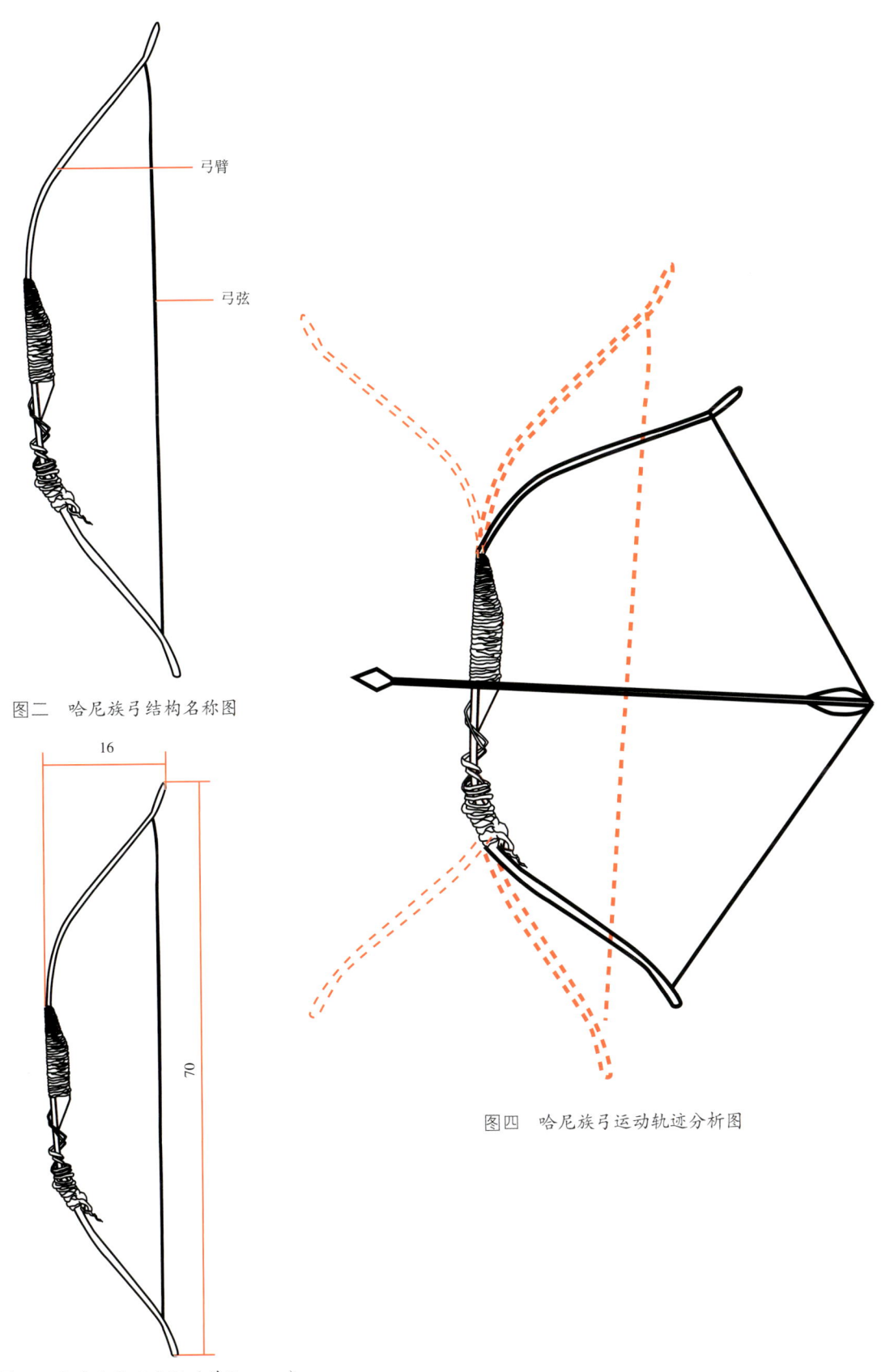

图四 哈尼族弓运动轨迹分析图

图六 哈尼族其他造型的弓

图五 哈尼族弓使用情境图

图六 哈尼族其他造型的弓

第六章 哈尼族传统手工艺

哈尼族僾尼支系树皮衣

本案例为云南省西双版纳州哈尼族僾尼支系箭毒木树皮衣。树皮衣约有1000年历史，古代哈尼族先民白天将树皮衣穿在身上，晚上外宿可做铺盖以御寒。图一为哈尼族僾尼支系树皮衣，这套树皮由翻边小圆帽、宽筒状衣裤与麻织镂空网状长方形挎包组成。

树皮衣的原料取材于一种叫"明迪莎贺"的桑科类树木，汉语称"箭毒木"。树的汁液含有剧毒又被称为"见血封喉"，学名"Antiaris toxicaria Lesch."，生长于热带、亚热带林区，主要分布于云南南部。制作树皮衣常选择笔直、少枝丫和节疤、表面光滑且直径约30～80厘米的树。制作做步骤为：①剥皮，取长度适宜的一段树干，用类似于锄的工具将完整的箭毒木树皮从树干上褪下；②洗涤，将褪下的箭毒木树皮放于清水中浸泡约一个月，并用木棍或木板反复敲打，其标准首先是将树皮中含有剧毒的汁液敲打出来，其次是使树皮松软至绒状；③晾晒，晒干后的树皮松软且细腻轻盈；④成衣，使用竹针、麻线或者芭蕉树皮搓成的线进行缝制。树皮衣的材质韧性强、不易断裂，但经过加工后的树皮松软有度，较为舒适，且在蔽体的基础上具有保暖、防潮、防蚊虫的功能。

树皮衣历史久远且外形简单粗犷，但并不代表野蛮落后，反而体现了社会文明进步。树皮衣在人类学及文化史上的特殊地位是不可取代的，再现了远古的服饰文化。其

图一　哈尼族僾尼支系树皮衣主图

制作手法在传统的基础上给予适当发展，并且在使用性上适应了哈尼族狩猎与农事生产中在外宿的需要。

图片来源

图一　宁夏博物馆，云南民族博物馆. 云岭飞歌——云南少数民族文物辑萃. 北京：文物出版社，2011：14.

图二　韦荣慧. 中国少数民族服饰图典. 北京：中国纺织出版社，2013：86.

图三　樊振杰　制图

图二　哈尼族其他形制树皮衣

1. 剥树皮　　2. 洗树皮　　3. 晒树皮　　4. 成衣

图三　哈尼族僾尼支系树皮衣工艺分析图

哈尼族传统手摇纺车

图一　哈尼族手摇纺车主图

本案例为云南省红河州金平县哈尼族手摇纺车，长66厘米，宽65厘米。手摇纺车是用于纺纱的工具。哈尼族手摇纺车结构简单、外形小巧，造价低廉。手摇纺车分为立式和卧式两种。立式手摇纺车的需二人合作，卧式手摇纺车只需一人便可以完成工作，更适合农村家庭使用。

本案例由四部分组成：车架、锭子、绳轮和手摇柄。底座呈工字形，上横木长35厘米，下横木长65厘米且与地面成15度角倾斜。绳轮由辐条、绳子组成，每条辐条长20厘米，辐条置于轮轴两侧，由轮轴辐条架于两个立柱上，轮轴两侧辐条相距45厘米并以绳交叉相连，呈鼓状。手柄长9厘米。手摇纺车左边设有高20厘米的锭子。绳轮与锭子之间以纱线相连，纱线以柔软的特性保证了纱与其接触不会有磨损。转动手摇柄时，绳轮随手摇柄一起转动，从而带动锭子的转动以自动加捻。由于绳轮的直径是锭子直径的十几倍或更多，因此由绳轮转动的圈数可计算出锭子转动的圈数，锭子转动的圈数即加捻圈数。操持者需右手摇轮，左手扯引，由于操持者在扯引过程中并不能从始至终保证均匀用力，因此导致纺出来的线也有些粗细不匀。

手摇纺车以其简单的结构与之前的纺轮纺纱相比，在很大程度上提高了生产效率。使用这种纺车，还可以自动加捻，虽然还会出现粗细不匀的状况，但与过去相比已有很大改善。金平县哈尼族纺纱工具保持着最为传统的手摇纺车，但是随着时代变迁与科技的进步，这些手工纺织工艺也正在逐步流失，急需保护将之传承。

图片来源
图一至图六　顾怀灏　制图

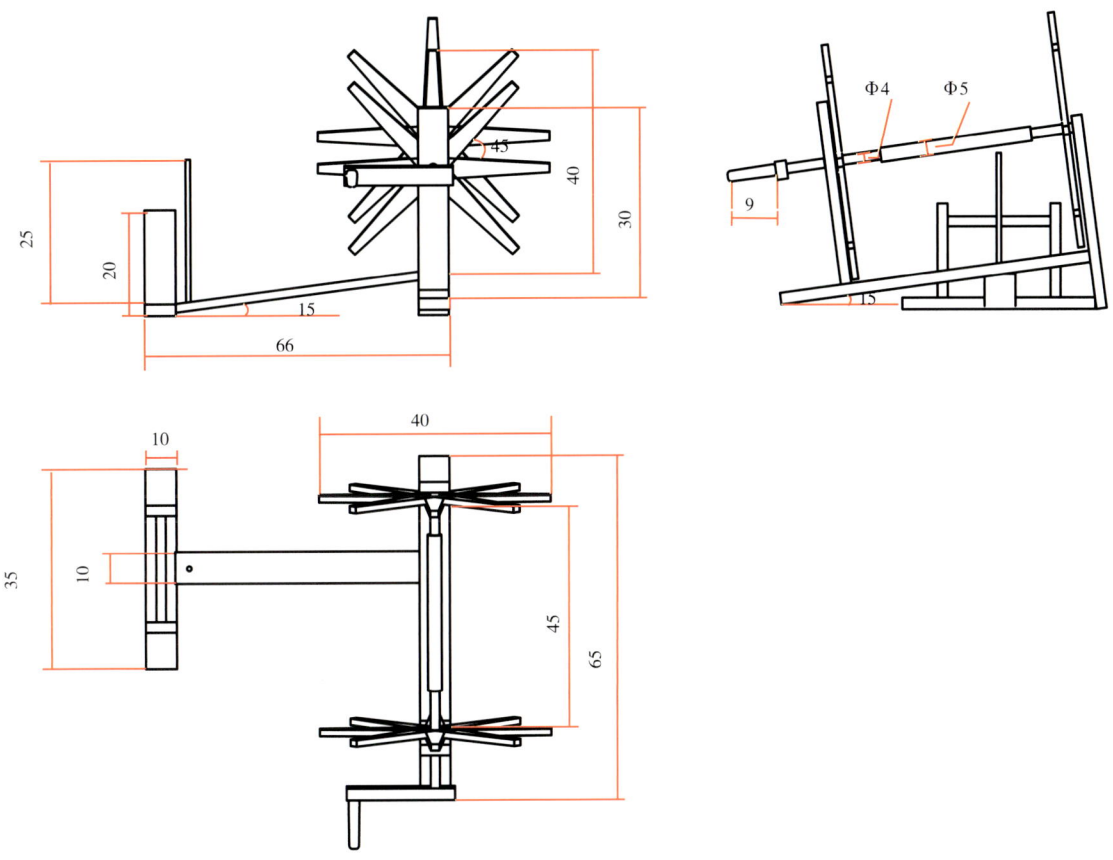

图二 哈尼族手摇纺车尺寸图（单位：cm）

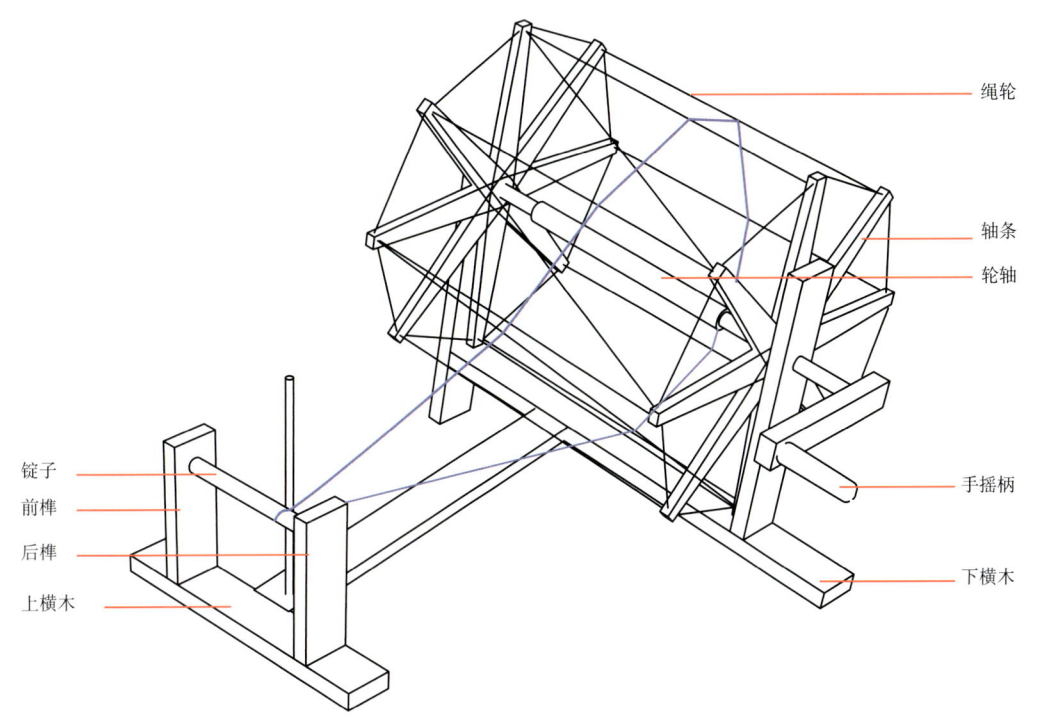

图三 哈尼族手摇纺车结构名称图

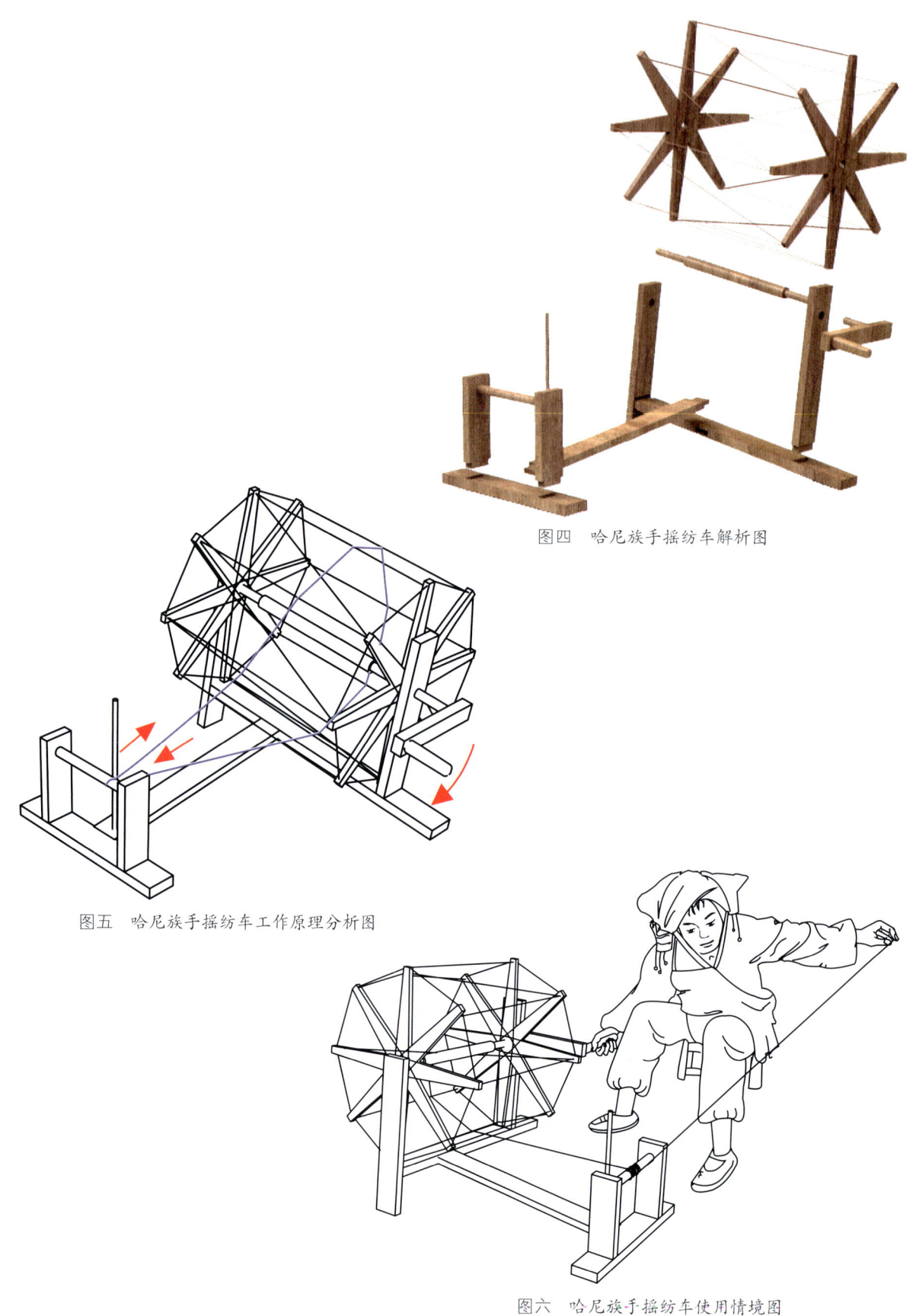

图四　哈尼族手摇纺车解析图

图五　哈尼族手摇纺车工作原理分析图

图六　哈尼族手摇纺车使用情境图

哈尼族木质斜织机

图一　哈尼族斜织机主图

本案例为云南省红河州金平县哈尼族斜织机，长190厘米，宽110厘米，通高180厘米，现藏于云南民族博物馆。斜织机是用于织布的一种工具。金平县哈尼族斜织机属于互动式踏板织机。斜织机是中国非常典型的织布机，目前在考古上发现的最早的关于斜织机的记载出现在汉代的画像砖上。

金平县哈尼族斜织机为木质，各部件榫卯相接。机身由机架和机台两部分组成，机台面又由斜平面和垂直于斜平面的立平面组成。操作斜织机共有六道工序：持经、开口、打纬、投梭、送经、卷取。投梭、送经、卷取需手动完成。斜织机根据踏板与综框的数量可得分为双蹑单综、单蹑单综、双蹑半综、双蹑双综四类，金平县哈尼族斜织机为双蹑双综式踏板斜织机，外形小巧，结构紧凑。利用杠杆原理，由两踏杆控制两片板的提升，操作时，操持者需坐于机上，用脚踩踏板时使与其相连的综片下降，则上层经纱被下压，同时另一综片被提升使下层经纱被提起，两层经纱形成一个梭口，以织平纹。

斜织机的出现大大提高了织布的生产效率与生产质量，坐于机内操作，为操持着提供了更为舒适的劳作环境，同时还可以随时清晰的检查开口后经线的状况，更重要的是斜织机踏板梯总的装置使操作者可手脚分工并用，这在根本上极大地提高了织布的生产效率。

图片来源
图一　崔进　制图
图二至图六　顾怀灏　制图

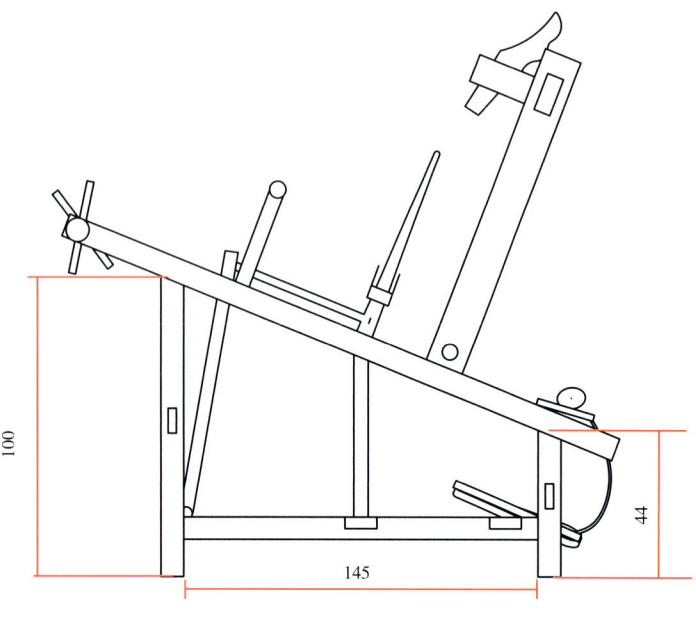
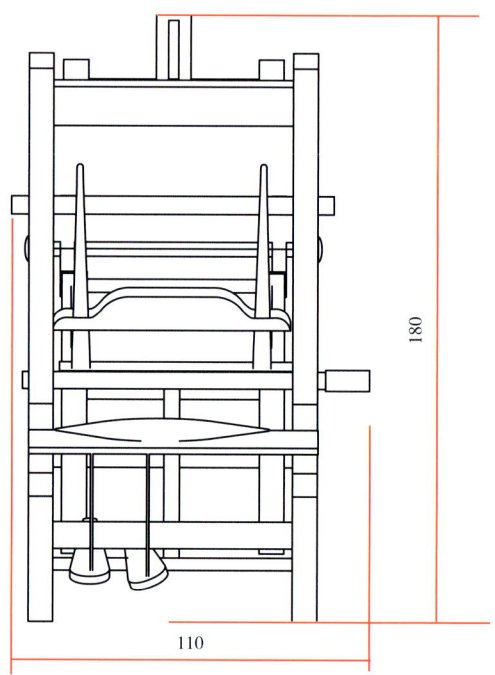
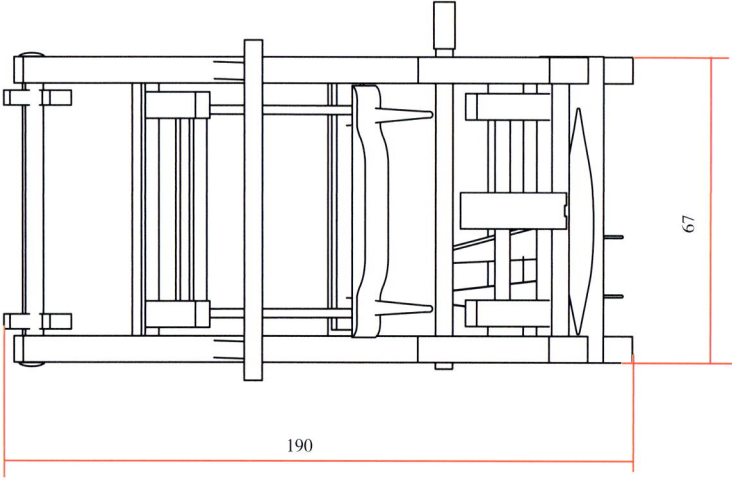

图二 哈尼族斜织机尺寸图（单位：cm）

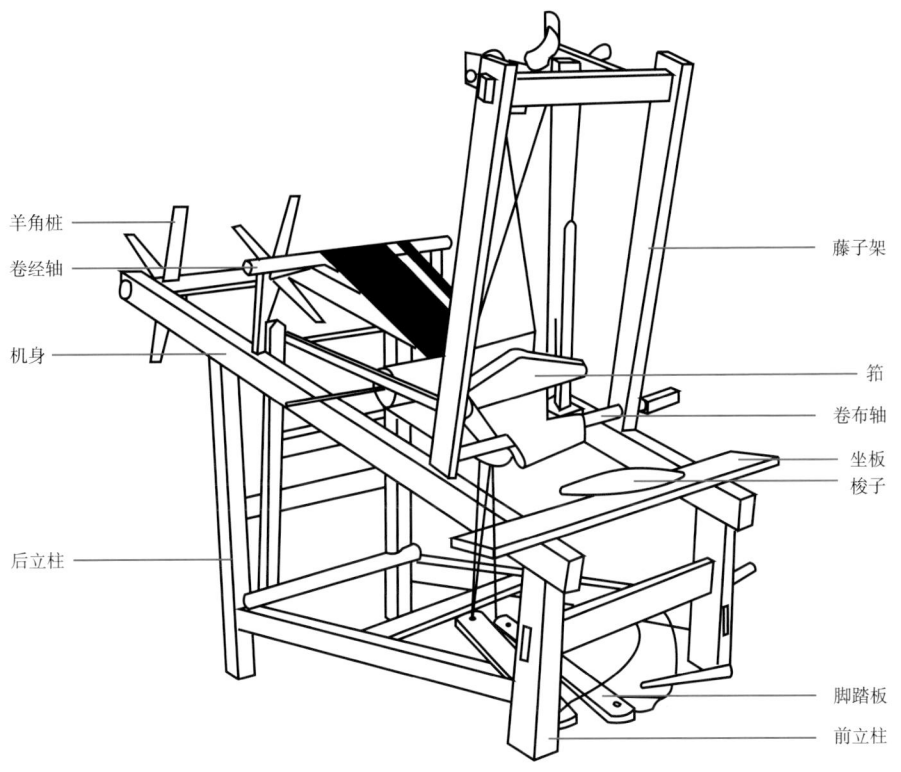

图三 哈尼族斜织机结构名称图

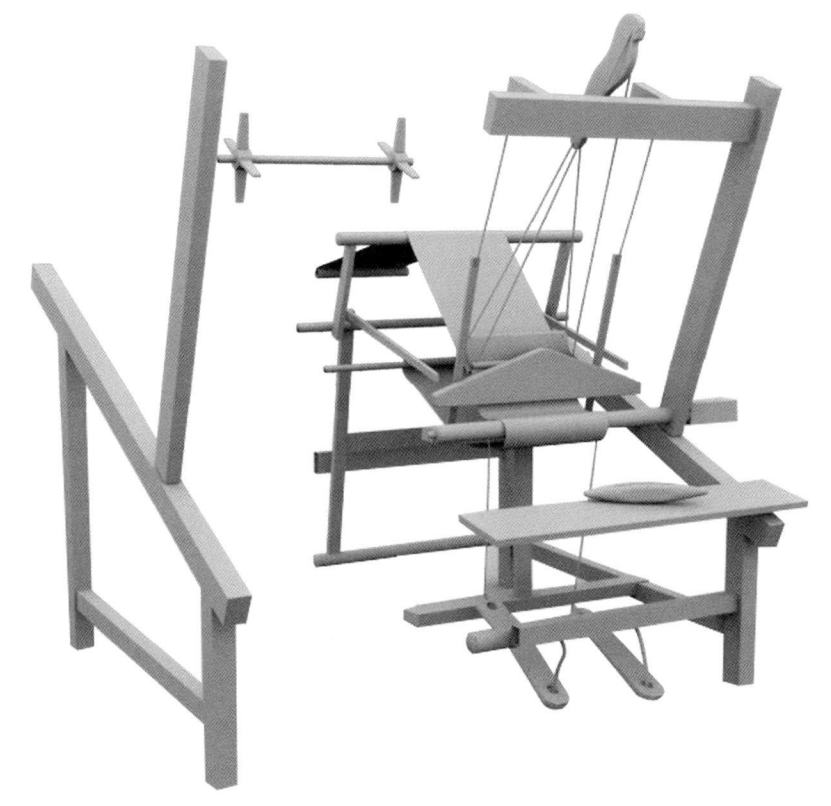

图四 哈尼族斜织机解析图

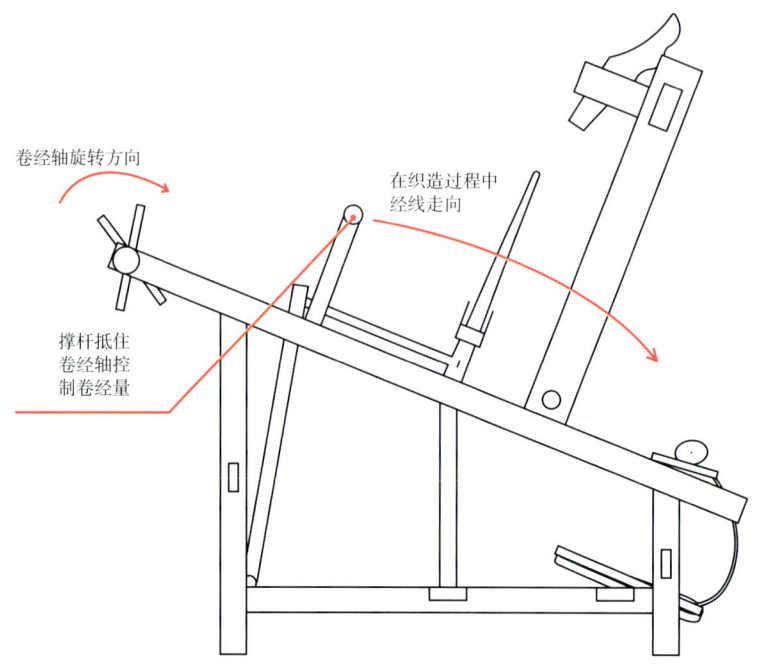

图五　哈尼族手摇纺车工作原理分析图

图六　哈尼族斜织机使用情境图

哈尼族架批

图一　哈尼族架批主图

本案例为云南省玉溪市元江县那诺乡塔朗村哈尼族架批，长264厘米。架批是每个哈尼族女子必备的腰饰。哈尼族服饰中刺绣所占比重并不大，腰饰是哈尼族服饰中刺绣体现最集中的部分。腰饰也是哈尼族服饰最复杂的部分。

本案例中的架批，主要由三部分构成：中间的主要装饰部分、绑带、绑带尾部的装饰部分。中间的主要装饰绣片长37厘米，宽3.6厘米，中间有长32厘米的棕色线缨穗为装饰。绑带与中间绣片相接的两端均有两个直径为1.7厘米的银扣并排装饰，银扣上以菱形花瓣为饰。绑带两尾部各有一总长为48厘米的绣片缨穗为装饰。架批整体主要以深棕色为底，以红色、白色、绿色、黄色、紫色彩线刺绣装饰，配以蓝色的绑带。本案例架批的刺绣手法主要以平绣、挑花绣为主。哈尼族刺绣中所表现出的图形都均有不同的象形含义，例如挑花绣所表现出的X形所表达的含义为太阳。佩戴架批时，主要装饰部分置于臀部，将绑带由后向前于腹部交叉，然后将绑带系于腰后，绑带尾端的装饰部分垂于臀部。

架批作为哈尼族女子的主要腰饰，哈尼女子无论是在日常生活中还是重要的活动当中都需佩戴。架批色彩在沉稳的基础上又丰富靓丽，刺绣手法多样，佩戴方式别致，成为哈尼族女子最心爱的装饰物品之一。

图片来源
图一、图五　刘翔宇　摄影
图二至图四　张亚堃　制图

图二　哈尼族架批外观图

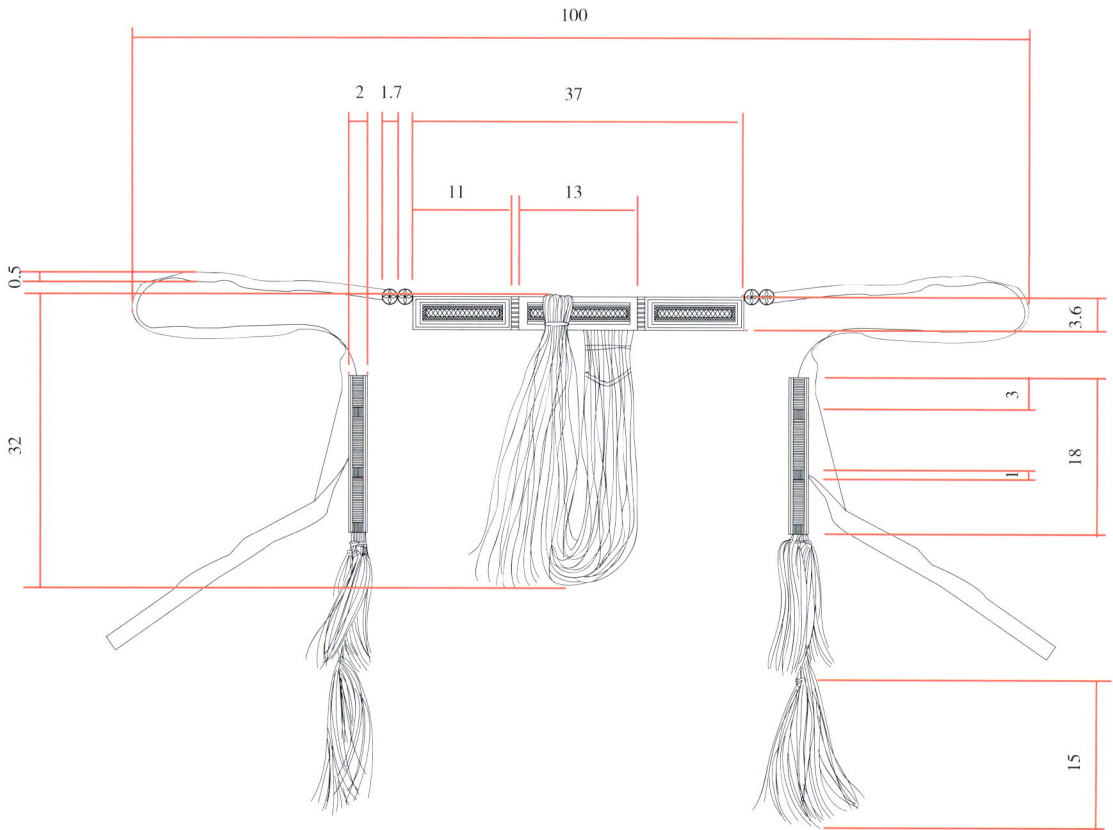

图三　哈尼族架批尺寸图（单位：cm）

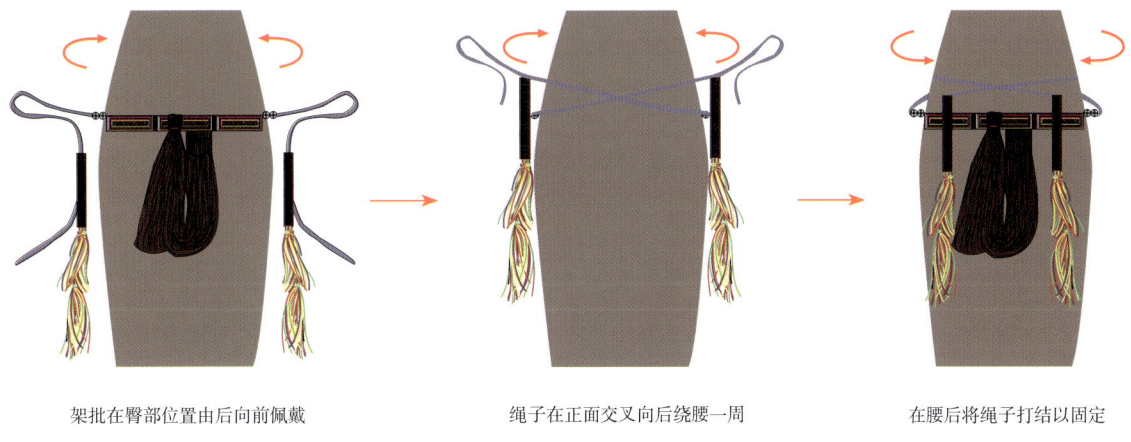

图四 哈尼族架批操作流程图

图五 哈尼族架批使用情境图

第六章 哈尼族传统手工艺

哈尼族缨穗挎包

图一 哈尼族缨穗挎包主图

本案例为云南省普洱市哈尼族缨穗挎包，长方形花布拼贴，有樱穗和珠子点缀。哈尼族的挎包以僾尼支系的包最为丰富和美丽，本案例挎包材料丰富，色彩绚丽，非常具有民族特色。

哈尼族尚黑，因此哈尼族的衣服与包多以黑布为底。本案例哈尼族包亦选用黑色布制底，由红、白、绿三色的花贴布拼接挎包两侧及顶部。选取红色、米白色塑料串珠间隔串成珠链，下接红、黄、蓝、绿、白五色毛线叠加而成的缨穗。本案例主要由黑、红、白、粉、蓝、绿、黄七种颜色构成。花布拼贴处采用平针针法，即一针下一针上，进针、出针均与绣面呈垂直关系，针脚长度相同。画布拼接两侧采用的是回针针法，行针方向自左向右，进针方向自右向左，线迹松紧一致。包布局中央正方块间隔处采用了人字形针法，针从右向左横向出针，整体针迹是从左向右上下交替重复刺绣。整个挎包布局是以方形骨式结构为中心图案，中间以等分的正方格连续排列，正方格被等分为四份，银泡与银币等距离连续排列，并以波浪纹作为边饰，挎包两侧利用彩色贴布形成长方形连续排列。本案例挎包大量的运用花布拼贴手法，这是受到临近的拉祜族包的影响所致。

本案例中的哈尼族挎包构图具有一定的规律性，以几何形为主。其最大特色是色彩搭配，在黑色沉稳的基调上，又可以丰富鲜艳。材质运用多样，大块拼接的基础上配有刺绣，整个挎包显得更加精致。缨穗的运用让挎包更加灵动。

图片来源

图一　陈力.云南民族包.昆明：云南人民出版社，2004：88.

图二至图六　顾怀灏　制图

图二　哈尼族缨穗挎包料分析图

图三 哈尼族缨穗挎包色彩分析图

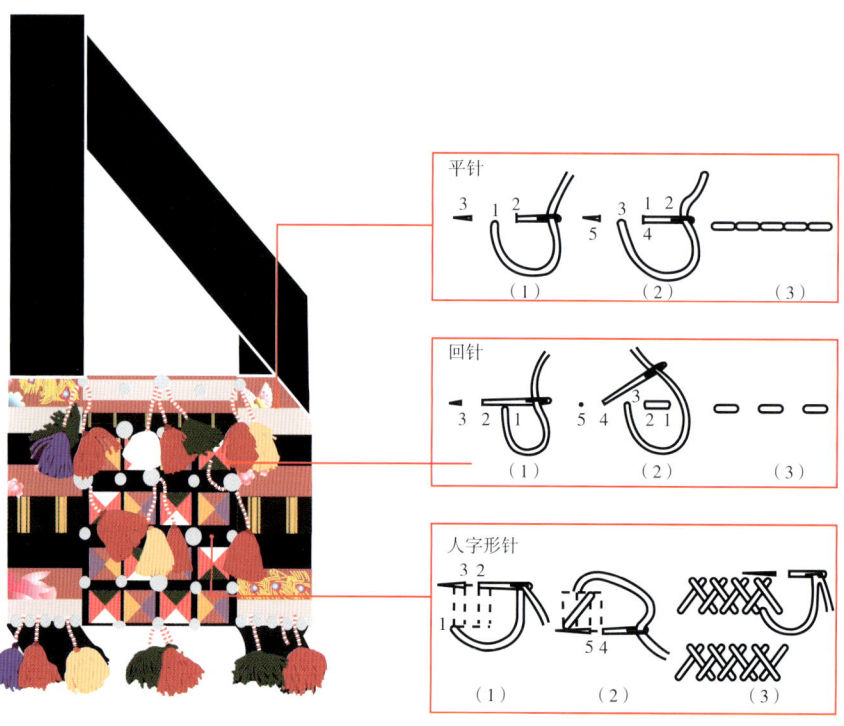

图四 哈尼族缨穗挎包工艺分析图

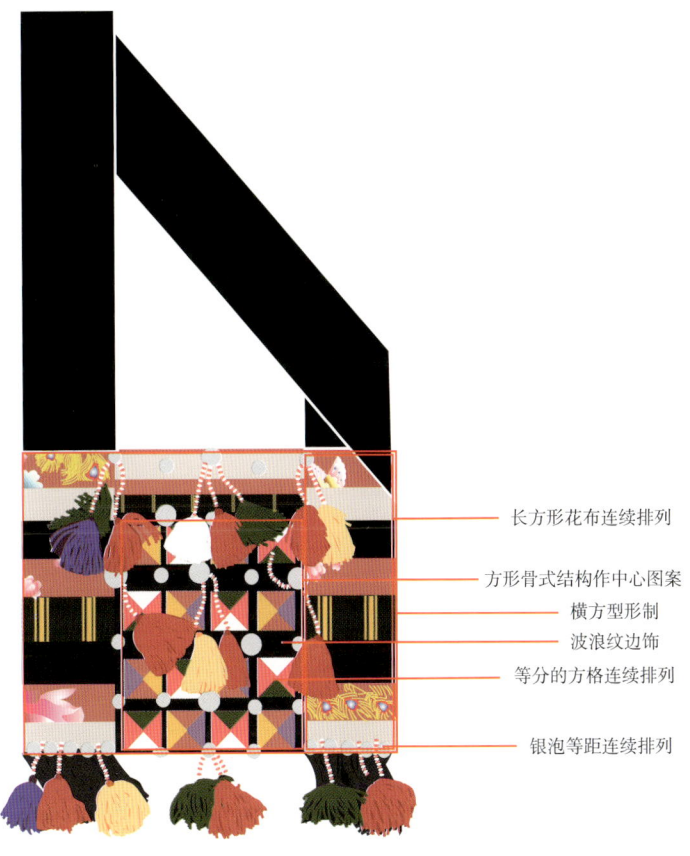

图五 哈尼族缨穗挎包构成分析图

长方形花布连续排列
方形骨式结构作中心图案
横方型形制
波浪纹边饰
等分的方格连续排列
银泡等距连续排列

受拉祜族包影响，　　　拉祜族包
花布拼贴而成

图六 哈尼族缨穗挎包与拉祜族包对比分析图

第六章 哈尼族传统手工艺

哈尼族银泡坎肩

图一 哈尼族银泡坎肩主图

本案例为云南省元阳县苦鲁寨哈尼族银泡坎肩，长80厘米，前襟较长，为43.2厘米，后襟较短，为36.8厘米。造型精美，坎肩由银泡镶嵌装饰而成，做工精巧。

银泡坎肩为条形布裁剪而成，款式为圆领对襟，它的剪裁十分端庄大气，没有过多的线条装饰，底色为黑色，正面镶嵌着纵横成格的银泡，左右衣片上各有五排（即10个）红色卷云纹，卷云纹图案热烈奔放，充满了浪漫不羁的遐想。夸张、流转、运动的线条使图案更加具有层次感，表达了哈尼族人民特有的蓬勃向上的美，坎肩的反面外观是由银泡装饰而成，体现了哈尼族人们镶嵌手工艺的精湛，后片下摆处有6个大银盘，银盘上雕刻着菱形图案，方圆对比，体现了一定的设计美感。

银泡坎肩的工艺精美复杂，表现了哈尼族特有的装饰风格，反映了哈尼族特有的审美情趣，简单的方形廓形掏空出圆形的领围线，体现的是方圆对比，廓形的简约和装饰的精美繁复又形成了强烈的繁简对比。由银泡坎肩我们可以看出哈尼族人民对美的追求，它彰显了哈尼族人特有的服装设计美学。

图片来源

图一 李昆声，周文林. 云南少数民族服饰. 昆明：云南美术出版社，2001：64—65.

图二至图四、图七 孙滋 制图

图五、图六 顾怀濒 制图

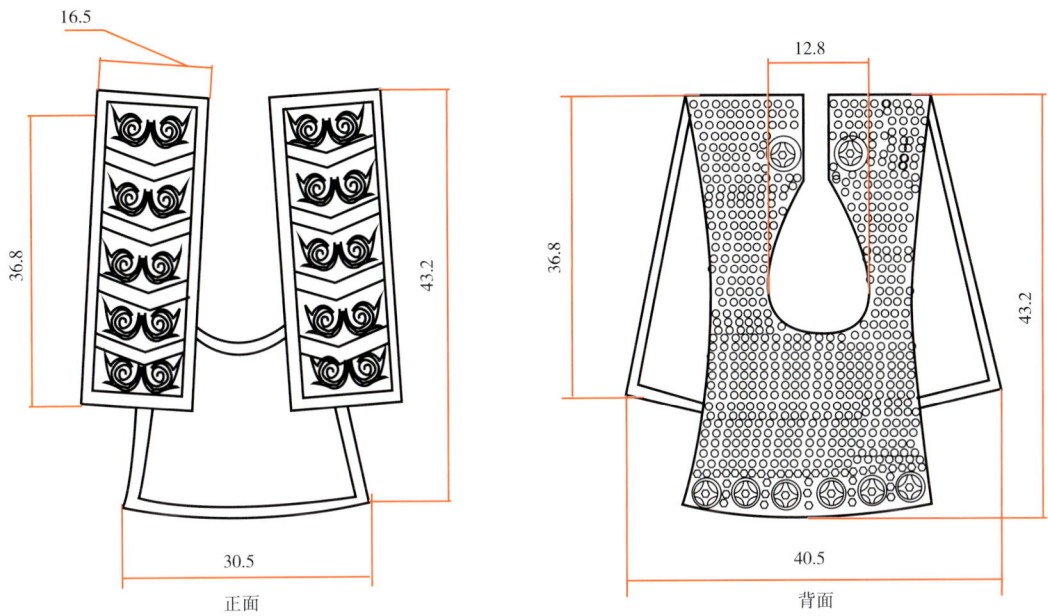

图二 哈尼族银泡坎肩尺寸图（单位：cm）

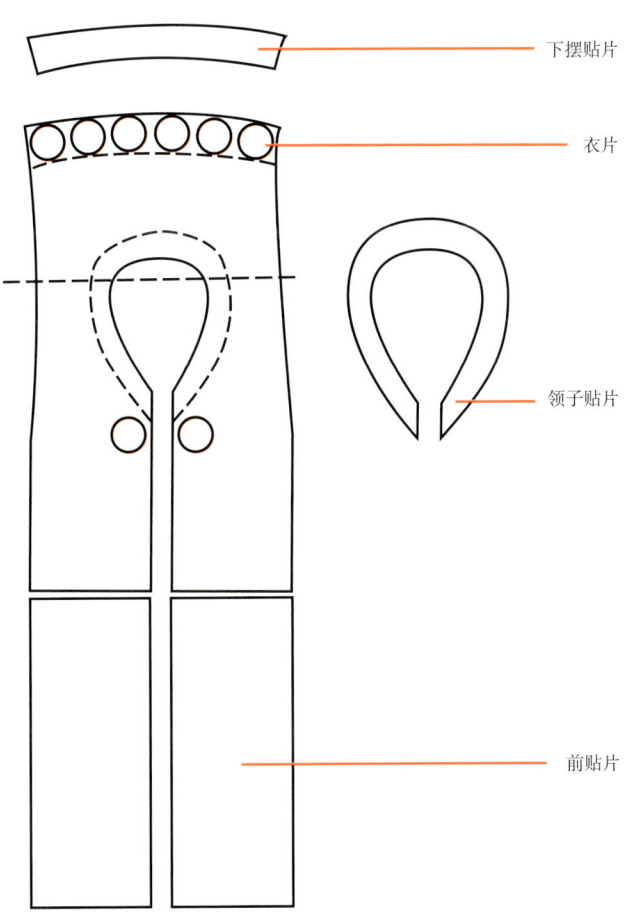

图三 哈尼族银泡坎肩开片图

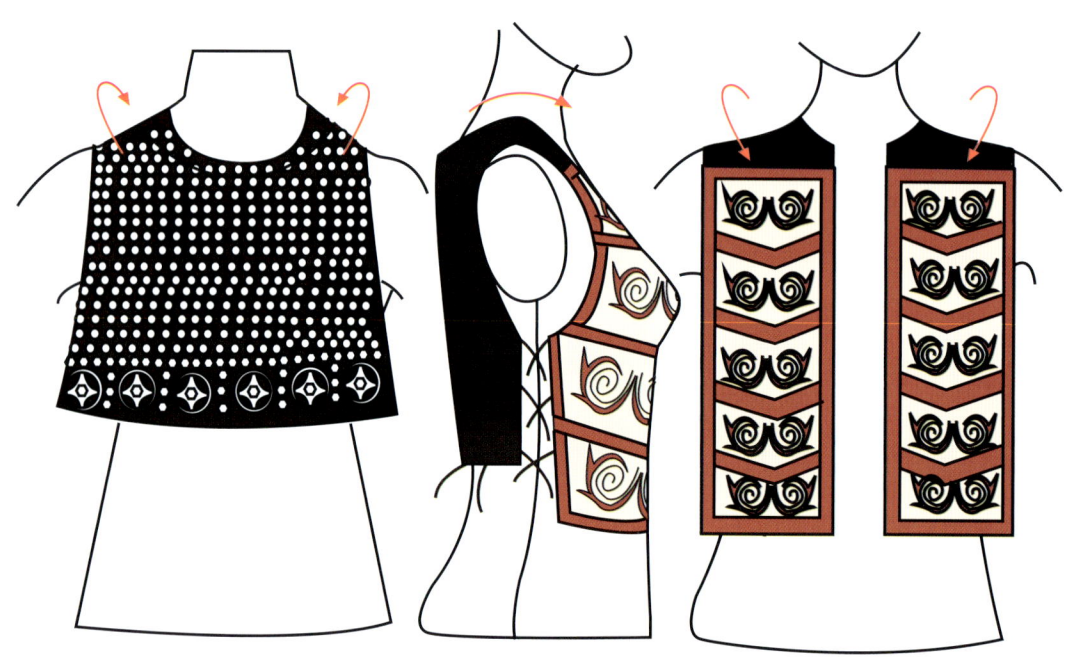

图四 哈尼族银泡坎肩操作示意图

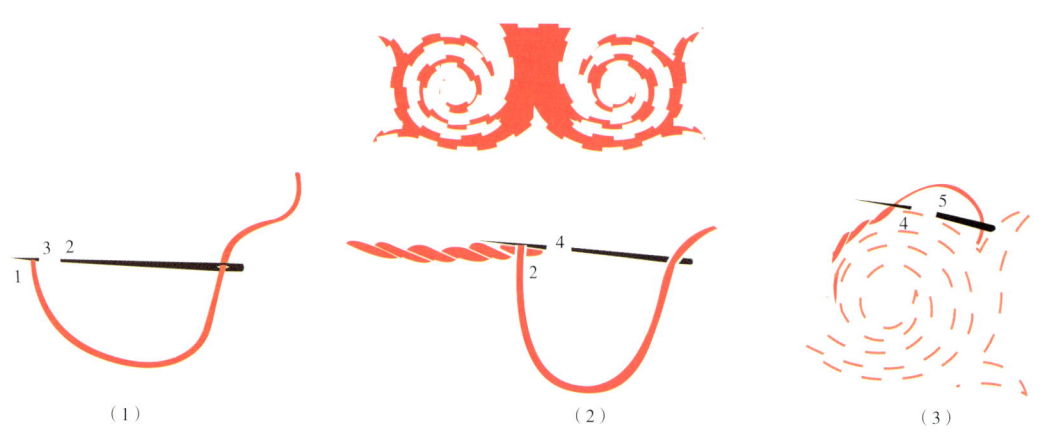

（1）	（2）	（3）

贴花绣　1处出针，2处入针，从1和2的1/2处确定3的出针点，从4入针，2出诊，再从5入针，4出针，以此类推

图五 哈尼族银泡坎肩工艺分析图

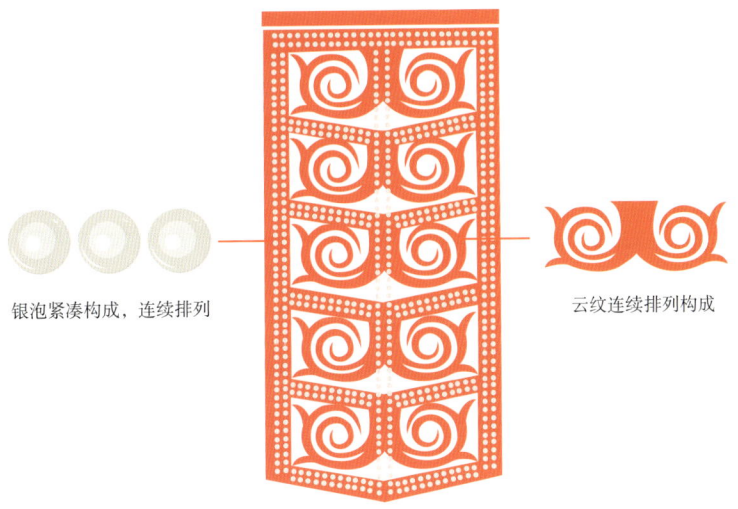

图六 哈尼族银泡坎肩纹样分析图

图七 哈尼族银泡坎肩色彩分析图

哈尼族白宏支系女上衣银挂饰

图一 哈尼族白宏支系上衣银挂饰主图

本案例为哈尼族白宏支系女上衣银挂饰，采集于云南省红河州红河县博物馆，通长50厘米。云南的银饰品造型与品类多种多样，因民族与文化的差异，各个地区的银饰也不尽相同，本案例为哈尼族典型的女装装饰物，造型唯美、装饰意味强、工艺精湛。

整个挂饰以小圆环为单元，或环环相扣，或并排连接，由上至下可分为四个部分，每部分之间有长1.8厘米由小圆环焊接组成的梯形结构做横向的间隔以连接上下各部件，下垂的链条都由小圆环相扣组成。第一部分为一个圆形挂扣上挂3根垂直链条，长度为8.6厘米。第二部分长度为10厘米，从中间到两边有7根逐渐变短的下垂链条，由左至右第1、7根链条末端各挂有4个并排的水滴状装饰物，第2、6根链条末端各挂有一个球体铃铛。第三部分长17厘米，7根链条长度呈现由长到短再由短到长的波浪起伏关系，同样有水滴状、球形铃铛的装饰物，中间还挂有一由3个圆柱组合而成的针筒。第四部分长9厘米，两边链条较短，中间3根链条等长，除水滴状、球形铃铛的装饰物外，中间3根链条上有耳勺、牙签、修指甲刀的结构。本案例挂饰通体为银材质，在制作工艺上，先用锤打或镂空手法制作圆环、铃铛、水滴、针筒等单元装饰物，再用连缀和焊接的方式连接各个结构组成整个挂饰。其佩戴位置为衣领下方，常与深色衣服搭配，左右衣襟各挂一串，银链自然下垂，较上衣长度短4至5厘米，该挂饰既有装饰衣物的作用，也有放置针的针筒、耳勺、牙签、修理指甲的清铲等具有实用功能的小部件。白宏支系女上衣银挂饰佩戴时以圆形挂扣连接在对襟外衣领子两侧，一般为两串同时佩戴，垂于胸前。

本案例挂饰在装饰意味上，其丰富的造型与哈尼族的纯色衣物形成繁简相生的对比关系，其功能性与装饰性相结合的结构也体现了哈尼族人民在首饰设计上的智慧与创新。

图片来源
图一、图五　李嘉华　摄影
图二至图四　樊振杰　制图

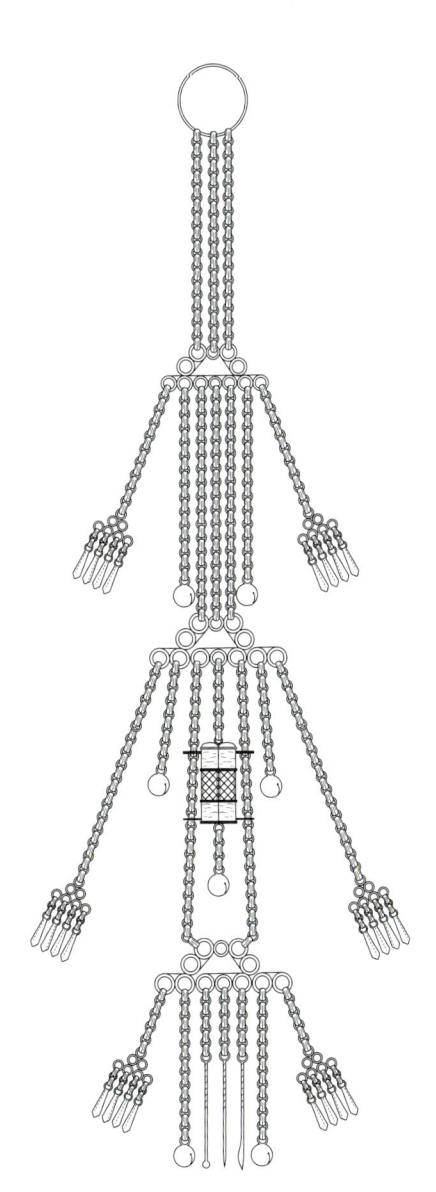

图二　哈尼族白宏支系上衣银挂饰外观图

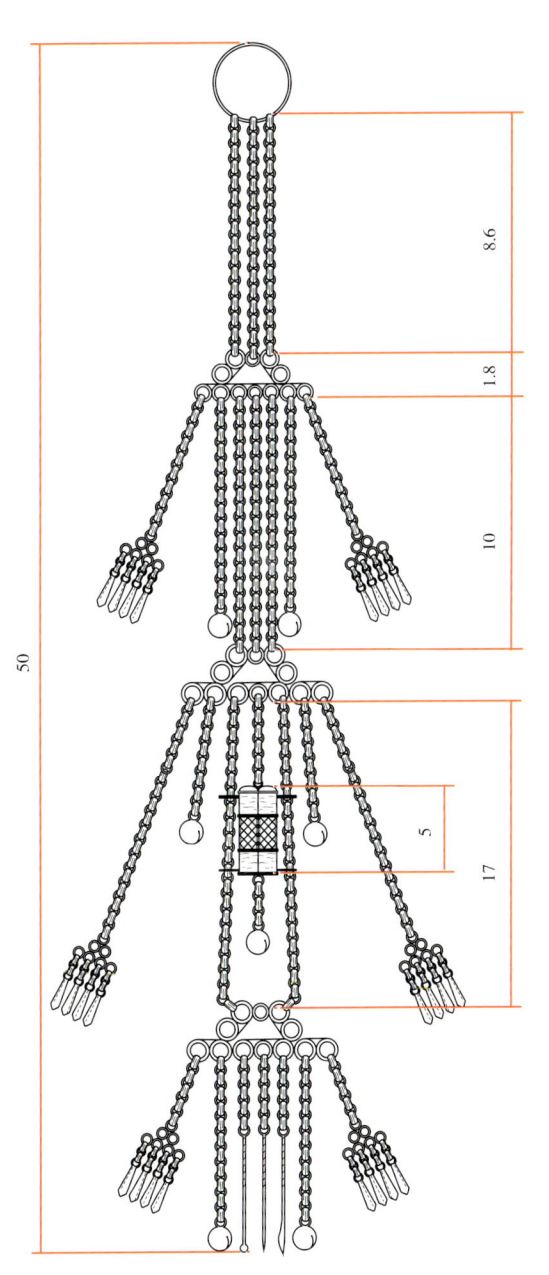

图三　哈尼族白宏支系上衣银挂饰尺寸图（单位：cm）

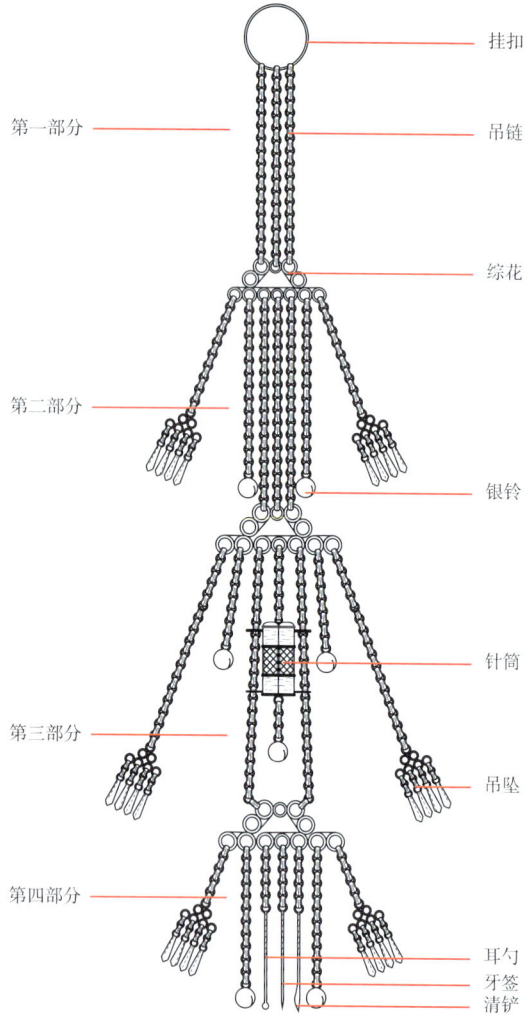

图四　哈尼族白宏支系上衣银挂饰结构名称图

图五　哈尼族白宏支系上衣银挂饰使用情境图

哈尼族阿甲支系珐琅银挂饰

本案例为云南省红河州红河县甲寅乡哈尼族阿甲支系珐琅银挂饰，通长34厘米。哈尼族不同支系的服饰、配饰类型不一，差别较大。聚居于甲寅一带的阿甲支系的银饰风格更是别具一格，在银饰的基础上以珐琅为装饰，佩戴在哈尼族以黑色为基调的服装上，起到点缀提亮的作用。

本案例的珐琅银挂饰总体上分为左、右两部分，两串之间以银链相连。每一串的顶端都配有花形挂钩，用于固定。左串主要有花、蝴蝶、葫芦、叶子四种形态的装饰配件，同时配有长7厘米的针筒，用于装绣花针。右串的装饰配件主要为花形，底端配有耳勺、牙签及修指甲的清铲。装饰配件上以蓝、紫、绿、红四种颜色的珐琅点缀。阿甲支系女子的衣服为银扣、偏襟，珐琅银挂饰在佩戴时，将两个挂钩分别钩于衣襟上方的第一、第二枚扣子处的衣襟边缘上，挂件垂于胸前。

珐琅银挂饰，以自然图文为装饰，图形复杂别致，且都带有吉祥的寓意，装饰配件以珐琅点缀，色彩亮丽，将审美功能与实用功能完美结合。银饰是哈尼族服饰中最重要的配饰，哈尼服装尚黑，也成为哈尼族服装的基本色彩，因此服装色彩整体较为深沉，除了以刺绣、贴布等手法为服装增添较少的色彩及提亮外，另外一个最重要的手法便是佩戴银饰，使得哈尼族的服饰别具一番风格。

图片来源
图一、图五　李嘉华　摄影
图二至图四　樊振杰　制图

图一　哈尼族阿甲支系珐琅银挂饰主图

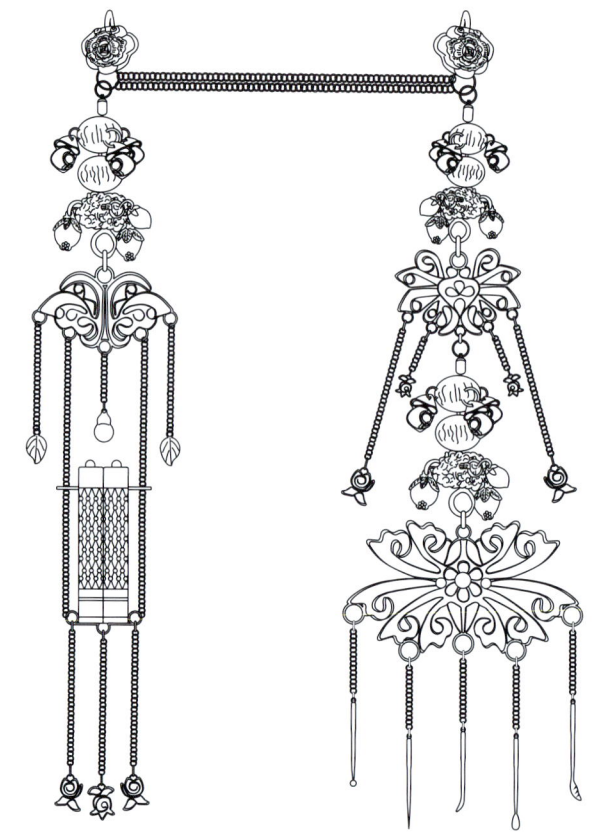

图二　哈尼族阿甲支系珐琅银挂饰外观图

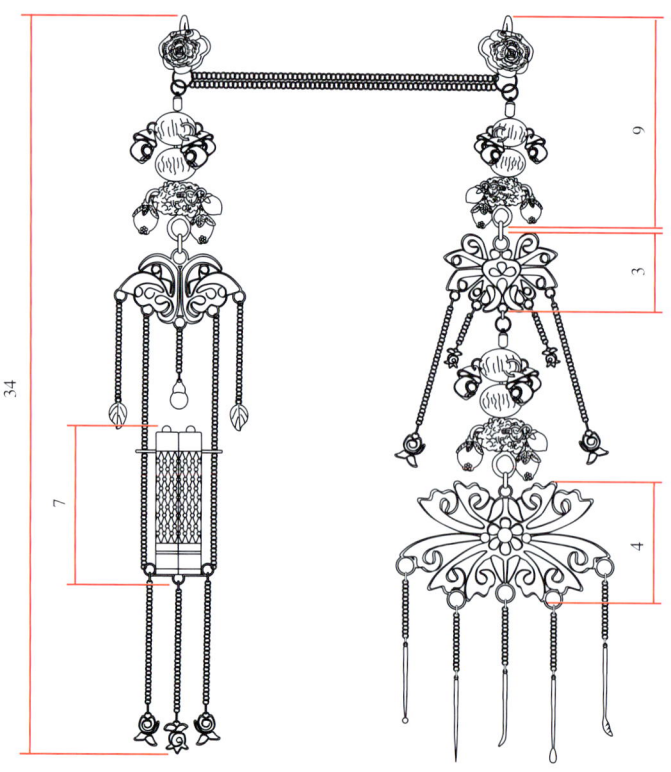

图三　哈尼族阿甲支系珐琅银挂饰尺寸图（单位：cm）

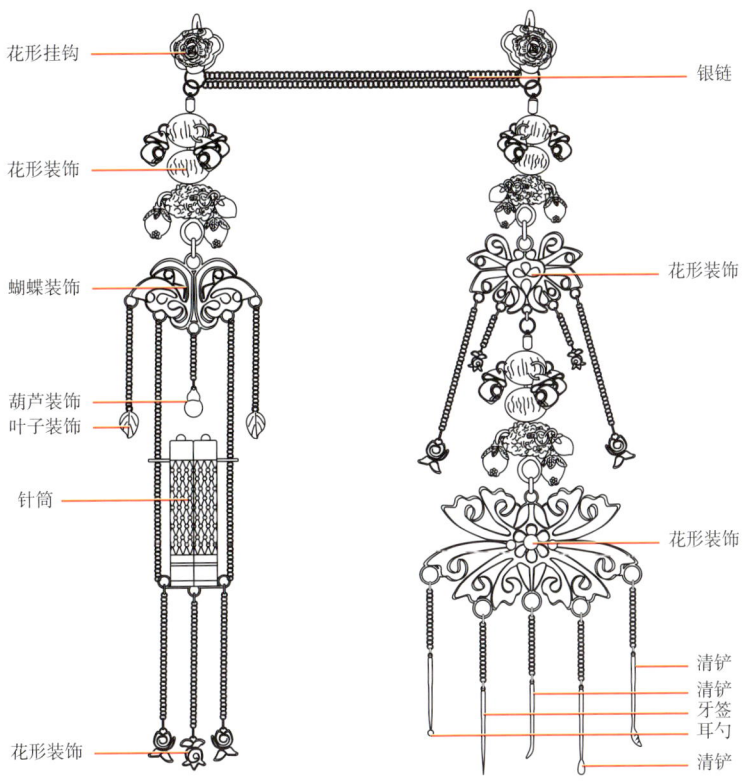

图四　哈尼族阿甲支系珐琅银挂饰结构名称图

图五　哈尼族阿甲支系珐琅银挂饰使用情境图

哈尼族本那支系银质男腰饰

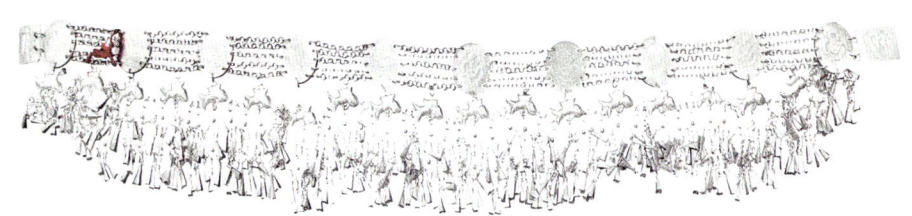

图一　哈尼族本那支系银质男腰饰主图

本案例为云南省红河州红河县洛恩乡哈尼族本那支系银质男腰饰，通长91厘米，通高10.8厘米，为哈尼男子腰间装饰物品。哈尼族男子的服装基本为黑色衣裤及包头，装饰甚少，盛装时也会有部分装饰。

本案例的本那支系银质男腰饰由银制成，主要由银币、银鱼、银链、银吊坠、钩扣组成。本那支系银质男腰饰的银币直径为4厘米，每两个银币之间以5条银链相连，每个银币之间的间距约4厘米左右，银链为多个小银环相扣连接而成。银币与银链组成的链子两端分别装钩扣的两个部件，用于将腰饰固定于腰间。每个银币下以及最下方的银链中间都挂有银鱼装饰，银鱼装饰长3.5厘米，高1.8厘米，各银鱼下方都挂有一组吊坠。每个银鱼之间以银环相连，以防穿戴着在运动过程中吊坠之间绞在一起。（银币及银鱼是哈尼族银饰中最常运用的元素，哈尼族人对鱼的崇拜历史悠久，哈尼族创世神话中多以鱼为创世之神。鱼一直被哈尼族被视为生命、创造、再生的象征，一直受到哈尼族的顶礼膜拜。）本那支系银质男腰饰佩戴时，只需将钩扣系于腰后便可。

哈尼族制作和佩戴银饰历史悠久并独具特色，本那支系银质男腰饰从元素的运用上非常具有浓厚的民族特色，为哈尼族男子的服装增添亮点。

图片来源
图一、图五　李嘉华　摄影
图二至图四　樊振杰　制图

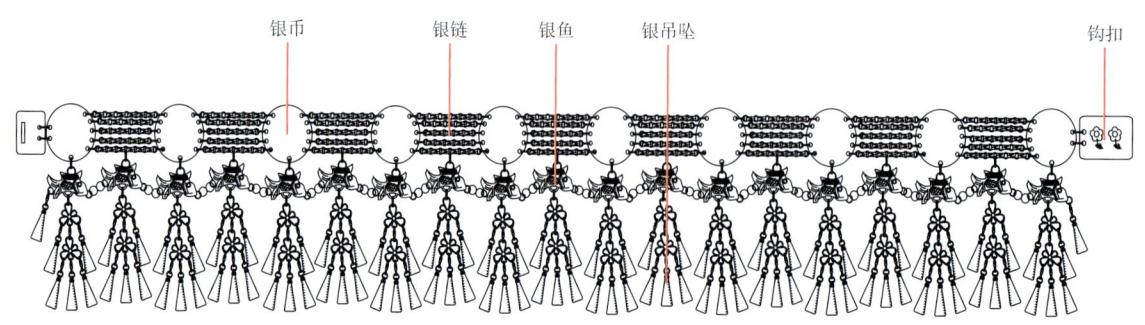

图二　哈尼族本那支系银质男腰饰结构名称图

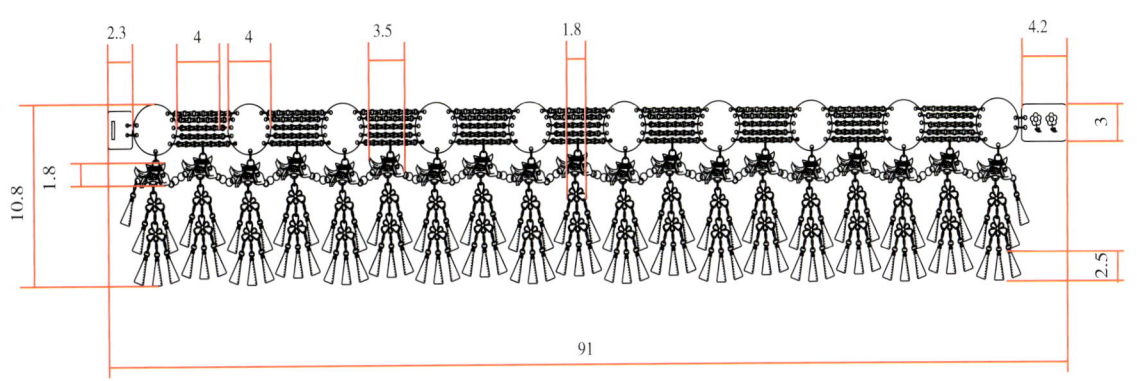

图三　哈尼族本那支系银质男腰饰尺寸图（单位：cm）

正面　　　　　　　　背面

图四　哈尼族本那支系银质男腰饰操作示意图

图五　哈尼族本那支系银质男腰饰使用情境图

哈尼族白宏支系银鱼耳坠

图一　哈尼族白宏支系银鱼耳坠主图

本案例为云南省红河州红河县垤玛乡哈尼族白宏支系银鱼耳坠，通长9厘米，通宽3厘米。哈尼族银饰种类繁多，且具有明显的地域色彩和浓郁的民族风格特征。耳坠，顾名思义就是耳环加坠饰。云南银耳坠的数量、风格、种类都比耳环要多，大致可分为三类：独坠形、镶珠串珠形和多坠形。本案例为多坠型耳坠。

白宏支系银鱼耳坠由耳环、耳饰、链索、耳穗组成。耳环尾部向上勾起，使佩戴时不易脱落。耳饰为花形，下设两个交错的圆形装饰，内有几何纹样。耳穗为鱼形，长1.9厘米、宽0.8厘米，7条银鱼由链索连接于耳饰上，组成一排。链索由小银环相扣组成。银鱼耳坠佩戴时，将耳环穿过耳洞。由于银鱼耳坠为多坠形耳坠，妇女行走或劳作时，耳穗随身体晃动，动感十足，摇曳生姿，使整个银耳坠被注入了生命力。

整个耳坠造型简约，风格独特。特殊的民族信仰和情感使得哈尼族人非常重视银饰的鲜明个性和文化标志，通过哈尼银匠朴实却深远的智慧，成全了银饰的形态之美，使哈尼族银饰具有长久的生命力。

图片来源
图一、图五　李嘉华　摄影
图二至图四　樊振杰　制图

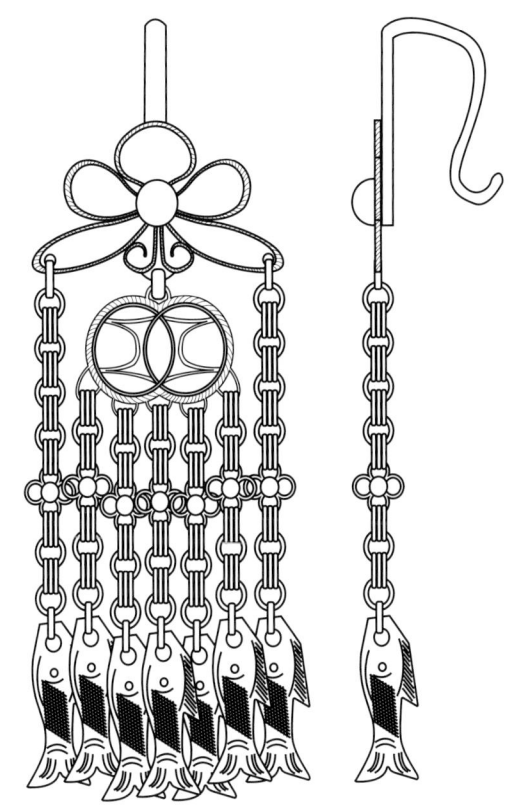

图二 哈尼族白宏支系银鱼耳坠外观图

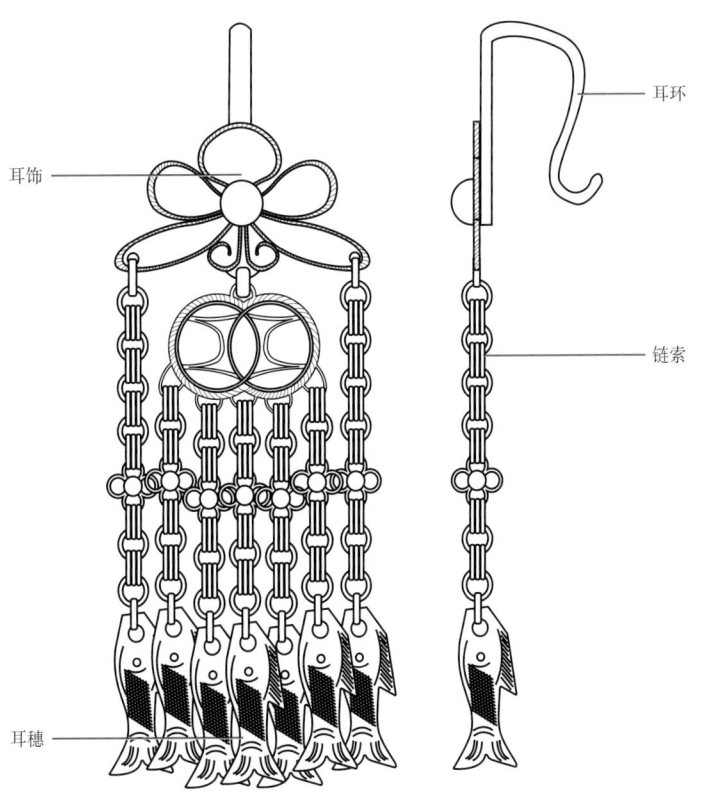

图三 哈尼族白宏支系银鱼耳坠结构名称图

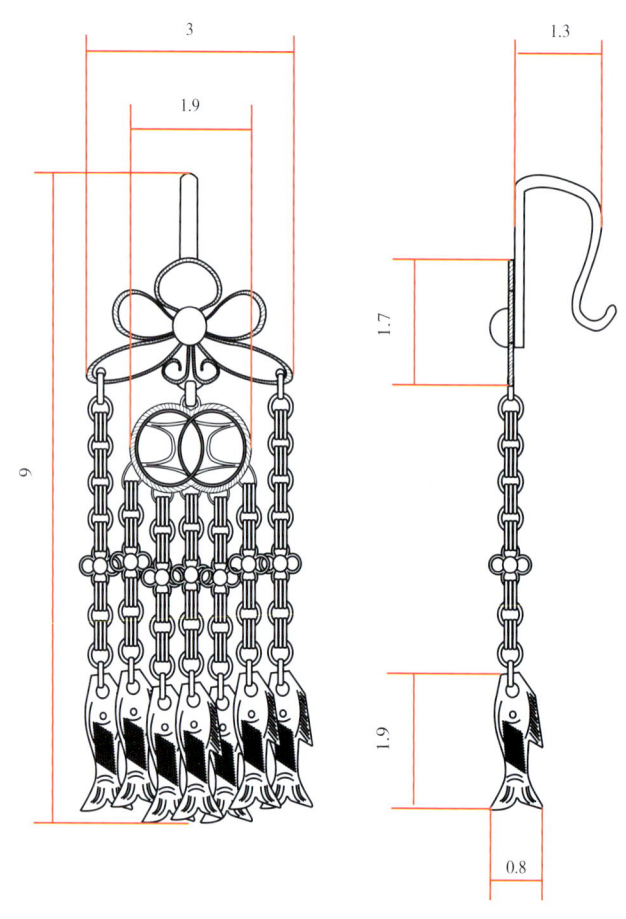

图四 哈尼族白宏支系银鱼耳坠尺寸图（单位：cm）

图五 哈尼族白宏支系银鱼耳坠使用情境图

哈尼族多塔支系缨穗银项圈

图一 哈尼族多塔支系缨穗银项圈主图

本案例为云南省玉溪市元江县羊茶街乡哈尼族多塔支系缨穗银项圈，呈椭圆形，最大直径24.5厘米，最小直径21厘米。银饰已成为哈尼族服饰的重要组成部分，哈尼族姑娘出嫁时，娘家都要以银饰作为嫁妆。

本案例缨穗银项圈共两圈，由直径5.2厘米的红色线球绑在一起。项圈尾端卷起，呈螺纹状，项圈的尾端有红绳连起并坠有一长约16.5厘米的红色缨穗，佩戴时需将缨穗置于背后。每个哈尼族女子都会为自己准备一套完整的服饰，而一套完整的哈尼族服饰必须有相配的银饰。哈尼语中银称作"铺"，金银称为"铺思"，哈尼族对银的重视甚至超过了金，哈尼族人认为银才是财富的象征。哈尼族女子将银饰都佩戴在身上来体现家庭的富有。项圈不仅具有审美功能，同时还有使用功能，服饰中佩戴项圈可将衣领压平并加固衣襟交合。与服装及头饰等其他银饰形成一个整体的组合。

项圈为少数民族饰品中常见的首饰，圈数由单圈到多圈不等。多塔支系缨穗银项圈虽形制简单，但红色绒球及缨穗的装饰丰富了项圈整体的视觉效果，使得项圈色彩亮丽，更加具有民族特色。

图片来源

图一 赵思颖 摄影
图二、图三 张亚垫 制图
图四 刘翔宇 摄影

图二　哈尼族多塔支系缨穗银项圈外观图

图三　哈尼族多塔支系缨穗银项圈尺寸图（单位：cm）

图四　哈尼族多塔支系缨穗银项圈佩戴情境图

哈尼族奕车支系银手镯

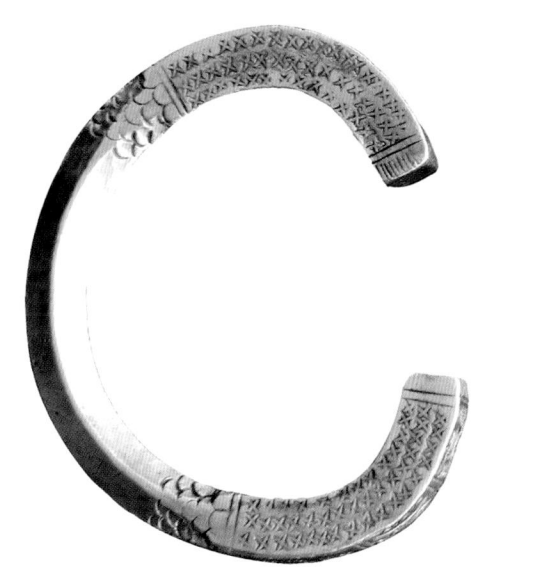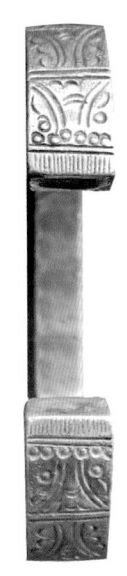

图一　哈尼族奕车支系银手镯主图

本案例为云南省红河州红河县大羊街乡哈尼族奕车支系银手镯。云南的制银历史悠久，各少数民族将制银技术和银制品大量用于生产生活中，尤其是装饰品，创造了灿烂的银饰文化。哈尼族佩戴的银饰有银项圈、服装挂件、耳坠等首饰，连衣服前襟的扣子都是银质的。本案例的银手镯为女性所佩戴。

本案例银手镯的整体呈椭圆状，最大直径8.2厘米，最小直径6.8厘米，活口为3.8厘米，活口处切面为方形。哈尼族手镯形制多样，有大小、粗细、宽窄、纹样不同等区分。本案例中的银手镯最大的特征是纹样装饰，手镯的两个侧面以挑花绣纹样及鱼鳞纹纹装饰。哈尼族是一个多崇拜的民族，而对鱼的崇拜在哈尼族口传的创世神话中体现颇多在哈尼人眼中，鱼是具有创造力和非凡的生殖能力的生物，因此哈尼族很多银饰中都由关于鱼的纹样的装饰。挑花绣是哈尼族刺绣当中主要刺绣手法之一，挑花绣针法做表现出来的X形在哈尼族人眼中有着特定的象形意义，象征着太阳。外侧活口处以花形纹样为装饰，表示吉祥的寓意。

本案例的奕车支系银手镯虽形制简单，但其纹样装饰较为丰富且寓意深刻。银手镯作为哈尼族最常见的配饰，体量小、佩戴方便，因此在日常生活中也可经常佩戴，成为哈尼族人最喜爱的装饰品之一。

图片来源
图一　李嘉华　摄影
图二、图三　刘杰欣　制图
图四　温清格　制图
图五　樊振杰　制图

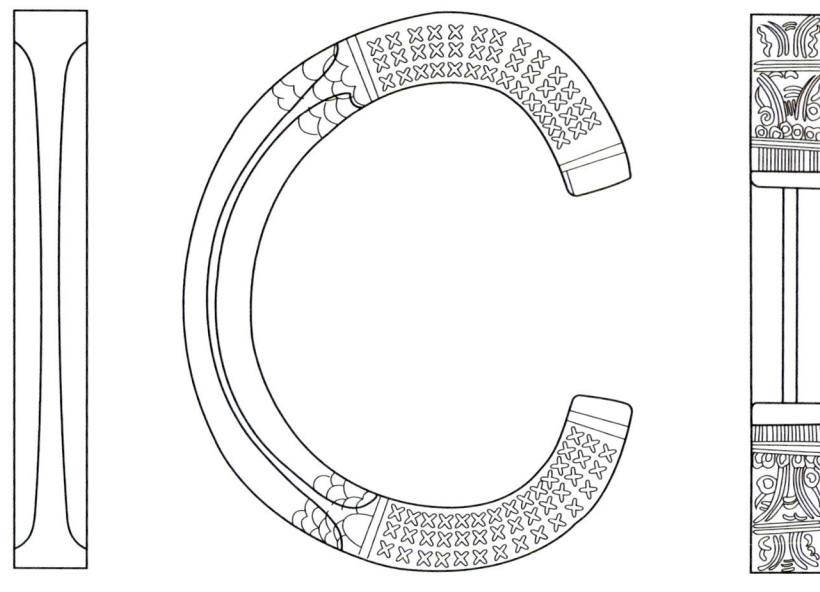

图二　哈尼族奕车支系银手镯外观图

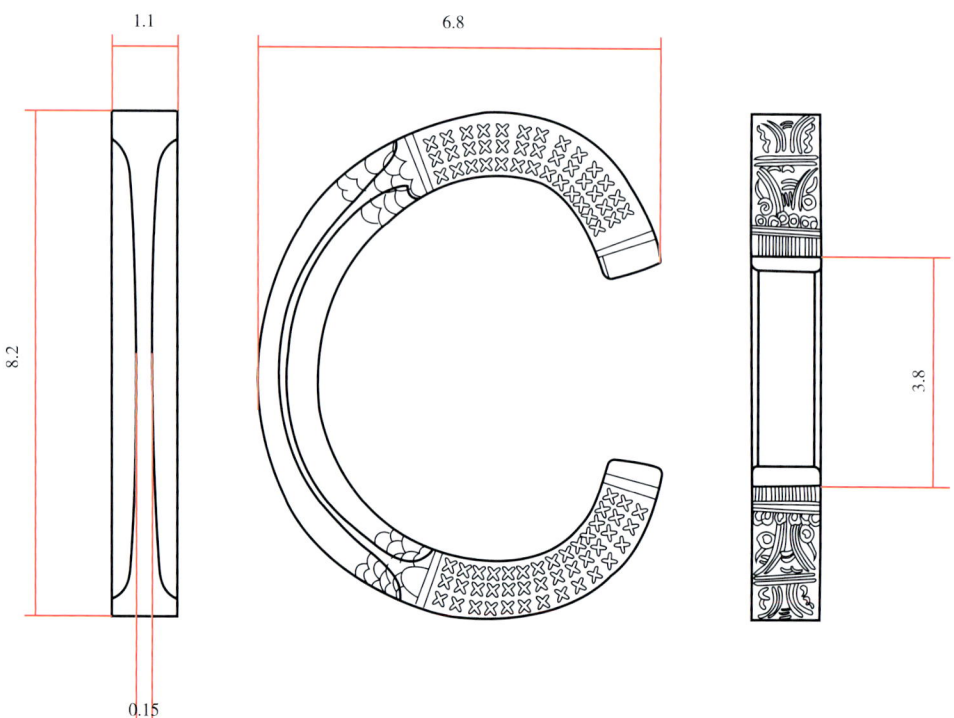

图三　哈尼族奕车支系银手镯尺寸图（单位：cm）

| 鱼鳞纹装饰 | 花型纹样装饰 | 挑花绣纹样装饰 |

图四 哈尼族奕车支系银手镯纹样示意图

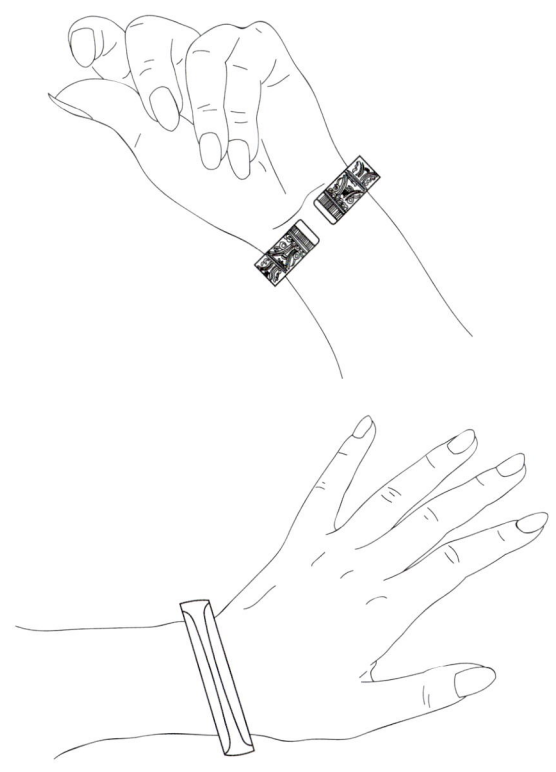

图五 哈尼族奕车支系银手镯佩戴情境图

哈尼族阿卡支系竹编篾刀

图一　哈尼族阿卡支系竹编篾刀（主图）

　　本案例为云南省哈尼族阿卡支系竹编篾刀，总长42厘米，手柄长14厘米。哈尼族竹编的历史源远流长，从古至今，从工具、建材、生活用品到艺术品，处处都能见到竹编的身影，且在哈尼族人的日常生活中占有很大比重，成为哈尼族人生活中不可或缺的伴侣。

　　此案例篾刀的刀片呈竹叶形，器身向刀尖方向略往上曲翘，前宽后窄，刀刃自手柄至刀尖弯曲呈弧形，锋利无比，刀背走势趋于平直，刀背最薄处不到0.5厘米。尾端刀柄直径2厘米，为竹制。从功能设计的角度看来，本案例篾刀靠近手柄处的刀刃钝似刀背，使接近操持者手的刀刃部分对操作者无伤害，且在制篾过程中需要用大力时，操作者可手握此处刀刃以减小力矩，从而达到省力的目的。由于刀刃中前部为制篾过程中使用的主要部位，因此最为锋利。手柄较短，方便操持者手握并随意活动。

　　纵观历史，哈尼族人民在竹编工艺上体现出了无与伦比的经验和智慧，他们是生活的创造者，是生活的改变者。而篾刀作为竹编生产的重要工具之一，在刮削、剖竹、起间、分丝等步骤中都起到举足轻重的作用。

图片来源
图一　顾怀灏　摄影
图二、图四至六　顾怀灏　制图
图三　温清格　制图

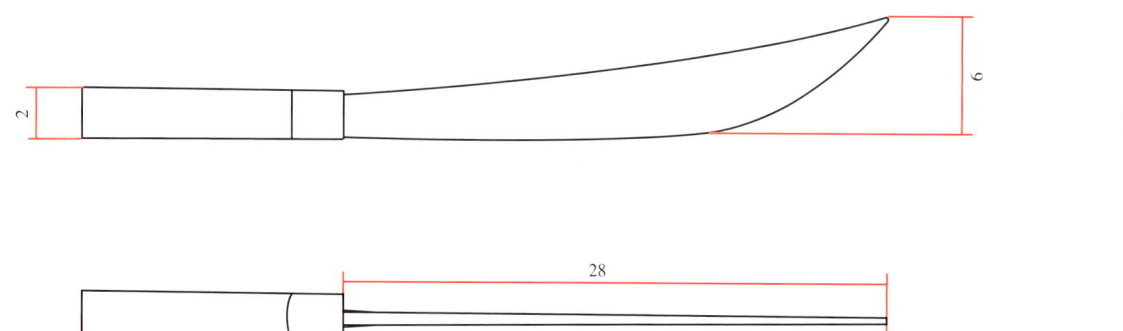

图二　哈尼族阿卡支系竹编篾刀尺寸图（单位：cm）

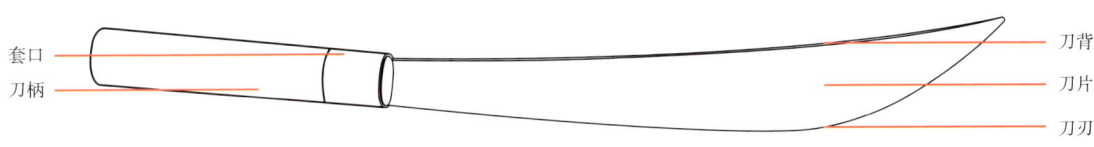

图三　哈尼族阿卡支系竹编篾刀结构名称图

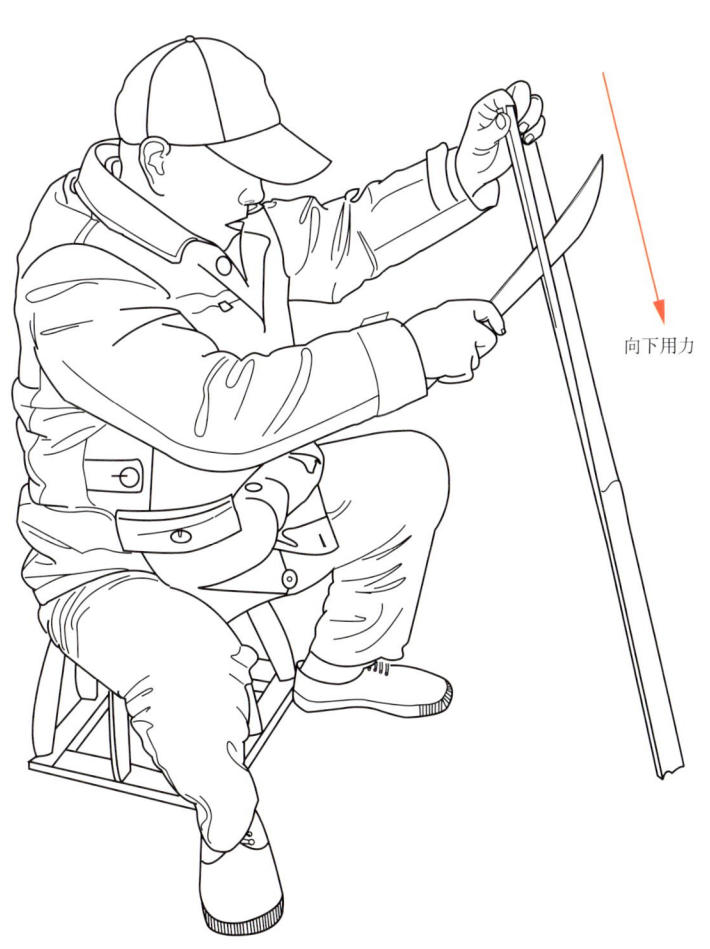

图四　哈尼族阿卡支系竹编篾刀破竹操作分析图1

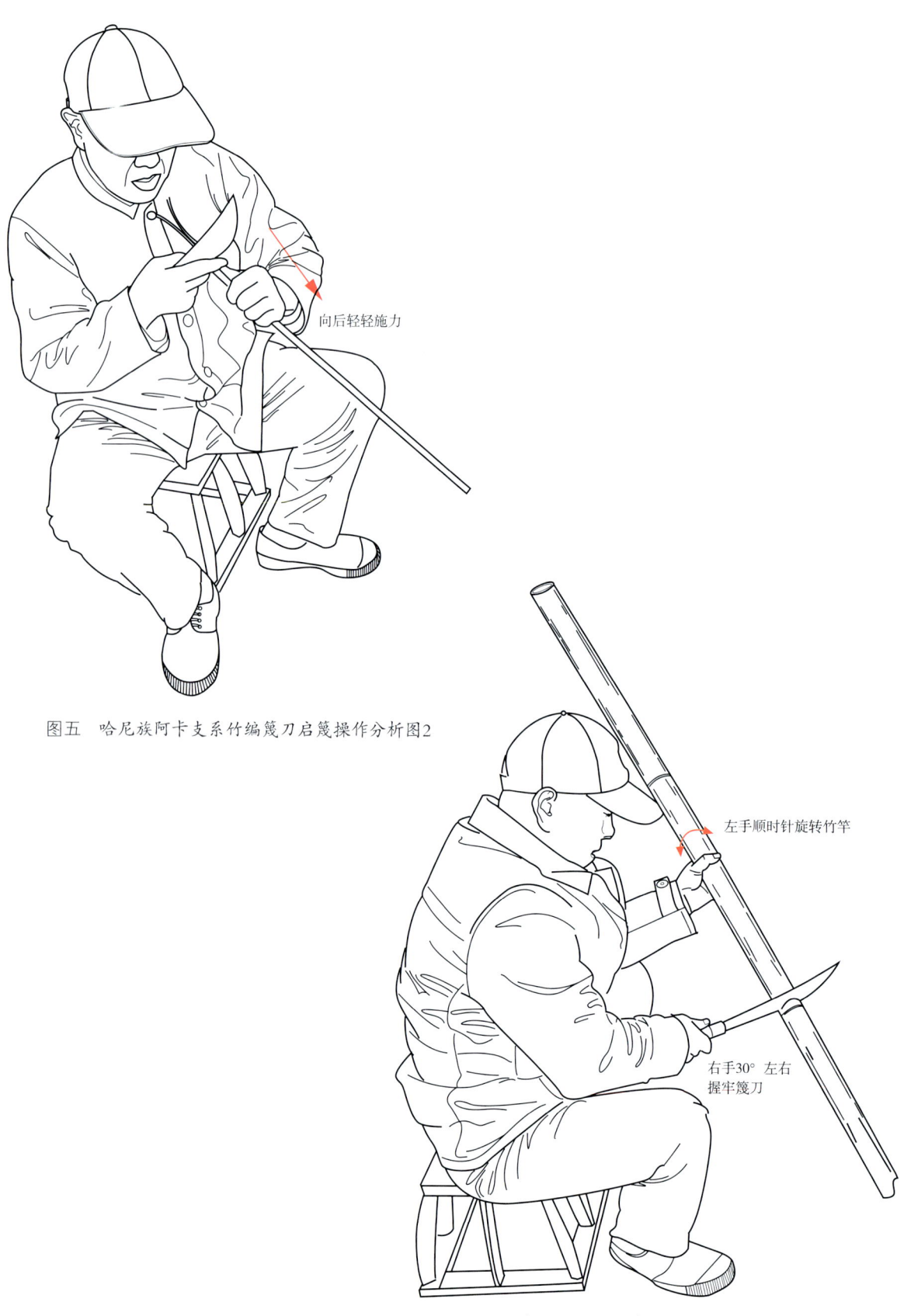

图五　哈尼族阿卡支系竹编篾刀启篾操作分析图2

图六　哈尼族阿卡支系竹编篾刀切竹操作分析图3

哈尼族竹筛子

图一 哈尼族竹筛子主图

本案例为云南省玉溪市元江县那诺乡哈尼族竹筛子，整体呈圆形，直径60厘米。竹筛子是竹制品，内有方形小孔以筛选谷物，根据方孔大小和疏密不同，竹筛子形制亦有分别，但其功能相似。

使用竹筛子时，需将谷物置于筛上，操持着双脚自然分开站立，双手握住筛子两侧边缘，左右不停摇动使得谷物中的杂质从筛网的方形小孔中掉落，仍留在筛网上的为优良谷物。本案例竹筛子边缘6厘米的高度适于一般成年人手掌抓握，不易从手中脱落。竹筛子由竹条、竹篾编成。竹材是制作竹筛子理想材料的原因有二：一是竹篾编较为轻便，减轻了操作者双臂长期悬空且需左右晃动的劳动强度；二是竹子走向平行且排列平整的纹理使竹子易于劈成有规则的篾条。

竹筛子的制作首先就是劈竹篾，根据用篾宽度在剖开一半的竹材上开口，竹条约为1.5厘米，竹篾约为0.5厘米。其次是运用回字法编制成竹筛内层，采用较窄的竹篾以经纬方式编织筛网，筛网需留有小孔以筛选谷物，因此经线之间或纬线之间的竹篾需具有一定间距。再次采用较宽竹条在竹筛底部以三个方向交错编织，整体成三角形，内呈六边形，以增加竹筛稳定性。最后运用人字口收边。最后将编好的内层安装到外层的兜里，完成竹筛子制作。

竹筛的编织经纬交替形成规则几何纹，且疏密有度，样式美观。利用了谷糠与谷物、优谷与秕谷在形态上的差别，通过简单的重复动作进行筛选。竹筛子以其制作成本低廉，结构简单合理，轻巧易于操作，至今仍在哈尼族中广泛使用。

图片来源
图一　顾怀灏　摄影
图二至图四　顾怀灏　制图
图五　樊振杰　制图

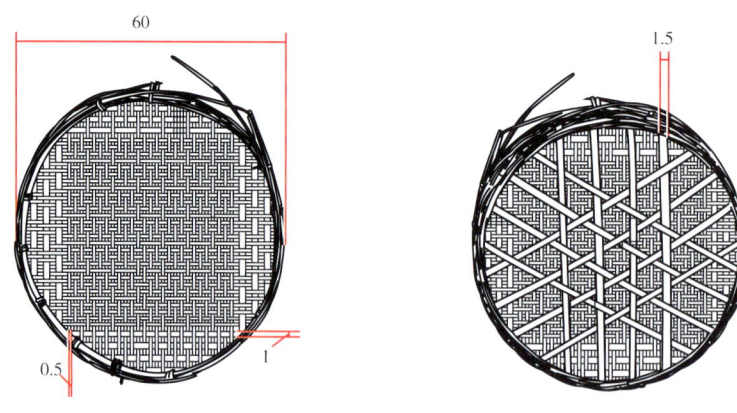

图二 哈尼族竹筛子尺寸图（单位：cm）

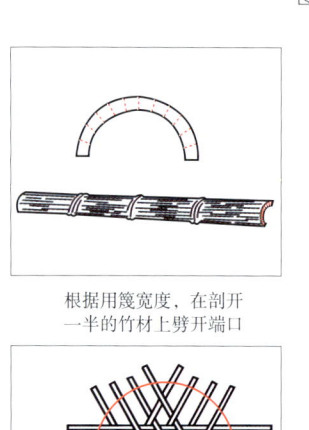
根据用篾宽度，在剖开一半的竹材上劈开端口

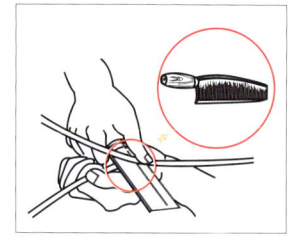
手工劈篾

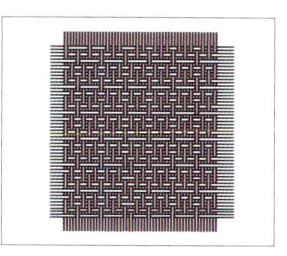
竹筛内层用回字编

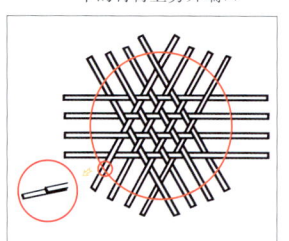
竹筛外层用六边形编

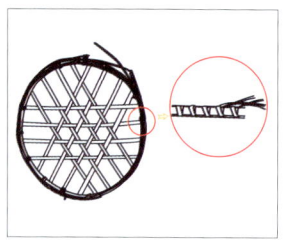
扎人字口收口

把编好的内层安装到外层兜里，完成竹筛制作

图三 哈尼族竹筛子工艺分析图

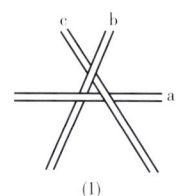
(1)

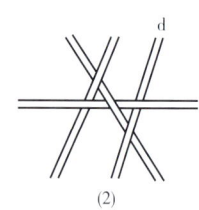
(2)

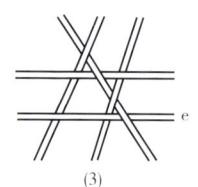
(3)

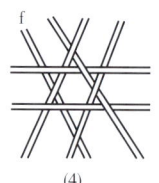
(4)

图四 哈尼族竹筛子底面编织分析图

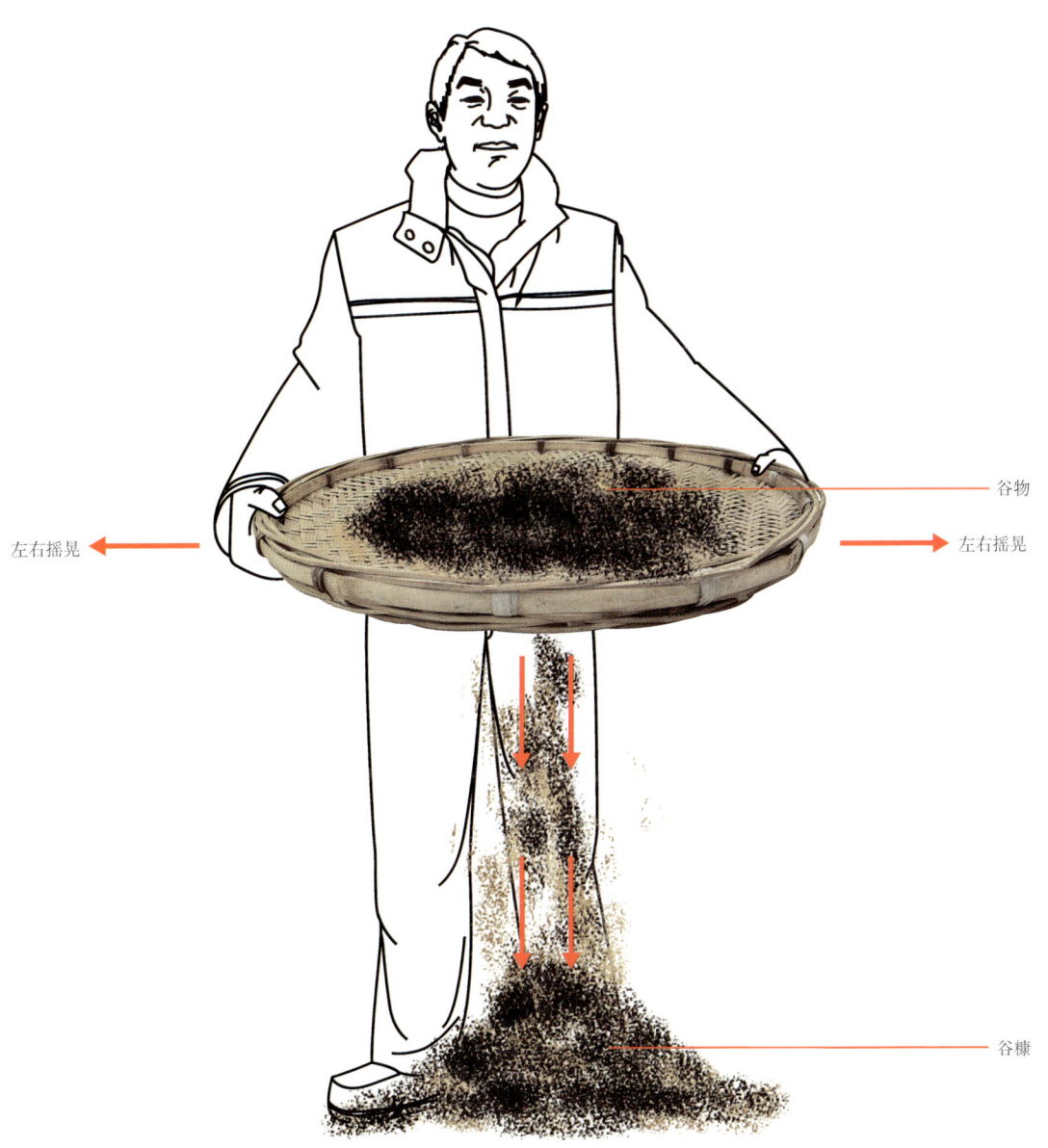

图五　哈尼族竹筛子操作分析图

哈尼族竹背篓

图一 哈尼族竹背篓

本案例为云南省玉溪市元江县羊街乡哈尼族竹背篓。哈尼族是聚居于我国西南边疆的农耕民族，其竹制手工艺品是使用较为广泛的器具之一。该竹背篓在哈尼族可用于背驮重量较大或不方便携带的物品。哈尼族的聚居地都盛产竹材，用竹子制作的器具备受哈尼族人喜爱。

该竹背篓高60厘米。口径长53厘米，宽45厘米；篓底长22厘米，宽15厘米。该器形呈倒梯形，且两侧为曲面，上宽下窄，背篓的顶部口宽外展，篓身为竹篾编制，其四个边分别用八条较粗的竹条固定，防止背篓变形或损坏；其底部也是用厚实宽大的竹材，增加背篓底部的牢固性，以防背驮重物时将背篓压坏。竹背篓的篓身采用十字编，以扭口编收口。由于竹材有各自不同的特性与功能，直接影响到背篓制作的结构、承重和工艺等因素。同时，竹篓的不同部分也使用不同材质的竹料来加工制作，一方面节约材料；另一方面因材施料。竹背篓在使用时需配合哈尼族背锁进行背运。

竹背篓是哈尼族竹编器具的经典设计之一，其影响也早已超出了哈尼族手工艺器具的制作及使用范围。竹背篓的倒梯形状及弧度使操持着在背运时，既可以减少重为本身对人们背部的压力，还可以提高操持者背部的舒适度。体现了哈尼族人民造物中的人文关怀和民族智慧。

图片来源

图一	刘翔宇	摄影
图二	赵思凡	制图
图三	温清格	制图
图四	李安娜	制图
图五	白建雄	摄影

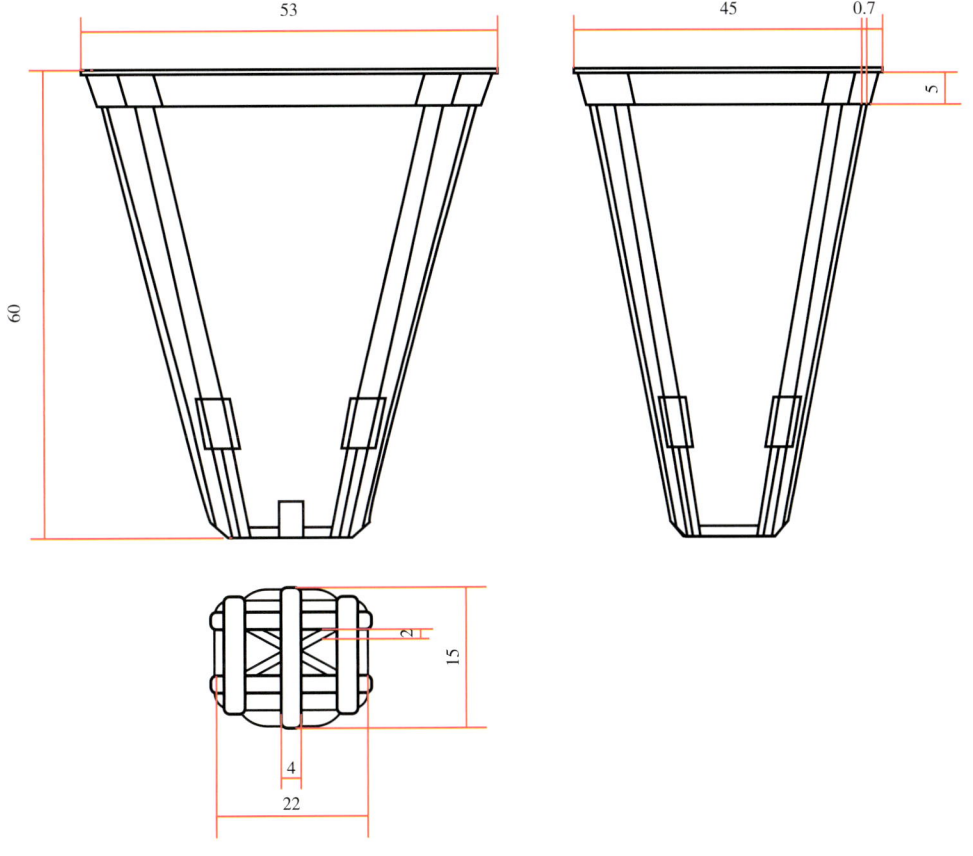

图二 哈尼族竹背篓尺寸图（单位：cm）

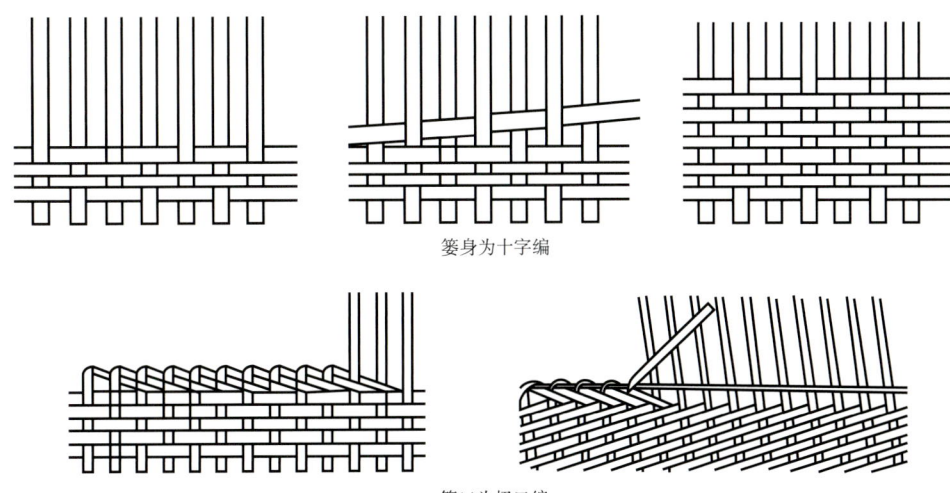

篓身为十字编

篓口为扭口编

图三 哈尼族竹背篓工艺分析图

393

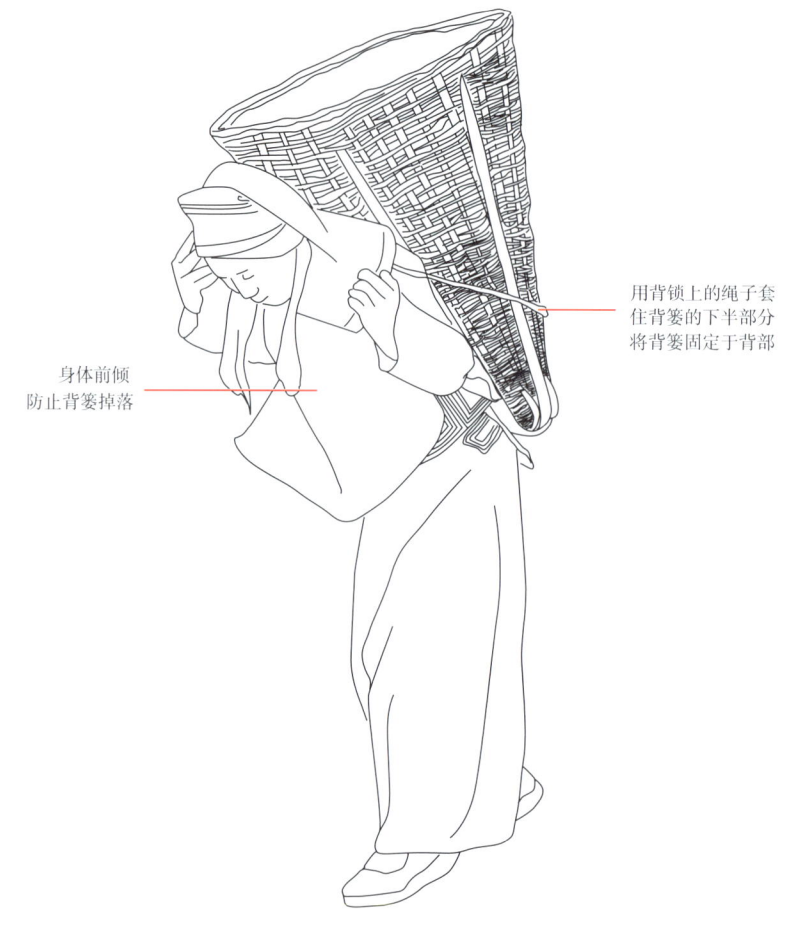

图四　哈尼族竹背篓操作分析图

图五　哈尼族竹背篓使用情境图

哈尼族竹鸡笼

图一 哈尼族竹鸡笼主图

本案例为云南省玉溪市元江县那诺乡哈尼族竹鸡笼，高35厘米，长45厘米，宽40厘米。竹鸡笼泛指装家禽的笼子，是哈尼族最常见的生活用具之一。哈尼族鸡笼的编制方法有多种，但总体形态差别不大。

该鸡笼整体呈倒梯形，底部接近正方形，并由两块较粗的竹条交叉固定。鸡笼四周腹部外鼓，增加了笼内空间的面积，提高笼内家禽的数量，同时可以为装在笼子内的家禽留出活动的空间。口部内收，又可以防止其逃出。由于竹子特有的柔韧性特征，使鸡笼设计成此形态。整个笼身编制时所留笼子孔空隙较大，一方面利于笼内禽类的透气、活动及空气流通；另一方面也可以节省竹篾材料的使用。同时，该笼孔可以在表面系上东西，便于笼子的携带。尽管该器具看似简单、粗犷，但竹条成双的十字编，既增加笼子牢固度，又对笼身有所保护，不会因一根断裂而导致其他部位也受到损坏。笼子的形态是由笼口处的结构决定的，笼口处两端各用两条竹篾将口扎紧向内收拢，为了增加牢固性，又将内侧的一条竹篾与笼口边缘相连接。家禽在笼内时，将笼子底部用石头垫高，利于笼内的通风。

鸡笼是哈尼族人们日常生活中运输家禽的必备工具，运输过程中常与背锁搭配使用。鸡笼在满足运输需求的同时还满足了装在鸡笼内家禽的空间与通风需求，设计科学合理，充分体现了哈尼族人们的劳动智慧。

图片来源
图一 赵思颖 摄影
图二 刘杰欣 制图
图三、图五 温清格 制图
图四 刘翔宇 摄影

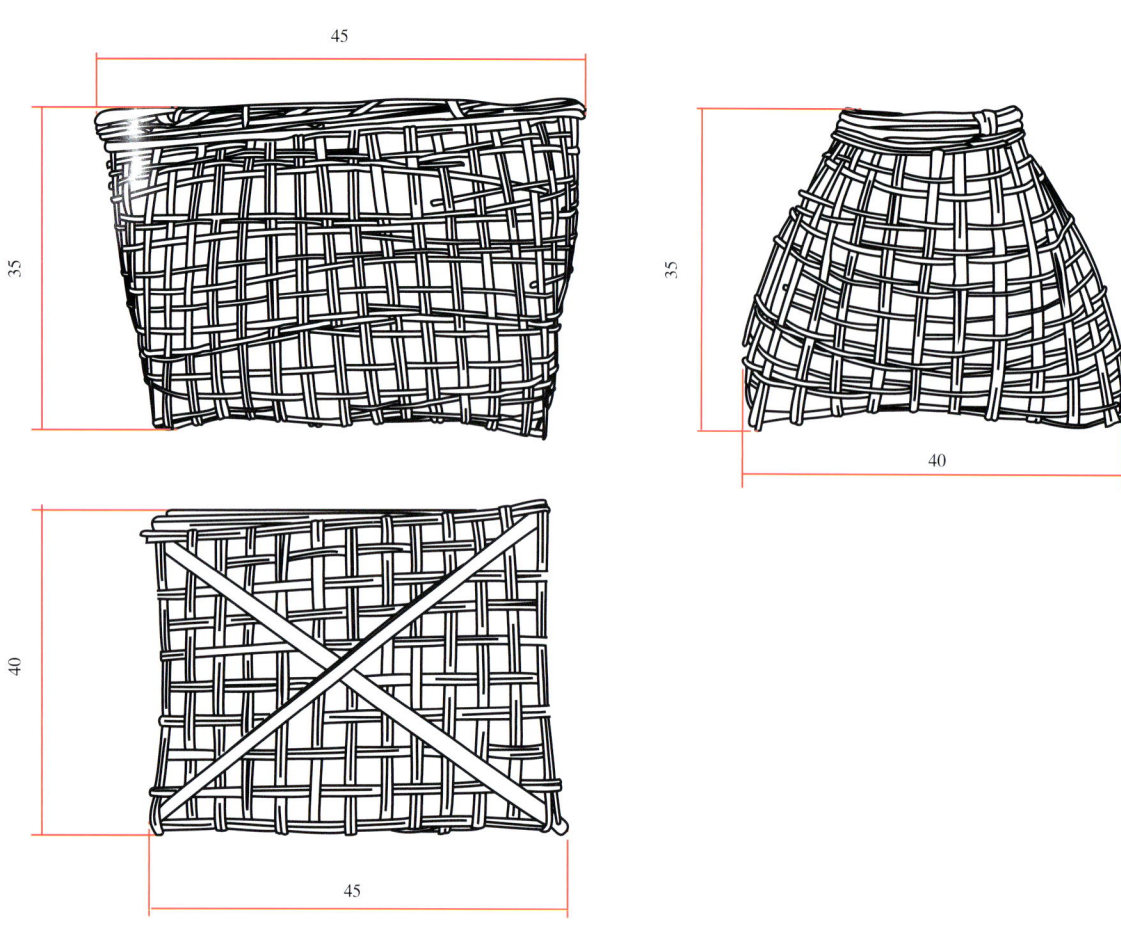

图二 哈尼族竹鸡笼尺寸图(单位:cm)

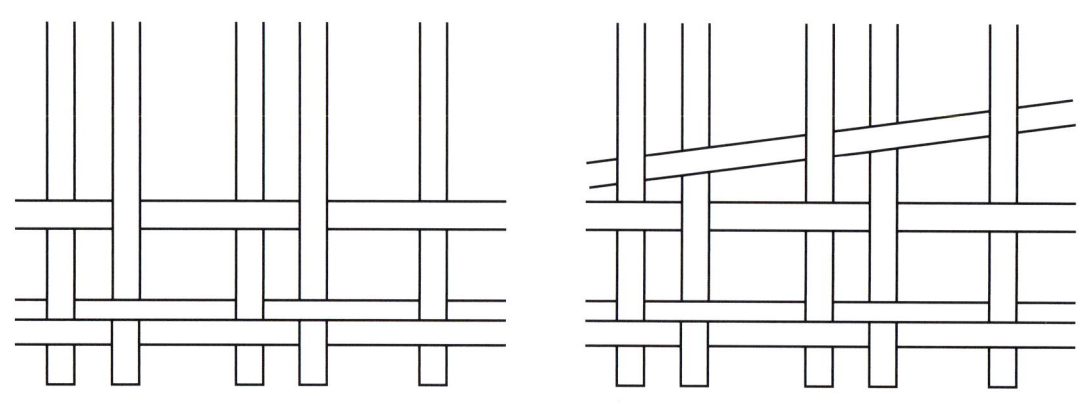

双篾十字编

图三 哈尼族竹鸡笼工艺分析图

图四 哈尼族竹鸡笼使用情境图

图五 哈尼族竹鸡笼使用情境图(手绘图)

哈尼族竹鸡蛋笼

图一　哈尼族竹鸡蛋笼主图

本案为云南省哈尼族竹鸡蛋笼，通高36厘米。哈尼族居住地山高坡陡，道路崎岖，运输鸡蛋易破烂，为确保禽蛋运输简便安全，编织了鸡蛋笼。鸡蛋笼整体形状呈长圆桶形，圆口，圆底。

鸡蛋笼由竹条、竹篾编织而成。鸡蛋笼的笼口是采用单层的花箍，单层花箍的编法为：先用左手抓住篾的一头，右手拿另一头篾绕左手旋两个圈，将第二圈压在第一圈之上，交叉后从第一圈穿过。然后将右边篾圈攀过左边篾圈的底外，这样插一根攀一圈，插一根又攀一圈，直到结束，使被插的这根篾片步步跟着原来的那根篾片走。"花箍九十九，步步跟娘走"，这就是花箍的编插原理。编好的花箍花纹都应呈人字形。鸡蛋笼的笼身采用六角孔编底，按数字顺序编作，首先1、2篾片交叉，挑1压2置入3做成正三角形孔目，挑3压1置入4做成正三角形孔目，并与2平行；5同样，挑4压3与1平行置入6时则挑1和5，压2和4与3平行；最后2压5交叉编作即成一正六角孔。需要注意的是，在一开始编作时就要编出正六角形，再继续编增扩大时，放入的篾片要随时保持平行与等距。

鸡蛋笼在编织过程中构成的经纬交替的规则几何纹形式，具有一定的形式美感。其制作成本低廉，材料易得，结构简单合理，实用性较强，至今在哈尼族广为使用。

图片来源
图一　顾怀灏　摄影
图二　樊振杰　制图
图三至图六　顾怀灏　制图

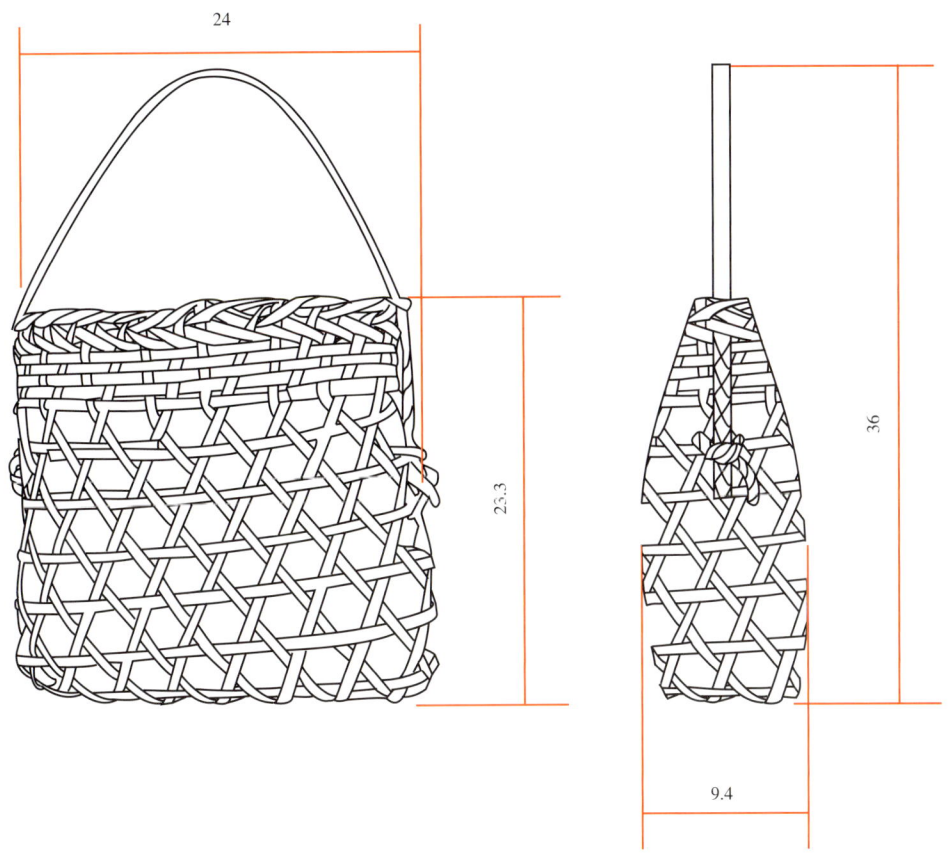

图二　哈尼族竹鸡蛋笼尺寸图（单位：cm）

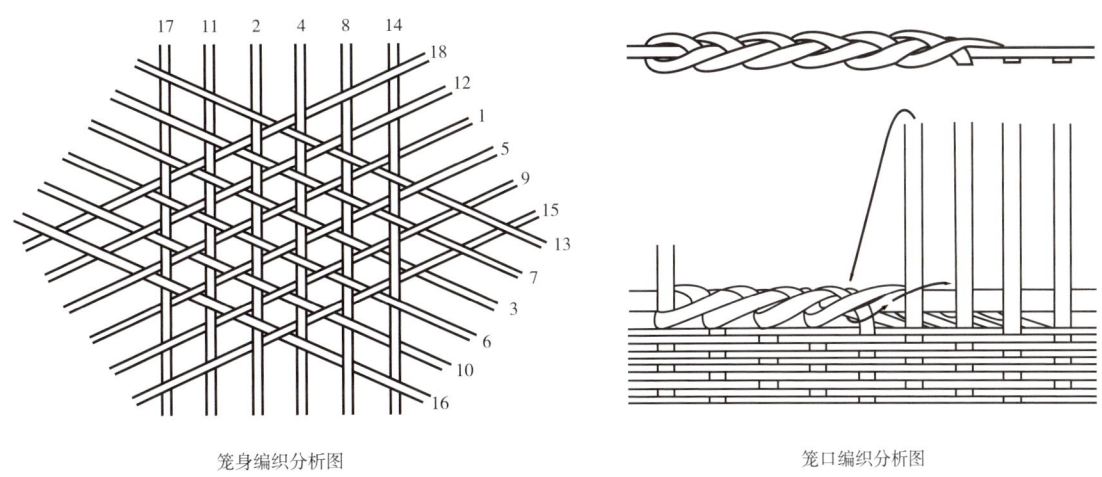

笼身编织分析图　　　　　　　笼口编织分析图

图三　哈尼族竹鸡蛋笼工艺分析图

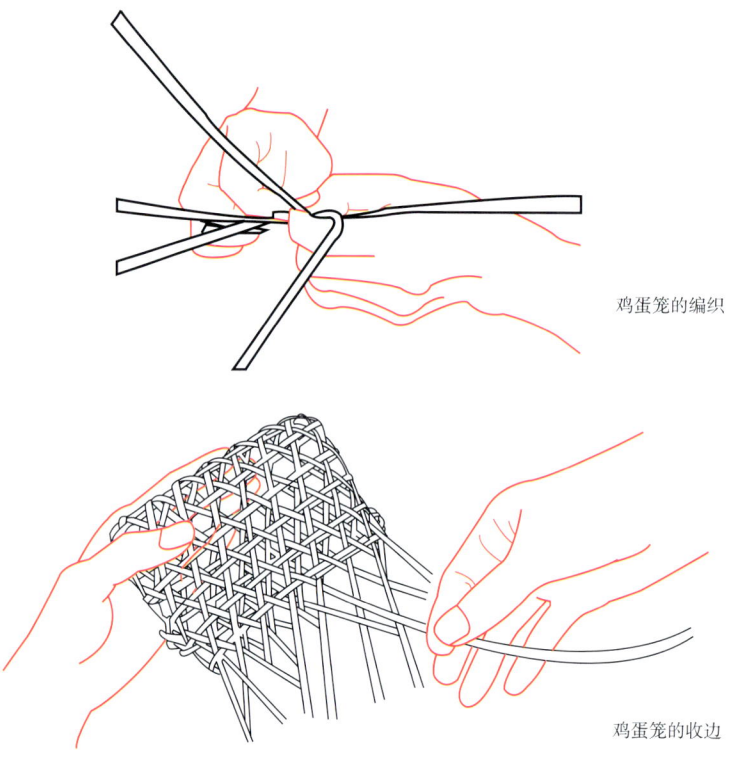

鸡蛋笼的编织

鸡蛋笼的收边

图四 哈尼族竹鸡蛋笼编制流程示意图

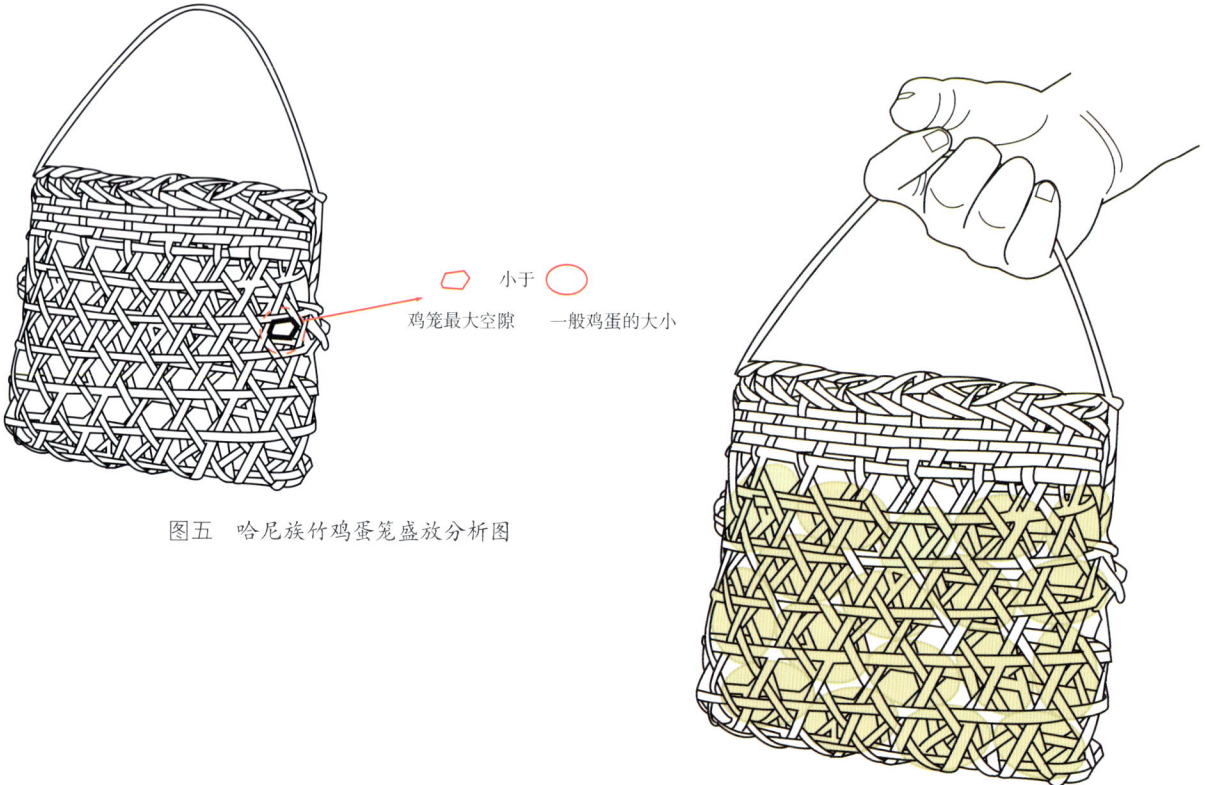

小于

鸡笼最大空隙　　一般鸡蛋的大小

图五 哈尼族竹鸡蛋笼盛放分析图

图六 哈尼族竹鸡蛋笼使用情境图

哈尼族捕鸟扑笼

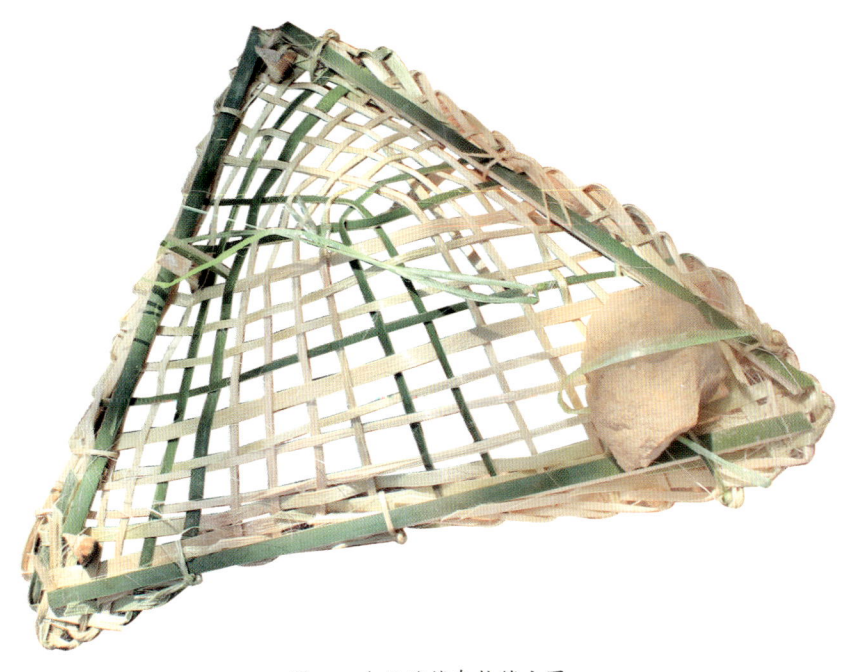

图一 哈尼族捕鸟扑笼主图

本案例为西双版纳州勐腊县坝落村哈尼族捕鸟扑笼，由苦竹编成，整体呈三棱锥状，边长35厘米，底高18厘米。捕鸟扑笼是哈尼族过去专门用于捕鸟的工具，需配以诱饵才能成功。

捕鸟时，捕鸟扑笼还需与拉杆、拉绳、诱饵杆、支撑架、石头配合，利用联动原理进行捕捉。首先，将扑笼用三个支撑架撑起并与地面呈60度夹角，以便鸟自由进入啄食。其次，将诱饵杆与石头以绳子相连并将绳套在拉杆上，将有诱饵杆的一头卡进竹扑笼下部的蔑编织的空洞内，在诱饵杆上放上引诱小鸟的食物，有石头的一端放在扑笼的上部。捕鸟扑笼的原理是，当鸟来啄食诱饵时牵动诱饵杆，然后带动拉绳子，失去了绳的拉力，石头下坠并罩住扑笼，来不及闪躲的小鸟便被捕住。扑笼底面由竹条构成三角形框架，内部则由竹篾经纬编织而成，以扭口法收口。扑笼上的空洞需小于鸟的大小才能将小鸟困于笼内。

哈尼族的捕鸟扑笼就地取材、制作简单，其联动装置设计上虽不复杂却高效实用。随着国家出台政策对野生动物的保护，禁止任何单位和个人非法猎捕或者破坏，哈尼族捕鸟扑笼已经不再使用。

图片来源
图一 顾怀灏 摄影
图二至图五 顾怀灏 制图

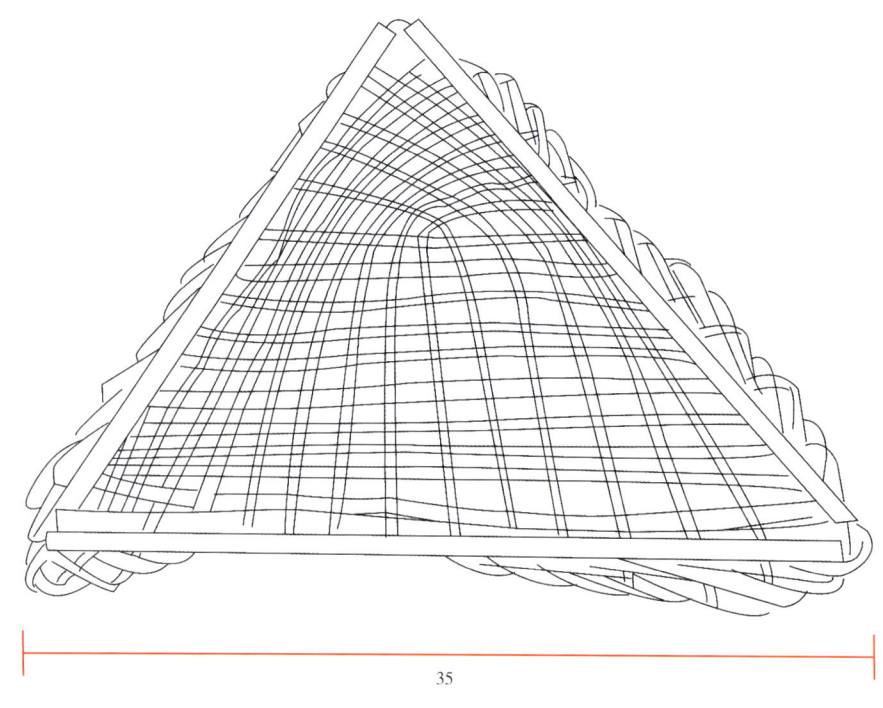

图二 哈尼族捕鸟扑笼尺寸图（单位：cm）

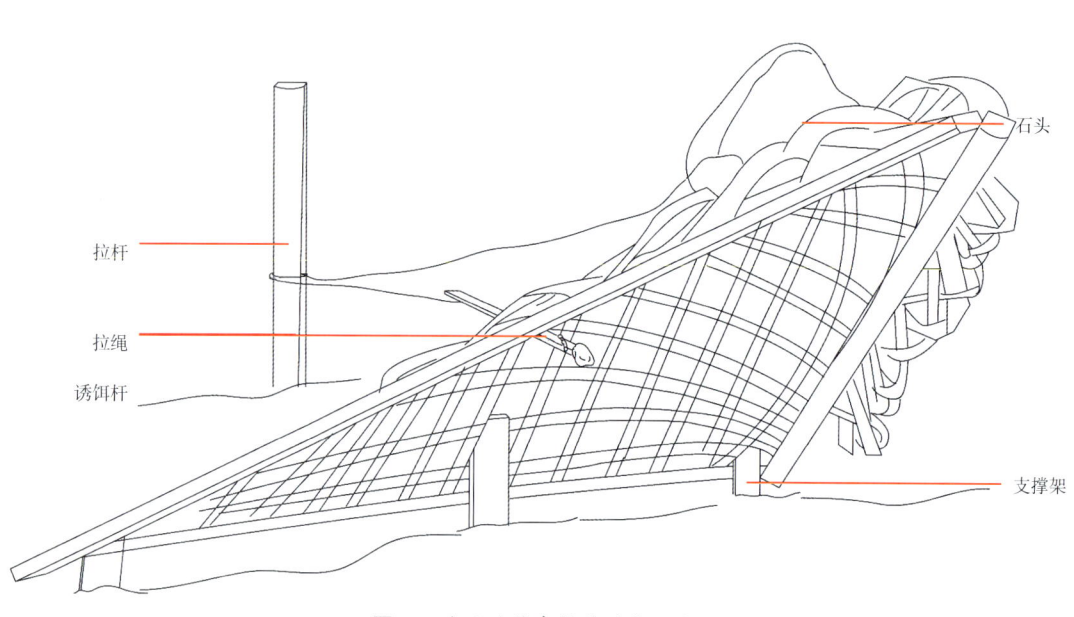

图三 哈尼族捕鸟扑笼结构名称图

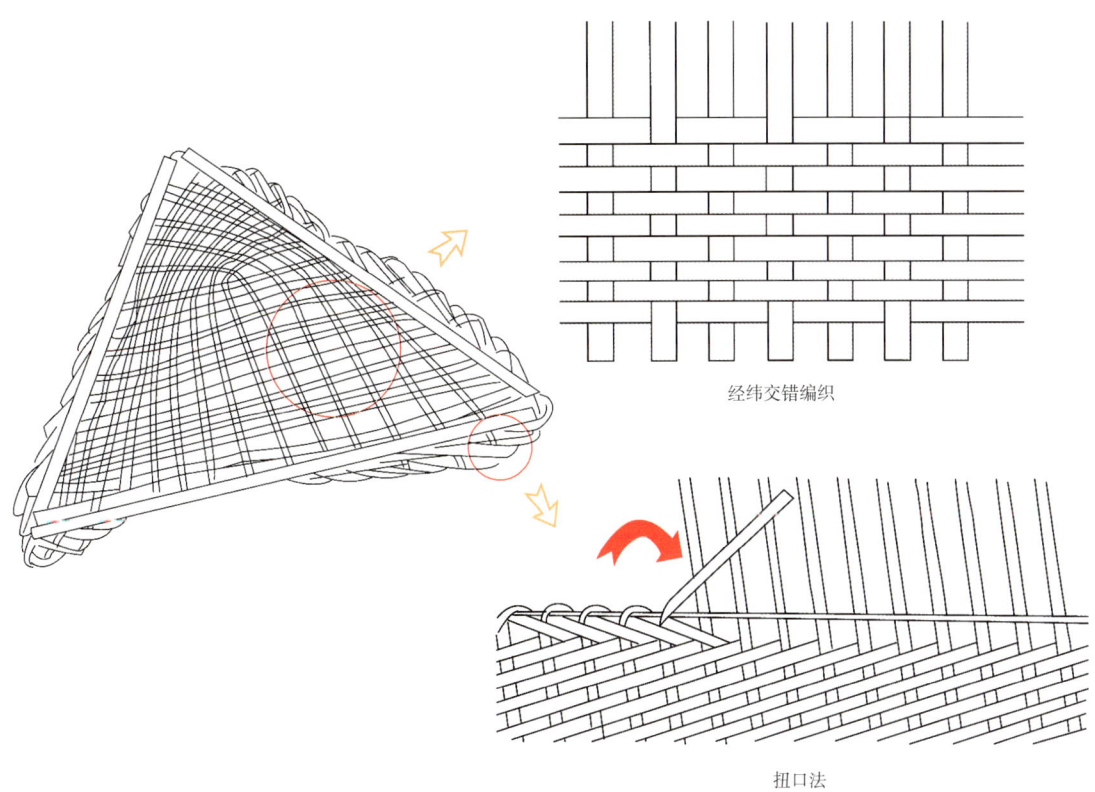

图四 哈尼族捕鸟笼工艺分析图

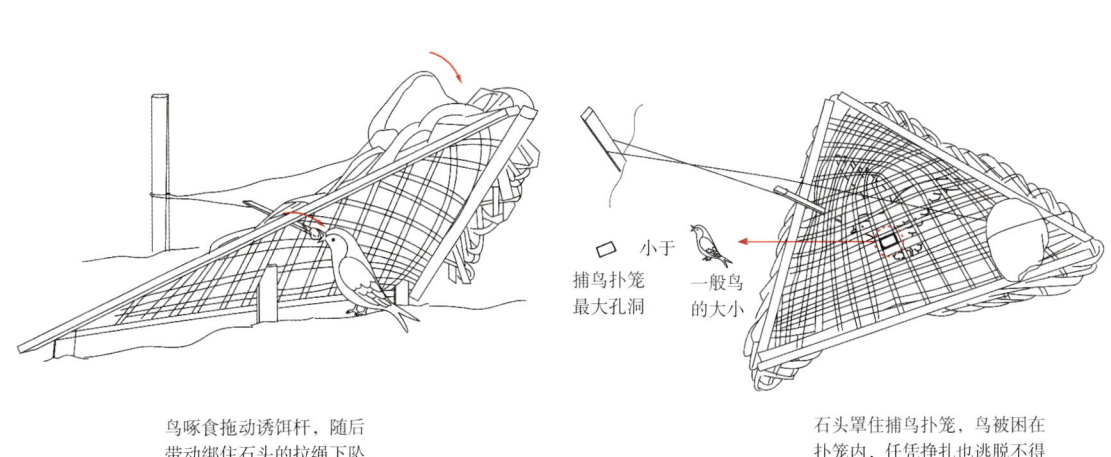

图五 哈尼族捕鸟笼工作原理分析图

第六章 哈尼族传统手工艺

403

哈尼族僾尼支系驱鸟竹筒

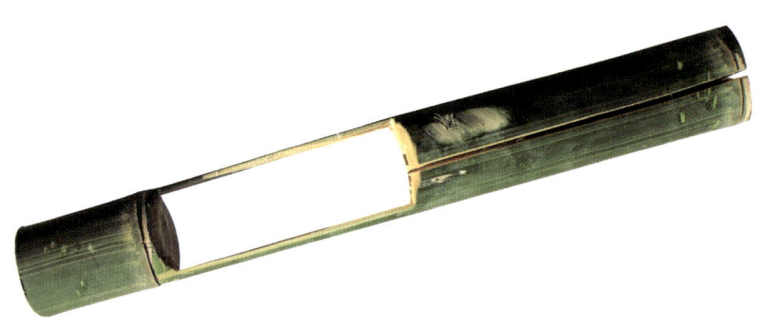

图一　哈尼族僾尼支系驱鸟竹筒主图

本案例为云南省西双版纳勐腊县关累镇坝落村哈尼族驱鸟竹筒，长44厘米，竹筒直径6厘米。驱鸟竹筒为哈尼族僾尼支系用来驱赶鸟儿啄食庄稼的护秋工具。

哈尼族驱鸟竹筒的选材讲究，采用竹材坚实的甜竹为原材料进行加工制作。驱鸟竹筒的制作步骤第一是伐竹。树应选择笔直、少枝丫和节疤、光滑的，直径约4～6厘米。伐竹工具采用的是篾刀，篾刀的刀背略厚，刀口稍薄，刀刃锋利且有一定的重量，这样用起来顺手，约0.5公斤重。第二破竹。取竹的一节，约44厘米。第三开口。在距离竹节尾部7厘米处开一个约15厘米的口，竹筒两边各留1厘米供人抓握，符合人机工程学原理。第四剖竹筒。将竹筒立起，由中心剖开。哈尼族人在制作整个驱鸟竹筒的过程中只需要一把篾刀即可完成。驱鸟竹筒的发音原理是在敲打时，AA'横截面与BB'横截面相互撞击，碰撞发声。驱鸟竹筒的操作方式简便，即把手握于开口的竹筒片上，上下来回敲动，鸟儿听到声音便会受到惊吓而飞走。

驱鸟竹筒的形制及制作都比较简单，虽然比较原始，却仍然被哈尼族人民广泛用于日常生活。驱鸟竹筒流行于西双版，闲暇时儿童也可以用其进行玩耍，颇具娱乐性。

图片来源
图一、图六　顾怀灏　摄影
图二　樊振杰　制图
图三至图五　顾怀灏　制图

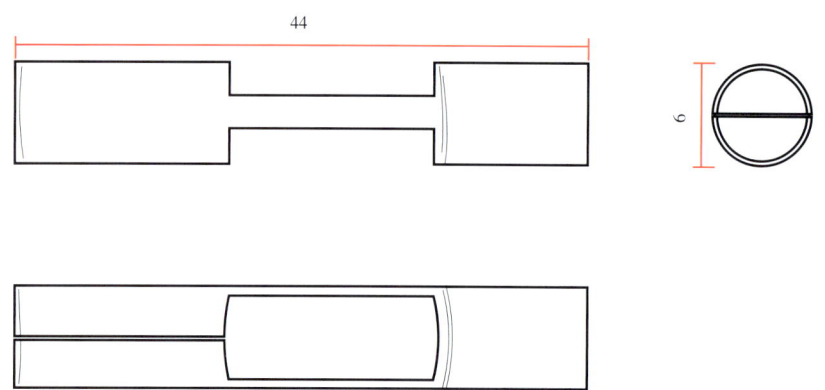

图二　哈尼族僾尼支系驱鸟竹筒尺寸图（单位：cm）

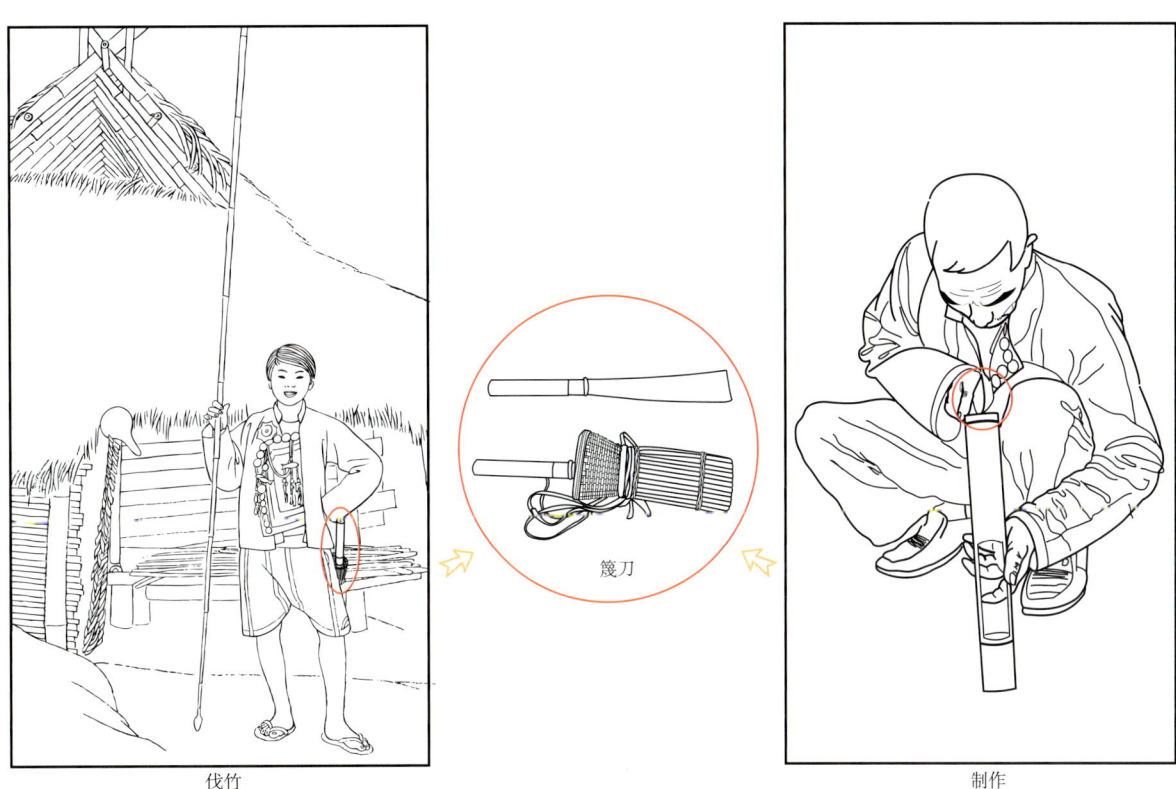

图三　哈尼族傻尼支系驱鸟竹筒工艺分析图

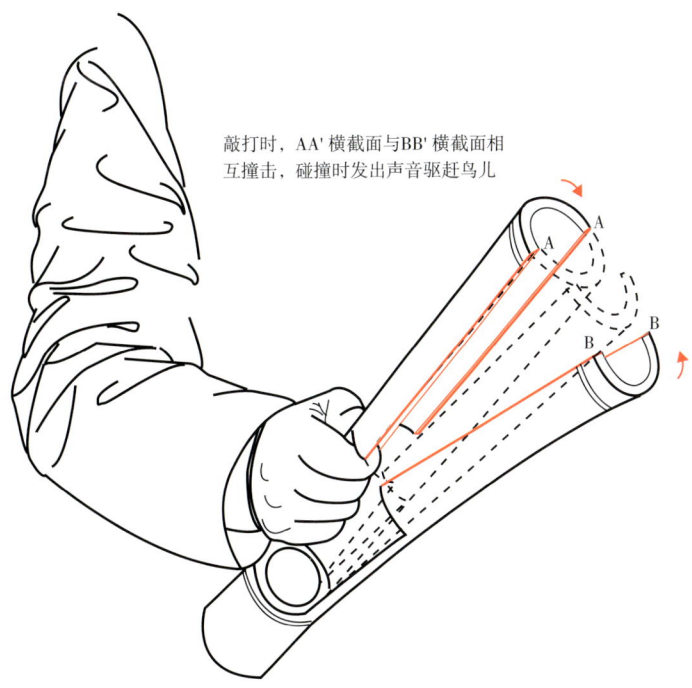

图四　哈尼族傻尼支系驱鸟竹筒工作原理分析图

第六章　哈尼族传统手工艺

图五　哈尼族僾尼支系驱鸟竹筒使用情境图（手绘图）

图六　哈尼族僾尼支系驱鸟竹筒使用情境图

哈尼族竹勺

图一 哈尼族竹勺主图

本案例为云南省西双版纳州勐海县哈尼族竹勺，全长35厘米，勺口直径11厘米，藏于云南民族博物馆。竹勺由竹斗和竹柄两部分组成，一般以龙竹作为原材料。竹勺可以盛水、酒、菜汤等液体。哈尼族竹勺的材料具有耐用保温的特点，至今受到哈尼族人们的青睐。

哈尼族竹勺的制作步骤是：①锯竹。选取粗细竹子各一根，将粗竹子锯成12厘米，细竹子锯成25厘米。②挖空内层纤维。并做剜口长度为12厘米。③将竹竿烤弯。弯曲的角度越大，烘烤的时间就会相应长一些，尽量使竹汗青出透、竹质变软；④斜口插榫。将竹衬的端头用篾刀斜向劈削成斜面形状以便安装，最后用竹钉固定。

这种竹勺在现今的哈尼族山寨井水泉边随处可见，一方面方便行人舀水喝；另一方面展示了哈尼族人善良的传统美德。同其他手工艺品相比，竹制品更能体现出自然与人的亲密关系，充分体现了哈尼族人民因地制宜，就地取材的生产技能和适形、适材、适艺的审美意识。

图片来源
图一　顾怀灏　摄影
图二、图四、图五　顾怀灏　制图
图三　温清格　制图

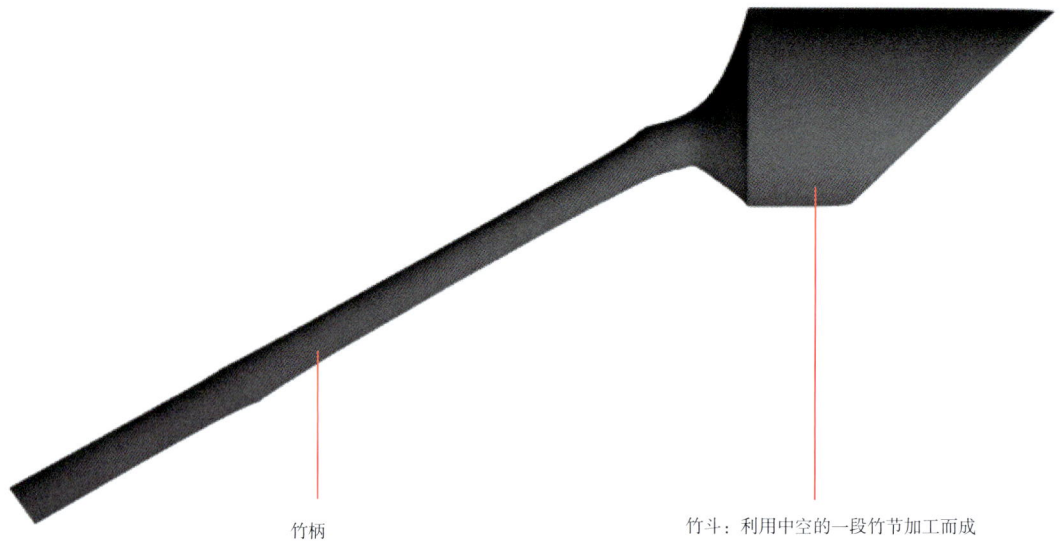

竹柄　　　　　　　　　　　　　竹斗：利用中空的一段竹节加工而成

图二　哈尼族竹勺结构名称图

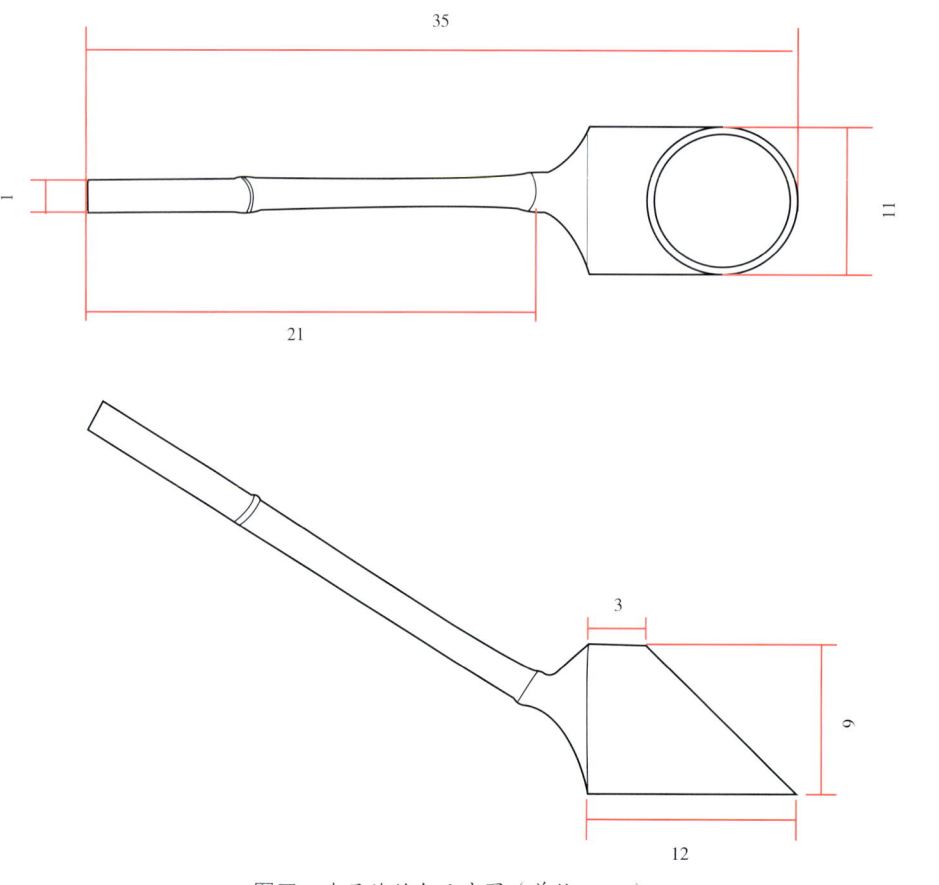

图三　哈尼族竹勺尺寸图（单位：cm）

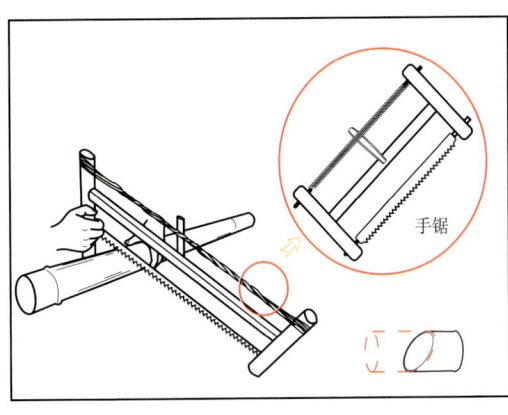
1.锯竹子

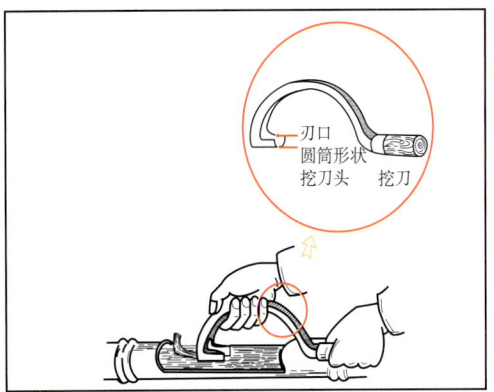
2.挖内层纤维

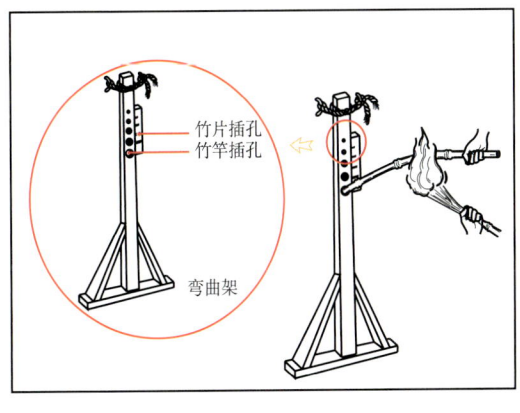
3.竹竿烤弯

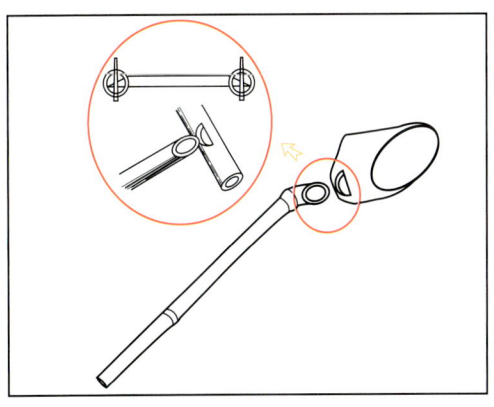
4.斜口插榫

图四 哈尼族竹勺工艺分析图

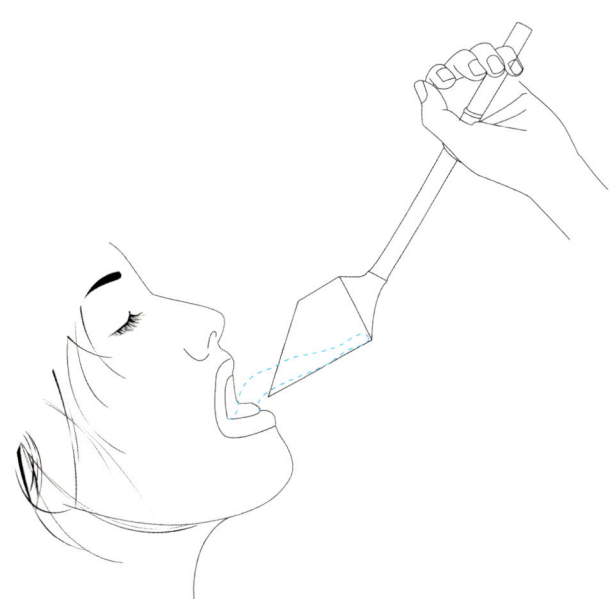

图五 哈尼族竹勺使用情境图

哈尼族竹编储种筒

图一　哈尼族竹编储种筒

本案例为云南省哈尼族储种筒，高17.7厘米，圆口直径18厘米，圆底直径15.5厘米。竹制储种筒是哈尼族喜用储存农作物种子的竹制盛器，敞口中用破布或棕片盖实，置放于火塘房的柱子或墙壁上，其特点是防湿、防鼠咬。

储种筒为圆桶形，由竹条、竹篾编织而成。储种筒由筒口篾圈、筒身组成。本案例储种筒筒口的圆形篾圈由宽竹条运用榫胶接头法制成，是整个储种筒的支撑框架，榫胶接头法是将竹条两端分别用锯锯成两个互相吻合的榫头，将榫头重合处涂胶后用夹子夹牢，待胶干后即成。筒身采用较细的竹篾，竹篾是用篾刀将竹子径向切劈开。筒身是用竹篾以经纬交错的方式编织，经线竹篾间有一定的距离。经纬交替构成的规则几何纹形式具有一定的形式美。储种筒的收口采用扎缠式缠口法，将缘口篾穿在篾针上，从口圈下沿位置穿过，将内外口圈及衬丝扎绕两圈，而后再在衬丝上缠绕数圈，接着再从口圈以及衬丝扎绕两圈，再缠衬丝，直至整个口圈编扎好。储种筒的制作材料简单，但制作工艺和技术却不简单。竹要经过浸泡、去皮、编织、熏蒸、晾晒、刷漆等多道传统工艺，从而达到防霉、防腐的目的。浸泡可以使竹子变软，易于弯曲且可增加其强度，以便编织。

农闲时，可将种子存于筒中悬挂起来，耕种时，可直接将装有种子的储种筒用绳子系于腰间，以便取种播种。储种筒材料易得，成本低廉，结构简单合理，具有储存功能的同时还可以对种子起到保护作用，其实用性使得储种筒深受哈尼族人民喜爱。

图片来源
图一　顾怀灏　摄影
图二　樊振杰　制图
图三至图六　顾怀灏　制图

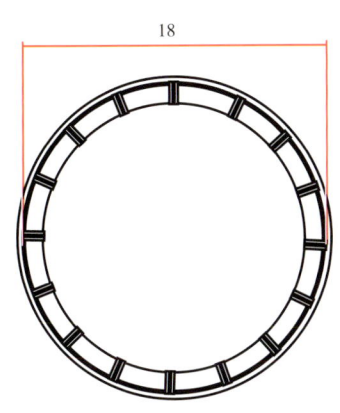
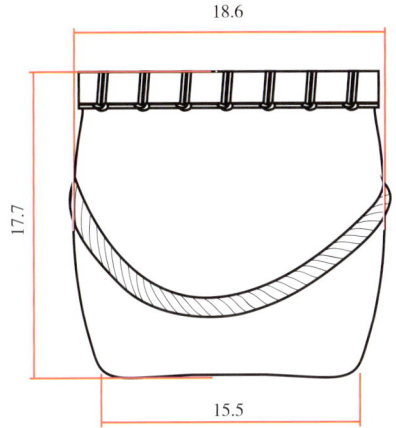

图二 哈尼族储种筒尺寸图（单位：cm）

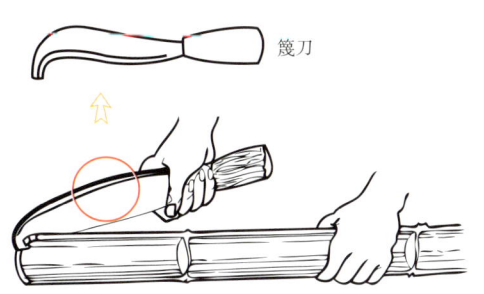
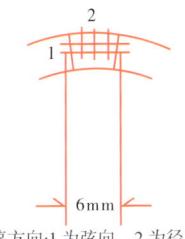
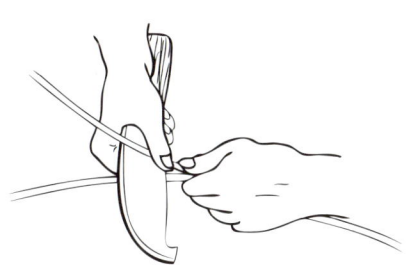

劈篾方向：1 为弦向，2 为径向

图三 哈尼族储种筒劈竹篾分析图

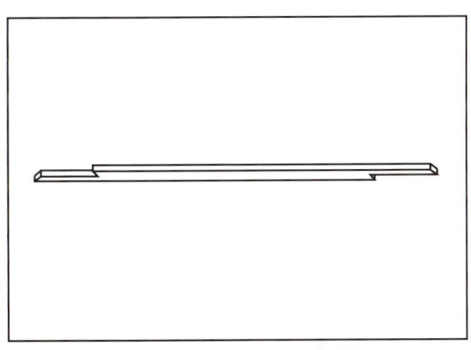

1.竹条两端锯成两个互相吻合的榫头

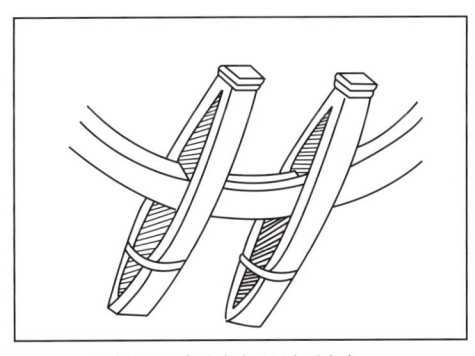

2.将榫头重合处涂胶后用夹子夹牢

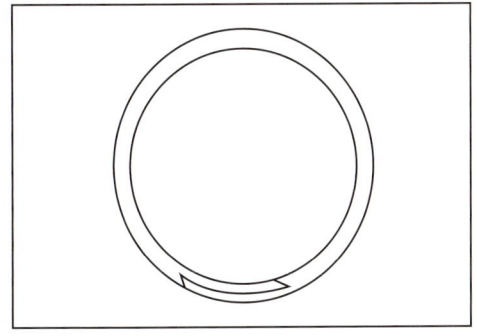

3.待胶干后即成

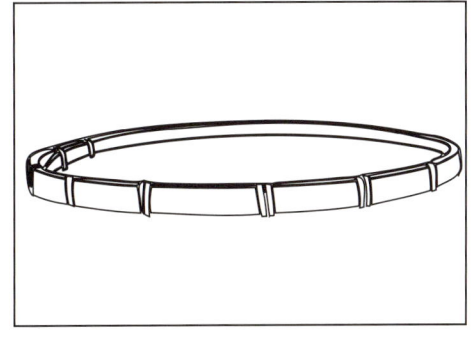

4.榫胶接头法

图四 哈尼族储种筒圆形篾圈榫胶接头法分析图

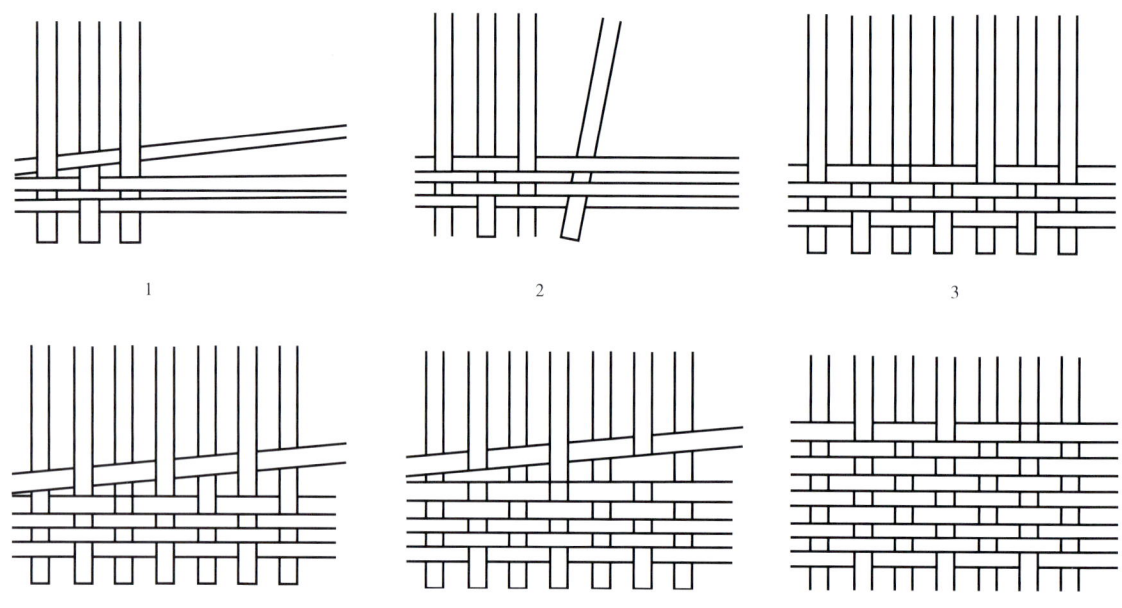

图五 哈尼族储种筒挑压编织分解分析图

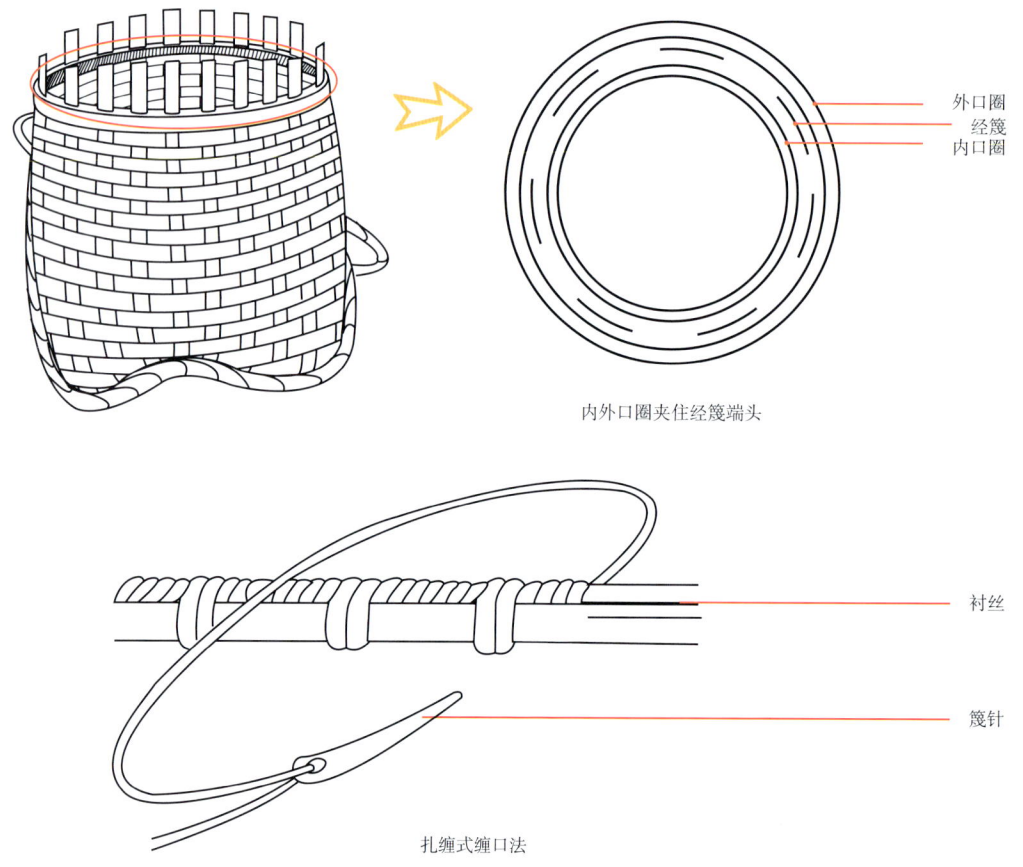

内外口圈夹住经篾端头

扎缠式缠口法

图六 哈尼族储种筒扎缠式缠口法分析图

哈尼族鳝鱼夹

图一　哈尼族鳝鱼夹主图

本案例为云南省红河州红河县哈尼族鳝鱼夹，长70厘米，厚1厘米。鳝鱼夹是哈尼族所创，顾名思义，是用来捕捉鳝鱼的工具。鳝鱼夹由三竹片组成，三竹片由中间接点相连，似钳，且前端刻出尖齿以防黄鳝滑脱，握端稍长，便于手握。

鳝鱼夹是选用比较粗壮而节隔间距较长的毛竹制作。其制作方法如下：第一用锯将竹节锯掉，取中间空桶部分；再用篾刀将其外壁的竹青全部劈掉。第二用手刨将表层削平，使竹筒各部分的厚薄基本一致（厚度为3毫米左右）。第三用刀在竹筒上劈开一道纵向的口子，再用钳子把圆筒夹住放在炉火上烘烤。烘烤时需要反复移动位置，使竹面各部分均匀受热；经过一段时间的烘烤，竹筒慢慢地向外伸展，伸展到一定程度，就成了一块带弧形的竹板。第四待竹质已变成软绵状态，迅速用钳子将其拉伸，然后把它铺在平坦的水泥板上，用脚把板踩平。第五将竹板夹在两块平木板之间，上面适当加压，使竹板完全平整。等竹板完全冷却后，即成了一块平整的竹板。第六用钉子组装起鳝鱼夹。

哈尼族人非常熟悉鳝鱼夜晚活动的生活习性，因此哈尼族人便在夜晚捕捉鳝鱼。鳝鱼夹形制简单，单双手皆可操作，在夜晚捉拿鳝方便操作，是哈尼族劳动智慧的结晶。

图片来源
图一　顾怀灏　摄影
图二至图六　顾怀灏　制图

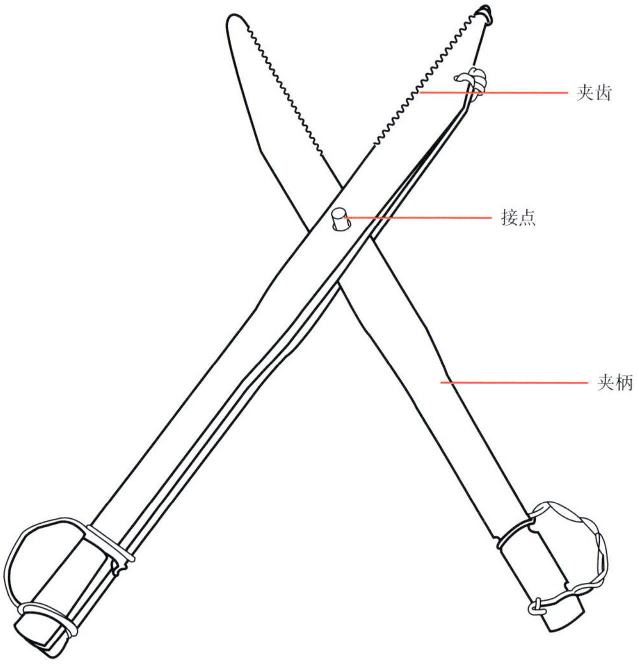

图二　哈尼族鳝鱼夹结构名称图

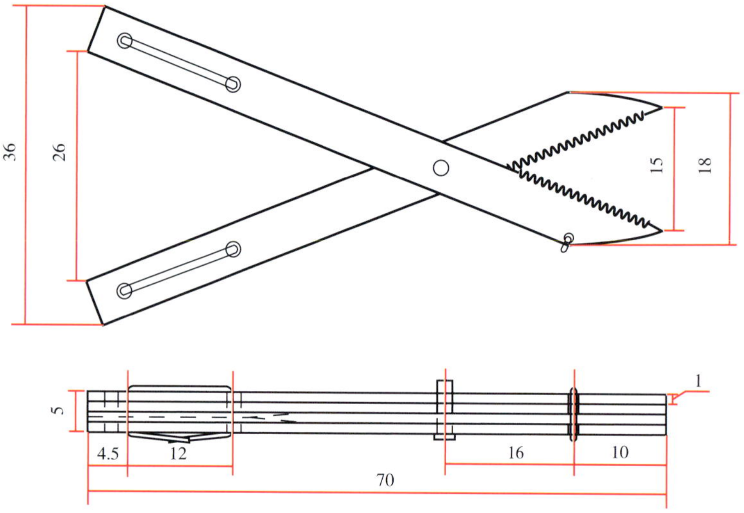

图三　哈尼族鳝鱼夹尺寸图（单位：cm）

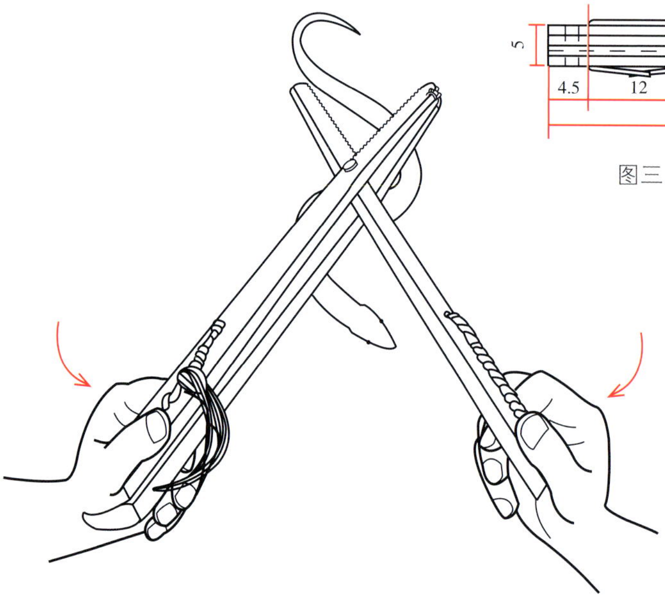

图四　哈尼族鳝鱼夹操作分析图

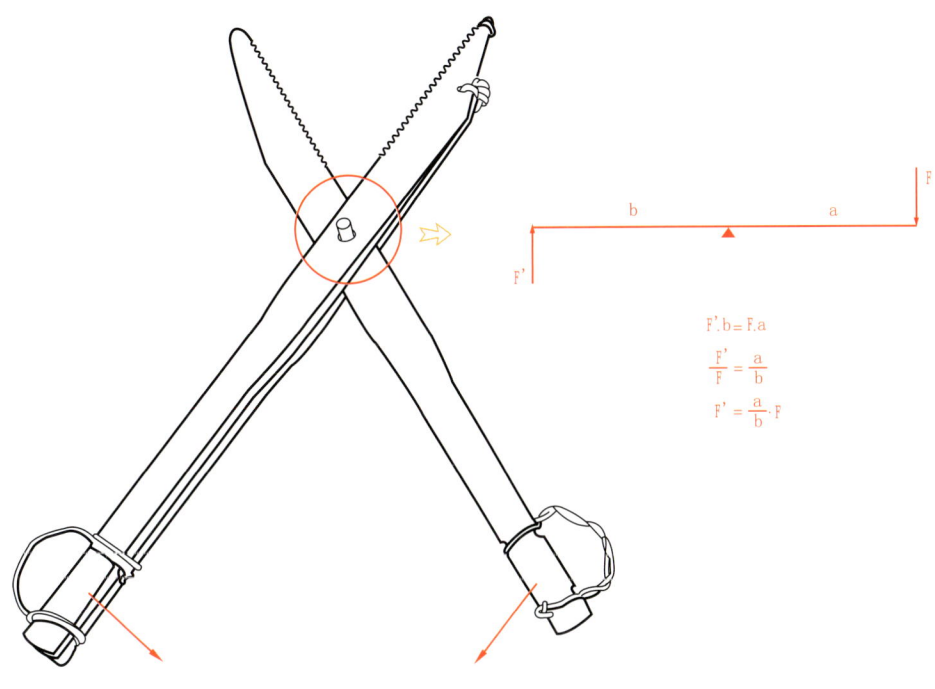

图五　哈尼族鳝鱼夹力学分析图

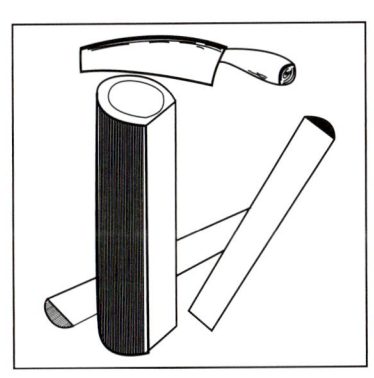

1.锯竹节，取中间空桶，篾刀劈开竹青

2.用手刨削平节峰

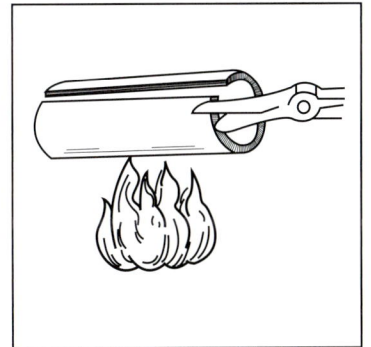

3.用刀在竹筒上劈开纵向的口，用钳子把竹筒夹住在火上烤

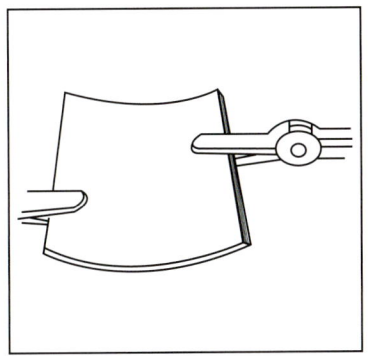

4.竹质变软时，迅速用钳子将其拉伸

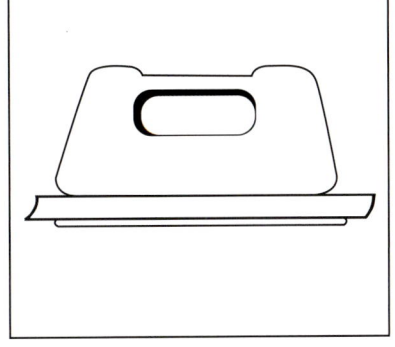

5.竹板夹在两块平木板之间，上面适当加压使其完全平整

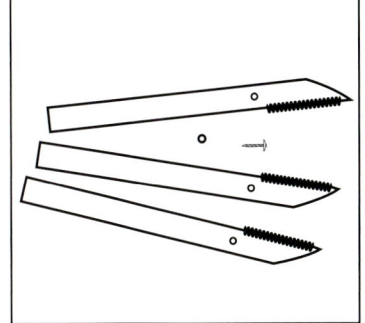

6.用钉将竹板定型成鳝鱼夹

图六　哈尼族鳝鱼夹工艺分析图

第七章 哈尼族民俗与宗教造像

哈尼族爬封火楼

图一　哈尼族爬封火楼主图

本案例为云南省普洱市墨江县哈尼族爬封火楼。爬封火楼是云南省普洱市墨江县哈尼族的生活习俗，封火楼就是房顶的茅草形成的三角形空间，相当于阁楼。封火楼没有楼梯，只在封火楼入口处竖一根竹竿，作为爬上封火楼的简易梯子。竹梯是通往封火楼的唯一通道。封火楼除了是少年们睡觉、玩耍的地方，也是青年男女恋爱的场所，因此在封火楼上发生的活动就叫"爬封火楼"。

哈尼族人一般是十二三岁的时候，就和父母分开了，父母就让他们去封火楼上睡。到了十三四岁就开始谈情说爱寻找自己的意中人，如果姑娘们住的封火楼的窗子是开着的，说明这家姑娘还没有找到心上人。父母一般都不会干涉子女们的爬封火楼活动，倒是常常为自己的儿子或女儿没有异性年轻人爬封火楼而担心。一到谈婚论嫁的年龄，相互倾心的青年男女一般相约于封火楼。每次约会男方都要在女方窗下吹巴乌，唱情歌，女孩若以同样的方式回应，则表示男方可以爬进女方居住的封火楼。通过一段时间的相处之后，双方确定了恋爱关系，在双方父母不反对的情况下，就正式嫁娶。除了墨江地区，其他地区哈尼族的青年男女也经常通过集体聚会、唱歌、跳舞、乐器等进行社交或传情。

如今，随着哈尼族民居改造，封火楼濒临灭绝，随之爬封火楼的传统恋爱习俗也逐渐消失。封火楼承载了哈尼族美好的恋爱故事。

图片来源
图一　孙寒　制图
图二、图四、图五　魏溥均　制图
图三　刘翔宇　摄影

图二 哈尼族封火楼结构名称图

图三 哈尼族爬封火楼竹梯图

图四　青年男女通过集体聚会歌舞社交

图五　青年男女通过乐器相互传情

哈尼族婚礼习俗

图一　哈尼族婚礼习俗主图（抢亲）

本案例为云南省玉溪市元江县羊街乡哈尼族婚礼习俗。哈尼族的基本婚姻制度是一夫一妻制，严禁同一宗族通婚。但不同支系或不同地区之间的婚俗也并不一致，例如元江县的碧约支系与卡多支系，便是姑舅表婚优先。元江县羊街乡哈尼族对姑舅表亲并没有特殊的规定。

婚礼当天，新郎带领着迎亲的队伍吹着唢呐去迎娶新娘，迎亲的队伍主要由新郎、新郎的姑姑、新郎的姑父、吹唢呐的人、伴郎等组成，伴郎一般有十几人之多。新郎的姑父要拿一杆秤装在包里，以示新郎家是用彩礼将新娘娶进门的，而彩礼则在提亲时便给了新娘家。新郎的姑姑需用背锁背一背篓到新娘家。除了这些，迎亲的队伍还需带上半瓶水和半瓶酒。而新娘则早就穿上精美的结婚礼服，等待迎亲队伍。新郎到达后，要与新娘一起向新娘的父母磕头拜别。新娘家需要将新郎带来的半瓶水与半瓶酒分别装满，以示圆满，并由迎亲队伍带回。新娘的娘家要为新娘准备好装衣服的篾箱，将新娘的日常用品带去婆家，除此之外，还要带一把砍刀、一个背锁和一件蓑衣，以此来告诫自己的女儿，到了婆家也一样要勤俭持家。在出发之前，伴娘们要将新娘围在中间，抱在一起哭嫁。新郎和伴郎们这时要发起进攻抢亲。其实哭嫁与抢婚最初是出现在母系氏族后期，男人们为了反抗，在婚姻关系中获得主动权，便出现了抢婚，而女人恐惧的同时又没有能力去反抗，只能哭泣。而如今哭嫁和抢亲已然演变成为一种婚礼过程中的仪式，哭嫁对新娘来更多的是由于对娘家与故土的不舍。还有很多哈尼族地区新娘离开娘家时要唱哭嫁歌，更有甚者在出嫁的前三天便开始唱。所有事情都准备妥当后，新娘要由哥哥或弟弟背着送到村口。到达新郎家所在村的村口时，贝玛在一只活鸡和一只活鸭之间绑上一根线，新郎新娘要共同跨过，以示为一对新人扫去霉气。来到新郎家还要举行酒宴，宴请亲朋好友。

如今，越来越少的人举办哈尼族传统的婚礼，现代的哈尼族婚礼逐渐将传统婚礼简化，并且增加了许多符合新时代的新内容，在保持哈尼族文化特征的同时，又与时俱进增添新的特色。

图片来源
图一、图二、图五　白建雄　摄影
图三　魏溥均　制图
图四　熊婷　制图

图二　哈尼族婚礼娶亲队伍

图三　羊街乡哈尼族婚礼中贝玛在村边为新人扫霉气

图四　哈尼族婚礼新人向长辈敬酒

图五　哈尼族婚礼哭嫁

哈尼族莫搓搓葬礼

图一　哈尼族莫搓搓葬礼主图

本案例为云南省玉溪市元江县羊街乡哈尼族莫搓搓葬礼。图一为羊街乡、那诺乡一带的哈尼族莫搓搓葬礼。莫搓搓，哈尼语，"莫"意为"老者、长者"，"搓"意为"跳"，"莫搓搓"意为"为死去的老者跳舞"。如今的哈尼族普遍实行土葬。哈尼族的丧葬活动分为四种等级，主要是根据丧葬的隆重程度而言，如杀牲的多少、祭祀活动的繁简、祭词应用的多少划分，最高等级的葬礼就是莫搓搓。莫搓搓葬礼的死者需是正常死亡且德高望重的高龄老者，家庭成员也必须是三代以上同堂。除此之外，举办莫搓搓葬礼的家庭还需具备一定的经济基础，因为这种葬礼花费很大，因此只有少数富裕人家才能举办。

举办莫搓搓的家庭，在老人去世后第一件事就是去请贝玛，在贝玛的主持下，开始准备丧事。莫搓搓葬礼的灵柩在家中摆放时间较长，丧家会利用这段时间做各种祭祀活动，葬礼活动前后需要四五天时间。老人去世的第二天则要派人去向亲朋好友家里一一报丧，前去报丧的人需两人为一路。接到丧报的主家需杀一只鸡给前来报丧的人食用。第二天除了报丧还需贝玛挂魂幡，这是莫搓搓葬礼特有的仪式。魂幡上的内容用绳子穿起来，其内容从上到下分别是：月、日、篦子、梳子、鹰以及白布。魂幡需以一条细长的竹秆挂于房顶上。接到丧报的亲朋好友需在第三天的晚上来到丧家吃饭，吃完饭开始跳莫搓搓舞一直跳到第四天早上天亮为止，跳莫搓搓舞需以牛皮鼓、铓锣、唢呐等乐器以伴奏助兴。有的人家在第四天的时候便举行出殡仪式，有的则要延后，这样根据贝玛所算出的出殡吉时来确定，但都是在莫搓搓舞结束就立即出殡。葬礼的最后需要贝玛来主持叙家谱，目的是让死者的灵魂知道自家的谱系。在出殡的过程中要举行过棺仪式。

哈尼族丧葬主要包括火葬、土葬、树葬、水葬等形式。历史上很长一段时间，火葬是哈尼族最主要的丧葬形式。乾隆《开化府志·风俗、人种》卷九载："窝泥丧无棺，吊者击锣鼓摇铃，头插鸡尾跳舞，名曰'洗鬼'，忽饮忽泣三日，采松为架，焚而葬其骨，祭用牛羊，挥扇环歌，拊掌踏足，以钲鼓芦笙为乐。"不同的死亡方式、不同年龄阶段，葬礼的形式不同。清代中叶以后，土葬逐渐代替火葬。莫搓搓葬礼较为复杂，耗资很大，目前，在哈尼地区已经很少举行这种葬礼仪式。

图片来源

图一　云南玉溪地区文化局艺术研究室. 哈尼梯田文化. 北京：中国民族摄影艺术出版社，1995：67.

图二　项李　制图

图三　张亚堃　制图

图四　魏溥均　制图

图五　顾怀灏　制图

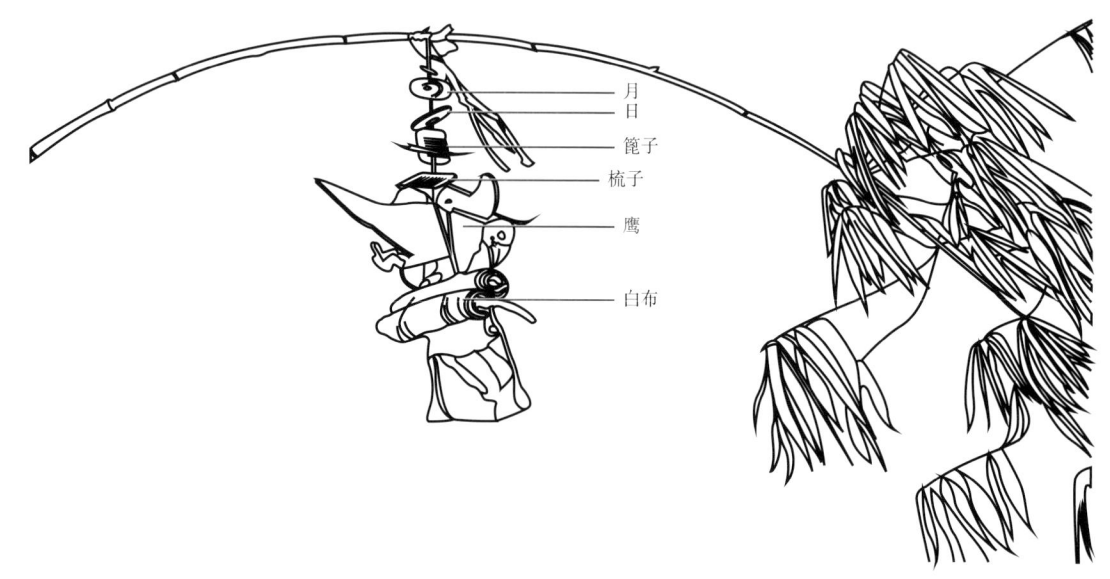

图二　哈尼族莫搓搓葬礼魂幡结构名称图

图三　哈尼族莫搓搓葬礼跳莫搓搓舞

图四　哈尼族莫搓搓葬礼贝玛念经

第七章　哈尼族民俗与宗教造像

图五　哈尼族莫搓搓葬礼跳莫搓搓舞乐器图

哈尼族十月年

图一　哈尼族十月年主图（长街宴）

本案例为云南省红河州红河县哈尼族十月年。十月年，即哈尼族的新年，不同地区或支系哈尼语中对十月年的称呼不尽相同，红河地区称之为"扎特勒"，西双版纳一带称之为"嘎托帕"，普洱地区称之为"蜜色嘎"。不仅如此，各地区的具体日期与持续时间也不一致，但哈尼族的历法以农历十月为岁首，因此都集中在农历十月。本案例十月年是在农历十月的第一个属龙日至属猴日结束，共持续5~6天。

十月年的第一天，家家户户忙着舂粑粑、杀猪、宰鸡鸭。逢年过节祭祀是哈尼族人必不可少的环节，十月年期间每天早饭、晚饭前都要用小簸箕装上一杯酒以及三个饭团到村口倒掉，祭祀祖宗以及鬼神。哈尼族人十分注重亲人间的关系，十月年期间出嫁的姑娘也要回家，娘家人也会盛情款待，并准备粑粑、鸡蛋等给已出嫁的女儿带回夫家。十月年期间最热闹的活动便是长街宴。长街宴在不同的哈尼族聚居地举办的时间并不一致，有的地区也会在苦扎扎或昂玛突节期间举行。甲寅乡至今仍延续着这一盛大的活动，甚至有些寨子还保持着长街宴的原始风貌。哈尼族人的长街宴不仅会邀请同族的亲戚朋友，还会邀请其他民族的朋友共同庆祝，同时还可以互相交流生产经验等。哈尼族人对远道而来的朋友的最特别且隆重的欢迎仪式便是献上一杯"拦路酒"。长街宴需由寨子里德高望重的长老们坐在龙头的宴席上，甲寅乡长街宴的龙头设在甲寅水井前。除此之外，十月年期间更是哈尼族青年男女们社交聚会的好时机。

十月年和汉族的春节一样，是为了辞旧迎新，但同时也是哈尼族人庆祝丰收的日子。十月年期间举办长街宴，无论在时间还是物资上都具备充足的条件。十月年充分体现了哈尼族人民对宗亲的重视以及热情好客的性格特征。如今，随着时代的发展，很多地方的十月年以及长街宴已然发展成一项旅游项目，吸引更多的人慕名前来。

图片来源

图一、图五　温清格　制图
图二　戈珊珊　制图
图三　熊婷　制图
图四　薛冬至　制图

图二　哈尼族十月年杀猪

图三　哈尼族十月年舂粑粑

图四　哈尼族十月年拦路酒

图五　哈尼族十月年长街宴龙头

哈尼族黄饭节

图一　哈尼族黄饭节主图

本案例为云南省红河州红河县哈尼族黄饭节。黄饭节，哈尼语为"卡窝棚""伙施施"。红河县黄饭节也意味着开秧门，并以传统的祭祀仪式来迎接春季播种的重要农事活动。

黄饭节一般不必选择特定的日子，但要避开自家人生日的属相日。黄饭节的食物非常具有民族特色，家家户户都要染黄糯米饭，煮红蛋，黄饭节的名称也源自于此。当地有习俗要让家里的牛也吃一点黄饭，这样秋天时的稻谷就会像黄饭一样色泽金黄，也会像红蛋一样颗粒饱满，预示着大丰收。开秧门仪式要在寨中最大的水田里进行，这块田主人家的主妇拔第一把稻秧，由寨子里面威信高且富有经验的长者栽第一窝秧苗，以祈祷秋天大丰收，开秧门后，大家才能开始下田插秧。有的地方在栽插期间，流传有打"泥巴仗"的习惯，主要是在栽秧姑娘和小伙子之间展开的。这种泥巴传情的方式，富有山寨的浪漫情调。人们还会举行祭祀活动，祈求水神保佑秧苗茁壮。

黄饭节虽然并不盛大，但却是哈尼族一

年当中最重要的农事祭祀活动之一,并在活动中将美好的愿望物化,哈尼族人认为黄饭象征充满希望的花朵,红蛋象征丰硕的果实,体现了哈尼族人对农耕的高度重视。

图片来源
图一、图三、图五　刘金兰　制图
图二　温清格　制图
图四　薛冬至　制图

图二　哈尼族黄饭节做糯米粑粑

图三　哈尼族黄饭节红蛋

图四　哈尼族黄饭节田间祭祀

图五　哈尼族黄饭节哈尼族姑娘插秧

哈尼族奕车支系仰阿娜

图一　哈尼族奕车支系仰阿娜

本案例为云南省红河州红河县大羊街乡哈尼族奕车支系仰阿娜。仰阿娜为哈尼语，意为众人聚在一起玩乐休息。仰阿娜是哈尼族奕车支系特有的民间传统节日，由于其主体为奕车支系的姑娘，因此仰阿娜又称"赶姑娘节"。仰阿娜一般是在每年的三月举行，插秧完毕的哈尼族人正是农闲时节。仰阿娜是哈尼族奕车支系青年男女们聚会的盛典，也有传说是为了纪念名叫仰阿、娜类的恋人的爱情。

仰阿娜的当天早晨，历来都是由妥垤村、妥龙村里德高望重的长老到孟子轰都山顶主持祭祀，祈求风调雨顺、五谷丰登、安康吉祥，孟子轰都山是羊街乡最高的山。上午十点后，姑娘们盛装打扮，手持白伞，带着小三弦，赶往孟子轰都山。服饰对于奕车支系的姑娘来说非常重要，她们的上衣微露胸部，超短裤使双腿裸露在外。对小伙子们来说，这次聚会更像是一场化装舞会，他们会将自己装饰成各种样子，并带上自己的信物。大家聚在孟子轰都山上，弹琴、唱歌、跳舞，若这过程中，姑娘和小伙子遇上自己倾心的对象，便可互相交换信物，若是姑娘不喜欢男方便送一面小镜子以示拒绝并留作纪念，若是姑娘喜欢对方便将自己的白头巾送给男方。传统的仰阿娜，姑娘们可以准备几条白头巾以应付不同男子的追求，男子们也可以同时与几名姑娘相约。

仰阿娜无论是从奕车姑娘的服饰还是从青年男女们所交往的方式上，都体现出哈尼族奕车支系的恋爱是自由的、开放的和纯粹的。早在1000年前奕车支系就开始了仰阿娜的习俗,从未中断,但随着社会文明的发展以及现代文化的影响,仰阿娜的风俗逐渐转变。

图片来源
图一　李嘉华　摄影
图二、图四　温清格　制图
图三　张殊　制图
图五　高淑慧　摄影

图二　哈尼族奕车支系仰阿娜姑娘服饰

图三　哈尼族奕车支系仰阿娜男子装扮

图四　哈尼族奕车支系仰阿娜村寨贝玛在孟子轰都山顶祭祀

图五　哈尼族奕车支系仰阿娜山顶聚餐

哈尼族苦扎扎

图一 哈尼族苦扎扎节主图（祭磨秋）

本案例为云南省玉溪市元江县那诺乡哈尼族苦扎扎，又称六月年，西双版纳地区称为耶苦扎。不同地方苦扎扎的时间不尽相同，有的地区是在农历的四月、五月或是七月举行。尽管时间不一，但却都会在栽秧完毕之后，大致进行4～6天，有的地区甚至是过一轮（十三天）。苦扎扎是哈尼族一年当中最盛大的宗教节日之一，也是最重要的全寨性的农业祭祀活动。

那诺乡的苦扎扎在六月举行，一般为5天。苦扎扎的第一天基本上是进行准备工作，杀鸡宰鸭。第二天每家都要舂粑粑。寨子里的人们从山上砍回一棵挺直的松树，为架磨秋做准备。第三天寨子里要杀猪，并将猪肉平均分给每家每户。第四天则是苦扎扎节的高潮，在这一天还要举行公祭。苦扎扎节最热闹的活动便是磨秋、转秋和秋千，其中最特别的便是打磨秋，哈尼族不论大小村寨都设有磨秋场。将磨秋凿好并架起后，请寨子里德高望重的长老祭祀"开秋"，然后要请长老先象征性地打几圈磨秋，其他人才可以开始，磨秋转得越快大家越开心。寨子里的人们都盛装出席，聚集在磨秋场唱歌、跳舞、打磨秋、荡转秋、荡秋千，尽情地狂欢。传说这一天会有天神来到人间。苦扎扎节的最后一天要举行"送秋"仪式，每家每户都要请长辈一手拿着小簸箕和松枝点燃的火把，另一手敲击着小簸箕，将家中里里外外不好的东西一直赶到村寨外，这标志着苦扎扎节的结束。临近的羊街乡在苦扎扎的最后一天要在自己的屋子里面和屋子外面杀鸡鸭，在屋子里面杀意味着送走回到家里的祖先，在外面杀便是送来到家里的天神。

苦扎扎节在不断的发展中其宗教祭祀意义已经不断的淡化，其社会功能也发生了转变，成为哈尼族在社会经济下发展旅游文化产业的重要项目之一，但我们仍然能看出苦扎扎节背后哈尼族人祈求风调雨顺、五谷丰登的美好愿望和对天神与祖先的信仰，还有哈尼族对生命的尊重，和对延续后代的期盼。

图片来源
图一至图四　刘金兰　制图
图五　白建雄　摄影

图二　哈尼族苦扎扎节酱磨秋

图三　哈尼族苦扎扎节开秋祭品

图四　哈尼族苦扎扎节敬酒

图五　哈尼族苦扎扎节打磨秋

哈尼族新米节

图一　哈尼族新米节主图（献新谷）

本案例为云南省红河州红河县哈尼族新米节。新米节，也称尝新节，哈尼语称"称世称扎"。新米节的目的一是庆祝丰收；二是用新米祭献诸神仙及祖宗保佑明年来年的好收成。

新米节一般在农历八月举行，但没有统一的具体日期。选一个吉祥日子，清早由女主人从田里连根带回一捆有穗的稻子，将谷粒搓出并晒干。用舂好的新米煮一锅米饭，然后将新米饭连同酒肉摆在供桌上面，以请各天神及祖宗品尝，以保佑来年秋天的丰收。祭祀完毕后要先盛一碗新米饭给狗吃，然后大家才可以开始吃新米饭。关于要先给狗吃新米饭的习俗，与流传在红河一带的传说有关。新米节时，哈尼族人便会准备好酒好肉宴请亲朋好友，客人越多的人家，就预示着来年日子过得越好越吉利。西双版纳哈尼族的尝新节与红河地区不同，一般在九月底十月初举行，其行序较红河地区要复杂隆重，整个过程由尝新、收谷、装谷三部分组成。

新米节虽不如昂玛突、苦扎扎等节日盛大，但对于哈尼族人来说每件农事进行前都要进行祭祀活动是必不可少的一道程序，体现了哈尼族人对神灵以及祖先的崇拜。

图片来源
图一　孙寒　制图
图二、图三　魏溥均　制图
图四　温清格　制图

图二　哈尼族新米节背新谷

图三　哈尼族打新谷

图四　哈尼族新米节宴请亲朋好友

哈尼族昂玛突

图一 哈尼族昂玛突主图（贝玛祭献）

本案例为云南省红河州红河县大羊街乡哈尼族昂玛突。昂玛突为哈尼语，"昂玛"为人名，是哈尼村寨的寨神，村寨的最高保护神，保佑哈尼村寨五谷丰登、人畜兴旺。"突"的意思是祭祀，昂玛突即祭寨神。昂玛突在各村寨的名称也不尽相同，有的村子又称昂玛突为昂玛咪扎、普玛突、祭竜树、祭龙，等等。昂玛突是哈尼族最盛大的节日之一，每个村寨举行昂玛突的时间不一，但集中在农历十一月至次年三月之间，总体上都是在春耕之前，持续时间也不一致。祭祀场所在哈尼村寨的寨神林，咪谷（哀牢山称咪谷，西双版纳称最玛，汉族称龙巴头，部分地区或支系的称呼不尽相同）担任昂玛突的主祭者，贝玛在昂玛突祭祀中也要听从咪谷的指挥。每个地区、支系甚至村寨的"昂玛突"的行序都有所区别。

大羊街乡哈尼族昂玛突在农历正月的第一个属龙日进行，持续时间为1天。家家户户在"昂玛突"的前一天或者昂玛突当天的清晨准备好祭祀所用的糯米粑粑等祭品。昂玛突当天的中午，由咪谷带领着一帮男性寨民前往寨神林祭祀。队伍的组成是有讲究的，首先是端着装有黄饭、红蛋、酒等物品的托盘的咪谷；其次是提着鸡的贝玛；再次是敲锣打鼓的村民、提着修葺"阿秋房"茅草的村民、赶着大黑猪的村民。到达寨神林，大家各司其职，修葺阿秋房、生火烧水，咪谷向寨神祈祷，祈祷词大意为："尊敬的寨神，请你保佑寨子人丁平安、五谷丰登、六畜兴旺、年年有余、一天劳动能吃九天，一年劳动能吃九年。"咪谷祭祀完毕，杀猪宰鸡后留少量煮熟作为祭寨神的供品，其余各家平均分配且在家中再次祭祀。寨中有新生儿的家庭，要由家长背着且带着公鸡、烟、酒、糖、鞭炮献祭给寨神。其余的各家也要分别带着黄饭、红蛋、柴花、猪肉，排着队来祭祀寨神，由咪谷主持，并念着祈祷词为每一家祈祷，每一家的祭祀完毕就要用筷子敲碎一个红蛋。所有的祭祀完毕，男人们就铺开树叶并摆上饭菜，由咪谷进行祝酒仪式后开始酒宴。酒宴中女人是不得参加的。酒宴结束后，村民们要敲着铜锣和牛皮鼓将咪谷和贝玛送回家。酒宴过后，村民们要围坐听老人唱哈巴，哈尼族并无文字，口耳相传是哈尼族文化传承最重要的方式。哈巴唱述的是哈尼族古老的历史和今天的幸福生活。姑娘们和年轻的媳妇们身着盛装，伴着锣鼓翩翩起舞。

虽然昂玛突在不同地区名称不同，且这些名称来源于不同的传说，甚至时间、行序都有很大差别，但其实质与核心内容都是在寨神林里面祭祀神树。从举行时间和目的上来讲，昂玛突属于全寨集体性的农事祭祀活动。昂玛突在哈尼族人心中的重要性，使得这一村寨的祭祀活动在社会经济发展的冲击下并没有被时代抛弃，而是发展成为具有更多社会功能的集体活动。在这一过程中，昂玛突虽然也经历着宗教意义的淡化与新内涵的赋予和转变，但我们仍然能看到昂玛突所反映出的哈尼族人对于美好生活的期盼。

图片来源
图一、图二、图五至图七　李嘉华　摄影
图三、图四　温清格　制图

图二　哈尼族昂玛突贝玛祭献道具

图三　哈尼族昂玛突前往寨神林的队伍

图四　哈尼族昂玛突寨神林中分龙肉

图五　哈尼族昂玛突贝玛做猪肝挂

图六　哈尼族昂玛突在家中祭献祖宗

图七　哈尼族昂玛突在神林中聚餐

哈尼族老人节

图一　哈尼族老人节主图

本案例为云南省玉溪市新平县哈尼族的老人节。老人节是哈尼族的传统节日，每年农历十一月十五，在栽满青松的场地上为全寨的老人举行的敬老仪式。

整个活动的流程分为两个阶段。一是准备阶段：早上大家分工合作，小伙子们负责上山挖松树并栽在即将过节的场地周围，姑娘们负责挑水浇树，寓意健康长寿。成年人们负责准备糯米饭、鸡蛋等食物，老人们则装扮一新。二是敬老仪式：太阳偏西，全体人员聚集在栽满青松的场地上，主持者宣布仪式开始，铓锣、大鼓击响，老人们按年龄依次就座，年轻人向老人献上茶水、酒水，成年人向老人献上美食。哈尼族的节日都离不开舞蹈，敬献完毕的年轻男女就弹起三弦唱起歌，老人们跳起"阳猛套"，也就是老人圆舞。最后，大家要听老人们分别讲述一年来子女对自己的赡养情况，表扬孝顺的子女；批评不孝的，并让子女道歉。

老人节既孝敬了老人，又感化了下一代。它解决社会生活中的一些问题，提倡和宣扬敬老风尚的，能够增强整个民族凝聚力。

图片来源
图一至图四　温清格　制图

图二　新平县哈尼族老人节种松树

图三　新平县哈尼族老人节食物准备

图四　新平县哈尼族老人节敬老仪式

哈尼族奕车支系阿巴多

图一　哈尼族奕车支系阿巴多主图

本案例为云南省红河州红河县大羊街乡哈尼族奕车支系阿巴多。阿巴多是哈尼族奕车支系语言，意为喝酒。阿巴多是哈尼族奕车支系特有的青年男女社交活动，主要是通过宴会上喝酒对歌来交友、恋爱。由于在冬天是哈尼族的农闲时节，因此阿巴多一般在隆冬举行。阿巴多是两个寨子间的未婚青年男女相约，少则十几人，多则三十几人。

阿巴多一般分为四个阶段。第一个阶段为邀约阶段，一般情况下由小伙子们首先主动邀约，趁着赶集或者节日，向其他村寨的姑娘们发出邀请，姑娘们往往不会拒绝，不然会显得失礼，而且被邀请参加阿巴多是一种荣誉。得到了姑娘们的同意，双方便约好时间地点。第二个阶段为准备阶段，相互约定好的双方各自回去为阿巴多做准备，阿巴多聚餐离不开佳肴与美酒，所需费用都出自宴请一方的私房钱。第三个阶段为酒宴，酒宴是阿巴多最核心的环节，宴席上必须有的一道菜便是一只公鸡，并且要将鸡腰子用绳子绑起挂在两只鸡脚上，酒宴需由小伙子一头和姑娘一头对歌开场，姑娘和小伙子们在歌声与酒量的较量中寻找自己的心上人。宴会一般要进行一整夜，天亮才结束，小伙子们要将各种食物用芭蕉叶包好，给姑娘们在回程路上食用，并同时约定好姑娘们回请的时间。第四个阶段便是按照双方约定好的时间回请。

阿巴多，哈尼族奕车支系青年男女的盛会，青年男女通过这种集体社交的方式来寻找自己恋爱的对象，能够体现出哈尼族人在社交和恋爱上的自由性。不同地区、不同支系之间还有其他类似阿巴多的青年男女集体社交方式，例如墨江一带的爬封火楼等。

图片来源

图一　温清格　制图
图二　刘杰欣　制图
图三　李嘉华　摄影
图四　戈珊珊　制图

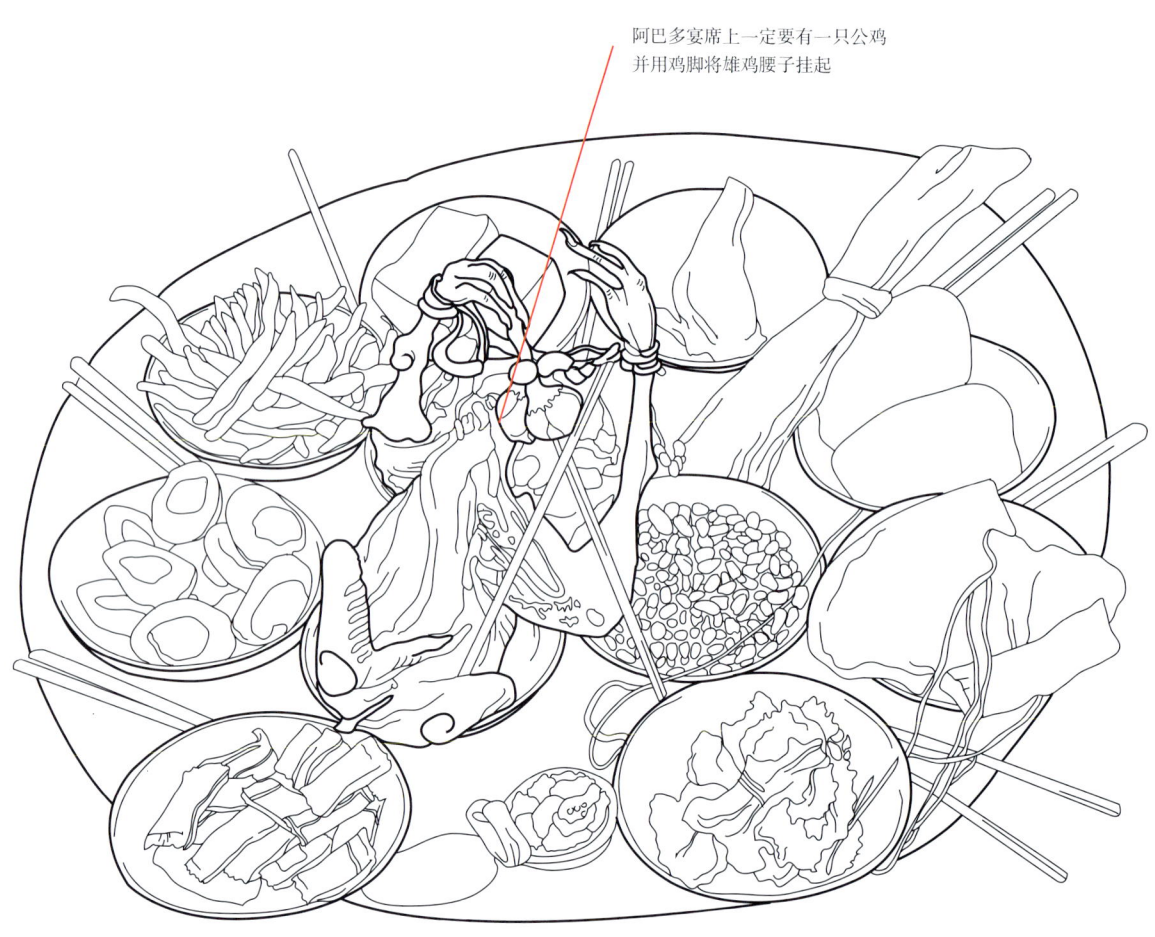

阿巴多宴席上一定要有一只公鸡并用鸡脚将雄鸡腰子挂起

图二　哈尼族奕车支系阿巴多酒宴

图三 哈尼族奕车支系阿巴多男女配对座次

图四 哈尼族奕车支系阿巴多弹三弦对情歌

第七章 哈尼族民俗与宗教造像

哈尼族转秋

图一 哈尼族转秋主图

本案例为云南省玉溪市元江县大羊街乡哈尼族转秋，通宽260厘米。荡转秋是玉溪地区哈尼族最喜爱的传统体育项目之一，多在"苦扎扎"节期间使用，是最隆重、最欢快的竞技活动。青年男女身着盛装在转秋上飞旋，高潮时常玩秋人互相对歌或围观者与玩秋人对歌，甚至停秋对歌。

转秋由秋桩、秋梁、秋绳和坐板组成，形似风车。本案例秋桩高270厘米，直径24.5厘米，两根秋桩相距260厘米并立于平摊的地面，顶部呈Y字形以架住秋梁。秋梁直径17厘米，秋梁两边各凿两孔，将四根等长木棍穿过秋梁上4孔，呈X形，四孔处以倒楔塞住空隙，以免木条脱落。每个X形顶端架一横木，以榫卯相接，横木上系上一副秋绳，下接秋千坐板。转秋时需4人或8人，坐者面向外。以4人为例，4人分别坐在秋千坐板，手扶横杆，或以腋下卡主横杆，避免急转时掉下转秋，先由一人用脚蹬地跃上上空同时对面的一人用力往下压，转秋则开始转起，这样4人以秋梁为轴一个接一个，上下起落旋转，4人配合，转秋越转越快。

荡转秋，既是有趣的文娱活动，又是很好的体育锻炼，更是青年男女相识相恋的大好机会。并且除了孕妇以外，每个人都要按顺序在秋千上荡一荡。即使是初生婴儿，也要由阿爸或阿妈抱着在转秋上晃一晃以荡尽邪气，消灾免难。

图片来源

图一　刘翔宇　摄影

图二、图三　樊振杰　制图

图四　温清格　制图

图五　白建雄　摄影

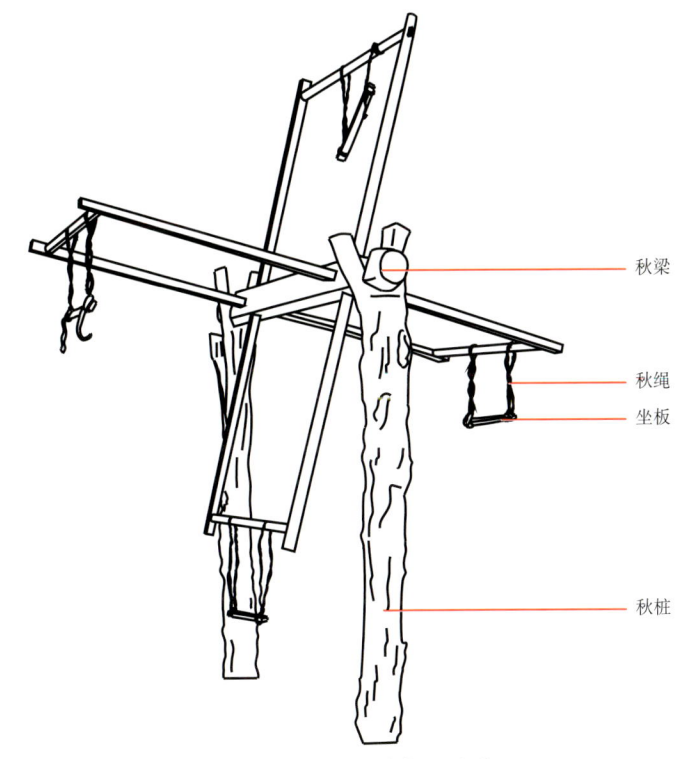

图二　哈尼族转秋结构名称图

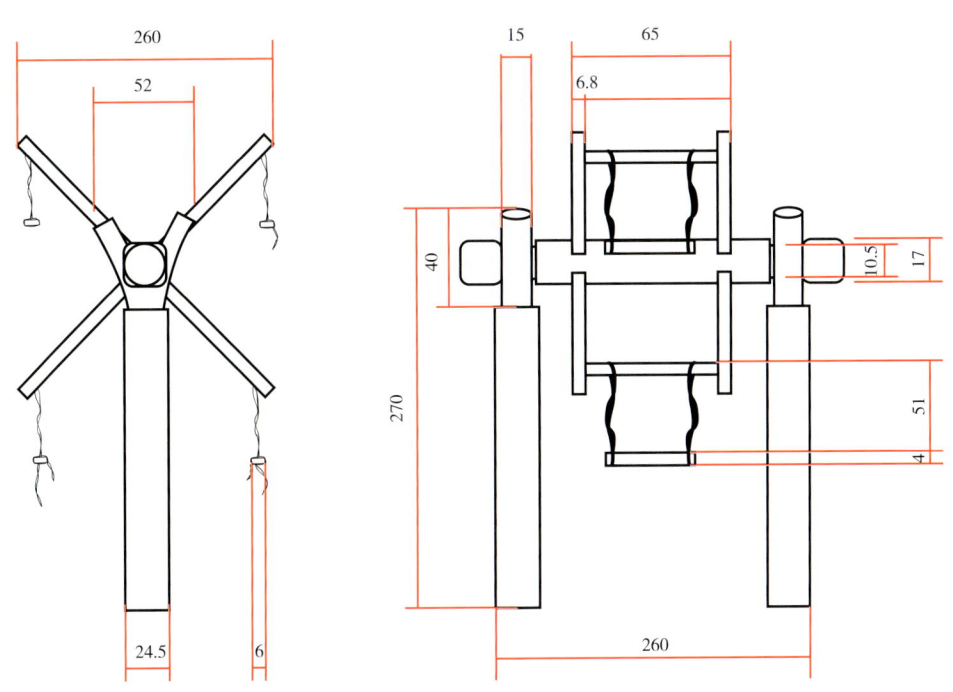

图三　哈尼族转秋尺寸图（单位：cm）

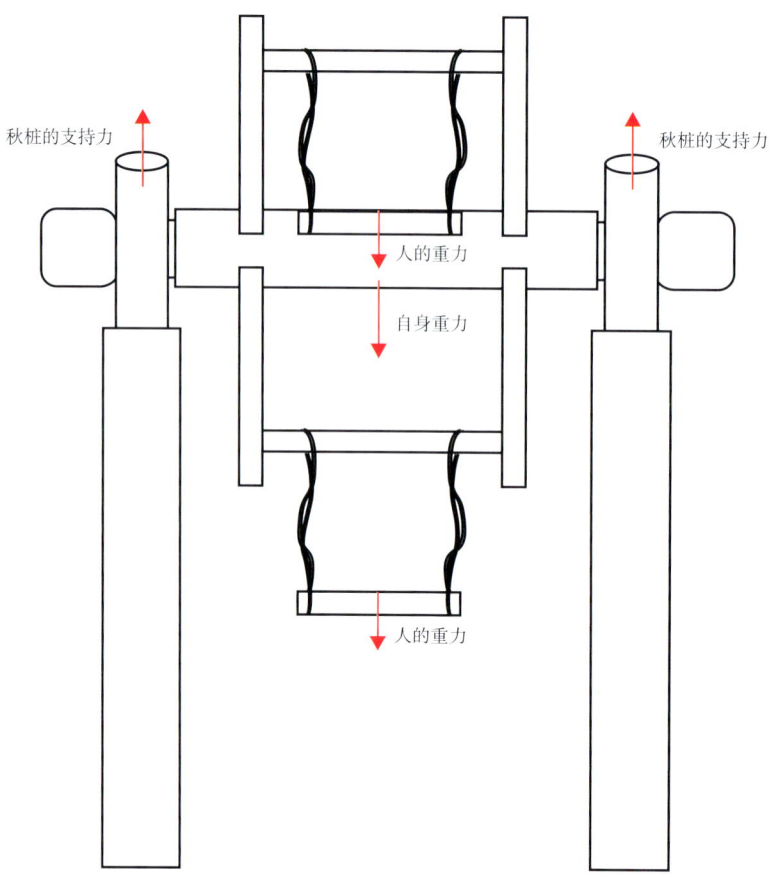

图四 哈尼族转秋力学分析图

图五 哈尼族转秋使用情境图

哈尼族磨秋

图一　哈尼族磨秋主图

本案例为云南省玉溪市元江县大羊街乡哈尼族磨秋，通高112厘米，通长765厘米。磨秋，又名磨担秋，是在苦扎扎节才能进行的体育项目，因此也有人将苦扎扎节称为磨秋节。

要进行骑磨秋这项活动，第一件事情便是立磨秋。磨秋的材料一般会选择挺直的松树或栎树，本案例的磨秋为松树所制。磨秋主要由秋桩和秋杆组成。本案例秋桩高89厘米，直径为16厘米，其顶端削尖，以做轴心。秋杆直径17.5厘米，秋杆中心凿出凹槽，用于架在秋桩上面。围绕着轴心，磨秋杆两端可高可低，也可360度旋转。秋杆的两端装有高43厘米的扶手。骑磨秋时，需两人分别骑坐在磨秋两端，用脚在地上借力，落地时用力旋转蹬起，使磨秋杆旋转。也可多人同骑，但两端人数要相等，以确保磨秋杆的平衡。对于哈尼族人来讲，磨秋具有特殊的生殖含义，而繁殖后代对于哈尼族有着非常重要的意义，因此架磨秋的过程要特别的讲究：被派去砍磨秋杆的人一般有特定的人选，要夫妻双全、家中人丁兴旺且具有一定威望的壮年；砍磨秋杆是要由这位特定人选先砍，其他人才能动手；磨秋杆要选挺直粗壮、枝繁叶茂并保存完好的松树或栎树；在开始骑磨秋活动之前要由德高望重的长老"开秋"，苦扎扎结束时，也需要有"送秋"仪式。在骑磨秋的过程当中，青年男女们各自施展自己的技能，表现突出的会成为被爱慕的对象。

磨秋不仅是一项体育运动项目，磨秋本身对于哈尼族人来讲也是生命延续的象征，因此磨秋也同时承载着哈尼族人对繁衍后代的美好愿望。而骑磨秋的过程也是青年男女社交的良好时机。

图片来源
图一　刘翔宇　摄影
图二、图三　樊振杰　制图
图四　温清格　制图
图五　白建雄　摄影

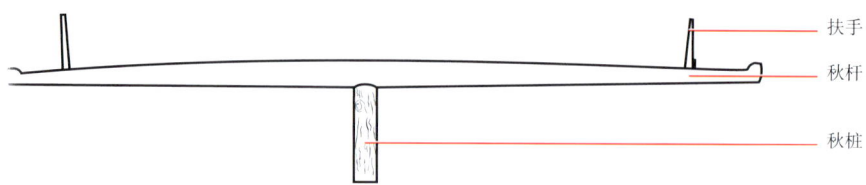

图二 哈尼族磨秋结构名称图

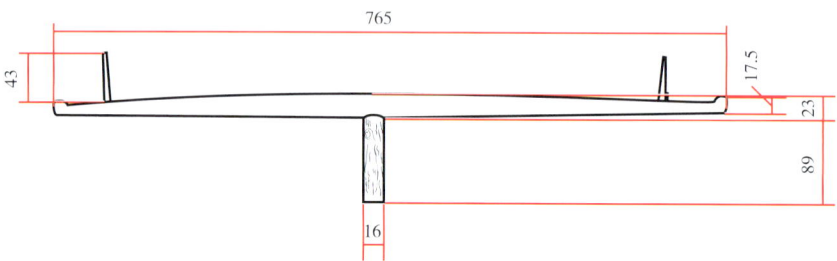

图三 哈尼族磨秋尺寸图（单位：cm）

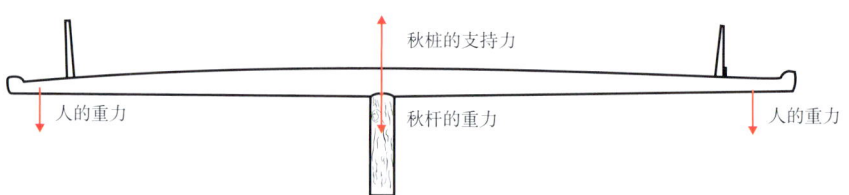

图四 哈尼族磨秋力学分析图

图五 哈尼族磨秋使用情境图

哈尼族棕扇舞

图一 哈尼族棕扇舞主图

本案例为云南省玉溪市元江县羊街乡哈尼族棕扇舞。关于棕扇舞最早的文献记载是清康熙《云南府志》卷二十七："窝泥，或曰斡泥……丧无棺，弔击锣鼓摇铃，头插鸡尾跳舞，名曰洗鬼。忽泣忽饮，三日采松为架，焚而葬其骨。祭用牛羊，挥扇环歌，拊掌踏足，以钲、鼓、芦笙为乐。"棕扇舞，是一种祭祀性舞蹈，在舞的过程中达到向神明传达信息的目的。常在昂玛突等大型的祭祀活动中或葬礼中跳。

棕扇舞中最主要的道具就是有棕榈树叶制成的棕扇。棕扇的形状呈扇形，直径25厘米左右。选择棕扇作为舞者手中道具，首先在物质基础的角度上棕榈树在云南地区大量生长，且哈尼族种植棕榈树的历史悠久，哈尼族建寨必种棕榈树，哈尼族古歌中唱到："安寨还要栽棕树，三排棕树栽在寨头；栽下的棕树不会活，一寨的哈尼就没有希望"，其次棕榈树强大的生命力及繁殖能力，也让哈尼族人将它视为生育的象征。（西双版纳傣族自治州民族事务委员汇编：《哈尼族古歌》，云南民族出版社，1992，158页。）

以羊街乡哈尼族棕扇舞为例，其舞蹈队形主要为环形，可单环亦可多环，环形队形是为了适应羊街乡山地多平地少的地形环境，同时也便于舞者间的交流。环形队形的旋转方向为逆时针旋转，若跳到情绪高涨，有人想做一些高难动作，便到环形中央。棕扇舞的动作基本以模仿动物的生活习性为主，例如狮作揖、老熊走路、老鹰拍翅膀等，常见的十几套动作。一些复杂的动作需两人或三人完成。

棕扇舞的伴奏乐器以牛皮鼓和大钹为基础，根据活动规模大小增加乐器种类及数量，常用乐器除牛皮鼓和大钹，还有铓、长号、唢呐等。

棕扇舞在哈尼族人的生活中占有重要的地位，映射出哈尼族人宗教信仰，也体现出哈尼族人对美好生活的向往与执着。在很多传说中都有关于棕扇舞起源的描述，虽无法作为科学依据，但仍然可以看出棕扇舞的产生和哈尼族人的生产生活有着密切的联系。随着人们生产生活的发展，棕扇舞经过漫长的历史变迁，其功能也在祭祀的基础上增加了文化娱乐，从棕扇舞的道具由棕扇转变到可用折扇代替，可以看出棕扇舞文化随时代发展的同时也在不断地消亡。

图片来源

图一、图七　白建雄　摄影
图二　李嘉华　摄影
图三、图四　樊振杰　制图
图五、图六　孙寒　制图

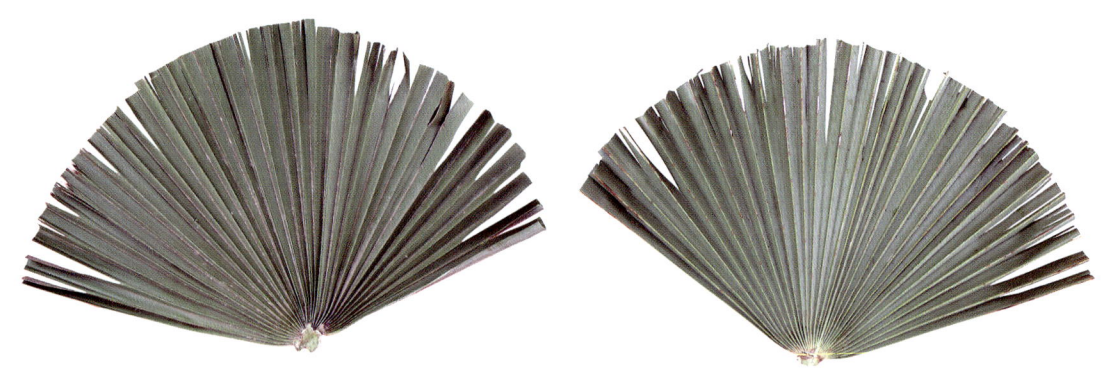

图二　哈尼族棕扇舞道具棕扇

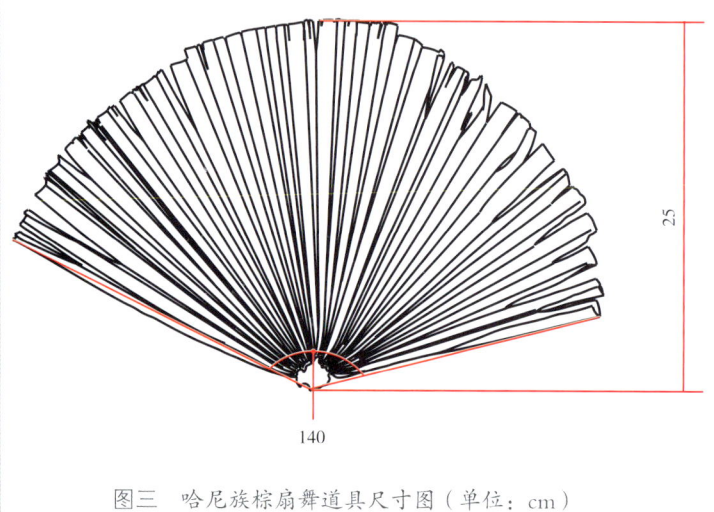

图三　哈尼族棕扇舞道具尺寸图（单位：cm）

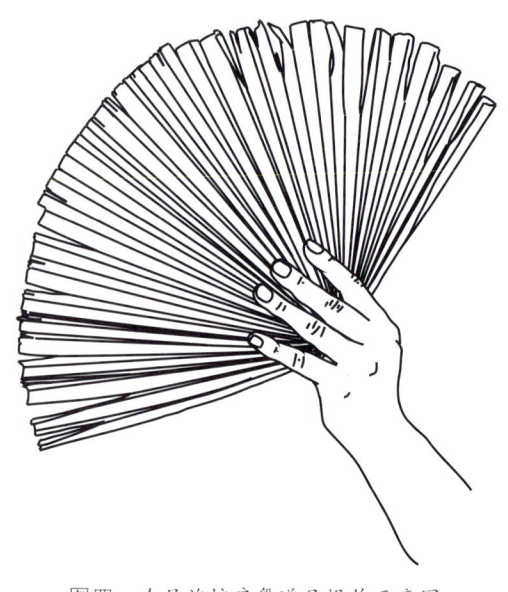

图四　哈尼族棕扇舞道具操作示意图

图五　哈尼族棕扇舞队形分析图

图六　哈尼族棕扇舞动作分析图

图七　哈尼族棕扇舞现场效果图

哈尼族昂倮支系吴芭

图一　哈尼族昂倮支系吴芭主图（展开图）

本案例为云南省红河州元阳县哈尼族昂倮支系吴芭，通宽52厘米，通高15厘米。吴芭是元阳县哈尼族昂倮支系送葬时所佩戴的头饰，流行于元阳县攀枝花乡、胜村乡一带。死者为女性，高寿且正常死亡，送葬的女性方能为其佩戴。哈尼族人认为，亡灵通过吴芭的指引才能回到哈尼族族人的祖地，与祖先团聚。

吴芭外轮廓基本呈左右对称，中间凸起5个三角，高度由中间最高的三角分别向两边递减，有丝线锁边，内饰图案。其色彩组成为黑色、白色、红色、蓝色。黑色为主，亦为底色。吴芭的每种颜色均代表一定含义，哈尼族人崇尚黑色，认为黑色是吉祥色，能消灾保平安。蓝色代表哈尼族先民最早居住的地方，表示这里能受到祖先和神灵庇佑。红色代表战争和血腥。白色代表安定平和。整个头饰上的图案由左向右可分为七组，哈尼族人通过这七组图案及其色彩来表达哈尼族祖先迁徙的过程。第一组为最左边至顶端6厘米处，图案由3个蕨纹与犬牙纹组成，为白色，代表哈尼族祖先是群居时期。中间的五个三角形分别为第二组至第五组图案，5个三角形主要为树纹，分别代表了哈尼族祖先迁徙中的五个时期："纳罗普楚"分成若干支系开辟梯田、征服小部落时期；"纳罗普楚"与外族大战时期，哈尼族祖先继续南迁；"谷哈密查"与外族大战，战败后继续南迁；"诺玛阿美"时期，较为和平的发展时期；"惹罗普楚"时期，首次定居，并大量开田。中间最高的三角形，也代表了哈尼族最强盛的时代。这五个三角形的颜色由红色过渡到红色为主、蓝白为辅，再过渡到蓝色，也代表了这一段时期哈尼族祖先的生活状态是否和平。最后一组图案又回归到最初的蕨纹与犬齿纹。吴芭由厚布织底，丝线缠边，精美的图案皆拼嵌而成的。吴芭的刺绣运用了锁链绣和绗针绣，状如浮雕。吴芭的佩戴方式为由前向后围绕头部一圈，于脑后以绳固定。

吴芭的装饰图案与色彩丰富多样，其象征寓意深刻，记录了哈尼族祖先迁徙的漫长历史过程。没有文字的哈尼族却用更为别致的形式来记载本民族的发展过程，传承本民族历史文化。吴芭体现了哈尼族人对祖先的崇拜，同时也反映了哈尼族人对历史与社会的认知，带有浓重的宗教色彩。

图片来源

图一　温清格　制图

图二至图六　顾怀灏　制图

图二　哈尼族昂倮支系吴芭色彩分析

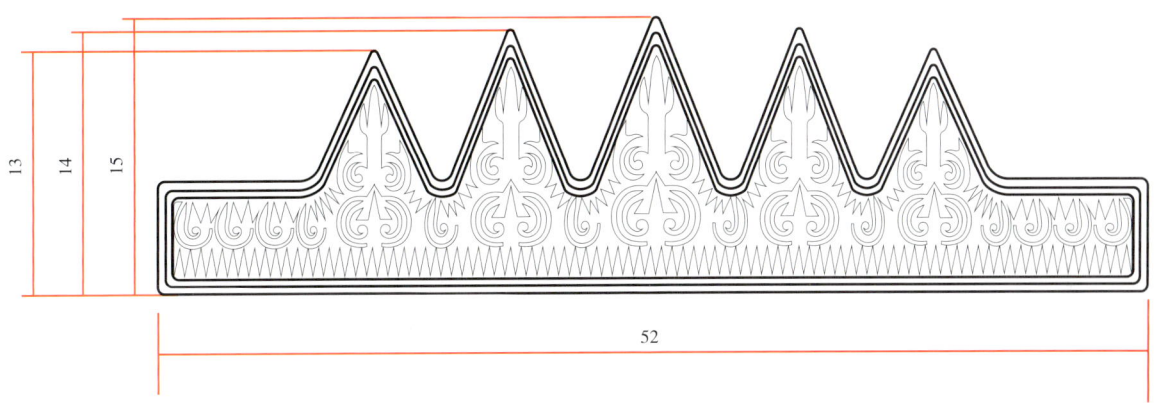

图三　哈尼族昂倮支系吴芭尺寸图（单位：cm）

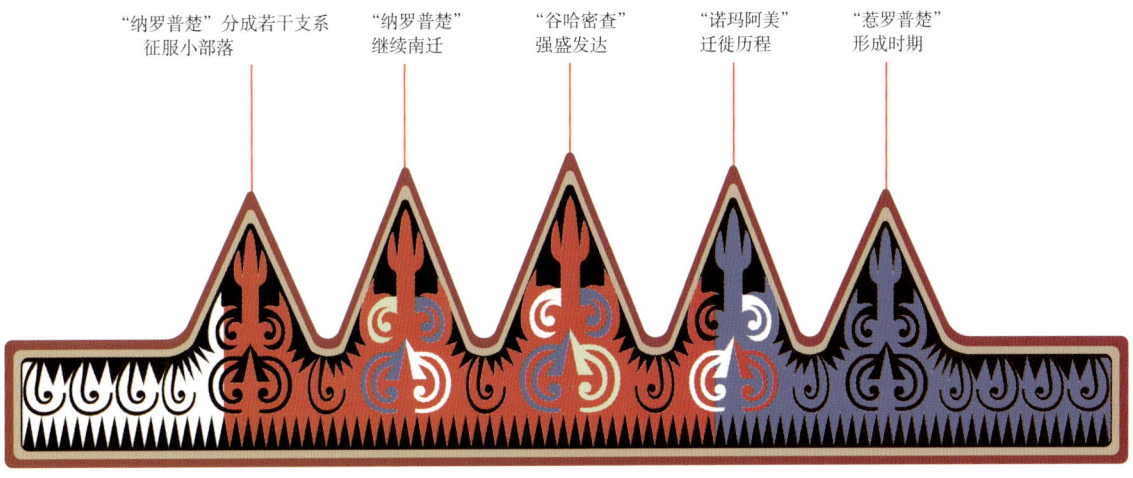

图四　元阳县哈尼族昂倮支系吴芭所对应的哈尼族迁徙过程

〇〇〇〇	蕨纹	哈尼族人把蕨菜视为养育祖先的食粮，寓意着丰产丰收、食物充足
▲▲▲▲▲▲▲▲▲	犬齿纹	狗一直是哈尼族人的保护神，它将护送亡魂到达祖先居住的地方
♆	树纹	哈尼族崇拜的万年青树

图五　哈尼族昂倮支系吴芭纹样分析图

锁链绣

1处出针，2处入针，3处出针点决定链环大小，入针点4紧挨3，出针点5与入针点4的距离与图中3月2的距离一样

绗针绣

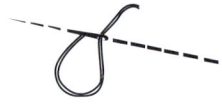

绗线与绗线间的距离小于绗线绣在布上的长度

图六　哈尼族昂倮支系吴芭工艺分析图

哈尼族木雀

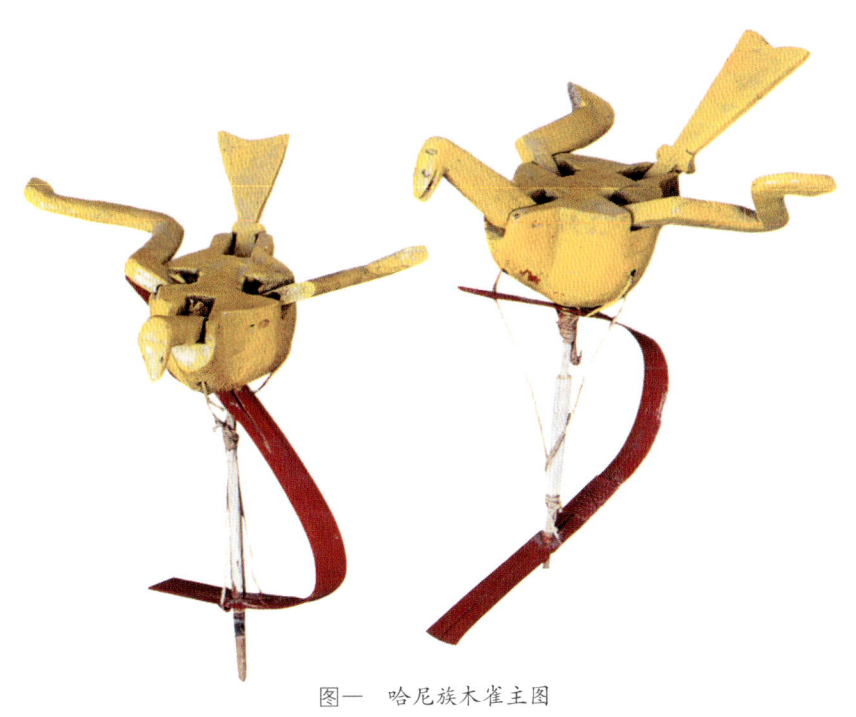

图一　哈尼族木雀主图

本案例为云南省红河州元阳县木雀，通高31.5厘米，藏于云南省博物馆。木雀是木雀舞的道具，同时为木雀舞伴奏，因其形依麻雀所造而得名，主要流行于红河州元阳县、绿春县、红河县等哈尼族地区。

木雀以雀鸟为原型，由雀身、木柄、操纵竹片构成。木雀整体为雀鸟的形象，鸟身顶部开4槽，并于槽下方钻出小孔。于鸟身下部后端凿一圆洞，并插以圆木柄。再分别雕出头、翅膀及尾部并在各部件靠近鸟身一端钻孔，插入鸟背当中，用线绳将头、翅膀、尾部与鸟身连接固定。制作一U形操纵竹片，横向装于木柄上。将穿过鸟身小孔的线绳固定在木柄上。鸟身内装有贝币或石头，使用时，贝币或石头撞击木头，使木雀发出声音。本案例木雀的颜色以黄色为主，配以红色及白色，色彩艳丽。使用时，一手握操纵竹片两端，捏紧时木雀翅膀呈飞翔状态，放松时则合拢。

木雀舞动作简单，常使用木雀、黑扇、竹脚铃为乐器，由领舞者带领，舞蹈者围成一个圆圈，左手持木雀或竹脚铃，右手持黑扇，逆时针方向进行走步，一圈后俯下身碎步小跑，并抖动手中的乐器。因此哈尼族将木雀用于丧事送葬，意为死者开路，送死者的灵魂回祖先所在的地方，同时保佑子孙后代繁茂昌盛、兴旺发达。

哈尼族木雀丧葬中的祭祀用品，其联动机构的设计使得木雀在舞动过程中栩栩如生。木雀充分反映出哈尼族人的祖先崇拜，

第七章　哈尼族民俗与宗教造像

带有浓重的宗教色彩。

图片来源

  图一 梁旭，彭晓. 云南少数民族传统乐舞. 昆明：云南美术出版社，2018：61.
  图二、图四 崔进 制图
  图三、图六 李安娜 制图
  图五 张亚堃 制图
  图七 薛冬至 制图

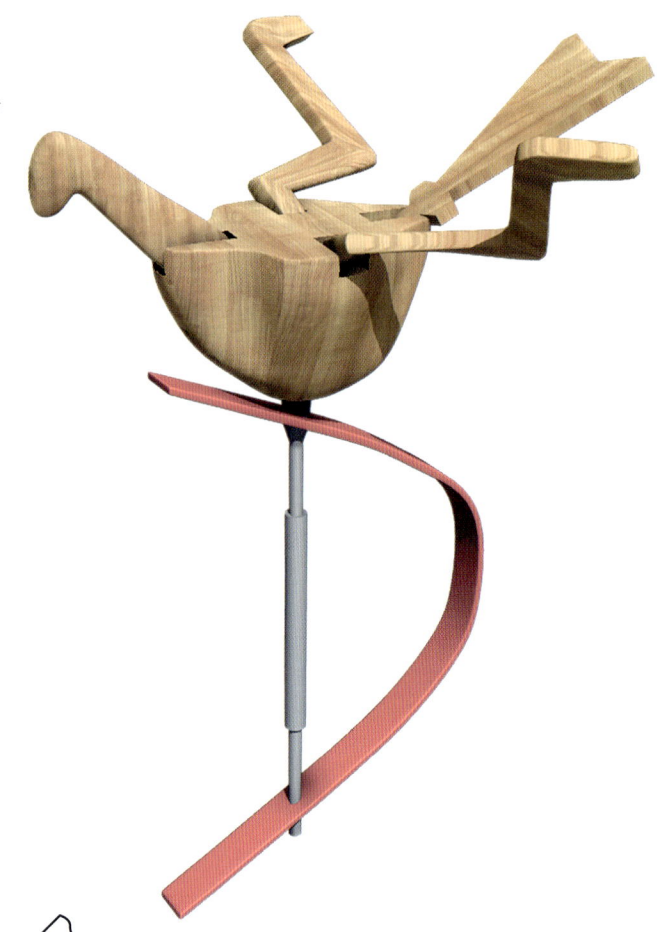

图二 哈尼族木雀模型图

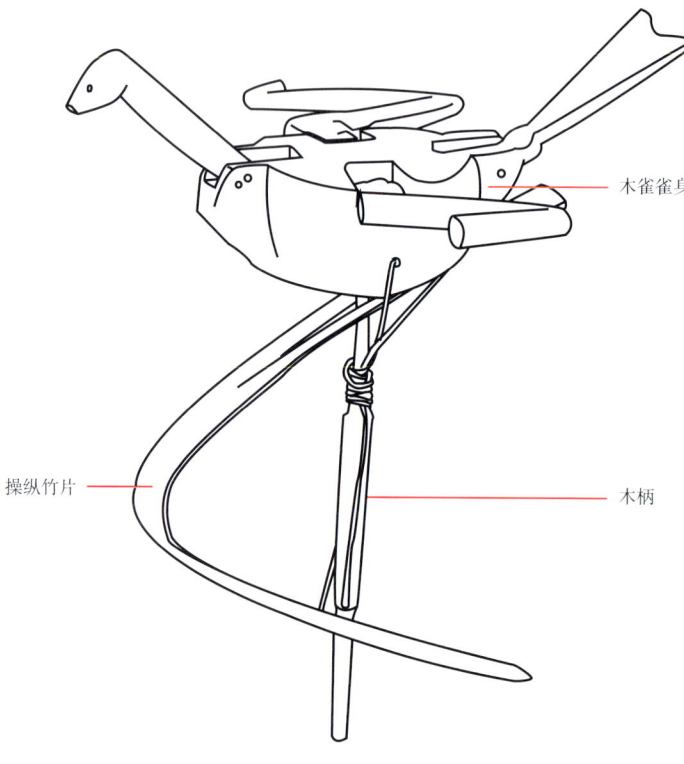

图三 哈尼族木雀结构名称图

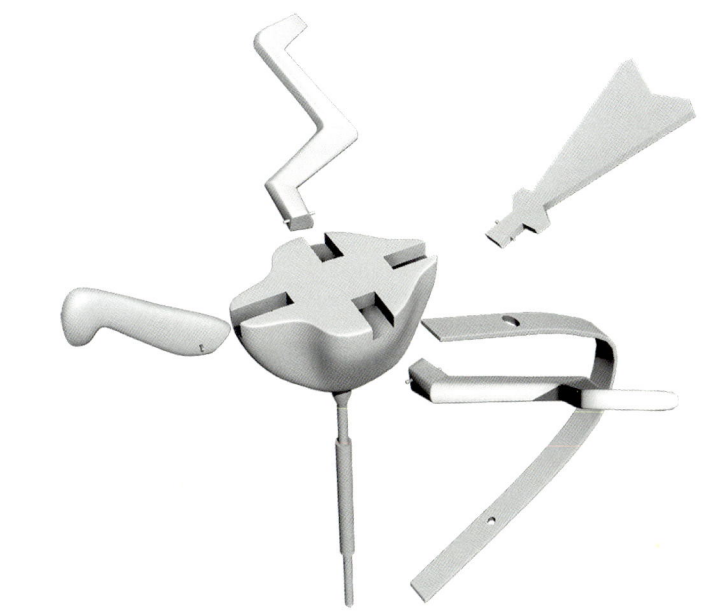

图四 哈尼族木雀解析图

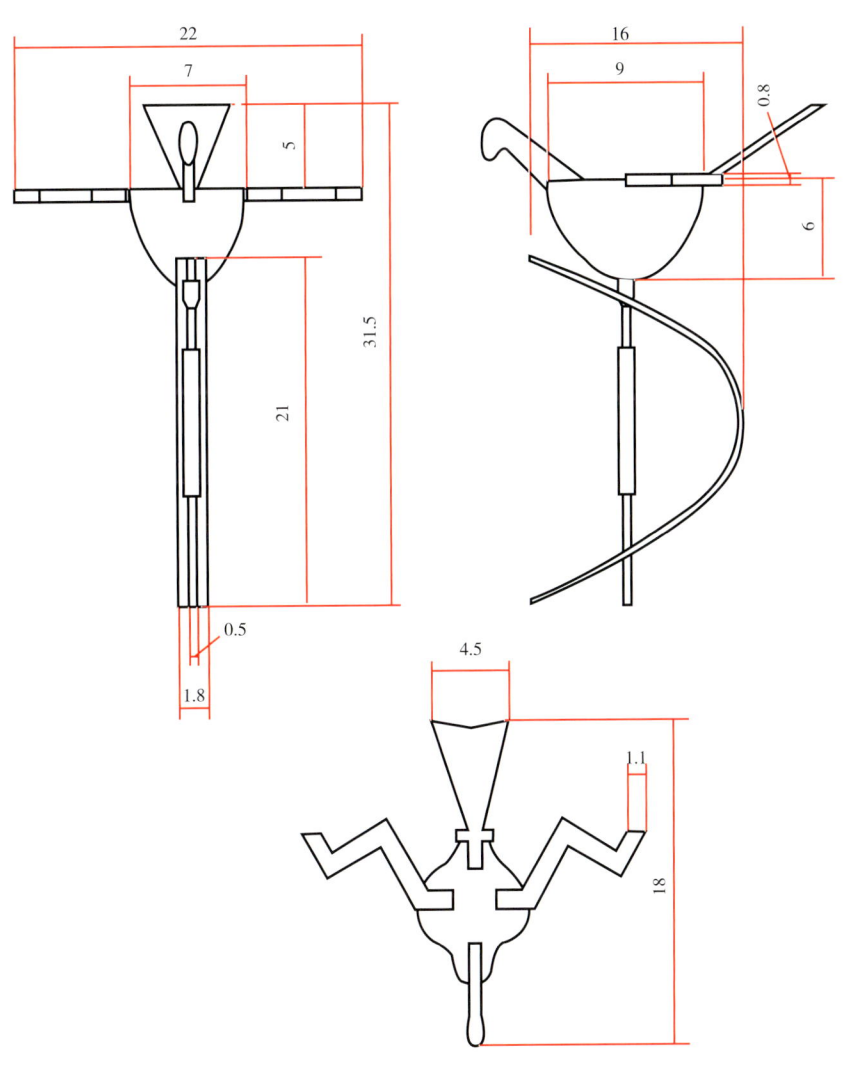

图五 哈尼族木雀尺寸图（单位：cm）

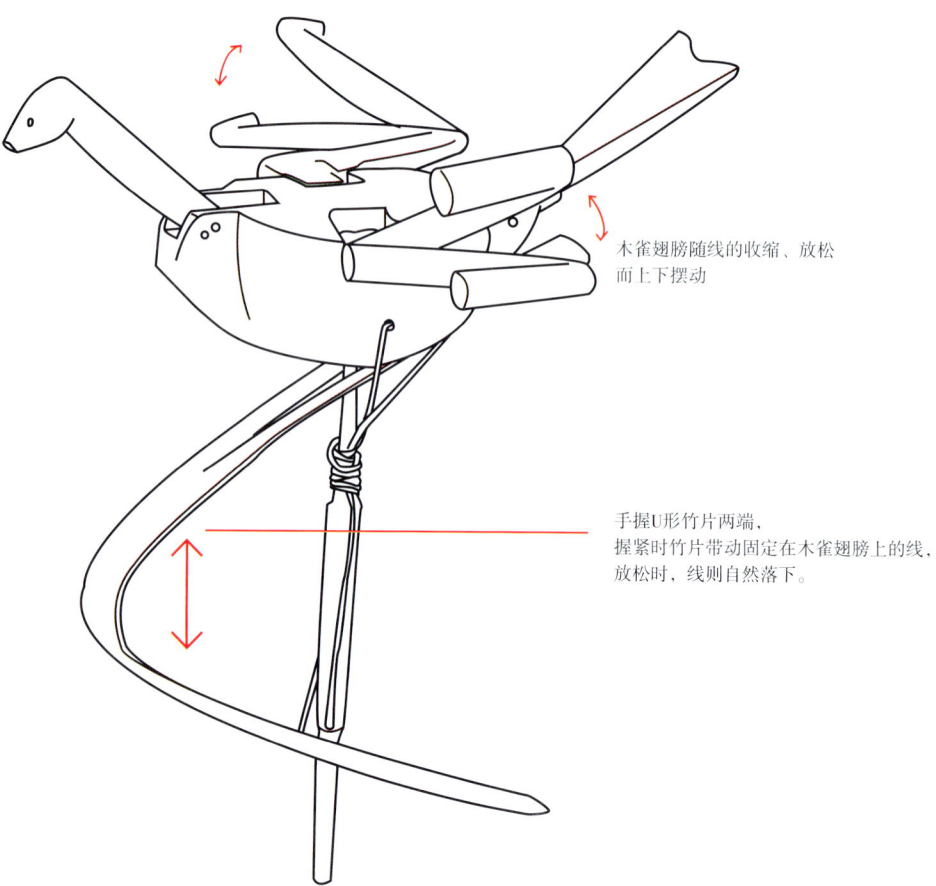

木雀翅膀随线的收缩、放松而上下摆动

手握U形竹片两端，握紧时竹片带动固定在木雀翅膀上的线，放松时，线则自然落下。

图六　哈尼族木雀操作原理分析图

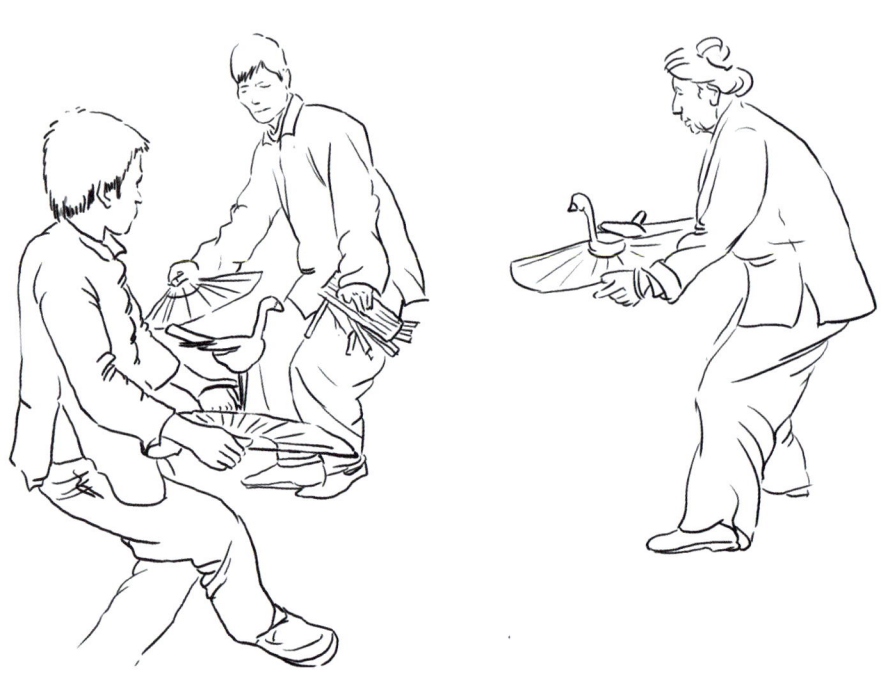

图七　哈尼族木雀使用情境图

哈尼族村寨守护神

图一　哈尼族村寨保护神主图

本案例为云南省红河州哈尼族村寨守护神，男女形象各一，男守护神像通高135厘米，右手拿的长117厘米柄砍刀；女守护神像通高116.5厘米，现藏于红河州博物馆。村寨守护神为哈尼族生殖崇拜的形式之一，常置于哈尼族宅门两侧。

村寨守护神为一对赤裸男女木雕，男女神像均五官清晰、生殖器官造型明显，成为哈尼族神圣之物，象征人口繁衍，人丁兴旺。不同村寨的村寨守护神形制不一，但都为男女神像各一，并具有生殖特征。对于哈尼族人来说，繁衍后代对于整个村寨甚至族群的发展都具有至关重要的意义。因此，哈尼族很多活动中都能体现出哈尼族人对于生殖的重视与崇拜，玉溪市元江县浦贵村的九祭献中的"阿尼托咋"对哈尼族人生殖崇拜的体现尤为明显，直接采用表演的形式向未婚男女传授生育知识。

哈尼族僾尼支系崇尚原始宗教，认为万物都具有灵魂，家有家神，寨有寨神，所以在哈尼族僾尼支系的寨门两侧，均有代表生殖崇拜的木雕，不仅保护全寨人的健康平安，同时也保佑该寨人丁兴旺。生殖崇拜是人类生存本能的一种体现，源于哈尼族诸神崇拜，属于自然崇拜的一部分，是纯洁和高尚的，表现了哈尼族人对生命的呼唤与崇仰。

图片来源
图一　李安娜　摄影
图二　李安娜　制图
图三　云南玉溪地区文化局艺术研究室. 哈尼梯田文化. 北京：中国民族摄影艺术出版社，1995：45.
图四、图五　张亚堃　制图

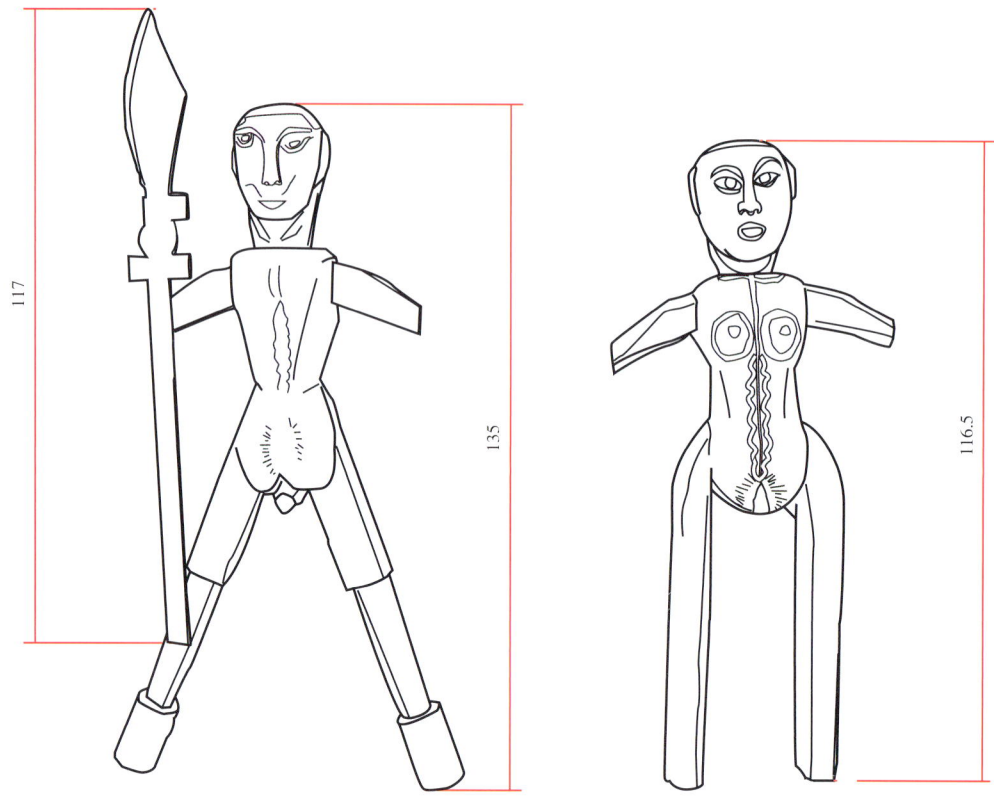

图二　哈尼族村寨守护神尺寸图（单位：cm）

图三　哈尼族其他形制的村寨守护神

图四　哈尼族九祭献中生育知识表演

图五　哈尼族九祭献中表演者及道具

哈尼族十二龙泉

图一 哈尼族十二龙泉主图

本案例为云南省红河州红河县甲寅乡他撒村哈尼族十二龙泉。甲寅乡他撒村世居哈尼族，哈尼族的雕像和他们的崇拜与祭祀有着密不可分的关系。他撒村村民认为十二龙泉的龙头为水神，而水是神灵给予的生命血液，水神保佑着水井与水源的洁净，认为水井能带给人好运气，反映了哈尼族对水的崇拜。

顾名思义，他撒村十二龙泉由十二个出水口组成，其中有六个为龙头状，另外六个为水槽状。龙头上雕刻如意纹、水纹等装饰纹样。哈尼族认为水神能给人们带来可怕的灾难，因而，水神成为哈尼族崇拜的对象之一。他们尤其崇拜寨中水井神，每年以村寨为单位，要给水井进行"罗活索"的祭祀活动，有清扫水井、祭奉水神之意。（史军超：《哈尼族文化大观》，云南民族出版社，1999，第264页。）因此每年农历正月哈尼族人将在村落中进行祭龙潭、祭水井的活动，祭祀时，将红、黄、绿等色的糯米饭的祭品置于水井旁，烧香叩头用来祈求水神放水，保佑用水充足。而当每年进入雨季后，哈尼族将再一次举行祭水神活动，祈求水神降水适当，保佑人畜平安，保佑庄稼丰收。无论雨水还是河水，万物生长离不开水资源，因此哈尼族将对水的迫切需求转化成水崇拜，红河地区的哈尼族人也常在水塘边雕刻蛙形图案进行祈福。这种宗教崇拜与红河当地的自然环境条件密不可分，红河西侧的哀牢山区水资源极其缺乏，在当地开辟梯田种植稻谷，使得水资源异常珍贵。所以对水的崇拜，不仅贯穿了哈尼族整个的宗教信仰，同时保障了"森林—村寨—梯田—江河"四位一体的农耕格局。

哈尼族人在长期的劳动实践中，学会了如何适合哀牢山自然环境，并在此基础上充分运用水资源的独特条件，创造出独具民族特色的哈尼族的农业生态系统与梯田农耕文化。如今他撒村的村民们将十二龙泉进行改造，使其更为精致且具有观赏性。

图片来源

图一、图三　李嘉华　制图
图二、图四　李安娜　制图
图五　　　张正国　摄影

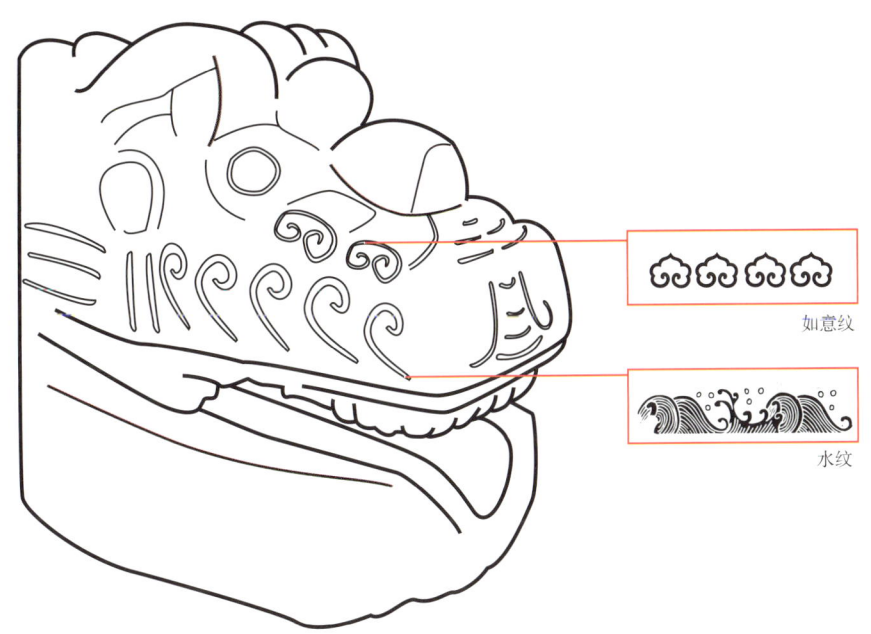

图二　哈尼族十二龙泉龙头纹样分析图

图三　哈尼族十二龙泉祭祀

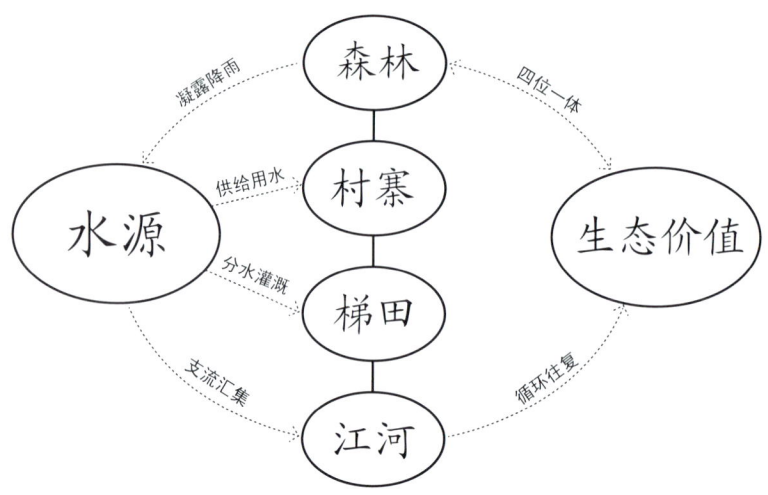

图四 哈尼族水源重要性分析图

图五 哈尼族十二龙泉改造后效果图

声　明

　　本书编写时收入的个别图片，因条件所限，未能同相关著作权人取得联系，获得授权，敬请谅解。请相关著作权人及时与编者联系，以便奉上稿酬。谢谢！